国家社会科学基金项目(09BFX012)
江西省2011朱子文化协同创新中心资助项目

目　录

绪　论 ··· 1
　一、传统社会转型与重建 ·· 1
　二、礼治社会与理治社会 ·· 6
　三、宋明理学理治社会研究框架 ······································ 9

第一章　宋明理学理治社会内涵 ·· 16
　一、传统治国方略模式 ··· 16
　　　1. 德治论 ··· 20
　　　2. 礼治论 ··· 22
　　　3. 法治论 ··· 25
　　　4. 政治论 ··· 27
　二、宋明理学"理治"内涵 ·· 30
　　　1. 一般意义之"理治" ··· 30
　　　2. 宋明理学"理治"内涵 ··· 33

第二章　宋明理学理治社会使命 ·· 42
　一、宋明传统社会转型 ··· 42
　　　1. 士大夫文人政治的双重性 ······································ 42
　　　2. 小农经济向商品市场经济转型 ······························· 45
　　　3. 趋向身份平等的社会结构 ······································ 54
　　　4. 平民世俗教育学术文化 ··· 59
　二、宋明士大夫的社会意识 ·· 61

1. 忧患意识 ……………………………………………………61
　　2. 天下意识 ……………………………………………………63
　　3. 批判意识 ……………………………………………………65
　　4. 经世意识 ……………………………………………………67
　　5. 变革意识 ……………………………………………………68
　三、宋明理学秩序重建 ……………………………………………69
　　1. 国家与民族权威的重建 ……………………………………70
　　2. 社会秩序的重建 ……………………………………………73
　　3. 思想秩序的重建 ……………………………………………76
　四、理治社会"平天下"理想 ………………………………………78
　　1. "明明德于天下"的心灵和谐社会 …………………………78
　　2. "大公至正"的公天下 ………………………………………83
　　3. "万物一理"的大一统天下 …………………………………88
　　4. "万物一体"的生态天下平 …………………………………89

第三章　宋明理学理治理论范式 ……………………………………92
　一、宋明理学明天理灭人欲的双重性 ……………………………93
　　1. 宋明理学心性天理论 ………………………………………94
　　2. "存理灭欲"核心价值之意义 ………………………………98
　二、"克己复礼"到"复理为仁"的循环回归性模式 ……………105
　　1. "克己复礼"到复理 ………………………………………105
　　2. 由内圣到外王 ……………………………………………109
　　3. 由外王回归内圣 …………………………………………112
　三、以"理一分殊""天人一体"为理念的中庸和谐模式 ………116
　　1. 理一分殊 …………………………………………………116
　　2. 从"天人合一"到"天人一体" …………………………121
　　3. "和而不同"的中庸和谐之道 ……………………………126
　四、"修齐治平"层次性模式 ……………………………………129
　　1. "修齐治平"的心灵修养自上而下 ………………………129
　　2. "修齐治平"自下而上的社会控制 ………………………132

五、宋明理学德礼政刑综合治理结构 ················· 137
1. 先秦汉唐礼乐政刑 ··························· 137
2. 从礼乐政刑到德礼政刑过渡 ··················· 139
3. 宋明理学德礼政刑 ··························· 141

六、宋明理学理治思想理论的特性 ····················· 145
1. 融儒、释、道、法思想为一体 ················· 145
2. 发挥新意与创新 ····························· 148
3. 具有形而上科学理性精神 ····················· 149
4. 与时俱进的时代先进性 ······················· 150
5. 重于政事的经世社会性 ······················· 153
6. 理论模式的多样性转变 ······················· 155

第四章 理治社会之道统 ································· 159

一、宋明理学道统体系 ······························· 161
1. 宋明理学道统发展轨迹 ······················· 161
2. "道理最大","道"尊于"政" ··················· 165
3. 建立"四书"学体系，构建道统方法论 ············ 168
4. 法三代贬汉唐，明王道去霸道 ················· 174
5. 内圣为外王之基，合内外之道目的论 ··········· 179
6. 学统对理学道统的维护与实现 ················· 185

二、"三纲五常"向"四德五伦"的结构性转变 ············ 188
1. 伦理纲常体系秩序与层次调整 ················· 188
2. 人伦从双向性、单向性到多向性 ··············· 194
3. "四德五伦"的道德伦理结构 ··················· 197

三、宋明理学之德教 ································· 202
1. 宋明理学之德 ······························· 203
2. 德之教化的立国本根性 ······················· 204
3. 德之教化的层次性 ··························· 206
4. 德之言传身教教化 ··························· 215

四、宋明理学之礼制 ································· 220

1. "礼，理也"内涵 220
　　2. 宋明理学礼制之实践 224
　五、宋明理学道德人格培养的路径 237

第五章 宋明理学理治社会之政统 245
　一、政统与道统 245
　　1. 宋明理学"皇极"、西铭学说 245
　　2. 天下分与亲贤共理 250
　　3. 道统与政统的合一分离 259
　　4. 道统与政统合一的路径 264

　二、寓封建于郡县的地方"众治"制度 269
　　1. "封建""郡县"之争 269
　　2. 分权众治 274

　三、宋明理学之官治 277
　　1. 官吏阶层之批判 277
　　2. 首在惩贪治吏 283

　四、宋明理学之乡治 299
　　1. 基层地方组织的创新 299
　　2. 乡村控制与土地赋税控制结合 309
　　3. 基层社会救济 316

　五、宋明理学之民治 320
　　1. "民者，国之根本也"的民本论 321
　　2. 由民本向民权转化 322
　　3. 从正君心到觉民心的转变 324
　　4. 养民之道在爱其力 326

　六、宋明理学宗法社会的重建 331
　　1. 宗法社会重建之必然 331
　　2. 宗族社会凝聚之方案 334

第六章 宋明理学理治社会之法统 341
　一、宋明理学法律属性——义理法 342

  1. "法者，因天理"·····344
  2. 法律伦理化·····353
  3. 司法义理化·····358
  4. 法律理性化·····359
  5. 法律政治化·····371
二、法顺人情·····374
  1. 宋明理学的人情之情与情理·····374
  2. "人情"与"国法"的一致性·····380
  3. 天理国法人情的位阶排列·····384
三、宋明理学"中"的法律价值·····386
  1. 中道是宋明理学道统主旨大本·····386
  2. 天德之中合理体现了正义、公平与效率·····389
  3. 和是中的外在形式与境界追求·····393
四、宋明理学语境息讼观·····395
  1. 宋明理学息讼观成因·····395
  2. 息讼方式·····400
  3. 息讼观与无讼观的差异性·····404
五、皇权与法权两平论·····406
  1. 犯法者，天子必付之有司·····407
  2. 以"理一分殊"原则坚持权法两全之道·····410
六、重刑主义与恤刑主义·····417
  1. 以严为本，以宽济之的司法论·····417
  2. "严其严、宽其宽"的刑法论·····420
  3. 重刑主义与恤刑主义·····424
七、宋明理学与民事法律变革·····429
  1. 减少国家干预，以增强民事权利·····430
  2. 民事诉讼家庭财产关系弱化·····434
  3. 民事诉讼的诚实信用证据原则·····437
  4. 民事法律意识增强加剧健讼·····439

  5. 推动了传统法律社会化 …………………………………441

主要参考文献………………………………………………445
索　引……………………………………………………460

绪 论

一、传统社会转型与重建

社会转型是指社会整体的嬗变或质变,是包括器物、制度规范、思想文化层面等各个社会领域的全方位变革。① 这种转型是社会生活的各个领域、各个层面的整体性变革,社会政治结构、经济结构、文化形态以及人们行为方式、生活方式、价值体系都会发生明显的变化,而其中经济结构转变是社会转型发生的基础条件,社会文化建设为社会转型的最重要内容。每一个社会发生转型之后都存在经济政治结构、社会文化、制度、价值体系等重建问题。为此,我们需要更多地从社会转型视域去关注社会治理模式的变化,这其中就会涉及社会道统、政统与法统形态的转变问题。然而,在中国传统社会中,这种社会转型却并不是与王朝更替同步发生,社会经济、政治、观念等因素的持续与发展变化具有一个长时段性,往往这种发展变化并不是以某一朝代为限的。

从传统社会至1949年的发展历史长河过程来看,存在着三个重大社会转型与重建时期。

第一时期为春秋初年到西汉汉武帝鼎盛时期。王国维先生尝言:"中国政治与文化变革,莫剧于殷周之际。"② 这一时期是已经由领主制社会转向地

---

① 参见[英]罗杰·科特威尔:《法律社会学导论》,彭小龙译,华夏出版社1989年版,第54页。
② 王国维:《殷周制度论》,《王国维学术经典集》下册,江西人民出版社1997年版,第129页。

主制社会时期,各方面都在急剧变化,也促成了中国社会由血缘社会转向地缘社会,由封建诸侯、贵族分权时代转向专制独裁、皇帝集权的时代。魏晋隋唐则延续了这种转型后的社会存在范型。单从道德文化建设上说,第一时期初期,出现了第一次礼崩乐坏局面,面临道德重建与思想体系建构问题的困扰。春秋战国时期的诸子思想具有外向开放的特点,主要表现在学派的兼容并包和学术上的百家争鸣,其价值取向不仅来自社会宗法结构、社会生产因素等内部转变,而且来自在这个转变过程中"夷狄"入侵外部压力的影响。可以说,"夷狄"威胁是春秋战国时期诸子百家思想发育形成的一个重要因素,也是孔子思想最深刻的根源之一。先秦百家需要适应这种转型,道德文化建设必须与政治文化相结合,使其内涵更具有外王性特征,因而也走过了一条从百家争鸣、诸子争雄到以法家为代表轻视道德建设、强化法治的独占阶段,继而又走向了为建立中央集权政治统治的意识形态阶段。这其中作为先秦时期最主要的思想代表儒家,自孔子起,即以《周礼》为典型概括出"为国以礼"的礼治。作为儒家政治思想所倡导的礼,本质上是强调尊卑上下有序的等级原则、等级规范来调整社会政治关系,约束人的行为,有着一整套社会规范和道德规范,包括政治制度、社会家庭伦理道德规范、仪式等。但是从整体上看,此时"为国以礼"尚未成为国策,只有在汉代儒学获得独尊的地位后,礼治才成为中国古代政治的主导思想。我们所认识的礼在孔子时代,其范围就已经扩大到民间,突破了西周的"礼不下庶人"限制,是将礼放到一个更大的视野里考察,以"礼"作为基本秩序。"生,事之以礼;死,葬之以礼,祭之以礼"①,说明礼关切到人生生死死的一切过程。百姓社会生活的各个方面都必须以礼为规范,化民以礼。礼治要求统治者和民众都要各安名位,遵守礼制,以巩固统治阶级内部秩序和更有效地统治人民。在先秦儒家礼治语境下的德、礼、政、刑都是治国有效手段,但是礼是治国的核心策略,是国家的根本,礼包含着"德"的内容、"法"的因素,礼统率德,法为用。在儒家思想的构架下,先秦汉唐社会成为了一个倡导伦理、注重身份关系、差序格局的社会。

---

① 《论语·为政》,(清)阮元:《十三经注疏》,中华书局1980年版,第2462页。

同时，应该看到，董仲舒虽然倡导"独尊儒术"，但并非是一般世人所理解的独尊先秦单一儒家思想，而是综合诸子百家多元的儒家思想，而且董仲舒时代的"独尊"并没有真正能够使儒学在中国整个意识形态中"独尊"，很快地受到了来自西域的佛释以及本土道家文化的冲击。南北各朝民族战争、政治、经济等原因互相交流融合，进入长期的政治经济文化动荡阶段，到唐代甚至逐渐形成了儒、释、道三教鼎立局面，孔孟乃至董仲舒所建立起来的礼乐之道再次遭受冲击。欧阳修就曾经指出："五代之乱，君不君，臣不臣，父不父，子不子，至于兄弟、夫妇人伦之际，无不大坏，而天理几乎其灭矣。"① 这就促使中国社会进入了两宋到明末清初第二次社会转型时期。

恩格斯说："一切重要的历史事件的终极原因和伟大动力，是社会的经济发展、生产方式和交换方式的改变。"② 宋明时期中国社会转型的"终极原因和伟大动力"在于宋明以来政治体制的变革、经济制度的转换、社会结构的转型和教育学术的演变。应当说，宋代开启了中国政治、经济与文化变革的第二高峰。从陈寅恪、钱穆到侯外庐、唐长孺、胡如雷等，也都曾谈到两宋的历史变化。近代思想家严复指出："若研究人心、政俗之变，则赵宋一代最宜究心。中国所以成为今日现象者，为善为恶姑不具论，而为宋人所造就，什八九可断言也。"③ 史学家陈寅恪也讲："华夏民族之文化，历数千载之演进，造极于赵宋之世。"④ 此时，整个社会正处于转型时期，无论政治、经济、文化、法律传统，均体现出转型社会阶段应有的特质。钱穆先生说："论中国古今社会之变，最要在宋代。宋以前，大体可称为古代中国；宋以后，乃为后代中国。秦前，乃封建贵族社会。东汉以下，士族门第兴起。魏晋南北朝定于隋唐，皆属门第社会，可称为是古代变相的贵族社会。宋以下，始是纯粹的平民社会。除蒙古满洲异族入主，为特权阶级外，其升入政

---

① （宋）欧阳修：《新五代史》卷三十四《一行传》，中华书局1974年版。
② 《马克思恩格斯选集》第3卷，人民出版社1995年版，第704—705页。
③ 《严复集》第三册，中华书局1986年版，第668页。
④ 陈寅恪：《邓广铭〈宋史职官志考证〉序》，《金明馆丛稿二编》，上海古籍出版社1980年版，第245页。

治上层者，皆由白衣秀才平地拔起，更无古代封建贵族及门第传统的遗存。故就宋代而言之，政治经济、社会人生，较之前代莫不有变。"①史学家邓广铭也指出："宋代在物质文明和精神文明所达到的高度，在中国整个封建社会历史时期之内，可以说是空前的。"②宋明中国社会已经形成成熟的君主专制与文官制政治局面。宋代以后，交通更加发达，手工业更加进步，印刷品流通更加方便，商业贸易更加发达，开始快速发展的商品经济，使社会经济领域到明清时期出现了资本主义萌芽，以至美国早期汉学家曾普遍把宋代中国描述为"近代初期"③。

殷周之际，是中国公有文明向私有文明转型时期，宋明则是由农业文明向商业文明转型时期。两宋转向，更体现在思想意识形态方面，集中于思想文化政治，乃至人心，促使人们的价值观念出现明显转化。宋明时期与先秦汉唐相比，思想文化由伦理性向义理性转变，形成了以程朱为代表的宋明理学。这种转变正是与集权化皇权、商品经济发展相关联。士大夫知识分子意识到，经世致用的治政思想必须从影响君主的道德观念开始，只有"正心""诚意""格物""致知"的修身内圣，才能最终走向齐家、治国、平天下的经世外王。与政治、经济发展的同时，两宋社会又是深受"夷狄"外来军事乃至宗教文化思想威胁的社会，逐渐向多元社会结构的转变。在宋金交兵之际，许多士大夫与武人的变节行径，与道德信念坚诚的传统儒家格格不入，面对外来军事、宗教文化思想的威胁，理学家们认为唯一的出路就是道德重建。在理学家的不断呐喊与政治参与下，以道德重建为核心内容的宋明理学成为了国家意识形态正统。

明中晚期的中国进一步强化了这种多元社会结构转型的特性。方志远认为，明代中后期"多元化社会特征在政治、经济、文化乃至价值观念诸方面都有所体现，如社会价值标准由单一的官本位向仕途、财富、精神文化多元标准演变；北京集政治、经济、文化多元中心于一体的地位受到严峻挑

---

① 钱穆：《理学与艺术》，《宋史研究集》第七辑，台湾书局1974年版，第2页。
② 邓广铭：《谈谈有关宋史研究的几个问题》，《社会科学战线》1986年第2期。
③ [美]刘子健：《中国转向内在》第一部分注九，赵冬梅译，江苏人民出版社2002年版，第6页。

战,苏州、南京上升为新的文化中心,苏州、松江等成为大的经济中心,经济中心和文化中心相互依托,与政治中心分庭抗礼;由政府意志主导社会思潮,演变成思想家、文学家、在野'清流'派的思想及小说戏剧所表现的价值观构成多元化的社会思潮等等"①。高寿仙在《转型的内在理路:晚明思潮的反思》一文中,认为晚明社会在一定程度上更具有了"近代性"。②应当说,晚明社会转型表现最通俗的表述就是"资本主义萌芽"的产生。虽然不少学者反对使用"资本主义萌芽"概念,但是笔者还是沿用吕振羽在1933年提出的"资本主义萌芽",是基于其通俗性,具有"批判意识"。"资本主义萌芽"社会的多元化在思想意识形态也有所反映,影响着社会价值体系,侵蚀着传统道德的底线。晚明刘宗周就曾对晚明士人无节表示感叹:"世道之降也,聚麀不出禽兽,而出于衣冠,须眉不生于男子,而生于妇人。独幸有一二妇人,撑持世界耳。"③归有光亦指出:"余生长海滨,足迹不及于天下,然所见乡曲之女子死其夫者数十人,皆得其事而记述之。然天下尝有变矣,大吏之死,仅一二见。"④以女子道德高洁凸显出士大夫阶层的道德崩溃。以王阳明为代表的士大夫处在孕育着资本主义生产方式萌芽的明代社会,这种社会存在必然要反映到社会意识中来。士大夫们提出解决这一问题不同的药方,出现了诸多新的社会思潮。最有代表性的是由程朱理学向阳明心学的转变,倡导的良知说以及早期启蒙思潮、经世实学思潮的兴起。

基于两宋到明末清初时期,宋明理学成为了国家意识形态正统,整个社会无疑都受之影响,国家治理与社会控制之道必将与唐以前有显著差异,也使中国传统社会形成与之前社会不同的特征。

第三次社会转型时期是从鸦片战争到中华人民共和国成立。总体特征表现为由传统农业社会逐步向近代工业社会转变,中国近代化全面展开。政治上,在侵略与反侵略的背景下逐步结束了封建帝制,中国社会进入半封建

---

① 方志远:《明代多元化社会的形成与历史启示》,《光明日报》2011年7月7日。
② 参见高寿仙:《转型的内在理路:晚明思潮的反思》,《新视野》2004年第3期。
③ 《与赵景毅按台》,《刘宗周全集》第3册,浙江古籍出版社2007年版,第425页。
④ 《震川文集》卷二十四《王烈妇碑碣》,据清康熙刊本排印,第337页。

半殖民地的社会状态,同时也开启了中国政治民主化进程,使民主共和观念逐步深入人心。经济上,自然经济逐步瓦解,近代民族资本主义工业在西方列强经济侵略挤压下艰难地发展。思想文化上,先进的中国人从学习西方科学技术到政治制度再到思想文化,呈现出层层递进的态势;五四新文化运动对封建正统思想的抨击,倡导民主和科学,成为中国传统思想文化迈向近代化的重要标志。从这一时期国家治理与社会控制最主要的特征看,是以传统治国方式为主体、效仿西方法治的中西文化结合的社会时期。

如果单纯从社会转型过程中道德精神建设的转型历史进程看,具有以下几个特点:一是转型时期时间跨度越来越短;二是转型初期出现了礼崩乐坏,意识形态控制流失,道德重建问题在这些转型过程中往往是滞后的;三是转型初期都出现了各种社会思潮争鸣、争辩与融合。

二、礼治社会与理治社会

如前所述,孔子概括出"为国以礼"的儒家礼治,试图将"为国以礼"作为国家意识形态,在百家争鸣中成为影响国家治理与社会控制的重要思潮之一。直至西汉汉武帝时期儒学获得推崇地位后,礼治成为基本国策。因此,从先秦孔子时代开始是礼治社会形态准备期,而从汉代确立儒家礼治成为国策开始是礼治社会形态形成期。这种社会形态直到两宋社会前才结束。我们姑且将宋以前的中国传统社会称之为礼治社会。

礼包括社会礼仪制度、礼制思想与行为规范。在儒家礼治体系中,区分尊卑贵贱的等级成为礼的一项尤为主要的功能。《中庸》:"亲亲之杀,尊贤之等,礼所生也。"所追求的小康大同政治理想都是以礼为衡量标准。正因此,费孝通先生《乡土中国》将传统中国农村社会高度概括为"礼治社会":"乡土社会是'礼治'的社会。所谓礼治,就是对传统规则的服膺。……每个人知礼是责任,社会假定每个人是知礼的,至少社会有责任要使每个人知礼。"① 以

---

① 费孝通:《乡土中国》,生活·读书·新知三联书店1985年版,第55页。

礼治为主导，实施国家管理社会。孔子将礼之起源归结于天，实际上是为了论证"礼"所具有的天赋性、神圣性与权威性。"一准乎礼"是唐律对以往的法律准则所作出的总结。《礼记·礼器》："先王之制礼也，有本有文。"先秦儒学是化民以礼。所谓"夫礼，所以整民也，故会以训上下之则，制财用之节；朝以正班爵之义，帅长幼之序；征伐以讨其不然"①。在先秦儒家礼治语境下，礼是治国的核心策略。对此，荀子明确宣称："礼者，法之大分，类之纲纪也。故学至乎礼而止矣。夫是之谓道德之极。"②"乐至则无怨，礼至则不争。揖让而治天下者，礼乐之谓也。"③

同时，两宋以前的礼治传统社会是一个商品生产与交换关系尚不发达的小农社会，自然经济长期占据统治地位。虽然秦商鞅变法就承认了土地的私有产权，但在中唐以前，这种私有产权受多种限制，国家干预较强，从本质上来说应是一种等级土地制度。这种经济形式足以影响以调整商品生产和商品交换关系为主要目标的现代意义的"私法"出现，而且也影响了与民事契约相关的权利义务观念成长，约束了人们的意识与行为。两宋以前以上层贵族为中心的宗法宗族制度等级严格，而且基本民事主体其实是一个个的家庭而非个人，家庭成员不可"别籍异财"，没有形成西方的小家庭模式，一切以维护庞大家族的利益为主。在宗法宗族制度下，家庭家族中的纷争被限制，个人的诉权常常被扼杀。先秦汉唐宗法关系上层化与家族性特征限制了诉权。不同的阶级、阶层之间存在等级森严的诉权，缺乏平等诉权的基础。对大同小康社会理想的追求实际上是儒家"重义轻利""和为贵""以德去刑""省刑罚薄赋敛"的"仁政"思想的集中体现。由于受这种价值观的长期影响，中国在历史上的个人权利观念受到限制。

我们也注意到，很多学者认为，中国古代社会在宋以后的治国思想从本质上与汉唐没有区别，只是在丰富、不断充实。例如纪宝成主编的《中国古代治国通论》在论述治国思想的演变脉络时，就认为自魏晋直到明清（前

---

① 《左传·庄公二十三年》，（清）阮元：《十三经注疏》，中华书局1980年版，第1778—1779页。
② （清）王先谦：《荀子集解·劝学》，中华书局1988年版，第14页。
③ 《礼记·乐记》，（清）阮元：《十三经注疏》，中华书局1980年版，第1536页。

期)"是中国古代治国思想持续丰富、不断充实的阶段。在这期间,封建的生产关系、经济基础没有发生根本的变化,作为上层建筑的意识形态的主要组成部分——治国思想不可能出现本质的改变"①。这些观点最主要的就是没有认识到两宋作为中国社会一个重要的转型时期,没有区别在宋元明清时期与宋以前的社会经济、生产关系及社会意识形态的差异性,因而在理论构建上,将先秦到唐的社会模型视为中国整个古代社会模型。在探讨和概括中国传统社会思想、政治特色等时,往往只论述到唐就停足而止,常常将宋以后的中国社会状况一笔带过。在中国哲学史、思想史、法律史研究中,更是将以先秦孔孟为代表的思想学说作为中国整个传统社会的思想学说。这种观念无疑是值得商榷的。

宋明社会与秦汉社会是两个具有明显不同特征的时期,是中国政治、经济与文化变革的第二高峰。此时,整个社会正处于转型时期,无论政治、经济、文化,均体现出转型社会阶段应有的特质。在政治体制上,宋明由世族政治向士大夫平民政治转型,由地方分权向中央集权转变;在经济形态上,由自给自足经济向商品市场经济转型,土地占有形式由国家土地所有制向地主所有制转变,农业生产关系中租佃式占重要的地位,整个社会观念由贱商抑商向士农工商皆本观念转变;在社会结构上,由人身依附向身份平等转型,人身权利关系趋向契约化与平等化,由基层统治乡党宗法伦理社会向家族宗法伦理社会转变;在教育学术上,由上层封闭教育文化向平民开放世俗文化转型,由儒、释、道各自争先向儒、释、道诸教合一转型;在法律文化上,由伦理法向义理法转型,由法律道德化向道德法律化转型。就法律文化发展历程而言,唐宋以前,法律向道德靠拢,法律寻求并吸收道德价值;而从宋到清末,则是道德寻求法律强制力的支持,在新的社会条件之下,强化他律。整个社会变化与春秋战国之际的社会变更程度不分上下,无疑都可以说是一个社会巨变时期。这种社会变革不能不影响到统治者与士大夫学者在政治、法律、思想文化与教育等各方面的治国策略思想、实践措施的巨大调整。宋以后中国社会显然不能够仍然依照或孔孟的礼治、或西周德治、或

---

① 纪宝成主编:《中国古代治国通论》,中国人民大学出版社2006年版,第30页。

法家法治、或道家政治进行国家治理，必然需要运用一种新的治理模式。宋明理学是融合先秦以来儒、释、道、法等诸子百家思想精华而形成起来的一种新的思想理论体系。理学家以理学来解释儒家之道，提出了"存天理，灭人欲"的社会理想论，以"理治"来代替"礼治"。宋明理学倡导的"三纲五常，天理民彝之大节，而治道之根本"①思想，旨在加强君主专制，积极倡导君臣父子之天分，明君臣父子夫妇之伦，序亲疏贵贱之仪，有力地强化了宗族观念，极大影响了专制集权的强化。元明科举，以宋明理学所建立"四书"学作为考试命题与解说依据。宋以后中国社会已经转向到"以理治国"为核心的"理治社会"时期。宋后期至清中期，宋明理学已经成为上层统治阶层的意志，成为了治国最根本的意识形态。《宋史·道学传》有所谓"时君世主，欲复天德王道之治，必来此取法矣"。南宋理宗在宝庆三年（1227）下诏："朕观朱熹集注《大学》《论语》《中庸》《孟子》，发挥圣贤蕴奥，有补治道。"②

三、宋明理学理治社会研究框架

在宋元明清社会时期，宋明理学成为了中国社会的正统意识，这对中国历史与文化产生了深远的影响。宋明理学不仅是在学术思想上成为宋代以后的理论指导，而且其理论体系也是经世致用的。宋明理学作为统治阶级的正统思想学说的存在与发展的本身就说明了其所固有的理论价值与历史地位。宋明理学以理治国为核心的社会思想内容深邃，融合了儒、释、道、法思想，不但为统治者所称锤，更有社会民众为其呐喊。

目前学界尚未从宋明时期理学国家意识形态高度将国家治理、社会控制以及传统社会的政治法律制度作为一个整体进行系统研究，使宋明理学思

---

① 《晦庵先生朱文公文集》卷十四《戊申延和奏札一》，朱杰人等主编：《朱子全书》第20册，上海古籍出版社、安徽教育出版社2002年版，第656页。凡后直称《朱文公文集》，标注《朱子全书》第×册，第××页。
② 《宋史》卷四十一《理宗本纪》，中华书局1985年版，第789页。

想在中国社会中的地位与影响难以全面呈现。为深化对我国传统社会后期治理思想轨迹与特征的认识，全面准确地把握宋明社会思想构成，有必要从宋明理学"以理治国"层面上解释宋明理学长期作为中国正统思想学说存在的必然性因素、积极意义和思想局限。基于此，本书主要关注的问题与主要观点有：

一是形成宋明理学以理治国方略的社会背景与理论基础是什么？必须清醒认识到宋明时期的社会转型，无论是政治体制还是经济方式、思想学术与先秦时期相比都有了巨大变化。这种社会转型促成了宋明理学家士大夫的忧患意识、天下意识、批判意识、经世意识、变革意识的积淀，追求国家与民族权威秩序、社会秩序、思想秩序的重建，社会的治理必须符合新时代的客观要求。在研究过程中需要区分"礼治社会"与"理治社会"两种语境下，社会治理方略的适用性。要充分理解宋明理学与宋以前儒家思想核心倾向的不同路径，宋以前儒家以圣人之言内圣为主，而宋明理学则以内圣为基，合内圣外王之道，将理学落实到治道力行的实践层面上，外王是其理论核心目标。由此，也能够较好地理解宋明理学推崇"四书"体系的真实意境与理论框架。这种"理治社会论"形成是"汇纳群流，扩其范围"的结果，兼具包容性、多样性的特点。宋明理学极力吸取并改造法家等思想中有利于维护君主专制的思想，具有强烈的科学理性色彩、很高的思辨哲理性及社会实用性，思想更具有合理性、灵活性与可操作性，成为引导中国传统社会后期几百年政治活动的思想规范。

二是宋明理学指导下的中国社会具体治国方略是什么？通过对"理治"（以理治国）、"理治社会""宋明理学心灵和谐社会""天下平生态社会""义理法律文化"等新概念的阐发，以探讨理治社会思想形成的理论内涵与特征、理治社会的理想境界及其理论价值。在中国历史各时期，曾出现诸如"德治""礼治""法治"、政治乃至礼法结合、德法合一等治国方式。在先秦儒家语境下，"礼乐刑政"成为其礼治思想的核心，礼、乐、刑、政都是治国有效手段，但是礼是治国的核心策略，是国家的根本。北宋时期，李觏、周敦颐、二程、杨时等人继承了先秦儒家"礼乐政刑"思想并进行了一些时代化的改造，成为以朱熹为代表的理治下德礼政刑治理路径的过渡。宋明理学顺着儒、释、道三教合流的历史趋势,倡导理治,以天理论为核心,结合"四书"修齐治平思想,对传统儒家学说进行改造,力图以理学"内圣"心性之学去收拾官民之心,创立了儒家学说的"道统"体系,统一对传统"治道"的认识,合德礼政刑为一,作为重要的治理路径,通过以德率人、齐之以礼、制之以政、惩之以刑等不同的外在方式,达到实现"天下平"的社会治理目标。"平天下"所包含的"明明德"心灵和谐社会、"一统天下""天下为公""生态天下平"等境界,至今仍是值得我们追求的至理至公至正的理想。在此基础上,建构起独具理论特色和现实价值的理治思想模式,标志着中国社会已经由先秦汉唐的礼治社会时期转向"以理治国"为核心治国之道的"理治"社会时期。理治是德治、礼治、政治、法治的结合,德礼政刑是理治制度化的保证。对于礼、刑、政诸端而言,理是本体,是根据,又是规范以及准绳,天理成为了宋以后治国之道的内核。

可以说,"以理治国"为核心的治国之道是以宋明理学思想为指导,以天理为根据,合传统治理之道,以"德礼政刑"为主要治理路径的多维度社会理治模式,待人以理,化民以理,追求国家道德伦理化、法律化的统一,礼制与政治制度理性化、法律理学化,实现天下平的理想社会。

三是以理治国时期的社会控制方式、理论模式与工具性内容主要有哪些?宋明理学的社会控制思想是基于其特定理论系统化的思考,对社会控制的必要性、可能性以及合理性、权威性作出论证。宋明理学倡导理治,形成了多维度的社会治理模式,既具有无可置疑的"官方哲学"的性质,维护纲常伦理与君权的永恒性、合理性,又包蕴同纲常伦理与君权相抗衡的理性精神、政治批评性,"理尊于势"。

宋明理学国家治理与社会控制采取了综合整体方式。从理论模式上说,首先,中国传统文化基本上以人性论作为其治国理论的基础,由心性论而推出了伦理学的全部原则,这是传统伦理道德思想的前提和基础。宋明理学"存理灭欲"正是以心性天理论为基石的,通过理欲之辨打造具有双重性的治理之道。尤其是将义利之辨重新演绎,既具有形而上之特征的完整理论体系,又突出社会实效化,更具有经世致用的社会性。其次,宋明理学构筑了追求克己复礼到复理为仁的循环回归性模式,关注制度建设与道德约束的并行，在实现外王之治的同时，更注重克己复礼为仁，由外王回归内圣，实现成圣理想人格。再次，宋明理学的治国之道也是以天人一体、"理一分殊"为理念的中庸和谐模式。宋明理学将"天人一体"与理一分殊、中庸之道联系起来，以人道承袭天道，将人性与天道贯通一致而注重整体、追求和谐思维方式，将传统的"和而不同"理论认知走向更为积极的现实的"和而解"；同时，理治之道具有丰富内容的层次性模式。宋明理学以理欲论为核心，结合"四书"学，构成了"修齐治平"自下而上控制层，由心灵道德到现实实践，从内向外扩展，即修身个体性—齐家家族性—治国社会性—平天下终极性发展。平天下为治国实践的目标，"修齐治平"为社会政治不同阶段运用。宋明理学依然坚持国家集体本位，把国家一统及社会整体利益放在首位，在具体阶层控制上特别重视发挥君王功能，将格君子之非心、实现政统与道统的统一作为治人的首要目标。先正君，再治吏，最后驭民为一体，融正君、治吏、驭民为一体，形成先君而后臣民自上而下的控制理论。最后，宋明理学走过了一条"礼乐刑政"向"德礼政刑"综合治理转化的发展道路。

四是宋明理学道统、政统及法统地位相互关系是如何的？从宋明理学道统的发展轨迹看，宋明理学道统观是帝王之道向圣人之道的转变，追求圣人的道统与帝王的政统结合，凸显出道统目的：维护儒家道统之正统性与"理"的绝对性，利于政统、法统之秩序。道统是形而上的合理性终极依据，也为君主专制主义的传统提供了合理性论证。"皇极"与"西铭"说结合的天理君权理论，从君权神授、天命君权中解放出来，赋予君权以新的解释，承认了君主的绝对权力。确立了"道统"高于"政统"的神圣性，"道"尊于"政"，以"圣人之言"来拒绝和匡正当朝执权柄者的悖谬之言和随意之政，理学道统成为专制皇权的制衡力量之一。反对独治与专制，提出了"天下分与亲贤共理"、分治群治分权共制思想，由"共治天下"乃至"共有天下"的虚君抑君观，由"尊君重民"模式发展为"重民虚君"的政治思想模式。同时，为了实现道统与政统合一，宋明理学家进行了以道统修正政统的诸多实践。宋明理学继承和发展了先秦孔孟"革君心之非"，以格君之非心为路径，试图通过人君正理的道德修养自我约束，保证君主之心的纯正，实现"正其心术以立纲纪""虚君"的政治理想。宋明理学存在着肯定君主制度与揭露专制君主之契合。以天理来约束君主、百官、万民，形成正君心、正百官、正万民的自上而下三个不同层次的内容。

宋儒以道统统率政统，将内圣与外王统一起来了，合内外之道。为维系宋明君臣同治的文官政治、构建"家国一体"的政治结构的需要，为建立社会"秩序"理念的需要，为提升家族行为规范的需要，同时，也是为了发展礼法思想，丰富儒家理论"一道德"的需要，宋明理学努力复兴道德伦理，实现了"三纲五常"向"四德五伦"的结构性转变。为此，宋明理学特别重视以"德""礼"为主要内容的伦理道德教化以及礼学制度建设，将德礼作为第一层次的治国之道。

五是宋明理学视野下的法律文化属性与先秦孔孟传统法律文化属性的差异性在什么地方？宋明理学语境下的理治社会的核心价值、法律价值、法律目标、刑事与民事法律规范有什么变化？以唐宋之际为界，礼治社会与理治社会的传统社会语境中存在不同的法律价值取向。礼治秩序社会的核心社会价值是"仁和"，这与孔孟的"仁学"精神是一致的。宋明理学理治社会的核心价值是"存天理，灭人欲"的经典总结。"存天理，灭人欲"是道统圣人之言的体现，是人与自然、社会、万物的和谐统一，也是社会合理性的反映。"存天理，灭人欲"具有政治警示批评性与平民世俗约束性的统一。从宋明理学天理人欲体系框架看，天理是社会伦理道德与自然界综合为更高层次的一个有机体，"存天理，灭人欲"具有律己律人、律上律下的道德特色。"存天理，灭人欲"的指向是非常全面的，而非单一针对上层统治者与禁欲主义，是社会道德普世性的要求，是经世致用社会实践的重要环节。宋明理学崇尚"中和"，认为"中"是"理"的极致。"中"不仅是天道，同时也是天德，也是和社会价值相联系在一起的，具有社会现实意义。"执中"是宋明理学道统主旨学说，充分体现了其正统意识、弘道意识。因而在法律价值上，宋明理学追求"中"，中即理。"中"合理体现了法律所具有的正义、公平与效率的意义。"中"表现在法律上含有执法公平、准确、宽猛合于法度之意。在现实中，直接体现在宽猛相济之法"中典"，"中"体现了平衡、和谐与稳定的法律价值。

宋明理学的义理法律文化强调"法者，因天理，顺人情"，体现了传承性、法律伦理性、司法义理性、法律政治性以及科学理性的特征，突出传统法律文化的阶段性。义理法融天理、国法、人情于一体，倡导"理，情，法"架构形式，以理统情，以理统法，形成理体情用、以情释理、以情辅理，"国法"源于"天理"，"国法"顺应与维护"天理"的基本理论定式，存在政统与法统一致趋向性、法统制约政统皇权专制制度，主张"犯法者，天子必付之有司"，以"理一分殊"原则坚持权法两全之道。

在"仁"与"中"为中心的不同法律价值影响下，"礼治社会"与"理治社会"也有两种不同的法律基本目标，即无讼与息讼。孔子时代传统礼治社会的"无讼观"，追求无刑与无讼，更主要是在于防讼。而宋以后的中国社会法律目标是息讼，是为了止讼、限讼与利讼共存的息讼。息讼观是理治社会将追求"无讼"的传统理念转化为"息讼"目标的务实精神结果，是从孔子"和为贵"的无讼到理学"理而后和""和而解"的息讼以及传统义利观理念演化理论发展的结果，社会现实追求目标更具有务实性。息讼是肯定健讼的现实存在，利于培养民众的法律意识，也是个人利益与权力有限保护的结果。宋代以后的法律体系更加完善，民事法规刑事化色彩减弱，承认依法进行的合理诉求，"情理兼顾"和"情法两尽"，体现着社会的巨大变革。

为了阐发以上问题，本书运用法哲学、社会学、历史学相结合的研究方法论，从理治社会理论层面解读宋明理学时期的政治法律，偏重于思想理论的演绎。宋元明清社会是"理治社会"，这种理治是通过其道统、政统、法统与学统进行一体化构建的。而宋明理学道统与学统有诸多相似性，甚至重合，故而，将道统、政统、法统作为宋明理学理治社会的侧重点予以阐述是可行的。为此，本书将宋明理学理治社会文化分为宋明理学"理治"内涵、时代使命与社会理想、以理治国理论范式与特性，以及理治社会之道统、政统与法统六个部分展开论证。

宋明理学理治思想，宏大而深刻，在不断地充实其理论模式的过程中，又加以实践性，使之具备了确实可操作性。将社会理想与使命置于整个理治社会语境中，更显其积极意义。同时，作为一套把持中国社会长达七八百年的宋明理学正统思想，由宋至明清，又因外来思潮或内部学派的分歧冲击，理治体系内在逻辑的矛盾不断显现，地位不断受到动摇，甚至被视为"以理杀人"的工具。理治内在不足与外在实践冲突的存在，无疑成为宋明理学难以克服的弊端，因而，其对后世社会意义不能无限地被放大，需要以理性的态度审视宋明理学，理治社会价值与内容有待于进一步从整体上展开判析，承其精华，去其糟粕，从理学思想定于一尊的桎梏中解脱出来，不断丰富和发展传统文化，将中国传统社会文化作为现代社会治国理论的重要支撑点，以有助于现代科学理论体系的建立。

第一章 宋明理学理治社会内涵

一、传统治国方略模式

为实现有效治理,每一个政权无不建构与现实社会、传统历史文化及文明相适应的国家治理体系。中国传统社会文化中包含着丰富的治理思想,这些思想始终贯穿着从古到今的治理实践。既有一元论,亦有二元论甚至多元论的纷争。一元论主要观点有德治、礼治、法治、政治、道治、孝治、乐治、权治、力治论等;二元论主要有礼法、儒法、德刑、德力等。即便同一时期,治国之道亦有不同。北宋邵雍以为三皇之世"以道化民",五帝之世"以德教民",三王之世"以功劝民",五霸之世"以力率民"。① 在治国模式上,许多学者认为存在阶段性模式。梁启超把中国法理学史发展的历史分三个阶段:一是礼治时代(三代至春秋之前);二是法治主义时代(春秋战国);三是法治主义衰落时期(自秦汉以下)。② 而牟宗三则提出了"中国以往的治道"三个系统:一是儒家的德化的治道;二是道家的道化的治道;三是法家的物化的治道。中国以往那三套治道的思想都是出现并在义理规模上完成于春秋战国时期。③ 许多学者附和着:"从古至今东西方各国在改朝换代中,维持社会统治的三大通途:一是从君权天授论或其他类似的神秘理论出发,用政治的(或行政的)手段治理其统辖下的社会。这就是通过国王、皇

---

① 参见(宋)邵雍:《皇极经世·观物内篇》,文渊阁《四库全书》本。
② 参见《论中国成文法编制之沿革得失》,《梁启超法学文集》,中国政法大学出版社2000年版,第96—97页。
③ 参见牟宗三:《政道与治道》,广西师范大学出版社2006年版,第23页。

帝等，颁发旨、敕、诏、令以及政策方针等，以调节统治阶级与被统治阶级之间的关系，维持统治秩序。二是从民本论一类理论出发，用惠民的德治手段治理庶众。三是从民性如水东西决流的善恶兼并论出发，用法治或严刑苛法的手段。"① 张康之教授指出，就人类的社会治理而言，是一个从"权治"到"法治"再到"德治"的历史演进过程，"权治"是农业社会的基本治理模式，用权力去治理社会，从属于统治型的社会治理；"法治"是工业社会的基本治理模式，用法律治理社会，从属于管理型的社会治理；到了后工业社会，以公共管理为形式的服务型社会治理属于"德治"的社会治理，人们用道德治理。也就是说，权治、法治和德治代表了三种不同的社会治理行为模式。在统治型社会治理模式中，以权治为主，法治和德治只是辅助手段；在管理型社会治理模式中，是以法治为主，在法治的规范下，也有着权治的内容，而德治是受到排斥的；服务型社会治理是德治的治理体系，它把法治与德治统一起来。② 刘双舟将治理模式变迁分成几个时期，夏商历史时期为早衰的宗教治理模式；两周时期创立了新的以宗法为特征的伦理道德规范体系，进入强化的道德治理模式；春秋战国时期应当成为我国由道德治理模式向法律治理模式转变时期；秦统一以后，我国社会应当进入到法律治理的低级阶段，即法治时代；两汉中期以后，我国进入了一个既不是完全的道德治理模式，也不是完全的法律治理模式的礼法治理模式，也即"道德与法律共治"的二元治理模式。这一模式被后世封建王朝予以强化和发展，直到清末法制改革才告终绪，是二元治理模式。③ 李建华、曹刚以为"先秦至辛亥革命数千年，从总体上呈现出德法合治——法治——德法合治的基本线索"④。可以说，传统社会治理模式中存在一个长时期的道德与法律融合模式，这更是我国传统社会的主要治理模式，实际上，也都承认了传统社会治理模式中二元治理模式的意义。

---

① 吴越：《德法相兼的治国方略历史理念六议》，《江汉论坛》2002年第9期。
② 参见张康之：《公共管理：社会治理中的一场革命》，《北京行政学院学报》2004年第1期。
③ 参见刘双舟：《个人独立意识与我国传统社会治理模式的变迁》，张中秋：《理性与智慧：中国法律传统再探讨》，中国政法大学出版社2008年版，第92页。
④ 李建华、曹刚：《法律伦理学》，中南大学出版社2002年版，第30—35页。

在中国历史轨迹中,春秋战国时代,各学派百家争鸣,各有其长,德治、礼治、法治、政治等此起彼伏,并呈现相互交融的趋势。儒家、道家、法家等占据优势之地,把持国策。各派将"天命天道""王道君道"与"人道民治"一以贯之,但说法有别,论证迥异。儒家人性论、道家"道法自然"、法家权势术成为各自治国思想的理论基础与哲学依据。儒家"大同小康"、道家"无为而治"、法家"富国强兵"成为各自的终极目标。治国思想的思维方法也各有特色。儒家以中庸经权观设计了德礼政刑之治的基本方案、修身齐家治国平天下治理思想的逻辑演绎;道家崇尚去奢节俭、省刑慎罚、愚民为术;法家勾画了"尊主卑臣"、以刑去刑、行赏罚两柄治国的基本路径。其他学派也各显所长,墨家兼爱、尚同、尚贤与节用。杂家"兼儒墨,合名法",博采各家之说见长。即便儒家也门派分宗,各有所论,正宗别宗,异同纷争。孔子之后,儒分八家,各树一帜。孟子主张性本善,实行天下归心的民本、尊贤、廉政的仁政,"施仁政于民,省刑罚、薄税敛"①。而荀子则以为性本恶,崇礼重法,率先直接提出了"礼法"治国主张,"礼者,所以正身也……故非礼,是无法也……故学也者,礼法也"②。礼与法同为治之本,所谓"治之经,礼与刑,君子以修百姓宁"③。礼法在中国古代有不同的称法,也被称之为"德法"。《大戴礼记》载:"礼度,德法也,所以御民之嗜欲好恶,以慎天法,以成德法也。刑法者,所以威不行德法者也。"且法、刑在含义上又几乎一致。故而诸多学者对于"礼法""德刑"论的解释大同小异,很多情况下是不分彼此。

从历史角度看,西周、春秋战国,属于以礼入法、道德法律一体化时期。礼,既包括礼仪道德,又具有法律性质。"夫礼,天之经也,地之义也,民之行也。"④《大戴礼记》卷二《礼察》亦曰:"礼者禁于将然之前,而法者禁于已然之后。"礼与法相通互补,德礼、法刑成为国家治理的两大法宝。

---

① 《孟子·梁惠王上》,(清)焦循撰:《孟子正义》,中华书局1987年版,第71页。
② (清)王先谦:《荀子集解·修身》,中华书局1988年版,第39页。
③ (清)王先谦:《荀子集解·成相》,中华书局1988年版,第545页。
④ 《左传·昭公二十五年》,(清)阮元:《十三经注疏》,中华书局1980年版,第2017页。

《管子》说:"法者,天下之仪也,所以决疑而明是非也。"① 西汉重新开始探索治国方略,采用道、法结合的黄老思想为指导,后因其消极治国理念对于专制君权统治不利,逐渐转向接受董仲舒"罢黜百家,独尊儒术"的构想,以儒家经典解释法律,《春秋》决狱,这是法律文化领域礼法融合的真正开始。汉宣帝时明确提出的"霸王道杂而用之"口号,以为"汉家自有制度,本以霸王道杂之,奈何纯任德教,用周政乎!"② 糅合儒法两家治国思想,代表了一种兼容并蓄的政治心态。自西汉之后,儒学成为了正统思想,儒家经典一跃而为统治者立法和司法的圭臬。经过魏晋儒家学者的努力,儒家法律精神进一步渗透于国家立法思想原则之中。《唐律疏议》的出现,则标志着道德法律化的最终完成。唐代贞观之治、开元盛世,以开放的儒学治国为主导思想,对非主流思想都持宽容、兼容和并蓄态度。宋以后,理学家以理学为宗,融儒、释、道之学,以儒家道德礼法伦理思想为核心,以"存天理,灭人欲"为理想价值追求,创立了儒家学说的"道统"体系,各代圣贤君王凸显政治智慧,强化专制主义措施,进一步完善中央集权,以实现长治久安的治国之道。

同时,应该明确,无论是周公德治、先秦儒家礼治,还是法家法治、道家政治,都不曾将德、礼、政、刑分离。儒家只是强调德礼的更重要性、更优良性,但并没有排斥、否定法治的应有作用,在德治范畴中必然包括对法律因素的运用。法家也只是更强调法律强制性治国功效的一面,而在法治范畴中也必然包含对德礼的利用。德治、礼治、法治、政治作为治国的基本方式,都是不可或缺的。既没有纯粹的德治,也没有单纯的法治,它们总是相互依存,互为补充,共同组成治国的基本手段。所以孔子说:"政宽则民慢,慢则纠之以猛;猛则民残,残则施之以宽。宽以济猛,猛以济宽,政是以和。"③ 孟子说:"离娄之明,公输子之巧,不以规矩,不能成方圆。师旷

---

① 《管子·禁藏》,戴望:《诸子集成五·管子校正》,中华书局香港分局1978年版,第289—290页
② 《汉书·元帝纪》,中华书局2002年版,第277页。
③ 《左传·昭公二十年》,(清)阮元:《十三经注疏》,中华书局1980年版,第2094—2095页。

之聪，不以六律，不能正五音。尧舜之道，不以仁政，不能平治天下。今有仁心仁闻，而民不被其泽，不可法于后世者，不行先王之道也。故曰：徒善不足以为政，徒法不足以自行。"①儒家明确提出"礼、乐、政、刑其极一也。所以同民心而出治道也"。又说"礼、乐、政、刑四达而不悖，则王道备矣"②。说明礼、乐、政、刑四者目的一致，就是治百姓，王道备。李觏也说："乐、刑、政虽统于礼，盖以圣人既别异其名，世传已久，止言礼，则人不知乐、刑、政，故并列之，使人得以兼用。然首之以礼，而乐、刑、政次之，意者谓乐、刑、政咸统于礼欤！"③韩非在对"法"的阐释时说："明主之所导制其臣者，二柄而已矣。二柄者，刑、德也。何谓刑、德？曰：杀戮之谓刑，庆赏之谓德。为人臣者，畏诛罚而利庆赏，故人主自用其刑、德，则群臣畏其威而归其利矣。"④从历史上看，德治或法治等既是一种治国方式和社会控制模式，又是一套价值系统，目标是建立理想的社会生活方式。无论国家之大小，政制之优劣，都有各自治国之道，关键在于以其中哪一种为主导或基本方略，而不存在儒家、法家、道家等相互排斥与对立的局面，更多的是融合，只是在不同思想体系中，所强调的核心内容有所不同。

在此，我们认为有必要对传统治国模式的主要特征加以简要介绍，以利于更好地将各种模式与宋明理学"以理治国"模式作一对比，凸显以理治国方略所具有的特征与意义。

1. 德治论

"德"的原始字义与"得"的意义是相通的，为"获得"之意。后含义不断扩大，有"自得"与"为他人得内外"两方面意义。《说文》："德，外得于人，内得于己也。"就自身主体而言，是内得于己；从主体外在方面而言，则外得于人，使他人有所得。后"德"的外延有了进一步的拓展，不仅

---

① 《孟子·离娄上》，《孟子正义》，中华书局1987年版，第511—520页。
② 《礼记·乐记》，(清) 阮元：《十三经注疏》，中华书局1980年版，第1529页。
③ 《李觏集》卷二《礼论第五》，中华书局2011年版，第14页。
④ 《韩非子·二柄》，陈奇猷校注：《韩非子新校注》，上海古籍出版社2000年版，第120页。

仅只是指向个人道德修养内涵，而且已经拓展为一种政治观念与原则，逐渐演化成为一个十分重要的政治和伦理概念。德治成为一种社会控制模式、治国方略。鉴于殷朝的灭亡"惟不敬厥德，乃早坠厥命"①，周代将德治作为一种社会控制模式，周公提出"以德治国，礼乐辅之"的政治主张，《庄子·天下》篇所谓周人"以天为宗，以德为本"。孔子也提出"为政以德"治国理论，《论语》曰："为政以德，譬如北辰，居其所而众星共之"，"道之以政，齐之以刑，民免而无耻；道之以德，齐之以礼，有耻且格"，使德治成为儒家治国的最主要策略。②

何谓德治？德治可以说是一个融道德、政治、信仰、策略为一体的综合概念。所谓德治是一种道德政治，以道德教化作为规范君主行为、治理国家社稷、管理庶民百姓的治国手段，通过运用道德的内在约束力以达到社会稳定之目的的一种模式。德治要旨在于"治者"作为道德表率与示范来教育和感化"被治者"，主要有以下几个内涵特征：

一是"以德配天"。周人天命论强调"德"的人格性，淡化"天"的宗教性，将天与君权联系起来，借此加强统治者的权威，抬高德的地位，使之神圣化、永恒化。认为有"德"者才可承受天命，统治者必须"敬天""孝祖""保民"，才能"以德配天"，德行既有道德意义，更具政治意义，将道德上升到天道层次，形成了天命与道德相结合的伦理政治思想。

二是"敬德保民"。周人认识到要维护自己的长久统治，就需要以民为本。民心即是天心，民意即是天意，"夫民，神之主也"③，"天矜于民，民之所欲，天必从之"④。德治的实施，使百姓具有一种凝聚向心力。因而传统德治的一个积极内涵，就是对于"治者"的德行有着较高的要求。

三是"以德育人"。在实施德治过程中，统治者必须要解决将君王道德主体的修养、道德规范、礼仪制度转化为社会每一个成员自觉的道德意识与

---

① 《尚书·召诰》，（清）阮元：《十三经注疏》，中华书局1980年版，第213页。
② 对于春秋战国时期儒家究竟是德治还是礼治为主体，可以说是一个难以细化的论题，本书不再讨论。
③ 《左传·桓公六年》，（清）阮元：《十三经注疏》，中华书局1980年版，第1750页。
④ 《尚书·秦誓》，（清）阮元：《十三经注疏》，中华书局1980年版，第181页。

道德行为的问题,也就是使道德伦理具有向外辐射转化的趋向,外王事功得以实现。将道德外化的首要途径就是以德育人。如何以道德特有的教化性和劝导性,提高人思想道德的觉悟,德教为先,成为衡量"德治"的最重要标准,也是德治在"治人"层面上的核心策略。其要求统治者主要不是运用强制手段,而是运用教育和政策导向等手段教化、感化民众,以推行作为国家"意识形态"的道德价值体系。

四是"为政以德"。德治并非仅仅是通过单一的道德教化手段来实现社会治理的,也必须建立一定的道德教化政治制度来保证社会治理目标的实现。"为政以德",就是要在推行伦理道德过程中,实现道德教化政治制度化。周代制度建设最主要的工程就是制礼作乐,"乐至而无怨,礼至而无争"①,"礼义立则贵贱等矣,乐文同则上下和矣"②。

五是"明德慎罚"。周初统治者总结了商朝"重刑辟"招致亡国的历史教训,提出了"明德慎罚"的指导思想,在德治中也包含刑罚。"惟乃丕显考文王,克明德慎罚"③。为了"以刑佐王治国"的需要,周代设立了专门的司法官司寇:"惟王治国,辨方正位,体国经野,设官分职,以为民极。乃立秋官司寇,使帅其属而掌邦禁,以佐王刑邦国"④。"明德慎罚"要求司法者自觉遵守道德,对民先德后刑,《黄帝四经》将德视为"明者",将刑视为"微道",体现了重德轻刑的倾向。《十六经·观》说:"春夏为德,秋冬为刑,先德后刑以养生。"先德后刑,充分发挥道德说教的作用。以德制刑,"刑期于无刑",把道德原则作为立法和制定公共规约的依据,将"无刑"作为法律追求的理想价值。

2. 礼治论

先秦儒家倡导"为国以礼""以礼治国"的礼治。儒家的礼,本质上是强调尊卑上下有序的等级原则,维护等级秩序的一整套社会规范和道德规

---

① 《礼记·文王世子》,(清)阮元:《十三经注疏》,中华书局1980年版,第1406页。
② 《礼记·乐记》,(清)阮元:《十三经注疏》,中华书局1980年版,第1529页。
③ 《尚书·康诰》,(清)阮元:《十三经注疏》,中华书局1980年版,第203页。
④ 《周礼·秋官·司寇》,(清)阮元:《十三经注疏》,中华书局1980年版,第867页。

范，包括政治制度、社会、家庭伦理道德规范和仪式等。礼是"经国家，定社稷，序民人，利后嗣"①的根本大法。荀子吸收诸子百家思想，认为礼是治国安民之本。"礼之于正国家也，如权衡之于轻重也，如绳墨之于曲直也。故人无礼不生，事无礼不成，国家无礼不宁。"②荀子在《荀子·议兵》篇中说："礼者，治辨之极也，强国之本也，威行之道也，功名之总也。"概括而言，"礼"是社会生活之礼仪，是规范人们的社会行为、个人立身行事的准则，是国家政治之法则。

礼治的发展经过了不同的历史时期，主要有：以血缘关系为纽带、以"礼义"与"礼制"为内容的夏商西周初形成和鼎盛时期；礼治面临挑战，建立崇尚法家的秦王朝，礼崩乐坏，而儒家孔孟试图恢复礼治的春秋战国至秦的衰败时期；总结周秦"礼治"成功与失败的历史经验，注重"礼义"教化和政治组织形式与制度实质性的西汉复兴时期。董仲舒时代，礼治（也有说德治）遂成为中国古代政治的主导思想。中国社会长期处在一个"礼治社会"之中。如前所论，在费孝通先生《乡土中国》的定义中，"礼"更多的是用来描述乡土中国基层的社会形态，指出中国乡土社会"是个'无法'的社会，假如我们把法律限于国家权力所维护的原则，但是'无法'并不影响这个社会的秩序，因为乡土社会是'礼治'的社会……而礼却不需要这有形的权力机构来维护，维护礼这种规范的是传统"③。何勤华、李秀清则提出礼治世界是"建立在小农经济的基础上，受君主专制思想长期浸淫，为家族血缘关系和伦理道德思想所束缚，因而是保守的、封闭的"④。而梁漱溟先生基于比较文化的立场，认为中国文化与西方文化的发展路径完全不同，中国属于"伦理文化"类型，中国传统是"伦理社会"⑤。

---

① 《左传·隐公十一年》，（清）阮元：《十三经注疏》，中华书局1980年版，第1736页。
② （清）王先谦：《荀子集解·大略》，中华书局1988年版，第585页。
③ 费孝通：《乡土中国》，上海人民出版社2006年版，第47页。
④ 何勤华、李秀清：《外国法与中国法——20世纪中国移植外国法反思》，中国政法大学出版社2003年版，第11页。
⑤ 参见梁漱溟：《中国文化要义》，上海人民出版社2005年版，第74页。

就礼治内涵特征而言，主要有：

一是礼本于天。孔子认为"礼必本于天"①，具有天意，"礼以顺天"②，"承天之道"。孔子的"礼必本于天""承天之道"则主要是从人类社会天理所具有的"天叙""天秩"阐发的，孔子将礼之起源归结于天，实际上是为了论证"礼"所具有的天赋性、神圣性与权威性。孔子的礼源于天道说，在汉儒董仲舒和宋儒朱熹那里发挥到了极致。

二是一准乎礼。孔子视礼为人们的社会行为规范，应"非礼勿视，非礼勿听，非礼勿言，非礼勿动"③。"先王之立礼也，有本有文。忠信，礼之本也；义理，礼之文也。无本不立，无文不行。礼也者，合于天时，设于地财，顺于鬼神，合于人心，理万物者也。"④

三是"礼者，体也"⑤。在先秦儒家礼治语境下的中，德、礼、政、刑都是治国有效手段。《乐记》说："礼以道其志，乐以和其声，政以一其行，刑以防其奸。礼、乐、刑、政，其极一也。"说明了礼、乐、刑、政目标的一致性及其不同的治理路径。但是礼是治国的核心策略，是国家的根本。礼统德、政、刑，成为首要层次的治国之道。在儒家礼治主张中，礼不仅包含着"德"的内容，同时也包含着"法"的因素。《荀子·劝学》篇中明确宣称："礼者，法之大分，类之纲纪也。"礼具有法律意义，儒家礼治之礼是和道德规范相联系在一起的。礼成为人道之极、道德之极，也就是说礼是社会道德生活的最高准则："规矩者，方圆之至；礼者，人道之极也"⑥。"礼以体政，政以正民，是以政成而民听"⑦。"礼以体政"主要包含两个方面的含义。一是"礼，政之舆也，身之守也"⑧。杜预曰："政以礼成。"⑨杨伯峻作注曰：

---

① 《礼记·礼运》，（清）阮元：《十三经注疏》，中华书局1980年版，第1426页。
② 《左传·文公十五年》，（清）阮元：《十三经注疏》，中华书局1980年版，第1856页。
③ 《论语·颜渊》，（清）阮元：《十三经注疏》，中华书局1980年版，第2502页。
④ 《礼记·礼器》，（清）阮元：《十三经注疏》，中华书局1980年版，第1440页。
⑤ （唐）孔颖达：《礼记正义序》，（清）阮元：《十三经注疏》上册，中华书局1980年版。
⑥ （清）王先谦：《荀子集解·礼论》，中华书局1988年版，第422页。
⑦ 《左传·桓公二年》，（清）阮元：《十三经注疏》，中华书局1980年版，第1743页。
⑧ 《左传·襄公二十一年》，（清）阮元：《十三经注疏》，中华书局1980年版，第1972页。
⑨ 《左传·成公十二年》，（清）阮元：《十三经注疏》，中华书局1980年版，第1910页。

"体为'体用'之体,意谓礼为政治、政法之骨干。"① "礼以体政",谓礼以行政。"礼者,政之挽也。为政不以礼,政不行矣。"② 二是为政先礼。孔子在《礼记·哀公问》中说:"为政先礼,礼其政之本欤。"《礼记·礼运》所谓"故坏国丧家亡人,必先去其礼"。

四是化民以礼。所谓"礼,所以整民也,故会以训上下之则,制财用之节;朝以正班爵之义,帅长幼之序;征伐以讨其不然"③。"道德仁义,非礼不成;教训正俗,非礼不备;分争辩讼,非礼不决;君臣上下,父子兄弟,非礼不定;宦学事师,非礼不亲;班朝治军,莅官行法,非礼威严不行;祷祠祭祀,供给鬼神,非礼不诚不庄。"④ 儒家把"礼"的功能扩展延伸到整个社会,认为"生事之以礼,死葬之以礼,祭之以礼"⑤,说明礼关切到人生生死死的一切过程。以道德礼义来化民向善,"博学于文,约之以礼,亦可以弗畔矣"⑥。

3. 法治论

张中秋指出:"法治应是社会控制的一种模式,是指人们通过或主要通过法律对国家的治理而求理想社会的实现。"⑦ 先秦法家法律思想的核心就是以法治国,法家思想集大成者韩非以法为宗,将法、术、势三者融为一体,形成了比较完整的法治理论。秦王朝统一中国后,以法家思想为指导,"缘法而治",实现了"治道运行,诸产得宜,皆有法式"⑧。需要明确的是,中国古代的法治主张与近代西方所提出的法治是完全不同的治国主张。就法治的内涵特征而言,主要有:

---

① 杨伯峻编:《春秋左传注》,中华书局1990年版,第92页。
② (清)王先谦:《荀子集解·大略》,中华书局1988年版,第581页。
③ 《左传·庄公二十三年》,(清)阮元:《十三经注疏》,中华书局1980年版,第1778—1779页。
④ 《礼记·曲礼》,(清)阮元:《十三经注疏》,中华书局1980年版,第1231页。
⑤ 《论语·为政》,(清)阮元:《十三经注疏》,中华书局1980年版,第2462页。
⑥ 《论语·雍也》,(清)阮元:《十三经注疏》,中华书局1980年版,第2479页。
⑦ 张中秋等:《法理学》,南京大学出版社2001年版,第63页。
⑧ 《史记·秦始皇本纪》,中华书局1982年版,第243页。

一是以法为本。"法令者，民之命也，为治之本也，所以备民也"①，"法任而国治"②。《韩非子·心度》中有"治民无常，唯法为治"。"治国使众莫如法，禁淫止暴莫如刑，故贫者非不欲夺富者财也，然而不敢者，法不使也；强者非不能暴弱也，然而不敢者，畏法诛也。"③法治重于德治、礼治与政治。《汉书·艺文志》总结了法家"专任刑法"的特点："法家者流，盖出于理官。信赏必罚，以辅礼制。《易》曰'先王以明罚饬法'，此其所长也。及刻者为之，则无教化，去仁爱，专任刑法而欲以致治，至于残害至亲，伤恩薄厚。"

二是一断于法。《商君书·赏刑》："所谓一刑者，刑无等级，自卿相、将军以至大夫、庶人，有不从王令、犯国禁、乱上制者，罪死不赦。"韩非将商鞅的"刑无等级"思想发展成为"法不阿贵"，说："法不阿贵，绳不挠曲。法之所加，智者弗能辞，勇者弗敢争。刑过不避大臣，赏善不遗匹夫。故矫上之失，诘下之邪，治乱决缪，绌羡齐非，一民之轨，莫如法。"④但是，就司马迁认定法家"不别亲疏，不殊贵贱，一断于法""亲亲尊尊之恩绝矣"⑤，还是值得商榷的。韩非最早提出君臣、父子、夫妇这三种伦常关系，强调君、父、夫对臣、子、妇的支配地位。他说："臣事君，子事父，妻事夫，三者顺则天下治，三者逆则天下乱。此天下之常道也，明王贤臣而弗易也，则人主虽不肖，臣不敢侵也。"⑥肯定了臣、子、妻对君、父、夫必须绝对服从，较之于孔子"君君、臣臣、父父、子子"命题更为直接，后《白虎通义》在此基础上，正式提出了"三纲"理论。从本质上说，法治思想不仅不限制专制，而且更注重加强专制、巩固专制，也是讲究等级伦理的。也正因此，儒家吸收了法家"三纲"精髓，并且有所发挥，将三纲的伦理性作为理论核心纳入其中。

---

① 《商君书·定分》，严万里校：《诸子集成五·商君书》，中华书局1954年版，第43页。
② 《商君书·慎法》，严万里校：《诸子集成五·商君书》，中华书局1954年版，第41页。
③ 《管子·明法解》，戴望：《诸子集成五·管子校正》，中华书局香港分局1978年版，第348页。
④ 《韩非子·有度》，陈奇猷校注：《韩非子新校注》，上海古籍出版社2000年版，第111页。
⑤ 《史记·太史公自序》，中华书局2005年版，第2487页。
⑥ 《韩非子·忠孝》，陈奇猷校注：《韩非子新校注》，上海古籍出版社2000年版，第1151页。

三是严刑峻罚。法家主张"赏厚而信,刑重而必"①。韩非说:"所谓重刑者,奸之所利者细,而上之所加焉者大也。"②法家之所以倡导严刑峻罚,看中的是法律具有定分止争、禁奸止过的功能,认为"禁奸止过,莫若重刑。刑重而必得,则民不敢试"③。法家认为,并非"重刑伤民",反而"轻刑伤民":"今轻刑罚,民必易之。犯而不诛,是驱国而弃之也;犯而诛之,是为民设陷也。"④法家重刑也以实现"刑期于无刑"为目的。

四是以法为教。法家主张以刑服人,故而重视教人以法。"明主之国,无书简之文,以法为教。"⑤要求统治者颁布法律于天下,实行法律威慑性的宣传教化。韩非指出:"法者,编著之图籍,设之于官府而布之于百姓也。故法莫如显。"⑥法治实施就要改变那种"法不可知,威不可测"的局面,把法律公布出来,让百姓都知道法律所禁止,使"愚智遍能知之"。只有这样,才能够使"吏不敢以非法遇民,民又不敢犯法"⑦。通过明白易知的法律条文教育,实现"境内之民皆言治,藏商、管之法者家有之"⑧。也正是因为秦国对法律宣传的重视,出现"秦妇人婴儿皆言商君之法"⑨的状况。

法家法治以它特有的权威性和强制性来规范人们的行为。法律以外在的制度性、强制性的约束,充当着惩罚的准则或有效的威慑手段,但是"刑罚可以防止一般邪恶的很多后果,但是刑罚不能铲除邪恶本身"⑩。

4.政治论

"政"本义是以鞭子驱使人,引申为统治。古"正""政"二字通

---

① 《商君书·修权》,严万里校:《诸子集成五·商君书》,中华书局1954年版,第24页。
② 《韩非子·六反》,陈奇猷校注:《韩非子新校注》,上海古籍出版社2000年版,第1012页。
③ 《商君书·赏刑》,严万里校:《诸子集成五·商君书》,中华书局1954年版,第29页。
④ 《韩非子·六反》,陈奇猷校注:《韩非子新校注》,上海古籍出版社2000年版,第1012页。
⑤ 《韩非子·五蠹》,陈奇猷校注:《韩非子新校注》,上海古籍出版社2000年版,第1112页。
⑥ 《韩非子·难三》,陈奇猷校注:《韩非子新校注》,上海古籍出版社2000年版,第906页。
⑦ 《商君书·定分》,严万里校:《诸子集成五·商君书》,中华书局1954年版,第42页。
⑧ 《韩非子·五蠹》,陈奇猷校注:《韩非子新校注》,上海古籍出版社2000年版,第1111页。
⑨ 《战国策·秦策一》,上海古籍出版社1985年版,第77页。
⑩ [法]孟德斯鸠:《论法的精神》(上),张雁深译,商务印书馆1961年版,第314页。

用。① 以治人事天为己任，这正是春秋时代道家的思想特色。当时"道"在很多语境下是作为治国理念认识的。道家提出了以正（政）治国的方略。"以正治国，以奇用兵，以无事取天下。"② "政者，正也。正也者，所以正定万物之命也。"③ 此"正"，实际上就是《老子》反复论述的"大道"，即天上人间宇宙自然的根本法则的一种正常"状态"，就是"正道"。

先秦道家提出了以道治国、以政治国的治国方略。依据天道而推论国家治道，政论色彩较浓，汉代初步实践了老子的治国理论。中国传统社会，并不缺乏顺天道治国的皇帝，而有一个奇特现象，中国历史几个突出的辉煌时代都与"老庄之道"有密切联系，如文景之治、光武中兴、贞观之治、开元之治等。在学界，诸多学者认为经过魏晋南北朝的发展，现实中的唐太宗返"朴"归真，下达了遵循老子、崇尚天道的诏书。唐玄宗朝颁布《御注道德真经》《御制道德真经疏》，在一定程度上，老学政治化成为主流，形成了以道治国的政治论。其政治论主要内涵有：

一是以正道为本。道家学说的核心在于"道"，认为"道"是宇宙世界的本体。"道"不仅是世界的本原，而且是天下万物发展变化的根本，是支配天下万物的原动力。道是德的根源，是天的根基。《文子·道德》曰："夫道者，德之元，天之根，福之门，万物待之而生，待之而成，待之而宁。"这既是自然法则，也是社会生活的准则。"人法地，地法天，天法道，道法自然。"④ 顺应自然之道就是正道。只要有道，天下大治。所以《道德经》第六十章："治大国若烹小鲜，以道莅天下"⑤，"天子有道，则天下服，长有社稷。公侯有道，则人民和睦，不失其国。士庶有道，则全其身，保其亲。强大有道，不战而克；小弱有道，不争而得。举事有道，功成得福。君臣有道则忠惠，父子有道则慈孝，士庶有道则相爱。故有道则和，无道则苛。由

---

① 如《论语·颜渊》："政者，正也。"《道德经》："政者，正。"《老子集注》注"以正治国"说："严可均曰：'以正'，御注作'以政'。武内义雄曰：敦、遂二本作'政'。"
② 《道德经》第五十七篇，文若愚编：《道德经全书》，中国华侨出版社2013年版，第62页。
③ 《管子·法法》，戴望：《诸子集成五·管子校正》，中华书局香港分局1978年版，第91页。
④ 朱谦之：《老子校释》第二十五章，中华书局1984年版，第103页。
⑤ 朱谦之：《老子校释》第五十七章，中华书局1984年版，第244—245页。

是观之，道之于人，无所不宜也。夫道者，小行之小得福，大行之大得福，尽行之天下服，服则怀之"①。道家认为执政者是"正"的体现者，所有的政治活动都要以"正"为原则。"正"是立中，用正常平易的方法来治国。所谓"正"，就是为政有道而不欺、赏罚公道而不倚，即以正道治理国家。"是故，圣人精德立中以生正，明正以治国。故正者，所以止过而逮不及也。过与不及也，皆非正也。非正则伤国。"②老子劝君"从道"，唐成玄英则用以道治国的理论夯实君权，提出"君权道授"的论断："自开辟以来，真君出世，体道权应而为帝王，所以上象三清而置僚庶者也。"③

二是政（正）以爱民。自古以来，得民心者得天下已经成为一公理，体现在中国传统政治文化中所实施的治理国家的基本方略，都离不开实现民心稳定的目标。《老子》主张"不尚贤，使民不争""爱民治国，能无为乎"，主张治民以得民心为重的政治论。《老子》四十八章："取天下者当以无事，及其有事，不足以取天下也。""圣人无心，以百姓心为心。"④"以正治国，以奇用兵，以无事取天下。吾何以知其然哉？以此：天下多忌讳，而民弥贫；人多利器，国家滋昏；人多伎巧，奇物滋起；法令滋彰，盗贼多有。故圣人云：我无为，而民自化；我好静，而民自正；我无事，而民自富；我无欲，而民自朴。"⑤

三是"政谓名教法律也"。《尹文子·大道下》引《老子》曰："以政治国，以奇用兵，以无事取天下。政者，名法是也。"⑥顾本成疏"政谓名教法律也"，与尹文子义同。作为治国的"政"，在道家视域里就是以中正不偏的政策、法律、规章、制度等为内涵的综合体。政治的内容比法治的内容都要更丰富，法是特殊性的政治。道家非常强调名教，《道德经》第五十九章就

---

① 《文子·道德》，王利器：《文子疏义》，中华书局2000年版，第219页。
② 《管子·法法》，戴望：《诸子集成五·管子校正》，中华书局香港分局1978年版，第91—92页。
③ （唐）成玄英：《道德经义疏》第六十二章，《蒙文通文集》第六卷《道书辑校十种》，巴蜀书社2001年版。
④ 朱谦之：《老子校释》第四十九章，中华书局1984年版，第194页。
⑤ 朱谦之：《老子校释》第五十七章，中华书局1984年版，第229—232页。
⑥ 朱谦之：《老子校释》第五十七章，中华书局1984年版，第229—230页。

总结性地概说了"以道治国，以德取天下"的政治主张，告诫君王必须重积德："治人事天，莫若啬。夫唯啬，是谓早服。早服谓重积德，重积德则无不克，无不克则莫知其极。莫知其极则可以有国，有国之母，可以长久。是谓深根、固蒂、长生、久视之道。"①

四是天下正。道家以政治国的社会理想就是最终要实现"天下正"。将道家理想归纳为"小国寡民"是一种消极观念，并不符合道家思想体系的价值追求。道家的"天下正"关涉民众生存各方面要素："甘其食，美其服，安其居，乐其俗，邻国相望，鸡狗之声相闻，民至老死不相往来。"②呈现的是一片幸福美满的平和国度。《道德经》第四十五章提出"清静为天下正"，即天下正的标准就在于清静。清静，是道的本性，也是道者境界的基本标准。以道家修养的"主清静"，作为"立人极"的最高境界，认为只有通过"静"才能实现"正"，"守静"有道。《道德经》第十六章："致虚极，守静笃。万物并作，吾以观其复。夫物云云，各归其根。归根曰静，静曰复命，复命曰常，知常曰明。"③《经法·亡论》也说："赢极必静，动举必正。赢极而不静，是谓失天。动举而不正，是谓后命。"④道家的清静主要是清静之心、清静之所、清净之道。

二、宋明理学"理治"内涵

1. 一般意义之"理治"

"理治"最初原始之义为"得到治理；治理"。《礼记·昏义》："外内和顺，国家理治。"《文子·微明》："修之身，然后可以治民；居家理治，然后可移于官长。"梁启超也曾经将传统社会治理的一种方式笼统称为"理治主义"，这一概念是与"人治主义""德治主义"等并列和等同的意义。对"理

---

① 朱谦之：《老子校释》第五十九章，中华书局1984年版，第239—242页。
② 朱谦之：《老子校释》第八十章，中华书局1984年版，第309页。
③ 朱谦之：《老子校释》第十六章，中华书局1984年版，第64—66页。
④ 胡信田注释：《黄帝经通释》，天工书局1984年版，第188页。

治",学界主要有以下一些不同的定义:

最传统普遍意义上的"理治"定义就是以人类共同认同的价值观和真理观即公理深入人心进行治理,其内涵一般是取追求公平合理、理性治国之意。例如,白海军在《2049 相信中国·人类文明如何演化》一书中指出,"所谓理治社会,就是以理性来作为社会存在的标准原则——法制社会中法律是制度中心,同时附以道德。理治社会则是将法律与道德统一,以人性中的理性来解决社会中的矛盾。法律并不能完全做到真正的公平合理,而公平合理是自由、平等、博爱等各种其他理想的最基本原则"①。

郭士全在《中医科学论(七十五)·法治理治》(网络版)②一书中指出:"东西方文化的第八个区别就是西方为法治文化,东方为理治文化。法治文化就是主张以法治国,治理国家和处理国家的一切事情都以法律和法规为准绳。理治文化就是主张以理治国,治理国家和处理国家的一切事情都以伦理和道德为准绳。理包括天理(也称道理)、人理(也称伦理或人伦)、情理等。理是道、德、情运行的规律,理是一种由自然形成又经过人为提倡的人性的行为准则和规范。法重在规范人的行为。理重在规范人的思想和观念。理是一个人性规则,它不是一种制裁措施,而是一种教化,只是给人灌输遵守公德光荣,违犯公德可耻的观念。"

张连国在《大道哲学:后现代主义的健康导向》③一文中提出"后现代理治社会"概念,指出:建立一个兼顾人道"真情"与客观"实理",只有情理圆融中道智慧的社会管理机制,这才是后现代的"理治"社会。认为:"从人类社会秩序治理的轴心原理来看,无非是'道德原则'与'治理原则'的不同组合状况,随着物质和精神文明状况的变化而与时推移,从总趋势上大体呈现德治、宗治、法治、理治、道治五个阶段的's'螺旋式的发展态势。"认为:德治—原始社会阶段,宗治—血缘宗法社会,法治—资本市场社会(资本法治社会),"理治社会"是"宗治社会"与"法治社会"的阶段性合题。人类最终会进入大道公行、天人合一、人和自然高度和谐的"道

---

① 白海军:《2049 相信中国·人类文明如何演化》,中国档案出版社 2006 年版,第 210 页。
② http://doctorjia.blog.sohu.com/84136976.html。
③ 张连国:《大道哲学:后现代主义的健康导向》,《社会科学辑刊》2001 年第 2 期。

治"大同社会。①

黄勇在《邓小平社会运行理论的基本点：激励与整合发展》②一文中提出，"建立理治、德治、法治相结合的社会整合模式。理，在先秦哲学中通常指规律或原理。它有两层含义：一是指客观规律、法则；二是指反映客观规律的科学、原则。本文所说的理治，是指尊重规律，崇尚科学，按规律和科学的要求治国"。

赵剑华在《从"人治"到"理治"》③一文中从领导理论出发，认为人类社会将会告别幼年时期的"人治"（情感政治）和成年时期的"法治"（理性政治），跨入不惑之年的"理治"（科学政治）时代。理治论就是人类群体进入这一鼎盛时期所追求的一种全新的政治理念和科学的领导方法。

徐勇在《乡村治理与中国政治》一书中认为，1949年新中国成立后到"文化大革命"期间的乡村治理方式可概括为"理治"，尤其人民公社时期更是"理治"，即依靠社会理想，依靠论证这一理想合理性的理论进行治理。指出：这一时期的乡村治理依据的是"理"，这个理指的是"社会理想"和革命领袖的政治口号。"理治"是国家借助一次次的政治运动不断向乡村社会渗透的过程，它依据的是革命领袖的政治口号。④在徐勇理论的基础上，另有学者也认为"中国乡村社会治理的整体性结构变迁是基于治理理念的变化与发展的。数千年来，中国乡村社会治理理念，经历着礼治—理治—法治的历史变迁"⑤。

---

① 张连国的德治、宗治、法治、理治、道治五个阶段和五个社会的划分，无疑是将人类社会秩序治理、整个世界文明发展轨迹依据现代西方理论来考虑，并不是从中国传统社会文化的轨迹进行解读的，其"法治"之意义与韩非法家"法治"意义大相径庭，是一纯粹西方语境下的"法治"。故而"'理治社会'是'宗治社会'与'法治社会'的阶段性合题"的命题也就缘于是。
② 黄勇：《邓小平社会运行理论的基本点：激励与整合发展》，《前沿》2002年第12期。
③ 赵剑华：《从"人治"到"理治"》，《新东方》2004年第11期。
④ 参见徐勇：《乡村治理与中国政治》，中国社会科学出版社2003年版，第204页。
⑤ 包先康、李卫华、辛秋水：《国家政权建构与乡村治理变迁》，《人文杂志》2007年第6期。

2. 宋明理学"理治"内涵

从以上"理治"概念的定义与内涵可以看到,学界的"理治"有的是就整个传统社会治理方略而言的,有的是从中国现代社会治理或乡村社会治理模式作出的解释。本书则是对以宋明理学为正统社会意识的宋元明清阶段社会治理模式进行讨论。从现有研究看,已有学者将宋明理学这一阶段的治理模式以"理治"进行了概括。郭明道提出:"到了宋代,理学家们在治经的过程中,不重章句训诂,而以阐述义理为主,创建了理学思想体系。他们认为理不仅是自然界的最高原则,同时也是人类社会的最高原则。认为封建制度及其与之相适应的伦理纲常就是天理,谁违背了封建制度与纲常,谁就违背了天理。他们以理学来解释儒家之道,提出了'存天理,灭人欲'的道德修养论。实质上是以'理治'来代替'礼治'。"① 成积春也指出,康熙以"理"治国思想的内容主要体现于两个方面:一是将厚风俗、正人心视作国家长治久安和实现"敦庞之治"的根本途径;二是树立了"端本清源,源清流洁"的吏治与法治观念。② 特别值得一提的是束景南先生的"理治"观,对我们的研究无疑具有很多的启迪。束景南在《朱熹研究》引论《理治:法的伦理化与伦理的法化》一节中,认为"朱熹提出了'理治'的思想","政治即道德,道德即政治,成为朱熹社会政治思想与理想的出发点"。在他看来,"朱熹的'理治'思想,实际是以理为法,以伦理为法……在古代中国,不仅道德的义务本身就是法律的规定,而且道德即表现并发挥在法的领域里,二者之间具有双向交流转化的功能:道德可以转化为法律,法律也可以转化为道德。朱熹的'理治'思想是对东方这种封建政治统治的理想建构,在他那里,伦理即法,法即伦理,他的'理'就是伦理与法律的二重性和二重功能,理治、德治、法治具有同一意义,法具有了'天理'的神圣性"③。他从"治法先治人""正君限权""重义轻利""仁政爱民"四个方面阐述其"理治"思想的表现。然而,束景南先生的"理治"观尚未区别理治、德治、法治特性,依旧将朱熹法律思想属性归于伦理法范畴,法的伦理化与伦理的

---

① 郭明道:《综述扬州学派的人文精神及其现代意义》,《扬州大学学报》2009年第1期。
② 参见成积春:《论康熙以"理"治国的理论与实践》,《齐鲁学刊》2006年第2期。
③ 束景南:《朱熹研究》,人民出版社2008年版,第17—19页。

法化的理治。这与我们所阐发的朱熹理治思想乃至宋明理学理治思想还是有很明显的区别的。

如前所论述，唐宋是一个重要的社会转型时期。在政治体制上，由世族政治向士大夫平民政治转型，由地方分权向中央集权转变；在经济形态上，由自给自足经济向商品市场经济转型，土地占有形式由国家土地所有制向地主所有制转变，农业生产关系中租佃式占重要的地位，整个社会观念由贱商抑商向士农工商皆本观念转变；在社会结构上，由人身依附向身份平等转型，人身权利法律关系趋向契约化与平等化，由基层统治乡党宗法伦理社会向家族宗法伦理社会转变；在教育学术上，由上层封闭教育文化向平民开放世俗文化转型，由儒、释、道各自争先向儒、释、道诸教合一转型；在法律文化上，由伦理法向义理法转型，由法律道德化向道德法律化转型。从法律文化发展历程看，宋以前，法律向道德靠拢，法律吸收道德价值；而从宋到清末，则是道德寻求法律强制力的支持，在新的社会条件之下，强化他律。宋明整个社会变化与春秋战国之际的社会变更在程度上不分上下，无疑都可以说是一个社会巨变时期，这种社会变革不能不影响到统治者、士大夫与学者在政治、法律、思想文化与教育等各方面的治国策略思想与实践措施的巨大调整。

宋明理学是融合先秦以来儒、释、道、法等诸子百家思想精华而形成的一种新的思想理论体系，从北宋理学形成到南宋末期将理学立为正统意识形态后的中国社会，显然不能够仍然依照或孔孟礼治、或西周德治、或法家法治、或道家政治进行国家治理，必然要运用一种新的治理模式。在此形势下，宋代理学家们创建了理学思想体系，他们以理学来解释儒家之道，提出了"存天理，灭人欲"的道德修养论。而且，宋代理学家们扭转了《礼记》中所体现出的礼、理关系的架构，实现了由礼向理的转化。以"理治"来代替"礼治"，天理成为了宋以后治国之道的内核。因此可以说，以朱熹为代表的理学正宗，顺着儒、释、道三教合流的历史趋势，以儒家礼法、伦理思想为核心，创立了儒家学说的"道统"体系，以"天下平"为理治社会的理想境界，并在此基础上建构起独具理论特色和现实价值的理治社会论。此后，中国社会转向"理治社会"时期。"理学并不是纯粹的学术，而是一种指导实践的理论，本身就代表着一种社会理想。简单地讲，理学要求重建合理的社会秩序。"① 这种"理治"是特指 11 世纪至 19 世纪中叶的宋元明清理学作为正统意识统治时期的国家治理模式，属于历史阶段性的治理方式的一个概念。这一概念与传统普遍意义上所述的"理治"概念有本质差别，也与唐宋之前所出现过的德治、礼治、法治、政治、孝治、礼法（德法、德刑）合治等都是不同的概念，其内涵、性质、理论基础、具体措施等都是全新的。"以理治国"为核心的治国之道是以宋明理学思想为指导，以德礼政刑为路径，待人以理，化民以理，追求国家道德伦理化、法律化的统一，礼制与政治制度理性化、法律理学化，实现天下平的理想社会的治国之道。宋元明清社会是"理治社会"，这种理治是通过其道统、政统、法统与学统进行一体化构建。故而，"理治社会"下的道统、政统、法统与学统将成为这一社会文化应当讨论的核心内容。当然，我们所指的"以理治国"只是说理治成为社会核心治理方略，并不是说理治成为当时社会唯一的方略。

第一，以天理为根据，以缜密天理思想体系维护社会道统的传承与广延。

虽然程颢以为"天理"是自家捏出来的，客观上说，程朱理学的"天理"是直接继承和发展了先秦汉唐学说，从孔子的"天道"、董仲舒的"天命"论而来，天道成为了天理的本体，"天道者，天理自然之本体，其实一理也"②。周敦颐、张载、二程、朱熹等打造了"一理二气五行心性"为核心内容的天理学说。所谓"天降生民，则既莫不与之以仁义礼智之性矣"③，在心性、理气理论学说基础上，宋明理学把天与人联系起来，承继了先儒天道与人道、自然与人为相通、相类和统一观，又吸取佛道思辨的营养，扭转了汉儒人附于天的天人合一模式，创立了突出人的心性的新的天人合一论，以更为严密的论证，把人性分为天命之性和气质之性两层，既论证了人性可变、教化（德治、礼治）的可能，也强调了刑罚（法治）的必要，并从根本

---

① 《理学正统下的"道统"与"治统"关系问题——兼评余英时〈朱熹历史世界〉的论点》，《天涯社区·天涯论坛·关天茶舍》，作者：galax，提交日期：2006 年 1 月 19 日。
② 《论语集注》卷三《公冶长》，《朱子全书》第 6 册，第 103 页。
③ 《大学章句序》，《朱子全书》第 6 册，第 13 页。

上论证了天理与人法的统一。

宋明理学是把天道说、人性论及物质节制说融为一体后更加广大发扬，以圣人继天立极解说天与人的沟通，把人性来源提上接及于天命，提出道德性命本身的究极来源所在于天，并把哲理化的理论与社会现实生活加以对接，努力说明天之所以为天、人之所以为人者，及法律与社会群体、社会文化的相互联系，以造就理论体系神秘严肃性与社会普遍性的统一。单就天命论方面说，朱熹"得之于天"思想并不是董仲舒天人感应、君权神授天命论的翻版，而是理学大师在新的理论基础上的融合与阐释，其天实质是"理"或"天理"，这种天理论与董仲舒天命论有着明显的差别。朱熹的天不仅是宇宙万物的源流，而且还具有人的社会意识属性，应把它视为人的最高行为准则"无形体""无情意"的精神本体。而董仲舒的天则是有人格、有意志、至高无上的神的代名词，源于"天神"，继承了殷周以来宗教神学思想，经过王充、刘禹锡、王安石等人的批判，更是失去其生命力。理学家们只沿用了先人"天"这一名词，利用天的概念深入人心之便，灌之以新义，更有利于天理思想的传播。对于仁、义、德、礼、刑、政、乐诸端而言，理是本体，是根据，又是规范以及准绳。

宋后期至清中期，宋明理学已经成为统治上层的意志，成为了治国的最根本的意识形态。"王者以理相治，霸者以围相制。"① 《宋史·道学传》所谓"时君世主，欲复天德王道之治，必来此取法矣"。随着程朱理学、象山心学的传播，统治者也逐渐认识到了以"四书"学为理论基础的理学对维护统治所起的作用。南宋理宗在宝庆三年与十四年两次下诏说："惟孔子之道，自孟轲后不得其传。至我朝周敦颐、张载、程颢、程颐，真见实践，深探圣域，千载绝学，始有指归。中兴以来，又得朱熹，精思明辨，表里浑融，折衷融会，使《大学》《论》《孟》《中庸》之旨，本末洞彻，孔子之道，益以大明于世。"② 元朝恢复科举，以"四书"作为科举考试的命题与解说依据。朱元璋就下诏，命天下立学，以朱子《四书集注》命题试士。这个制度从元

---

① 《读通鉴论》卷八《后汉灵帝》，《船山全书》第 10 册，岳麓书社 2011 年版，第 330 页。
② 《宋史》卷四十二《理宗本纪二》，中华书局 1985 年版，第 821 页。

朝开始算起至清末结束，持续了近六百年。通过国家取士制度，将宋明理学上升到统治意识形态。明神宗在给丘浚《大学衍义补》所作的《序》中说："是以孝庙嘉其考据精详，论述赅博，有补政治，特命刊而播之……朕爰命儒臣日以进讲，更数寒暑，至于终篇。然欲因体究用，而此书尤补《衍义》之阙，朕将紬绎玩味，见诸施行，上溯祖宗圣学之渊源，且欲俾天下家喻户晓，用臻治平，昭示朕明德、新民、图治之意。"①康熙皇帝对于朱子之学极为推崇，认为朱熹"文章言谈之中，全是天地之正气，宇宙之大道。朕读其书，察其理，非此不能知天人相与之奥，非此不能内外一家"②。康熙不仅自我约束崇尚朱学，而且极力广为天下议论，康熙五十一年谕大学士讲道："宋儒朱子注释群经，阐发道理，凡所著作及编纂之书，皆明白精确，归于大中至正，经今五百余年，学者无敢疵议。朕以为孔孟之后，有裨斯文者，朱子之功，最惟弘巨。"③以义理为核心的宋明理学思想体系对于宋以后宗法社会产生了巨大影响，成为了社会世俗礼仪、经济规范观念及行为规范性的理念。洪武三十年《大明律诰》完成，朱元璋曾御午门，宣谕群臣曰："朕仿古为治，明礼以导民，定律以绳顽。"④朱熹积极倡导君臣父子之天分，明君臣父子夫妇之伦，序钦疏贵贱之仪，有力地强化了宗族观念。正如清初休宁赵吉士所言："新安各姓聚族而居，绝无一杂姓搀入者，其风最为近古。出入齿让，姓各有宗祠统之；岁时伏腊，一姓村中千丁皆集，祭用文公《家礼》，彬彬合度。父老尝谓新安有数种风俗胜于他邑，千年之冢，不动一抔；千丁之族，未尝散处，千载谱系，丝毫不紊。""主仆之严，数十世不改，而宵小不敢肆焉。"⑤广大徽商无不以朱子理学"诚信"接人待物，经营从商。

宋明理学也成为后世思想学术的正宗，道统与学统延续不断。宋明理学家建立了由尧舜至孔孟，由孔孟至程朱，由程朱至阳明，乃至理学后续的

---

① （明）丘浚：《大学衍义补·御制序》，朱维铮主编：《中国经学史基本丛书》第三册，金良年整理，上海书店出版社2012年版，第13页。
② （清）章梫纂，曹铁注释：《康熙政要》卷十六，中州古籍出版社2012年版，第306页。
③ 《清圣祖实录》卷二百四十九，康熙五十一年二月丁巳。
④ 《大明律·御制大明律序》，《中华传世法典》第5卷，法律出版社1999年版，第1页。
⑤ （清）赵吉士：《寄园寄所寄》卷十一《故老杂纪》，清康熙三十五年刻本，第882页。

道统、学统的承续谱系，表达了其正宗的思想、学术地位。清初理学大师陆陇其也就此提出："及考有明一代盛衰之故，其盛也，学术一而风俗淳，则尊程朱之明效也。其衰也，学术歧而风俗坏，则诋程朱之效也。每论（天）启（崇）祯丧乱之事而追原祸始，未尝不叹息痛恨姚江。故断然以为今之学非尊程朱而黜阳明不可。"① 此时的学者甚至认为"救弊之法无他，亦惟有力尊考亭耳"②，提出"今之学道者，须自梁溪登考亭，自考亭登尼山（孔尼）"，"欲为儒宗者，宗朱而言矣；宗朱所以宗孔也，锐意宗孔而不宗朱，非真能宗孔者也"③。江永在《考订朱子世家》上云："婺源有朱子，吴文正公所谓'景星庆云，泰山乔岳'者也。"④ 总之，宋明理学以天理为宗的理治思想，旨在加强君主专制，强化宗族观念，极大地影响了专制集权。由此，在宋后期至清中期，宋明理治思想成为统治上层阶层的意志，成为了治国的最根本的意识形态。

第二，合传统治理之道，以"德礼政刑"为主要治理路径的多维度社会理治模式。

在不同社会形态和文化传统的国家，社会控制具体方式和所采用手段则又表现出不同的特点。实现社会控制的手段有诸如道德信仰、法律、社会宗教、礼仪、社会舆论、社会价值观和伦理法则等，尤其道德与法律是两个最主要路径，而这些社会控制手段一般可以分为内在控制与外在控制。内在控制主要是通过对个人或群体内化作用将社会规范改造成自我观念，对自己的行为实施控制，例如道德信仰、社会宗教、社会舆论等。外在控制则是利用社会外部力量即主要社会规范对社会成员实施控制，使被控制者消极地接受控制与外部约束，诸如法律、礼仪等。中国古代社会控制总体上说是各种手段的综合运用。宋明理学倡导理治，形成了多维度的社会治理模式，它既具有形而上之特征完整的理论体系，又突出社会实效化，更具有经世致用的社会性，内圣外王，由外王回归内圣，以天人一体、"理一分殊"为理念的

---

① 《陆稼书先生文集》卷二《周云虬先生四书集义序》，中华书局1985年版，第52页。
② 《陆稼书先生文集》卷一《嘉善李子乔书》，中华书局1985年版，第15页。
③ （清）刁包：《潜室札记》卷上，中华书局1985年版，第6页。
④ （清）江永：《考订朱子世家》卷首，清嘉庆十二年刻本。

中庸和谐模式。从"和而不同"理论认知走向更为积极的现实的"和而解"。宋明理学的治国之道在发展过程中形成了具有丰富内涵的综合性层次性模式：从心灵修养上，强调正君心，格君之非心，胜过治民心，特别重视发挥君王功能，将格君子之非心，实现政统与道统的统一作为治人的首要目标，走出了一条由君王到上层士大夫、再到普通官吏、最后正民心的自上而下的心治之路；而从空间的治理上，则现实性地以理欲论为核心，结合"四书"学，构成了修齐治平自下而上的控制层，由心灵道德到现实实践，从内向外扩展修身个体性—齐家家族性—治国社会性—平天下终极性的一体发展。以平天下为治国实践的目标，修、齐、治、平运用于社会政治不同阶段。宋明理学依然坚持国家集体本位，把国家一统及社会整体利益放在首位，探索出由个体修身到齐家、再到治国、最后平天下的自小而大的治理理路。宋明理学的国家治理与社会控制不仅是理论性的，更是社会实践性的。宋明理学将德、礼、政、刑视为其最主要的路径。宋明理学倡导理治，对传统儒家学说进行改造与演进，试图通过综合社会控制方法，达到实现"天下平"的社会控制目标，进而达到国家的长治久安，走过了一条"礼乐刑政"向"德礼政刑"的综合治理转化发展道路。

宋明理学社会治理以道德伦理控制为主导，将伦理道德、礼俗制度、政治体制、法度律令与经济调控有机结合，从来也不缺将政治、经济、道德与文化等统一起来的综合治理思想。努力让经济结构、政治结构、社会结构、意识形态与文化结构成为有机的一体，土地经界、封建制、家族制、宗法制、科举制等都是其关注的重要内容，可以说其社会控制是一个综合治理的过程。

第三，宋明理学法律属于义理法律文化。

传统理论对中国社会传统法律文化属性作了诸如"自然法儒家化""伦理法""礼法文化""宗法—伦理法"等类整体性的概括，将中国传统法律文化发展进程划分为法律道德化与道德法律化两个过程。就中国传统文化法律基本属性而言，先秦到汉唐属于伦理法律文化时期，宋元明清则是以宋明理学为核心的义理法律文化时期。宋明理学崇尚"道理最大"，将义理视为最高的意识形态指导，也理所当然成为法的本体。宋明理学法律义理化将"义理之所当否"视为辨别案件是非的根本准则,朱熹认为"合于义理者为是,不合于义理者为非"①。宋明理学义理法律以理学义理作为裁判的依据,推衍其义理以断斯狱。宋明理学以为法因天理,"国法"是源于与承袭"天理";同时也是顺应与维护"天理",甚至说"'礼'字、'法'字,实'理'字"②。揭示了宋明理学法的渊源、法的属性、法的正当性问题。总体而言,宋明理学"以理统法",促进法律的理性化完善。国法因"天理"而产生,以"天理"为指导,维护纲常之"天理"更是国法之重任。宋明理学义理法的法律伦理化程度远远浓厚于汉唐法律,乃至达到了一个顶峰,体现了尊卑上下、长幼亲疏伦理之意义。宋明理学在立法、法律适用与执法等法律规范上更强调"原父子之亲,立君臣之义",具有尊卑上下、长幼亲疏之等分权利与义务的对应性、双重性。同时,理性主义是宋明理学思想体系的重要特性,无疑也是其法律思想特性之所在。宋明理学将追求法律事实的客观实在作为重要内容,实现着由人伦理性向人伦理性与科学理性、知识理性并举转变,强调法律文化科学理性层面,体现理学文化"慎刑"思想,努力追求法律因"势"顺"理",视义理而为权,将法律规定性、统一性与科学灵活性相结合,"论其罪则不须论其功,论其功则不须论其罪"③,"随其罪之轻重而异其法"④。宋明理学在不同历史时期以不同学派、思潮影响着统治者的政治意识形态,寓政治、道德与法律为一体,使理治社会形成了朱彝尊所言"非朱子之传义弗敢言,非朱子之《家礼》弗敢行"的政治化法律文化。在理治社会环境下,宋明理学已经将先秦儒家"无讼"的传统理念转化为"息讼"目标,以"教之"共成仁厚之俗,以"调之"有效化解社会矛盾,以"养之"爱养民力解决民生,以刑去刑,辟以止辟,实现明慎用刑而不留狱。

第四,理治社会追求"平天下"的理想境界。

宋明理学倡导具有创新性与时代性至理至公至正的"平天下"理想社会,包含着"明明德天下""天下为公""一统天下""生态天下"等境界,

---

① 《朱子语类》卷八十三,《朱子全书》第 17 册,第 2841 页。
② 《朱文公文集》卷四十八《答吕子约》,《朱子全书》第 22 册,第 2242 页。
③ 《朱子语类》卷四十四《论语》,《朱子全书》第 15 册,第 1555 页。
④ 《朱文公文集》卷六十五《舜典》,《朱子全书》第 23 册,第 3168 页。

是一个在理所规定下的天下平理想境界。

综合地看来，宋明理学理治思想是"汇纳群流，扩其范围"的结果，兼具包容性、多样性的特点。朱熹理治思想既将道家"道"本体之心兼容张载"气"的学说，理气结合，使理气观更加丰富多彩，又极力吸取并改造法家思想中有利于维护君主专制的思想，使思想更具有合理性、灵活性与可操作性。理治思想是"明得前人本意，与发挥自己新意"[①]的结果，是承续性与创新性的结合。一方面，宋明理学对前人的思想学说倍加理会，以呈现鲜明的承续性特色；另一方面，能够依据原有的思想学术加以发挥，从旧思想中发展出新体系。程朱以"四书"义理之学为基石，以道统为线索，建立起完整的理治思想体系，挖掘出"四书"所蕴含的丰富而重要的政治意蕴，对宋以后中国传统治国之道产生了极其重要的作用。理治思想还具有强烈的科学理性色彩。理治思想坚持和发展了"天人合一"思想观，创新"天人一体"理念。朱熹以"理"的范畴阐发天人一体，"理"既表现了"天人一体"的宇宙观，又体现了人与自然、社会与自然达到合一，有着很高的思辨哲理性及社会实用性。同时，在阐述天人关系及"平之生态天下"思想时，能够较多地运用丰富的自然科学知识使其思想更加具有科学理性精神。

理治社会论因其"体用皆备"，"特重政事治道"[②]，兼具经世致用性和社会实效性。理治思想把治国之理的政治哲学作为理治社会论的核心，关注治道，同时并没有将政刑排斥在治国方略之外，而是将在义理指导下的政刑纳入其平天下王道之中，极大地满足了"人君治天下"的政治要求，使之成为引导中国传统社会数百年政治活动的思想规范。同时，理治思想无论是其理论内涵还是语言都十分直白、简易，因此，以天理为核心的理治体系对于宋以后的基层社会也产生了巨大影响。

---

① 钱穆：《朱子学提纲》，生活·读书·新知三联书店2005年版，第32页。
② 钱穆：《朱子学提纲》，生活·读书·新知三联书店2005年版，第18页。

第二章 宋明理学理治社会使命

一、宋明传统社会转型

1. 士大夫文人政治的双重性

（1）由地方分权向君主集权转变

隋唐五代时期是从大统一到大分裂时期。与西汉的中央集权化趋势相反，唐代则呈现出明显的地方分权化趋势，即唐代初期高度的中央集权体制逐渐趋于弱化，地方拥有权力的范围和强度不断增强，特别是唐后期从政治重心上说，形成大政区"道"或曰藩镇（方镇）的地方势力，地方藩镇割据极大削弱了中央政府的控制力。至元和年间，唐宪宗"分天下之赋以为三：一曰上供，二曰送使，三曰留州"①。唐末五代激烈动荡，军阀混战，纲常败坏。饱受苦难的广大人民对走马灯似的政权更迭，已司空见惯。他们的思想意识不可避免地会发生变化：君主并不那么神圣，并不是社会和历史的唯一。正如安重荣所言："天子，兵强马壮者当为之。"②韩琦曾对宋神宗说："先帝，臣所立；陛下，先帝儿子。做得好，臣便面阔；做得不好，臣亦负惭愧。"③

然而北宋以后，中国历史上不再发生三国式或五代十国式长期的地方分权分裂现象，宋代开始在政治体制上提升君权，分割相权，中枢决策系统是以皇帝为中心，由宰执、侍从、台鉴共同构成的。宋代最高决策最后决定

---

① 《新唐书·食货志二》卷五十二，中华书局1975年版，第1359页。
② 《旧五代史》卷九十八《安重荣传》，上海古籍出版社1986年版，第150页。
③ （宋）李焘：《续资治通鉴长编》卷二百六十三，熙宁八年闰四月己酉。

权在皇帝，而不在宰相，宰相不过是奉命行事，逐渐形成皇帝集权、百官权力分散、重文轻武的特点。从历史上来看，宋明王朝都是在结束割据纷争状态下而建立起的新大一统政权。叶适曾对宋代君主集权进行描述："能专而不能分，能密而不能疏，知控持而不知纵舍。""尽收威权，一总事权，视天下之大如一家之细，孰有如本朝之密者欤？"① "国家因唐、五季之极弊，收敛藩镇，权归于上，一兵之籍，一财之源，一地之守，皆人主自为之也。欲专大利而无受其大害，遂废人而用法，废官而用吏，禁防纤悉，特与古异，而威柄最为不分。"② 钱穆先生就指出：

> 所谓宋代的中央集权，是军权集中，财权集中，而地方则日趋贫弱。至于用人集中，则在唐代早已实行了。惟其地方贫弱，所以金兵内侵，只中央首都汴京一失，全国瓦解，更难抵抗。唐代安史之乱，其军力并不比金人弱；唐两京俱失，可是州郡财富厚，每一城池都存有几年的米，军装武器都有储积，所以到处可以各自为战，还是有办法。宋代则把财富、兵力都集中到中央，不留一点在地方上；所以中央一失败，全国土崩瓦解，再也没办法。③

朱明政治的确立，终结了统治中原地区近百年的蒙元王朝。在建立政权的过程中，他们采取了各种措施巩固政权，废丞相，权分六部，削弱地方分权，加强专制皇权，实行中央集权体制。其中，完备吏治制度是君主集权专制政体的必然要求。这样一种政治形态，不仅影响了政治体制的构成，而且对社会经济和思想文化的演变起了极大的导向作用，并促使社会发生新的转型。

（2）由门阀世族政治向士大夫文人政治转变

由于大土地所有制、封建大家族与宗族以及儒学相结合统一体的形成与发展，到东汉中期，门阀世族已经出现。至三国魏晋南北朝时期，门阀世

---

① 《水心别集》卷十五《应诏条奏六事》，《叶适集》，中华书局2010年版，第842页。
② 《水心别集》卷十《始议二》，《叶适集》，中华书局2010年版，第759页。
③ 《中国历代政治得失》，《钱穆先生全集》，九州出版社2011年版，第88页。

族取代了秦汉时期世家地主的地位，门阀世族对皇权起着限制和制衡作用，门阀之间也互相制约，又依赖皇权，形成"主弱臣强"门阀政治的特性。钱穆认为："唐中叶以后，中国一个绝大的变迁，便是南北经济文化之转移。另有一个变迁，则是社会上贵族门第之逐渐衰落。"① 门阀世族的衰落在唐宋之际更是明显，寒门士族与大多因军功出身寒门的开国国君在对抗世族的态度上是一致的，为平衡朝政，君主也愿意以民间士族力量去抗衡世家大族力量，渐次高升寒门士族职位。唐朝以后，周边民族军事攻击中原王朝，而世家大族或举族投降，或无力抵抗，更影响了世家大族在皇帝心中的地位。加之由于两宋皇权的合法性先天不足，既顾虑军人集团随时可能效仿，又担忧文人以宗法礼教的主流意识形态对抗皇权非法继承，因而在面对强大外来的威胁情形下，宋朝的君主一方面不得不笼络士人集团，以减少乃至消除他们对政权合法性的怀疑；另一方面，宋王朝又是不愿再通过以往政治身份荫恩给予政治特权，只能通过强化与完善隋唐以来的科举选官制度，真正为具有一定文化学识的士人提供入仕的途径，逐渐让文人掌握了官学和私学的控制权，增加了宋代文人的朝野实力，形成了一个以科举出身的士大夫为主体的文官政府，提高了文官的政治话语权。与此同时，通过科举考试进入官僚集团的文人在入仕前，既无军功又无特权，大多更没有雄厚资本，少部分通过拜师认门寻找一定的靠山，大多数只是依赖科举考试，感恩朝廷的试举而效忠帝国，强化了文人士大夫对于国家政权的依赖性，使科举考试制度成为培养忠君报国文人的平台。可以说，科举制度是官僚帝国实现普遍化权力的手段、皇权扩张的工具。

宋王朝"涵养士类垂二百年，教以礼乐，风以诗书，班爵以贵之，制禄以富之，于士无负"②，礼待士大夫，以"尊儒隆文"著称。宋太祖赵匡胤"立誓不杀士大夫"，以至"终宋之世，文臣无欧刀之辟"③，而且从中央到地方行政军事体系基本上由科举入仕的文官控制，逐渐形成了典型的文

---

① 《国史大纲》下，《钱穆先生全集》，九州出版社2011年版，第847页。
② （宋）李纲：《梁溪集》卷三十四《戒励士风诏》，影印文渊阁《四库全书》本，第1125册，第802页。
③ 《宋论》卷一，《船山全书》修订版，第11册，岳麓书社2011年版，第24页。

官政治。对此，两宋文人深有感触，以为待士大夫有礼莫如宋代，南宋士人就说："国朝待遇士大夫甚厚，皆前代所无。"① 南宋陈亮认为："祖皇帝用天下之士人，以易武臣之任事者，故本朝以儒立国。而儒道之振，独优于前代。"② 吕祖谦也指出："驻跸东南逾五十年，无纤毫之虞，则根本之深可知矣。然文治可观而武绩未振，名胜相望而干略未优。"③ 意虽在批评时政流弊，却都反映出南宋文臣治国的格局。诚如宋诗云："满朝朱紫贵，尽是读书人。"④ 元人修史总结宋代政治模式时也有评论："宋恃文教，而略武卫。"⑤ 在两宋时代，形成了中国历史上特殊的政治局面，宋王朝既有特意强化的皇权，又滋生出了繁荣的文人政治，而士人集团权力扩大的趋势，实际上又削弱了皇权集权。

2. 小农经济向商品市场经济转型

（1）土地占有形式向地主所有制转变

唐及以前，土地物权基本由国家掌握，如井田制、屯田制、占田制、均田制等，自唐中期以后，随着商品经济的发展，土地所有权的国家控制不断被冲破，皇室、贵族、官僚凭借政治特权，无视政府的均田法令。《册府元龟》载："比置庄田，恣行吞并。"杜佑《通典》卷二《田制》引述唐田令时评论说："虽有此制，开元之季，天宝以来，法令弛坏，兼并之弊，有逾于汉成、哀之间。"均田制日益瓦解，推行着官田私田化政策以及土地买卖合法化等，促使社会土地权属发生了显著变化——土地国有不断被转为私有，原本通过封赐等形式获得的部分私田土地兼并和土地买卖的现象也日趋严重，封建土地私有制日益发展，逐渐形成社会土地权属的国有、君有、族有与家有等多重属性。这种私有化程度不断上升，"宋代封建国家土地所有制继续衰落，土地私有制则得到更进一步发展，并居于绝对的优势地位。两

---

① （宋）王栐：《燕翼诒谋录》卷五，中华书局1981年版，第46页。
② 《宋史》卷四百三十六《陈亮传》，中华书局1985年版，第12940页。
③ 《宋史》卷四百三十四《吕祖谦传》，中华书局1985年版，第12874页。
④ （宋）张端义：《贵耳集》卷下，文渊阁《四库全书》本。
⑤ 《宋史》卷四百九十三《蛮夷一序》，中华书局1985年版，第14171页。

宋时期官田大量转让与出租，转化为民营"①。顾炎武曾对此有过评述："汉武帝时，董仲舒言：'或耕豪民之田，见税什五。'唐德宗时，陆贽言：'今京畿之内，每田一亩，官税五升，而私家收租有亩至一石者，是二十倍于官税也。降及中等，租犹半之。夫土地，王者之所有；耕稼，农夫之所为，而兼并之徒，居然受利。望令凡所占田，约为条限，裁减租价，务利贫人。'仲舒所言则今之分租；贽所言则今之包租也。然犹谓之豪民，谓之'兼并之徒'，宋已下，则公然号为田主矣。"②汉唐宋三朝，土地经营形式有所差异。汉代，农夫"耕豪民之田"有国税什五；唐代，农夫租耕一亩，兼并之徒私家收租一石而转交官税五升，土地国有，隐晦兼并之徒私家占有；而宋代私家兼并土地者，已经获得国家承认，"公然号为'田主'"。所以，叶适也记述说："自汉至唐，犹有授田之制……至于今，授田之制亡矣。民自以私相贸易……官自卖田，其价与私卖等，或反责之。"③对地主土地私有的承认，反映出国家政权对于地主土地的权力确认，以换取他们对中央政府的支持和效忠④，适应土地制度的发展变化和商品经济的发展。

明清土地制度更是朝着土地高度私有化发展，国有土地中的种类繁多的官田，包括皇田或其他地方公有土地等等，通过长时间承佃，官府只认税费，而放松实际管理，使用权形式上由承佃契约逐渐转变成买卖契约，地权事实上可以转让。民间私田更是难以抑制流转交易，甚至在宋元时期曾被各地族训所恪守不渝的朱熹《家礼》"族田不得典卖"的原则，也在商品经济的发展冲击下而动摇。同时，需要看到，虽然唐宋时期土地转移和流通的频率很高，但是作为专制君主体制，还是不愿放任土地自由买卖，对私人拥有土地的肯定，远非"不立田制""不抑兼并"，而是从法律、制度上有着严格的管理与约束。《庆元条法事类》辑有《庆元令·田令》15条，还有《田格》《农田敕》等法律文书。唐宋推行土地买卖官契登记制度。《唐律疏议》：

---

① 漆侠：《中国经济通史：宋代经济史》上册，经济日报出版社1999年版，第382页。
② 《日知录》卷十《苏松二府田赋之重》，《顾炎武全集》，上海古籍出版社2011年版，第444—445页。
③ 《水心别集》卷二《民事上》，《叶适集》，中华书局2010年版，第652页。
④ 参见王亚南：《中国官僚政治研究》，中国社会科学出版社1981年版，第60—61页。

"田无文牒辄卖买者,财没不追。"宋代中央政府"委逐州通判用厚纸立千字文为号印造,约度县分大小,用钱多寡,每月给付诸县,置柜封记。遇人户赴县买契,当官给付"①。并令:"自今民间竞产而执出白契者,毋得行。"② 当然也应该看到,民间土地买卖为规避政府契税私自交易,甚至官府印刷、县衙控制"官版契纸",在执行过程中,"往往多数空印,私自出卖,将纳到税钱,上下通同盗用,是致每有论诉"③,等等诸如此类现象多有出现。

(2) 生产经营方式逐渐向租佃式转变

汉唐社会经济基础是小农经济,以农耕为主的耕织结合,自给自足的经济结构在全国范围仍居主导地位。从总体上说,宋明时期小农自然经济依然气氛浓烈,但是土地物权与经营方式逐渐向契约租佃式转变,已经有了较为明显的以雇佣劳动为特征的生产关系,自给自足的经济结构与租佃式商品经济结构多种形式并存,存在彼此消长的发展趋势,商品经济发展到明朝中叶已经在某些经济发达地区凸显了近代资本主义经济萌芽。漆侠先生认为,唐代是庄园农奴制阶段,而宋代则是封建租佃制占主导地位阶段。④ 在宋代社会经济中,农业经济高度发达,地主向农民收取以谷物为主的实物地租,普遍盛行分成租制;同时,原出现在唐代的军屯定额租制,在宋代已经有了进一步的发展,是一种典型的租佣契约关系,即地主和佃户之间订立契约,载明租佃年限和纳租方式。土地经营方式的契约性特征已经显现,特别是到了明清两代,定额租制终于取代分成租制而占居主导地位。隋唐及以前的世家大族庄园经济的小农经济让位于通过租佃制对"客户"进行剥削的地主经济,租佃契约关系逐渐成为一种主要的方式。宋代理学家石介说:"乡野有不占田之民,借人之牛,受人之土,庸而耕者,谓之客户。"⑤

---

① (清)徐松:《宋会要辑稿》第一三八册《食货》三十五之六《抄旁印帖》,中华书局1957年版。
② (宋)李心传:《建炎以来系年要录》卷八十七《绍兴五年三月》,中华书局1956年版。
③ (清)徐松:《宋会要辑稿》第一三八册《食货》三十五之六《抄旁印帖》,中华书局1957年版。
④ 参见漆侠:《唐宋之际社会经济关系的变革及其对文化思想领域所产生的影响》,《中国经济史研究》2000年第1期。
⑤ (宋)石介:《徂徕石先生文集》卷八《录微者言》,中华书局1984年版。

宋明不仅农业经济高度发达，而且诸多商品经济要素已经得到显现，展现出近代社会工商业文明的雏形。随着农业经济作物种植与交换的大量出现，朝廷要求交付货币地租，商业性农业迅速成长。宋代都市化进程加速，城镇数量大幅度增加，城市人口增加，宋代孟元老《东京梦华录》卷三记载马行街"夜市直至三更尽，才五更又复开张。如要闹去处，通晓不绝"。宋代以前，城市与乡村在户籍上没有多少差别。基于城市人口的增长，为加强户籍管理，宋朝将全国的居民分为乡村户和坊郭户，即农村民户和城市民户，分别定等列籍：乡村主户五等、坊郭主户十等。坊郭户作为法定户名的出现，是宋代商品经济发展、城市人口增加、城市经济发展的一个重要表现，在相当程度上标志着工商业队伍的壮大。① 尤其明清时代城市发展，诸多农村人口涌向城市，乡居地主把土地出租给佃农，自身居住在原籍的城市里。乾隆年间，礼部侍郎方苞《请定经制折子》说道："约计州县田亩，百姓所自有者，不过十之二三，余皆绅衿商贾之产，所居在城，或在他州异县，地亩山场，皆委之佃户。"② 宋代以后中国传统社会的商人，有着特殊的多重身份，商人来源多样化，可以是居乡地主，可以是农户，也可以是士绅官僚。尤其经营工商业经济比较成功的富商们，以其财力支持，大量在农村购置土地，成为拥有大片土地的地主，融农业经济和工商业经济于一身。

（3）义利之辨重新演绎，促使贱商抑商观念向士农工商皆本转变

从先秦时期，传统文化就形成了重农抑商、农本工商末观念，例如李悝的"重本禁技巧"、商鞅的"事本而禁末"、荀子的"务本禁末"等，韩非进一步将"末"的外延从"技巧"扩大到"工商游食之民"，形成了"农本工商末"的完整概念。秦汉至唐，"农本工商末"成为整个社会的主流意识，从法律、政策乃至社会生活对于商人限制与歧视，使"工商"屈居于"四民"社会之末地位。唐宋以来尤其是明清时期，商品经济的发展和土地产权制度的变革使得人身政治与经济依附关系被削弱，社会结构发生了巨大变革。两宋之际，新的义利观念，使人们重新认识了"利"的意义，涌现怀疑

---

① 参见王曾瑜：《宋朝阶级结构》，河北教育出版社1996年版，第5页。
② 《方望溪先生全集·集外文》卷一，《四部丛刊》集部。

和否定"贱商""抑商"观念,"贵义贱利"等传统价值观受到挑战,开始出现"四民皆本"观念。从现有史料看,北宋天台县令郑至道是最早提出"四民皆本"论的人。① 清代学者沈垚对此论述道:"宋太祖乃尽收天下之利权归于官,于是士大夫始必兼农桑之业,方得赡家,一切与古异矣。仕者既与小民争利,未仕者又必先有农桑之业方得给朝夕,以专事进取,于是货殖之事益急,商贾之事益重。非父兄先营事业于前,子弟即无由读书以致身通显。是故古者四民分,后世四民不分……此宋、元、明以来变迁之大较也。"② 从"四民分"到"四民不分",正反映了唐宋以后商品经济发展带来的社会变化。这一变化冲击和排斥着旧有的学术思想、传统意识观念与价值观念。"重本抑末"的传统经济观也随之发生变化,欧阳修力主"使商贾有利而通行"③,李觏以为"今日之宜,亦莫如一切通商。官勿买卖,听其自为"④。宋人邓绾说:"行商坐贾,通货殖财,四民之益也。"⑤ 尤其是南宋时期的浙东事功学派、以吕祖谦为代表的"金华学派"、以陈亮为代表的"永康学派"、以叶适为代表的"永嘉学派"与理学集大成者朱熹展开的"王霸之辨""义利之辨""理欲之辨"对进一步厘清义利、治生利民、四民观念有着重要意义。陈亮指出:"商藉农而立,农赖商而行,求以相补,而非求以相病。"⑥ 叶适说:"夫四民交致其用,而后治化兴,抑末厚本,非正论也。"⑦"其要欲

---

① (宋)陈耆卿:《嘉定赤城志》卷三十七,《四库全书》本。《嘉定赤城志》载:"古有四民:曰士、曰农、曰工、曰商。士勤于学业,则可以即爵禄。农勤于田亩,则可以聚稼穑。工勤于技巧,则可以易衣食。商勤于贸易,则可以积财货。此四者,皆百姓之本业。自生民以来,未有能易之者也。若能其一,则仰以事父母,俯以育妻子,而终身之事毕矣。不能此四者,则谓之浮浪游手之民。浮浪游手之民,衣食之源无所从出,若不为盗贼,则私贩禁物,一旦身被拘系,陷于刑禁,小则鞭挞肌肤,大则编配绞斩,破荡家产,离弃骨肉,方此之时,欲为四民之业而何可得也?"
② (清)沈垚:《落帆楼文集》卷二十四《费席山先生七十双寿序》,嘉业堂刻《吴兴丛书》本。
③ 《居士集》卷四十五《通进司上书》,《欧阳文忠全集》,中国书店1986年版,第310页。
④ 《李觏集》卷十六《富国》,中华书局2011年版,第155页。
⑤ (宋)王偁:《东都事略》卷九十八《邓绾传》,文渊阁《四库全书》本,第382册,第635页。
⑥ 《陈亮集》卷十一《四弊》,中华书局1987年版,第140页。
⑦ (宋)叶适:《习学记言序目》卷一十九《史记平准书》,中华书局1977年版,第273页。

使四民世为之，其理固当然，而四民古今未有不以世。至于烝进髦士，则古人盖曰无类，虽工商不敢绝也。"①宋明时期士大夫自身参与商业，出现不同地域特征的"儒商"。朱熹不反对经商，有人问："吾辈之贫者，令不学子弟经营，莫不妨否？"朱熹回答："止经营衣食，亦无甚害，陆家（陆象山）亦作铺买卖。"②宋代叶梦得将士农工商均作为家庭经营的四种正当职业，以为："治生不同：出作人息，农之治生也；居肆成事，工之治生也；贸迁有无，商之治生也；膏油继晷，士之治生也。"③元代大儒许衡进一步发扬了"治生说"："为学者，治生最为先务。苟生理不足，则于为学之道有所妨，彼旁求妄进及作官嗜利者，亦窘于生理之所致也。……治生者，农工商贾。士君子当以务农为生，商贾虽为逐末，亦有可为者。果处之不失义理，或以姑济一时，亦无不可。"④承认商贾"亦有可为者"，属于"不失义理"。明代，王阳明、黄宗羲秉承宋代"四民皆本"，进一步阐发"四民同道"论与"工商皆本"论，形成了新四民观。王阳明主要从"心学""致良知"学说与四民社会分工、社会功能出发，提出"四民同道"论：

  古者生民异业而同道，其尽心焉，一也。士以修治，农以具养，工以利器，商以通货，各就其资之所近，力之所及者而业焉，以求尽其心。其归要在于有益于生人之道，则一而已。士农以其尽心于修治具养者，而利器通货，犹其士与农也；工商以其尽心于利器通货者，而修治具养，犹其工与农也。故曰：四民异业而同道。⑤

黄宗羲则从反对儒家空谈心性、崇尚务实出发，主张"工商皆本"："世儒不察，以工商为末，妄议抑之。夫工固圣王之所欲来，商又使其愿出于

---

① （宋）叶适：《习学记言序目》卷一十二《国语》，中华书局1977年版，第169页。
② 《朱子语类》卷一百一十三，《朱子全书》第18册，第3604—3605页。
③ （宋）叶梦得：《石林治生家训要略》，《丛书集成续编》本，台湾新文化出版公司1989年版，第497页。
④ 《许鲁斋集》卷六《国学事迹》，清同治五年福州正谊书局《左氏增刊正谊堂全书》本，第94页。
⑤ 《王阳明全集》卷四《节庵方公墓表》，黄山书社2014年版，第910页。

途者，盖皆本也。"① 而何心隐确认当时社会四民的排列应该是士、商、农、工，将士与商同列一个层次："商贾大于农工，士大于商贾，圣贤大于士。"② 黄宗羲、顾炎武等大力强调"工商皆本""惠商恤民""经世致用""义利双行"，这是对传统"本末论"作重新的界定和评论，与传统的"重农抑商"思想观念相对抗。明末清初王夫之也肯定工商业者在社会经济生活中所起到的积极调节作用，说道：

> 天地之奥区，田蚕所宜，……其他千户之邑，极于瘠薄，亦莫不有素封世族冠其乡焉。此盖以流金粟，通贫弱之有无，田夫畦叟盐鲑布褐、伏腊酒浆所自给也。辛有旱涝，长吏请蠲贩，卒不得报，稍需日月，道殣相望。而怀百钱，挟空券，要豪右之门，则晨户叩而夕炊举矣。故大贾富民，国之司命也。③

甚至王夫之还将商业贸易提升到国家安全政治层面：

> 据地以拒敌，画疆以自守，闭米粟丝枲布帛盐茶于境不令外鬻者，自困之术也，而抑有害机伏焉。夫可以出市于人者，必其余于己者也。此之有余，则彼固有所不足矣；而彼抑有其余，又此之所不足也。天下交相灌输而后生人之用全，立国之备裕。金钱者，尤百货之母，国之贫富所司也。物滞于内，则金钱拒于外，国用不赡，而耕桑织纴采山煮海之成劳，委积于无用，民日以贫；民贫而赋税不给，盗贼内起，虽有有余者，不适于用，其困也必也。④

显然，在宋明时期，"士农工商皆本"已经成为社会认识的一种趋向。正是在这样的背景下，宋明理学将义利之学重新拾回，更加重视义利之辨，对传统

---

① （清）王宗羲：《明夷待访录·财计三》，中华书局2011年版，第161页。
② 《何心隐集》卷三《答作主》，中华书局1981年版，第53—54页。
③ 《黄书·大正第六》，《船山全书》第12册，岳麓书社2011年版，第529—530页。
④ 《读通鉴论》卷二十七，《船山全书》第10册，岳麓书社2011年版，第1058—1059页。

的义利观、本末观、"均贫富""抑兼并"等等思想观念予以全新的诠释。当然,就义利之说而言,以明中期为界,宋明理学在不同时期偏重点有所不同。

明中期以前的前期理学家,总体上继承儒家的"义以生利",沿袭孔、孟、荀、董的思想,主张重义轻利,先义后利,强调"正其谊不谋其利,明其道不计其功"。但义利观发生了一些微调,主要有以下几个方面:

一是承认合理有限利欲。宋明理学虽然在一定层面上否定私利,把它看成义的对立面,但在一定限度内承认"利"的合法存在,只不过是把"利"置于"义"的支配下。理学家将利分为善利与不善之利,而区别的标准就是义理,"夫利和义者,善也。其害义者,不善也……君子未尝不欲利"。"利害者,天下之常情也。人皆知趋利而避害,圣人则更不论利害,惟看义当为与不当为,便是命在其中也。"① 利应当符合义理的要求,要"以利和义,不以义抑利"②,理学家在义的前提下肯定了基本物质利益的存在,这在一定程度上承认了对物质利益的追求。

二是肯定了民利,主张与民以利。肯定民生权利,这对维护以自给自足的小农经济为基础的社会的稳定是有积极意义的。李觏认为,言"利"乃是人生正当的生存。张载说:"利,利于民则可谓利,利于身利于国皆非利也。"③ "浙东学派"的"利",并不是无节制的一己私利,而是泛指"生民之利"。朱熹希望采取经界和屯田措施避免不均,认为"盖经界法行,息争止讼,大为民利"④,对百姓应采取轻徭薄赋均税、置办社仓等具体方式尽可能地保障百姓的安定,减少纠纷与诉讼。丘濬在对待如何预防犯罪的问题上,首先就是从物质利益出发而考虑的,他认为"见田里无不耕之夫,室家无不织之女,人人有业,家家务本","家给而人足,盗息而讼简,民所以为生者益固,国所以藏富者益厚矣"⑤。

---

① 《河南程氏遗书》卷十七,《二程集》,中华书局2004年版,第349、176页。
② (宋)叶适:《习学记言序目》,中华书局1977年版,第386页。
③ 《张子全书》卷之十三《性理拾遗》,西北大学出版社2015年版,第301页。
④ 《朱熹年谱·行状》,《朱子全书》第27册,第347页。
⑤ (明)丘濬:《大学衍义补》卷十五《重民之事》,朱维铮主编:《中国经学史基本丛书》第三册,金良年整理,上海书店出版社2012年版,第145页。

三是一些理学家已经对儒家的"义以生利"、重义轻利、"正其义不谋其利，明其道不计其功"进行了修正，其思想在当时虽然尚未成为主流思潮，但是已经足以影响当时与以后的社会发展。这些理学家将儒家义利观融合其他学派如墨子等思想。李觏主张义利的统一，他所要讲的"利"是民利、公利。南宋吕祖谦、薛季宣、陈傅良、叶适和陈亮等"浙东学派"主张"功利之学"，提出了"义利并立""以利合义"的事功学说。陈亮、叶适认为道义和功利并不矛盾，功利体现在道义之中，离开功利无所谓道义。陈亮说："利之所在，何往而不可哉！"① 叶适主张义利合一，甚至以利导义，"成其利，致其义"②。以叶适、陈亮为代表的"浙东学派"倡导"农商并举"，推崇三代"皆以国家之力扶持商贾，流通货币"，反对抑商政策，要求变革入仕身份限制、不许工商子弟为官的旧规，"其要欲使四民世为之，其理固当然，而四民古今未有不以事。至于丞进髦士，则古人盖曰无类，虽工商不敢绝也"③。

明代李贽从哲学和人性论的角度充分肯定了追求财富、发展富民经济的合理性和合法性。黄宗羲提出"有生之初，人各自私也，人各自利也"④。顾炎武认为追求名利是人性所致的，他说："吾自幼及老，见人所以求当世之名者，无非为利也。名之所在，则利归之，故求之惟恐不及也。苟不求利，亦何慕名？"⑤ 皖派学者戴震随父亲在江西、福建、南京等地经商，广泛接触到社会生活，主张"与民同欲"的新民本思想，提出了"良贾何负宏儒"的士农工商四民平等的价值观和社会观。王夫之继承了传统重义思想的精髓，并在此基础上有所发展："要而论之，义之与利，其途相反，而推之于天理之公，则固合也。义者，正以利所行者也。事得其宜，则推之天下而可行，何不利之有哉？"⑥ 因而只有坚持义，以义制利，才能达到以义制害的

---

① 《陈亮集》卷十一《四弊》，中华书局1987年版，第140页。
② （宋）叶适：《习学记言序目》卷二十三，中华书局1977年版，第322页。
③ （宋）叶适：《习学记言序目》卷十二，中华书局1977年版，第167页。
④ （清）黄宗羲：《明夷待访录·原君》，中华书局2011年版，第6页。
⑤ 《日知录》卷七《君子疾没世而名不称焉》，《顾炎武全集》，上海古籍出版社2011年版，第316页。
⑥ 《四书训义》卷八，《船山全书》第7册，岳麓书社1996年版，第382页。

目的。李贽、王夫之、黄宗羲、顾炎武等新的理欲观、义利观促生了新的商业经济思想观念。

3. 趋向身份平等的社会结构

(1) 人身依附关系淡化与身份转换合法化

首先，土地租佃契约制促使人身依附关系淡化。从土地经营模式看，宋朝以后实行的是土地租佃制，地主和佃户之间是租佃契约关系，农户"秋成之时，百逋丛身，解偿之余，储积无已。往往负贩雇工，以谋朝夕之赢者，比比皆是也"①。"其余客户（无地农户），则全无立锥，惟籍佣雇，朝夕奔波。"②地客佃户摆脱了过去"随主属贯，又别无户籍"③的私属身份，成为独立民事主体"齐民""良民"。仁宗下诏，取消对地客佃户迁徙、佃田的限制，"自今后客户起移，更不取主人凭由，须每田收田毕日，商量去往，各取稳便，即不得非时衷私起移。如是主人非理拦占，许经县论详"④。朱元璋建立明朝后，下令"佃户见田主，不论齿序，并如少事长之礼"⑤。随着南宋良贱制度的消亡，"奴婢"作为法律意义上的贱民之称谓，在国家新修撰的法典中已停止使用。显然，佃户对地主人身依附关系有所松弛，具有相当的迁徙、佃田和退佃的自由权。至明清时期，租佃契约的主要形式是定额租制和永佃制，佃农摆脱了地主对生产活动的干预，相对扩大了独立的经营权。到了清代前期，封建国家在处理主佃双方的诉讼时，已承认他们之间并无"主仆名分"。

对于田主与佃户的关系，朱熹在《劝农文》中认为："乡村小民，其间多是无田之家，须就田主讨田耕作。佃户既赖田主给佃生借以养活家口，田主亦借佃客耕田纳租，以供赡家计。二者相须，方能成立。"⑥叶适指出："小

---

① （宋）王柏：《鲁斋集》卷七《社会利害》，影印文渊阁《四库全书》本，第217页。
② （宋）陈淳：《北溪大全集》卷四十四，文渊阁《四库全书》本。
③ （清）沈家本：《历代刑法考》卷十五，民国刻《沈寄簃先生遗书》本，第359页。
④ （清）徐松：《宋会要辑稿·食货》一之二十四，中华书局1957年影印本。
⑤ 朱国桢：《皇明大训记》卷六，明崇祯刻《皇明史概》本。
⑥ 《朱文公文集》卷一百《劝农文》，《朱子全书》第25册，第4626页。

民之无田者，假田于富人；得田而无为耕，借资于富人；岁时有急，求于富人；有甚者，庸作奴婢，归于富人；游手末作，俳优伎艺，传食于富人。而又上当官输，杂出无数，吏常有非时之责无以应上命，常取具于富人。"① 同时当时社会贫富差异也是比较大的，理学家深为主佃之间的贫富紧张关系担忧，极力缓和与沟通两者关系。清初魏禧认识到："贫民富民，多不相得，富者欺贫，贫者忌富，一遇饥馑，初扰抢米，再之劫富，再之公然啸聚为贼。"② 因此，如果主佃之间发生纠纷，最主要的办法应该是相互协调，而不是激化。朱熹要求"今仰人户递相告戒，佃户不可侵犯田主，田主不可挠虐佃户"。陆世仪也提出："治国之道，使富民出粟以养贫民，贫民出力以卫富民，此其常也。然其要在使贫富之心相通，贫民食富民之粟而知感，则其效力必勤；富民藉贫民之力而有用，则其出粟必乐。"③1180年，南康军大旱，朱熹竭力措置，积极救荒，及时发布了《劝谕救荒文》，劝导富裕之家要同情和救济他们的佃客。当然政府基于"有田则有租，为日久矣"④"朝廷粮赋出于田租，业主置田原为收租，佃不还租，粮从何出"⑤ 的认识，向佃户收税是国家政权、地主的合理权利，故而为了保证赋税决不允许佃户抗欠地租，对佃农的此种行为是严厉惩处的。对于农民造反"决不可招，只有尽力扑讨"⑥。

其次，土地私有制不断发展，土地相互流转交易大量出现，身份转换日益频繁与合法化。随着土地关系的变化，国家亦以法律手段来保护土地买卖的合法性，地主阶层内部升降沉浮迅速加速，无论官僚地主还是一般地主因破落而出卖土地的事也是层出不穷。朱熹说："人家田产，只五六年间，便自不同，富者贫，贫者富。少间病败便多，飞产匿名，无所不有。须是

---

① 《水心别集》卷二《民事下》，《叶适集》，中华书局2010年版，第657页。
② 《皇朝经世文编》卷四十一《救荒策》，清光绪二十七年上海宝善斋石印本，第786页。
③ 《皇朝经世文编》卷二十八《论盐粮贩贷诸法》，清光绪二十七年商绎雪参书局石印本，第1389页。
④ 《朱文公文集》卷十一《庚子应诏封事》，《朱子全书》第20册，第582页。
⑤ （清）陈宏谋：《培远堂偶存稿》卷四十五《业佃公平收租示》，清道光七年培远堂藏本。
⑥ 《朱文公文集》卷九十九《约束科差夫役》，《朱子全书》第25册，第1188页。

三十年再与打量一番。"① 胡宏指出："历观前世名公巨卿，辛勤立门户，不旋踵而败坏蔑有闻者矣。"②

最后，宋明时期通过户籍制度确定民户"名分"的身份地位。宋政府按财产将全国居民分为"主户"与"客户"。开宝四年（971）七月，宋太祖下诏，通检全国丁口，一并抄入版籍。作为佃农的客户已经不再具有世族地主的"私属"身份，而具有国家独立户籍。佃户被列入编户齐民，获得了与主户平等民事权利的主体法律身份。司马光明确提出主户、客户非存上下之势，从宋以后，佃客因土地权利以平等法律主体资格与主家对簿公堂案例大量出现在官府史籍中。③ 奴仆也成为国家的编户齐民，严禁买卖与奴役。南宋淳熙时，陈傅良在《桂阳军告谕百姓榜文》中摘引当时在行的法律说道："律：诸略人、略卖人（不和为略，十岁以下虽和亦同略法）为奴婢者，绞；为部曲者，流三千里，为妻妾子孙者，徒三年（因而杀伤人者，[同] 强盗法），和诱者，各减一等。"④ 宋《名公书判清明集》卷十二《母子不法同恶相济》载："掠人女与妻，勒充为婢，不偿雇金，在法当绞。"已经突破了唐代法典"奴婢、部曲，身系于主"的规定。元朝时期，佃户同地主等人一起统称为民户。明朝把基本户籍分为民户、军户、匠户三类。这三类户籍的人都有逃亡者，政府采取了一项招抚措施，即准许随地附籍，在异乡落户，这从一个侧面说明佃户的人身是自由的。1727年，雍正皇帝颁布诏令："朕以移风易俗为心，凡有俗相沿不能振拨者，咸予自新之路，如山西之乐户，浙江之惰民，皆除其贱籍，使之为良民，所以励廉耻而广风俗也。近闻江南省中徽州有伴当，宁国府则有世仆，本地呼为细民，其职业下贱，几与乐户、惰民相同。"⑤ 使世袭的奴仆及其他类似的社会阶层获得进一步解放。我们说"正名"是孔子重建礼制秩序的起点，而"分"则是宋明理学对社会转型时

---

① 《朱子语类》卷一百九，《朱子全书》第17册，第3534页。
② 《五峰集》卷三《题刘忠肃公贴》，上海古籍出版社1987年版，第1137册。
③ 如《名公书判清明集》卷四《使州送宜黄县张椿与赵永互争田产》、卷九《主佃争墓田》。（参见《名公书判清明集》，中华书局1987年版）
④ （宋）陈傅良：《止斋先生文集》卷四十四《桂阳军告谕百姓榜文》，《四部丛刊》本。
⑤ 《清实录》第7册，雍正五年四月葵丑条，中华书局1985年影印本。

期塑造社会义理秩序的起点，也关涉社会秩序的重新制定与稳定。而"社会成员法律地位变化：等级性差异缩小，伦理性界定划分作用削弱"①，则体现了身份平等的倾向。

(2) 宗法贵族伦理化向宗法家族伦理化转变

以血缘为基础、等级为特征的宗法制度是传统社会特有的统治体系。"宗法制度萌芽于商代，正式形成和完善于西周初年，衰落和瓦解于春秋战国时期，主要实行于天子、诸侯、卿大夫、士等贵族阶层。"②此时的宗法基于贵族伦理，宗法和政权又合而为一。秦汉时，以官僚制度来代替旧的世卿世禄分封制度，强迫分家析产。汉武帝曾下令"徙强宗大姓，不得族居"③，宗法制度遭到破坏，宗族与政权分离。"及秦用商君之法，富民有子则分居，贫民有子则出赘，由是其流及上，虽王公大人亦莫知敬宗之道。"④汉唐之间，一些聚族而居的强宗大族不断发展，逐渐形成了门阀制度。在宗族内部，以政治权势强和财富多为家族实际控制权的首领而非强调宗子的地位，宗法制度已经到了崩溃边缘，门阀制度下的宗族组织已失去先秦立宗法的本意。朱熹认为："其存于今者，宫庐器服之制、出入起居之节，皆已不宜于世。世之君子虽或酌以古今之变，更为一时之法，然亦或详或略，无所折衷。至或遗其要，而困于贫窭者，尤患其终不能有以及于礼也。"⑤

理学家张载也曾指出：

> 且如公卿一日崛起于贫贱之中，以至公相，宗法不立，既死遂族散，其家不传。……今骤得富贵者，止能为三四十年之计，造宅一区，及其所有，既死则众子分裂，未几荡尽，则家遂不存。如此则家且不能保，又安能保国家？管摄天下人心，收宗族，厚风俗，使人不忘本，

---

① 刘广明：《宗法中国》，上海三联书店1996年版，第76页。
② 钱宗范：《中国宗法制度论》，《广西民族学院学报》1996年第2期。
③ 《后汉书·郑弘传》，中华书局1965年版，第1155页。
④ 《日知录》卷十三《分居》，《顾炎武全集》，上海古籍出版社2011年版，第561页。
⑤ 《朱文公文集》卷七十五《家礼序》，《朱子全书》第24册，第3627页。

> 须是明谱系世族与立宗子法。宗法不立，则人不知统系来处。①

重建宗法制度，是敬宗收族、强化家族的凝聚力的需要。长期的宋金战争，地方农民暴动，引发社会动荡，迫使人们聚族而居，安身自保。宋代采取不抑兼并的政策，致使更多的士家大族出现，士庶工商通过科举步入官僚集团，在获得一定权力之后，权贵们需要考虑其身后的家族稳定与发展问题，促使家族稳定与发展也有了可行的保证。"伴随着唐宋之际的长期战乱和社会关系的变革，门阀宗族制度受到了彻底的冲击。至五代宋初时，社会上宗族成员关系松散，有的甚至相视如途人，缺乏有力的团聚力量。这种状况，是极不利于地主阶级统治的。再加上商品经济的冲击，经常会使得富者有社会地位不稳之虞，贫者有失去生活能力之忧。因此，宋代的地主阶级，尤其是其中的士大夫阶层，就极力想利用宗族这个古老的自然共同体，来维护自己的社会地位。"②"社会动乱所导致的互助要求，地主官僚想使自己的光荣门楣在不享有世袭政治特权的情况下能世代流芳的希望，汇成了一股光复宗法家族生活的潜流，经由理学家的倡导和设计，在北宋建国百年后，一种普及型的与新的封建地主政治、经济相适应的宗法家族形态终于问世了。"③

为此，朱熹等宋儒制定了《家礼》，逐渐在家庭家族中恢复宗法制度，并不断实现宗法的贵族伦理化向宗法家族伦理化的社会转变。祭祖权的下移与宗族乡约化就是其直接反映。宗法已经摆脱了神秘感从上层贵族专有，转向全面放开、普遍实施，具有庄严性、世俗普及性。宋代以后至近代时期的宗法制度逐渐民众化，其政治功能减弱，而社会功能增强。宗法宗族制逐渐推行于庶民之家，宗族组织变成为封建社会的基层社会组织。④"秦汉以降的皇权，在分封支柱丧失的情形下，以中央集权制支撑皇权，同时皇权在与

---

① 《张子全书》卷之十三《经学理窟·宗法》，西北大学出版社2015年版，第68页。
② 王善军：《宋代的宗族祭祀和祖先崇拜》，《世界宗教研究》1999年第3期。
③ 刘广明：《宗法中国》，上海三联书店1996年版，第76页。
④ 参见冯尔康：《秦汉以降古代中国"变异型宗法社会"试说》，《天津社会科学》2008年第1期。

相权、监察权长期斗争中削弱对方,权力达到基层(县,乃至乡),从君统、宗统合一(家国一致),转变为国家、村落(家族)一致,皇帝(国家)借重于宗族治理地方。君主专制政体需要宗法,宗法本身具有专制性。"① 宋明理学因革除时弊、整顿人心、重树道德价值和重建儒家道德形上学的理论的需要,初步建立起了一整套的家族宗法伦理理论体系。

4. 平民世俗教育学术文化

(1) 教育不断扩大的社会性趋势

两宋以后教育社会性趋势不断地扩大。一方面,官学进一步发展,从中上层向下层社会延伸,州县普遍建立小学,6岁到12岁的儿童均可入学。政和四年(1114)二月,中书省上奏:小学生见近一千人,入学者尚未已。② 按照规定,只有九种人不许入学:"凡隐匿丧服,或尝犯刑,或亏孝弟有状,或两犯法经赦,或为乡里害,或假户籍,或父祖犯十恶,或工商杂类,或尝为僧及道士,皆不得与士齿。"③ 另一方面,私学获得了前所未有的发展。宋代宗族组织所办的族塾义学遍布于全国各地,延平府甚至呈现"五步一塾,十步一庠","朝育暮弦,洋洋盈耳"④的景象。衡山赵氏"立义学,……辟四斋,岁延二师,厚其饩廪,子弟六岁以上入小学,十二岁以上入大学"⑤。贵溪县高氏桐源书院,"特以教其家与一乡子弟,有古人间塾之遗意"⑥。不仅从群体上体现普及教育转型,而且在地域上也有所表现。《宋史·地理志》说福建"多向学,喜讲诵,好为文辞,登科第者尤多";四川"声教攸暨,文学之士,彬彬辈出"。在江西,"虽荒服郡县,必有学"⑦,当时最落后的夔州路和广南东、西路,文化也逐渐得到普及。之所以宋代出现教育普及

---

① 冯尔康:《秦汉以降古代中国"变异型宗法社会"试说》,《天津社会科学》2008年第1期。
② 参见徐松辑:《宋会要辑稿·崇儒二》之二十二,中华书局1957年影印本。
③ 施宿等:嘉泰《会稽志》卷一《学》,文渊阁《四库全书》本。
④ 《嘉靖延平府志》卷一《风俗》,《天一阁藏明代方志选刊》本。
⑤ (宋)刘克庄:《后村先生大全集》卷九二《赵氏义学庄》,四川大学出版社2008年版,第2393页。
⑥ (宋)汪应辰:《文定集》卷九《桐源书院记》,《丛书集成初编》本。
⑦ 《苏轼文集》卷一一《南安军学记》,孔凡礼点校,中华书局1985年版,第374页。

化，原因是多方面的，主要是由于科举制度发展到宋朝时已经走向了成熟与完善。宋代具有较为宽松的文化政策以及崇尚文化的风尚，而大量书院、族塾义学等教育机构的出现使更多的儿童得以入学。加之印刷技术的进步，图书的整理和出版比较普遍，极大地拓展了学术文化的传播与普及。宋以后经济、文化发展与重心的南移等也是教育发展的必要因素。

（2）贵族雅文化向世俗平民文化的转型

由于教育的普及，文化知识不再垄断于贵族手中，宋代以后社会下层民众都得到了读书识字的机会，发掘出了文化更大的发展空间，为文化的普及和世俗化发展提供了政治上和精神上的可能。此外，佛教文化的再次世俗化与佛教中国化的复兴，能够向下传播并普及到下层民众手中，也是文化普及不能不考虑的表现之一。为了让佛教能够更好地为朝廷服务，宋朝统治者们对其都采取了扶植、利用和保护的政策，加上雕刻经书的技术广泛应用，使得佛经的翻译和收藏之风大盛。这就不但让佛经得以流传民间，更因一些经书被译成了通俗易懂的版本，让下层民众更加贴近了佛教文化，使佛教在唐武宗毁佛灭佛后再次复兴于民间且达到了一定的高潮。在众多因素下，促使贵族雅文化向世俗平民文化的转型，明清四大名著就是这种世俗平民文化的体现。

总之，平民文化的繁荣和发展也为后世文化奠定了基础，使得下层平民中的俗文化不但上升为文化主体，更主导了中国文化自宋以后的发展方向。

（3）抽象上层学术向世俗理性学术的转型

在儒学领域内，唐宋之际就流行着疑经变古之风。北宋末年晁说之言："呜呼！今之士人，好古可谓极矣。乃独于'六经'之义，鄙弃先儒而日逞，后生锐气，角为新说，不知其何以邪！"[①] 清儒曾评价宋初思想指出："北宋孙复、刘敞等，各自论说，不相统摄，及其弊也杂……学脉旁分，攀缘日众，驱除异己，务定一尊。"[②] 显然，宋代思想界此时还没有建立起绝对权威的思想意识，再次进入学术交融的时代，在官方学术中已糅合了儒释道的思

---

① （宋）晁说之：《嵩山文集》卷一五《答朱秀才书》，《四部丛刊》本，第42页。
② 《四库全书》总目卷一《经部总叙》，文渊阁《四库全书》第1册，第53页。

想元素。尤其以道入儒，既体现了儒家文化的开放性，又使作为上层学术的理学更易被民众所接受，呈现出儒道并行的文化状态。同时，理学家以"静坐"而参悟"居敬穷理"的治学方法的学术走向，也使理学中加入了佛家因素。这样，由先前的儒、释、道争先向儒、释、道并存与交融发展，因而，促进了抽象上层学术向世俗理性学术的转变。钱穆在《朱子学提纲》中指出："在宋代理学家思想中，实已包进了道家言，而加之以融化。周张二程皆如此，到朱子而益臻于圆通无碍。若仅就某一部分认为理学思想即是道家思想，则仍把握不到理学思想主要精神之所在。"① 朱熹也说："诚者，合内外之道，便是表里如一，内实如此，外也实如此。"②

总体来说，在文化学术上，宋明理学有不断"向内转"的趋势，其核心理论是理气心性之学，"为己之学"。宋明理学非常注重在内心世界的自我营构，寻求一种超越的人格境界，表面上看，朱熹等极力在朝廷上书中"格君心之非"，实际上，宋明理学已经由先秦直接宣传其政治主张与政治理想，主张限制君主，转为直接服务君权，成为以与君共权为核心的庞大政治序列中的一员。理气心性之学本质上就是为政治社会服务的。

二、宋明士大夫的社会意识

1. 忧患意识

儒家学说可以说是张扬"人"的作用的，强调士人当以天下国家为己任并以之作为自己的历史使命，由此形成为一种对政治之兴衰、民生之疾苦的关怀责任感，将忧患意识视为传统文化中的人文精神之一。忧患意识是我国古代文化的重要特质。牟宗三指出："中国哲学之重道德根植于忧患意识。中国人的忧患意识特别强烈，由此种忧患意识可以产生道德意识。忧患并非如杞人忧天之无聊，更非如患得患失之庸俗。只有小人才会长戚戚，君子永

---

① 钱穆：《朱子学提纲》，生活·读书·新知三联书店 2005 年版，第 40 页。
② 《朱子语类》卷二十三，《朱子全书》第 14 册，第 820 页。

远是坦荡荡的。他所忧的不是财货权势的未足而是德之未修与学之未讲。他的忧患终身无己而永在坦荡荡的胸怀中。"① 忧患意识是一种道德意识、危机意识,更是一种责任意识。徐复观说:"在以信仰为中心的宗教气氛之下,人感到信仰而得救,把一切问题的责任交给神,此时会发生忧患意识,而此时的信心乃是对神的信心。只有自己担当起问题的责任时才有忧患意识。这种忧患意识实际是蕴含着一种坚强的意志和奋发的精神。"② 先秦儒家强调个人对社会应有忧患意识。孟子曾说:"生于忧患而死于安乐"③,"乐以天下,忧以天下"④。"忧天下"的价值取向历来是圣贤先哲以及仁人志士的共同心理,尤其由于宋王朝建立以来,外来民族与中原汉民族经历长期战争,伴随着尖锐的民族与内部阶层矛盾,各种危机已经萌发。这种外患而内忧的环境促生士大夫大都具有强烈的忧患意识。宋王朝"祖宗之境土未复,宗庙之仇耻未除,戎虏之奸谲不常,生民之困悴已极"⑤。用范仲淹的话说,"纲纪制度,日削月侵,官雍于下,民困于外,夷狄骄盛,寇盗横炽"⑥。这种政治现实,也不能不使具有高度责任感的范仲淹忧患意识增强,《岳阳楼记》中"先天下之忧而忧,后天下之乐而乐"更表达了这种忧患意识。宋代士大夫"进退皆忧""先忧后乐"的忧患意识突破了传统儒家"达则兼济天下,穷则独善其身",以个人"达""穷"来决定济世与否的观念,突出表现了不计个人得失,无论达穷与否都坦然投身于匡世、济民、救国的崇高人格,具有鲜明的时代特色,力图以"先天下之忧而忧"的情怀来影响当权者,激励老百姓。

宋代士大夫强烈的忧患意识表现出对国家民族利益、广大民众忧乐的终极关怀。范仲淹"忧国忧民,此其职也"⑦,"既去职任,而尚怀国家之

---

① 牟宗三:《中国哲学的特质》,台湾学生书局1974年版,第16页。
② 《中国人性论史》,《徐复观文集》(三),湖北人民出版社2002年版,第33页。
③ 《孟子·告子下》,《孟子正义》,中华书局1987年版,第938页。
④ 《孟子·梁惠王下》,《孟子正义》,中华书局1987年版,第129页。
⑤ 《朱文公文集》卷十一《壬午应诏封事》,《朱子全书》第20册,第571页。
⑥ 《范文正公政府奏议》卷上《答手诏条陈十事》,《范仲淹全集》,四川大学出版社2002年版,第524页。
⑦ 《范文正公文集》卷十一《祭英烈王文》,《范仲淹全集》,四川大学出版社2002年版,第281页。

忧"①。朱熹"朝夕忧虑,以天下国家为念"②,"忧民"更是成为宋明儒家的一种传统意识。理学家把对民众的抚慰作为治国要务,发扬民本思想,取信于民,以得民心寻求复国之计,张栻就说过:"夫欲复中原之地,先有以得中原之心,欲得中原之心,先有以得吾民心。求所以得吾民心者,岂有它哉,不尽其力,不伤其财而已矣。今日之事,固当以明大义,正人心为本。"③

2. 天下意识

钱穆先生论道:"夫不为相则为师,得君行道,以天下为己任,此宋明学者帜志也。"④宋明儒者这一"以天下为己任"的胸襟,激发着他们平治天下的热情。程颐曾将当时学者划分为三种类型:"能文者谓之文士,谈经者泥为讲师,惟知道者乃儒学也。"⑤在他看来,孟子之后儒门充斥着"文士"和"讲师",而鲜于"知道者",只有其兄程颢"谓孟子没而圣学不传,以兴起斯文为己任"⑥,才算真正的"知道者"。其实,宋儒就是从经的要旨、大义、义理入手,亦即从宏观方面解经,达到通经的目的。邓广铭先生认为:"儒家学者之所以要抛弃汉唐学者的章句训诂之学而趋重于阐发经典中的义理内涵,其内在原因固在于对汉儒烦琐哲学的厌弃而要转移方向,而其外部原因则也是在于看到佛教的那些学问僧都在讲说心性之学,便也想在这一方面能与之一较高低之故。"⑦总之,"从方法论上说,汉学属于微观类型,而宋学属于宏观类型。在我国古代学术发展史上,宋学确实开创了学术探索的新局面,并表现了它独特的新思路和新方法"⑧。经学研究的目的不是探古发源,而是要教化世俗。这是宋代儒家学者所抱负的共同使命。宋代学者置

---

① 《范文正公文集》卷十《答安抚王内翰书》,《范仲淹全集》,四川大学出版社2002年版,第251页。
② 《朱子语类》卷九十四,《朱子全书》第17册,第3159—3160页。
③ 《宋史》卷四百二十九《张栻传》,中华书局1977年版,第12771页。
④ 《中国近三百年学术史·自序》,《钱穆先生全集》,九州出版社2011年版。
⑤ 《河南程氏遗书》卷六,《二程集》,中华书局2004年版,第95页。
⑥ 《伊洛渊源录》卷二,《朱子全书》第12册,第937页。
⑦ 邓广铭:《谈谈有关宋史研究的几个问题》,《社会科学战线》1986年第2期。
⑧ 漆侠:《宋学的发展和演变》,河北人民出版社2002年版,第5页。

"四书"在"五经"之上，实际上就是为了立德、立言、立行，"为天地立心，为生民立道，为去圣继绝学，为万世开太平"①，并积极投身社会实践，以实现以天下为己任的理想。士大夫已经将传统儒家的济世情怀发展到了以天下为己任的高度，正如王瑞来先生所讲："入仕后的士大夫们，不再因难跳'龙门'而顾影自怜。恰恰相反，社会环境的改变，入仕的成功，'兼济天下'之志的再度激发，使他们以所投入的政权安危为己任，不再充当冷眼观世的局外人。这一切都铸成和强化了一代士大夫的责任感与事业心。"②余英时先生指出："中国知识阶层刚刚出现在历史舞台上的时候，孔子便已努力给它贯注一种理想主义的精神，要求它的每一个分子——士——都能超越他自己个体的和群体的利害得失，而发展对整个社会的深厚关怀。这是一种近乎宗教信仰的精神。"③这种近乎宗教信仰的理想主义精神，是儒家为士设计的一种理想人格，它虽经一再倡导，然而在许多历史时期里却得不到发扬，它只能是个别士的追求目标或实践行为。宋以后，随着士大夫阶层的兴起，士人统治地位的巩固，儒家所倡导的这种理想主义精神在士大夫身上得到了最集中、最明确的体现。余英时先生认为，与西方加尔文教徒把"宗教精神转化为对社会的责任感"不同，以范仲淹为代表的宋代新儒家则把对以天下为己任的"社会的责任感发展为宗教精神"，并"很快地便在宋代新儒家之间得到巨大的回响……一个崭新的精神面貌已浮现于宋代的儒家社群之中"④，还说："以天下为己任可以视为宋代士的一种集体意识，并不是少数理想特别高远的士大夫所独有。"⑤余英时先生的评述是精到的。毫无疑问，中国古代士人在其自身的形成过程中，便明显地表现出一种以天下为己任的志向。如果用现代观念作类比，以天下为己任涵盖着士对于国家和社会事务的处理有直接参与的资格，因此它相当于一种"公民意识"。这一意识在宋

---

① 《张子全书》卷之十三《近思录拾遗》，西北大学出版社2015年版，第302页。
② 王瑞来：《宋代士大夫主流精神论》，《宋史研究论丛》第6辑，河北大学出版社2005年版，第16页。
③ 余英时：《士与中国文化》，上海人民出版社1987年版，第35页。
④ 余英时：《士与中国文化》，上海人民出版社1987年版，第502—503页。
⑤ 余英时：《朱熹的历史世界》，生活·读书·新知三联书店2004年版，第219页。

代以前虽然存在但不够明确,直到宋代才完全明朗化。① 从历史的角度和士赖以生存的历史环境看,宋以前的士,由于不是政治舞台上的主角,其"以天下为己任"也只能限于精神层面。而在宋代,随着科举制度的发展,文人政治的形成,尤其是"与士大夫治天下"政治构架的确立,士的命运已经完全与赵宋政权结合在一起,这就进一步强化了他们维护封建统治和王朝社稷利益的责任感和事业心,并且已从精神领域转入政治实践领域,用余英时先生的话说,"是从'坐而言'转入'起而行'阶段,是士大夫作为政治主体在权力世界正式发挥功能的时期"②。陈景良教授指出:

> 从北宋到南宋,由于社会结构的深刻变化及经济利益的多元化,宋之世风较之秦汉,已有所不同。士大夫人文精神的突出表现是:得君行道、共定国是。即以范仲淹、王安石、朱熹辈为代表的宋之士人,"先天下之忧而忧","以天下为己任",与皇帝共定治国方略,胸中涌动着关爱天下、关注生命的济世洪流。如果说秦汉的士虽有道的自觉,但"仁以为己任"尚属精神寄托的话;那么宋则不然,宋之士大夫已获得了参与国家事务处理的资格,从事司法审判,乃是他们的天职。这种自觉精神相当于一种"公民意识",是人的主体极显光辉的时代。③

3. 批判意识

应该说,较之其他朝代,宋代士大夫批判意识已经得到弘扬放大,并变为士大夫的普遍行为准则。这首先反映在他们每每谈论天下事,常以奋不顾身的姿态参政议政,"言政教之源流,议风俗之厚薄,陈圣贤之事业,论文武之得失",往往都是"謦而陈之"④,不为身名之计,而以国事为重,体现出对民生、对社会的无限责任意识和使命意识。因此,有宋一代,士大夫

---

① 参见余英时:《朱熹的历史世界》,生活·读书·新知三联书店2004年版,第210—211页。
② 余英时:《朱熹的历史世界》自序,生活·读书·新知三联书店2004年版。
③ 陈景良:《宋代司法传统的现代解读》,《中国法学》2006年第3期。
④ 《范文正公文集》卷九《奏上时务书》,《范仲淹全集》,四川大学出版社2002年版,第205—206页。

上书议政、直言敢谏朝政得失乃至皇帝本人的举动风起云涌,诚如宋人何坦在《西畴老人常言·原治》中所说:"朝廷一黜陟不当,一政令未便,则正论辐凑……虽雷霆之威不避也。"① 孙复说:"国家踵隋、唐之制,专以词赋取人,故天下之士皆致力于声病对偶之间,探索圣贤阃奥者百无一二。"② 王安石早在嘉祐年间就上书仁宗,指出:"天下之财力日以困穷。而风俗日以衰坏,四方有志之士,愬愬然常恐天下之久不安,此其何故也:患在不知法度故也。今朝廷法严令具,无所不有,而臣以谓无法度者,何哉? 方今之法度,多不合乎先王之政故也。"③

宋以后的批判意识突出体现在学术文化上的疑经辨伪。自唐代拉开了辨伪的序幕,疑古辨伪作为一支学术源流一直存在并发展着。宋之前的汉唐时期,儒林并不敢疑经辨古,而至两宋之际已经形成了一股风气。最为典型的是欧阳修辨《易系辞》,王安石辨《春秋》,郑樵之攻《诗序》,汪应辰之于《孝经》、叶适之于《管子》《晏子》辨伪考据。这种疑古思潮对后世学者的治学产生了重大影响。疑经思潮摇撼了先秦儒家经典的神圣地位,乃至引发了政治领域的变革思潮。南宋诗人陆游曾描述当时的学风:

> 唐及国初,学者不敢议孔安国、郑康成,况圣人乎! 自庆历后,诸儒发明经旨,非前人所及,然排《系辞》,毁《周礼》,疑《孟子》,讥《书》之《胤征》、《顾命》,黜《诗》之《序》,不难于议经,况传注乎?④

清末皮锡瑞的《经学历史》曾称宋代是"经学变古时代",在疑古辨伪方面,宋儒尤其朱熹取得了很大的成就。后人对此有着高度评价。钱穆说:

---

① (宋)何坦:《西畴老人常言·原治》,《丛书集成初编》第369册,中华书局1985年版,第13页。
② (清)黄宗羲辑,全祖望订补,(清)冯云濠、王梓材校正:《宋元学案》卷二《泰山学案》,中华书局1986年版,第99页。
③ 《临川先生文集》卷三十九《上皇帝万言书》,王文照主编:《王安石全集》第六册,复旦大学出版社2016年版,第749—750页。
④ (宋)王应麟:《困学纪闻》卷八《经学》引,《四部丛刊》本。

> 言朱子考据之学，有两端当特加叙述者，一曰辨伪，一曰考礼。考礼之事，别详《礼学》篇。言朱子之辨伪，最大胆，有系统，又关涉于学术最大者，厥为其对古经籍之辨伪。惟其对古经籍敢于指辨其伪，斯乃对古经说不得不重定新解。……此乃朱子汉学精神极重要之一面。校勘训诂，自与辨伪深结不解之缘。清儒于此，能者辈出。然求能通其全而得其大，而无堪与朱子相抗衡。①

顾颉刚晚年追述其疑古思想的由来时就说："予之疑古思想，首先植根于姚际恒、康有为、夏曾佑之书，其后又受崔述、崔适、朱熹、阎若璩诸人之启发。……我之学术思想悉由宋、清两代学人来，不过将其零碎文章组成一系统而已。"②

4. 经世意识

经世意识源自于士人强烈的忧患意识。它在遵循儒学根本的前提下，致力于解决当时社会存在的现实问题。此思潮几乎伴随了中国的整个历史，只要视儒学为统治思想，几乎就可发现它的影响。在忧患的前提下，士人们在思索变革的途径。《易经》曰："穷则变，变则通，通则久"，因而每当乱世，经世精神便成为思想之主潮。张栻强调"圣门实学，贵在履践"③。张载在关中讲学，也是"语学而及政，论政而及礼乐兵刑之学"④，以陈亮永康学派、叶适永嘉学派为代表的浙东事功学派鲜明地提出了"务实不务虚"的主张，将事功的浙东学派发展到新的阶段。他们都强调"经术者所以经世务也，果不足以经世务，则经术何赖焉"⑤。

深切关心民情民生民态。理学集大成者朱熹，登第50年，外任9年，

---

① 钱穆：《朱子新学案·朱子辨伪学》，《钱穆先生全集》，九州出版社2011年版，第277页。
② 《汤山小记》，《顾颉刚读书笔记》第7卷，台湾联经出版事业公司1990年版，第5507页。
③ 《张栻全集》卷四《论语解》，长春出版社1999年版，第117页。
④ 《河南程氏粹言》卷一，《二程集》，中华书局2004年版，第1196页。
⑤ （宋）杜大珪辑：《名臣碑传琬琰之集》下卷十四，文渊阁《四库全书》本，第1504页。

在朝做官仅40日，却被孝宗称为"朱熹政事却有可观"①。周敦颐治狱清明，严厉有方，程颢任官地方，治沟洫，济灾民，"在县三年，民爱如父母"②，颇有政绩；陆九渊也有"荆门之政"的美誉；等等。朱熹、张栻与吕祖谦的密切关注时政、积极参与政治的举动，被余英时评议为："它在无意中透露出理学派士大夫群中好像存在着一个战略性的默契。他们尽量利用时机，发动志同道合之士请对，轮流不断地向皇帝进言，以争取'得君行道'的可能。"③明清之际，在总结和批判理学与王学末流空谈误国的潮流中逐步形成了经世实学思潮，其代表人物主要有陈子龙、陆世仪、李时珍、杨慎、徐光启、李贽、方以智、顾炎武、黄宗羲、王夫之、颜元等人。经世实学派的学术宗旨就是"崇实黜虚""废虚求实"。顾炎武反对"空疏之学"，力倡"经世致用"，以"修己治人之实学"取代"明心见性之空言"④；明末另一位著名思想家吕坤也指出，学术要以"国家之存亡，万姓之生死，身心之邪正"⑤为目标；高攀龙也强调"学问不是空谈，而贵实行"，如果"学问通不得百姓日用，便不是学问"⑥。就此余英时先生指出，"'道问学'与'经世致用'在当时正是相辅相成、并行不悖的两轮。明末以来，由于儒者痛感水间林下空谈心性之无补于世道，这才觉悟到儒学之体绝不能限于'良知之独体'，而必须回向经典，重求内圣外王之整体"，从而"经世致用"也就成了"明清之际儒学的一般倾向"⑦。

5. 变革意识

面对内忧外患的现实政治，宋儒们力图把学术探索同社会实践结合起来，在社会改革上表现经世致用之学。革新意识首先体现在北宋理学家们推

---

① 《宋史》卷四百二十九《朱熹传》，中华书局1977年版，第12756页。
② 《宋史》卷四百二十七《程颢传》，中华书局1977年版，第12715页。
③ 余英时：《朱熹的历史世界》，生活·读书·新知三联书店2004年版，第451页。
④ 《日知录》卷七《夫子之言性与天道》，《顾炎武全集》，上海古籍出版社2011年版，第307—308页。
⑤ 《呻吟语》卷一《谈道》，《吕坤全集》，中华书局2008年版，第644页。
⑥ （明）高攀龙：《高子遗书》卷五《东林会语》，《四库全书》本，第158页。
⑦ 余英时：《内在超越之路》，中国广播电视出版社1992年版，第525页。

陈出新上，他们掀起了一场声势浩大的改造旧儒学的创新运动，将自中唐开始的儒学复兴运动推向高潮，形成了王安石学派（荆公学派）、司马光学派（温公学派）、苏氏蜀学派和以洛阳二程、关中张载为代表的理学派，用融会贯通的儒、佛、道三家学说重新诠释儒家经典，高扬内圣外王的大旗，重建社会秩序。张载"义理有疑，则濯去旧见以来新意"[①]，就是学术思想求新求进精神的集中体现。宋儒坚持"始用己意，有所发明"[②]，倡导"断以己意""作新斯人"的治学理念和方法及门径，突破汉唐以来以章句训诂、音韵注疏治经模式，注重义理、考据、辞章的统一。不仅注重思想的变革，而且政治社会的改造与革新在当时也已经是士大夫的共识。为适应变革政治的需要，特别重视儒家经典中的除"四书"外的《易经》《春秋》《周礼》，借《易经》发挥哲理以论证现实的社会秩序，借《春秋》倡导尊王，以加强中央集权的统治，借《周礼》以申述改革利弊的政见，因而经学逐渐从哲学和政治学说两个方面求得新的发展。针对社会矛盾与社会危机的日益加深，宋明儒家富有革新除弊的思想，"方庆历、嘉祐，世之名士，常患法之不变也"[③]，"当时非独荆公要如此，诸贤都有变更意"[④]，并努力将变法革新的社会意识转化成实际的社会革新运动，积极倡导了变法图强运动，如范仲淹"庆历新政"、王安石"熙宁变法"成为其中代表，革新运动一度成为北宋政治生活的主旋律。既有激烈变法，又有温和渐进，试图通过文化传统的重建，借助道德理性的力量，建设一个理想的社会秩序。

三、宋明理学秩序重建

余英时先生在《朱熹的历史世界》中指出："宋代儒学的整体动向是秩序重建……道学虽然以'内圣'显其特色，但'内圣'的终极目的不是人人

[①]《张子全书》卷之三《经学理窟·学大原下》，西北大学出版社2015年版，第94页。
[②]《朱文公文集》卷七十六《吕氏家塾读诗记后序》，《朱子全书》第24册，第3655页。
[③]（宋）陈亮：《龙川集》卷之十一《铨选资格》，清宗廷辅校刻本，第219页。
[④]《朱子语类》卷一百三十，《朱子全书》第18册，第4052页。

都成圣成贤，而仍然是合理的人间秩序的重建。"① 宋明理学的秩序重建，包括不同层次的秩序：一是国家、民族权威的重建；二是社会各阶层秩序的重建；三是思想秩序的重建。

1. 国家与民族权威的重建

对"正统"观念的形成历来存有争议。宋代孙复、欧阳修均认为，其发源于《春秋》；顾炎武认为，其始于魏晋时期《汉晋春秋》；王船山则以为其始于战国时期邹衍的"五德"说。欧阳修对正统观念作出明确而清晰的定义，他说："《传》曰：君子大居正，又曰：王者大一统。正者，所以正天下之不一也；统者，所以统天下之不一也。由不正而不一，然后正统之论作。"② 不仅欧阳修，其后司马光、刘恕、陈师道、毕仲游、张栻、朱熹等人对"正统"问题亦发表过议论。在《资治通鉴纲目》序中，朱熹说："岁周于上而天道明矣，统正于下而人道定矣。大纲概举而监戒昭矣，众目毕张而几微著矣。是则凡为致知格物之学者亦将概然有感于斯。"朱熹修《资治通鉴纲目》的目的是要垂训后世，并具体规定为："凡正统谓周、秦、汉、晋、隋、唐，列国谓正统所封之国；篡贼谓篡位于统而不及传世者；建国谓仗义自王或相王者；僭国谓聚乱篡位或据土者；无统谓周秦之间、秦汉之间、汉晋之间、晋隋之间、隋唐之间、五代；不成君谓仗义承统而不能成功者。"③ 朱熹又说："有无统时：如三国、南北、五代，皆天下分裂，不能相君臣，皆不得正统。"④

传统思想"正统"观念首先是国统与宗统合流。一个政权只有依据宗法制传承才能代表国体的"正统"，符合国统。其次，"正统"观念是国统与德统合流。无德者失去"天命"，"有德"者有"天命"。最后，"正统"观念是道统与德统合流，思想文化只有尧、舜、禹"心印"相传，"夏"是"正统"，"夷"是"非正统"。故而只有占据天地的正中央且具有道统文化的

---

① 余英时：《朱熹的历史世界》，生活·读书·新知三联书店 2004 年版，第 118 页。
② 《欧阳修全集》卷十六《正统论》，中华书局 2001 年版。
③ 《资治通鉴纲目》序、凡例，见朱杰人等主编：《朱子全书》第 8 册。
④ 《朱子语类》卷一百五，《朱子全书》第 17 册，第 3458 页。

诸夏，才能符合"正统"。这实际上也就是以华夏文化为中心的民族正统论，由血缘正统论发展到民族正统论，天下华夷观念成为"中国"国家正统的基础。邢义田先生则提出："方位观、层级观和文化的夷夏观交织而成。天下由诸夏及蛮夷戎狄所组成，中国即诸夏，为诗书礼乐之邦，在层次上居内服，在方位上是中心；蛮夷戎狄行同鸟兽，在层次上属外服，在方位上是四裔。方位和层次可以以中国为中心，无限地延伸；诗书礼乐的华夏文化也可以无限地扩张。最后的理想是王者无外，合天下为一家，进世界于大同。"①从历代王朝发展轨迹看，宋以前的中国，往往就是地理意义上的中国。宋以后的中国，道统文化意义比地理意义更为重要，为捍卫华夏文化的"正统"而"尊王攘夷"，"尊王攘夷"基本观念所追求的最终目的就是天下为一家，天下是以中国为中心的。顾炎武富有远见地提出了"保国"与"保天下"两种新道德："有亡国，有亡天下，亡国与亡天下奚辨？曰：易姓改号，谓之亡国；仁义充塞，而至于率兽食人，人将相食，谓之亡天下……是故知保天下，然后知保其国。保国者，其君其臣肉食者谋之；保天下者，匹夫之贱与有责焉耳矣。"②将保国家与保天下联系起来。

自宋以来，面对外来民族的侵扰，中原王朝及其士大夫都非常关注重建国家权威与社会民族，孙复《春秋尊王发微》、石介《中国论》、欧阳修《本论》等，都注重凸显中原国家权威、汉族文明与儒家观念，以此对抗北方夷狄在军事与文明的双重威胁。宋儒在外来思潮的压力下，试图重新树立起华夏术语的优势地位。这样，正统观问题实际上就必然涉及民族认同、文明认同问题。欧阳修《五代史论》《正统论》对于"正统"的确认，也都将民族认同、道德文化认同与其联系起来。有如胡宏所说："中原无中原之道，然后夷狄入中原也。中原复行中原之道，则夷狄归其地矣。"③朱熹以

---

① 邢义田：《天下一家：中国人的天下观》，《秦汉史论稿》，台湾东大图书公司1988年版，第28页。
② 《日知录》卷十三《正始》，《顾炎武全集》，上海古籍出版社2011年版，第527页。
③ 西顺藏曾经指出，北宋的正统论与汉代关于大一统的天子绝对观并不一样，它需要有历史记述、国家统一、道德认同三方面，也就是历史传统、政治空间与文化权力同时拥有才能实现的天下统一的理念，这种理念超越了国家的事实统一，成了国家合理性的论证。（参见《北宋その他の正统论》，[日]《一桥论丛》第30卷第5期）

为"《春秋》大旨,其可见者,诛乱臣,讨贼子,内中国,外夷狄,贵王贱伯而已"①。在南宋主战主和争论中,朱熹始终坚守在主战派的立场上。绍兴三十二年(1162)上孝宗《应诏上封事》:"今日之计不过修政事、攘夷狄","今敌与我不共戴天之仇,则不可和也"②。又言:"国家靖康之祸,二帝北狩而不还,臣子之所痛愤怨疾,虽万世而必报其仇。"③朱熹每言及"夷狄",坚持"君父之仇,不与共戴天"态度。宋代苏轼:"夷狄不可以中国之治治之也,譬如禽兽然。"④方孝孺《释统》三篇及《后正统论》,提出其符合儒学道统传统而又别于内夏外夷的"正统"观念。他认为正统"以寓褒贬,正名分,申君臣之义,明仁暴之别,内夏外夷,扶天理以正人伪",而不"夷狄而僭中国,女后而据天位,治如符坚、才如武后,亦不可继统矣"⑤。方孝孺在明初提出"驱逐胡虏,恢复中华"之主张,此时更是以"民族性"对正统论进行了重构。明代刘基则云:"自古夷狄未有能制中国者,而元以胡人入主华夏几百年,腥膻之俗,天实厌之。"⑥宋谦也云:"自古帝王临御天下,皆中国居内以制夷狄,夷狄居外以奉中国,未闻以夷狄居中国治天下者也。"⑦王夫之分析了夷狄与华夏民族的差异性,充分反映出对夷狄的蔑视态度,以为"中国之与夷狄,所生异地,其地异,其气异矣;气异而习异。习异而所知所行蔑不异焉",他将"攘夷复中原"视为"大义也"⑧。

再一个就是国家观问题,这也涉及忠君与报国的关系问题。"普天之下,莫非王土;率土之滨,莫非王臣"⑨,在中国古代社会里,天下一切都归属于

---

① 《朱子语类》卷八十三,《朱子全书》第 17 册,第 2831 页。
② 《朱文公文集》卷十一《壬午应诏封事》,《朱子全书》第 20 册,第 573 页。
③ 《朱文公文集》卷七十五《戊午谠议序》,《朱子全书》第 24 册,第 3618 页。
④ 《苏轼集》卷四十《王者不治夷狄论》,《四库全书》本。
⑤ (明)方孝孺:《逊志斋集》卷二《释统上》,《四部丛刊》本。
⑥ (明)刘基:《明实录·明太祖实录》卷五十三,台湾"中央研究院"1966 年版,第 1046 页。
⑦ (明)刘基:《明实录·明太祖实录》卷二十六,台湾"中央研究院"1966 年版,第 401 页。
⑧ 《读通鉴论》卷十四,《船山全书》第 10 册,岳麓书社 2011 年版,第 502 页。
⑨ 《诗经·小雅·北山》,(清)阮元:《十三经注疏》,中华书局 1980 年版,第 463 页。

君主,"天下,乃皇天之天下也。陛下上为皇天子、下为黎庶父母,为天牧元元"①。在古人心目中,忠君在一定程度上与报国思想联系起来,君主成为国家的代表。而宋代士大夫的忠君已经不再是单纯的皇帝和赵宋王朝,而注入了忠于国家社稷的成分。一方面保留了绝对忠于主的概念,宣扬"君臣父子,定位不易,事之常也;君令臣行,父传子继,道之经也"②,把对君的绝对的忠上升到儒家"天理"的高度,认为是达"道"的必由之路;另一方面,宋明理学发扬先秦汉唐循道观念并不盲从君主,君道与忠君互为前提条件。君爱民如子,使臣以礼,臣就可事君以忠。程颐就指出:"以臣于君言之:竭其忠诚,致其才力,乃显其比君之道。用之与否,在君而已,不可阿谀逢迎,求其比己也。"浅俗之人"以顺从为爱君,以卑折为尊主"③。因而,处于民族矛盾异常尖锐时代的宋代士大夫们,能够突破愚忠的误区,坚持"君为轻,社稷为重",而把国与君区别开来,把国家民族利益放在首位,可以说,这是对古代国家观的一次突破。

此外,鉴于唐末五代的动乱,宋明士大夫们对于君主与国家等政治权利与义务的认识,也发生了很大变化,反对君主专制制度"私天下",提出了"天下分与亲贤共理"、分治群治分权共制思想,由"共治天下"乃至"共有天下"。他们不再认为国与己是分离的,而主张是一体的,维护国家与民族权威的,皇臣有责。北宋张方平上疏中说:"夫国之所谓大臣者,莫尊乎宰相,君为元首,宰相乃其股肱,动戚,义犹一体。"④

2. 社会秩序的重建

赵宋王朝是在长期军阀混战之后通过武力建立起来的国家,之前军阀武夫拥兵割据,"礼乐崩坏,三纲五常之道绝"。欧阳修《新五代史》卷三四《一行传(序)》有言:"臣弑其君,子弑其父,而缙绅之士安其祸而立其朝,

---

① 《汉书》卷七十二《鲍宣传》,中华书局1962年版,第3089页。
② 《朱文公文集》卷十四《甲寅行宫便殿奏札》,《朱子全书》第20册,第665—666页。
③ 《周易程氏传》卷一,《二程集》,中华书局2004年版,第742页。
④ (宋)张方平:《乐全集》,台湾商务印书馆1986年版,转引自曹宝齐:《宋代文化政策开明原因新探》,《河北学刊》2001年第5期。

充其然无复廉耻之色者皆是也。"尤其外来且本土化的佛教文化与本土道教文化对汉唐儒家文化带来严重的侵蚀,已经出现了文化失序、伦理道德沦丧的境况。孙复《儒辱》就指出:"佛老之徒横于中国,彼以死生祸福、虚无报应为事,千万其端,绐我生民,绝灭仁义,屏弃礼乐,以涂塞天下之耳目……凡今之人,与人争詈,小有所不胜,尚以为辱,矧夫夷狄诸子之法乱我圣人之教。"①宋代士大夫面对这种文化失序、伦理道德沦丧的现状,需要重建社会价值和公众伦理,重建儒家生活方式和价值追求。在宋儒看来,确认每一个人的本性,鼓励每一个人的向善之心,使这种心性得到天理的支持与肯定,使社会在这种心理基础上相互认同,这才是社会秩序得以重新建立的前提②,所谓"治天下国家,必本诸身,其身不正而能治天下国家者无之"③。为此,宋明儒学需要把由于中原政权外的其他少数民族统治而造成的儒学文化断裂重新弥合起来。他们大力提倡名节忠义,并将这种伦理道德观贯彻到日常的行为举止之中,以重塑儒家社会伦理道德观,构建新的社会秩序。

宋明理学甚至是把社会道德作为实现"恢复中原"的必要前提。程朱时代,宋金对峙,中原汉民族与边疆其他民族矛盾已成为主要矛盾,恢复中原、报仇雪耻成为最能激动人心的口号。朱熹坚决主张抗金,痛恨屈辱求和,他也曾寄希望于孝宗的"中兴"。可是,孝宗时期匆促上阵的"北伐",转眼就失败了。在人们由于战事失败而感到失望之际,朱熹深入地思考了失败的原因。他看到,当时的统治者"皆高官厚禄,志满气得",不但不"恤民",而且"剥肤椎髓",造成"生民日益困苦,无复聊赖"。同时,"今将帅之选,率皆膏梁骄子",他们"不为军士所服",唯知"趋走应对"。"驱催东南数十州之脂膏骨髓"而得的庞大军费,"名为供军,而辇载以输于权幸之门者不可以数计",结果军士得不到实惠,"困于刻剥,苦于役使",得不到"训习抚摩"的机会。④朱熹深深感到,这种情况不改变,就根本谈不上"恢

---

① 《宋元学案》卷二《泰山学案》,中华书局1986年版,第100页。
② 参见葛兆光:《中国思想史》第三卷《七世纪至十九世纪中国的知识、思想与信仰》,复旦大学出版社2001年版,第306—307页。
③ 《河南程氏遗书》卷二十五,《二程集》,中华书局2004年版,第316页。
④ 参见《朱文公文集》卷十一《庚子应诏封事》,《朱子全书》第20册,第583页。

复中原"。应该说，朱熹的看法是很有见地的。

理学家认为"义"是人心所固有的至善之德，出于人之"本心"，也就是所谓的"天理"。"义"是"天理所当行"。为此，宋代士大夫在为学、为政的过程中，不仅注重道德精神的培养，强调以理统情、自我节制，而且在社会生活实践中能以严格的道德规范约束自己，重操守、崇道义、尚廉直、讲忠心，极力倡导"守义不迁、洁白德义"的"节义之气"，做到"势力不屈其心，去就不违其义"①。这是孟子"浩然之气"的进一步发挥，也是宋元明清时期汉民族士大夫中得以涌现大量为民族而节义的思想渊源。随着理学思想广泛传播，追求名节也逐渐成为普遍的社会风气。《宋史·忠义传》对这种社会风气的转变过程有如下的总结："士大夫忠义之气，至于五季，变化殆尽。宋之初兴，范质、王溥犹有余憾，况其他哉！艺祖首褒韩通，次表卫融，足示意向。厥后西北疆场之臣勇于死敌，往往无惧。真、仁之世，田锡、王禹、范仲淹、欧阳修、唐介诸贤，以直言谠论倡于朝，于是中外缙绅知以名节相高、廉耻相尚，尽去五季之陋矣。故靖康之变，志士投袂，起而勤王，临难不屈，所在有之。及宋之亡，忠节相望，班班可书。匡直辅翼之功，盖非一日之积也。"明儒程敏政在《宋遗民录》中说道："此秦隋之君一经败乱，即如溃瓜不可复救，而靖康之末，忠臣义士死者接踵，又相与维持立国至于百五十年之久。国亡主执，而犹有如文丞相者挺然以其纲常之身，百折不屈，就死如归，以明大义于天下后世。"②明儒何乔新为宋遗民刘麟瑞、赵景良等集录《忠义集》作序时指出：

> 宋有天下三百余年以仁厚立国，以诗书造士，以节义励士大夫，故其士民观感兴起，皆知杀身成仁之为美。及其遭罹变故而且亡也，死宗庙者有之，死社稷者有之，死君上者有之，死城郭封疆者又有之。下至山谷之儒，里巷之妇亦皆秉义，抱节矢死不辱。呜呼！汉唐之末曷尝有是哉！三百余年乐育之效，可见于此矣！③

---

① （宋）欧阳修：《新五代史·一行传》，中华书局1974年版，第369页。
② （明）程敏政：《篁墩集》卷之二十一《宋遗民录序》，明正德二年刻本，第363页。
③ （明）何乔新：《忠义集序》，周之冕辑：《忠义集》，清嘉庆二十年周之冕刻本，第1页。

3. 思想秩序的重建

唐宋社会关系发生了巨大变革，社会阶层发生变化，尤其与士大夫有相当联系的庶人阶层的崛起，随着从等贵贱转变到均贫富的"平等"意识增强、政治经济力量壮大与社会地位提高，为实现社会平衡与稳定，需要寻找新的社会礼仪规范"社会秩序"，社会礼制也需要重建，即积极推进"礼下庶人"，道德伦理规范重心需要向下层社会转移。而此时社会规范还没有健全，理论构建也不完善。面对如此社会现状，理学家需要解决如何把伦理道德从形而下的百姓行为规范的层次，提升为形而上的理论思维形态层次，使百姓的具体道德行为规范获得理论形态的支撑和论证。对此，朱子说："古礼繁缛，后人于礼，日益疏略，然居今欲行古礼，亦恐情文不相称，不若只就今人所行礼中删修，令有节文制数等威足矣。"① 最终形成上下贵贱都能奉行的德礼之制，使之普遍行于社会来约束人们的行为，是非常必要的。理学体系本身就是特别重视以道德价值来评价自然秩序与社会秩序的。"夫上下之分明，然后民志有定，民志定，然后可以言治。民志不定，天下不可得而治也。"②

"为天地立心，为生民立命，为往圣继绝学，为万世开太平"，可以说这是宋明理学重建思想秩序的宣言书。陈来先生认为，"为往圣继绝学"，可以理解为，是要接续、继承、复兴、发扬从尧舜周孔到以后的中国文化的主流传统，所以这里的"学"，所代表的不仅仅是儒家文化的发展，而是我们夏商周三代以来整个中华文明发展的一个主流传统，用今天的话来说，就是努力复兴中华文化。③ "为往圣继绝学"其实就是存续孔孟圣人以来"道统"，以重新确立宋明儒学"理"的真理权威性。要实现"万世开太平"，确立社会秩序的基础，就应当立心、立命、继绝学，而在宋明传统皇权体制下，作为士大夫既向往"君臣共治"，又不得不面对现实，无奈地选择将重点转移到经典诠释与著述中。同时，宋儒已经察觉到佛道对中国社会真正的影响不仅仅是在政治和经济领域，而更深入地在日常生活方面影响着中国社

---

① 《朱子语类》卷八十四，《朱子全书》第 17 册，第 583 页。
② 《周易伊川易传》卷一，《二程集》，中华书局 2004 年版，第 750 页。
③ 参见陈来：《宋明学案为往圣继绝学》，2007 年 6 月 27 日在湖南大学岳麓书院演讲稿。

会，尤其是基层社会。佛道影响着世俗礼法，反过来又从人们具体生活而进入价值追求。宋儒反省韩愈《原道》"人其人，火其书，庐其居"，以强硬的手段、依靠政治权力来反佛复儒的失败，开始思考对传统知识与思想秩序的重建。

程颢曾对宋初的思想状态进行过评述，认为那时是"人执私见，家为异说，支离经训，无复统一"①的局面。故而面对"学术不一，一人一义，十人十义，朝廷欲有所为，异论纷然，莫肯承听"②的现状，王安石就期望"一道德以同天下之俗"和"人无异论"的一统状态③，试图实现文化上"一道德"，即统一的思想秩序，实现从学术思想统一到社会道德意识形态的统一。因此，宋明的学术目标实际上可以说是维护和发展道统的主流地位，确定"天理"意义。朱熹指出："近年以来，乃有假佛释之似以乱孔孟之实者。其法首以读书穷理为大禁，常欲学者注其心于茫昧不可知之地，以侥幸一旦恍然独见，然后为得。"④为此，在构成圣贤之学的过程中，戒空谈心性、轻视读书学风，正如钱穆先生所指出的："当时理学家相率以谈心性为务，既不致知穷理，更益轻视读书，目之为第二义，又相戒勿恃简册，朱子独力矫其弊。"⑤

宋儒思想秩序的重建方式总体说来有二种：一是嫁接，利用佛教等论证理路和论证方式来为儒家价值理想服务，如佛道的形而上；二是"自家体贴"，程明道说过"吾学虽有授受，'天理'二字却是自家体贴出来"⑥，使"天理"成了一个"形而上学概念"。对思想秩序的重建问题，朱熹特别重视"正心克己"，他说："不世之大功易立，而至微之本心难保；中原之戎虏易逐，而一己之私意难除也。诚能先其所难，则易者将不言而自办。"因

---

① 《河南程氏文集》卷一《请修学校尊师儒取士札子》，《二程集》，中华书局2004年版，第448页。
② 《文献通考》卷三十一《选举四》，浙江古籍出版社2000年版，第239页。
③ 参见《临川先生文集》卷七十二《答王深甫书》二，复旦大学出版社2016年版，第1300页。
④ 《朱文公文集》卷六十《答许生》，《朱子全书》第23册，第2876页。
⑤ 钱穆：《朱子学提纲》，生活·读书·新知三联书店2005年版，第156页。
⑥ 《河南程氏外书》卷十二，《二程集》，中华书局2004年版，第424页。

此，他建议"先以东南之未治为忧，而正心克己，以正朝廷，修政事"，以为"庶几真实功效可以驯致，而不至于别生患害，以妨远图"①。朱熹的这种意见，曾在当时和后代引起了人们的误解和非议，以为他放弃了抗金的主张。其实，他只是把加强道德放在首位，作为实现抗金的先决条件而已。

四、理治社会"平天下"理想

儒家先哲无不重视理想社会境界的提高，无不重视经世致用的治民实学。外王一直成为儒家思想的实践因子。孔子对施政行仁充满了信心与感叹。而孟子更是以"如欲平治天下，当今之世，舍我其谁"的气概，表达了他急切入仕治世的远大抱负与责任感。自董仲舒倡导"罢黜百家，独尊儒术"以来，儒家外王之学更是为之大振。先秦孔孟理想社会是"仁和"的社会，这与"仁学"精神是一致的，也与中国传统文化的重要特征"和合"观念相吻合。以义理为根本指导思想的宋明理学，则极力追求"天下平"的理想目标，其主要内容是"明明德于天下""公天下""大一统天下""和天下""生态平天下"与"息讼之天下"。"息讼之天下"将有专节加以论述。

1. "明明德于天下"的心灵和谐社会

宋明理学的"平天下"首先是"明明德于天下"的心灵和谐社会，其主要有三方面：

（1）明明德

宋明理学通过对"四书"等经典的注释，阐述了自己的思想理念。尤其看重《大学》，朱熹"平生精力尽在此书。先须通此，方可读书"②，为之分章，补其阙文。《大学》三纲领中的"明明德"统摄着八条目中的"格物""致知""诚意""正心""修身"，是讲内圣理论的；"亲民"则统摄着

---

① 《朱文公文集》卷十一《戊申封事》，《朱子全书》第20册，第611页。
② 《朱子语类》卷十四，《朱子全书》第20册，第430页。

"齐家""治国""平天下",是讲外王理论的。从"八条目"来看,"如格物、致知、诚意、正心、修身五者,皆'明明德'事。从"明明德"到"新民"的过程就是从"修己"到"治人"、从"内圣"到"外王"、从道德到政治的过程。理学家在建构理想社会模式时,非常重视伦理主义的因素,追求社会向纯"善"的方面转进,将其社会道德化。道德心灵的形成,自然会使社会人伦关系趋于和谐,达到平衡。宋明理学对明德之道有独特解释,具有"人之所得乎天""虚灵不昧"以及"以具众理而应万事"三个属性,认为:"大学者,大人之学也。明,明之也。明德者,人之所得乎天,而虚灵不昧,以具众理而应万事者也。但为气禀所拘,人欲所蔽,则有时而昏,然其本体之明,则有未尝息者。故学者当因其所发而遂明之,以复其初也。"① 对于理学家来说,人的内修实践就是要不断地剔除"心"不猝然合"理"之处,将心铸造为纯然天理的道德心灵,而具有纯然天理的道德心灵的人就是圣人,圣人是"吾心"与"理"通融为一,躬行仁义之道,亲亲而仁民,仁民而爱物。明德作用在于使得人们齐入于圣人之域。这是建立在"人人可以成圣"及"圣人为大德"理论认识基础之上的。理学有两条基本路径:一是程朱理学;二是陆王心学。而两条路径无不非常注重心之德性。宋明理学"明明德"的目的就是除去蒙蔽人们的欲望,使人固有的心灵得以纯净,光大显扬,重在挖掘人的主体的道德意识,将道德理性注入建构的理想社会模式中。

(2) 正其心

正其心是心灵和谐社会之道。宋明理学继承和发展了先秦孔孟"革君心之非",以"去人欲,存天理",试图通过人君正理的道德修养自我约束,保证君主之心的纯正,实现"正其心术以立纲纪",达到"虚君"政治之理想。

为了实现政道一统,宋明理学家进行了以道统修正政统的诸多实践。从治道上说,最根本的是要"格君心之非",也就是人君要正其心,此即所谓的"欲修其身者,先正其心"。二程说:"治道亦有从本而言,亦有从用而言。从本而言,惟从格君心之非,正心以正朝廷,正朝廷以正百官。若从事而言,

---

① 《仪礼经传通解续》卷十六,《朱子全书》第 4 册,第 545 页。

不救则已，若须救之，必须变。大变则大益，小变则小益。"① 杨时"论事君，则曰：'格君心之非'，'一正君而国定'。千变万化，只说从心上来。人能正心，则事无足为者矣"②。朱熹在这方面的论述也有很多："天下之事千变万化，其端无穷而无一不本于人主之心者，此自然之理也。故人主之心正，则天下之事无一不出于正；人主之心不正，则天下之事无一得由于正。"③ "天下事有大根本。正君心是大本。"④ "天下之大务，莫大于恤民；恤民之本，又在人君正心术以立纪纲。"⑤ 明清儒者亦如是，唐甄也说："天下之主在君，君之主在心。"⑥ 因此，正君心一直是宋明理学政治思维的重要触入点。"革君心之非"与"格君心之非"是有差异性的，先秦之革为革除之革，而宋明理学之"格"为格物之格，强调即事求理以至极，把体认"理"作为认识的最终目的。"况格物之功，正在即事即物而各求其理"⑦，体察"天下之物"，"必各有所以然之故，与其所当然之则"⑧，通过格物功夫去除人欲，天地万物之理就有所知而可为，颜元把格物解释为"犯手（动手）实做其事"⑨。

宋明理学以《大学》"君子贤其贤而亲其亲"提出亲贤而亲亲的正心之道。朱熹在《孟子集注·离娄章句上》中提出了"人人各亲其亲，各长其长，则天下自平矣"的主张，集中吸收了孔孟荀思想，倡导君臣之间应当相亲，就圣贤帝王而言，是亲贤，以为君臣之间同时应当相亲。君臣相亲的一个重要方面是作为臣子要对君王治理失误之处勇于纳谏，使君王法律实施得以走上正道，"士师近王，得以谏刑罚之不中者"⑩。而且君臣应当各得其职，"为君当知为君之道，不可不使臣以礼；为臣当尽为臣之道，不可不事君以

---

① 《河南程氏遗书》卷十五，《二程集》，中华书局2004年版，第165页。
② 《龟山集》卷之二，文渊阁《四库全书》本，第1125册。
③ 《朱文公文集》卷十一《庚子应诏封事》，《朱子全书》第20册，第590—591页。
④ 《朱子语类》卷一百七，《朱子全书》第17册，第3511页。
⑤ （明）戴铣：《朱子实纪·年谱》，《朱子全书》第27册，第49页。
⑥ （清）唐甄：《潜书·良功》，中华书局1963年版，第52页。
⑦ 《中庸或问》卷四，《朱子全书》第6册，第591页。
⑧ 《大学或问》卷一，《朱子全书》第6册，第512页。
⑨ 《颜习斋先生言行录》卷上，《颜元集》，中华书局1987年版，第645页。
⑩ 《孟子集注》卷三《公孙丑章句上》，《朱子全书》第6册，第298页。

忠。君臣上下，两尽其道，天下其有不治者哉"①。"贤其贤而亲其亲"是正心而明德的重要体现，其中"亲其亲"是正民心的必然要求。朱熹就说："是以君子必当因其所同，推以度物，使彼我之间各得分愿，则上下四旁均齐方正，而天下平矣。""如不欲上之无礼于我，则必以此度下之心，而亦不敢以此无礼使之。不欲下之不忠于我，则必以此度上之心，而亦不敢以此不忠事之。至于前后左右，无不皆然，则身之所处，上下四旁、长短广狭，彼此如一，而无不方矣。彼同有是心而兴起焉者，又岂有一夫之不获哉？所操者约，而所及者广，此平天下之要道也。"②

(3) 和其心

宋明理学倡导"心和""人和""天和"。以个人身心和谐、人际与社会和谐、人与自然和谐为"太和"。以"天人合一，万物一体"之"和"为最高境界。"太和"理论经历从李觏"天下大和"到张载"太和，和之至也"。李觏向世人描绘了这样一个社会理想："饮食既得，衣服既备，宫室既成，器皿既利，夫妇既正，父子既亲，长幼既分，君臣既辨，上下既列，师友既立，宾客既交，死丧既厚，祭祀既修，而天下大和矣。"③ "天下大和"是每一个儒者孜孜以求的社会理想。但社会和谐、天下太平离不开礼乐刑政的外在规范，礼文化的社会功用正体现在这里。张载则提出"和其心"："'近臣守和'，和，平也，和其心以备顾对，不可徇其喜怒好恶。"④ 张载把宇宙自然与人类社会本源的、最高的和谐状态称为"太和"。张载从自然性与伦理性两个方面来论证"太和"，即是"民吾同胞，物吾与也"完美的圆融和谐状态，而这种"民吾同胞，物吾与也"的人类的太和状态又是通过宗法家族组织维系的。他说："乾称父，坤称母；余兹藐焉，乃混然中处。故天地之塞，吾其体；天地之帅，吾其性。民，吾同胞；物，吾与也。大君，吾父母宗子也；其大臣，宗子之家相也。尊高年，所以长其长；慈孤弱，所以幼其幼。圣，其合德；贤，其秀也。凡天地疲癃残疾、惸独鳏寡，皆吾兄弟之颠连而无告

---

① 《朱子语类》卷二十五，《朱子全书》第14册，第904页。
② 《仪礼经传通解》卷十六，《朱子全书》第4册，第553页。
③ 《李觏集》卷二《礼论第一》，中华书局2011年版，第7页。
④ 《张子全书》卷之十三《性理拾遗》，西北大学出版社2015年版，第301页。

者也。'于时保之',子之翼也;乐且不忧,纯乎孝也。"①"民胞物与"社会理想的思想源头是孔孟仁爱思想、《周易》天人合一说和《礼记·礼运》的大同思想等。同时,为了实现这样一个仁爱的美好社会,张载提出要回复到三代"太和"状态,以三代所奉行的井田、宗法、封建及礼乐教化制度来构建天下有道的理想社会。张载在《西铭》中,将伦理道德感情拓展到人与万物之间的理学伦理观念,提出无论是天地间还是家庭中,都需要通过伦理情感来处理。朱熹在《西铭注》中概括其主题曰:"此篇论乾坤一大父母,人物皆己之兄弟一辈,而人当尽事亲之道以事天地",以此详细解释"民吾同胞,物吾与也"。张载说:"性者万物之一源,非有我之得私也。唯大人为能尽其道,是故立必俱立,知必周知,爱必兼爱,成不独成。"②在《西铭》中,张载又是将人视为气化的产物,具有道德宗法意识。张载通过宗法家族制将政治组织与血缘纽带紧密地结合在一起,形成等级森严的政治组织。可见张载所建构的"民吾同胞,物吾与也"理想社会模式又是一种等级差别社会,显然与三代理想社会有所不同,也不同于《礼运》中"天下为公"的大同世界。宋明理学是把道德法则的普遍性用以规范、建构理想社会,最终实现《西铭》的"天下一家,中国一人"政治秩序与伦理秩序。王夫之对张载太和之道作了深刻阐发,指出:"太和,和之至也。道者,天地人物之通理,即所谓太极也。阴阳异撰,而其氤氲于太虚之中,合同而不相悖害,浑沦无间,和之至也。未有形器之先,本无不和;既有形器之后,其和不失,故曰太和。"③王夫之认为张载的太和是和谐的极致,是儒家所追求的理想境界。

"和其心之和"也是中和,中和是儒家传统价值原则,而"天下中和"是理治社会理想境界的又一内容,此境界是要通过理治的诸种路径以实现自我、人我、物我三者的和谐。朱熹深刻地阐发了《中庸》中的"中和"思想,并将之作为理治社会的理想境界。如朱熹在解释"中也者,天下之大本也;和也者,天下之达道也"时就指出:"大本者,天命之性,天下之理皆由此出,道之体也。""达道者,循性之谓,天下古今之所共由,道之用

---

① 《张子全书》卷之二《正蒙·乾称篇》,西北大学出版社2015年版,第53页。
② 《张子全书》卷之一《正蒙·诚明篇》,西北大学出版社2015年版,第14页。
③ 《张子正蒙注·太和篇》,《船山全书》第12册,岳麓书社2011年版,第15页。

也。"① 可见，在朱熹看来，"中"与"和"不仅仅只是哲学概念，也是政治概念，"中和"是一种最高的道德境界和社会状态。朱熹说："但能致中和于一身，则天下虽乱，而吾身之天地万物，不害为安泰；而不能者，天下虽治，而吾身之天地万物，不害为乖错。其间一家一国，莫不然。"② 从这可以看到，朱熹试图实现自我、人我、物我三者的和谐，并建构起完美的理学体用结合的和谐理想社会。当然，"和"并不是理想自然与人类社会的实质，就大和、中和、乐和而言，其中心在于道、理、中。"中"才是理治社会之境界的实质，而"和"只是理治社会的外在的表现而已。

2. "大公至正"的公天下

(1) 君臣共治之天下

宋明理学的公天下思想是对孔孟"天下人之天下，非一人一姓一家"的"天下为公"的继承，更是对三代之治所谓"天下为公"与"主权在君"的君国一体的发展，演绎成为"天下为公"与"君臣共治"，既有对君主专制的维护，又有对暴君暴政的批判。宋明理学肯定三代为"公天下"，认为"天下者，天下之天下，非一人之私有故也"③，"人君当与天下大同，而独私一人，非君道也"④。"夫天下者非一人之天下，乃天下人之天下也。理之得其道则民辅，失其道则民去之，民既去，又孰与同其天下乎？"⑤ 明清之际，更为明确地发出"天下为天下人之天下"的声音。如王夫之说："以天下论者，必循天下之公，天下非夷狄盗逆之所可私，而抑非一姓之私也。"⑥ 非一人之天下的公天下论是国家社稷重于君主观念理论的前提。国家社稷重于君主，自孟子以来就是人们的共识，宋明理学更是推崇。朱熹赞同孟子民贵君轻思想，指出："盖国以民为本，社稷亦为民而立，而君之尊，又系于二

---

① 《中庸章句集注》，《朱子全书》第 6 册，第 33 页。
② 《中庸或问》，《朱子全书》第 6 册，第 560 页。
③ 《孟子集注》卷九《万章上》，《朱子全书》第 6 册，第 374 页。
④ 《周易程氏传》卷一，《二程集》，中华书局 2004 年版，第 767 页。
⑤ （宋）王禹偁：《小畜外集》卷十一，《四部丛刊》本。
⑥ 《读通鉴论》卷末《叙论一》，《船山全书》第 10 册，岳麓书社 2011 年版，第 1177 页。

者之存亡,故其轻重如此。"① 宋明理学对"天下为公"的肯定,为"君臣共治"做了很好的铺垫。宋以来无论是皇帝集团还是士大夫集团都怀有"君臣共治"的理想,无论是宋代李觏、朱熹,还是明末顾炎武、黄宗羲,虽然无不对皇权有过猛烈的批判,但是他们都抱着维护王权的共治理想,肯定君养民论与立君公利说。李觏认为:"立君者,天也;养民者,君也。非天命之私一人,为亿万人也。"② 同样,黄宗羲说:"天之生万物,仁也。帝王之养万民,仁也。宇宙一团生气,聚于一人,故天下归之,此是常理。"③ 故而黄宗羲认为君主是一心为民兴利而不享其利的,只有"以天下为主,君为客,凡君之所毕兴而经营者,为天下也",才符合"设君之道"④。王夫之肯定君主制度本身是符合天经地义人情的,蔡尚思曾详细罗列王夫之的有关言论,称其为绝对君权论者。⑤

(2) 循理而公之天下

宋明理学较其前贤的成功之处就在于他们既认同了人之欲存在及其合理性,又强调了以"理"制"欲",积极倡导"循理而公天下"。宋明理学的公天下思想由"公道""公义"发展到"天理无私""循理而公"的"公心""公理",天下论是新时代的发展,更强调公是道德原则标准,树立了"大公至正"的道德原则。

先秦时期,公的核心内容就具有"公道""公义",公与私相对立,而且"公则天下平",成为治理天下的重要原则。宋明时期,公道、公义观不仅被继承,而且有了很大的发展,"公心""公理"成为理学重要内容。"但论治体,则必如是,然后能公天下以为心,而达君臣之义于天下。"⑥ 公心往往与天理相联系,演绎为道心与人心相互关联。宋明理学提出的"天理无私""循理而公"的"公理"论,把公提到"天理"的高度,而把与之对立

---

① 《孟子集注》卷十四《尽心下》,《朱子全书》第6册,第447页。
② 《李觏集》卷十八《安民策第一》,中华书局2011年版,第174页。
③ 《孟子师说》卷四,《黄宗羲全集》第一册,浙江古籍出版社1985年版,第90页。
④ (清)黄宗羲:《明夷待访录·原君》,中华书局2011年版,第8页。
⑤ 参见蔡尚思:《王船山思想体系》,湖南人民出版社1985年版,第20页。
⑥ 《朱文公文集》卷七十二《古史余论》,《朱子全书》第24册,第3505页。

的"私意"归之于人欲,认为"公"是天理与圣人的本质属性,"天理之公"与"人欲之私"具有差异性。"天理流行,则公矣。"① 作为宇宙本体、道德楷模的"天理"大公无私,则人类各种社会法则之理也应体现大公无私。

宋明理学将"至公""至正"作为一种很高的境界。周敦颐说:"圣人之道,至公而已矣。"② 显然在周敦颐看来,圣人与天地都应当具有"至公"品性。王阳明更是提出了"至公""至正""至善"的境界,说:"非至公无以绝天下之私,非至正无以息天下之邪,非至善无以化天下之恶。"③ 只有"至公""至正""至善"才能够绝息天下之私、天下之邪、天下之恶。王夫之为宋明理学公正观做了一个总结,树立了"大公至正"的道德原则,"始于大公而终于至正"④。

宋明理学的公天下实现着"使所有国家各自爱惜其土地人民,谨守其祖先之业以遗其子孙之计,而凡为宗庙社稷之奉、什伍闾井之规、法制数度之守,亦皆得以久远相承"的理想境界。他们与孟子一样,并不拘泥传子传贤的具体形式,也不拘泥某种具体的制度,而是强调帝王订立各种制度"能公天下以为心"⑤。

(3) 以法为公之天下

宋明理学的公天下思想是对先秦儒家"天下之法"与法家韩非"法不阿贵"融合的"公法"思想。宋朝天下"以法为公"的观念更是有了很大发展,提出了公平、公正执法问题。蔡襄说:"夫法者,天下大公之本也。"⑥ 刘挚亦说:"夫法者,天下之至公也。"⑦ 李觏认为:"法者,天子所与天下共也。如使同族犯之而不刑杀,是为君者私其亲也。有爵者犯之而不刑杀,是为臣者私其身也。君私其亲,臣私其身,君臣皆自私,则五刑之属三千止谓民也。赏庆则贵者先得,刑罚则贱者独当,上不愧于下,下不平于上,岂适

---

① 《思问录·内篇》,《船山全书》第12册,岳麓书社2011年版,第406页。
② 《通书·公》,《周敦颐集》,中华书局1990年版,第41页。
③ 《山东乡试录》,《王阳明全集》,上海古籍出版社1992年版,第704页。
④ 《黄书·慎选》,《船山全书》第12册,岳麓书社2011年版,第519页。
⑤ 《朱文公文集》卷七十二《古史余论》,《朱子全书》第24册,第3505页。
⑥ (明)杨士奇:《历代名臣奏议》卷二百一十八,上海古籍出版社1989年版,第2866页。
⑦ (宋)刘挚:《忠肃集》卷六《乞修敕令疏》,中华书局2002年版,第126页。

治之道邪!"因此他提出用法"不辨亲疏,不异贵贱,一致于法"①。

程颐在论汉文帝杀薄昭一事时说:"唐李卫公以为:汉文诛薄昭,断则明矣,义则未安。司马温公以为:法者天下之公器,惟善持法者,亲疏如一,无所不行。皆执一之论,未尽于义也。义既未安,则非明也。有所不行,不害为公器也。不得于义,则非恩之正。害恩之正,则不得为义。"②肯定了"法者天下之公器",即法为天下多数人所制定的。即使执法者有时执法不力不当,但是也不能更改法为天下之公器的道理。而且"圣王为治,修刑罚以齐众,明教化以善俗。刑罚立则教化行矣,教化行而刑措矣"③。这里指出了教化与刑罚在统治中的统一性,再次强调了法律的制定是为了大众的利益,而不是为了少数人的利益。可以说,二程承认了法的公正性。

既然法具有公正性,那么无论制定法律或者是执行法律都应当遵循法的公正性。但在现实生活中,法的公正性涉及两个方面的问题:一是法与义的矛盾,正如程颐所说的执法亲疏如一,未必能尽义也,义未能得到实现,就不能实现真正的法的公正性。但是他又指出:"法主于义,义当而谓之屈法,不知法者也。"④此处程颐强调了法的公正性高于义的实现,若强求于义,就亵渎了法的公正性,不知道法的尊严了。二是程颐指出,不能牵于人情而违法。"自古立法制事,牵于人情,卒不能行者多矣。若夫禁奢侈则害于近戚,限田产则妨于贵家,如此之类,既不能断以大公而必行,则是牵于朋比也。"⑤这就是说,从古至今执法者因为牵于人情而执法不力,因禁奢侈而害怕亲戚,因限制田产垄断而怕妨害贵富之家,诸如此类的事情,执法者不能秉公办事,常常因为人情而使法丧失公正性,进而不能公事公办,实现法的尊严和平等。如果刑罚不正,会导致什么结果呢?"三居下之上,用刑者也。六居三,处不当位,自处不得其当,而刑于人,则人不服而怨怼悖犯之,如噬嗑干腊坚韧之物,而遇毒恶之味,反伤于口也。用刑而人不服,反

---

① 《李觏集》卷十《刑禁四》,中华书局 2011 年版,第 104 页。
② 《河南程氏文集》卷八,《二程集》,中华书局 2004 年版,第 585 页。
③ 《河南程氏粹言》卷一,《二程集》,中华书局 2004 年版,第 1212 页。
④ 《河南程氏文集》卷八,《二程集》,中华书局 2004 年版,第 585 页。
⑤ 《周易程氏传》卷一,《二程集》,中华书局 2004 年版,第 756 页。

致怨伤,是可鄙吝也。"① 这就是说,刑罚不公正,人们就会不服刑罚而反之易于犯法,从而导致社会的混乱。"今人说轻刑者,只见所犯错误之人为可悯,而不知被伤之人尤可念也。如劫盗杀人者,人多为之求生,殊不念死者之为无辜,是知为盗贼计,而不为良民计也。"② 朱熹将犯罪行为与非义的同情、宽宥犯罪者,都视为违反天理的非正义行为,反映了朱熹理解的刑罚的公平正义价值。叶适则说:"人不平而法至平,人有私而法无私,人有存亡而法常在。"③ 朱熹、黄宗羲等以为三代制度"乃圣王之制,公天下之法"④,它不属于"一家之法",而属于"天下之法"⑤。宋明理学把法看成为"公天下持平之器",是"立公弃私"的"天下之法"。一方面,要求包括君主在内的统治阶级带头守法,要求官吏秉公守法,不徇私情,"勿夺农时"。地主与地客不得相侵。王夫之认为法律的权威高于君主之权威,提出要以法律制约君主与百官的权力,提倡君臣上下之间必须"以道相临",绝"以财相接"之交,把君主守法放在一定的重要位置,而"司宪者,秉法以纠百职,百职弗敢褒也;奉使巡宣者,衔命以巡郡邑,郡邑弗敢黩也",并旗帜鲜明地提出建立起"以法相裁,以义相制,以廉相帅,自天子始而天下咸受裁"⑥的法治思想。另一方面,要求农民绝对服从法律,不得稍有违犯,做到"上下相安,各守其分"。朱熹在法律意义上的"公"就是实行"刑无等级""法不阿贵"的原则,取消在法律适用中"分"的特权。朱熹亦提出:"有功者必赏,有罪者必刑。"⑦ 朱熹指出:"度量权衡,天理至公之器,但操之者有私心耳。以其操之者私而疾夫天理之公,是私意彼此展转相生,而卒归于大不公也。"⑧ 为公就不能有私意。"公"的衡量标准就是义理。

---

① 《周易程氏传》卷二,《二程集》,中华书局 2004 年版,第 805 页。
② 《朱子语类》卷二十三,《朱子全书》第 14 册,第 3505 页。
③ 《水心别集》卷十四《新书》,《叶适集》,中华书局 2010 年版,第 805 页。
④ 《朱子语类》卷一百八,《朱子全书》第 17 册,第 3514 页。
⑤ 《明夷待访录·原法》,中华书局 2011 年版,第 21 页。
⑥ 《读通鉴论》卷二十九,《船山全书》第 10 册,岳麓书社 2011 年版,第 1118 页。
⑦ 《朱文公文集》卷十二《己酉拟上封事》,《朱子全书》第 20 册,第 625 页。
⑧ 《朱文公文集》卷四十《答何叔京》,《朱子全书》第 22 册,第 1821 页。

3. "万物一理"的大一统天下

天下大一统是儒家的一贯思想，董仲舒曾明确提出"春秋大一统"的观念。这一思想学说亦被宋明理学家加以继承与发扬。在理学家们的"平天下"思想中包含了"天下大一统"，主要有三方面的内容：

其一，天下万物一统于理。"宇宙之间，一理而已"①，理的内容非常广泛，既是指自然万物统一于理，也是指社会意识思想文化统一于理，同时也是道德法律规范一统于理。理是个总括，在"理"之统率下，才可以有分殊。"天地之间，理一而已。……盖以乾为父，以坤为母，有生之类，无物不然，所谓'理一'也。"②"盖合而言之，万物统体一太极也；分而言之，一物各具一太极也。"③

其二，天下社稷一统于王。天下社稷为君王天子所拥有，自三代以来就已经有了这样的思想，"普天之下，莫非王土；率土之滨，莫非王臣"④。只要是君王视野所及之四方土地、人民皆为王有，必须臣服于王。程朱理学则无不承续其论，程颐曾指出："天子居天下之尊，率土之滨，莫非王臣，在下者何敢专其有？凡土地之富，人民之众，皆王者之有也。"⑤ 与《诗经·小雅·北山》如出一辙。朱熹同样有这方面的论述，认为"诸侯、土地、人民，受之天子，传之先君。私以与人，则与者、受者皆有罪也"⑥。

其三，天下治权一统于君。天下治权一统于君，强调的是君王一统下的政治统治结构，治权政令自天子出，只有天子一人才能号令天下。"为天下主者，天也。继天者，君也。君之所存者，命也。为人臣而侵其君之命而用之，是不臣也。为人君而失其命，是不君也。君不君，臣不臣。此天下所以倾也。"⑦ 对此，朱熹也发表了自己的见解，要求权力集中于朝廷王室，

---

① 《朱文公文集》卷七十《读大纪》，《朱子全书》第 23 册，第 3376 页。
② 《西铭解》，《朱子全书》第 13 册，第 145 页。
③ 《太极图说解》，《朱子全书》第 13 册，第 74 页。
④ 《诗经·小雅·北山》，（清）阮元：《十三经注疏》，中华书局 1980 年版，第 463 页。
⑤ 《周易程氏传》卷一，《二程集》，中华书局 2004 年版，第 770 页。
⑥ 《孟子集注》卷四《离娄下》，《朱子全书》第 6 册，第 300 页。
⑦ 《春秋谷梁传·宣公十五年》，（清）阮元：《十三经注疏》，中华书局 1980 年版，第 2415 页。

以为"先王之制,诸侯不得变礼乐,专征伐"①,对于"本朝鉴于五代藩镇之弊,尽夺藩镇之权,兵也收了,财也收了,赏罚刑政一切也都收了"②表示了认同。在君臣之间,朱熹尤其反对君不君臣不臣,不能各行其职,认为"君臣之际,权不可略重,才重则无君"③。

4."万物一体"的生态天下平

宋代儒学在继承先秦儒家天人合一思想的同时,融合了墨家的"兼爱"、庄子的"天地与我并生,万物与我为一"以及惠施的"泛爱万物,天地一体"的思想,进一步发展了"天人合一"学说。由"天人合一"发展为"万物一体",最终归于"万物一理"。"万物一理"成为宋明理学生态平衡理论基础。这是将人与社会、自然、万物都凝结为一体,已经不再仅仅在直观地讲天与人的关系,而是把天、人与"理"(天理)或"吾心"(良知)相联系,以"理"作为最高范畴。正因为"万物一理"才能够实现《中庸》所说的"万物并齐而不相害,道并行而不相悖",把人与社会、自然、万物的发展变化看作是相辅相成的和谐、平衡运动。

宋代思想家所理解的天人与董仲舒天人感应观把天神化不一样,而是将其道德化,当然也包括自然属性的道德化。首先,万事万物都是有序、有秩的,这是一种天序、天秩。因为"生有先后,所以为天序;小大、高下相并而相形焉,是谓天秩。天之生物也有序,物之既形也有秩。知序然后经正,知秩然后礼行"④。对天地自然作出了伦理性的描述与道德化的解释。二程也很明确地提出"父子君臣,天下之定理,无所逃于天地之间"⑤。将传统社会中的伦理性转化到了自然属性中。其次,宋明理学认为无一物而非仁也,以"仁"来互释天地的生生之德,包括人在内的万物皆有"生意"为仁。周敦颐认为:"天以阳生万物,以阴成万物。生,仁也;成,义也。故

---

① 《论语集注》卷十六《季氏》,《朱子全书》第6册,第213页。
② 《朱子语类》卷一百二十八,《朱子全书》第18册,第4001页。
③ 《朱子语类》卷十三,《朱子全书》第13册,第399页。
④ 《张子全书》卷之一《正蒙·动物》,西北大学出版社2015年版,第12页。
⑤ 《河南程氏遗书》卷五,《二程集》,中华书局2004年版,第77页。

圣人在上，以仁育万物，以义正万民。天道行而万物顺，圣德修而万民化。大顺大化，不见其迹，莫知其然之谓神。"① 张载明确认为在自然世界里具有"仁"性。天既无心，又具万物，这些都是天地之仁的体现："天本无心，及其生成万物，则须归功于天，曰：此天地之仁也。"②"无一物而非仁也。"③ 无一物而非仁阐释着天地所具有的道德价值。"天地之心惟是生物，'天地之大德曰生'也。"④ 二程则提出著名的"仁者，以天地万物为一体"⑤命题。王阳明也认为"仁""义""礼""智""信"这五德不仅适用于人，而且可以推广到自然生物界。最后，自然属性的道德化要求"兼爱万物"，可以说"爱万物"是中国古代生态伦理思想的核心。由"仁民而爱物"，爱万物之前提为仁民。

宋明理学履践了"尽人之性"与"尽物之性"的结合。联系天人之间者即是性，人受性于天，而人的理想即在于尽性。《中庸》曰："唯天下至诚，为能尽其性；能尽其性，则能尽人之性；能尽人之性，则能尽物之性；能尽物之性，则可以赞天地之化育；可以赞天地之化育，则可以与天地参矣。"尽性最主要包括《中庸》所讲"尽人之性""尽物之性"，只有通过"尽心"，方能"尽物"，但不能求尽物之性而忽略了尽人之性。

宋明时期的理学家以万物一理的理论为基础，把人纳入天地自然的有机系统中。一方面，"人亦物也，圣亦人也"⑥，朱熹也说："天地以生物为心，天包着地，别无所作为，只是生物而已。亘古至今，生生不穷，人物则得此生物之心以为心"⑦。另一方面，"人为万物之灵"，"惟人也得其秀而最灵"⑧，人与天地自然的联系就源于人之秀灵，能穷理尽性。胡五峰认为："万物各正性命，而纯备者，人也，性之极也。"⑨ 张载更是断言："人能穷理尽性，

---

① 《通书·顺化》，《二程集》，中华书局2004年版，第23—24页。
② 《张子全书》卷之四《经学理窟·气质》，西北大学出版社2015年版，第77页。
③ 《张子全书》卷之一《正蒙·天道》，西北大学出版社2015年版，第7页。
④ 《张子全书》卷之八《易说·上经·复》，西北大学出版社2015年版，第148页。
⑤ 《河南程氏遗书》卷二，《二程集》，中华书局2004年版，第15页。
⑥ （宋）邵雍：《皇极经世书·观物篇》，文渊阁《四库全书》本。
⑦ 《朱子语类》卷五十三，《朱子全书》第15册，第1756页。
⑧ 《太极图说》，《周敦颐集》，中华书局1990年版，第6页。
⑨ 《知言》，《胡宏集》，中华书局1987年版，第14页。

与天地参","然后范围天地之化"①,据此主张"建人极","为天地立心"。王船山也申明"人者,天地之心"②,断定"天地之生也,则以人为贵"③。

宋明理学特别强调"能尽人之性,则能尽物之性",在尽人之性基础上实现尽物之性。宋明理学的尽物有两方面指向:一是物与观;二是尽物之性。最早提出物与观的是张载《西铭》,"以我视物则我大,以道体物我则道大。故君子之大也大于道,大于我者容不免狂而已。"这种以物观物思想源自儒家经典《大学》"物我各适其性,各得其所"。所以朱子在解释《大学》絜矩之道时就说:"因其所同,推以度物,使彼我之间各得分顾。"人要以物观物,而不要以我观物:"以物观物,性也;以我观物,情也。性公而明,情偏而暗。"④且犹如程明道所谓"天地生物各无不足之理",既然物性自足,就必须尊重物性。为此,朱子在解释张载《西铭》时,将张载的"物与观"同《中庸》"尽物之性"的思想连起来论述:"惟吾与也,故凡有形于天地之间者,若动若植,有情无情,莫不有以若其性,遂其宜焉。此儒者之道,所以必至于参天地、赞化育,然后为功用之全,而非有所强于外也。"⑤

宋明理学对传统儒家"万物一理"及"仁民而爱物"思想的改造,试图通过仁民爱物、节用爱人,以寻求人与自然的天人合一生态和谐,并将传统社会中的伦理性转化到了自然属性中,由自然属性的道德化而要求"兼爱万物"。"亲亲而仁民,仁民而爱物"(孟子)恰是生态道德和人际道德的统一,是人与自然和谐的体现,这是"尽人之性"与"尽物之性"的结合。可见,朱熹认为为达致理治社会"平之生态天下"理想应该遵循物尽其用、物尽其时等基本生态法则。

---

① 《张子全书》卷之一《正蒙·天道》,西北大学出版社2015年版,第7页。
② 《周易外传·复卦》,《船山全书》第1册,岳麓社2011年版,第882页。
③ 《周易外传·无妄》,《船山全书》第1册,岳麓书社2011年版,第889页。
④ (宋)邵雍:《皇极经世书·观物篇五十一》,文渊阁《四库全书》本。
⑤ 《西铭解》,《朱子全书》第13册,第142页。

第三章　宋明理学理治理论范式

在不同社会形态和文化传统的国家，社会控制的具体方式和所采用的手段表现出不同的特点。中国古代的社会控制总体上说是各种手段综合运用的过程。社会之治理范式在历史上有很多提法。在宋明理学看来，其根本在于以主体道德自觉提升而成为民众集体道德理性的"治道"，也就是社会以"天理"为核心进行重新整合的新模式。程朱与陆王在政治上都是力图从个人到社会群体的伦理自律与社会他律上去寻求治国之道，制造一种新的"天理良心"的文化心理道德结构及以此为基础的治国平天下的社会控制模式。宋明理学的社会控制思想是基于其特定理论基础之上的系统化思考，对社会控制的必要性、可能性以及合理性、权威性作出了论证。从整体上说，宋明理学治国模式有理论性模式，有实践性模式，也有理论性与实践性统一的模式。就理论性模式而言，有肯定个体修养内圣的价值而又不否定个体所依存的社会价值"存天理，灭人欲"双重性治理模式；有追求克己复礼到复理为仁的循环回归性模式，由内圣到外王，由外王回归内圣，实现成圣的理想人格；还有以天人一体、"理一分殊"为理念的中庸和谐模式。宋明理学继承发展了"天人相通""天人相类""心性合一""天人一体"，并且将其与"理一分殊""中庸之道"联系起来，是在天理下以人道承袭天道，将人性与天道贯通一致的注重整体、追求和谐的思维方式。宋明理学的理想社会治理模式，既有自上而下的心灵治理思维结构，又有自下而上、从个体到社会群体的实践性层次结构。以理欲论为核心，结合"四书"等等，构成了修齐治平自下而上的控制层。从心灵道德到现实实践，从内向外扩展，即修身个体性—齐家家族性—治国社会性—平天下终极性。"修、齐、治、平"为社会政治运用的不同阶段，体现了伦理思想与政治思想的相互结合。宋明理学依然坚持国家集体本位，把国家一统及社会整体利益放在首位，在国家治理过程中特别重视发挥君王功能，将格君之非心，实现政统与道统的统一作为治人的首要目标，形成先正君，再治吏，最后驭民，融正君、治吏、驭民为一体自上而下的控制。宋明理学以道德伦理控制为主导，将伦理道德、礼俗制度、政治体制、法度律令与经济调控有机结合，从来也不缺将政治、经济、道德与文化等统一起来的综合治理思想，井田经界、封建制、家族制、宗法制、科举制等都是其关注的重要内容，体现出社会治理的综合性与层次性。

以程朱为代表的宋明理学以"致广大，尽精微，综罗百代"之精神，综合了孔、孟、荀及汉唐思想家"礼乐政刑"思想学说的积极成果，创新而为，倡导理治，运用修齐治平思想对传统儒家学说进行改造与演进，以理学"内圣"心性之学去收拾官民之心，统一对封建"治道"的认识。在社会控制方法上，宋明理学将德、礼、法、政、刑与经济调控作为综合的社会控制方法，追求实现"天下平"的社会控制目标，进而达到国家的长治久安。可以说宋明理学的社会治理模式在理论结构上，是一个合传统治理之道，以"德礼政刑"为主要治理路径的多维度社会理治模式。

一、宋明理学明天理灭人欲的双重性

从中国政治价值追求的发展轨迹而言，"仁和政治"学说是先秦儒家政治思想核心，经历了由孔子"仁学"到孟子"仁政"的发展阶段，先秦儒家核心社会价值是"仁和"，这与孔孟的"仁学"精神是一致的，也与中国传统文化的重要特征"和合"观念相吻合。仁政既是一种道德呈现，又是一种制度安排。"仁也者，人也；合而言之，道也。"① 孟子对"王道之始""王道之成"作出了阐述。孟子仁政思想的政治理论，包含了德行仁民本的行政理念、合理的"制民之产"的经济制度和完善的教育体系。而"和"的思想也

---

① 《孟子·尽心下》，《孟子正义》，中华书局1987年版，第1053页。

是先秦儒家普遍具有的价值观念和理想追求。儒家的"和"思想内容非常丰富，包括和谐、和睦、和平、和善、祥和、中和等含义。张立文则把传统价值概括为"和合"。应该说，"和"理想、天下思想是有不同发展阶段的，反映了和天下的多种内涵。仁和所追求的理想是一个"天下和平"，"天地感，而万物化生。圣人感人心，而天下和平"①。"大同小康"则成为仁和社会的重要描述。

宋明社会是一个以"存理灭欲"为核心价值的社会，理学的核心价值发端于理欲，统一于义利。"存理灭欲"是道统圣人之言的体现，也是社会道德普世性的要求。从南宋以后，宋明理学逐渐成为既具有无可置疑的"官方哲学"的性质，维护纲常伦理与君权的永恒性、合理性，又包蕴同纲常伦理与君权相抗衡的理性精神以及具有政治批评性的"理尊于势"思想体系。需要特别指出的是作为核心价值的"存理""灭欲"，较好地体现了宋明理学治国之道的双重性：既具有形而上之特征的完整理论体系，又突出社会实效化，更具有经世致用的社会性；既肯定个体所依存的社会价值，又不否定个体修养及其存在的价值，在"存理"中"灭欲"，在"存欲"中"有理"。

1. 宋明理学心性天理论

中国传统文化基本上是以人性论作为其治国理论的基础，由心性论而推出了伦理学的全部原则，可以说是一切伦理道德思想的前提和基础，也成为宋明理学伦理道德思想形成过程中的首要问题。中国传统人性论最主要是探讨人与动物之分，凸显人格的尊贵，强调人之生命精神性的规定，并没有将其主旨停留在人之生理欲利的物质性意义上。将人性所具有的本质内在精神品质的差异性作为区分"君子""庶民"或"圣人、成人、贤人、愚人"的标准，人性论强调修身养性，向内探求，在不否定人之物质自然本性意义上更加重视人主观精神与外界事物"格"所产生的与社会属性相关联的价值评价，是一个理性化的自觉要求，使个体感性欲求、行为方式都具有了高度的社会属性。李泽厚说理学的基本特征是"将伦理提高为本体，以重建人的

---

① 《周易正义》，《十三经注疏》，中华书局2009年版，第95页。

哲学"①。

在宋明理学之前，关于"性"的内涵主要有"天命之谓性""生之谓性"两个方面。"天命之谓性"是《中庸》开篇的一句话。"生之谓性"乃告子的说法。无论是孟子的性善论、荀子的性恶论、杨子的善恶混等，还是董仲舒性三品、韩愈人性论等都是"天命"与"生"之性，从不同路径阐发人的自然本性在进入社会生活时所拥有的出发点，孟子"性善论"更多地朝内圣而求，荀子"性恶论"则着力于朝外王而发。各种人性论中礼义、法度、政策最终都是走向"善"。荀子就有言："故为之立君上之执以临之，明礼义以化之，起法正以治之，重刑罚以禁之，使天下出于治，合于善也。"②

宋明理学中的性理论是作为区分人精神品质与层次性的标准，这种思想是建立在理学特有的理气心性天理论基础上的。严复曾说："若研究人心政俗之变，则赵宋一代历史最宜究心。中国所以成为今日现象者，为善为恶，姑不具论，而为宋人之所造就，十八九可断言也。"③牟宗三也说："自宋明儒观之，就道德论道德，其中心问题在讨论道德实践所以可能之先验根据（或超越的根据），此即心性问题是也。由此进而复讨论实践之下手问题，此即工夫入路问题是也。前者是道德实践所以可能之客观根据，后者是道德实践所以可能之主观根据。"牟宗三直接把宋明理学归于"性理之学"或"心性之学"："宋明儒讲学之中点与重点唯是落在道德的本心与道德创造之性能（道德实践所以可能之先天根据）上。"④心性问题也不能脱离天理或天道问题加以单独的陈述。理学家传承并完善了宋以前的传统人性论，肯定先秦存心养性学说关于道德缘起于心的观念，又批判继承了佛教心性论的思辨哲学，更是将"治心""治身"放在伦理体系建构的重要位置。治心在于内化人的心灵和谐，将"治心""修身""学道""修德"的思想与"成性""成圣"说紧密结合起来，将道德修养论建构在一定的道德本体论之上。

周敦颐创造性地建构出《太极图说》，著作《通书》，构成天道性命内

---

① 李泽厚：《中国思想史三部曲论》，天津社会科学出版社2007年版，第87页。
② （清）王先谦：《荀子集解·性恶》，中华书局1988年版，第39页。
③ 《严几道与熊纯如书札节钞》，《严复集》第三册，中华书局1986年版，第668页。
④ 牟宗三：《心体与性体》第一册，台湾正中书局1968年版，第4—5页。

圣之学的一个完整的体系，向人们展现了一幅"无极—太极—阴阳—五行—男女—万物"的化生图式。一方面强调人的自然本性，人和万物一样是由自然的气化过程而生，是宇宙的一个有机组成部分；另一方面强调人的社会本性，人具有秀、灵、五性、善恶的道德属性，从中推导出"圣人定之以中正仁义，而主静"①，人极本于太极，心性本于天道，沟通了天人关系。在理论上，张载第一个将"性"与"气"结合在一起进行深入探讨、诠释，力图用气化论去说明人性问题，从而提出两种人性："天地之性"和"气质之性"。天地之性至清、至善，是人性善的来源；气质之性善恶相混，乃恶之发端。而性是"与天道合而为一"的，张载说"性与天道不见乎小大之别"②，他所说的"性"即"天道"，性与天道有时彼此不分。

朱熹融合了周敦颐、张载、二程等合理内核，打造了以"理气心性"为核心内容的天理学说。性是人与物生成的源泉与规律，被区分为人性与物性，使之赋予社会存在的现实意义。性的内涵最主要的是仁、义、礼、智四德，"性是理之总名。仁义礼智皆性中一理之名"③。正因为如此，朱熹才会说"盖自天降生民，则既莫不与以仁义礼智之性矣"，把论"性"放在了首位。《中庸章句》第一章也说："天以阴阳五行化生万物，气以成形，而理亦赋焉，犹命令也。于是人物之生，因各得其所赋之理，以为健顺五常之德，所谓性也。"④

同时又蕴含着"性"来源于"天"的思想内容。"性与气得之于天，性只是理。"⑤"性者，人所禀于天以生之理也。"⑥ 在天为理，在人为性，正如日本学者上山春平所言："对朱子来说，礼就是性，而'性'又是'理'，因此'理'是形而上的东西。'性'有'本然之性'和'气质之性'之分，礼作为五常（仁、义、礼、智、信）的一环，被看做是'本然之性'。'本然之性'

---

① 《太极图说》，《周敦颐集》，中华书局1990年版，第6页。
② 《张子全书》卷之一《正蒙·诚明篇》，西北大学出版社2015年版，第14页。
③ 《朱子语类》卷五，《朱子全书》第14册，第228页。
④ 《中庸章句》，《朱子全书》第6册，第32页。
⑤ 《朱子语类》卷五十九，《朱子全书》第16册，第1888页。
⑥ 《孟子集注》卷五《滕文公上》，《朱子全书》第6册，第306页。

也叫'天命之性',比喻为天赋,具有近似译为'先天'的意思。这样的礼的观点,是朱子礼论的基本前提。"①朱熹之"性"也就是"道","'道'与'性'字,其实无甚异。但'性'字是浑然全体,'道'字便有条理分别之殊耳。修道谓之教,乃是圣人修道以为教于天下,如礼乐政刑之类是也"②。

同时,朱熹又认为人之气禀是有定数的。他指出:"人性虽同,而气禀或异。自其性而言之,则人自孩提,圣人之质悉已完具……善端所发,随其所禀之厚薄,或仁或义,或孝或弟,而不能同也。"③"天地之性"与"气质之性"不仅决定了人的贵贱等级差别,而且这种差别是不可动摇的。人的自然属性与社会属性统一为一体,形成为性,故而以气禀的不同,朱熹把人分成了不同的等级。朱熹承续了秦汉等级制与人之品性的影响,论述了"自幼而善"的圣人、"自幼而恶"的小人以及"长而见异物而迁,失其赤子之心"的中人三类划分法。同时又有四类划分法,即是"生而知之的圣人""学而知之的大贤""困而学之的众人"和"困而不学的下民"。然而,无论是其三分法或是四分法,在治教过程中,都应当依据人之定数气禀,"因人物之所当行而品节之"。朱熹指出:"昔者帝舜以百姓不亲、五品不逊,而使契为司徒之官,教以人伦,父子有亲,君臣有义,夫妇有别,长幼有序,朋友有信。又虑其教之或不从也,则命皋陶作士,明刑以弼五教,而期于无刑焉。"④故而《大学章句》有所谓"伏羲、神农、黄帝、尧舜所以继天立极,而司徒之职、典乐之官所由设也"⑤。《中庸章句》则又有"圣人因人物之所当行而品节之,以为法天下,则谓教,若礼、乐、刑、政之属是也"⑥的训导。对学知以下三等应当施以德礼政刑四个不同层次的方略:"人之气质有浅深厚薄之不同,故惑者不能齐之,必以礼齐之。齐之不从,则刑不可

---

① [日]上山春平:《朱子的人性论与礼论》,《中国哲学史研究》1986年第3期,转引自傅永聚、韩钟文:《20世纪儒学研究大系》第19册,刘厚琴主编:《日本韩国的儒学研究》,中华书局2003年版,第181页。
② 《朱文公文集》卷五十一《答黄子耕》,《朱子全书》第22册,第3381页。
③ 《中庸或问》,《朱子全书》第6册,第596页。
④ 《朱文公文集》卷十四《戊申延和奏札》,《朱子全书》第20册,第656页。
⑤ 《大学章句》,《朱子全书》第6册,第13页。
⑥ 《中庸章句》,《朱子全书》第6册,第32页。

废。"① 对于学而知之的大贤可以运用德礼之教改造，使之整齐归理，而对于困而学知及困而不学之人单纯依靠德礼是无法"齐一"的，就应当施加政刑予以约束。朱熹认为圣人之所以能够设置司徒之职、典乐之官创制法制，成为亿兆之师，这是"天命之""继天立极"的结果。他们是代天理物："圣人纯于义理，而无人欲之私，则其所以代天而理物"②，圣人代天理物的理论就是"性来源于天""天地之性与气质之性"的思想学说。朱熹说道："盖上古虽已有文字，而制立法度，为治有迹，得以纪载，有史官以识其事，自尧始耳。"③ 认为法制创制最早可以追溯到尧舜时代，尧舜的创制也就是来源于天，即"天理"。

以上面所论，宋明理学在人性理论上的贡献可归纳为三个方面：

一是赋予"性即理"的内涵。二程率先提出了"性即理"这一命题，朱熹认为，这是宋明理学性说的基本观点。二是充分发挥了《中庸》"天命之谓性，率性之谓道，修道之谓教"之意义，性是作为联结"天"与"人"之间的枢纽而发挥其作用的。"性"就是"天"赋予包括人与自然的万物之"理"，通过"性"，把"天理"和人们的行为准则联系了起来。三是构建了天—性—理—气—人物的新的思想体系，将性分别为人性与物性、天地之性与气质之性。人的自然属性与社会属性统一为一体之性，承继了先儒天道与人道、自然与人为相通、相类和统一的天人合一观，也因此形成了人伦差异性。而且宋明理学吸取佛道思辨的营养，扭转了汉儒人附于天的天人合一模式，创立了突出人的心性的新天人合一道德本体论，他们以更为严密的论证，把人性分为天命之性和气质之性二层，认为人性可变，既论证了教化德礼的可能，也强调了刑罚法治的必要，从根本上论证了天理与人法的统一。

2. "存理灭欲"核心价值之意义

第一，"存天理，灭人欲"是道统圣人之言的体现。

在宋明理学思想体系中，都是紧紧围绕天理论展开的，明天理、灭人

---

① 《朱子语类》卷二十三，《朱子全书》第14册，第805页。
② 《中庸或问》卷三，《朱子全书》第6册，第596页。
③ 《朱文公文集》卷六十五《杂著·尚书》，《朱子全书》第23册，第3149页。

欲则是天理论的精髓内涵最直接的概括。"孔子所谓'克己复礼',《中庸》所谓'致中和','尊德性','道问学',《大学》所谓'明明德',《书》曰'人心惟危,道心惟微,惟精惟一,允执厥中'。圣贤千言万语,只教人明天理,灭人欲。"① 宋明理学通过《大学》着力论证了"存天理,灭人欲""明明德"的主要内容与修身目标。《大学章句》:"言明明德、新民,皆当止于至善之地而不迁,盖必其有以尽夫天理之极,而无一毫人欲之私也。此三者,大学之纲领也。"② 朱熹的注解充分地反映了重天理的倾向,其以"天理"论为核心的思想体系,无不直指"尽夫天理之极,而无一毫人欲之私"的理学宗旨。王阳明也说:"圣人之所以为圣,只是其心纯乎天理而无人欲之杂。"③ 就《中庸》《尚书》要点"人心惟危,道心惟微",二程的诸多论述就很直接肯定"人心,私欲也,危而不安;道心,天理也,微而难得"④。而朱熹《中庸章句》论及人心、道心"二者杂于方寸之间而不知所以治之,则危者愈危,微者益微,而天理之公,卒无以胜夫人欲之私矣"⑤。朱熹认为人欲中自有天理,"天理"包含"人欲"。钱穆曰:"理学家无不辨天理人欲,然天理人欲同出一心,此亦一体分两体合一之一例。"⑥

第二,"存天理,灭人欲"是人与自然、人与社会的和谐统一。

宋明理学一方面通过"天即理也,命即性也,性即理也"⑦,推之而论,性即天,将人与天自然结合起来。且天道就是"天理自然之本体",人性也就是人所禀赋的天理。通过一个"性"字揭示了天人联系,人性来自天命,天人一性,在天曰命,在人曰性,所以"天人一也,更不分别"⑧。另一方面,"人物之生,天赋此理,未尝不同,但人物之禀受自有异耳"⑨,而且

---

① 《朱子语类》卷十二,《朱子全书》第14册,第367页。
② 《大学章句》,《朱子全书》第6册,第16页。
③ 《王阳明全集》卷一《传习录》,上海古籍出版社1992年版,第98页。
④ 《河南程氏粹言》卷二,《二程集》,中华书局2004年版,第1261页。
⑤ 《中庸章句》,《朱子全书》第6册,第29页。
⑥ 钱穆:《朱子学提纲》,生活·读书·新知三联书店2005年版,第85页。
⑦ 《朱子语类》卷五,《朱子全书》第14册,第215页。
⑧ 《河南程氏遗书》卷二,《二程集》,中华书局2004年版,第20页。
⑨ 《朱子语类》卷四,《朱子全书》第14册,第185页。

就人与天地相比而言,"人是天地中最美之物",尤其圣人具有无与伦比的能力,与神等一切自然相通合,甚至人可以引导与遵循天道,人之心即是天命。

宋明理学的"天理",主要是指自然、社会及人类个体思维的法则或规律,主张世界统一于理,万事万物不过是"理"的体现。朱熹认为,理是事物的"所以然之故"与"所当然之则",而且"天理者,此心之本然,循之其心则公而且正"[1]。人们只有按照固有的规律理性思维与行为,反映广大的客观世界,既不为物欲所蒙蔽,亦不为感性知觉所干扰,才能真正做到格物穷理,认识事物的规律或法则,才能称之"高明"。不仅如此,人也为社会之本,是具有内在道德之人。

宋明理学认为人之"性"本于天,都是至善的。张载、朱熹都将性分为"天地之性"与"气质之性","天地之性"时常受到"气禀"的侵蚀而失去善的本性,呈现为"恶"的"气质之性"。故而,人们需要找回自己的"天地之性",由复性到"存理","存理"的目标就是"革尽人欲,复尽天理"[2]。在朱熹看来,"存理"的过程是尊德性而道问学一体的过程,既是需要通过道问学的外在力量,也是个人自身道德的内在修养。显然,宋明理学的"天理",如李约瑟所说,是社会伦理道德与自然界综合为更高层次的一个有机体,把人的最高伦理价值放在以非人类的自然界为背景。或者(不如说)放在自然界整体的宏大结构(或像朱熹本人所称的万物之理)之内的恰当位置上。"存天理"就是人与自然、人与社会的和谐统一。

第三,"存天理,灭人欲"具有政治警视批评性与平民世俗约束性的统一。

就"存天理,灭人欲"的指向而言,呈现出阶段特征。在以朱熹为代表的理学原始文本中,"存天理,灭人欲"主要是针对士大夫统治集团尤其是帝王之"君"设立的道德准则,具有政治警视批评性。具体说来,可以分为三个层次。

---

[1] 《朱文公文集》卷十三《延和奏札二》,《朱子全书》第20册,第639页。
[2] 《朱子语类》卷十三,《朱子全书》第14册,第390页。

第一层次是针对帝王。这一层次也是朱熹最期待最关注的层次。朱熹等反复利用上奏、经筵讲义之际劝导帝王。朱熹奏事延和殿就说:"臣闻人主所以制天下之事者本乎一心,而心之所主,又有天理人欲之异,二者一分,而公私邪正之涂判矣。盖天理者,此心之本然,循之则其心公而且正;人欲者,此心之疾疢,循之则其心私且邪。"①"存天理、灭人欲"的主旨是"格正君心",要求君王统治者节制欲望,体恤民众。他说:"天下国家之大务莫大于恤民,而恤民之实在省赋,省赋之实在治军。若夫治军省赋以为恤民之本,则又在夫人君正心术以立纪纲而已矣。董子所谓正君心以正朝廷,正朝廷以正百官,正百官以正万民,正万民以正四方,盖谓此也。"②在"经筵讲义"中他多次强调恤民与保民,引言:"盖国以民为本,社稷亦为民而立,而君之尊又系于二者之存亡,……是民为重也。"③第二层次是针对士大夫官僚说的。"仁义根于人心之固有,天理之公也;利心生于物我之相形,人欲之私也。循天理,则不求利而自无不利;殉人欲,则求利未得而害已随之。"④第三层次是对学者说的。"人之一心,天理存,则人欲亡;人欲胜,则天理灭,未有天理人欲夹杂者。学者须要于此体认省察之。"⑤"圣贤千言万语只是教人明天理,灭人欲。学者须是革尽人欲,复尽天理,方始为学。"⑥王阳明在这方面也有自己的观点,说:"圣人述六经,只是要正人心,只是要存天理,去人欲。"⑦

在程朱时代,"存天理,灭人欲"的重心是针对士大夫帝王统治集团,并非不针对下层民众。也就是说,天理是普遍存在的,只是在程朱眼里,正君心更为重要,其出发点是对政治的改良。

随着宋明理学在社会不同层次的不断发展与传播,尤其是通过真德秀等理学传人对帝王的解说,理学治道功能更加显现,统治集团逐渐吸收、改

---

① 《朱文公文集》卷十三《延和奏札二》,《朱子全书》第 20 册,第 639 页。
② 《朱文公文集》卷十一《庚子应诏封事》,《朱子全书》第 20 册,第 581 页。
③ 《孟子集注》卷十四《尽心下》,《朱子全书》第 6 册,第 447 页。
④ 《孟子集注》卷八《离娄下》,《朱子全书》第 6 册,第 247 页。
⑤ 《朱子语类》卷十三,《朱子全书》第 14 册,第 388—389 页。
⑥ 《朱子语类》卷十二,《朱子全书》第 14 册,第 367 页。
⑦ 《王阳明全集》卷一《传习录上》,上海古籍出版社 1992 年版,第 75 页。

造了其意识理论,理学已经从针对上层统治集团发展到成为对全社会都具有约束与规范力的思想理论。康熙对理学有过评说,认为在理学中,"君德圣学,政教纲纪,靡不大小兼赅,而表里咸贯,洵道学之渊薮,致治之准绳也"①。"存天理,灭人欲",不仅用以对"上",也被用来对"下",而且也正是宋明理学所具有的平民、世俗性,才使宋明理学更具实用性。并非如有学者认为天理人欲说"不属于平民、世俗文化"②。宋明理学的理欲论也并非仅仅是用来抑制广大劳动人民的。

"存天理,灭人欲"是社会道德普世性的要求,是经世致用社会实践的重要环节。"存天理"存的是孟子所说人之初性本善的善,是人性中善的部分。朱熹说的"灭人欲"要灭的是荀子所说人之初性本恶的恶,是人性中恶的部分。"存天理"就是存善,追寻天理,循道而行。"灭人欲"就是去恶,克己省身,修身养性。通俗地理解朱熹的"存天理、灭人欲",就是要防范个人欲望的过度膨胀,追寻维护社会、道德、政风和民风的和谐与美好。

第四,"存天理,灭人欲"是社会伦理存灭的合理性的反映。

如果把"存天理,灭人欲"解释为禁绝人欲,这完全悖离了以朱熹为代表的理学家的根本立意。李宗桂对此有所辩解:"朱熹的理欲之辨是对于孔孟义利之辨及宋代理学理欲观的继承和发展,其思想实质是天理为指导,在一定程度地肯定人们合理的欲望的基础上,以道德理性对人的感情欲望加以节制,并倡天理与私欲的对立,要求明天理,灭私欲,把违背天理,超出当时社会正当欲望的奢求和私欲加以遏止。因此,朱熹的理欲观不是所谓禁欲主义。"③

宋儒发扬传统儒家思想,承认天理与人欲都是人类社会客观所有,"天理"是人的天性禀赋,"人欲"是感于物而动,故如《礼记·乐记》所言"人化物也者,灭天理而穷人欲者"。除儒家的"寡欲"与道家的"无欲"说之外,释家则说了个"六根清静",儒、释、道的人欲思想必然会对宋明理学产生影响。同时,事事物物无不各有个天理人欲,"有个天理,便有个人

---

① (清)章梫:《康熙政要》卷十六,中州古籍出版社2012年版,第306页。
② 吴长庚:《朱熹"存天理灭人欲"理论的重新认识》,《江西社会科学》2009年第12期。
③ 李宗桂:《朱熹与中国文化》,贵州人民出版社2001年版,第120页。

欲。盖缘这个天理须有个安顿处,才安顿得不恰好,便有个人欲出来"①。因此,天理与人欲都是人类社会客观存在的,人欲亦是人所不可缺少的。对于何为天理、何为人欲问题,朱熹以举例法对天理与人欲概念予以通俗性阐释。"饮食,天理也;山珍海味,人欲也。夫妻,天理也;三妻四妾,人欲也。""饮食者,天理也;要求美味,人欲也。"②明显看到,朱熹把人不合节度的超越"天理"所规定的范围,而去追求物质欲望、情感,称之为"人欲"或"私欲"。如"或好饮酒,或好财货,或好声色,或好便安,如此之类,皆物欲也"③。朱熹认为人的正常欲望是必需的,并非要扼杀人的所有物质需求和生理需求。朱熹的去"人欲"乃去"私欲",而非一切人之欲,是有限定之欲。

当然,宋明理学并不赞同天理人欲共存,"天理存,则人欲亡;人欲胜,则天理灭。未有天理人欲夹杂者"④,既然如此,就必须对天理、人欲有所鉴别,"天理人欲,其间甚微",因此,必须首先"于其发处,仔细认取那个是天理,那个是人欲。知其为天理,便知其为人欲。既知其为人欲,则人欲便不行"⑤。而后再"自一念之微,以至事事物物,若静若动,凡居处饮食言语,无不是事,无不各有个天理人欲,须是逐一验过"⑥。就如何验的问题,朱熹提出情理、仁利、善恶、敬肆等是区分天理人欲的标准。宋明理学各个时期的代表人物在不同程度上都主张去欲,都将"去欲"作为最高的伦理原则。朱熹说:"必使道心常为一身之主,而人心每听命焉。"⑦意思是以道德原则的"道心"来节制"人心"私欲,显然是一种扬理抑欲论。"天理"是社会伦理道德与自然界综合为更高层次的一个有机体。

"存天理,灭人欲"具有道德特色。其一,律己律人。强调义务与权利是从"儒家的伦理、政治思想规定自己与对方所应尽的义务着眼,而非如西

---

① 《朱子语类》卷十三,《朱子全书》第14册,第388页。
② 《朱子语类》卷十三,《朱子全书》第14册,第389页。
③ 《朱文公文集》卷十二《甲寅拟上封事》,《朱子全书》第20册,第628页。
④ 《朱子语类》卷十三,《朱子全书》第14册,第388页。
⑤ 《朱子语类》卷四十二,《朱子全书》第15册,第1494页。
⑥ 《朱子语类》卷十五,《朱子全书》第14册,第467页。
⑦ 《中庸章句序》,《朱子全书》第6册,第29页。

方是从规定自己所应得的权利着眼。这自然比西方的文化精神要高出一筹。例如'父慈',是规定父对子的义务。'子孝',是规定子对父的义务。'兄友',是规定兄对弟的义务。'弟恭',是规定弟对兄的义务。'君义',是规定君对臣的义务。'臣忠',是规定臣对君的义务。其余皆可例推。所以中国是超出自己个体之上,超出个体权利观念之上,将个体没入于对方之中,为对方尽义务的人生与政治。中国文化之所以能济西方文化之穷,为人类开辟文化之新生命者,其原因正在于此"[①]。同时儒家在强调个人义务时也是注重自我权利的,"一个人在家庭中尽到爱的责任,即是'亲其亲',亲爱自己的父母;'长其长',恭敬自己的长上。这站在纯个人的立场来看,乃是对他人尽了一分责任,是属于'公'的,是'义务性'的。但站在社会的立场来看,这种责任却与自己的利害直接连在一起,又是属于'私'的,是'权利性'的。所以'亲其亲,长其长'",乃是在公与私、权利与义务之间的行为。正因为如此,一方面满足了群体生活上的起码要求,另一方面又合乎个体的利益。而作为纽带的是孝弟,社会通过了这种以爱为结合纽带的家族组织,大家在家族生活中,使公与私、权利与义务、个体与全体,得到自然而然的融合谐和,这也就是"儒家通过家族的个体与全体之间的中庸之道"[②]。其二,律上律下。"灭人欲"用一句话概括就是克己省身。"存天理,灭人欲"就是修身养性,是劝导人做杰出的人、高尚的人、了不起的人、伟大的人。

从宋明理学天理人欲体系框架建设过程看,天理是社会伦理道德与自然界综合为更高层次的一个有机体,"存天理,灭人欲"的指向逐渐走向全面性,以致明清时期,非单一针对上层统治者,具有普世性。可以说"存天理,灭人欲"正是儒家思想特别是宋明理学理治社会核心价值的经典总结,是儒学的精髓之所在。同时需要指出的是,朱熹对社会核心价值"存天理,灭人欲"的理论阐发并不是其终极目的,其着力点更多关注的是如何实现"存理灭欲"。

[①] 《徐复观文集》第一卷《儒家政治思想的构造及其转进》,湖北人民出版社2002年版,第120页。

[②] 《徐复观全集》第一卷《中国孝道思想的形成、演变及其在历史中的诸问题》,湖北人民出版社2002年版,第73—75页。

二、"克己复礼"到"复理为仁"的循环回归性模式

1. "克己复礼"到复理

《论语》提到"克己复礼为仁"是孔子对"仁"解释最为权威的说法。这个说法是与孔子所讲"礼"分不开的。孔子讲"仁"是为了解释"礼",而维护和恢复"礼"是以实现"仁"为根本目标的。孔子将"仁"落实到个体的人格塑造上,并落实到人的日常具体行事中,做到处处为"仁"。同时,"君子笃于亲则民兴于仁"①。"仁"通过血缘关系来联结宗法关系和等级制度,这是礼的核心。孔子通过"仁"解说"礼",强调"礼""仁"与人的关联,实际上是将复礼的重担交予有志之士即"君子"们,要求他们认识到复礼的重要性,呼吁他们自觉自愿地承担责任。"仁"的实施方式是"克己"。孔子十分强调人作为道德主体的内心自觉和主观努力。在他看来,"为仁"本来就是个人的道德追求,其动力来源于自己而不是来源于别人,其对象应该是要求自己而不是去要求别人,就是说道德修养主要依靠个人的努力。而"修身"是实现"克己"的关键,在孔子看来,修身可通过三个方式实现:一是博学;二是内省;三是躬行。通过修身,实现"克己"的至善品质,"仁者爱人",实现自我塑造。通过"复礼",重构人伦秩序,关注人的日用行为,构建"仁"和"人"的理想境界。"克己复礼为仁"体现了孔子仁学思想是"建立在血缘基础上,以'人情味'(社会性)的亲子之爱为辐射核心,扩展为对外的人道主义和对内的理想人格,它确乎构成了一个具有实践性格而不待外求的心理模式"②。孔子关注外在的周礼,而不是宋儒所主张的"尽心知性"。

儒家不仅强调复礼,而且也是讲复善、复性的。《论语》《孟子》直接使用"为善"一词说明"善"概念,善最主要是指向"行为",落实于外在的行为表现上,以表示那是人需要学习及努力实践的、具有正面道德价值的行

---

① 《论语·泰伯》,(清)阮元:《十三经注疏》第23册,北京大学出版社2000年版,第112页。

② 李泽厚:《中国思想史三部曲论》,天津社会科学出版社2007年版,第9—10页。

为。善指的就是仁、义、礼、智诸德行和符合它们的德行。而从"善"的来源说，围绕着天道人性概念展开，认为符合天道人性的事物才可能是"善"的。从善的行为而言，则具有"向善、择善、至善"三个层次。人性本善，"向善"从根本上说是人心代表的力量趋势与方向。向善之性是人心内在的和自主的。同时，人性只是"向"善，因此人还有自由为恶的可能，需要修行功夫，要不断地"择善而固执之"，具有适用性。《中庸》云："诚者，天之道也。诚之者，人之道也。诚者不勉而中，不思而得，从容中道，圣人也。诚之者，择善而固执之者也。"对于人性之道，要做到从容中道，既要懂得"择"，又要"固执"，也就是既要与时俱进、通权达变，又要坚持原则，成仁取义，以实现至善目标。《大学》云："大学之道，在明明德，在亲民，在止于至善。"可以说，儒家元典都是围绕着"止于至善"理论与"善"的价值体系展开的。这种政治上的推进，强调的是通过善治的合理轨道来发展。合法性的善治统治要求"仁政"。故而儒家的理论与行为就在促使为政者推行仁政。这种以"仁政"为特色的治国之策，是人性论中回归本善导向的社会政治基础。儒家推崇"仁政"，构建了"善"的价值体系。儒家的"复性"是由孟子"尽心知性"展开而来的，《孟子·尽心上》认为："尽其心者，知其性也；知其性，则知天矣。"

在先秦儒学思想的基础上，理学家更多地强调了"复理"的意义，而其所谓"复理"具有多重含义。

首先，复理是复礼，礼即是理也。程颐说："视听言动，非理不为，即是礼，礼即是理也。"① 朱熹总结了诸家理欲之争的得失，融会贯通儒家的理欲观，阐述其"明天理，灭人欲"的主张。在朱熹看来，孔子的《中庸》《大学》《尚书》的思想归纳到一个共通点，就是"明天理、灭人欲"。"灭人欲"用一句话概括就是克己省身，"人能克己则心广体胖，仰不愧，俯不怍，其乐可知"②。人和动物的区别就是人能控制自己不合理的欲望。儒家学者都从各自的理念出发，解读了包含"仁"学内涵的"克己复礼"思想，并且身

---

① 《河南程氏遗书》卷十五，《二程集》，中华书局2004年版，第144页。
② 《近思录》卷五，《朱子全书》第13册，第223页。

体力行，努力寻求如何达到人生至高境界的道路。

其次，复理是复善。程朱理学"其视理俨如有物，以善归理"①。宋明理学承续先秦汉儒性善之说，更多的是从心性之学发展复善学说，认为性为"心之体"，以道心、人心同一与差异的理路，探求至善。在吕祖谦看来，道心是善心，为本然之心，人生具有"仁、义、礼、智的善端"。而人之所以会由善变恶，是因为"外心日炽，内心日消"，也就是"天理"被人欲所蔽的结果。朱熹认为，人心"虚灵不昧，以具众理而应万事"，"但为气禀所拘，人欲所蔽，则有时而昏"②，只有"人之一心善端发现"，"天理"才能够将复，即使是"穷凶极恶之人"也能复善，改恶从善，人只有通过内心修养，才能恢复"道心"③。朱熹在《论语集注》上说："人性皆善，而其类有善恶之殊者，气习之染也。故君子有教，则人皆可以复于善，而不当复论其类之恶矣！""故学者当因其所发而遂明之，以复其初也。"朱熹又说："'孩提之童，莫不知爱其亲；及其长也，莫不知敬其兄。'人皆有是知，而不能极尽其知者，人欲害之也。故学者必须先克人欲以致其知，则无不明矣。"④复善的目标是"去其气质之偏、物欲之弊"所导致的"旧污"，就是要实现复归于人的本心。朱熹不仅提出了复善，而且主张将复善以致至善即"极致之理"。"凡曰善者，固是好。然方是好事，未是极好处。必到极处，便是道理十分尽头，无一毫不尽，故曰至善。"⑤"性者，人所禀于天以生之理也，浑然至善，未尝有恶。"⑥陆王心学也是谋求至善境界，"至善也者，明德亲民之极则也"⑦。王阳明《四句教》云："无善无恶心之体，有善有恶意之动，知善知恶是良知，为善去恶是格物"，将至善归结于天命之性的良知，本具于人心之中，"天命之性，粹然至善，其昭灵不昧者，此其至善之发见，是

---

① 《孟子字义疏证》卷中《性》，《戴震全书》第6册，黄山书社1995年版，第191页。
② 《大学章句集注》，《朱子全书》第6册，第104页。
③ （宋）吕祖谦：《左氏传说》卷十四，文渊阁《四库全书》本。
④ 《朱子语类》卷十五，《朱子全书》第14册，第472页。
⑤ 《朱子语类》卷十四，《朱子全书》第14册，第441页。
⑥ 《孟子集注》卷五，《朱子全书》第6册，第306页。
⑦ 《王阳明全集》卷二《文录四序记说》，上海古籍出版社1992年版，第329页。

乃明德之本体，而即所谓良知也"①。至善境界是"吾心之全体大用无不明"的境界，至善更是儒家的内圣外王境界。"明德，新民，便是节目；止于至善，便是规模之大。"②复归于至善之性体的过程，其实正是求之于其内发明自心的格物过程。宋明理学以为"道不行，百世无善治"③，"明明德"属于"内圣"的个人道德修养层面，而"新民"则属于"外王"的社会政治层面，由明德而新民实现至善，可以说这一过程是通过格物、致知、诚意以至于平天下的路径终于至善。宋明理学"尊德性而道问学"，将道德主义与理性主义特质很好地结合在一起。

最后，复理是复性。在理学家那里，"复理"路径是由知性到"复性"，再通过"性即理"桥梁，实现复性到复理。宋明理学的复性基本意义就是通过后天的学习、修养来使天命之性得以恢复。复性的目标有二：一则在于"齐入于圣人之域"；二是"以复其性，以尽其伦而后已焉"④。朱熹的理论体系集中于《四书集注》，而其都是围绕心性来阐释的。故而《论语集注》谓："志者，心之所之也。其心诚在于仁，则必无为恶之事矣。"《孟子集注·序说》："《孟子》一书只是要正人心，教人存心养性，收其放心；至论仁义礼智，则以恻隐、羞恶、辞逊、是非之心为之端。论邪说之害，则曰生于其心，害于其政；论事君，则曰格君心之非，一正君而国定。千变万化只说从心上来。人能正心则事无足为者矣。大学之修身、齐家、治国、平天下，其本只是正心、诚意而已。心得其正，然后知性之善，故孟子遇人便道性善。"《中庸章句》将《尚书·大禹谟》"人心惟危，道心惟微；惟精惟一，允执厥中"十六字心传作为"道统"的内容，提出"天命率性，即道心之谓也"。《大学章句》又云："知至者，吾心之所知无不尽也；知既尽，则意可得而实矣；意既实，则心可得而正矣。"

宋明理学之人性具有二重化，即天命之性与气质之性。对于朱熹来说，天命之性才是人的本性，气质之性必须受其控制和约束。张载、朱熹认为

---

① 《王阳明全集》卷二十六《大学问》，上海古籍出版社1992年版，第969页。
② 《朱子语类》卷十四，《朱子全书》第14册，第367页。
③ 《伊川先生文集》卷七《明道先生墓表》，《二程集》，中华书局2004年版，第639页。
④ 《朱文公文集》卷十五《经筵讲义》，《朱子全书》第14册，第692页。

既然天命之性才是人的真实的本性，所以人就应当回归"复其初"，这就是"复性"的原始意义。其间需要通过"继善成性"，即"继之者善也，成之者性也"。朱熹解释说："道具于阴而行乎阳。继言其发也。善谓化育之功，阳之事也。成言其具也。性，谓物之所受，言物生则有性，而各具是道也，阴之事也。周子、程子之书，言之备矣。"①

宋明理学更进一步阐发"复性即复理"的命题，认为人性与天理之间具有密切的关系，性和理的实质是一致的。人性中自有天理，包含伦理之道。张载说："今之性灭天理而穷人欲，今复反归其天理。古之学者便立天理，孔孟而后，其心不传，如荀扬皆不能知。"② 这一段话，揭示了复归天理或复性的理学的社会趋向。可以说，唐宋以来儒家复性正是要在排除佛老的基础上，回复到以先秦儒家乃至唐宋儒家为根基的天理，故而朱熹在解释《大学》之意义时，提出"天必命之以为亿兆之君师，使之治而教之，以复其性"③。民之"复其性"，就是要建立每个人个体人格的道德自觉，这是通过承"天命"而立法则的"天理"来实现的。无疑，天理成为社会集体的伦理自律本根。天理是对"复性"的具体概括，既有朱熹所指出的"复性"就是要恢复人的本然之善的天性，也有薛瑄所说"复性"是要按理而视、听、言、动。

2. 由内圣到外王

宋代理学家对"内圣外王"的论述最早见于程颢与邵雍两人"议论"学术时，程颢以"内圣外王之道"来加以归纳。④ 程颐发扬了胡瑗"体用之学"思想，指出"体用一源，显微无间"，并重新推出了"内圣外王"的主

---

① 《周易本义》卷三，《朱子全书》第1册，第126页。
② 《张子全书》卷之五《经学理窟·义理》，西北大学出版社2015年版，第81页。
③ 《朱文公文集》卷七十六《大学章句序》，《朱子全书》第24册，第3672页。
④ 朱熹《八朝名臣言行录》卷十四："一日，二程先生侍太中公访康节于天津之庐，康节携酒饮月陂上，欢甚，语其平生学术出处之大致。明日，明道怅然谓门生周纯明曰：'昨从尧夫先生游，听其论议，振古之豪杰也。惜其无所用于世。'纯明曰：'所言何如？'明道曰：'内圣外王之道也。'是日，康节有诗，明道和之，今各见集中。"（《朱子全书》第12册，第848页）

旨意义。余英时在《朱熹的历史世界·绪说》中，指出程颐"道必充于己，而后施以及人"，"君子之道，贵乎有成，有济物之用，而未及于物，犹无有也"。"为己而成物"一语便足以归纳宋代道学之宗旨。①内圣外王作为一连续体，其整体贯通而又必然落实在外王的追求上。程颐的内圣外王观是分离的，强调认为"内圣外王"并非一体两面，"外王"可离开孔子"内圣"而直承周公，由官员来代表。②理学家在"内圣外王"的问题上，就总体而言，基本取向是由"内圣"而"外王"，"新学""洛学""关学""蜀学"等学派，都讲求性命义理之学，但同时也程度不等地关注外王经世问题，而具体到个体而言，或偏于内圣，或偏于外王。

二程弟子杨时关注"内圣""外王"，指出"《论语》于终篇，具载尧舜咨命之言，汤武誓师之意，与夫施诸政事者"，将"内圣"与"外王"的言、意、事三者并列。朱熹在《孟子集注》中收录了杨时之说。杨时提出，从尧舜到二程圣贤所传"道统"，既是"内圣"的纲要，又是"外王"的大经大法，认为"内圣"与"外王"是结合一体的。"内圣"与"外王"都是统于一理，这个理和道统相一致，"性、命、道三者一体而异名，初无二致"③。故而杨时才会有"尧舜所以为万世法，亦是率性而已。所谓率性，循天理是也"之命题，并提出"古之圣人，自诚意、正心至于平天下，其理一而已，所以合内外之道也"④。"盖《大学》自正心诚意，至治国家天下，只一理，此《中庸》所谓合内外之道也。若内外之道不合，则所守与所行自判为二矣。孔子曰'子帅以正，孰敢不正'，子思曰'君子笃恭而天下平'，孟子曰'其身正，而天下归之'，皆明此也。"⑤将"内圣"与"外王"合而一理，置于道统之中。可以说，杨时内圣外王相结合的思想在二程与朱熹之间架设了一座桥梁。

朱熹学说也是强调内圣外王相结合的。余英时就认为朱熹解《大学》

---

① 参见余英时：《朱熹的历史世界》，生活·读书·新知三联书店2004年版，第130页。
② 参见杨儒宾：《朱熹道统说的建立与完成》，《九州岛学林》，香港城市大学出版社2006年春季号。
③ 《龟山集》卷十四《答胡德辉问》，文渊阁《四库全书》本，第1125册。
④ 《龟山集》卷二十五《送吴子正序》，文渊阁《四库全书》本，第1125册。
⑤ 《龟山集》卷十一《京师所闻》，文渊阁《四库全书》本，第1125册。

"修身以上，明明德之事也"，"齐家以下，新民之事也"之语，已经将《大学》"明德"与"新民"纳入"内圣"与"外王"两大领域。① 朱熹反对将内圣与外王割裂，"新民必本于明德，而明德所以为新民"②，认为陆九渊"抚学有首无尾"，即是偏重于内圣而欠缺外王，而陈亮"婺学有尾无首"，即是偏重于外王而欠缺内圣，③ 批评了陆九渊、陈亮这两种偏向。朱熹指出："盖修身、事君初非二事，不可作两般看，此是千圣相传正法眼藏。"④ "修身""事君"本身就是内圣外王的意思。同时，程颐尚认为"内圣外王"并非一体两面，外王可离开孔子"内圣"而直承周公；直至朱熹才真正强调两者是一体两面，离内圣即无外王可言。

当然，在对内圣外王的整体把握上，朱熹有一定的"内圣"的倾向。"熹常谓天下万事有大根本，而每事之中又各有要切处。所谓大根本者，固无出于人主之心术，而所谓要切处者，则必大本既立，然后可推而见也……此古之欲平天下者所以汲汲于正心诚意以立其本也。"⑤ "内圣"与"外王"，两者的关系是本末关系，位序上有主次之分。朱熹走了由内圣推出外王这一理路，以内圣为本、外王为末，先内圣然后才有可能实现外王，由治心走向治国。钱穆先生就明确指出朱熹重"本"，是由本及末的，他说："若不先有内本，则失却了理学传统精神。但朱熹则更要由本及末，有了首，还要有尾。至若有尾无首，则更要遭朱熹之呵斥。"⑥

为此，再传弟子真德秀继承朱子学说，他编《大学衍义》就强调："首之以帝王为治之序者，见尧舜禹汤文武之为治，莫不自身心始也；次之以帝王为学之序者，见尧舜禹汤文武之为学，亦莫不自身心始也。""四者之道得，则治国平天下在其中矣"⑦，强调内圣意义。清代学者纪晓岚等在《〈四

---

① 参见余英时：《朱熹的历史世界》，生活·读书·新知三联书店2004年版，第10页。
② 《朱子语类》卷六十一，《朱子全书》第16册，第1999页。
③ 参见《朱子语类》卷一百二十四，《朱子全书》第18册，第3896页。
④ 《朱文公文集》卷三十六《答陈同甫》，《朱子全书》第21册，第1597页。
⑤ 《朱文公文集》卷二十五《答张敬夫》，《朱子全书》第21册，第1112页。
⑥ 钱穆：《朱子学提纲》，生活·读书·新知三联书店2005年版，第141—142页。
⑦ （宋）真德秀：《大学衍义·尚书省劄子》，华东师范大学出版社2010年版，第6页。

库全书〉提要》中也对真德秀《大学衍义》有概括:"《大学》八条目仅举其六。然自古帝王正本澄源之道,实亦不外于此,若夫宰驭百职,综理万端,常变经权,因机而应,利弊情伪,随事而求。其理虽相贯通,而为之有节次,行之有实际,非空谈心性即可坐而致者。"① 丘浚在"治国平天下之要"的主题下,更是强调"补外王而衍内圣",自认为"于以衍治国平均天下之义,用以收格致诚正修齐之功"②,赢得了万历帝对《大学衍义补》的肯定,"揭治国平天下新民之要,以收明德之功;采古今嘉言善行之遗,以发经传之指"③。

理学讲"内圣"不离"外王",研究"内圣外王"之学,也需要注重讲求"外王"之道。罗泽南说:"今夫为学之道果何如哉?内以成己,外以成物而已。人之一心,万物咸备,淑身淑世,至理昭著。内顾一身养性情,正伦纪,居仁由义,祇完吾固有也;外顾天下万物,皆吾心所当爱,万事皆吾职所当尽,正民育物,悉在吾分内也。是故宇宙虽大,吾心之体无不包,事物虽繁,吾心之用无不贯。尽己之性,全己之天也;尽人之性,全人之天也;尽物之性,全物之天而不失也。"④ 从"天人合一"和"民胞物与"上看,"内圣""外王"是一致的。

3. 由外王回归内圣

(1) 宋明理学成圣人格理想

"成贤成圣"是理学家们共同追求的最高境界。这是对先秦儒家以来圣人思想的延续与发展。二程提出的"仲尼,天地也;颜子,和风庆云也;孟子,泰山岩岩之气象也"⑤,便是理学家们在对这一论题的体悟中所描述的圣贤境界理想。二程之学将理想人格的"圣人"作为学习的榜样、奋斗的目

---

① 《〈四库全书〉书目提要·子部·大学衍义》,华东师范大学出版社 2011 年版。
② (明)丘浚:《大学衍义补·进〈大学衍义补〉表》上册,上海书店出版社 2012 年版,第 11 页。
③ (明)丘浚:《大学衍义补序》上册,上海书店出版社 2012 年版,第 14 页。
④ (清)罗泽南:《人极衍义》,清同治二年长沙刻本,第 4 页。
⑤ 《近思录》卷十四《圣贤气象》,《朱子全书》第 13 册,第 282 页。

标，宋明理学的修身目标就是要达到知圣与成圣。

就知圣而言，对何为圣人的认识是有一个历史发展过程的，圣人的标准在不同时期是有所不同的。正如历史学中常常所谈到的，时间越久远，历史上的传说及古者圣贤形象就越清晰一样，先秦儒家诸子眼中的圣人也是从抽象逐渐到具体形象的，是从无具体代表、无具体事迹到有典型代表、有生动事迹的发展过程。孟子则认为，"圣人，人伦之至"，他把圣人比作能够实现最理想的人伦社会的人。伯夷、伊尹、柳下惠、孔子等都可以称之为圣人，更不要说尧、舜、禹了。荀子则更强调了"圣而王"的意义，以为能够"修百王之法若辩白黑，应当时之变若数一二，行礼要节而安之若生四枝，要时立功之巧若诏四时，平正和民之善，亿万之众而博若一人，如是，则可谓之圣人矣"①。圣人已经成为为王而作则的王者。在先秦儒家诸子眼中的圣人最主要的是能贤之智者、作则之王者。而以朱熹为代表的宋明理学的圣人意义更加广大，认为圣人是"为学而极至""无所不通""无所不能"的多能的神明、"修道立教之王"、"与道体一身"的"至德之人"、"有心无为顺理之人"，可以说，宋明理学的圣人是"理"的体现者。更准确地说，圣人能够完全且自然地发挥人性中的"理"。

就成圣而言，宋明理学承续儒家圣人可学论。周敦颐说："圣可学乎？曰：可。"②"二程之学，以圣人为必可学而至，而己必欲学而至于圣人。"③程颐也说："人皆可以至圣人，而君子之学必至于圣人而后已。"④张载在《正蒙》中也提出"致学而可以成圣"，"学必如圣人而后已"。朱熹说："学之至则可以为圣人，不学则不免为乡人而已。"⑤宋明理学把致学与成圣联系在一起。同时，"修道立教、至德、顺理"之人即为圣人之典范，故而"修道立教、至德、顺理"的履践过程，也就成为通往成圣的理想途径。例如

---

① （清）王先谦：《荀子集解·儒效》，中华书局1988年版，第154页。
② 《通书·圣学》，《周敦颐集》，中华书局1990年版，第31页。
③ 《河南程氏外书》卷十二，《二程集》，中华书局2004年版，第420页。
④ 《河南程氏遗书》卷二五，《二程集》，中华书局2004年版，第318页。
⑤ 《论语集注》卷三《公冶长》，《朱子全书》第6册，第108页。

《太极图说》指出"圣人定之以中正仁义而主静立人极",就是要去杂念,依中正仁义来上体天心,在静中修性,这就是诸多修道立教方式与过程的一种。

(2) 理学"克己复礼为仁"

余英时在《朱熹哲学体系中的道德与知识》一文中说:"他也将'尊德性'作为首要的根本的目标,所有的'问学'都必须指向于此。道德不仅仅是居先的,而且赋予知识以意义。"①朱熹对于"克己复礼为仁"的内涵和关联进行了解析,主要集中体现在其所写的《仁说》《中庸首章说》《克斋记》等文章中。其有三层意义:

一是解析了仁与爱的体用联系。仁说的核心是"仁者,心之德,爱之理"②。朱熹以为仁是爱之体,爱是仁之用,两者是体现体用关系的统一整体。

二是指明了"仁"的天人终极价值。宋明理学认为"天地以生物为心",提出"仁者浑然与物同体"的命题。朱熹说"仁"是"天地"的德性,又以"心"把"仁"与"天"结合起来,认为人的仁心也是由天所决定的,强调了仁、心、天所具有的物质性与自然性意义。同时,理学家又把"仁"看作是人的性理本有,即"仁者,人之本心也",从人性本根上说,"仁是孝弟之本,惟其有这仁,所以能孝弟,仁是根,孝弟是发出来底。仁是体,孝弟是用"③。仁具有人的本然血缘关系,仁者"心之德",又具有社会道德性。"惟仁然后与天地万物为一体",通过仁实现天地万物与人物的结合。人"为天地立心","人物之生,又各得夫天地之心"。需要指出的是"天地万物与人物",既包含"万物""人物"之"物",也包含"人"之"我",而且追求着"本心之德复全于我矣","彼谓物我为一者,可以见仁之无不爱矣"④。显然,仁的对象为我(个体)、人(社会)、天地万物(宇宙),以"仁"解说了"天、地、人、我"的价值追求,充分诠释了"仁"的意义。可以

---

① 《余英时文集》第 10 卷,广西师范大学出版社 2006 年版,第 62 页。
② 《孟子集注》卷一《梁惠王章句》,《朱子全书》第 6 册,第 246 页。
③ 《朱子语类》卷一百一十九,《朱子全书》第 18 册,第 3751 页。
④ 《朱文公文集》卷六十七《仁说》,《朱子全书》第 23 册,第 3280—3281 页。

说，朱熹肯定"仁之心"和天地万物的生长发展，说明人类必须向善和"爱物"，人与自然界共融共生。这就使得以朱熹为集大成者的"宋明理学中，感性的自然界与理性的伦常的本体界不但没有分割，反而彼此渗透吻合一致了"①。

三是指明了"仁"的克己复礼工夫论。针对以前学者轻视下学工夫、只重理论的问题，朱熹认为理学之天理通贯天人，天理必须下达落实到人心，表现为爱人利物，体现儒家根本的价值关怀；而仁成为儒家的根本价值，求仁在克己复礼，人自天所禀之性（包括仁）的保有在于克己复礼的日用工夫。理学家以克己复礼讲仁，确立了"仁"的学说和实现仁之方法。朱熹说天理体现善，恻隐、羞恶过了就是恶了；天理更是心之本然，没有一丝一毫人欲掺杂。而当"天理有未纯，是以为善常不能充其量；人欲有未尽，是以除恶常不能去其根"②。当天理出现不纯的特征，人欲就会对应出现，人欲就是"恶的心""心之疾"。如果要明天理，这些人欲就是朱熹要克去和灭去的东西。这个明天理、灭人欲的过程，实质就是克己复礼的过程。"克，胜也；己，谓身之私欲；复，反也；礼者，天理之节文也。"③克己就是克去个体私欲，重归天理。通过克己复礼这持续不断的工夫，可以克去害仁之欲；克己要落实到复礼，但复礼还不是最终的目的，最终要落实到仁，克己、复礼都是为了归仁。归仁则要有具体礼制作为保证。

就此，钱穆对朱子"克己复礼为仁"作出了肯定："朱子专就心之生处心之仁处着眼，至是而宇宙万物乃得通为一体。当知从来儒家发挥仁字到此境界者，正惟朱子一人。"④

---

① 李泽厚：《中国古代思想史论》，天津社会科学院出版社2007年版，第94页。
② 《朱文公文集》卷十四《戊申延和奏札五》，《朱子全书》第20册，第662页。
③ 《论语集注》卷六《颜渊》，《朱子全书》第6册，第167页。
④ 钱穆：《朱子学提纲》，生活·读书·新知三联书店2005年版，第56页。

三、以"理一分殊""天人一体"
为理念的中庸和谐模式

1. 理一分殊

（1）"理一分殊"内涵的不同解读①

"理一分殊"最初是由程颐提出的。程颐在回答杨时《西铭》之疑时，提出"理一分殊"的命题，指出了《西铭》之为书，推理以存义的主旨。程颐说："天下之一理也，涂虽殊而其归则同，虑虽百而其致则一。虽物有万殊，事有万变，统之以一，则无能违也。"②程颐为理学诸子对"理一分殊"的展开探讨提供了理论前提。实际上，在程颐明确提出"理一分殊"之前，周敦颐就有"一实万分，万一各正"的思想，已经蕴含"理一分殊"思想。由此朱子才会说："'一实万分，万一各正'，便是'理一分殊'处。"③后世学者对"理一分殊"有着不同解说。

杨时以"称物而平施"及"仁"与"义"之别说"理一分殊"："理一而分殊，故圣人称物而平施，兹所以为仁之至，义之尽也。……何谓称物？远近亲疏各当其分，所谓称也。何谓平施？所以施之，其心一焉，所谓平也。"杨时认为称物即"远近亲疏各当其分"，为分殊，也当为"义"。"所谓分殊，犹孟子言'亲亲而仁民，仁民而爱物'。其分不同，故所施不能无差等耳。"④而平施就是"施之心一"，为理一，核心在"仁"："天下之物，理一而分殊，知其理一，所以为仁；知其分殊，所以为义。"⑤

陈亮则提出"定其分于一体"思想，在其《西铭说》中云："理一所以为分殊也，非理一而分则殊也。苟能使吾生之所固有者各当其定分而不乱，

---

① 此节内容参考了山东大学王广博士论文《"理一分殊"理念下的朱熹哲学》。
② 《周易程氏传》卷三，《二程集》，中华书局2004年版，第858页。
③ 《朱子语类》卷九十四，《朱子全书》第17册，第3167页。
④ 《孟子集注》卷十三《尽心上》，《朱子全书》第6册，第146页。
⑤ 《龟山集》卷二十《答胡康侯其一》，文渊阁《四库全书》本，第1125册。

是其所以为理一也。"陈亮反对将"理一分殊"理解为"理一而分则殊",而应该理解为整体与特殊关系,认为"分"是"定分",犹如"观诸其身,耳目鼻口,肢体脉络,森然有成列而不乱,定其分于一体也。一处有阙,岂惟失其用,而体固不完矣"①。二者是一个层面上的,没有形上、形下的分别。

朱熹的"理一分殊"有多维度的意蕴。既有形上的维度,是天地人物之所以存在和变化的形上根据;又是形下世界中的展现,有天人贯通的形上意涵;也有伦理维度,是不同伦理道德规范所共本的根据。朱熹在《西铭解》中论述《西铭》大旨就非常具体而明确,他说:

> 天地之间,理一而已。然"乾道成男,坤道成女,二气交感,化生万物",则其大小之分,亲疏之等,至于十百千万而不能齐也。不有圣贤者出,孰能合其异而会其同哉!《西铭》之作,意盖如此。程子以为明理一而分殊,可谓一言以蔽之矣。盖以乾为父,以坤为母,有生之类,无物不然,所谓"理一"也。而人物之生,血脉之属,各亲其亲,各子其子,则其分亦安得而不殊哉!一统而万殊,则虽天下一家,中国一人,而不流于兼爱之蔽;万殊而一贯,则虽亲疏异情,贵贱异等,而不梏于为我之私。此《西铭》之大指也。②

宋明理学"万物一理"首先是指万物本一,"一"是万物的核心目标。张载说:"以万物本一,故一能合异;以其能合异,故谓之感;若非有异,即无合。天性,乾坤、阴阳也,二端故有感,本一故能合。天地生万物,所受虽不同,皆无须臾之不感。"③张载通过"一"的"感"与"合"的特性验证了他的万物和谐的观念。无论是万事万物还是"一"都是受天理决定和支配的。程子就直截了当地说:"心也,性也,天也,一理也。自理而言,谓之天,自禀受而言,谓之性,自存诸人而言,谓诸心。"④"一理"就是指万事

---

① 《陈亮集》卷二十三《西铭说》,中华书局1987年版,第260页。
② 《西铭解》,《朱子全书》第13册,第145页。
③ 《张子大全》卷之二《正蒙·乾称篇》,西北大学出版社2015年版,第54页。
④ 《孟子集注》卷十四《尽心下》引程氏语,《朱子全书》第6册,第425页。

万物都具有"所当然之则"和"所以然之故"的天理。朱熹才说:"至于天下之物,则必各有其所以然之故,与其所当然之则,所谓理也。"① 在此,朱熹把"理一分殊"具体地划分为"万殊而一贯"和"一统而万殊"两个层面。"天地之间,理一而已"是总纲,宇宙一理,万物一理,自然与人类社会均为"一理";人物之生,血脉之属,则有分殊。由是,天下之家、中国之人虽然"万殊",以其理一统而言,不同"分殊"的万物各具同一形上之理,可以说"天下一家,中国一人";以理的内在"万殊"形式而言,有着亲疏之远近、贵贱之等差,一统而万殊,人与人之间不流于兼爱之蔽。"言理一而不言分殊,则为墨氏兼爱;言分殊而不言理一,则为杨氏为我。所以言分殊,而见理一底自在那里;言理一,而分殊底亦在,不相夹杂。"② "理一"和"分殊",两者"不离""不相夹杂"。朱熹的"理一分殊"不仅超越了墨家"兼爱"、杨朱"为我",也超越了先秦儒家"仁爱",在程颐、杨时等理学诸子的基础上,他诠释了一幅"万殊而一贯"和"一统而万殊"的宇宙与社会图景。

明代中期的理学,对"理一分殊"的解释有新的认识,罗钦顺提出"理一常在分殊中",以气一元论为"理一分殊"作出崭新的释义。他说:"窃以性命之妙,无出'理一分殊'四字,简而尽,约而无所不通,初不假于牵合安排,自确乎其不可易也。盖人物之生,受气之初,其理惟一,成形之后,其分则殊。其分之殊,莫非自然之理,其理之一,常在分殊之中。此所以为性命之妙也。"③ 并且将"理一分殊"与天人关系联系起来论说,罗钦顺说:"天人一理,而其分不同。'人生而静',此理固在于人,分则属乎天也。'感物而动',此理固出乎天,分则属乎人矣。"④ 通过对程朱理学的革新与修正来维护正统理学。

(2)"理一分殊"的社会治理意义

"理一分殊"的提出基于宋代历史语境,故而对"理一分殊"意义的

---

① 《大学或问》卷一,《朱子全书》第6册,第512页。
② 《朱子语类》卷九十八,《朱子全书》第17册,第3314页。
③ 《明儒学案》卷四十七《文庄罗整庵先生钦顺》,中华书局2008年版,第1112页。
④ 《明儒学案》卷四十七《文庄罗整庵先生钦顺》,中华书局2008年版,第1112页。

理解也要将其置于历史语境之中。"理一分殊"有先秦儒家的理论基础，如孔子于不同情境言"仁"而"一以贯之"，孟子言"爱有等差"而"一本"，荀子言"体常而尽变"等。朱熹指出："圣贤之言，夫子言'一贯'，曾子言'忠恕'，子思言'小德川流，大德敦化'，张子言'理一分殊'，只是一个。"①"理一分殊"有佛老思想的渊源。于此方面的论述，有孔令宏著《论朱熹理一分殊思想的道家道教渊源论》一文。②张载《西铭》中有"民吾同胞，物吾与也"的理想，提出"立必俱立，知必周知，爱必兼爱，成不独成"，推崇整体浑一的主张。而杨时疑《西铭》近墨子，认为其"流遂至于兼爱"③，就与墨家"兼爱"之意有相似之主旨。"理一分殊"理论更是宋明理学家的创新，有着重要的思想学术意义，成中英予以了充分肯定，认为"朱子最大的贡献就是提出'理一分殊'这个概念，这是一个哲学上的创见"④。理是普遍性、一般原则意义之理，具有普遍的同一性；"分"体现了万事万物的特殊性，两者表达的是一般与特殊、同一与多样的关系。理学家"理一分殊"中对"爱"的意义阐发，吸取了孟夷之辨的成果，不仅仅只是停留"兼爱"上，还坚持与发扬儒家仁爱伦理"爱有差等"的观念。虽然家人为一整体，但"人物之生，必各本于父母而无二，乃自然之理，若天使之然也"⑤。人各爱其亲，父各爱其子，是人性自然真实的流露："人之有爱，本由亲立；推而及物，自有等级。今夷子先以为'爱无差等'，而施之则由亲始，此夷子所以二本矣。"⑥"民胞物与"中的"民胞"和"物与"之间就存在着亲疏远近之别，"理一分殊"在"爱"的问题上，由兼爱到差等，兼爱而差等，这不仅是对传统"平等、博爱、兼爱"的创新，而且也与传统宗教追求来世平等博爱的理想化不同，更具有入世的意义。

宋明理学对"理一分殊"赋予社会治理之道的新解读。统而言之，"理

---

① 《朱子语类》卷二十七，《朱子全书》第15册，第992页。
② 孔令宏：《论朱熹理一分殊思想的道家道教渊源论》，《朱子学刊》总11辑，黄山书社2001年版。
③ 《龟山集》卷十六《寄伊川先生书》，文渊阁《四库全书》本，第1125册。
④ 成中英：《合内外之道——儒家哲学论》，中国社会科学出版社2001年版，第283页。
⑤ 《孟子集注》卷五《滕文公上》，《朱子全书》第6册，第319页。
⑥ 《朱子语类》卷五十，《朱子全书》第15册，第606页。

一分殊"中的"理"字,既有形而上的本体之义,也有形而下的现实之义;宋明理学之"理"是道德原则与法律规范,"分"是"义务、所得分、赋受"。对这一点,陈荣捷先生曾指出:"'分'字不能读成上平声,意指分开之分。……此'分'字应读去声,意指职份、部份、天份。"①很显然,朱熹是肯定每个人从出生就有了当然之"理",对他人有一定的"义务",各人各物均有各自"所得分",而且理一分殊中的"分"字,既有"分别"义,也有"职分"义。可见朱熹区分了"理一分殊"中"理""分"的内涵及其关系。

朱熹更是用"理一分殊"的模式处理"五常"与"理一"的关系,把传统德目置于"理"的概念下进行分解:"问:既是一理,又谓五常,何也?曰:谓之一理亦可,五理亦可。以一包之则一,分之则五。问分为五之序。曰:浑然不可分。""理只是这一个道理,则同。其分不同。君臣有君臣之理,父子有父子之理。"②"所居之位不同,则其理之用不一。如为君须仁,为臣须敬,为子须孝,为父须慈。物物各具此理,而物物各异其用,然莫非一理之流行也。"③宋明理学因"天理"而"分殊"为君臣父子、三纲五常、孝悌忠恕等差序范畴,"名"与"分"、权利与义务都是有层次差异的,存在一种差序等级的文化理念。朱熹反复强调:"天分,即天理也。父安其父之分,子安其子之分,君安其君之分,臣安其臣之分,则安得私!"④论证了亲疏尊卑等级制度的合"理"性。曾国藩继承了这一学说,他在《答刘孟容书》中说:"吾之身与万物之生,其理本同一源。乃若其分,则纷然而殊矣。亲亲与民殊,亿民与物殊,乡邻与同室殊。亲有杀,贤有等,或相倍蓰,或相什百,或相千万,如此其不齐也。"⑤在"理"体系之下,人与物是有"分"的,也是有等差的。

在中国传统的伦理事亲上,父父、子子、夫妇并不是一成不变的,由

---

① 陈荣捷:《朱学论集》,台湾学生书局1988年版,第74页。
② 《朱子语类》卷六,《朱子全书》第14册,第237页。
③ 《朱子语类》卷十八,《朱子全书》第14册,第237页。
④ 《朱子语类》卷九十五,《朱子全书》第17册,第3219页。
⑤ (清)曾国藩:《书札》卷一《答刘孟容书》,《曾国藩全集》,岳麓书社1990年版,第21页。

子而父，由媳妇而婆婆，给予了相对平等的差等权。宋明理学由"理一分殊"而实现动态的平等与差等。

宋明理学也以"理一分殊"论证了仁义的意义。杨时主张"理一而分殊。知其理一，所以为仁；知其分殊，所以为义"，朱子认为杨时此段"分别异同，各有归趣"①，认为仁只是流行处，关键在于"义是合当做处"，而且义可以推而大之，直到天下国家："仁，只是流出来的便是仁；各自成一个物事的便是义。仁只是那流行处，义是合当做处。仁只是发出来底；及至发出来有截然不可乱处，便是义。且如爱其亲，爱兄弟，爱亲戚，爱乡里，爱宗族，推而大之，以至于天下国家，只是这一个爱流出来；而爱之中便有许多等差。且如敬，只是这一个敬，便有许多合当敬底，如敬长、敬贤，便有许多分别。"认为："有父，有母，有宗子，有家相，此即分殊也。"②"仁"是"理一"，"义""敬"是"分殊"。

可见，"理一分殊"是通过形而上的超越根据之理，形而下的现实伦理之分，将治理社会理论的本体意义与实践仁义的伦理意义贯通起来。宋明理学将其运用于现实的伦理层面，实现由内圣而外王。理学并不是纯粹的学术，而是一种具有指导实践意义的理论；理学的目的，是要教人如何在社会安身立命，加强封建道德修养，稳定社会等级秩序。因而理学学者们都有一个共同的使命，即从本体论上去论证封建等级秩序的道德规范，即通过"理一分殊"把宇宙秩序拟人化，将人类社会的宗法等级以及人与人之间的长幼尊卑都说成是天理赋予人的先天命令，达到伦理神圣化。在一定程度上，可以说，"理一分殊"是为人类改造自然的一切活动提供世界观和方法论。刘述先生指出："我对'理一分殊'的现代解释与陈教授容有不同，但肯定这个观念有其现代意义，用心的方向是一致的。"③

2. 从"天人合一"到"天人一体"

"中国传统哲学的基本命题是'天人合一''知行合一'和'情景合一'，

---

① 《西铭解》，《朱子全书》第 13 册，第 146 页。
② 《朱子语类》卷九十八，《朱子全书》第 17 册，第 3321—3322 页。
③ 刘述先：《理想与现实的纠结》，台湾学生书局 1993 年版，第 161 页。

而'天人合一'则是最根本的命题,它最能体现中国哲学的特点。"① "天人合一"是中国哲学最根本的命题,其发展演变过程久远,从先秦儒学到宋明理学,经历了孟子"与天地参"到董仲舒"天人相类"、天人感应再到理学"心性合一""天人一体""与理为一"。"与理为一"就是使"天理"完全地体现于具体的人,程伊川和朱子的"天人合一"的最高境界,便是"与理为一",而且它也是宋明理学"以理治国"思维模式理论的渊源组成部分之一。宋明理学对人和自然关系的思考,既具有历史传承性和学术延续性,又是儒家天道人伦化与人伦天道化的统一过程。

宋明理学时期,"天人合一"思想得到了跨越式的发展,理学家摒弃前人天命观的不合理性,尝试从心性本体论的角度论证"天人合一"。张载《正蒙·乾称》第一个明确提出"天人合一"的命题,他说:"儒者则因明致诚,因诚致明,故天人合一,致学而可以成圣,得天而未始遗人。"② 他还进一步讨论了人与自然的关系,认为自然界呈现生生不息的状态,人只是世界万事万物中的一员,人应该认识到"己亦是一物"。张载在《西铭》中提出"民吾同胞,物吾与一"的观点。《西铭》要解决的问题是如何从个体的角度审视宇宙,并用宇宙的观点来看待个人和社会的关系。从个体角度说,天地即自己的父母,民众即自己的同胞,万事万物皆为自己的朋友,实质就是宇宙万事万物都和人这个社会个体有直接或间接的关联,个体在参与社会活动时所实施的任何道德活动都是合理合情的。这种"视天下无一物非我"③ 的思想正是儒家"天人合一"思想的理想境界。同时,张载还认为,在万物一体的境界里,个体道德意识的自觉性可以提高,个体行为的社会性和价值性大大提升,这就实现了张载所说的人生最高理想"为天地立心,为生民立命,为往圣继绝学,为万世开太平"的意义所在,体现了人与宇宙、人与自然、人与社会、人与人之间的和谐统一。

程颢提出:"有道有理,天人一也,更不分别。"④ 理是一个贯通自然和

---

① 汤一介:《百年中国哲学经典》第四卷,深圳海天出版社1998年版,第190—191页。
② 《张子全书》卷之二《正蒙·乾称》,西北大学出版社2015年版,第56页。
③ 《张子全书》卷之一《正蒙·大心》,西北大学出版社2015年版,第17页。
④ 《河南程氏遗书》卷二,《二程集》,中华书局2004年版,第20页。

社会的普遍原理，也是形成天人合一的基础。"天理"包含的内容很丰富，有自然规律、社会规范和人的道德理性等范畴。这个"天理"支配宇宙万事万物，既指自然的普遍原则，又指人类社会的内在法则，天理的本质就是天人合一。儒家"天人合一"思想在二程处得到进一步的发展，他们将人的道德属性提高到天道的意义上，是将人类社会的道德原则看作具有普遍性和本体性的宇宙法则。

朱熹指出"理"既是一种"生理""性理"，也是善、"太极之理"，说明人与自然处于一种活泼的生生不息的状态中，是一个和谐统一的有机整体。既然天地万物皆有理，都有其存在的特殊价值，那么如何看待自然中人与物的关系呢？朱熹在《西铭解》中阐发张载"民吾同胞，物吾与也"思想时，提出了个人见解：

> 人物并生于天地之间，其所资以为体者，皆天地之塞；其所得以为性者，皆天地之帅也。然体有偏正之殊，故其于性也，不无明暗之异。惟人也，得其形气之正，是以其心最灵，而有以通乎性命之全，体于并生之中，又为同类而最贵焉，故曰"同胞"。则其视之也，皆如己之兄弟矣。物则得夫形气之偏，而不能通乎性命之全，故与我不同类，而不若人之贵。然原其体性之所自，是亦本之天地而未尝不同也，故曰"吾与"。则其视之也，亦如己之侪辈矣。惟同胞也，故以天下为一家，中国为一人，如下文之云。惟吾与也，故凡有形于天地之间者，若动若植，有情无情，莫不有以若其性，遂其宜焉，此儒者之道，所以必至于参天地，赞化育，然后为功用之全，而非有所强于外也。①

一方面，对于"同胞"，涉及人物的"同"，朱熹认为："人物之所同者，理也；所不同者，心也。"② 正如人、物之生，同得天地之理以为性，同得天地之气以为形。其实"同得"和"同源"具有相似的范畴。人性与物性的共同

---

① 《西铭解》，《朱子全书》第 13 册，第 141—142 页。
② 《朱子语类》卷五十七，《朱子全书》第 15 册，第 1838 页。

根源是天地之理，人性与物性的形态为天地之气所构。这说明"同胞"的实质——人与世间万物之间存在同源关系。但是，人与物的体性还是具有区别的，人得天地形气之正，形成与天地相通的灵心，为世间万物中的最贵者，这体现了朱熹继承了天地之间以人为贵的中国传统儒家思想精髓。而对于"吾与"，朱熹认为："人物本同，气禀有异，故不同。"①承认万物属性之异同。讲"吾与"就落实到其对人与物"不同"的观点上。朱熹认为："论万物之一原，则理同而气异；观万物之异体，则气犹相近而理绝不同也。气之异者，粹驳之不齐；理之异者，偏全之或异。"②说明万物皆是理同而气异。世间万物，即使气相近而各自的理也不尽相同。人物虽同理，但由于气异而导致粹驳不齐，性也不同。朱熹还认为，不仅人与物性不同，就是草木、牲畜等万物之间的属性也是不同的。讲"吾与"，说明天下万物虽有人兽、草木、枯槁之形气区别，但宇宙万物都具有独立存在的生命价值意义。朱熹通过阐发张载的"民吾同胞，物吾与也"思想告诉我们：人类作为自然界进化中最高级的动物，要真正认识到自己是自然生态系统中的一个重要环节，必须尊重和保护自然界，应该对天地万物一视同仁，给予一定的尊重和爱护，这才能使自己体验到人之所生、所存在的价值意义，真正享受和谐统一的人生，达到"天人合一"的境界。

朱子的"天人合一"体现了深刻的人本思想。天是作为一种具有客观规律的发展变化的自然的物质系统，这种客观规律就是天道；天最主要的功能就是化育万物，这种生物也就是由自然之理决定的，"天之生物之心，无停无息，春生冬藏，其理未尝间断"③。此生物当然包括人与物，都是由天所蕴含的理所主宰的，天不只是主宰者，就自然万物与人的社会现实关系而言，体现了宋明理学"天人合一"或"天人一体"。在本质上说，人和自然都是相通的，只要一切人事顺乎自然规律，就可以达到人与自然的和谐。天人之际，天地人合一相通，又可以分着天道与人道之异，"道未始有天人之

---

① 《朱子语类》卷五十九，《朱子全书》第16册，第1877页。
② 《朱文公文集》卷四十六《答黄商伯》，《朱子全书》第22册，第2130页。
③ 《朱子语类》卷二十七，《朱子全书》第15册，第1002页。

别，但在天为天道，在地则为地道，在人则为人道"①。天作为具有客观规律的自然物质系统能够化育万物，是为天道。人与万物均为天理而成，虽然人物之禀受自有异，但并不存在人物贵贱之殊，人与人、人与物原本都是平等的："人物之生，天赋此理，未尝不同，但人物之禀受自有异耳"，"以其理言之，则万物一原，故无人物贵贱之殊"②。

众所周知，伦理道德的产生、发展与人类社会的发展是密切相关的。当社会生产力发展到一定程度时，才能从关注个人的生存发展权利扩大到关注世间一切有生命的物体的生存权利。

张载以气本论，二程、朱熹皆以理本论来探讨"天人合一"思想。和他们不同的是，陆王心学则是从心本论的角度来探讨"天人合一"。陆九渊说："宇宙便是吾心，吾心便是宇宙。"③而陆门高徒杨简宣称万物一体，又继承了陆九渊心学思想，提出了"天地万物通为一体"的思想："夫所以为我者，毋曰血气形貌而已也，吾性澄然清明而非物，吾性洞然无际而非量，天者，吾性中之象；地者，吾性中之形，故曰'在天成象、在地成形'，皆我之所为也，混融无内外，贯通无异殊。"④在杨简看来，吾心和天地万物贯通为一体，"我"无边无际，与宇宙一致，因此天、地是"我"的一个组成部分，宇宙万事万物的表现是"我"的现象，宇宙万物的变化是"我"的变化。他将个体的心等同于宇宙的大我境界，这是站在一种更高精神境界的天人观，并不是一种理性的本体思维。

儒家的"天人合一"思想源于殷周，历经孔孟学派、董仲舒和宋明理学三个发展阶段，宋明理学家从自然属性与道德属性一体出发，强调了道德存在的合理性和道德修养的必要性。宋明理学家在保持良好的继承性的同时，还根据时代特征，结合更加合理性和现实性的因素，充实了中国传统人与自然思想体系的完整性，尤其是通过"仁"道这一途径实现天人关系，论证了宋明"以理治国"思想实现的可能性和现实性。

---

① 《河南程氏遗书》卷二十二，《二程集》，中华书局2004年版，第282页。
② 《朱子语类》卷四，《朱子全书》第14册，第185—186页。
③ 《陆九渊集》卷二十二《杂说》，中华书局1980年版，第273页。
④ 《宋元学案》卷七十四《慈湖己易》，中华书局1986年版，第2468页。

3. "和而不同"的中庸和谐之道

宋明理学以人道承袭天道,将人性与天道贯通一致,注重整体、追求和谐的中庸思想。"天人合一"的思想强调了和谐统一的有机整体。而宋明理学的中庸思想则有效地调节了和谐整体世界。朱熹认为《中庸》"忧深言切,虑远说详","历选前圣之书,所以提挈纲维,开示蕴奥,未有若是之明且尽者也"①。宋代黎立武在《中庸指归》中曾经断言:"《中庸》者,群经之统会枢要也。"②

第一,中庸思想具有"时中""中和"之义。

"中庸",在历代圣贤那里虽然有着不同的表述,"时中"却是宋明理学首选之意义。朱熹认为《中庸》"所以名篇者,本是取'时中'之'中'"③,将"中庸"直接指向"时中"。"中庸"之义,最终极在于求"中和"。《中庸》首章云"中也者,天下之大本也;和也者,天下之达道也","中庸"的精神实质即是"中和"。朱熹《中庸章句》也说:"游氏曰:'以性情言之,则曰中和;以德性言之,则曰中庸'。然中庸之中实兼中和之义。"陈天祥《四书辨疑》则指出:"和则固无乖戾之心,只以无乖戾之心为和,恐亦未尽。若无中正之气,专以无乖戾为心,亦与阿比之意相邻,和与同未易辨也。中正而无乖戾,然后为和。凡在君父之侧、师长朋友之间,将顺其美,匡救其恶,可者献之,否者替之,结者解之,离者合之,此君子之和也。"④君子之和具有一股中正之气。朱熹把理学发展到一个高峰,巧妙地把《中庸》所说的"大本""达道"解释为"大本者天命之性,天下之理皆由此出,道之体也;达道者循性之谓,天下古今之所共由,道之用也"⑤,从而把"中和之道"看作是"天地万物之理"的反映。

第二,中庸思想具有平常性。

宋明理学以中庸阐释了和谐整体世界的平常性。中与庸都具有"平常"

---

① 《中庸章句序》,《朱子全书》第6册,第30页。
② (宋)黎立武:《中庸指归》,文渊阁《四库全书》本,第200册,第718页。
③ 《朱子语类》卷六十二,《朱子全书》第16册,第2004页。
④ (元)陈天祥:《四书辨疑》,清康熙十九年《通志堂经解》本,第181页。
⑤ 《中庸章句》,《朱子全书》第6册,第33页。

的意义:"中即平常也,不如此,便非中,便不是平常。"① 朱子说:"中者,无过不及之名也。庸,平常也。"② 而且,朱子与王夫之都认为"中庸"的平常性是合理的,"极高明而道中庸"。朱子将中庸的平常性纳入到儒学的义理体系中,使义理贯通于日用行为,表明中庸是高明而又平常的,形成了突破孔子难以实现的"至、极"之德中庸观念。

第三,中庸思想具有不易性。

宋明理学的中道亦即是庸道。程颢、程颐即认为:"不偏之为中,不易之为庸。中者,天下之正道,庸者天下之定理。"朱熹也释中庸为"不易":"庸字之义,程子以不易言之,而子以为平常,何也?曰:唯其平常,故可常而不可易,若惊世骇俗之事,则可暂而不得为常矣。二说虽殊,其致一也。但谓之不易,则必要于久而后见,不若谓之平常,则直验于今之无所诡异,而其常久而不可易者,可兼举也。"③ 二程把"中"作为"不偏之正道",把"庸"视为不易之定理,把不偏之正道作为中庸之真谛;而且"中庸之云,上与高明为对,而下与无忌惮者相反,高明而不易",中庸并非是无所顾忌很轻松就可达到,要避免将中庸低俗化。显然在这里,朱熹的中庸也是"其常久而不可易者,可兼举"④。

第四,中庸思想是上下贯通的不偏。

"中"的另一种属性是贯通、通达,中将"天上与地下"贯通,"东西南北四方"通达。"中之一字,是无天于上,无地于下,无东西南北于四方。此时南面独尊、道中的天子,仁义礼智信都是东西侍立,百行万善都是北面受成者也。不意宇宙间有此一妙字,有了这一个,别个都可勾销,五常百行万善但少了这个,都是一家货,更成甚么道理?"⑤ 而且宋明理学的"中庸"贯通、通达,也是"不偏倚于一方,不偏不倚,必贯其内"。程颐以"不偏"来解释"中",在宋明理学的中庸思想体系里,"上下通达"与"不偏"两义

---

① 《朱子语类》卷六十二,《朱子全书》第16册,第2008—2009页。
② 《论语集注》卷三《雍也》,《朱子全书》第6册,第239页。
③ 《中庸或问》,《朱子全书》第6册,第549页。
④ 《中庸或问》,《朱子全书》第6册,第549页。
⑤ (明)吕坤:《呻吟语》卷一《谈道》,《吕坤全集》,中华书局2008年版,第641页。

被有机地结合到了一起。

> 中，本训云：和也。其字从口，而上下贯通，调和而无偏胜，适与相宜，故周子曰："中也者，和也。"酌之以中，所以和顺义理，而苟得其中，自无乖戾也。中为体，和为用，用者即用其体，故中、和一也。东西南北之无倚，上下之皆贯，则居事物之里矣，故又为内也，与外相对。唯在其内，故不偏倚于一方，不偏不倚，必贯其内矣，其义一也。不偏而和，则与事物恰合，故又为当也，"发而皆中节"，当其节也。俗有"中用"之语，意正如此。①

从以上"中庸"的内涵看，"中庸"是"时中"之"中和"，中和是"天地万物之理"的"大本""达道"，具有平常性和不易性，上下贯通的不偏，充分反映了《中庸》"万物并育而不相害，道并行而不相悖"的意义。正如哲学史家庞朴所谈到的："中庸思想，也体现在儒学的许多重要范畴中，最直接的，当然要数'和'。和指的是对立方面的联结、平衡、调和、渗透等等，是处于动态的'中'。"②强调平衡和节制，求"和谐"于"对立"，显现中庸也是"和而不同"。"和而不同"反映了宇宙间普遍存在着的对立统一关系。"和"表现为一定的稳定性，而"不同"中的"和"要求各个"不同"的要素之间一定是"和谐"的、"统一"的，宋明理学对此予以高度关注。叶适对"和而不同"思想十分重视，他说："凡异民力作，百工成事，万物并生，未有不求和者，虽欲同之不敢同也；非惟不敢，势亦不能同也。凡人心之取舍好恶，求同者皆是，而求和者千百之一二焉；若夫纂而至人主，又万一焉。贤否圣狂之不齐，治乱存亡之难常，其机惟在于此，可不畏哉！"③既承认万物人事的差异、矛盾，又主张和谐统一，这种"和而不同"不仅用以观察自然万物，也是处理各种人际人事关系的准则。运用于社会政治实践的目标正是达到"人和"，而"人和"包括家庭"和睦"、邻里"和顺"、国家民

---

① 《说文广义》卷二，《船山全书》第9册，岳麓书社2011年版，第240页。
② 庞朴：《浅说一分为三》，新华出版社2004年版，第177页。
③ 叶适：《习学记言序目》卷十二《郑语》，中华书局1977年版。

族"协和万邦"、上下"和敬"等内容,也包括在不同环境中的和平相处,无疑已经将"和而不同"中庸之道作为社会治理的基本原则。费孝通指出:"中华文化的包容性和中国古代先哲提倡'和而不同'的文化观有密切的关系。'和而不同'就是'多元互补'。在中华文化的发展过程中,多元的文化形态在相互接触中相互影响、相互吸收、相互融合,共同形成中华民族'和而不同'的传统文化。"①

宋明理学的治国之道,可以说是一个以"天人一体""理一分殊"为理念的中庸和谐模式。宋明理学继承和发展了"天人相通""天人相类""心性合一""天人一体",并且将其与"理一分殊"、中庸之道联系起来,这是在天理下以人道承袭天道,将人性与物性贯通一致的注重整体、追求和谐的思维方式,让传统的"和而不同"理论认知走向更为积极的现实的"和而解"。

四、"修齐治平"层次性模式

1. "修齐治平"的心灵修养自上而下

《大学》"修齐治平"思想蕴含道德修养理论的与社会实践的阶段性、层序性。《大学》以"三纲八目"提出了道德发展的顺序性与社会实践的顺序性及其关联性:"明明德"为道德修养,"亲民"为社会实践,"止于至善"为两者的目标。具体说来,又可分别为"格物、致知、诚意、正心、修身"的道德修养发展过程与"齐家、治国、平天下"的社会实践过程。在《大学》原典中对这一顺序作了具体阐述:"古之欲明明德于天下者,先治其国;欲治其国者,先齐其家;欲齐其家者,先修其身;欲修其身者,先正其心;欲正其心者,先诚其意;欲诚其意者,先致其知;致知在格物。物格而后知至,知至而后意诚,意诚而后心正,心正而后身修,身修而后家齐,家齐而后国治,国治而后天下平。"在《大学》八条目中,"格物""致知""正

---

① 费孝通:《中华文化在新世纪面临的挑战》,方克立等主编:《中华文化与二十一世纪》上卷,中国社会科学出版社2000年版,第5—6页。

心""诚意"四条目，是修身的方法，"齐家""治国""平天下"三条目，是修身的功用，修身既是八条目的核心，也是内圣外王的纽结，修身的重要性可见一斑。从由近及远、由己及人的原则出发，把社会的改造、天下的治理，最后归结到以诚意、正心的道德修养为底根。宋明理学非常重视"正心"，这是对先秦儒家主张统治者应"先之、劳之"的继承与发展。朱熹突出了《大学》具有"内圣"的倾向。他指出："且令自家心先正了，然后于天下之事，先后缓急，自有次第，逐施理会，道理自分明。财货源流，兵民如何，阵法如何，此等事固当理会，只是识个先后缓急之序，先其大者急者，而后其小者缓者。"① 按照这一理路，宋明理学认为治国的关键在于"治心"，即正心。"四者之道得，则治国平天下在其中矣"②，依然是"内圣推出外王"的路数。真德秀强调："首之以帝王为治之序者，见尧、舜、禹、汤、文、武之为治，莫不自身心始也；次之以帝王为学之序者，见尧、舜、禹、汤、文、武之为学，亦莫不自身心始也。"③《大学》中说："自天子以至于庶人，壹是皆以修身为本；其本乱而末治者否矣！"强调了治国过程中个人普遍修身养性的要求。而在宋明理学看来，"正心以正朝廷，正朝廷以正百官，正百官以正万民，正万民以正四方"④。个人修身主要包括正君心、正百官、正万民三个自上而下不同层次的内容。对正君、正官、正民将在后有详论。

宋明理学"修齐治平"思想是在先秦传统修身文化的基础上，历经各代学者的充实发展，所形成的一个完备的心灵修养自律的思想体系。它以人性论作为理论基础，以自律修养作为实现模式，以圣人境界作为理想追求，是一个包含人性论、修养论和境界论的整体体系。以人性论作为思想基础，人们真正要做到修身，必须经过以下两个方式：一是格物致知；二是正心诚意。宋明理学强调个体"格物、致知"的认知过程，这种在道德修养过程中对"格物、致知"的强调，是理学在佛学的启迪下对中国古代传统思想

---

① 《朱子语类》卷七十三，《朱子全书》第16册，第2363—2364页。
② （宋）真德秀：《大学衍义序》，华东师范大学出版社2010年版，第3页。
③ （宋）真德秀：《大学衍义序》附《尚书省劄子》，华东师范大学出版社2010年版，第5页。
④ 《朱文公文集》卷十一《庚子应诏封事》，《朱子全书》第20册，第254页。

改造的结果。宋明理学开始重视并很好地运用"方法与工夫",总结出"体贴天理"的直觉体证,"随事观理"的格物致知,穷理尽性以至于命、"尊德性"与"道问学"等方法论,提炼出诸如"静中涵养""动中省察""发明本心""居敬穷理""自然循理"等工夫论。有人问程颐修身的顺序如何,程颐答道:"莫先于正心诚意,诚意在致知,'致知在格物'。"①"格物致知"成为个体修养工夫之基础。于"物",程颐说:"格犹穷也,物犹理也,犹曰穷其理而已矣。"②"格物"包含研究具体事物、认识客观知识和把握自然规律的内涵。"理"既在人心也在事物,"格物"就是"穷理"的过程。而"穷理"的途径很多,"或读书,讲明义理;或论古今人物,别其是非;或应接事物而处其当,皆穷理也"③。"格物穷理"的过程也是一个从不断积累到脱然融会贯通的过程,也就是说从对个别事物道理的认识上升到对世间普遍之理的质的认识:"格物穷理,非是要尽穷天下之物;但于一事上穷尽,其它可以类推……所以能穷者,只为万物皆是一理。"④程颐的"格物致知"最终需要落实到向内反思的自我认识,达到"明人伦"。

在程颐探讨格物穷理过程中,还凸显了"意诚"在人类认识过程和修养路径中的地位。"诚"虽然只是一种精神状态,但是没有诚意,格物穷理就无从说起。二程认为人和外部世界进行接触时,人的内心容易被外界所迷惑,有了私欲,蒙蔽自己的良知良能。为避免这种现象出现,程颢提出了"物各付物""以物待物"的思想,告诉人们在接触事物的过程中,不要自作聪明,也不要出现私心杂念,而是凭着内心的良知良能对事物作出自发的判断。因此,一旦意诚心正,私心杂念被排除,就可能恢复良知良能。可以说,从个人出发,历经家庭、社会、国家乃至天下的安定和治理,都必须建立在正心诚意、格物致知的修养途径上。这种致知格物、正心诚意乃至修齐治平的过程,既是从"小我"到"大我"的过程,也是个人完善和超越自我的过程。

---

① 《河南程氏遗书》卷十八,《二程集》,中华书局2004年版,第188页。
② 《河南程氏遗书》卷二十五,《二程集》,中华书局2004年版,第316页。
③ 《河南程氏遗书》卷十八,《二程集》,中华书局2004年版,第188页。
④ 《河南程氏遗书》卷十五,《二程集》,中华书局2004年版,第157页。

中国传统修身论的最终目的在于指明人生的追求目标和努力方向，实现修身的理想境界。诸如，孔子提出了以"仁"为核心的精神境界理论；孟子提出了以仁义为人生最高理想的精神境界理论；李翱提出了以"诚"为核心的精神境界理论；张载提出了以"至诚得天"为主要内容的精神境界理论；二程提出了"仁者，以天地万物为一体"的精神境界理论；王阳明提出了"圣人之心以天地万物为一体"的境界理论；王夫之提出了"尽人道而合天德"的精神境界理论。这些理论阐明了人们修身的理想目标，展现了修身的理想追求，都是鼓舞人们以达到人道与天道合一的圣人精神境界。

2. "修齐治平"自下而上的社会控制

宋明理学从《大学》"修身、齐家、治国、平天下"得到启发，以其新的"天理""良心"的文化心理道德结构为基础，极力走出一条从个人到社会群体的伦理自律乃至治国的社会整合模式。宋明理学以理欲论为核心，由心灵道德到现实实践，从内向外扩展，修身个体性—齐家血亲性—治国社会性—平天下世界性的不同期间的特性，反映了儒家治政的几个阶段：从个人道德修养，家庭人伦整齐，国家政事治理，到天下治平与安定。而具有社会控制实际过程的为齐家、治国、平天下。三种治理层次相互联系、相互促进、相互制约，形成社会治理完整体系。每一层次都在社会体系中发挥着应有的作用。"齐家"是其他两种层次控制活动赖以进行的必要前提。如果不能完成"齐家"的基本控制，就不可能进行深层的国家治理及平天下，因此儒家认为，齐家是治国的开始。国家治理在全部社会控制活动中，居于主导地位，它所实施的各种具体内容最终影响着天下发展的趋势与客观面貌，决定着对社会治理价值评价所可能达到的程度，即对社会治理的功能、意义和作用产生重大影响。平天下则是齐家、治国的进一步延伸，体现了人类的活动的追求目标。

首先，应当说，传统社会控制推崇的基础就是以大家庭为核心的治理模式。在传统社会中，家庭既是生产的基本单位，也是构成国家的基本细胞，把齐家作为实现治国、平天下的一个重要条件，也是儒家的宗法伦理结构基石。家及其家族，这不仅仅是一个简单的伦理问题，而是一个复杂的重要政治问题。因此,在社会治理过程中,宋明理学是以平民化家族、宗族为基石,将宗族、乡绅、乡官结合起来,形成家族伦理控制与基层政治组织乡里制、保甲制、里甲制等错综交融的社会秩序。家族、宗族成为个人与国家政权之间互化的纽带。

一方面,家族、宗族承担着基层组织的功能,充当乡里制、保甲制、里甲制的核心力量,这种基层组织的背后是国家政权对其强有力的支持与保护,国家政权授予家长与族长承嗣权、教化权、经济裁处权、治安查举权,甚至对族人的生杀权等权力,赋予家长权与族权一定的政权性质。宗族又借助义塾强化文化教育及其思想控制,使其成为地方政治、经济、意识的权威。家族、宗族对基层社会的有效的社会控制,减轻了国家政权的压力,成为各级官僚行政体制的辅助工具。族长乡绅又具有对国家负责的义务。《大清律例·刑律·贼盗》专门规定:"地方有堡子大村,聚族满百人以上,保甲不能遍查,选族中有品望者立为族正,若有匪类令其举报,倘徇情容隐,照保甲一体治罪"。清代道咸时期曾明确规定:"凡聚族而居,丁口众多者,准择族中有品望者一人立为族正,该族良莠责令察举。"①

另一方面,国家政权通过建立并完善"里甲"等制度,于"编户齐民"中完成了对基层社会的一种有形的硬性控制;宗族组织则以修续族谱、发放义米等为名,建立起严格的谱牒、户口管理制度,将族人牢牢控制在家、族的层层管理之下,这实际上是对政府推行户籍管理制度的最为有力的补充。而在国家中央专制政权中,通过巩固具有家族血缘伦理因素的皇权制度,将家族血缘伦理推向社会、国家层面。同时,宋代以后的家族、宗族乡村社会力量利用科举制扩大了与政治势力的相融联结,催生了民间宗族的生成与迅速扩大,使其社会结构朝着"家""国"一体化转化。"家"(家族、宗族)、国家政权和中央皇权,存在着理论与现实上的利益趋同性和伦理需求一致性,实现家族伦理到国家伦理,所谓"是乃成教于国也"②。既有鲜明的政治意志,又强化了礼治伦理色彩。

---

① 清《户部则例》卷三《保甲》,转引自《中国法制史资料选编》(上下),群众出版社1988年版,第884页。
② 《朱子语类》卷十六,《朱子全书》第14册,第549页。

同时，对于齐家与治国两者中何者为难何者为易的问题，宋明理学是有过解析的。周敦颐说："治天下有本，身之谓也；治天下有则，家之谓也。本必端，端本，诚心而已矣；则必善，善则，和亲而已矣。家难而天下易，家亲而天下疏也。"① 周敦颐之所以认为"家难而天下易"，在于"家亲而天下疏也"。人际关系中，家人亲者自亲，利害相连，故难处置；疏者自疏，痛痒无关，故易治理。周敦颐"家难而天下易"的命题，推进了《大学》"欲治其国者必先齐其家"的思想，使之更加深刻，而"家亲而天下疏"的补充，又使之更具思辨性。关于"家难而天下易"的理论，宋儒真德秀有一段极为精彩的发挥。真氏说：

> 亲不和则闺门乖戾，情意隔绝，欲家之正得乎？夫治家之难所以甚于治国者，门内尚恩易于掩义。世之人固有勉于治外者矣。至其处家则或狃于妻妾之私，或牵于骨肉之爱，鲜克以正自检者，而人君尤甚焉。汉高能诛秦灭项，而不能割戚姬、如意之宠。唐太宗能取孤隋、攘群盗，而闺门惭德，顾不免焉。盖疏则公道易行，亲则私情易溺，此其所以难也。不先其难未有能其易者。汉唐之君立本作则既已如此，何怪其治天下不及三代哉！②

真德秀的这番议论虽然不完全符合周敦颐的本意，但"门内尚恩易于掩义"的思想是深刻的，许多"勉于治外"的人正是因为"门内尚恩"，放弃原则，以致身败名裂。其实这种治外与治内用的是两种不同的"则"，与周敦颐说的推治家之则于治天下，是不同性质的两回事。③

其次，治国在齐家、治国与平天下系统中是居主导地位的。宋明理学所追求的人生价值是"治国平天下"的"为圣"目标，其理论体系指向着治理国家的政治理想。张载学说就是"为天地立心，为生民立道，为去圣继绝

---

① 《通书·家人》，《周敦颐集》，中华书局1990年版，第38—39页。
② （宋）真德秀：《大学衍义》卷一，华东师范大学出版社2010年版，第24页。
③ 徐公喜主编：《理学家法律思想研究》，吉林人民出版社2006年版，第33页。

学，为万世开太平"①，而程颢治学更是为了"明于庶物，察于人伦，知尽性至命，必本于孝悌，穷神知化，由通于礼乐，辨异端似是之非，开百代未明之惑"②。

《中庸》道："为政在人，取人以身，修身以道，修道以仁。""好学近乎知，力行近乎仁，知耻近乎勇。知斯三者，则知所以修身；知所以修身，则知所以治人；知所以治人，则知所以治天下国家矣。"所以说治人、"治国"是一重要中间环节，治国必须首先要实现"修身"，"治国"是"修身"的反映。同时，"所谓平天下在治其国者，上老老而民兴孝，上长长而民兴弟，上恤孤而民不倍"③。

最后，平天下是修齐治平思想的重要环节，也是儒家政治思想的最高理想。"中国传统文化讲平天下，是以天人合一为哲理，追求人类美好的社会理想，这种理想就是天下为公、世界大同，这是全人类的和谐。实现了世界大同，也就达到了至公无私，从而实现了全人类的和谐。"④而"天下平"和"齐家""治国"是一样的，必须通过"修身"才能实现，"君子之守，修其身而天下平"⑤，"人人亲其亲、长其长而天下平"⑥，"外王"需要通过"内圣"实现。

"修齐治平"是作为儒家的政治和伦理理论而存在的思想体系，对中国传统社会影响极大。宋明理学在修齐治平思想发展的过程中，形成了自己的特点。

一是"修齐治平"表现出较强的逻辑性。它们由小到大、由浅入深、由近及远、由己及人、由内及外，由简单到丰富，体现出了循序渐进的原

---

① 《张子全书》卷十一《张子语录》，西北大学出版社2015年版，第259页。
② 《河南程氏文集》卷十一《明道先生行状》，《二程集》，中华书局2004年版，第638页。
③ 《礼记·大学》，(清)阮元：《十三经注疏》，中华书局1980年版。
④ 曹德本：《修身治国平天下：中国和谐文化纵横论》，世界图书出版西安公司2007年版，第651页。
⑤ 《孟子·尽心下》，《孟子正义》，(清)阮元：《十三经注疏》，中华书局1987年版，第1088页。
⑥ 《孟子·离娄上》，《孟子正义》，(清)阮元：《十三经注疏》，中华书局1987年版，第546页。

则。"诚意、正心、修身而推之以至于齐家、治国，可以平治天下。"① 宋明理学从"身"到"家"，到"国"，到"天下"，它的指向是多层次的。

二是"修齐治平"显现出对象的针对性。修——身、己（格君心—正君子—收民心）；齐——亲、家；治——民、国；平——人、天下。"修齐治平"运用于社会政治不同阶段，体现了伦理思想与政治思想的相互结合。同时，依然坚持国家集体本位，把国家一统及社会整体利益放在首位，在国家治理过程中特别重视发挥君王功能，将格君子之非心，实现政统与道统的统一作为治人的首要目标，先正君，再治吏，最后驭民，融正君、治吏、驭民为一体，形成自上而下的社会控制。

三是"修齐治平"具有思想统合性。它是一个有机结合的统一整体，不能依靠单一个体的存在而实现人生和社会理想，四者的有机结合才能为人生至高境界的实现创造更多的可能性，各个层次有机结合和相互促进。而且它的内容层次分明，修身、齐家、治国、平天下的过程并不是一个一蹴而就的过程，其顺序也不会随着朝代的推移而发生位置的变更。同时，"修齐治平"是按照道德主体的心理因素和实现过程而建立的，从理论上说，不可以超越某一步骤（尤其是修身步骤）而直接进入下一阶段，维持了道德顺序性。而且，"修齐治平"既有"修身"内敛步骤，追求"内圣外王"理想境界，也有具体的社会控制细化履践言行。

四是"修齐治平"都具有明显的时代特征性。随着时代的变更，到了宋明时期，政治的混乱和国家的危亡，选择是"生于忧患"还是"死于安乐"，成为士子考虑的严肃问题。同时这个时期也是理学发展的重要时期。在理学家看来，这种从致知格物、正心诚意乃至修齐治平的过程，既是从关注自己到关注国家的过程，完成"小我"到"大我"的过程，也是个人完善自我的过程。理学家继承传统儒家入世思想，从入世的责任感和使命感出发，形成了理学思想体系。这一思想使士大夫阶层普遍地加入到对于个人、家庭、国家政治方面的讨论中去，从而建立了统治者所认定和推行的道德伦理规范，使社会矛盾在某种意义上有了一定的弱化，更使得士子的心灵得到

---

① 《朱文公文集》卷七十四《玉山讲义》，《朱子全书》第 24 册，第 3588 页。

充实;而这一切又都可以归到"格物、致知、正心、诚意、修身、齐家、治国、平天下"的目的和理想的最终实现。力图使自己的学说成为治世之学的理学也正是发展先秦以来儒家"修齐治平"的精髓,并以"修齐治平"为思维模式,完善了"以理治国"的思想。

五、宋明理学德礼政刑综合治理结构

法律与道德的关系自古就是中西方学者所探讨的热点问题。在中国的法律进化中,法律和道德的关系最主要就体现在儒家思想中,周公、文王及先秦儒家都提出"德主刑辅",在先秦儒家语境下的,以礼为中心的"礼乐刑政"成为其礼治思想基本内容。宋明理学提倡德礼政刑,以德礼道德伦理控制为主导。其中宋代李觏、周敦颐、二程、杨时等人继承了先秦儒家"礼乐政刑"思想并进行了一些时代化的改造,成为以朱熹为代表的理治德礼政刑治理路径的过渡。宋明理学德礼政刑具有综合性与层次性,这是宋元明清时期社会控制与国家治理最基本的也是最为主要的路径。

1. 先秦汉唐礼乐政刑

周公强调明德慎罚,把德礼的教化功能与刑罚的强制效果结合起来,实行"大德而小刑""厚其德而简其刑""好德不好刑""尊德而卑刑""任德而不任刑"。将国家的基础定在德治,"德,国家之基也"①,认为刑只是德的补充,"刑以辅德",惩罚不是目的,惩罚的目的是要消灭刑罚,"刑期于无刑"。《黄帝四经》把德视为"明者",把刑视为"微道",反映了一种重德轻刑的倾向。三代之周就是采取一个德刑结构治理模式。

虽然孔子在《论语》中业已指出:"道之以政,齐之以刑,民免而无耻;道之以德,齐之以礼,有耻且格。"又《孔子家语·刑政》载:"圣人之治

---

① 《左传·襄公二十四年》,(清)阮元:《十三经注疏》,北京大学出版社2000年版,第1153页。

化也,必刑政相参焉。大上以德教民,而以礼齐之;其次以政焉导民,以刑禁之,刑不刑也;化之弗变,伤义以败俗,于是乎用刑矣。"《唐律疏议》也有"德礼为政教之本,刑罚为政教之用"。但是,在先秦儒家语境下,是以礼为中心,礼乐政刑成为其礼治思想的核心内容,将礼乐政刑四者都作为治国的有效手段。治国必须把内圣之礼、乐与外王之政、刑四个方面结合起来。《礼记·乐记》:"礼节民心,乐和民声,政以行之,刑以防之。礼、乐、刑、政四达而不悖,则王道备矣。"其中,礼与乐是治理人民的两大手段,都起到思想感化的作用。其中礼是治国的核心策略,是国家的根本:"礼者,法之大分,类之纲纪也。故学至乎礼而止矣。夫是之谓道德之极。"[1] 在《汉书·艺文志》中,也记载着孔子有关礼乐的论述:"孔子曰:'安上治民,莫于礼;移风易俗,莫善于乐。'二者相与并行。"儒家认为道德与法律各有其功用,结合起来才会运用恰当。孟子指出"徒善不足以为政,徒法不能以自行"[2]。荀子从"性恶论"出发,倡导"隆礼重法"观,开礼法合流之先河,他说,"国之命在礼,人君者隆礼尊贤而王,重法爱民而霸"[3],"以善至者待之以礼,以不善至者待之以刑"[4]。荀子认为乐是人情所必不免的,是治民的重要手段:"夫声乐之入人也深,其化人也速,故先王谨为之文。乐中平则民和而不流,乐肃庄则民齐而不乱。"当然在荀子心中,礼仍然是主要的,"礼义生而制法度",礼义是创建法制的根据。荀子要求将礼的基本原则法律化,用以指导法律,即引礼入法,以礼统法。治国应以道德教化为主,但又不能单纯依靠道德教化,应德教与法制双管齐下,将"明礼义以化之"与"重刑罚以禁之"[5] 相提并论,并归纳为"治之经,礼与刑"。俞荣根指出:"荀子释礼为法的理论成果,在于创立了礼法一体论。"[6]

汉儒继续这种思想意识,董仲舒《春秋繁露·立元神》中的论述最为

---

[1] (清)王先谦:《荀子集解·劝学》,中华书局1988年版,第14页。
[2] 《孟子·离娄上》,《孟子正义》,(清)阮元:《十三经注疏》,中华书局1987年版,第522页。
[3] (清)王先谦:《荀子集解·强国》,中华书局1988年版,第345页。
[4] (清)王先谦:《荀子集解·王制》,中华书局1988年版,第176页。
[5] (清)王先谦:《荀子集解·性恶》,中华书局1988年版,第520页。
[6] 俞荣根:《儒家法思想通论》,广西人民出版社1998年版,第413页。

精警:"何谓本?曰:天、地、人,万物之本也。天生之,地养之,人成之;天生之以孝悌,地养之以衣食,人成之以礼乐。三者相为手足,合以成体,不可一无也。"① 又说:"道者,所由适于治之路也,仁谊礼乐皆其具也。故圣王已没,而子孙长久,安宁数百岁,此皆礼乐教化之功也。"② 董仲舒的儒学也是礼法结合的产物。"礼之所去,刑之所取,失礼则入刑,相为表里。"同时"教,政之本也;狱,政之末也。其事异域,其用一也"③。道德教化是"本",为政应以根本为主;刑狱是"末",应置于次要地位。贾谊非常注重礼义教化的作用,认为:"礼者,所以固国家、定社稷,使君无失其民者也。"④ 礼与法是治国之道,在不同阶段发挥作用。"夫礼者禁于将然之前,而法者禁于已然之后"⑤,唐朝魏征主张"仁义,礼之本也;刑罚,礼之末也"⑥,韩愈以儒家"道统"的继承者自居,治国应当"德礼为先而辅之政刑"⑦,圣人又"为之礼以次其先后;为之乐以宣其壹(抑)郁;为之政以率其怠倦;为之刑以锄其强梗"⑧。

2. 从礼乐政刑到德礼政刑过渡

李觏、周敦颐、二程等是作为礼乐政刑向德礼政刑过渡的桥梁人物。李觏的治理思想的核心是礼法论。在他看来,"礼"既是思想性的东西,又是法制性的东西。李觏经常礼法互称,直接称"礼"为"法","礼者,圣人之法制也"⑨。"礼者,虚称也,法制之总名也。"⑩ 把"礼"等同于"法",强

---

① 《春秋繁露·立元神》,钟肇鹏主编:《春秋繁露校释》,河北人民出版社2005年版,第382页。
② 《汉书》卷五十六《董仲舒传》,中华书局1962年版,第2499页。
③ 《春秋繁露·立元神》,钟肇鹏主编:《春秋繁露校释》,河北人民出版社2005年版,第178页。
④ (汉)贾谊撰,阎振益等校注:《贾谊新书》卷六《礼》,中华书局2000年版,第214页。
⑤ 《汉书》卷四十八《贾谊传》,中华书局1962年版,第2252页。
⑥ 《贞观政要·公平》,岳麓书社2014年版,第224页。
⑦ 《韩昌黎集》第三册《杂著·原性》,商务印书馆1958年版,第64页。
⑧ 《韩昌黎集》第三册《杂著·原道》,商务印书馆1958年版,第60页。
⑨ 《李觏集》卷二《礼论第四》,中华书局2011年版,第11页。
⑩ 《李觏集》卷二《礼论后语》,中华书局2011年版,第25页。

调的是礼的规范性的一面。李觏认为礼为本，而乐、刑、政统于礼而兼用；礼、乐、政、刑分两个层次：乐、刑、政统于礼，"首之以礼，而乐、刑、政次之"。李觏又指出："人之和必有发也，于是因其发而节之。和久必怠也，于是率其怠而行之。率之不从也，于是罚其不从以威也。是三者，礼之大用也，同出于礼而辅于礼者也。不别不异，不足以大行于世。是故节其和者，命之曰乐；行其怠者，命之曰政；威其不从者，命之曰刑。此礼之三支也。"①"发而节之""率而行之""罚以威之"是礼的三大功用，乐、政、刑则是对礼的三大功用的制度保证。

李觏对儒学的又一独特贡献就是将礼乐政刑与"五德"观念系统化和层次化，提出"礼"有内外意义：乐、刑、政是礼的外在规范，"得以兼用"；仁、义、智、信则是礼的内在精神，乐、刑、政、仁、义、智、信又统一于礼。"乐得之而以成，政得之而以行，刑得之而以清，仁得之而不废，义得之而不诬，智得之而不惑，信得之而不渝。圣人之所以作，贤者之所以述，天子之所以正天下，诸侯之所以治其国，卿大夫士之所以守其位，庶人之所以保其生，无一物而不以礼也。"②在礼与法（刑）关系论上，倡导推衍"一本于礼"与一致于法。李觏区别了礼与法两者的关系。一是法为礼之大用，出于礼而辅于礼，一致于法。刑（法）只是礼的一个分支，它不可能与"礼"等量齐观。刑的作用是对礼的补充，属于礼的内涵，它以礼的辅助形式出现。二是礼与刑不可以偏废，"礼与刑，先王所以群臣，万民不可以偏废也"。三是礼法具有功能的差异性：礼之教化徙善远罪，刑之惩罚使皆迁善远罪。

就如何才能治理好纷杂的人类社会，周敦颐提出了一个"以仁育万物，以义正万民；天道行而万物顺，圣德修而万民化"③的总原则，在《通书》中专辟《礼乐》一章，说："礼，理也；乐，和也。阴阳理而后和。万物各得其理然后和，故礼先而乐后。"他还非常重视乐治，"乐者，古以平心，今以助欲；故以宣化，今以长怨。不复古礼，不变今乐，而欲至治者，远矣！"④

---

① 《李觏集》卷二《礼论第一》，中华书局2011年版，第7页。
② 《李觏集》卷二《礼论第六》，中华书局2011年版，第20页。
③ 《通书·顺化第十一》，《周敦颐集》，中华书局1990年版，第23—24页。
④ 《近思录》卷九《制度》，《朱子全书》第13册，第248页。

朱熹曾对周敦颐礼乐先后问题解说道:"礼乐固必相须,然所谓乐者,亦不过谓胸中无事而自和乐耳,非是着意放开一路而欲其和乐也。然欲胸中无事,非敬不能。故程子曰:'敬则自然和乐',而周子亦以为礼先而乐后,此可见也。"① 朱熹以乐为和乐,并不符合周敦颐的思想。

二程认为礼是均衡社会生活秩序的规范,乐则是社会各成员都应遵守这种社会规范以达到社会和谐。程颐说:"然推本而言,礼只是一个序,乐只是一个和。"他进一步指出二者的关系,说:"天下无一物无礼乐。且置两双椅子,才不正便是无序,无序便乖,乖便不和。"② 二程说:"礼者人之规范,守礼所以立身也。安礼而和乐,斯所盛德矣。"③

3. 宋明理学德礼政刑

自朱熹以后,宋明理学以德礼政刑综合治理取代了先秦以来的礼乐政刑治理路径,这是时代发展的结果,两者有较大的差异性。就礼乐政刑言,礼为统帅,乐成为其中一个重要方式,礼为本,刑为末;就德礼政刑言,德为主导,礼包含了礼乐内容,没有凸显乐的位置,强调德刑相为始终。之所以会产生如此巨大的变化,是基于时代的不同要求。春秋战国之际孔子面对的是"礼崩乐坏"的历史现实,恢复礼乐制度无疑是最直接的目的了,追求的是外王制度性的建设。宋明理学则不仅要面对"礼崩乐坏",而且还要迎接来自佛道等思想意识的冲击,力求恢复新儒学,充分发挥内圣心性之学的作用,由追求内圣到外王之制,最后回归到内圣"入圣人之域",因而既要特别关注"德"之修养与教化,又需要重视"礼"外王之制的功效。乐之所以没有直接在治理路径中表述出来,一方面,宋明理学的"乐"被礼所吸收。朱熹重视德礼,也未忘"乐"的作用,指明了礼与乐的本质与关系:"礼之诚,便是乐之本;乐之本,便是礼之诚。若细分之,则乐只是一体周流底物,礼则是两个相对,著诚与去伪也。礼则相刑相克,以此克彼;乐则相生相长,其变无穷。乐如昼夜之循环,阴阳之阖辟,周流贯通;而礼则

---

① 《朱文公文集》卷四十五《答廖子晦》,《朱子全书》第22册,第2078页。
② 《河南程氏遗书》卷十八,《二程集》,中华书局2004年版,第225页。
③ 《河南程氏粹言》卷一《论道篇》,《二程集》,中华书局2004年版,第174页。

有向背明暗。论其本，皆出于一。乐之和，便是礼之诚；礼之诚，便是乐之和。"① 另一方面，是先秦以来"乐"学本身的衰落。

宋明理学德礼政刑观在很大程度上是继承和发扬了先秦以来的理论，只是在许多问题上讲得更为具体、更为理论化。朱熹对孔子"道之以政，齐之以刑，民免而无耻；道（导）之以德，齐之以礼，有耻且格"进行了注解："愚谓政者为治之具，刑者辅治之法，德、礼则所以出治之本，而德又礼之本也。此其相为终始，虽不可偏废，然政、刑能使民远罪而已，德、礼之效，则有以使民日迁善而不自知。故治民者不可徒恃其末，又当深探其本也。"② 由此可以看到，宋明理学德礼政刑具有的内涵。

一是宋明理学主张德、礼、政、刑一致性而不可偏废，认为都是治国的手段，相互为用，相为终始。明代理学家丘濬就具体论证了德礼刑政的一致性，他将孔子与朱熹理论结合起来理解，指出："德、礼、政、刑四者，凡经书所论为治之道，皆不外乎此。孔子分政刑、德礼以为二，而言其效有浅深；朱熹则合德礼政刑为一，而言其事相为终始，要之，圣贤之言互相发也。夫人君为治，固在修德，以为化民之本。然人非一人、地非一地，人所禀有偏全，地所至有远近，既化以德而有不一者，须必有礼以一之，然后吾之德化可行焉；苟导之而不从，化之而不齐，非有法制、禁令又不可也。法制以示之于前，禁令以约之于后，彼犹悖礼而梗化，则刑罚之加乌可少哉。孟子曰：'徒善不足以为政，徒法不能以自行。'有政刑而无德礼，是谓徒法；有德礼而无政刑，是谓徒善。为政之道于斯四者，诚不可以缺一者也。"③ 明人蔡清解释"导之以政"时也说："其实德、礼、政、刑四者，皆为政者之所不可废。务德礼者亦何尝全去政刑""虽尧舜也，须用政刑"。"圣人之意"，在于更为重视"德礼之效"，"非贬政刑不用也"④。而且，德礼

---

① 《朱子语类》卷八十七，《朱子全书》第 17 册，第 2976 页。
② 《论语集注》卷一《为政》，《朱子全书》第 6 册，第 75 页。
③ （明）丘濬：《大学衍义补》卷一《总论朝廷之政》上册，上海书店出版社 2012 年版，第 35 页。
④ （明）蔡清：《四书蒙求》卷五，转引自王子今：《论历史上的"德治"与"刑治"》，《光明日报》2003 年 8 月 26 日。

教化与政刑具有相互包容关系，"'礼'字、'法'字，实'理'字"①，德礼与法统一于理之中。德、礼、刑、政的最终目的都是为了实现国家的久安长治，国家的治理必须是武备与文教并行，"自古帝王虽以文德为治，而所以济其文而使之久安长治者，未尝不资于武事焉"，"常以武备于文教并行，先事为之而为之备，无事而为之防"，这样才能"遏祸乱于将萌，卫治安于长久"②。

二是德、礼、政、刑具有明确的针对性。朱熹说："道之以德，齐之以礼，观感得深而厚者，固好。若浅而薄者，须有礼以齐之，则民将视吾之礼，必耻于不善而至于善。""人之气质有浅深厚薄之不同，故感者不能齐一，必有礼以齐之。资质好底便化，不好底须立个制度，教人在里面，件件是礼。齐之不从，则刑不可废。"③"道之而不从者，有刑以一之也。躬行以率之，则民固有感观而兴起矣，而其浅深厚薄之不一者，又有礼以一之，则民耻于不善，而有以至于善也。"④ 在这里，程朱理学将人之气质的浅、深、厚、薄与德、礼、政、刑一一对应之后联系起来。对此，武树臣先生有过论述，他指出："按朱熹的逻辑，可以把常人分成气禀最厚、厚、薄、最薄四类，而德礼政刑又分别以上述四类人为对象：对气禀最厚者——导之以德——自觉服从，其他三类不从；对气禀厚者——齐之以礼——自觉服从，后两类不从；对气禀薄者——制之以政——服从，后一类不从；对气禀最薄者——惩之以刑——被迫服从，然而尚有为恶之心。"⑤ 显然，德主要是教化关系——制度化教化——意识形态指导性、道德制度化；礼主要是亲疏关系——礼仪（德化之政）——宗谱、家礼、礼制（节文品制）、礼法（刑）；政主要是综合关系（教化、亲疏、统治手段）——德礼手段；法主要是社会关系——特殊之政——强治手段。

三是德、礼、政、刑具有鲜明的层次性。对于德、礼、政、刑的层次

---

① 《朱文公文集》卷四十八《答吕子约》，《朱子全书》第22册，第2242页。
② （明）丘濬：《大学衍义补》卷一《总论朝廷之政》，上海书店出版社2012年版，第35页。
③ 《朱子语类》卷二十三，《朱子全书》第14册，第805页。
④ 《论语集注》卷一《为政》，《朱子全书》第6册，第75页。
⑤ 武树臣：《儒家法律传统》，法律出版社2003年版，第149页。

性论述其实也并不是朱熹的创造,在朱熹之前的儒家经典中已经有了不同的论述。在《大戴礼记》中把社会规范分为"天法""德法""刑罚"三个层次。宋明理学将德礼政刑划分为德—礼—政—刑四个层次,而且又在其中细分:德礼—政刑两个层次;德—礼层次,政—刑层次。按照朱熹这样的解释,孔子是把政、刑、德、礼四者都看作为治之具、治之法,但这四者在他的治国之道中地位不同,德、礼是本,"德、礼之效,则有以使民日迁善而不知",而政、刑则是末,政、刑能使民远罪而已。德与礼比较起来,"德又礼之本也"。政是治之具,而刑则为辅治之法,处于辅助的地位。

四是德、礼、政、刑并无固定先后次序。"礼教刑辟,交相为用",体现了在社会治理过程中具有灵活性和实效性的积极因素。德礼教化与政治刑罚的实施,其先后缓急,并不是固定不变的。是先教后行,还是先行后教,应当根据治国的实际需要灵活变通。"盖三纲五常,天理民彝之大节,而治道之本根也。故圣人之治,为之教以明之,为之刑以弼之,虽其所施或先或后,或缓或急,而其丁宁深切之意,未尝不在乎此也。"① 刑罚和教化或先或后,或缓或急,都是以"天理"这一治道之本根为意义。丘浚引用《尚书·吕刑》所述礼官伯夷与刑官皋陶之间既分工又合作的例子加以说明:"夫伯夷,礼官也,所降者典,而折民惟刑;皋陶,刑官也,所制者刑而教民祗德。可见有虞为治专以礼教为主而刑辟特以辅其所不及焉耳。礼典之降而折以刑,所以遏其邪妄之念而止刑辟于未然;刑罚之制而教以德,所以启其祗敬之心而制刑辟于已然。礼教、刑辟之相为用如此,帝世之制所以本末兼举,而民协于中自不犯于有司也欤。"② 伯夷是礼官,他的职责是颁布礼制以教育人民,却又用刑律折服民众;皋陶是刑官,他的职责是公正执法以制驭百姓,却又用德行教化人民。

---

① 《朱文公文集》卷十四《戊申延和奏札》,《朱子全书》第20册,第656页。
② (明)丘浚:《大学衍义补》卷一百一《总论制刑之义》下册,上海书店出版社2012年版,第145页。

六、宋明理学理治思想理论的特性

前面说过,宋明理治社会是以宋明理学思想为理论指导,以"存天理,灭人欲"为理论基石,以"修齐治平""克己复礼""天人合一""理一分殊"为理论思维模式,以德礼政刑为现实路径,追求国家道德伦理化、法律化的统一,礼制与政治制度理性化、法律理学化,实现天下平的理想社会的治国之道。它们呈现众多特征,反映了宋明"以理治国"方略所形成的思想源流和特色。

1. 融儒、释、道、法思想为一体

宋明理学理治思想理论是在吸收宋以前及同时代先进文化的元素,批判地继承与创新,超越了前人理论,发展出具有时代性的治国理论。

宋明理学以"致广大,尽精微,综罗百代"之精神,吸取、发挥和折中了儒家圣贤思想合体精华,合理融合了佛释与道家学说,继承与发挥了儒家圣贤道统思想,树立新儒之正统,又兼采道家的"道",将道家"道"本体之心兼容阴阳与"气"的学说,理气结合,使理气观更加丰富多彩,以"理一分殊"思维方式取代"一多相容"的佛学精华。同时,对法家"辟以止辟"观念表示了赞同,极力吸取并改造法家思想中有利于维护君主专制的思想,使思想更具有合理性、灵活性与可操作性。宋明理学也是折衷融合了宋儒之学和其他学派的学术成就,使之成为理学体系思想的重要部分。可以说在宋明理学的思想渊源中有众多源头活水,融摄文理学术,不愧为其一大特色。薛瑄说以朱熹为代表的理学"萃群贤之言,议而折衷,以义理之权衡,至广至大至密,发挥先圣贤之心,殆无余蕴"[①]。明代王祎认为:"自孔子而后,曾子子思继其微,至孟子而后,周程张子继其绝,至朱子而复明,朱子之道,固集至贤之大成者也。"[②]贺麟则提出:"朱子之所以成为儒学之

[①] (明)薛瑄:《读书录》卷二,文渊阁《四库全书》本,第14页。
[②] (明)王祎:《王忠文集》卷九《重建徽国公朱先生家庙记》,文渊阁《四库全书》本。

集大成者，乃在于他把握了孔孟的真精神和活灵魂，而不拘于儒家先学的个别思想和言论；既将这种真本质加以弘扬广大，又能够兼容并蓄佛、道二学，熔诸子百学为一炉，从而才能建立一个博大恢宏、蔚为壮观的理学思想体系，且扩至知识学、道德学、教育学、政治学、自然科学等旁支，从而为儒家思想增添了新的血液、新的生命力；开创儒学发展的一代新风，使儒家思想生机勃发，绵延至今。这便叫作'言孔孟所未言，而默契孔孟所欲言之意；行孔孟所未行，而吻合孔孟必为之事'。"[①] 不仅如此，宋明理学还融合了墨家思想的精髓，通过吸收墨家义利观等不同学说来修正先秦儒家思想，对传统的义利观、本末观、"均贫富""抑兼并"等等思想观念进行新的思考和全新的诠释。强调"工商皆本""惠商恤民""经世致用""义利双行"，这是对传统"本末论"作重新的界定和评论。梁启超说："宋代程朱之学，正衣冠，尊瞻视，以坚苦刻厉绝欲节性为教，名虽为儒，而实兼采墨道（吾尝谓宋儒之说理杂儒佛，其制行杂儒墨），故墨学非乐之精于不知不觉间相缘而起。然宋学在当时，政府指为伪学而禁之，其势力之在社会者不大。逮元代而益微。及夫前明数百年间，朝廷以是为奖励，士夫以是为风尚，其浸润人心已久。"[②]

在此，需要特别指出的是，宋明理学对法家之学理念的兼合，其博大宏伟思想体系蕴含了极为丰富的法律思想，与法家之学保持着千丝万缕的联系，也是中国传统文化一直传承"内圣外王""阳儒阴法"的典范。宋明理学尤其是朱熹对法家"重刑"合乎仁义、体现"至德"的思想有所继承。宋明理学从实质上肯定了法家"辟以止辟"法价值观念的合理性，朱熹就认为："法家者流，往往常患其过于惨刻。今之士大夫耻为法官，更相循袭，以宽大为事，于法之当死者，反求以生之。殊不知'明五刑以弼五教'，虽舜亦不免。教之不从，刑以督之，惩一人而天下人知所劝戒，所谓'辟以止辟'。虽曰杀之，而仁爱之实已行乎中。今非法以求其生，则人无所惩惧，

[①] 贺麟：《弘扬朱子思想之真精神》，《朱子学新论——纪念朱熹诞辰860周年国际学术会议论文集》，上海三联书店1991年版，第32—33页。
[②] 钱谷融主编：《梁启超书话》，绿林书房辑，浙江人民出版社1999年版，第6页。

陷于法者愈众，虽曰仁之，适以害之。"① 法律可以"刑一人而使天下之人耸然不敢肆意于为恶"②，理学融合了法家之学"壹法""一尊"、刑无等级、法不阿贵，强调必须统一立法权，统一法律的内容，要求天下治权一统于以皇权为代表的朝廷政治统治结构，立法权集中于朝廷王室，以为"先王之制，诸侯不得变礼乐，专征伐"③，"体统正而朝廷尊，天下之政必出于一，而无多门之弊"④。而且主张保持法律的稳定性，不能轻易地改变原有立法，朱熹指出："圣人立法，一定而不可易者。兼当时人习惯，亦不以为异也。"⑤ 不能轻易地变法，而应当"谨守常法"，小变其法，提倡经世随时因事制宜的思想。这反映了朱熹对于变法十分谨慎，主张保持立法的稳定性与一贯性，要求做到"上下相安，各守其分"。对于"奸豪侵暴，细民挠法害政者，亦必绳治不少贷"，对于触犯刑法者就应当严刑惩治，"察其敢有作过倡乱之人，及早擒捕，致之宪典。庶几奸民知畏，不至生事"⑥。

在程朱思想形成的过程中，以《中庸》"万物并育而不相害，道并行而不相悖"的精神，广泛地吸取了各学派学说中的合理内核，包容了儒、释、道及其他地域性学派的思想。全祖望在《宋元学案》中指出，朱熹"综罗百代""遍求诸家，以收去短集长之益。若墨守而屏弃一切焉，则非朱子之学也"⑦。诚如钱穆先生所说，作为宋明理学代表的朱子不但"能集北宋以来理学之大成，并亦可谓其乃集孔子以下学术思想之大成"，也"必兼罗汉唐以下迄于唐代诸家说而会通求之"⑧，而这种思想融合方式也正是对诸子百家所具有的善于选择、改造和综合的继承。宋明理学具有相当鲜明的"汇纳群流"的包容性与多样性、综合均衡性的特点。

此外，朱熹为理学集大成者是历代学者的共识，但是仅仅认识到朱熹

---

① 《朱子语类》卷七十八，《朱子全书》第16册，第2662—2663页。
② 《朱文公文集》卷十四《戊申延和奏札》，《朱子全书》第20册，第657页。
③ 《论语集注》卷八《季氏》，《朱子全书》第6册，第213页。
④ 《朱文公文集》卷十二《己酉拟上封事》，《朱子全书》第20册，第624页。
⑤ 《朱子语类》卷八十七，《朱子全书》第17册，第2945页。
⑥ 《朱文公文集》卷十六《奏救荒事状》，《朱子全书》第20册，第289页。
⑦ 《宋元学案》卷四十八《晦翁学案》，中华书局1986年版，第1495页。
⑧ 钱穆：《朱子学提纲》，生活·读书·新知三联书店2005年版，第1、180—181页。

为理学集大成者是不够的,这并不能全面认识朱熹"致广大而尽精微"、综罗百代思想框架。朱熹之学不仅仅融合了儒、释、道的优秀涵养,而且兼合墨、名、法先秦诸家,甚至于朱熹"通过哲学的洞察和想象的惊人努力,而把人的最高伦理价值放在以非人类的自然界为背景。或者(不如说)放在自然界整体的宏大结构(或像朱熹本人所称的万物之理)之内的恰当位置上"①。李约瑟称朱熹是"中国历史上最高的综合思想家"②,把社会伦理价值与自然界整体融为一体,其学说既不同于先秦杂家,也不同于明清时期学者所谓杂家,同时又有别于宋明时代一般意义上的"道学",以"新儒家""道学",或"理学"来概括朱熹之学是不适当的,我们应当看到朱熹之学更为广而杂,杂而有序,可以概以"宋代新杂家"。③

2. 发挥新意与创新

可以说,宋明理学能够明得前人本意,发挥自己新意,最能创新义,最能守传统,是承续性与创新性的结合。钱穆先生在《朱子学提纲》中多次提出朱子之学最大的精神就是创新与守旧的完美结合,能够依据原有的思想学术加以发挥,对原有思想体系进行更新,注重对前人思想本意的推敲与阐发,发挥自己新的见解,旧义新解,以自己新的思想替代前人旧有概念与观念,"惟朱子,一面固最能创新义,一面又最能守传统"。钱穆就认为"朱子称赞横渠此一语,不仅谓其胜过了二程,抑且谓其胜过了孟子。此处即可见宋代理学家精神,一面极具传统性,另一面又极具开创性,而以朱子尤为代表"。创新有两个方面:一方面是能够依据原有的思想学术加以发挥,对原有思想体系进行更新,在对待汉唐经学上朱子就是"欲创造出一番新经学",贵在发挥;另一方面就是能自立说,"朱子终是一卓越之理学家,因其有创见,能自立说,与标准之经学家毕竟不同",不仅仅满足于旧有体系的阐发,

---

① [英] 李约瑟:《中国科学技术史》第 2 卷《科学思想史》,科学出版社、上海古籍出版社 1990 年版,第 485 页。

② [英] 李约瑟:《中国科学技术史》第 2 卷《科学思想史》,科学出版社、上海古籍出版社 1990 年版,第 489 页。

③ 参见徐公喜:《朱熹宋代新杂家论》,《学术界》2007 年第 3 期。

而且"实欲发展出一番新理学"①,从旧思想中发展出新体系。

康熙皇帝就认为先秦以来的各种思想,"不偏于刑名,则偏于好尚;不偏于杨墨,则偏于释道;不偏于词章,则偏于怪诞。皆不近乎王道之纯"②。而宋明理学"见其穷天地阴阳之蕴,明性命仁义之旨,揭主敬存诚之要,微而律数之精意,显而道统之源流,以至君德圣学,政教纲纪,靡不大小皆赅,而表里咸贯,洵道学之渊薮,致治之准绳也"③。而且"体道亲切,说理详明,开发圣贤之精微,可施诸政事,验诸日用,实裨益于身心性命者,惟有朱子之书,驾乎诸家之上"④。这是理学对儒、释、道、法等思想学说进行折中与改造的功效,也使理学极大满足了"人君治天下"的政治要求。

宋明理学强调随时顺理,治道就要以顺理为核心内容,思想的损益和创新也必须把握着天理维持的中心内核。在论证三纲五常伦理等级制度时,宋明理学引入了"理一分殊"的理论,以阐发等级制度的合理性。朱熹将义理视为判断是与非的最主要的标准,认为"合于义理者为是,不合于义理者为非"⑤。理也与孔孟所倡导的仁礼一样具有道德原则的规范要求,是人们有目的行为所应当遵循的基本准则,"君尊于上,臣恭于下,尊卑大小截然不可犯"⑥。

3. 具有形而上科学理性精神

为克服汉儒宇宙生化论的神性主宰以及缺乏本体论天人合一说的弊端,宋明理学借鉴佛教的本体论视角,加入人生道德内涵,建立以"理"为本原的宇宙生成论,由宇宙演化论推进到道德本体论,以道德理性的超越性与绝对性,构筑了包括理气论、太极说与"理一分殊"形上学的天理观。程伊川、朱熹提出"性即理""太极只是理"命题,吸取"无极"为宇宙本原之说,将"太极"与绝对的理、"义理""性""道""心"等同起来,而且

---

① 以上所引均见钱穆:《朱子学提纲》,生活·读书·新知三联书店2005年版。
② 《康熙御制朱子全书序》,《朱子全书》第27册,第844—845页。
③ (清)章梫:《康熙政要》卷十六,中州古籍出版社2012年版,第312页。
④ (清)章梫:《康熙政要》卷十七,中州古籍出版社2012年版,第334页。
⑤ 《朱子语类》卷八十三,《朱子全书》第17册,第2841页。
⑥ 《朱子语类》卷六十八,《朱子全书》第16册,第2285页。

主张性、理、太极即是"天地之心",也是"形式"之理,建立以"理"为宇宙本原的宇宙生成论。同时,宋明理学将物质性的、生理性的、功能性的"气"与天之理沟通,融合儒佛理气二元,强调"理一分殊"的理气关系,于人性论、价值论、伦理说、修养论等方面进行"理一分殊"之逻辑推衍,以"天命流行""天理流行""化育流行"论证道德形上学,无论是程朱言"理一分殊",张(载)王(船山)言"气一分殊",还是陆(象山)王(阳明)言"一心万殊"、黄宗羲言"一本万殊",都具有道德形上学积极的意义,形成一个道德形上学的庞大系统。宋明理学坚持和发展了"天人合一"思想观,创新"天人一体"理念。宋明理学的天人一体并不是通过直观的表达方式来显现,而是以"理"的范畴来阐发,"理"既表现了"天人一体"的宇宙观,又体现了人与自然、社会与自然达到合一,有着很高的思辨哲理性及社会实用性。

程朱理学较先秦儒家更具进步性在于形上学论证方式的运用,借鉴佛教和道教在存在论上的先进成果,从儒家元典中挖掘其形上学的因素,提炼出天理、理气、太极说与"理一分殊",完成道德形上学建立可能性的问题,终于将道德信条式的理论体系变成了形而上学的哲学理论体系。可以说,宋明理学是具有很强烈的科学理性精神的。仍以《大学》为例,《大学》表面上看以"修身"为本,但其最终目的却是为了"治国""平天下",即是以维护封建专制制度为出发点的。朱熹发现了《大学》能够维护统治的政治功用,所以他对《大学》推崇备至。这也是朱熹把《大学》从《礼记》中抽出并编入"四书"的根本原因。而且从限制和规范君主行为角度讲,理学文化优于先秦儒家、法家或其他文化。在阐述天人关系中,宋明理学能够较多地以丰富的自然科学知识使其思想更加具有科学理性精神。

4. 与时俱进的时代先进性

宋明理学学问渊博,"致广大,尽精微",在学术上涉猎范围极广,"上至无极、太极,下而至一草、一木、一昆虫之微"[①],对自然科学中的气化、

---

① 《朱子语类》卷十五,《朱子全书》第14册,第447页。

宇宙演化结构等进行了广泛的研究和深入的探讨，取得了显著的自然科学研究成果，这不仅对中国自然科学的发展起了重要的作用，而且它通过将自然科学研究成果与理学思想贯通在一起，推动了理学思想的发展。朱熹以较为丰富的自然科学知识，使其思想体系中加进更多的唯物客观的因素，包含着科学思辨理性的意义。

宋明理学继承发挥了圣贤以道统为己任的思想，认为圣人之道在中断数千年之后，终有周敦颐、二程、朱熹为续，发挥圣贤道统之言，以此树立了新儒之正统。而且朱子在《中庸章句序》中首次在理学家意义上使用了"道统"一词，将"道统"概念化，"道统"之名得以升华，具有明确的创新观念。在发挥道统思想过程中，朱熹承续了二程"'人心惟危'，人欲也；'道心惟微'，天理也"①思想，将人心道心与人欲天理相通。宋明理学引"道"为"理"，作为其思想体系本题及规律性范畴，将道家"道"本体之心兼容阴阳与理学"气"的学说，理气结合，使理气观更加丰富多彩。宋明理学在它的发展过程中与时俱进，采自北宋至清各时代与理学家同时之人的思想学说。

理学各学派论辩相互兼举，使理学文化思想体系日益丰满。宋明理学各家各派之间以海纳百川的心态，互相吸收、互相诠释，具有互渗性的特征。他们以书院为基地，通过论辩、会讲、对话、答问、讲学等各种形式阐扬治国学术理论与实践之道。仅朱熹时代，就发生了朱熹与张栻仁学之辨，朱熹、吕（祖谦）、陆九渊三家鹅湖之会，陈亮与辛弃疾鹅湖之会，等等。他们在不断互相论辩、互相探索中，不仅激出了智慧的闪光，而且完善了自己的道德哲学的体系。

宋明理学以宗法制度中"天地君亲师"的信仰代替了对佛道偶像的崇拜；以积极入世的态度克服了佛道消极出世的弊病；强化三纲五常伦理说教的运用，使宋明理学更具有经世致用性，而成为中国传统社会后期正统的意识形态。宋明理学思想属于义理思想，但也和儒家法家一样倡导等级、尊卑上下，朱熹指出法家思想坚持"秦之法尽是尊君卑臣之事，所以后世不

---

① 《河南程氏外书》卷三，《二程集》，中华书局2004年版，第367页。

肯变"①。他们的思想以是否违反了三纲五常义理为准则，较前人更为直截了当地指出"凡听五刑之讼，必原父子之亲，立君臣之义以权之。盖必如此，然后轻重之序可得而论，浅深之量可得而测"，"凡有诉讼，必先论其尊卑上下、长幼亲疏之分，而后听其曲直之辞"②。肯定了"各得其分"的诉权地位，视义理而为权为八议，使之逐渐成为人们日常事务行动的准则，在法律角度上体现了法律是国家意志，具有强制性的基本特征。宋明理学所讲的"道"与"理"都是包括了伦常的仁义礼智、宗法等级之制，以理喻道之统，以道补儒，以"三纲五常"为内容的义理所具有的绝对性、不可侵犯性的思想，为以后统治提供了依据。同时，这也使宋明理学义理思想更具有现实性意义，摆脱了法家思想中那种冷冰冰少恩的机械性，使法、理、情很好地结合在一起，易于上上下下的实施与接受。

宋明理学充分发挥了先秦以来儒家传统中的"宗教性"，追求理学宗教化。理学的宗教性主要是在两个层面上展开的。一是理学理论的宗教性。在理学的超越性、终极关怀以及解决人的"安身立命"问题上的作用都体现了其宗教性意义。宋明理学吸收了禅宗"性命道德"说，并将其融入于"心性之学"，其思想体系中"天理""天道"等范畴无不留有佛性论思想的印记，理学之"心性义理"在某种程度上说是佛性化理论。理学家们在思考生命本源问题时展现出以"诚"为核心的"宗教感"，表现出了对历史文化传统以及古圣先贤的崇敬之情。从某种意义上言，"成圣之学"是宋明理学思想的主题，而"成圣之学"在本质上即是超越之学，体现了理学思想之宗教性。二是理学实践的宗教性。宋明理学非常注重个体的日常修养，所强调的主观内省、主静、居敬等实践修养方法将宗教性与礼教仪礼化结合起来，具有明显的宗教僧侣主义色彩。理学强调日用生活中礼仪宗教化程序的实施，便于无知的百姓对伦理纲常的理解与接受。理学在传播过程中，除专门孔庙、文庙外，各级教育机构包括中央国子监及地方州学及县学乃至书院教育都采取"庙学制"，举行祭祀孔、孟、程、朱等圣贤的仪式，祭祀等礼仪已经成为教

---

① 《朱子语类》卷一百三十四，《朱子全书》第18册，第4189页。
② 《朱文公文集》卷十四《戊申延和奏札一》，《朱子全书》第20册，第656—657页。

育生活的重要活动，直至晚清仍维持不变。这种"庙学制"的祭祀等礼仪并不是膜拜祈求神灵的庇佑，而是一种敬畏圣人、提升参与者的生命境界、实现圣人人格修养性的礼仪，以提升儒学的超越性，并以此为中介重新搭建天与人、内圣与外王相沟通的桥梁。宋明理学具有与时俱进的时代性，应当准确地把握这一理论的时代文化的先进性。

5. 重于政事的经世社会性

以朱熹为代表的宋明理学体用皆备，重于政事治道。钱穆先生对此有深刻体会，指出："朱子之学，重在内外合一，本末兼尽，精粗俱举，体用皆备。"[①] 钱穆又在《朱子学提纲》中提出："朱子于政事治道之学，可谓于理学中最特出。试观其壬午、庚子、戊申诸封事，议论光明正大，指陈确切着实，体用兼备，理事互尽。厝诸北宋诸儒乃及古今名贤大奏议中，断当在第一流之列。又其在州郡之行政实绩，如南康军之救荒，在漳州之正经界，虽其事有成有败，然精其心果为，与夫强立不反之风，历代名疆吏施政，其可赞佩，亦不过如此。朱子之理学，固承袭程张，而其经学则继踵北宋诸儒。能湻经学理学为一途，则端赖有朱子。"[②] 宋明理学思想富有经世致用的实践精神，是把治国之理的政治哲学作为其理论基础，较多地关注着治道，并没有将德礼政刑排斥在治国方略之外，而是将其纳入在义理指导下的"平天下"王道之中。朱熹思想所具有的深刻政治性，才使之能够成为引导中国社会后期几百年政治活动的思想意识。

宋明理学家有着丰富的国家治理实践历程。仅以朱熹为例，朱熹为仕九年，曾任泉州同安主簿、差监潭州南岳庙、知南康军、除两浙东路常平茶盐公事、江西提刑、知漳州、侍讲等职，以经世致用的儒学文化传统实施政治远大抱负之旅，"从容乎礼法之场，沉潜乎仁义之府"[③]。他发布了《经界申诸司状》《知南康榜文》，宣布了宽民力、敦风俗、砥士风等施政方略，力行经界，在五夫里进行社仓法的实践；他通过考订《祭礼》扩写而成《家礼》

---

① 钱穆：《朱子学提纲》，生活·读书·新知三联书店2005年版，第188页。
② 钱穆：《朱子学提纲》，生活·读书·新知三联书店2005年版，第24页。
③ 《朱文公文集》卷八十五《书画像自尊》，《朱子全书》第24册，第4005页。

《增损吕氏乡约》,制定了《申严昏礼状》《晓谕居丧持服遵礼律事》《劝女道还俗榜》,四处张贴,指出"惟礼律之文,婚姻为重。所以别男女,经夫妇,正风俗而防祸乱之原"①;他发布了《约束差公人及朱钞事》《约束科差夫法》等,规定"今后本县违法辄差公人下乡追扰,许人户赴军陈诉,定追犯人重断"②。朱熹巡历属县,查奏官员"弛慢不职",力劾前台州知州唐仲友。朱熹曾以江西提刑的身份起奏,其奏札主要涉及刑讼之事,指出:"近年以来,刑狱不当,轻重失宜,甚至涉于人伦风化之重者。有司议刑,亦从流宥之法,则天理民彝,几何不至于泯灭?"③主张"以经术义理裁之",论经总制钱改革、科罚之利弊等。朱熹还与郑景望、郑伯熊讨论了《虞书》《舜典》有关刑法产生的理论基础以及有关罪疑从轻功疑从重、眚灾肆赦、怙终贼刑、过误必赦故犯必诛、五刑五用等具体法律理论与适用问题。作《舜典象刑说》,颁布了《漳州晓谕词讼榜》及《约束榜》等。《约束榜》无疑是一份非常重要的法律文告,从某种意义上说,是朱熹制定的一部诉讼程序法。在其文集中详细记载他经办的马踏少儿案、阿梁私通谋杀亲夫案、马辛斗杀案等案例,他知南康军时被宋孝宗称赞道:"朱熹政事却有可观。"④宋明理学产生之际,无论是其理论内涵还是语言都十分直白、简易。阳明心学也是如此。如在义理方面,王阳明的"良知"说强调良知本体主体具有"圣愚无间"之平等性,认为良知本体不仅是内在,而且外显在"钱谷兵甲、搬柴运水"等日常行为及事事物物之中,更具有世俗化倾向,更容易被士大夫、平民百姓等接受。宋明理学一贯致力于社会教育,以讲学作为推动学说发展和传播的主要手段。南宋时期有四大书院,其中三大书院与朱熹有直接关系。书院对于理学思想的传播具有举足轻重的作用。王阳明"平生冒天下之非诋推陷,万死一生,遑遑然不忘讲学"⑤,其"弟子甚众,都好讲学"⑥。

---

① 《朱文公文集》卷二十《申严婚礼状》,《朱子全书》第 21 册,第 896 页。
② 《朱文公文集》卷九十九《差公人及朱钞事》,《朱子全书》第 25 册,第 4595 页。
③ 《传记资料》,《朱子全书》第 27 册,第 544—545 页。
④ 《宋史》卷四百二十九《朱熹传》,中华书局 1977 年版,第 12756 页。
⑤ 《王阳明全集》卷一《传习录》卷中,上海古籍出版社 1992 年版,第 112 页。
⑥ 何良俊:《四友斋丛说》,中华书局 1959 年版,第 39 页。

宋明理学思想学院，很多都是涉及小学、家礼等社会基层的运用，理论具有治道的针对性与实用性，强调内容简约化。朱熹十分重视他的学说的普及和通俗化，通常通过运用比较通俗浅近的词语解说理论，尤其擅长使用日常生活性的比喻来阐述理学，传播理学。朱熹认为治道时就应当"立一个简易之法，与民由之"①，"若圣贤有作，必须简易疏通，使见之而易知，推之而易行"②，倡导简易、世俗、致用的思想，以实现有补治道。《朱子家礼》就是对古制的大胆革新，显示出"从俗、从众、变通"的精神，所定礼仪与古之礼比较，不仅语言简洁、简约，礼仪安排实用，便于操作，而且因情循俗，使之适应不同等级身份的人，为社会民众实际实施留下了较大的余地，朱熹以义理惟核心的思想体系对于宋以后基层社会产生了巨大影响。他的理论对社会世俗礼仪、经济规范观念及行为都产生了重大影响。广大徽商无不以朱子理学"诚信"接人待物，经营从商。宋明之际，从官府到民间，无不遵从朱熹家礼，"洪武元年，令：民间婚娶，并依《朱子家礼》"③。显然，理学家新的思想体系较之于法家更具有经世致用的社会性。

宋明理学发展了孔孟以来的德礼政刑观，强化了德礼政刑的作用与适用性，确立了"平天下"的价值观，推行着一整套的"阳儒阴法"措施，促成了理学的法典化。在实际运用中，宋明理学将人治与法治相结合，正君心，严吏治，举贤才，公平慎刑，适应社会发展的需要，成为维护与巩固封建专制统治需要的正统思想。宋明理学思想在中国思想史及其政治史上都具有极为重要的历史地位。我们必须全面理解理学思想的实用性，充分认识到朱熹、王阳明、王夫之等作为内圣外王实践者的贡献。正由如此，宋明理学才能成为影响中国社会近八百年的宏大的思想体系。

6.理论模式的多样性转变

一是以理治国的理论模式由承续性向创新性的转变。按照中国社会秩

---

① 《朱子语类》卷一百八，《朱子全书》第17册，第3517页。
② 《朱子语类》卷八十四，《朱子全书》第17册，第2878页。
③ （清）龙文彬：《明会要》卷十四《婚礼》，转引自《中华大典·法律典·民法分典》第1册，西南师范大学出版社2015年版，第626页。

序治理方略,中国传统社会主要经历了以德治国(夏周商)、以礼治国(春秋战国)、以法治国(秦)、以礼法治国(汉唐)、以理治国(宋至清末)等不同阶段。宋明以理治国的方略是在应对历史趋势的基础上,形成的一种在特定历史时期的国家治理模式,它和唐宋之前中国历史所出现过的"礼治"社会,虽然具有浓厚的历史承续性,但它们在思维模式、价值内涵、社会性质、理论基础和具体措施等方面都有一定创新性。相应地以理治国的思维模式也凸显了由承续性向创新性转变的特性。从修齐治平来看,宋明理学家在理论和实践中讲求"立志""修身",以求最终达到"内圣外王"、治国平天下,将道德自律、意志结构,以及人的社会历史责任感、人与自然关系、人与人关系等方面,提高到本体论的高度,空前地建立人的伦理主体性的庄严和伟大,这都是对前人思想的承续和创新所在。从克己复礼看,宋明理学家吸取了传统的"克己复礼为仁"的思想,将传统的复礼思想与天理、人欲相联系,形成新的"克己复理"的观念,从复礼、复性到复理,虽然终极目标都是实现"仁",思想上有其历史的承续性,但更多的是其在新历史环境中的创新性。从天人合一来看,其理论发展演化的历史过程很漫长,各个朝代的思想家在保持良好的继承性的同时,都结合更加合理性和现实性的因素,这使得宋明理学家将治国思维重点落在天人关系上,最终达到"仁"道,实现和合。宋明以理治国的思维模式都承续古代先哲思想,并结合时代特征,创新性地建立了新的理论体系,从而论证了"以理治国"思想实现的可能性和现实性。

二是以理治国的理论模式由封闭性向开放性的转变。从汉代佛教传入中国开始,外来文化虽与中国传统儒家伦理道德、社会心理和思维方式等方面存在冲突,但它在处于混乱纷争中的中国不仅流行速度很快,而且世人的接受程度也很高。同时,传统的中国道教吸收了佛教宇宙生化的思想,使道教的宇宙生化观更为完善。作为中国官方意识形态的儒家受到前所未有的双重挑战即外来佛教和本土道教的挑战,因此将三者思想实现在冲突中融合,以达到统一道德体系的目标,成为士大夫的理想追求。从隋唐提出"三教合一"以来,这一问题并没真正得到完善的解决。到了宋明时期,理学家们尤其是朱熹"致广大,尽精微,综罗百代",都吸收了儒、释、道各家之长，创造性地将三者融合，形成"三教合一"的理学体系，真正地解决从汉代以来学术界一直不曾解决的重大理论问题，也使得传统儒家体系从而摆脱了封闭的困境，走向了开放的文化时代，并成为官方意识形态这一过程，表现出极大的包容性和开放性。由此形成的以理治国的理论模式也呈现封闭性向开放性转变的特性。如"修齐治平"思维之修身理论，它的理论基础是人性论。虽然从先秦到宋明时期的人性理论，都在为解决人的本质问题而努力，但直到宋明时期，才打破了儒家的旧框架，提出极具开放性的理论，解决了哲学史上关于人性问题的不休止的争执。又如儒家的"天人合一"思想起源很早，可追根溯源于殷周，历经孔孟学派、董仲舒和宋明理学三个发展阶段。从单纯地关注天、人、神关系的简单的神秘主义观念，发展到董仲舒粗略简单且包含政治目的的"天人感应"说，最终重任落到以心性本体论来论述"天人合一"说的宋明理学家身上。宋明理学家不仅将"天人合一"的思想提高到本体论的高度看待，突破传统的天人关系，而且还从道德属性出发，强调了道德存在的合理性和道德主体修养的必要性。

三是以理治国的理论模式由单一性向整体性的转变。在宋明理治社会体系中，从总体上看，修齐治平、理学复理、天人一体与德礼政刑综合治理都是"以理治国"理论模式的组成部分。虽然它们都有其存在的独立性和内在的思想性，但是在"以理治国"模式构成中，如果没有修齐治平，就不能认识到儒家伦理思想的精神实质、儒家的理想境界和儒家传统政治针对性；复理蕴含克己复礼、复善、复性，宋明理学以道德主体的能动性和力行作用，寻求走向人生理想境界的路径；没有天人合一，就不能认识到宋明理学天人关系与和合思想；精神都集中于对道德主体、人与人、人与社会、人与自然等方面的有力探讨中，都为实现"仁"道而努力，都为实现"以理治国"提供了思想基础，因此三者形成统一的有机整体，缺一不可。从具体方面看：在修齐治平体系中，修身属于儒家思想的心灵伦理结构，儒家所倡导的格物、致知、诚意、正心，都属于修身的范畴；齐家属于儒家的宗法伦理结构，是心灵结构向外扩展的开端，三纲五常和四德五伦是其集中表现；治国属于儒家政治伦理结构；"平天下"成为理学家人际伦理境界。修齐治平从不同的心灵、宗法、政治和人际伦理等方面，整体性地体现了儒家的理想境界以及儒家伦理思想的精神实质。在克己复礼思维中,"克己"是为了达到"仁者爱人"的至善品质,实现自我塑造;通过"复礼—复善—复性",目的在于重构社会秩序,关注人的日用行为,构建"仁"和"人"的理想境界;两者的有机结合就是为了实现"克己复礼为仁"的目标。从理学体系上对"克己复礼"进行重新阐述,要求克尽人欲,复尽天理,也就是克己复礼的工夫。这种对于天与人、人与自然、人与社会的关系从个别到综合的探讨,其本身就是体现思维模式从单一性到整体性的表现。而中国古代对于天人关系的探索经历,从各种承前启后的思想到最后归结到宋明理学体系,都经历了从单一思维到整体思维的过程。因此,无论从整体还是具体方面看,"以理治国"思维模式都体现了从单一性到整体性的转变特征。国家治理观念具有道、法、阴阳、儒等诸家政治思想的综合性特点。

四是以理治国的理论模式由静态性向动态性的转变。宋明时期特定的历史环境,酝酿着思想理论形态的转型。张立文先生指出:"宋明理学之所以称为新儒学,是指其在外来印度佛教文化哲学与本土道教文化哲学以及价值理想、理论形态转型的挑战下,将元典儒学作为滞留于伦理道德层次的心性之学,从形上学本体论层次给以观照,使传统儒学以心性为核心的伦理道德和价值理想(包括社会理想和人格理想)建构在具有理性力度的形上学本体论思维之上,通过诠释心性与本体、伦理与天道的联结以及人与生存世界、意义世界、可能世界的关系,使儒家道德学说获得形上性和整体性的阐发,传统儒学内部的逻辑结构、价值结构、道德结构等经此调整,获得新的生命。"[①]这里所说的"新",就是宋明理学面临挑战,通过一系列生动活泼的学术创造而得到思想充实和精神体现,实现从静态向动态模式的发展趋势。"以理治国"的思维模式在关于"天人合一"以及对于人的主体性精神发挥等问题,也体现出由静态思维向动态思维发展的特征,呈现一派生生不息的活力。

---

① 张立文:《朱熹评传·自序》,长春出版社2008年版。

第四章　理治社会之道统

"统者，即正宗之谓，亦犹所谓真谛之说也。"① 钱穆指出，中国历史的内容，大体上可分为三统：一曰血统；二曰政统；三曰道统。"综合上述之血统、政统、道统三者而言，政统既高于血统，道统又高于政统，三者会通和合，融为一体，乃成为中国历史上民族文化一大传统。惟其有此一文化大传统，乃使五千年来中国长为一中国，中国人则长为一中国人。历久而不变，与时而弥新。古今新旧，则长融和在此一传统中。"② 同时说："中国封建政治由大群中之氏族来，可见中国人尊尚少数实亦从多数中组织培养、挑选提拔来。而又密切相关，融成一体，由'血统'中创出'政统'，又由'政统'中完成'道统'，而使中国成为一'封建一统'之国家。""唐虞三代，乃由政统中产生出道统。"③ 从历史发展来看，先有"血统"，然后有政统，再有学统，最后才形成道统。然而，从概念名称上说，是在"道统"之名出现以后，才有"政统""学统"之名。④ 朱熹最终确立了中国文化史中影响深远的"道统"观念。这种道统是指一个民族的文化、思想、道德标准正统性连续、传承的关系。不同于牟宗三视科学为"学统"、德性之学为"道统"的

---

① （清）熊赐履：《学统·自序》，凤凰出版社2011年版。
② 钱穆：《中国史学发微》，台湾东大图书公司1989年版，第107页。
③ 钱穆：《文化学大义·中国文化演进之三大阶程及其未来之演进》，《钱穆先生全集》，九州出版社2011年版，第141、144页。
④ 最早提出道统说的是被流放潮州的韩愈，朱熹在淳熙四年所撰《中庸章句序》中采用"道统"一词。钱大昕《十驾斋养新录》卷十八"道统"条则认为："道统"二字，始见李元纲《圣门事业图》，其第一图曰"传道正统"，以明道、伊川承孟子。其书成于乾道壬辰，与朱文公同时。

界定。①"政统"和"治统"两词在学术界多有混用,一般是指帝王政权之传递而形成的统绪。政统反映着政治合法性,尤其是以君权为核心的政权体系正统合法性。道统与政统是所有统系中最为重要的两种。王夫之《读通鉴论》:"天下所极重而不可窃者二:天子之位也,是谓治统;圣人之教也,是谓道统。"②宋明理学追求道统与政统的合一:"儒者之统,与帝王之统并行于天下,而互为兴替。其合也,天下以道而治,道以天子而明;及其衰,而帝王之统绝,儒者保其道以孤行而无所待,以人存道,而道不可亡。"③学统旨在阐明道统的精义,涉及学术承担、学脉传承、学术精神,是一种与传统的"道统""政统"相适应的追求学术的独立性学人传统。应当说,自朱熹《伊洛渊源考》始,儒学才有了学统的传承论说。传统文化典章中鲜有"法统"一词,故而才会有学者将"道统"与"法统"等同,如俞荣根先生在《道统与法统》一书的《自序》中指出:"儒家之道统帅着古代法之立法、司法、执法、守法的全部活动过程,贯彻于其法律制度、法律生活、法律心理、法律行为、法律艺术、法律意识、法律思想中,此道统,即中国古代法之法统。"④强调了道统与法统的一致性,而并没有将道统与法统作区别。事实上,法统与道统是相互联系、相互区别的具有主从意义的二统。法统是指一整套根本性的法律或规范之间的连续、继承关系法律体系,是支配法律实践活动的价值基础,也是法律文化的内核。道统、政统、法统是国家的不可或缺的属性。从根本上说,法统从属于道统。道统,理治社会之本根,成为其治统的指导原则与意识形态的方向。而德礼道德建设是理治社会道统的关键。三统中最易断绝的是政统,在大多数情况下,就是旧政统终结,而旧的法统并不会被完全否定,往往只是略有增删;道统更并不会因为政统、法统而中断,保持着一个长期的历史性。

---

① 参见牟宗三:《略论道统、学统、政统》,《生命的学问》,广西师范大学出版社2005年版,第50页。
② 《读通鉴论》卷十三《成帝七》,《船山全书》第10册,岳麓书社2011年版,第479页。
③ 《读通鉴论》卷十五《文帝一三》,《船山全书》第10册,岳麓书社2011年版,第568页。
④ 俞荣根:《道统与法统·自序》,法律出版社1999年版,第29页。

一、宋明理学道统体系

1. 宋明理学道统发展轨迹

宋明理学肯定了道统的存在，甚至认为"自上古圣神继天立极，而道统之传有自来矣"①，在前人道统理论的基础上进一步阐发与构建儒家圣贤道统体系。从宋明理学主流学派言，主要是即"道"而言"统"的，他们首先是确立何为儒家圣学的道的标准，然后再确立儒家的谱系，也就是说，凡合此道者才可列于道统谱系之中，而不合此道则不列于道统谱系之中。

儒家把他们自己看成是中国文化的传承人，俨然以正统的文化继承者自居。孔子在《论语·尧曰》中引尧之语说道："尧曰：'咨！尔舜！天之历数在尔躬，允执其中。四海困穷，天禄永终。'舜亦以命禹。"也就初步点化了尧—舜—禹圣贤的道统谱系，为后世学人道统思想的发扬铺垫了基石，当然孔子并没有把这个谱系进一步系统化。孟子亦倡导王道仁政，首先提出了圣人传道的路径："由尧、舜至于汤五百有余岁，若禹、皋陶，则见而知之；若汤，则闻而知之。由汤至于文王五百有余岁，若伊尹、莱朱，则见而知之；若文王，则闻而知之。由文王至于孔子，五百有余岁，若太公望、散宜生，则见而知之；若孔子，则闻而知之。由孔子而来至于今百有余岁。"②表明了孟子心中所向往的圣人传授次第，孟子理出的古典儒家的谱系就是道统观的雏形。

汉至隋之际，董仲舒认为"禹继舜，舜继尧，三圣相受而守一道"③，汉武帝"罢黜百家，独尊儒术"，已经出现有如钱穆所言"汉武帝以下，则必尊道统以为政统"④之状，但是董仲舒没有能够将道统学说体系化。由唐而

---

① 《朱文公文集》卷七十六《中庸章句序》，《朱子全书》第 24 册，第 3673 页。
② 《孟子·尽心下》，《孟子正义》，中华书局 1987 年版，第 1114—1115 页。
③ 《汉书》卷五十六《董仲舒传》，中华书局 1987 年版，第 2519 页。
④ 《文化学大义·中国文化演进之三大阶程及其未来之演进》，《钱穆先生全集》，九州出版社 2011 年版，第 144 页。

宋，韩愈、孙复、石介、范仲淹、欧阳修、二程、杨时等进一步重振儒学，再续道统。在道统学说构建中，韩愈、二程、朱熹道统观念是重要的组成部分，具有承前启后的特殊意义。

韩愈以维护儒学正宗为己任，为了和佛教的佛祖传法世系相抗衡，重新提出了儒家道统。韩愈在儒家发展史上有两方面的贡献。一方面是编制了道统谱系，倡导尧、舜、孔、孟一脉相传的道统论。"尧以是传之舜，舜以是传之禹，禹以是传之汤，汤以是传之文武周公，文武周公以是传之孔子，孔子传之孟轲。轲之死，不得其传焉。"①韩愈将荀子排除于道统相传之外，却将自己列入圣贤之道传授谱系中，认为"其道由愈而粗传"，这样以孔子为分界，形成了尧、舜，舜、禹，禹、汤，汤、文、武、周公帝王一系，孔、孟、韩圣贤一系。韩愈"轲之死，不得其传焉"观点为后世儒家学人尤其是理学家所推崇。另一方面，韩愈提出了"师道"，师儒肩负着传道、授业、解惑之责，"师道"高于"治统"，改变了帝王道统的传统观念，形成圣人传道观。

张载在韩愈道统论的基础上将道统传序的圣人分为"作者"和"述而不作者"，但是张载并不承认韩愈上承孟子道统的地位，认为孟子以来的学者只传圣人文字思想，不能领悟圣心，"孔孟而后，其心不传，无荀扬皆不知"②。同时，张载引禅宗以心传心之法，提出了儒学的心法思想，认为儒家传承有一个心传体系，率先提出儒家道统心传的理论问题。

在道统学说的构建中，二程的贡献主要有三个方面：一是在道统谱系建设上，程颐认为儒学复兴始于程颢。程颐所作《明道先生墓表》说道："周公没，圣人之道不行；孟轲死，圣人之学不传。道不行，百世无善治；学不传，千载无真儒。……先生生于千四百年之后，得不传之学于遗经，以兴起斯文为己任，辨异端，辟邪说，使圣人之道焕然复明于世，盖自孟子之后一人而已。"③奠定了程颢的道统地位。二是二程将道统心传与天理思想结合，无疑是达到了先人的顶峰，其寓意更为深厚广大，其思想对朱子的影响更

---

① 《韩昌黎集·原道》，商务印书馆1958年版，第60页。
② 《张子全书》卷之五《经学理窟·义理》，西北大学出版社2015年版，第81页。
③ 《河南程氏文集》卷七《明道先生墓表》，《二程集》，中华书局2004年版，第640页。

大。程颐说,"人心,私欲,故危殆;道心,天理,故精微。灭私欲则天理自明"①,提倡以义理为标准,随时而中。三是程颐所提出的"《中庸》乃孔门传授心法"的思想,发明了从"喜怒哀乐未发"内省体认心传之方式,反对学者"求之于喜怒哀乐未发之前",主张"涵养"。

朱熹进一步阐发了儒家圣贤道统谱系,其谱就的道统之序还有三个方面值得重视:

一是朱熹的道统谱系上至"上古圣神"伏羲、神农、黄帝,丰富了孔子以来的道统谱系。《大学章句序》指出:"此伏羲、神农、黄帝、尧、舜,所以继天立极。"

二是将周敦颐与伏羲、文王、孔子并列,以"先圣后圣"冠之。他说:"以熹观之,伏羲作易,自一画以下,文王演易,自'乾元'以下,皆未尝言太极也,而孔子言之。孔子赞易,自太极以下,未尝言无极也,而周子言之。夫先圣后圣,岂不同条而共贯哉?"②而且认为"程子昆弟之学于周子也,周子手是《图》以授之。程子之言性与天道,多出于此"③。朱熹在谱系中排除了韩愈序位,极力推崇周敦颐,视其为理学之开山,使周敦颐成为道统谱序中重要一环,这是有别于二程将程颐视为儒学复兴始者观点,对后世影响极大,几成定论。宋理宗淳祐元年(1241)下诏确立道学的地位说:"孔子之道,自孟轲后不得其传,至我朝周敦颐、程颢、程颐、张载,真见实践,深探圣域,千载绝学,始有指归。中兴以来,又得朱熹,精思明辨,折衷融会……孔子之道,益以大明于世。"④

三是朱熹的道统谱系下隐自身,委婉地表达了自身承续道统观点,自以为道统殿后集大成者。朱子在以二程为道统传人之后,又尽量使自己和这个道统挂起钩来。他说:"吾少读程氏书,则已知先生之道学德行,实继孔孟不传之统。"⑤对于朱熹的这一贡献,钱穆先生有所论:"韩愈《原道》,始

---

① 《河南程氏遗书》卷二十四,《二程集》,中华书局2004年版,第312页。
② 《朱文公文集》卷三十六《答陆子静第五》,《朱子全书》第21册,第1567页。
③ 《太极图说解》,《朱子全书》第13册,第76页。
④ 史仲文:《续资治通鉴全译》,中国国际广播出版社1993年版,第1022页。
⑤ 《朱文公文集》卷七十八《建康府学明道先生祠记》,《朱子全书》第24册,第3732页。

明为儒家创传统,由尧、舜以及于孟子。下及北宋初期,言儒学传统,大率举孔子、孟、荀以下及于董仲舒、扬雄、王通、韩愈。惟第二期宋学,即所谓理学诸儒,则颇已超越董、扬、王、韩,并于荀卿亦多不满。朱子承之,始确然摆脱荀卿、董、扬以下,而以周、张、二程直接孟子。第二期宋学,即所谓理学者,亦始确然占得新儒学中之正统地位。此为朱子之第一大贡献。"①刘述先也说:"一般以为二程开出的思绪,要到南渡以后朱熹集大成,后世接受的道统传承线索,即由朱熹建构而成。"②

在朱陆之后,理学家都描绘了不同的谱系。诸多以学案形式加以排序,以学统体现道统。最流行的道统谱系是黄榦提出的,黄榦认为圣人"继天立极,而得道统之传,故能参天地、赞化育,而统理人伦,使人各遂其生,各全其性者,其所以发明道统以示天下后世者,皆可考也"③。黄榦以"道始行"与"道始明"两个概念区分周公以上圣王与孔、孟之间的不同,将朱熹作为道统的关键人物而勾勒了谱系:"道原于天,具于人心,著于事物,载于方策;明而行之,存乎其人……尧、舜、禹、汤、文、武、周公生而道始行;孔子、孟子生而道始明。孔、孟之道,周、程、张子继之;周、程、张子之道,文公朱先生又继之,此道统之传,历万世而可考也。"同时,黄榦在《朱子行状》中又言简意赅地写道:"道之正统,待人而后传。自周以来,任传道之意,得统之正者不过数人,而能使斯道章章较著者,一二人而止耳。由孔子而后,曾子、子思继其微,至孟子而始著;由孟子而后,周、程、张子统其绝,至先生而始著。"这段话被采入《宋史·朱熹传》,此说被史家视为定论。王阳明也说道:"尧舜禹之相授受曰:'人心惟危,道心惟微,惟精惟一,允执厥中。'此心学之源也。中也者,道心之谓也。道心精一之谓仁,所谓中也。"④同样王阳明将程朱一派常说的"十六字箴言"作为儒家

---

① 钱穆:《朱子学术述评》,《中国学术思想史论丛五》,台湾东大图书公司1989年版,第159页。
② 刘述先:《评余英时〈朱熹的历史世界——宋代士大夫政治文化的研究〉》,郑培凯主编:《九州岛学林》2003年冬季第1卷第2期。
③ 黄榦:《圣贤道统传授总叙说》,《宋元学案》卷六十三《勉斋学案》,中华书局1986年版,第2022页。
④ 《王阳明全集》卷二《象山文集序》,上海古籍出版社1992年版,第325页。

先圣一脉传承之"道",并给予心学的解释,从朱熹起,"道统"的尊号基本上便属于有"德"无"位"的儒家圣贤了。

2. "道理最大","道"尊于"政"

宋明理学主张"天下一理",朱熹认为,"天下万物当然之则便是理"①。理就是天下万物当然之则,由此,宋明理学通过天理论构建,尤其对伦理价值体系的阐发与凸显,建构以宇宙终极道理的本体。

天理人性论气禀说的一个重要原则就是人所具有气禀的厚与清往往是不成正比的,故而君主禀得极厚之气,而不一定具有圣人之气清。朱熹甚至认为孔孟后世之君中没有出现天生圣人:"上古天地之气,其极清者,生为圣人,君临天下,安享富贵,又皆享上寿。及至后世,多反其常。衰周生一孔子,终身不遇,寿止七十有余。其禀得清明者,多夭折;暴横者,多得志。旧看史传,见盗贼之为君长者,欲其速死,只是不死,为其全得寿考之气也。""恁地时节,气亦自别。后世气运渐乖,如古封建,毕竟是好人在上。到春秋乃生许多逆贼……且如天子,必是天生圣哲为之。后世如秦始皇在上,乃大无道人,如汉高祖,乃崛起田野,此岂不是气运颠倒!"②宋明理学家论证了君主不是圣贤之君,其中很多甚至还是"盗贼",以贬抑君统的神圣性。宋人陈经说:"君之喜怒无常情,法之轻重有常理,不徇君而徇理之中可也。君言苟是,从君可也;非从君,乃从理也。君言苟未是,则从理可也,从理乃所以从君也。"③在理与君的排序中,理是第一位的。

而同时作为理学主体的士大夫没有绝对权力,很多人是在野,甚至理学家群体在相当时期被视为"伪道学"受到打击,无法直接通过权力重建"国家权威",故只能从"国家权威"转向"思想秩序",通过"道统"来制约"政统",借助历史与文化来批评权力,以道德仁义的理作为重建伦理系

---

① 《朱子语类》卷一百一十七,《朱子全书》第18册,第3698页。
② 《朱子语类》卷四,《朱子全书》第14册,第220、212页。
③ 《大学衍义补》卷一百一十一《简典狱之官》下册,上海书店出版社2012年版,第223页。

统与思想秩序的基石,并予以传播。如胡瑗"以道德仁义教东南诸生","以明体达用之学授诸生"①,而且"天下唯道理最大,故有以万乘之尊而屈于匹夫之一言,以四海之富而不得以私于其亲与故者"②。明代吕坤在《呻吟语·谈道》中也指出,势尽管高贵,但与理相比,"势之尊,惟理能屈之",他说:"公卿争议于朝,曰天子有命,则屏然不敢屈直矣。师儒相辩于学,曰孔子有言,则寂然不敢异同矣。故天地间,惟理与势为最尊。虽然,理又尊之尊也。庙堂之上言理,则天子不得以势相夺,即夺焉,而理常伸于天下万世。故势者,帝王之权也;理者,圣人之权也。帝王无圣人之理,则其权有时而屈。然则理也者,又势之所恃,以为存亡者也。以莫大之权无僭窃之禁,此儒者之所以不辞而敢于任斯道之南面也。"③理高于势,"道理最大",理成为自然与社会秩序的总则。因此,理不仅是百姓万民应当遵从的准则,而且是统治民众的原则,处理伦理关系的道德原则;同时,也应该是君主应当所遵循之理。朱子确定了理的普遍性和绝对性,而圣人、权威或是皇权都只能是理的体现,都不能取代理,更不能违背理。至正五年(1345),宋、辽、金三史修成之后,杨维桢曾上《三史正统辨》表,其主旨在于强调元朝的"正统"直接得之于南宋,而非辽、金一系,其"道统者,治统之所在"一语诠释了"治统"的合法性、正当性依附于"道统"。宋明理学,"道统"是合于天道的统治。理学家认为依天理之正而行就是顺天命。社会与自然秩序当循天理之正,社会秩序中"三纲"之道就是理。杨时指出孟子所谓舜"为法于天下,可传为后世者"所指就是"以为父子尽父子之道,以为君臣尽君臣之道,以为夫尽夫道,以为兄尽兄之道"④,肯定了"理"的绝对性,确立了"道统"高于"政统"的神圣性。二程、朱熹等人把"道统"从"政统"中独立出来,甚至凌驾于后者之上,并用"圣人之言"来拒绝和匡正当朝执权柄者的悖谬之言和随意之政。以皇权为中心的

---

① 《宋元学案》卷一《安定学案》,中华书局1986年版,第25页。
② 《皇宋中兴两朝圣政》卷四七《乾道五年三月戊午》,江苏古籍出版社1988年版,第14页。
③ 《呻吟语》卷一《谈道》,《吕坤全集》,中华书局2008年版,第646页。
④ 《龟山集》卷十《语录》,文渊阁《四库全书》本,第1125册。

政统在很大程度上受到道统的有力制约，儒家道统成为专制皇权的制衡力量之一。

宋明理学还通过肯定师道高乎治道来论证道统尊于政统的推理方式。韩愈在《师说》中将"师"的职责概括为"传道、授业、解惑"，把传道作为师的第一要务，认为道不能脱离师儒而存在，"道之所存，师之所存也"。宋明理学家以师道者面目出现，努力改变帝王道统的传统观念。宋代李觏在《广潜论》中提出："善之本在教，教之本在师。"理学家尝试着以"士"为"师"，以"道"制"王"，即以道理来约束皇帝。"正叔以师道自居，侍上讲，色甚庄以讽谏，上畏之"，人问他为何如此，他说："吾以布衣为上师傅，其敢不自重？"① 黄榦在《圣贤道统传授总叙说》中径以"道统"两字统合"道统"与"道学"两阶段之分，上起尧、舜，下迄朱熹，一贯而下，进一步彰显了其师"道"尊于"权势"的观念。王阳明在《山东乡试录》中说得更是直截了当：

> 盖古人之言，以为传道者师之责，人君苟能以虚受人，无所拂逆，则道得于己，可以为建极之本，而王者之业，益以昌大矣；考德者师之任，人君果能愿安承教，无所建拒，则德成于身，足以为立准之地，而王者之基，日以开拓矣。是则君道修，而后其及远；师道立，而后其功成；吾王其可以不勉于是哉！抑尝反复仲虺此章之旨，懋德建中，允执厥中之余绪也；制心制事，制外养中之遗法也；至于"能自得师"之一语，是又心学之格言，帝王之大法。②

王明阳明确了"师道立，而后其功成；吾王其可以不勉于是"的师道观，把师之传道看作为王道之基。黄宗羲认为通过弘扬师道，传续学脉，教化养士，"必使治天下之具皆出于学校，而后设学校之意始备"③，实现"以学术

---

① 《河南程氏外书》卷十二引《邵氏闻见录》说，《二程集》，中华书局2004年版，第423页。
② 《王阳明全集》卷三十二《山东乡试录》，上海古籍出版社1992年版，第932页。
③ 《明夷待访录·学校》，《黄宗羲全集》第1册，浙江古籍出版社1985—1994年版，第37页。

为政治"（梁启超评语）的目的。"师道立，学者兴，以成乎周、程、张、朱之盛。"① 宋明理学的师道观实际上就是为了把握住儒学正统的旗帜，以道统引导政统与法统，正犹如钱穆先生所指出的："道统既尊于政统，师道既高乎治道……此乃宋代理学家之所异于汉、唐儒，《宋史》特立《道学传》以别于《儒林传》……在野之师道，乃始正式凌驾于在上之君道。"②

3. 建立"四书"学体系，构建道统方法论

宋明理学家为"四书"学的建构作出了努力。"四书"体系形成可以分成以下四个时期：

一是唐之前《论语》《礼记》作为"七经"时期。《论语》因是记孔子圣人之言，从先秦以来已经成为儒家经典。东汉末年经学家郑玄把《仪礼》《周礼》和《礼记》"三礼"合并为"三礼经"后，《礼记》就从"记"的地位上升到了"经"的地位。但是此时《大学》《中庸》作为《礼记》中的两篇并没有得到特别的重视。

二是唐中期五代韩愈、李翱等开启重视"四书"之先河。从唐中期起，《孟子》《大学》和《中庸》开始分别受到世人的重视。韩愈在复兴儒家"道统"论过程中，推崇《大学》与《孟子》，尤其关注着《大学》修身、齐家、治国、平天下的思想。韩愈始崇信孟子，他撰《原道》而以孟子为儒家"道统"的嫡传，指出"读孟轲书，然后知孔子之道尊，圣人之道宜行"③。李翱则特别表彰《中庸》，提出要继承道统就应以心通来发挥性命之道。他以《中庸》之道为基础，吸收佛教心性理论的精华，倡导复性论，其《复性书》可以说开启了后来理学家大谈心性问题的先河，对朱熹"四书"学的形成深有影响。由李翱开始阐发《大学》的"格物致知"论。朱熹在完善道统思想体系过程中就吸收了他的思想，并且对他的思想有评论。朱熹曾在《中庸集解序》中指出："至唐李翱始知尊信其书，为之论说。然其所谓灭情以复性

---

① 《宋论》卷三《真宗一》，《船山全书》第 11 册，岳麓书社 2011 年版，第 79 页。
② 《文化学大义·中国文化演进之三大阶程及其未来之演进》，《钱穆先生全集》，九州出版社 2011 年版，第 148 页。
③ 马其昶、马茂元：《韩昌黎文集校注》，上海古籍出版社 1986 年版，第 36 页。

者，又杂乎佛老而言之，则亦于曾子、子思、孟子之所传。"① 五代后蜀主孟昶将包括《孟子》在内的十一经刻石，自此《孟子》被列入经书。《大学》《中庸》开始从《礼记》中独立出来，地位逐渐上升。

三是北宋理学周敦颐、二程、杨时时期是首创"四书"之说时期。宋明理学奠基人周敦颐阐发了"心性义理"观，以《周易》天人之学与《中庸》"中""诚"作为契合点，建立儒家心性天人之学；《通书》《太极图说》许多观点就是直接承继了《中庸》思想学说，中是圣人之道的终极目标，中是"天下之达道也，圣人之事也。故圣人立教，俾人自易其恶、自至其中而止矣"②。以《中庸》之学实现太极而立人极。张载则特别强调"《中庸》《大学》出于圣门，无可疑者"③，将《大学》《中庸》与《论语》《孟子》并列，同样予以重视，表现出他对"四书"的尊崇。

二程对"四书"学的建构有很大贡献，二程通过"四书"阐发了新儒学的义理，以义理之学取代训诂之学，强调了《大学》《中庸》《论语》《孟子》在道统中的特殊地位，认为"学者当以《论语》《孟子》为本。《论语》《孟子》既治，则六经可不治而明矣"④。而《大学》是"入德之门"，《中庸》是"孔门传授心法"，"四书"充分体现了圣人作经之意与圣人之道。而且是二程率先将《大学》《中庸》《论语》《孟子》合称"四书"，从此才有了"四书"之名，并初步排列了"四书"次序。二程称："《大学》孔氏之遗书，而初学入德之门也。于今可见古人为学次第者，独赖此篇之存，而《论》《孟》次之。学者必由是而学焉，则庶乎其不差矣。"⑤ 对于二程的贡献，《宋史·道学传》有过总结性论述："仁宗明道初年，程颢及弟颐寔生，及长，受业周氏，已乃扩大其所闻，表章《大学》《中庸》二篇，与《语》《孟》并行，于是上自帝王传心之奥，下至初学入德之门，融会贯通，无复余蕴。"⑥

---

① 《朱文公文集》卷七十五《中庸集解序》，《朱子全书》第 24 册，第 3639 页。
② 《通书注·师第七章》，《朱子全书》第 13 册，第 104 页。
③ 《张子全书》卷之五《经学理窟·义理》，西北大学出版社 2015 年版，第 85 页。
④ 《河南程氏遗书》卷二十五，《二程集》，中华书局 2004 年版，第 322 页。
⑤ 《大学章句集注》，《朱子全书》第 6 册，第 16 页。
⑥ 《宋史》卷三十六《道学传》，中华书局 1977 年版，第 12710 页。

二程弟子杨时推本《孟子》性善之说，发明《中庸》《大学》之道，以"静中体认大本未发气象"作为自己的传道旨诀。杨时认为："《论语》之书，孔子所以告其门人，群弟子所以学于孔子者也，圣学之传其不在兹乎？"①而《大学》一篇，乃圣人之门户，取道之至径，"《大学》所论诚意正心修身治天下国家之道，其原乃在乎物格推之而已"②。杨时对《孟子》非常推崇，以为孟子之功不在禹之下。杨时之所以推本《孟子》性善之说，是因为他认为"道者，必先乎明善"，明善又是入德之门，而"尧舜所以为万世法，亦是率性而已。所谓率性，循天理是也"③。因而《孟子》性善之说实际上是与天理相通的。他也非常关注《中庸》"中道"观，指出"《大学》自正心诚意至治国平天下只一理，此《中庸》合内外之道也"④，坚持"以中治国平天下"。

四是朱熹最终确立"四书"体系时期。朱熹以毕生精力注解"四书"，著《四书章句集注》，集"四书"学之大成。朱熹把《大学》《中庸》《论语》《孟子》四书合并而形成"四书"系统，可以说，这是宋代经学与汉唐经学的"五经"系统的一个显著区别。诚如钱穆先生指出："南宋朱子继承二程，定《论》《孟》《学》《庸》为《四书》，为之作《集注》与《章句》。宋代以下，《四书》乃凌驾于《五经》之上。治学者必先《四书》，乃及《五经》，于是孔、孟新传统乃继周、孔旧传统而代兴。"⑤

朱熹对《大学》的结构作了"经"与"传"的分别，尤其是对《大学》的分章、补遗更是一大发明。朱熹补《大学》"格物致知"章，实际是突出、强调了《大学》向外求索的一面，也显示了朱熹思想的精深，充满博大自信。在这之前程颐作《大学》定本一卷时，也曾对《大学》文字作了两处更动：一处是将"身有所忿懥，则不得其正"改为"心有所忿懥，则不得其正"；另一处即是将"亲民"改为"新民"。朱熹十分重视诠释《中庸》，先

---

① 《龟山集》卷二十五《论语义序》，文渊阁《四库全书》本，第1125册。
② 《龟山集》卷二十五《孟子义序》，文渊阁《四库全书》本，第1125册。
③ 《宋元学案》卷二十五《龟山学案》，中国书店1990年版，第456页。
④ （宋）杨时著，朱熹删定：《中庸辑略》卷下，文渊阁《四库全书》本。
⑤ 钱穆：《文化学大义·中国文化演进之三大阶程及其未来之演进》，《钱穆先生全集》，九州出版社2011年版，第148页。

后写出了《中庸解》《中庸集解序》《中庸章句》，并将《中庸》的心法渊源与二帝三王统系"心传"相联系，使《中庸》推至接续儒家道统之枢纽的崇高地位。正是在定本《中庸章句序》首段中，朱熹指明了子思作《中庸》的宗旨，肯定了道统之传是自上古圣神继天立极以来就存在的，第一个提出了理学"道统"之名。而且朱熹将《大学》《中庸》篇从《礼记》裁出，并对《大学》文本次序做了变动与补写，与《论语》《孟子》《中庸》文本整合为"四书"，这就改变了《大学》《中庸》原本与《礼记》其他篇章整体语境，赋予了《大学》《中庸》新的寓意，提升了《大学》《中庸》经典地位。

朱熹也厘定了"四书"次序并说明了理由。朱熹说："某要人先读《大学》，以定其规模；次读《论语》，以立其根本；次读《孟子》，以观其发越；次读《中庸》，以求古人之微妙。"[①]"人自有合读底书，如《大学》《语》《孟》《中庸》等书，岂可不读？读此四书，便知人之所以不可以不学底道理，与其为学之次序，然后更看《诗》《书》《礼》《乐》。"[②]从中可以看到，《四书集注》更是把四者提到甚至超越先秦《诗》《书》等"六经"的地位。对于《四书集注》，已经有诸多学者给予了高度评价。任继愈先生《论朱熹的〈四书集注〉——儒家经学的一大变革》一文认为《四书集注》吸收了唐宋以来的文化积累，达到了当时可能达到的理论高度，建立了完整的儒教体系。《四书集注》是一部强化内心修养、涤除心灵杂念的儒教经典，"极高明而道中庸"，贯彻"内圣外王"之道。《四书集注》还打破传统注释的旧模式。朱汉民、肖永明在《宋代四书学与理学》一书中从中国经典诠释学的角度，认为朱熹"四书"学其实就是一套完整的关于"修己治人"的儒家工夫论。

通过梳理宋明理学"四书"的新诠释、"四书"学历史轨迹，我们完全可以看到："四书"学不仅仅具有经学史与中国思想史的意义，更为重要的是具有政治意义，是治国纲领与方略。"四书"最终超过"五经"，成为宋以后儒学经典体系的核心。

首先，"四书"是与儒家道统、学统谱系相对应的，实现对道统的体认。

---

① 《朱子语类》卷十四，《朱子全书》第20册，第419页。
② 《朱子语类》卷六十七，《朱子全书》第15册，第2226页。

《论语》是体现孔子思想的文本。二程、朱熹认为《大学》是"孔子言之，曾子述之"。朱子在《大学·序言》中引用程颐的话说："《大学》，孔氏之遗书。"说明了曾子《大学》是对孔子学说的传承。《中庸》是子思所作，与《孟子》一脉相承，前后相续。认为《论语》《大学》《中庸》《孟子》思想是"一以贯之"的，体现了共同的"道"。"四书"之间思想学说又具有互补性。通过"四书"，续写道统传序。朱熹《论孟精义序》，简洁地勾勒出了孔子、曾子、子思、孟子、周子、二程的道统传承概略，认为"自秦汉以来，儒者类皆不足以与闻斯道之传。宋兴百年，河洛之间有二程先生者出，然后斯道之传有继"①，并且在《孟子集注》中将自己标榜为承续二程正统道统的儒家正派。而在《中庸章句序》中，朱熹更是不厌其烦地对道统谱系作了描述，如此，"四书"就构画出孔、曾、思、孟之间的完整的思想谱系，而孔子上承尧、舜、禹、汤、文、武、周公，下启孟子，再到程、朱阐发"四书"学，便形成一个基于学统递续而一体贯通的严密道统。

其次，宋明理学大力揄扬"四书"不仅基于其对"道统"的体认，而且也是为了从立身处世、思想观念以及外王之道上深刻阐发道统。而这后一方面是更为重要的，是"四书"学的核心，使"四书"成为宋明理学治道的元典。宋明理学之所以推崇"四书"，是因为"四书"都是表达圣学内圣外王之传，且又相互联系的，它作为圣传"格物""正心"之典章，成为外王的实现基石。

《大学》《中庸》作为《礼记》的篇章，其本义就体现了《礼记》全篇"礼者，君之大柄也"的核心命题。总体上《大学》注重伦理，促成伦理教化的可操作性，《中庸》则侧重于道德，《大学章句序》及《中庸章句序》两篇序文起头都谈继天立极之道统。而《论语集注》及《孟子集注》两注的末尾则亦以论道统结束。宋初就已经有学者总结了"半部《论语》治天下"，表明《论语》事功性。朱熹引杨氏言："《论语》之书，皆圣人微言，而其徒传守之，以明斯道者也。故于终篇，具载尧舜咨命之言，汤武誓师之意，与夫施诸政事者。以明圣学之所传者，一于是而已。所以著明二十篇之大旨

---

① 《论孟精义序》，《朱子全书》第15册，第2226页。

也。《孟子》于终篇,亦历叙尧、舜、汤、文、孔子相承之次,皆此意也。"①此非为巧合,而是有意为之。就《大学》言,《大学》讲的是"大学之道","尧以命舜,舜以命禹"者不仅是"心性"之法,宋儒把"允执其中"理解为"人心"与"道心"之间。"道统"不仅仅是"心性"或"传心"之统,而且更是政治法统。②《大学》所要达到的目的,就是"穷理尽心","修己以治人",齐家"治国",可以说即"平天下"之"道"。明代李贽曾对《大学》这样评论:"真正学问,真正经济,内圣外王,具备此书。""故知《大学》一书平天下之底本也。"③有学者用现代数学统计方法考察,《大学章句》将近三分之一是在"释治国平天下",如果算上传统意义上的"外王"内容,占传文的三分之二。④可见,"四书"学的宗旨也就是立一外王之道统,这也正是程朱以后统治者树"四书"为正学之源的根本。

再次,宋明理学"四书"学在忠实于先秦原典思想基础上敢于创新文本解释,以"四书"义理之学取代"六经"训诂之学,充分挖掘"四书"原典思想资源而使其诠释具有时代性与现实性,以解决唐宋以来疑经惑传问题。朱熹对原版《大学》《中庸》就采用他自立的体裁"章句""或问"去阐发孔孟之道,以"章句"来解文本,又以"或问"来参"章句",以经解经,达到历史性与时代性的统一。而且"四书"文本本身较之于"五经"而言更为简约,易于理解、传播与接受,反映宋明理学思想体系的社会性,为宋明理学的学说创新提供了文本依据与理论意义。

最后,宋明理学通过"四书"学的构架,以确立宋儒继承道统的正当性和权威性。朱熹将《大学》分经传,目的就是为了便于对《大学》的改造,誉二程为"程子",将二程论述直接写入《大学章句》,而且补写了《大学》的"格物传",其实质上是在代圣人言,实现将自家之言融化为经典,

---

① 《论语集注》卷二十《尧曰》,《朱子全书》第 6 册,第 240 页。
② 参见李宣侑:《"道统"与"政统"之间》,《二十一世纪》2001 年 6 月号,香港中文大学中国文化研究所。
③ (明)李贽:《四书评》,上海人民出版社 1975 年版,第 10 页。
④ 参见李山河:《为学亦为政:朱熹〈大学章句〉思想发微》,《朱子学刊》第 18 辑,黄山书社 2008 年版,第 81 页。

从而既肯定了二程的道统地位，又确定了自我理论的合法性与绝对权威地位。朱熹在《孟子集注》中就说："此言虽若不敢自谓已得其传，而忧后世遂失其传，然乃所以自见其有不得辞者，而又以见夫天理民彝不可泯灭，百世之下，必将有神会而心得之者耳。故于篇终，历序群圣之统，而终之以此，所以明其传之有在，而又以俟后圣于无穷也，其指深哉！"①这里，朱熹有一个很微妙的艺术表述手法，"所以明其传之有在，而又以俟后圣于无穷"，是要借孟子之言确立宋儒继承道统的正当性。而且朱熹将"四书"上升为超越"五经"的地位，成为"真经"，无疑是把理学思想神圣化、宗教化了。

4. 法三代贬汉唐，明王道去霸道

在中国历史上，对于"王道"与"霸道"有过诸多次的争辩。"王霸之辨"到宋以后，也就转到道统与政统之间的争辩上了。南宋时期，朱熹与陈亮发生了一场"王道"与"霸道"的辩论。朱熹推崇三代，陈亮褒扬汉唐。为论证道统与政统的差异，宋明理学主流派采取了法三代贬汉唐历史观这一特殊的手法，在他们看来，唐、虞、三代行的是"王道"，而后世如汉唐行的是"霸道"，要求摒弃汉唐所行的"霸道"。"道统"和"政统"在三代之后的分裂，乃是宋以降大多儒者的共识。程颢曾说道："陛下躬尧、舜之资，处尧、舜之位，必以尧、舜之心自任，然后为能充其道。汉唐之君，有可称者，论其人则非先王之学，考其时则皆驳杂之政，乃以一曲之见，幸致小康，其创法垂统，非可继于后世者，皆不足为也。然欲行仁政而不素讲其具，使其道大明而后行，则或出或入，终莫有所至也。"②钱穆先生在《宋代理学三书随札》中所说自汉以下政统必尊奉道统观点，并不符合两晋以来儒、释、道历史实际，也是与宋明理学对汉唐社会评价相左的。

宋明理学关于"王道"与"霸道"的区分，在于"王道"是道统与政统合一，"霸道"则是道统与政统分离，而道统与政统是合一还是分离的检

---

① 《孟子集注》，《朱子全书》第 6 册，第 459 页。
② 《河南程氏文集》卷一《论王霸札子》，《二程集》，中华书局 2004 年版，第 451 页。

验标准在于是循天理还是顺人欲。三代之治皆从"天理"上发出，道与势合，而汉唐之世虽然出现了"文景之治""汉武中兴"及"贞观之治"等清明之治，也只是有部分暗合于天理处，其主体则是从人欲上发出的。程颢说："三代之治，顺理者也；两汉以下，皆把持天下者也。"① 朱熹更是明确地认为"汉唐之君虽或不能无暗合之时，而其全体只是在利欲上"②，甚至朱熹对被后人赞誉为千古明君的唐太宗评价却是"无一念不出于人欲"③。

宋明理学所追求的正是孔子以前三代之治的道统与政统相合的理想政治，这种政治要求事功融于道统之中。张载指出："朝廷以道学、政术为二事，此正自古之可忧者。"④ 胡宏说："事本乎道，道藏于事……禹汤文武成其功，孔子孟子传其学。"⑤ 陆九渊也说："古者势与道合，后世势与道离。"⑥ 陈傅良就从历史观视野中推出了朱陈王霸之辨中朱熹的观点："功有适成，何必有德，事有偶济，何必有理，此朱丈之说也。如此，则汉祖唐宗贤于盗贼不远……则是天命可以苟得。"⑦ 对于三代政治的推崇可以说是孔孟以来儒家学者一贯的观念。宋明理学主流学派为道统的需要，主要从两个方面入手来贬低汉唐。

一方面是对汉唐君主政统的贬抑。宋明理学家对于汉唐政统的批评是非常严厉的："唐有天下，虽号治平，然亦有夷狄之风。三纲不正，无君臣、父子、夫妇，其原始于太宗也。故其后世子弟皆不可使，君不君，臣不臣，故藩镇不宾，权臣跋扈，陵夷有五代之乱。汉之治过于唐。汉大纲正，唐万目举，本朝大纲正，万目亦未尽举。"⑧ 朱熹也说："汉高祖私意分数少。唐太宗一切假仁借义以行其私。""汉武狂，然又不纯一，不足言也……武帝做事，好拣好名目。如欲逞兵立威，必曰：'高皇帝遗我平城之忧。'若果以此

---

① 《河南程氏遗书》卷十一，《二程集》，中华书局2004年版，第127页。
② 《朱文公文集》卷三十六《答陈同甫》，《朱子全书》第21册，第1588页。
③ 《朱文公文集》卷三十六《答陈同甫》，《朱子全书》第21册，第1583页。
④ 《文集佚存·答范巽之书》，《张载集》，中华书局1978年版，第349页。
⑤ 《皇王大纪》卷一，《五峰集》，《四库全书》集部，上海古籍出版社1987年版，第24页。
⑥ 《语录上》，《陆九渊集》，中华书局1980年版，第412页。
⑦ 《朱文公文集》卷三十六《答陈同甫三》，《朱子全书》第21册，第1588—1589页。
⑧ 《近思录》卷八《治体》程颐语，《朱子全书》第13册，第246页。

为耻，则须'修文德以来之'，何用穷兵黩武，驱中国生民于沙漠之外，以偿锋镝之惨？"①"但以儒者之学不传，而尧、舜、禹、汤、文、武以来转相授受之心不明于天下，故汉唐之君虽或不能无暗合之时，而其全体却只在利欲上。此其所以尧、舜、三代自尧、舜、三代，汉祖、唐宗自汉祖、唐宗，终不能合而为一也。今若必欲撤去限隔，无古无今，则莫若深考尧、舜相传之心法，汤武反之之功夫，以为准则而求诸身；却就汉祖、唐宗心术微处痛加绳削，取其偶合而察其所自来，黜其悖戾而究其所从起，庶几天地之常经、古今之通义，有以得之于我；不当坐谈既往之迹，追饰已然之非，便指其偶同者以为全体，而谓其真不异于古之圣贤也。"②汉祖、唐宗"只为祇见得功利，全不知以义理处之"③。罗从彦认为汉唐杂以霸道而说："尧舜三代之君，不作也久矣。自获麟以来，迄五代千五百余年，惟汉唐颇有足称道。汉大纲正，唐万目举，然皆杂以伯道而已。"④

另一方面采取对于汉唐经学、诸子的贬抑以摧毁汉唐政统的理论基础。在这个方面，朱熹较为全面地剖析了孟子之后诸子、汉唐诸儒包括董仲舒、韩愈未能传圣人之道与汉唐君王未能接续三代圣王之道的缘由，认为汉唐"诸儒不予细读得圣人之书，晓得圣人之旨"，或"不曾见全体"，而汉唐诸君"其全体却只在利欲上"，将圣人之旨"全体"以义理为衡量标准，将有违于理视为不仁义。朱熹指出：

> 自孟子后，圣学不传，所谓"轲之死不得其传"。如荀卿说得头绪多了，都不纯一。至扬雄所说底话，又多是庄老之说。至韩退之唤做要说道理，又一向主于文词。至柳子厚却反助释氏之说。⑤
>
> 汉初诸儒专治训诂，如教人亦只言某字训某字，自寻义理而已。至西汉末年，儒者渐有求得稍亲者，终是不曾见全体……或流于申韩，

---

① 《朱子语类》卷一百三十五，《朱子全书》第18册，第4192、4201—4202页。
② 《朱文公文集》卷三十六《答陈同甫》，《朱子全书》第21册，第1588—1589页。
③ 《朱子语类》卷一百三十六，《朱子全书》第18册，第4226页。
④ （宋）罗从彦：《豫章文集》卷二《遵尧录序》，文渊阁《四库全书》本。
⑤ 《朱子语类》卷一百二十二，《朱子全书》第18册，第3854—3855页。

或归于黄老，或有体而无用，或有用而无体。①

孟子后，荀扬浅，不济得事，只有个王通、韩愈好，又不全。②

韩退之、柳子厚辈亦是如此。其答李翊、韦中立之书可见其用力处矣。然皆只是要作好文章，今人称赏而已，究竟何预己事？却用了许多岁月，费了许多精神，甚可惜也。今人要学道，乃是天下第一至大至难之事，却全然不曾着力。③

孙复对汉以来为"六经"传注的状况也有激烈的批评：

汉魏而下，诸儒纷然四出，争为注解，俾我六经之旨益乱，而学者莫得其门而入。观夫闻见不同，是非各异，骈辞赘语，数千百家，不可悉数……不知国家以王、韩、左氏、公羊、谷梁、杜、何、范、毛、郑、孔数子之说，咸能尽于圣人之经耶？又不知国家以古今诸儒服道穷经者皆不能出数子之说耶？若以数子之说咸能尽于圣人之经，则数子之说不能尽于圣人之经者多矣；若以古今诸儒服道穷经皆不能出于数子之说，则古今诸儒服道穷经可出于数子之说者亦甚众矣。④

而罗从彦则是从得周孔之心与明道视角说明孔孟之后未能求道明道，《宋史·罗从彦传》引《论士行》曰："周孔之心，使人明道，学者果能明道，则周孔之心，深自得之。上世人才，惟能如是，故视死生去就，如寒暑昼夜之常，而忠义行之者易。至汉董仲舒、公孙弘倡言经术，唐韩愈、柳宗元，尚古文，二旨渐失周孔之心，于是明道者寡，视死生去就，如万钧九鼎之重，而忠义行之者难，其议论醇正类此。"⑤

宋明理学之所以提出法三代、贬汉唐的思想，也是从他们道统谱系传

---

① 《朱子语类》卷一百三十七，《朱子全书》第18册，第4247页。
② 《朱子语类》卷一百三十七，《朱子全书》第18册，第4260页。
③ 《朱文公文集》卷七十四《沧州精舍谕学者》，《朱子全书》第24册，第3593页。
④ 《寄范天章书二》，《孙明复小集》第三册，线装书局2004年版。
⑤ 《宋史本传》，《罗豫章先生文集》卷首，商务印书馆1936年版，第2页。

承出发的,即"周公没,圣人之道不行;孟轲死,圣人之学不传"①。宋明理学对西周以后的缺乏道统的君主政治持否定态度:"千五百年之间……尧舜三王周公孔子所传之道,未尝一日得行于天地之间也。"②法三代、贬汉唐道德道统观是程朱理学新皇权理论的基石,也是明清之际反君主专制主义的儒家"自秦以来,凡为帝王者皆贼也"③思想的渊源,一定程度上说,明清之际反君主专制主义的意识早已蕴含在程朱学说中。二程就是将王安石新法喻为"霸道",以儒家的"王道"与之抗衡。秦汉隋唐传统社会中的"道统"与"政统"的分离,表现了儒家的理想主义与出世性的特征。而宋明理学所倡导的"道统"与"政统"的和合,表现了理学的经世致用与入世性的特征。"道统"与"政统"、道与势和合思想引申到道学与权术相互关系,影响后世君王与儒者的统治方略与学术思想。清代理学家李光地主张"道统与治统为一,帝王之学与儒生之学为一"。他说:"臣又观道统之与治统,古者出于一,后世出于二",但"自朱子而来,至我皇上又五百岁,应王者之期,躬圣贤之学,天其殆将复启尧、舜之运,而道与治之统复合乎!"④正如葛兆光所指出的,"权势"为皇帝和政府官员所操纵,而"道学"则由以承继孔孟之道为使命的儒家知识分子所拥有。当两者无法在现实生活世界中实现合一时,具有"以天下为己任"的信念但是又缺乏政治权力支持的儒家知识分子,他们"只能通过'道统'来制约'政统',借助历史与文化来批评权力"⑤。这种制约君权的方式与汉代儒者借助"灾异"学说制约皇权的做法相比,当然更具有理性化的色彩。

理宗时期的理学正统化标志"道统"与"治统"和合的开始,后又有明代之废相,按照黄宗羲的说法,可以视之为政统对道统的吞噬。清康熙统治期间,"治教合一",成为"道统"与"治统"和合的顶点。康熙推行"道

---

① 《河南程氏文集》卷十一《明道先生墓表》,《二程集》,中华书局2004年版,第640页。
② 《朱文公文集》卷二十六《答陈同甫》,《朱子全书》第21册,第1583页。
③ (清)唐甄:《潜书·室语》,中华书局1963年版,第196页。
④ 《榕村全集》卷十,《榕村全书》第八册,福建人民出版社2013年版,第256—257页。
⑤ 葛兆光:《中国思想史》第三卷《七世纪至十九世纪中国的知识、思想与信仰》,复旦大学出版社2001年版,第197页。

统"与"治统"合一的帝王之学,在理论上建构以帝王为本位、帝王与圣王相结合的道统,承认"天生圣贤,作君作师,万世道统之所传,即万世治统之所系也"①,把道统与治统紧密联系起来。又说道:"盖有四子而后,二帝、三王之道传;有四子之书而后,五经之道备。四子之书得五经之精意而为言者也。孔子以生民未有之圣,与列国君、大夫及门弟子论政与学,天德王道之全,修己治人之要,俱在《论语》一书。《学》《庸》皆孔子之传,而曾子、子思独得其宗。明新至善,国家天下之所以齐治平也;性教中和,天地万物之所以位育,九经达道之所以行也。至于孟子继往圣而开来学,辟邪说以正人心,性善仁义之旨著明于天下。"② 近代中国在外来势力的入侵之下,"道统"与"治统"传统秩序受到严重破坏,道统不存。

同时,应该认识到程朱主张法三代之治,并不是保守主义理念,更不是复古主义。宋明理学是个具有创新性的理论体系。理学家标榜的三代之治皆是从"天理"上发出,提倡"道统"与"政统"结合,提出了随时因革社会历史发展观。程颢说:"古今风气不同,故器用亦异宜。是以圣人通其变,使民不倦,各随其时而已矣。"③ 理学不同学派对于三代社会制度、治理措施都有不同的认识,二程认为:"必井田,必封建,必肉刑,非圣人之道也。善治者,放井田而行之而民不病,放封建而使之而民不劳,放肉刑而用之而民不怨。故善学者,得圣人之意而不取其迹也。"④ 而在朱熹看来,井田与封建于今皆不可行,却是肉刑的极力倡导者。

5. 内圣为外王之基,合内外之道目的论

宋儒是以道统统率政统,将内圣与外王统一起来了,合内外之道。朱熹《四书集注》引杨时语阐发了宋明理学"具载尧舜咨命之言,汤武誓师之意,与夫施诸政事者"的合内圣外王之旨。那么,杨时所说的"尧舜咨命之

---

① (清)蒋良骐:《东华录》卷五十一,清乾隆刻本,第1354页。
② 《日讲四书解义序》,(清)章梫:《康熙政要》卷十六,中共中央党校出版社1994年版,第317页。
③ 《河南程氏遗书》卷十一,《二程集》,中华书局2004年版,第129页。
④ 《河南程氏遗书》卷二十五,《二程集》,中华书局2004年版,第326页。

言，汤武誓师之意，与夫施诸政事者"是什么呢？

"尧舜咨命之言"是就道统之论，而"汤武誓师之意与夫施诸政事者"阐发的则又是政统之意。以程朱理学为代表的宋代士大夫之所以发明尧、舜所确立的道统，目的在于以道统实现政统、复兴重建三代之治与尧、舜、三王治人之道。犹如后之朱熹所说："圣人贤于尧舜处，却在于收拾累代圣人之典章、礼乐、制度、义理，以垂于世。"①程朱重建儒家道统的意义在于合内圣外王之治。理学讲内圣外王，其著名的"八条目"中，以"格物、致知、诚意、正心、修身"为内圣，以"治国平天下"为外王，强调内圣是外王的基础，以内圣扩而为外王。程颐说："语学而及政，论政而及礼乐兵刑之学，庶几善学者。""学莫大于知本末终始。致知格物，则所谓本也，始也；治天下国家，所谓末也，终也。治天下国家，必本诸身，其身不正，而能治天下者，无之。"②

《论语》终篇所载"尧舜咨命之言"，也就是《孟子》终篇载"尧、舜、汤、文、孔子相承之意"，被杨时认为是道统心传主旨内容。"尧舜咨命之言"就是"咨！尔舜！天之历数在'允执其中'"。"尧咨舜，舜命禹，三圣相授，惟中而已。"③"尧、舜曰允执厥中，孟子曰汤执中，《洪范》曰皇建其有极，历世圣人由斯道也……一趋于中而已。"④杨时道统观及其阐述方式极大影响了理学家道统观，朱熹对道统内容的论证则是在二程杨时的道统"孔门传授心法"的基础上，将《尚书·大禹谟》人心道心思想及"人心私欲，故危殆；道心天理，故精微"结合起来，赋予"人心惟危，道心惟微。惟精惟一，允执厥中"新的内涵，首创"十六字心传诀"，成为程朱道学一派所谓的圣贤一脉相传的"十六字箴言"，确立了新儒家的道统思想体系。在定本《中庸章句序》首段，朱熹就指明了子思作《中庸》的宗旨，肯定了道统之传是自上古圣神继天立极以来就存在的，指出："允执厥中者，尧之所以授舜也；人心谓惟危，道心惟微。惟精惟一者，舜之所以授禹也。尧之一

---

① 《朱子语类》卷三十六，《朱子全书》第 15 册，第 1553 页。
② 《河南程氏粹言》卷一，《二程集》，中华书局 2004 年版，第 1196、1197 页。
③ 《宋元学案》卷二十五《龟山学案》，中华书局 1986 年版，第 951 页。
④ 《宋史》卷四百二十八《道学二》，中华书局 1985 年版，第 12739 页。

言，至矣，劲矣。而舜复益之以三言者，则所天命率性，则道心之谓也；其曰择善固执，则精一之谓也；其曰君子时中，则执中之谓也。"朱熹论证了道统相传的核心内容是"执中"，执中也就可以执"道"。朱熹将中庸视为至德，它不仅应该指导待人处世，而且还必须指导国政。统治者应该"事举其中"。在此以后，宋明理学无不倡导"执中"，在蔡沈所作的《书经集传序》中，明确地延续了朱熹的上述观察："精一执中，尧舜禹相授之心法也。建中建极，商汤周武相传之心法也。"①

"武誓师之意"就是"有罪不敢赦。帝臣不蔽，简在帝心。朕躬有罪，无以万方；万方有罪，罪在朕躬"②。意在"简在帝心"，即"格君心之非"。杨时主张人君应行"中道"，应该说其主旨在于"格君心之非"。杨时曰："孟子与人君言，皆所以扩充其善心而格其非心，不止就事论事。若使为人臣者论事每如此，岂不能尧舜其君乎？"③显然这是实现内圣之功。"施诸政事者"就是汤武所言"谨权量，审法度，修废官，兴灭国，继绝世，举逸民、民归心"等诸政事，其关键在于汤武提倡的"善人仁人""宽则得众，信则民任焉，敏则有功，公则说"与孔子所指出的"尊五美，屏四恶"④。这无疑是外王事业。杨氏关于汤武誓师之意与夫施诸政事者的理解最终归结于"治国家天下"政道，道德约束与制度建设的并行。

朱熹《中庸章句序》曰："其曰天命率性，则道心之谓也；其曰择善固执，则精一之谓也。其曰君子时中，则执中之谓也。世之相后千有余年，而其言之不异如合符节。历选前圣之书，所以提挈纲维，开示蕴奥，未有若是其明且尽者也。"在这里，将"天命率性"解释为道心，属于朱熹的发挥，其来源正是杨时的"性、命、道三者一体"与"率性，循天理是也"观念。朱熹认为"道统""道学"都与"治天下"紧密相关，所以在《答陈同甫》

---

① （宋）蔡沈：《书经集传》，《朱子全书外编》，华东师范大学出版社2010年版，第1页。
② 《论语·尧曰》，（清）阮元：《十三经注疏》第23册，北京大学出版社2000年版，第302页。
③ 《孟子集注》卷二《梁惠王章句下》，《朱子全书》第6册，第267页。
④ 四恶指君子惠而不费，劳而不怨，欲而不贪，泰而不骄，威而不猛。不教而杀谓之虐。不戒视成谓之暴。慢令致期谓之贼。犹之与人也，出纳之吝，谓之有司。[《论语·尧曰》，（清）阮元：《十三经注疏》第23册，北京大学出版社2000年版，第302页]

中说:"此其相传之妙,儒者相与谨守而共学焉,以为天下虽大,而所以治之者,不外乎此。"①将"道统"中的精义落实到"治统"上。朱熹穷其毕生精力而重建道统,其目的就是要求重建合理的社会秩序,合内圣外王于一体,而且重心并非诸多学者所认为的在于内圣,而是外王之治。在理学思想史上,尽管我们看到的是"道""理""心""性"这样一些语词,但是他们论及于此的目的,都是从"正心修身"到"治国平天下"。对此在上一章也有过论述。

通过对道统建立历程的阐发,我们也不难看到宋明理学道统观是帝王之道向圣人之道的转变。在宋明理学道统谱系思想体系的阐述中,孔子以前为帝王担负传道之重任,将道统与政统使命合二为一,而在孔子以后是圣人心法相传,圣人的道统与帝王的政统结合成为社会发展的轨迹;以圣道传人自居,以天下为己任。宋时,以天下为己任已经成为士大夫追求的风尚。

儒家所描述的道统谱系的传道之人,在孔子之前,均是古代帝王。自韩愈提出"道统"说起始,就把传道之人归于师儒圣贤,自此之后,无论是程朱理学,还是陆王心学,都是沿这种脉络进行论说的。但是在韩愈的"道"的传承谱系中,只有"成汤、文、武"的"君"的系列,并无"皋陶、伊、傅"的"臣"的系列。而宋代程朱理学,则在道统谱系中不仅有圣君之间的"授受之际,丁宁告戒",还有一个皋陶、伊、傅、周、召之为臣谱系:"自是以来,圣圣相承:若成汤、文、武之为君,皋陶、伊、傅、周、召之为臣,既皆以此而接夫道统之传;若吾夫子,则虽不得其位,而所以继往圣、开来学,其功反有贤于尧舜者。"②这样,君臣之间,也被称为"圣圣相承"。三代之时,君子德位相称,道统与君统是一致的,帝王与贤臣均可以是圣人,当然可以成为统道之人。至孔子时,道统与君统遂致分离,君王有位无德,孔孟有德无位。孟子以后道统不传,后世之君更不可能学至圣人。直至周敦颐、二程出,再续道统,彻底改变了帝王道统的传统观念,形成圣人传道观。

---

① 《朱文公文集》卷三十六《答陈同甫三》,《朱子全书》第21册,第1587页。
② 《中庸章句序》,《朱子全书》第24册,第3674页。

圣人传道观之所以出现与发展，是与士大夫理学家群体的崛起与发展及其忧患意识、弘道意识、以天下为己任的精神密切相关的。魏晋世族特权的削弱，隋唐科举取士的制度实行，使自幼饱读诗书的士人，开始有了较为平等的入仕机会和门径，得以顺畅地踏进官僚阶层中，形成了以由"士大夫"所组成的官僚系统，标志着士大夫理学家群体的崛起。而这一士大夫官僚群体的崛起之际，也正是国家处在动乱，面临北方民族的南下与分裂的时期。每当民族危机、国家危机深刻之时，在历史转折的时代，忧患意识、以天下为己任的精神往往很容易在士大夫中生成。在君王道统与政统分离的状况下，已经开始接触国家政权，承担一定权力的士大夫官僚集团自然而然地会更主动承担部分的"道统"职责，士人的自我主体觉醒意识更为强烈。宋代和明清之际是最为典型的时期，大量的士大夫表达了对国对民的忧患，勇于担当责任、勇于奉献，更富于民族情怀和爱国精神。范仲淹在《岳阳楼记》中写道："居庙堂之高，则忧其民。处江湖之远，则忧其君。是进亦忧，退亦忧。然则何时而乐耶？其必曰先天下之忧而忧，后天下之乐而乐。"① 范氏流露了这种忧国忧民的精神。朱熹感叹道："道学将谁使之振？君德将谁使之复？后生将谁使之诲？斯民将谁使之福耶！经说将谁使之继？事记将谁使之续耶！"② 明清之际，顾炎武提出"天下兴亡，匹夫有责"，黄宗羲认为作为儒者就应当抱有"扶危定倾之心，吾身一日可以未死，吾力一丝有所未尽，不容但已。古今成败利钝有尽，而此不容已者，长留于天地之间。愚公移山，精卫填海，常人藐为说铃，圣贤指为血路也。"③ 而"风声、雨声、读书声，声声入耳；家事、国事、天下事，事事关心"，无疑是救世济民理想信念的真实写照。《大学衍义补》《日知录》《天下郡国利病书》《明夷待访录》等，都是"资后世之师法""明道救世"之作。故而宋明时期，理学家就华夷之辨、正统观念长期争论的学术话题，阐述不停。在政治上与学术

---

① 《范文正公文集》卷八《岳阳楼记》，《范仲淹全集》，四川大学出版社2002年版，第168页。
② 《朱文公文集》卷七十八《祭吕伯恭著作文》，《朱子全书》第24册，第4080页。
③ 《兵部左侍郎苍水张公墓志铭》，《黄宗羲全集》第十册，浙江古籍出版社2005年版，第288页。

上，理学家关注着道统，自觉地承担道统的主角。宋以后士大夫理学家又无不把"尊王攘夷"，重建国家权威与社会秩序，树立儒家之正统作为其使命，如孙复的《春秋尊王发微》、石介的《中国论》、欧阳修的《本论》等都是如此，试图以防范异域的军事与文明的双重威胁。宋明理学构建道统体系过程中所凸显出的诸多特点，实际上都可以归结到道统目的：维护儒家道统之正统性，利于政统、法统之秩序。道统至高无上，为君主专制主义的传统提供了合理性论证。道统是形而上的合理性终极依据。

宋明理学具有将自己列为圣贤传道之序中的弘道意识传统，将传续道统和弘扬道统视为自己义不容辞的使命。张载所说的"为往圣继绝学"的绝学正是儒家中断的道统之学。杨时复续斯道之统的地位，而且也俨然以重建道统的领袖人物自居。在"朝廷议更科举，遂废王氏之学"之际，杨时指出"前辈喜攻其非，然而真知其非者或寡矣"，认为"道之不明久矣"①，也是以传承道统为己任的姿态，为儒家道统主旨学说构建作出了贡献。程颐通过《明道先生墓表》肯定程颢对儒学复兴的道统地位，说程颢是"自孟子之后一人而已"。朱熹也效法前儒而行之。朱熹在谱写手法上，不仅仅只是承袭，而且有创新，手法更高明：一方面，肯定了周敦颐、二程在道统史上的重要地位，也为自己接续二程、集道统之成作了注脚；另一方面，又将自称为传道者的韩愈摈弃，让世人明白并不是什么人都可以任意作为"传道者"，这是为了追求所谓的正统思想观念。朱熹明确了圣人所传道之标准，树立圣贤之智慧典范的形象，进一步净化学术思想，也使朱子之学更显广大精微。从韩愈到朱子说自己得道统之嫡传，往往都比较含蓄，手法都比较隐晦。朱子后学，弟子们则大胆地将周敦颐到朱子乃至以后诸如王阳明等大儒都直截了当地列入到儒家道统谱系中提了出来。黄榦在《徽州朱文公祠堂记》中说："尧、舜、禹、汤、文、武、周公生，而道始行；孔子孟子生，而道始明；孔孟之道，周、程、张子继之；周、程、张子之道，文公朱先生又继之。此道统之传，历万世而可考也。"②

---

① 《龟山集·答吴国华别纸》，文渊阁《四库全书》本，第 1125 册。
② 《黄勉斋先生文集》卷五《徽州朱文公祠堂记》，上海古籍出版社 1987 年版，第 1168 册。

6. 学统对理学道统的维护与实现

"学统"主要的功能是传承学术传统、学脉传承、学术精神以为时用的知识传统。中国学统的形成至少可追溯到先秦诸子百家时代。先秦儒家具有"述而不作，信而好古"①的道德独断的学统。而宋明理学认为"四书"中所表达的儒家思想代表了中国传统文化的真谛，其思想学术的统系和精粹就是道统意义所在。自从朱熹提出"道统"一词，以"道统"理论谱写《伊洛渊源录》，后世以儒学道统为主线撰述学术史书的著作纷纷而出，自觉地将延续道统作为著述己任，而且将学统与道统统一起来，以学统体现道统，甚至认为学统就是道统，通过学统实现对道统的维护。周铭《学统跋》云："天下不可一日无道，业道不可一日无统，道之存亡系乎统，统之绝续系乎学，学统即道统也。"理学源流著作中亦无不承续这一思想。出于对理学思想理解的不同，不同学者的学统无论是从谱系还是思想内核都有所不同。从宋代李心传《道命录》到元代吴澄《道统图》，从明代黎温《历代道学统宗渊源问对》、杨廉《皇明理学名臣言行录》到清初刘元卿《诸儒学案》、李清馥《闽中理学渊源考》、周海门《圣学宗传》、孙奇逢《理学宗传》、熊赐履《学统》、张伯行《道统传》以及黄宗羲《明儒学案》《宋元学案》，无不如是。李心传在《道命录序》中说："故今参取百四十年间道学兴废之故，萃为一书，谓之《道命录》。盖以为天下安危、国家隆替之所系者，天实为之，而非（章）惇、（秦）桧、（韩）侂（胄）之徒所能与也。虽然，抑又有感者，元祐道学之兴废，系乎司马文正之存亡；绍兴道学之兴废，系乎赵忠简之用舍；庆元之兴废，系乎赵忠定之去留。"李心传又说："道学之兴废，乃天下国家安危之所关系。"②吴澄作《道统图》，以朱子之后道统的接续者自居。张伯行康熙四十七年本《张横渠集序》云："溯自尧、舜、禹、汤、文、武、周公、孔子以道相承，为万世立极，而子思孟子从而发明之，斯道始大著。孟子没而微言绝，历千余载，濂、洛、关、闽诸君子又起而修明之，今其书俱在，可考而知也。"陶望龄《圣学宗传序》："天位尊于统，正

---

① 《论语集注》卷四《述而第七》，《朱子全书》第 6 册，第 120 页。
② 《宋元学案》卷三十《刘李诸儒学案》，中华书局 1986 年版，第 1089 页。

学定于宗。统不一则大宝混于余分，宗不明则圣真奸于曲学。"认为："然圣非学而不传，宗非圣而何系？"孙奇逢编著《理学宗传》时也认为辨圣学、分正统是影响国世道盛衰的要事，指出："学之有宗，犹国之有统，家之有系也。系之宗有大有小，国之统有正有闰，学之宗有天有心。今欲稽国之运数，当必分正统焉。"①张夏则认为："世之学者往往阳儒阴释，以进释退儒，始而薄程朱，继而卑孔孟。由是道术凌杂，世教日衰。"他认为："学者居今日而尚论前人，或闻其名未睹其实，或习其言未考其行，苟无记录，何以详议本末始终，而知其为足以砥衰还盛也乎。况邪慝流殃，设吾党不早论定，得无有紊乱先型以迷惑后生者乎？"②从中反映了宋明道统所遇到的困境。

因而恢复与振兴道统，可以说成为宋以来，理学家们一直为之努力的目标。熊赐履推崇理学，提出"非《六经》《语》《孟》之书不读，非濂、洛、关、闽之学不讲"③。清王新命《学统序》指出："然人心之不正。由于道统之不明；道统之不明，由于学术之不端。"指明熊赐履著《学统》就是为"继正脉而扶大道，阐千圣之真谛，正万古之人心，直与日星河岳同垂不朽"④。《学统》一书就是"断自洙泗，暨于有明，为之究其渊源，分其支派，审是非之介，别同异之端，位置论列，宁严勿滥"⑤。而唐鉴也在《学案提要》中说道："传何由而得其道乎？曰：孔孟程朱。道何由而得其人？曰：述孔孟程朱。述孔孟程朱何由而遽谓之传乎？曰孔孟程朱之道晦，而由斯人以明，孔孟程朱之道废，而由斯人以行。"⑥唐鉴明确地指出要通过辨别非道而明确圣道之所在。宋明理学的学统体现了天理之道。施璜《学统序》："圣贤之所以为圣贤者，学而已矣。学不明则道不著，即人心亦无由而得正。故欲明道者，当先明学；欲明学者，当先明统。夫明统即明善也，善明则统明，统明

---

① （清）孙奇逢：《理学宗传·孙奇逢·自序》，清光绪六年浙江书局刊本。
② （清）张夏：《洛闽源流录原序》，转引自范镐鼎：《理学备考》，清康熙十七年五经堂藏本。
③ 《圣祖仁皇帝实录》，《清实录》第四册，中华书局1985年版，第309页。
④ （清）熊赐履：《学统·王新命序》，凤凰出版社2011年版。
⑤ （清）熊赐履：《学统·自序》，凤凰出版社2011年版。
⑥ （清）唐鉴：《国朝学案小识·学案提要》，《四部备要》本。

则善益明矣。且善者,即天理也。"

同时,理学源流著述的大量出现,也是基于理学学人的社会反思,尤其在明清之际,以学术隐射政治思想意识,从学术层面对社会治乱进行深层次的思考和总结,普遍认为要拯救天下、拯救人心,必须明辨学术。顾炎武认为学者的使命在于"明学术,正人心,拨乱世以兴太平"①。李颙在《匡时要务》中指出:"夫天下之大根本,莫过于人心;天下之大肯綮,莫过于提醒天下之人心。然欲醒人心,惟在明学术。此在今日,为匡时第一要务。"②魏裔介、熊赐履的论述更是传达了统治者对学术界现状的不满和试图实行学术控制的信息。魏裔介在《圣学知统录序》中流露出强烈的学术危机感:"自孟轲氏既殁,圣学晦蚀,火于秦,杂霸于汉,佛老于六朝,诗赋于唐,至宋乃有濂溪、程朱继起,伊洛渊源粲然可睹。其后,为虚无幻妄之说,家天竺而人柱下,知统遂不可问矣。"鉴于此,他"不揣固陋,亦欲存天理,遏人欲,息邪说,放淫辞,稍有助于国家化民成俗之意也"③。遂著《圣学知统录》。熊赐履《学统·自序》强调:"鲁邹而降,历乎洛闽,以逮近今,二千余年,其间道术正邪与学脉绝续之故,众议纷挐,迄无定论。以至标揭门户,灭裂宗传,波靡沉沦,莫知所底。"④万斯同即以此宗旨编写《儒林宗派》,时世人认为:"明以来谈道统者,扬己凌人,互相排轧,卒酿门户之祸,流毒无穷。斯同目击其弊,因著此书。"⑤以孙奇逢为首的北学、洛学群体同样注重反思学术。孙奇逢的高弟汤斌对"近世""异说"扰乱"正学"的情况甚为忧虑,说:"近世学者或专记诵而遗德性,或重超悟而略躬行,又有为儒佛舍一之说者。不知佛氏之言心言性,似与吾儒相近,而外人伦、遗事物,其心起于自私自利,而其道不可以治天下国家。"⑥道出了孙奇逢撰

---

① 《亭林文集》卷二《初刻日知录自序》,《顾炎武全集》第21册,上海古籍出版社2011年版,第76页。
② (清)李颙:《二曲集》,中华书局1996年版,第104页。
③ (清)魏裔介:《魏贞庵先生集·圣学知统录序》,清龙江书院刻本。
④ (清)熊赐履:《学统·自序》,凤凰出版社2011年版。
⑤ (清)纪昀:《钦定四库全书总目》卷58《史部传记类》"儒林宗派"条,中华书局1997年版,第817页。
⑥ 孙奇逢:《理学宗传·汤斌序》,凤凰出版社2015年版。

写《理学宗传》的真实用意。可以说,这也正是明末清初理学著述盛行的重要缘由。

二、"三纲五常"向"四德五伦"的结构性转变

1. 伦理纲常体系秩序与层次调整

(1) 先秦汉唐之"五伦""五常""四德"与"三纲"

"五伦"即所谓君臣、父子、兄弟、夫妇、朋友五种人伦关系。"五伦"是从"五教"演变过来的。在尧舜时代,就有了"修其五教"之说,《尚书·舜典》载:"帝曰:'契,百姓不亲,五品不逊。汝作司徒,敬敷五教在宽。'"《左传》上说:"举八元,使布五教于四方。父义、母慈、兄友、弟恭、子孝。内外平成。""父义、母慈、兄友、弟恭、子孝",此五教强调血缘关系的次序,对人伦的规定还局限于家庭内部关系,重点在"亲亲",并不存在深严的等级尊卑关系。

周朝实行了分封制度,形成了"天子—诸侯—卿大夫—士"上下尊卑贵贱秩序的社会政治制度,将人伦关系从"家"拓展到"国",不仅有家庭血缘性的兄弟、父子关系,而且也有了国家政治结构中的君臣、上下关系,从"亲亲"走向"尊尊"。

先秦诸子百家对这种人伦关系有不同的表述,存在复杂的称谓系统和排序多样化的演变。《论语·颜渊》说:"君君,臣臣,父父,子子。"《中庸》谓:"君臣也,父子也,夫妇也,昆弟也,朋友之交也,五者天下之达道也。"齐晏婴曰:"君令臣共、父慈子孝、兄爱弟敬、夫和妻柔、姑慈妇听,礼也。"① 卫石碏称"六顺",是君义、臣行、父慈、子孝、兄爱、弟敬。《荀子·王制》称"七教",是父子、兄弟、夫妇、君臣、长幼、朋友、宾客。《礼记·礼运》称"十义",是父慈、子孝、兄良、弟悌、夫义、妇听、长惠、幼顺、君仁、臣忠。《礼记·祭统》称"十伦",是鬼神、君臣、

---

① 《左传·二十六年》,《四书五经》,岳麓书社2014年版,第1150页。

父子、贵贱、亲疏、爵赏、夫妇、政事、长幼、上下。最终由孟子从中勾画出五伦关系："圣人有忧之，使契为司徒，教以人伦：父子有亲，君臣有义，夫妇有别，长幼有叙，朋友有信。"①"五伦"之中，父子、兄弟二伦属家庭血缘伦理"天伦"关系；君臣、朋友二伦属社会伦理"人伦"关系；夫妻一伦则联结着天伦与人伦，概括了人与人之间的五种最具典型意义的社会关系。

在孟子之后，荀子基于现实社会的伦理道德之"群分"，进行了划分概括，包括尊卑长幼之分、贵贱贫富轻重之分、智愚贤不肖之分、士农工商之分及政治上官吏职等之分。荀子对孟子的"五伦"排列次序做了调整，《荀子·王制》云："君臣、父子、兄弟、夫妇，始则终，终则始，与天地同理，与万世同久，夫是之谓大本。"将君臣提到父子之前，把尊尊摆到了第一位，亲亲原则放在了尊尊之后，又把"夫妇"退居"兄弟"之后。从目前的史料看，荀子是儒家中由过去注重家庭亲情与和谐的人伦关系转变为严格的尊卑等级秩序的确切知名姓的第一人；也表明荀子更为注重伦理的社会层面属性，国家、公共领域里的君臣关系、乡党关系，或亲非亲的年长关系，非以血缘朋友关系被大量论及，突出了人际关系的公共性和社会性。显然，荀子伦理观已经由家庭伦理演绎为社会伦理、国家政治伦理，基本奠定了中国五伦伦理的基本结构和体系。

先秦"五常"与"四德"都是儒家对各种道德规范、美德的高度概括与选择。"仁""义""礼""智""信"为五常，"仁""义""礼""智"为四德。孔子的道德伦理规范非常复杂，其所说之德以仁为根本。在一切道德规范中，"仁"是最高、最基本的道德。"仁"作为统摄一切德目的道德原则，是一切德性的总纲。"仁"包括敬、宽、信、敏、惠，刚、毅、木、讷、勇，温、良、恭、俭、让，诚、慈、安、友、和，礼、义、忠、孝、廉等德目。虽然孔子对于"仁、义、礼、智、信"等分别有不同论说，但整体说来，还没有搭建出"五常"框架。就目前我们所见到的文献而言，是孟子最先概括出儒学"四德"传统标准性德目。他说："恻隐之心，仁也；羞恶之心，义

---

① 《孟子·滕文公上》，《孟子正义》，中华书局1987年版，第413页。

也；恭敬之心，礼也；是非之心，智也。仁义礼智，非由外铄我也，我固有之也，弗思耳矣。"① 又说："君子所性，仁义礼智根于心。"② 孟子认为人人与生俱来便有"恻隐之心""羞恶之心""恭敬之心""是非之心"。这四端之心正是与人性之德相沟通的，提出了"仁""义""礼""智"并列的四德："仁"是基础，"义"是"仁"的具体表现，"礼"是外部约束，"智"是个体应具有的基本道德品质。仁、义、礼、智"四德"与"五伦"是基本对应的。然而，虽然先秦儒家孔、孟、荀都讲到过"信"，将信作为一种好的品德看待，荀子甚至已把信抬高到了仅次于义的地位，"凡为天下之要，义为本而信次之"③。先秦儒家此时还只是把"信"作为仁德的一项内容，尚未与"仁""义""礼""智"并列而发展成为"五常"。汉代大儒董仲舒在前人重信的基础上进行综合创新，首次把信列入了"五常之道"，完成了"仁、义、礼、智、信"五常之道这一整体德目建构，"仁""义"是"五常"内在约束，"礼"则是外在规范。先秦汉唐之"礼"既属于"五常"，又是"四德"之一，"智"是作为处理人际关系的理性原则与认识工具。信是一种游离于家族伦理之外的朋友伦理，是相对的选择性与平等的社会伦理关系。这"五常"贯穿于中华伦理的发展中，成为中国价值体系中的最核心因素。

张岱年先生指出，"三纲"事实上是儒法伦理思想的一种综合。④ 三纲虽然是儒家的核心伦理思想，"三纲"由"五伦"发展而来，但是最初是由法家提出并进行概括的。法家韩非将五伦关系转向树立君、父、夫三伦绝对权威意义："臣事君，子事父，妻事夫，三者顺则天下治，三者逆则天下乱。此天下之常道也，明王贤臣而弗易也。"⑤ 对人伦关系的概括更为强调国家与社会属性的一面，将社会意义的人际关系置于血姻意义的亲缘关系之上，绝对尊君的尊尊原则超越孔孟传统的亲亲原则。至汉代，董仲舒以阴阳、五行、天命之说吸收了韩非的思想，将"三伦"提升为"三纲"，提出了"王

---

① 《孟子·告子上》，《孟子正义》，中华书局1987年版，第813页。
② 《孟子·尽心上》，《孟子正义》，中华书局1987年版，第957页。
③ （清）王先谦：《荀子集解·强国》，中华书局1988年版，第361页。
④ 参见张岱年：《文化与价值》，新华出版社2004年版，第59页。
⑤ 《韩非子·忠孝》，王先慎：《韩非子集解》，中华书局1998年版，第510页。

道之三纲，可求于天"命题。《春秋繁露·基义》谓："父子、夫妇之义，皆取诸阴阳之道。阴阳有别，故君臣、父子、夫妇便有差等，前者为主、后者为次，前主动、后顺从。是故仁义制度之数，尽取于天。天为君而覆露之，地为臣而持载之；阳为夫而生之，阴为妇而助之；春为父而生之，夏为子而养之。王道之三纲，可求于天。"①之后，东汉《白虎通义》明确提出并系统阐述了"三纲六纪"的观念，有了"三纲"最准确的表述："三纲者，何谓也？谓君臣、父子、夫妇也。六纪者，谓诸父、兄弟、族人、诸舅、师长、朋友也。故《含嘉文》曰：'君为臣纲，父为子纲，夫为妻纲。'"②"三纲"统率"五常""六纪"，以此构成了相当严密的人伦网络体系，三纲五常是以人身依附和服从为原则的绝对关系，成为传统伦理政治机构的核心内涵，其伦理关系不再是内在的自觉的人性关系，已经具有外在的强制的"天道"政治关系。

（2）宋明"五伦""三纲""五常""四德"

宋明时期就"五伦""三纲""五常""四德"有了新的阐释。宋明理学新"五伦"是忠、孝、节、悌、信，较之于"三纲五常"旧儒学伦理纲常体系的秩序与层次有了较大的调整。宋明理学"四德""五伦"观将仁、义、礼、智、信分拆为两个层次，仁、义、礼、智"四德"为一层，而仁、义、礼、智、信中的"信"则纳入"五伦"，而直接用忠、孝、节、悌、信表述现实"五伦"的伦理规范层次，"四德"与"五伦"是"体""用"关系。宋明理学在理论上将道德意志、道德规范解释得合理，"仁""义"是内在约束，"礼""智"则是外在形式，忠、孝、节、悌、信是细目，更具思辨性与理性；君臣、父子、夫妇三纲内容只是作为"五伦"要目，并没有置于首位，在实践上更易将道德意志、道德规范乃至由此引发的律令融入现实之中，涵盖自然与社会的属性，更具有实用性。

一是将"五伦""五常""四德"引导到纯粹义理之学上的诠释，充分地义理化。正如朱熹自己所说："仁义礼智，岂不是天理？君臣、父子、兄弟、

---

① 《春秋繁露·基义》，中华书局1992年版，第351页。
② （清）陈立：《白虎通疏证》卷八《三纲六纪》，中华书局1994年版，第373页。

夫妇、朋友，岂不是天理？"①"人伦者，天理也。"②理学家提出："性命之理，着落在君臣、父子、夫妇、兄弟、朋友其中"③，这表明被哲理化、思辨化了的"天理"，正是儒家伦理纲常的集中体现。

二是宋明理学"天理"论特别注重个人主体在内在的"心"的支配作用。强调在社会活动及生产活动中的道德自律与自约，既是对孟子四德"根于心"、道德缘起于心，"四心"与"四德"同本同源心学的继承，也迎合了两宋之际把心性之学奉为为学之要普遍意义的学术命题和思潮。司马光曾这样说道："大人之道正其心而已矣，治之养之，以至于精义入神。"④"心"乃"道"之所系，必然影响在这过程中宋明学术体系及伦理纲常体系的一种结构上的改造，而由传统的"三纲五常"向"四德五伦"的体系结构转化正是这一改造的产物。这是"三纲五常"向"四德五伦"的体系结构转化的重要理论原因。

三是"五常"为性为体、"五伦"为用，以"五常"贯通"五伦"。二程指出："仁、义、礼、智、信五者，性也。"⑤"性"具有仁、义、礼、智、信的内在德性结构。朱熹也说：

> 性之所以为体，只是"仁、义、礼、智、信"五字，天下道理不出于此五者之中，所谓性者是个真实无妄底道理，如仁、义、礼、智，皆真实而无妄者也。故"信"字更不须说，只仁、义、礼、智四字于中各有分别，不可不辨。盖仁则是个温和慈爱底道理，义则是个断制裁割底道理，礼则是个恭敬撙节底道理，智则是个分别是非底道理。⑥

在宋明理学看来，仁、义、礼、智是"体"，是"性"，"五伦"是由"性"

---

① 《朱文公文集》卷五十九《答吴斗南》，《朱子全书》第23册，第2837页。
② 《河南程氏外书》卷七，《二程集》，中华书局2004年版，第394页。
③ （清）倭仁：《倭文端公遗书》卷四《日记》，清光绪二十年山东书局重刊本，第42页。
④ 《温公易说》卷三《咸》，文渊阁《四库全书》本，第8册，第804页。
⑤ 《河南程氏遗书》卷二，《二程集》，中华书局2004年版，第14页。
⑥ 《朱文公文集》卷七十四《玉山讲义》，《朱子全书》第24册，第3588—3589页。

"体"发出的"情"与"用",而且是以"五常"贯通"五伦"。清儒李光地说:"父子、兄弟、君臣、朋友、夫妇,伦也;仁、义、礼、智、信,性也。语其本之合,则仁贯五伦焉;义、礼、智、信,亦贯五伦焉。语其用之分,则父子之亲,主仁者也;君臣之义,主义者也;长幼之序,主礼者也;夫妇之别,主智者也;朋友之信,主信者也。"① 可以看出,宋明理学更多的是从人性、天道中引出"四德五伦"纲常名教的思想,将"四德五伦"与性理沟通起来。在当时更适合统治者振兴儒家纲常的需要。

四是宋明理学在"四德五常"中突出了"仁"的位置。在宋之前,"四德五常"之中,虽然"仁"列于首位,但基本上还是与其他诸规范相并列的。到了二程,开始把"仁"突了出来。"仁"相对于人心乃是性之本体,义、礼、智、信为仁之分别。

五是"五伦"更加注重社会现实性意义。从南宋朱熹开始,"三纲五常"时常连用。程朱理学体系既重视"三纲五常"的"形而上之道",又关注道理实践于"形而下之器"。宋明理学从世俗化与时代要求出发,日益注重家庭对于社会的祥和与稳定的功能,强调有家乃有国意识,在"家"到"国"的辩证关系上,突出了家的父子、兄弟、夫妇和谐,并将其置于君臣关系的前面。朱熹说:"仁莫大于父子,义莫大于君臣,是谓三纲之要,五常之本,人伦天理之至,无所逃于天地之间。"② "人之大伦,夫妇居一,三纲之首,理不可废。"③ 再是,强调"礼"的现实意义与制度规范建设,把仁、义、智、信视为"礼"的精神旨趣,强调五常作为人们日常生活的最高行为("天下之至行")准则,礼是五常之重心。周敦颐、张载、朱熹都反复论证"礼即理",都是把社会秩序的礼等同于"天理"。而礼的核心就是维护贵贱上下、尊卑长幼、男女有别的等级秩序。

---

① 《中庸余论》,《榕村全书》第三册,福建人民出版社 2013 年版,第 82 页。
② 《朱文公文集》卷十三《癸未垂拱奏二》,《朱子全书》第 20 册,第 633—634 页。
③ 《朱文公文集》卷一百《劝女道还俗榜》,《朱子全书》第 24 册,第 4618 页。

2. 人伦从双向性、单向性到多向性

（1）孔孟人伦的双向性

孔孟时代以"五伦"为道德伦理的核心。孔子"君君，臣臣，父父，子子"并非是只有强制性等级化的伦理意义，而是要求君、臣、父、子都应当有各自的职分，对君臣、父子的要求是双向的，总体上君臣之间的政治伦理关系应当遵循互相尊重、相对平等的原则。在君臣关系上，强调"正君之位""明君臣之义""君使臣以礼，臣事君以忠"。臣忠君的前提是君主有道，还要待臣以礼，臣民具有"能格君心之非"的权利。在君民关系上，君为民榜样且必须爱民、养民，而庶民则应当尊君、拥君；家庭伦理及社会伦理强调的也是一种双向性要求。亲人之间是一种平易亲切的天然血亲，要求夫妇以"义"相待："夫妇以义事，义绝而离之"；"夫不义则妇不顺矣"①。"父慈子孝"，在兄弟间"兄友弟恭"，也是双向要求；在社会伦理关系上，人与人应当是"老吾老以及人之老，幼吾幼以及人之幼"②。孔子说："己所不欲，勿施于人。"③先秦儒家将道义作为规范伦理的最高标准，有言："入孝出弟，人之小行也；上顺下笃，人之中行也；从道不从君，从义不从父，人之大行也。"④这里所说的"忠孝"完全不同于强制性不平等要求的忠孝。《内礼》云：

> 君子之立孝，爱是用，礼是贵。故为人君者，言人之君之不能使其臣者，不与言人之臣之不能事其君者。故为人臣者，言人之臣之不能事其君者，不与言人之君之不能使其臣者。故为人父者，言人之父之不能畜子者，不与言人之子之不孝者。故为人子者，言人之子之不孝者，不与言人之父之不能畜子者。故为人兄者，言人之兄之不能慈弟者，不与言人之弟之不能承兄者。故为人弟者，言人之弟之不能承兄者，不与言人之兄之不能慈弟者。故曰：与君言，言使臣；与臣言，

---

① （南北朝）颜之推：《颜氏家训·治家》，庄楚点评，中国华侨出版社2014年版，第36页。
② 《孟子集注》，《朱子全书》6册，第256页。
③ 《论语集注》，《朱子全书》6册，第178页。
④ （清）王先谦：《荀子集解·子道》，中华书局1988年版，第625页。

言事君;与父言,言畜子;与子言,言孝父;与兄言,言慈弟;与弟言,言承兄。反此,乱也。①

在此,先秦儒家强调了"礼为贵"的主要内容,而且对不同人伦关系的具体行为标准作出了描述,以为违反这些标准的言行均为"乱",而"乱"是先秦儒家认定的严重违背人伦的一种状况。

(2) 董仲舒三纲单向性

在孟子等"五伦"思想的基础上,以董仲舒为代表的汉儒提出了充分体现等级、权威和上下尊卑的"三纲"思想。"君为臣纲,父为子纲,夫为妻纲。"这就从双向的相对关系发展到了单向的人身依附和以服从为原则的绝对关系,这是一种适应秦汉形成的皇权专制主义结构,是一种非对称性的权利义务关系,强调的是上对下的等级式权威以及下对上的无条件屈从。而君臣关系的地位,已经置于父子等关系之上,强化了单向度政治伦理等级观念。在家庭伦理观念上,"三纲"由夫为妻纲衍化为男为女纲,男尊女卑,"三纲"成为家庭人际关系的基础,家庭中夫妇之道的夫妻关系发展成为不平等的关系。"三纲五常"强调无论是非,一方必须无条件地绝对服从于另一方。徐复观先生曾有过这样的分析:"忠孝之在孔孟,乃系人之一种德性。至于人与人的关系,则常相对以为言,如'君君,臣臣,父父,子子'之类。其中,并无从外在的关系上分高低主从之意。汉儒为应大一统之政治要求,《白虎通》中创为三纲之说,将人性中德性之事,无形中一变而为外在关系中权利义务之事。"②可以说,"三纲"体现的是一种宗法等级的伦理精神,强调了以片面强制的忠、孝、顺为内容的君权、父权与夫权。

(3) 程朱理学人伦的多向性

一方面,宋明理学特别具有人伦道德和社会责任意识,继承了孔孟君仁、臣敬、父慈、子孝、夫义、妇顺等双向伦理。"夫有物必有则,父止于慈,子止于孝,君止于仁,臣止于敬,万物庶事莫不各有其所,得其所则

---

① 马承源:《上海博物馆藏战国楚竹书(四)内礼》,上海古籍出版社2004年版,第224页。
② 《徐复观文集》卷一《儒家思想的人文世界》,湖北人民出版社2009年版,第56页。

安,失其所则悖。圣人所以使天下顺治,非能为物作则也,唯止之各于其所而已"①,只有每个社会角色恪守各自的社会责任,社会制度的合理性才能凸显出来。宋代以后,家长的权利是与义务紧密相连的,而且对家长自身要求也较以前更为严格。北宋司马光《涑水家仪》规定:"凡为家长,必谨礼法,以御群子弟及家众,分之以职,授之以事,而责其成功。"司马光也在《家范·夫妇》中写道:"夫妇以义事,义绝而离之。"义同时是针对夫妇,已经不同于更早的时候颜之推在《颜氏家训》中所论"夫不义,则妇不顺矣"了。群臣、百姓各有等差,各自在等级秩序中安于职守,便可以形成和谐有序的社会秩序。亦如二程所说:"上下分明而后民志定,民志定,而后可以言治也。"②提出人际间在权利与义务两方面双向互助性要求,"五伦"是自然而然的,既是人的天性,又是自然的规律,以形成较为和谐的人伦关系。

另一方面,"四德五伦"天理论包含"三纲五常"的内容,承认"三纲五常"。将三纲五常视为根本大法来看待,"夫三纲五常,大伦大法","三纲五常"具有工具性特征和神圣性。这样在义理思想体系当中,"三纲五常"被提升到超时空性、绝对性和不可侵犯性的高度。程朱的"理"推广于人类社会,将"人伦关系"与天理的高度相联系。"理"即父子、君臣关系的原则和等级秩序。"天而在上,泽而处下,上下之分,尊卑之义,理之当也,礼之本也。"③朱熹所说:"天得之而为天,地得之而为地,而凡生于天地之间者,又各得之以为性。其张之为三纲,其纪之为五常,盖皆此理之流行,无所适而不在。"④因此"三纲五常,天理民彝之大节,而治道之本根也"⑤,可以说,以"三纲五常"为中心内容的理治主义文化比先秦孔孟伦理思想更具强制性。"三纲五常"作为社会道德与法律规范,是"天理之节文""人事之仪则""辨贤否以定上下之分,核功罪以公赏罚之施"⑥的标准。"三纲五

---

① 《周易程氏传》卷四,《二程集》,中华书局2004年版,第968页。
② 《河南程氏粹言》卷三,《二程集》,中华书局2004年版,第750页。
③ 《周易程氏传》卷四,《二程集》,中华书局2004年版,第749页。
④ 《朱文公文集》卷七十《读大纪》,《朱子全书》第23册,第3376页。
⑤ 《朱文公文集》卷十四《戊申延和奏札一》,《朱子全书》第20册,第656页。
⑥ 《朱文公文集》卷十二《己酉拟上封事》,《朱子全书》第20册,第624页。

常"更具有工具性特征和神圣性。朱熹曾说:"废三纲五常这一事,已是极大罪名。"① 而且宋明理学也从伦理性家庭父子关系扩展到政治君臣关系,使权力性话语成分加重,打上了"尊以责卑""长以责幼""贵以责贱"鲜明的阶层烙印。父子型伦理地位进一步地直线上升,"臣子无说君父不是底道理"②。由此进而影响"夫妇型"伦理关系,形成所谓的"男女尊卑有序,夫妇有倡随之礼,此常理也""妇人从以为正,以顺为德"③ 等等观念,强调夫权统治的无上性。

"三纲"法典化,使道德与法律融为一体,家国与政权合而为一。固然朱熹以"义理之所当否"作为认定事实曲直的最主要原则,将"三纲五常"视为思想的核心内容,有先验论的倾向,对处于社会底层的广大普通百姓有束缚的一面。但是我们也应当认识到,朱熹的义理也有从实际出发、依据客观规律来把握的含义,他把义理、三纲五常确定为最根本的原则,使之逐渐成为日常事务的行动准则,在法理角度上说法律是国家意志的体现,已经具有强制性的基本特征。以三纲五常为内容的义理所具有的绝对性、不可侵犯性和诉讼上决狱作用的思想性,为历代统治提供了理论与法律依据。程朱理学的法律思想更是为了维护国家伦理的绝对权威。故而才有雍正在《大义觉迷录》中说:"人生天地间最重者莫如伦常,君臣为五伦之首,较父子尤重。天下有无君之人,而尚可谓之人乎?人而怀无君之心,而尚不谓之禽兽乎?尽人伦则谓人,灭天理则谓禽兽,非可因华夷而区别人禽也。且天命之以为君,而乃怀逆天之意,焉有不遭天之诛殛者乎?"④

3. "四德五伦"的道德伦理结构

从"三纲五常""四德五伦"结构转变历史过程看,是由先秦的宗法伦理、家庭伦理向汉代政治伦理的转变,由汉唐政治伦理向宋明的政治伦理、

---

① 《朱子语类》卷一百二十六,《朱子全书》第 18 册,第 3932 页。
② 《朱子语类》卷十三,《朱子全书》第 14 册,第 400 页。
③ 《周易程氏传》卷三,《二程集》,中华书局 2004 年版,第 864 页。
④ (清)雍正皇帝编,张万钧、薛予生编译:《大义觉迷录》,中国城市出版社 1999 年版,第 13 页。

宗法伦理、家庭伦理一体的转变。"四德五伦"是以家为起点，以国为中点，以天下为终点的体系。国家伦理是道德建设的治国目的，家族伦理是道德建设的基石，由家族伦理向国家、社会伦理扩充。

宋以前，从社会最微小的细胞——家族、宗族到整个国家、天下，都曾出现礼法失序的局面。朱熹《家礼》原序说："三代之际，礼经备矣。然其存于今者，宫廷器服之制，出入起居之节，皆已不宜于世。世之君子虽或酌以古今之变，更为一时之法，然亦或详或略，无所折衷，至或遗本而务其末，缓于实而急于文。自有志好礼之士，犹或不能举其要，而困于贫窭者尤患其终不能有以及于礼也。"这说明，原有礼仪皆已不宜于世，需要切合世用礼仪道德规范。他十分感叹古代家礼的废弃："礼废久矣。士大夫幼而未尝习于身，是以长而无以行于家。长而无以行于家，是以进而无以议于朝廷，施于郡县；退而无以教于闾里，传之子孙，而莫或知其耻之不修也。"①时代发展的需要契合世用的礼仪道德规范。如前所论，伦理道德复兴是建立社会"秩序"理念与提升家族宗法规范的需要，道德伦理复兴更是国家政治维系、礼法思想发展与儒家理论"一道德"的需要。

第一，道德伦理复兴是国家政治维系的需要。

首先，道德伦理复兴是宋明君臣同治、文官政治的选择。唐、五代十国的混乱时期，特别是那种"今日我为王，明日他为王"的互相替代的方式，使得传统政治伦理遭到极大的破坏。在结束纷乱割据、实现了统一之后，宋代创建文官政治模式，需要一整套伦理体系的制约。理学继承和发展了传统儒家的思想，并把理学伦理应用到政治问题上，形成了具有自己特色的政治伦理思想，为文官政治伦理体系形成提供了文化思想基石；同时，唐以来的科举制是绅权与皇权的联结点。士人通过科举等方式取得功名，进入官僚集团。而出身科举有社会地位的士大夫一般又是宗族族权的实际控制者，使官僚政治又包含了家族制和宗法组织的因素，这为文官政治伦理体系形成提供了组织骨干。科举考试使作为学术思想的程朱理学官学化，其伦理道德成为国家的支柱和最高准则。宋代理学家"试图以普遍提升人们的道德

---

① 《朱文公文集》卷八十三《跋三家礼范》，《朱子全书》第24册，第3920页。

品格来建立清明政治的努力。理学家要借助于道德的力量来制衡权力，因而这道德标准一定是最高的，道德标准只有是最高的，也才能是权威的"①。

如前所述，程颐在《经说》中提出了"与之同治天下"的观点，从而由汉儒"君为臣纲"发展成为"君臣同治"，宋代开始形成了君臣同治的思潮，无疑这是宋代理学对汉唐儒家政治思想的重大修改。明清之际，更多的新儒家倡导君臣平等观，批判了以绝对顺从为前提的愚忠观念，"天下者，非一人之天下"，认为君臣应该共为，视君臣"曳木之人"关系："夫治天下犹曳大木然，前者唱邪，后者唱许。君与臣，共曳木之人也。"②有激进者提出了侯王与庶人同等、圣凡同一。李贽也有"天下之众，而能使之均平若一人"③，"尧舜与途人一，圣人与凡人同一"④之论。傅山则更是提出"不事王侯正平等"的"反常之论"。他认为如果"非其君而君之"，"非其忠而忠之"，只能带来"忠丧世，世亦丧忠"的结果。"王侯皆真正崇高圣贤，不事乃为高尚"，圣贤为王侯，无须事之，而"其余所谓王侯者，非王侯，而不事之，正平等耳，何高尚之有"⑤。"君臣"之间并不只是"君择臣"，"臣亦择君"。

其次，道德伦理复兴为构建"家国一体"的政治结构提供了依据。

从秦代以来至宋代皇权的集权化，使得君王真正实现了"己""家""国""天下"四者的权力统一，反映了"家"与"国"的内在一致性。宋明理学认为修身方能齐家，齐家方能治国，治国方能平天下，通过身、家、国、天下四位一体，将家国一体的伦理贯通。在"五伦"设计中，血缘—宗法—等级三位一体，把血缘关系中的长幼之序上升为一般伦理法则，成为社会关系的尊卑等级之别，在"亲亲尊尊"的基础上形成所谓"君臣"的政治

---

① 姜广辉：《"学圣"与理学在儒学史上的特殊贡献》，转引自黄宣民、陈寒鸣主编：《中国儒学发展史》，中国文史出版社2009年版，第1053页。
② （清）黄宗羲：《明夷待访录·原臣》，中华书局2011年版，第17页。
③ 《李贽文集》第7卷《道古录》，张建业主编：《李贽全集注》第14册，社会科学文献出版社2010年版，第285页。
④ 《李贽文集》第7卷《道古录》，张建业主编：《李贽全集注》第14册，社会科学文献出版社2000年版，第358页。
⑤ 《霜红龛集》卷三十一《蛊上解》，刘贯文等编：《傅山全书》，山西人民出版社1991年版，第833页。

秩序。"亲亲、仁民、爱物,三者是为仁之事。亲亲是第一件事,故'孝弟也者,其为仁之本欤'。"①"人能孝弟,则其心和顺,少好犯上,必不好作乱也。"②"其为人孝弟,则必须柔恭,柔恭,则必无犯上作乱之事。"③"故事亲而孝,从兄而弟,乃爱之先见而尤切。人苟能之,则必有不好犯上作乱之效。"④显而易见,中国传统社会家庭既是国的基本组成单位又是国的缩影,在血缘关系基础上集家而成族,聚族而为国。家上承国家,下续百姓,是国与个人的中介,"家齐"才能"天下平",所以治家的最终目的是为了更好地治国,家族伦理有补于国家崇化导民,为国家政治服务。宗族在制定家法族规时往往把反映统治阶级意志的完粮、纳税写进族规,并以家法的形式要求子弟完粮、纳税,使税赋不待催驱而纳,《家礼》等所确立的伦理纲常,表面上是为家立礼立法,而一旦这些规范被人们认可并遵从,它的功能就不仅仅局限于规范家庭成员的行为,更重要的是这些教化能够端正乡里社会的民风民俗,对于人人遵循伦理规范、国治天下平有很大的益处。司马光《家范》也提出:"家人有严君焉,父母之谓也。居于尊位,而明于家道,而天下莫不化。父父、子子、兄兄、弟弟、夫夫、妇妇,六亲和睦,交相爱乐,而家道正,正家而天下定矣。"朱熹《家礼》原序中,就明确指出:"庶几古人所以修身齐家之要,谨终追远之心,犹可以复见;而于国家所以崇化导民之意,亦或有小补云。"士大夫的修身齐家有助于沟通上下,绅权构成了皇权与族权之间的桥梁,族权、绅权与皇权的结合将血缘—伦理—政治直接统一起来。宋明理学的人伦道德强化"以家为本"的伦理道德观。宋代从"家"到"国"的辩证关系,突出了"孝悌",并将其置于"忠信"的前面,形成了"以家为本"的伦理道德观,在人与人之间的伦理关系和道德行为中,恢复了《中庸》所谓"君子之道,造端乎夫妇"的思想,重视五伦"自然顺序"。恰如清儒唐甄提出"五伦百姓,非恕不行;行之自妻始"⑤,五伦家

---

① 《朱子语类》卷二十,《朱子全书》第14册,第686页。
② 《论语集注》卷一《学而》,《朱子全书》第6册,第68页。
③ 《朱子语类》卷二十,《朱子全书》第14册,第686页。
④ 《论语或问》卷一,《朱子全书》第6册,第613页。
⑤ (清)唐甄:《潜书·夫妇》,中华书局1963年版,第79页。

国一体、由家及国，突出了"人伦本于天伦"的伦理世界的建构原理。

最后，"己（身）—家（族）—国—天下"又存在"家""国"同构之"差序格局"，形成家族长幼伦理之序、社会尊卑等级之别、国家君臣之义的伦理体系，依照"尊尊、贵贵、亲亲"的原则，形成"君君、臣臣、父父、子子"的家国伦理，逐渐达到伦理政治化与政治伦理化了。由此，黑格尔才说："中国纯粹建筑在这一种道德的结合上，国家的特性便是客观的家庭孝敬。"[1] 正因此，宋明理学重视修齐治平模式建设。朱熹在注解《仪礼》时，首次把家礼与乡礼、学礼、邦礼一并编次，《清朝续文献通考》说《仪礼经传通解》一书："范围乎国事民事者为最广，家有家礼，乡有乡礼，学有学礼，邦国之际，王朝之上，莫不有礼，通五礼之目，而仍类别为五，所以辨等差至严也，所以画权限至晰也。准诸《大学》之絜矩，其揆有若合符定。"[2] 形成了家礼、乡礼、邦礼、国礼的礼制全面性社会化。在宋明社会转型期，只有家族、宗族礼仪与国家礼法的一致性与共同性，在思想意识及纲常伦理上实现家族、宗族、社会国家的同构，才能保证国家对乡村的统治形式及有效秩序。

第二，伦理道德复兴是礼法思想发展的必然。

《唐律疏议》强调"德礼为政教之本，刑罚为政教之用"，把法律的功效和礼义道德的作用有机地结合起来，礼的精神完全融化在法律条文之中。礼法结合在《唐律疏议》中已达到了十分完备的程度，唐《永徽律》及《律疏》的修订"不仅仅在于内容的完备与使用的便利，更重要的是把礼制的精神与原则融入法律，在法律的制定过程中'一准乎礼'，从而由制度的角度完成了'以礼入法'的历程，并且成为礼法合流的标志"[3]。"至唐代，唐律一准乎礼，使礼的基本规范取得了法律的形式，从而把礼义道德原则和法律规范有机结合起来，这标志着封建纲常的法律化和法律的伦理化，是封建社会德法合治思想成熟的表现。"[4] 由唐到宋以礼入法的趋势不断发展，影响后

---

[1] 黑格尔：《历史哲学》，上海人民出版社1990年版，第232页。
[2] 《清朝续文献通考》卷一二二《职官》，浙江古籍出版社2000年版，第8820页。
[3] 陈楠：《礼法结合对唐代刑罚制度的影响》，《人民论坛》2010年第1期。
[4] 李建华、曹刚：《法律伦理学》，中南大学出版社2002年版，第34页。

世，宋元明清时期是礼法融合模式的重构时期。礼法思想发展可以说也是经与法相结合的过程，走过了一条以经决狱—以经注律—以经立法的经法结合道路。

第三，伦理道德复兴是儒家理论"一道德"的需要。

理学家试图重建三代秩序的理想"一道德"。宋时，"一道德同风俗"虽然为王安石所说，但是这句话在当时被宋代士大夫所认可，朱熹同样如此，"有语予曰：'荆公正坐为一道德所误耳'。予谓之曰：'一道德者，先王之政，非王氏之私说也，子何病焉？'"①"一道德同风俗"这个思想，正贯通理学家的理念和实践，故而《近思录》才有："性命孝弟，只是一统底事，就孝弟中，便可尽性至命。如洒扫应对与尽性至命，亦是一统底事，无有本末，无有精粗，却被后来人言性命者，别作一般高远说。故举孝弟，是于人切近者言之。"②魏晋南北朝与隋唐时期，玄学、佛学、道教也盛于一时，宋之际如何把儒、释、道三教思想在冲突中融合起来，复兴儒学，以达到"一道德"的需要，也正是当时学术思想界所追求的。

三、宋明理学之德教

二程认为，要强化国家治道，根治社会腐败，根本还是在"收拾人心"，而实现社会等级秩序协调的关键就在于人们"循理明道""乐循理"，主体心性自我约束符合天理，便能够自觉恪守伦理规范，社会全面控制的目的自然达到。梁漱溟在《中国文化要义》中则称"建国之基础以道德礼教伦常而不以法律，故法律仅立于补助地位。立法之根据以道德礼教伦常而不以权利。各国法律在保障人权，民法则以物权债权为先，而亲族继承次之，此法律建筑在权利之上也，我国则反是（以义务不以权利）"③。道德高于伦理，伦理以道德为理想。道德是内在自律的，伦理是内在自律和外在他律之综

---

① 《朱文公文集》卷七十《读两陈谏议遗墨》，《朱子全书》第23册，第1185页。
② 《近思录》卷六《家道》，《朱子全书》第13册，第228页。
③ 《中国文化要义》，《梁漱溟全集》第三卷，山东人民出版社2010年版，第25—26页。

合。《唐律疏义》云:"德礼为政教之本,刑罚为政教之用。"① 《四库全书总目唐律疏义提要》解说:"唐律一准乎礼,以为出入得古今之平,故宋世多采用之,元时断狱亦每引为据。明洪武初,命儒臣同刑官进讲唐律。后命刘惟谦等详定明律,其篇目一准于唐。"②

1. 宋明理学之德

在中国传统社会控制当中,对意识形态的控制是政务的重要内容,不可回避。"古者民始生,未有刑政之时,盖其语人异义。是以一人则一义,二人则二义,十人则十义。其人滋众,其所谓义者亦滋众。是以人是其义,以非人之义,故交相非也。"③ 显然,如果社会意识形态处于无秩序状态时就会出现"交相非也"的状况。社会意识的社会治理需要德治。所谓德治就是以惠民德政教化和统治者个人崇高品德为施政原则的政治感化与制度控制。

在宋明理学思想体系中,"德"不仅是一个反映人的主体主观情感与信念、自然和社会本体、世界观、人生观上的哲学范畴,而且还是一个反映人类社会行为规范的伦理范畴,更是体现国家政治与权利、思想的一个重要政治学范畴。

第一,情感之德。"德"的原始意义是得心,指内心情感或信念,属于主体主观的情感与信念。《说文》:"德,外得于人,内得于己也。"宋明理学对"德"的理解同样首先是从德的本义去理解,在大多数情况下,朱熹是以"得也,得其道于心"来解释"德":"德者,得也,得其道于心而不失之也,得之于心而守之不失,则终始惟一,而有日新之功。"④

第二,哲学之德。以德为性,"舜之德,性之也"⑤。"圣人之德,所性而有者也。"⑥

---

① (唐)长孙无忌:《唐律疏议·名例律·序》,中华书局1983年版,第3页。
② 蒲坚:《中国古代法律丛抄》,光明日报出版社1987年版,第72页。
③ 《墨子·尚同上》,吴毓江:《墨子校注》,中华书局1993年版,第107页。
④ 《论语集注》卷七《述而》,《朱子全书》第6册,第121页。
⑤ 《朱文公文集》卷五十三《答刘季章》,《朱子全书》第22册,第2496页。
⑥ 《中庸章句》,《朱子全书》第6册,第49页。

第三,"道德"之"德",它已经成为一个融道德、信仰、行为方式、统治政策等为一体的综合概念。德作为行为规范的表率,作为伦理范畴之德,"一言一行之谨,亦是德"①。大量的道德修养条目如仁、义、忠、孝、敬、悌、慈、惠都是实现治国平天下的路径。"盖周人以乡三物教万民,而宾兴之。其德六:圣、智、仁、义、中、和。"②

第四,为政之德。这是具有上层建筑意义的政治范畴之"德",传统社会实现法律与道德一体化。黑格尔认为:"在中国人那里,道德义务的本身就是法律、规律、命令的规定。"③家国同构的社会政治结构造成了社会政治与伦理的合一,德与政的一致性。"德与政非两事。只是以德为本,则能使民归。若是'所令反其所好',则民不从。""以德先之,则政皆是德。"④《论语集注·宪问》注中说:"德,谓调良也";"德,谓恩惠也"。主要是指君对民的调良,给予民的恩惠,是一种政策措施。德是为政,德具有使民归化的功能。德与道、理、义同,得道于心,道则指法制、条理和规范。德是每个人都要遵循的共同准则"理""道",德是理起于每个人心中,在宋明理学"理"的范畴中包括了法律规范是一不争的事实。丘浚曾说"刑以弼教,刑言其法,教言其理,一惟制之以义而已"⑤,从中可以看到德具有明显的义理之意。先秦孔孟之仁德与宋明之义理是贯通的。

2. 德之教化的立国本根性

(1) 治国以道德教化为先

历代统治阶级从未忽视教化的作用。西周"勿庸杀人,姑惟教之"⑥,孔子更是极力提倡"道之以德,齐之以礼",董仲舒主张"以教化为大务"⑦。司马光说:"教化,国家之急务也,而俗吏慢之;风俗,天下之大事

---

① 《朱子语类》卷三十四,《朱子全书》第23册,第1185页。
② 《中庸章句》,《朱子全书》第15册,第1214页。
③ 黑格尔:《哲学史讲演录》第一卷《中国哲学》,商务印书馆1997年版,第125页。
④ 《朱子语类》卷二十三,《朱子全书》第15册,第788页。
⑤ 《大学衍义补》卷一百八《谨详谳之议》下册,上海书店出版社2012年版,第207页。
⑥ 杨筠如:《尚书覈诂》,陕西人民出版社1959年版,第195页。
⑦ (清)苏舆:《春秋繁露义证》,中华书局1992年版,第254页。

也，而庸君忽之。夫惟明智君子，深识长虑，然后知其为益之大而收功之远也。"① 理学家更是重视对百姓的教化，有不少的教导之语。程颐说："窃以生民之道，以教惟本。故古者，自家党遂至于国，皆有教之之地。民生八年，则入于小学，是以天下无不教之民也。既天下之人，莫不从教，小人修身，君子明道，故贤能聚于朝，良善成风于下，礼仪大行，习俗粹美，刑罚虽设而不犯，此三代盛治，由教而致也。后世不知为直之本，不善其心，而驱之以力，法令严于上，而教不明于下，民放僻而入于罪，然后从而刑自。噫，是可以美风俗而从善治乎。"② 朱熹基于"民虽众，毕竟只是一个心，甚易惑也"③ 的认识，认为有必要对庶民进行教化，通过教化就可以"不待黜陟刑赏一一加于其身，而礼义之风、廉耻之俗已丕变矣"④，"教化之行，挽中人而进于君子之域；教化之废，推中人而堕于小人之涂"⑤，"善者举之，而不能者教之，则民有所劝而乐于为善"⑥。朱熹说："德行之于人大矣……士诚知用力于此，则不唯可以修身，而推之可以治人，又可以及夫天下国家。故古之教者，莫不以是为先。"⑦ 丘浚认为："为政必以教化为先，变不美之俗以为美，化不良之人以为良，使人人皆善良、家家皆和顺，由家而邑，由邑而郡，民风士习如出一律，则天下之大，治平之基实自此而积累也。"⑧ 由此，康熙帝谕群臣时才会说："朕惟至治之世，不以法令为亟，而以教化为先。"⑨

（2）立国以道德教化为本根

宋明理学不仅是强调德教为先，而且是把道德视为立国安邦的最根本

---

① 《资治通鉴》卷六十八《汉纪六十》，中华书局1956年版，第2173页。
② 《河南程氏文集》卷九《为家君请宇文中允典汉州学书》，《二程集》，中华书局2004年版，第593页。
③ 《朱子语类》卷一百八《论治道》，《朱子全书》第17册，第3524页。
④ 《朱文公文集》卷十七《己酉拟上封事》，《朱子全书》第15册，第625页。
⑤ 《朱子语类》卷一百八《论治道》引荀悦语，《朱子全书》第17册，第3519页。
⑥ 《论语集注》卷二《为政》，《朱子全书》第6册，第80页。
⑦ 《朱文公文集》卷六十九《学校贡举私议》，《朱子全书》第23册，第3357页。
⑧ 《大学衍义补》卷八十二《广教化以变俗》下册，上海书店出版社2012年版，第28页。
⑨ 章梫：《康熙政要》，中共中央党校出版社1994年版，第24页。

的手段。理治的根本在于推行自律与道德教化的德治，而没有把政治、法律或礼治等当成是治国与统治的根本，统治者主要是通过道德修养要求来对其进行监督和约束，对于民众的行为和社会秩序也主要是依靠道德教化来控制和维持。丘浚指出"人君为治，因在修德以为化民之本"，只有"修德"才能够"正纪纲而正天下"，"修德"已经成为治国平天下的第一要务。他认为"人君为治，欲正天下之纪纲先正一家之纪纲"，"诚能修德以立道，立道以正天下之纪纲，则可以保祖宗之基业"①。

3. 德之教化的层次性

第一，个人修身。个人修身主要包括正君心、正百官、正万民三个不同层次的内容。对如何正的问题将在下章《政统》一并论述。

第二，家庭教育。宋明理学倡导家庭教育的最终目标是为了理顺家庭关系，实现家庭、家族和睦的次序。而理顺家庭关系必须以三纲五常为核心，朱熹认为"三纲五常，礼之大体，三代相继，皆因之而不能变"②，差等的家庭宗法关系是必须遵从而不能改变的，"且如人之一家，自有等级之别"③，强调了夫妇关系的不平等性和父子兄弟关系的特殊性。"妇人内夫家，以嫁为归也，女子从人，以顺为正道也。"④在家庭关系中，父子兄弟关系是最重要的问题，"惟父子兄弟为天属"，"父子之间，或有不尽其道者，是岂为父而天性有不足于慈，亦岂为子而天性有不足于孝者哉！"⑤

理学家所强调的家庭教育，首先主要是一种道德伦常教育。朱熹在给其长子信及《白鹿洞书学规》中就晚辈教育内容作了详细论述。其他教育家如周敦颐、程颢、程颐、范仲淹、陆九渊、张栻、吕祖谦等人，聚徒讲学，也莫不把人格养成置于首位。其次，礼仪教育，这也是伦理观教育的体现。针对当时"礼废久矣"的状况，朱熹先后编纂了《古今家祭礼》《家礼》《祭

---

① 《大学衍义补》卷二《正纲纪之常》上册，上海书店出版社2012年版，第37页。
② 《论语集注》卷二《为政》，《朱子全书》第6册，第81页。
③ 《朱子语类》卷九十八《张子书三》，《朱子全书》第17册，第3317页。
④ 《孟子集注》卷六《滕文公章句》，《朱子全书》第6册，第324页。
⑤ 《朱文公文集》卷十二《甲寅拟上封事》，《朱子全书》第20册，第627页。

礼》等书，撰写了《乞颁降礼书状》《乞增修礼书状》《申严婚礼状》等，并要求统治者颁行《政和五礼新仪》，小学"教之以洒扫、应对、进退之节，爱亲、敬长、隆师、亲友之道"。最后，宋明理学是将子弟德性的培养放在家教首位，整体上排斥入太学、取科第的。朱熹曾称梭山先生"《家问》所以训饬其子孙者，不以不得科第为病，而深以不识礼义为忧，其殷勤恳切，反复晓譬，说尽事理，无一毫勉强缘饰之意，而慈祥笃实之气蔼然"①。朱熹同时又说："非是科举累人，人累科举。若高见远识之士，读圣贤之书，据吾所见，为文以应之，得失置之度外，虽日日应举，亦不累也。居今之世，虽孔子复生，也不免应举，然岂能累孔子耶？"②

第三，学校书院教育。"隆学校""训子弟"是进行文化控制的有效手段。包括乡村设有的社学、县学、州学以及书院等学校历来是儒家社会教育的重要载体。学校不仅仅只是知识传授的场所与媒介，也是道德伦理教化育人之地，"讲信修睦，以裨教化"③。唐末五代佛道盛行，儒学衰落，以致大兴寺观，而以儒学教育为主的官学地位下滑，朱熹主持南康军时，"境内寺观钟鼓相闻，……而先王礼义之官，所以化民成俗之本者，乃反寂寥希阔，合军与县仅有三所而已。然则复修此洞，盖未足为烦"④。理学家深知"惟三代仁政之本，始于井田而成于学校"⑤，应以教化民众，将民众整合到伦理秩序中。《礼记·学记》中云："古之王者，建国君民，教学为先也。"政府非常重视尊师重教，"县令每岁与学之师，以乡饮之礼会其乡老。学者众推经明行修、材能可任之士，升于州之学，以观其实"⑥，故而，理学家特别重视

---

① 《西江陆氏家乘》卷十，转引自郑晓江：《论隐君陆梭山先生之行与思》，《孔孟月刊》2000年第2期。
② 转引自《清会典事例》卷三八九《礼部·学校·训士规条、考试规条》乾隆五年"训饬士子"文。
③ 夏竦：《历代名臣奏议》卷一一四《请兴学校奏》，《全宋文》卷347，第9册，上海辞书出版社2006年版，第85页。
④ 《朱文公文集》卷十六《重修白鹿书院状》，《朱子全书》第20册，第755页。
⑤ 《居士集》卷三十九《吉州学记》，《欧阳修全集》，中华书局1986年版，第230页。
⑥ 《河南程氏文集》卷一《请修学校尊师儒取士札子》，《二程集》，中华书局2004年版，第449页。

学校教育，要求"国家建立学校之官，遍于郡国，盖所以幸教天下之士，使之知所以修身、养家、治国、举天下之道，而待朝廷之用也"①。

而且学校还是国家意志与基层民众意志相互传递的中介："乡吏受教法于卿大夫，万民之学受教法于乡吏。则其所以教民者，诸侯群吏之私不与焉，资诸王而已；使民兴贤，还以长之，深协其民之好恶；使民兴能，还以治之，深中其民之利病。则其所以进人者，王之私不与焉，委诸民而已。"②学校在教化民众传播文化的同时，也承担培养士大夫集团传播理学思想文化，塑造品德兼备的官僚，向朝廷推举官员的职能，成为整合君民的又一机制。可以说，通过学校取士，理学的社会理论将地方与官府联系起来，通过官僚以控制民众，学校已经成为将国家与基层整合的社会政治共同体。

尤其是明清时期，更是将学校学习纳入科举考试的法定程序之内，参加科举必须通过学校教育，学校与科举自然地结合起来。通过对学校教育与科考内容的理学标准化，统一思想意识。永乐初期编纂了《四书大全》《五经大全》及《性理大全》等三部士子必读之书，三部大全的主编者胡广等人在进书表中明确指出了其编纂目的："以是而兴教化，以是而正人心。……非惟备览于经筵，实欲颁布于天下。俾人皆由于正路，而学不惑于他歧。家孔孟而户程朱，必获真儒之用。佩道德而服仁义，咸趋圣域之归。顿回太古之淳风，一洗相沿之陋习。焕然极备，猗欤盛哉！"③显然，学校教育与科考以理学"咸趋圣域之归"为目标。

鉴于"前代庠序之教不修，士病无所于学"，宋代有识之士"往往相与择胜地，立精舍，以为群居讲习之所，而为政者或就而褒表之，若此山，若白鹿洞之类是也"④。通过创建书院和精舍弥补官学与私塾教育的不足。陈荣捷先生认为，"精舍与书院，都是朱子用来实现新儒学的工具"⑤。书院从两

---

① 《朱文公文集》卷七十五《送李伯谏序》，《朱子全书》第24册，第3637页。
② 黄裳：《演山集·考其德行道艺而劝之》，线装书局2004年版，《宋集珍本丛刊》本。
③ 胡广：《皇明文衡》卷五《进五经四书性理大全表》，《四部丛刊初编》集部，第332册。
④ 《朱文公文集》卷七十九《衡州石鼓书院记》，《朱子全书》第24册，第3783页。
⑤ 陈荣捷：《朱子与书院》，台湾学生书局1988年版，第513页。

方面发挥道德教化的职能。一方面书院教育将良好的道德质量作为书院人才培养的首要目标，其首要职能就在于授道。朱熹主持白鹿洞书院时，就制定《白鹿洞书院学规》，要求生徒严格遵守儒家的道德规范。"学规"确定"教人为学之意"即教学目的是"讲明义理以修其身，然后推以及人"，并规定："父子有亲，君臣有义，夫妇有别，长幼有序，朋友有信"为"五教之目"，"'道之以德'者，是身上做出去，使之知所向慕。'齐之以礼'者，是使之知其冠婚丧祭之仪，尊卑大小之别，教化知所趋。既知德礼之善，则有耻而格于善。若道齐之以刑政，则不能化其心，而但使之少革。到得政刑少驰，依旧又不知耻矣"[①]。吕祖谦所作的《丽泽书院学规》规定："凡预此集者，以孝弟忠信为本，其不顺于父母，不友于兄弟，不睦于宗族，不诚于朋友，言行相反，闻过饰非者，不在此位。"[②] 张栻在《潭州重修岳麓书院记》中更是明确提出"造就人才，以传斯道而济斯民"的教育目标。书院不仅有崇高理想道德教育，而且也有日常行为修养教育。清代岳麓书院山长王文清于乾隆十三年（1748）制定《岳麓书院学规》，规定："时常省问父母，朔望恭谒圣贤；气习各矫偏处，举止整齐严肃；服食宜从俭素，外事毫不可干；行坐必依齿序，痛戒讦短毁长；损友必须拒绝，不可闲谈废时；日讲经书三起，日看纲目数页；通晓时务物理，参读古文诗赋；读书必须过笔，会课按刻蚤完；夜读仍戒晏起，疑误定要力争。"书院的社会教化主要是通过创造、传播理学道德伦理和信仰来影响社会。另一方面书院士人以自身的言行为全体社会成员作出道德表率，发挥教化作用："吾愿诸生肄业于兹者，……必使处而德行见重于里间，出则经济见称于当世。"[③] 朝廷对书院等是严加控制的，控制着书院的设立权、书院的师长的选聘权。书院山长由朝廷或地方政府委任，或派员出任，使之成为朝廷命官，纳入官制系统。在经费上也由政府给予一定的资助，形成民办官助性质的教育、科举机构。而且官府特别重视控制书院的招生和对生徒的考核考试及毕业后的去向，从而有效地控制书院教育的后果。

---

① 《朱子语类》卷二十三，《朱子全书》第 14 册，第 807 页。
② 《东莱集》卷一十，文渊阁《四库全书》本。
③ 费炳章：《重建琼台书院碑记》，海南《琼山县志》卷二十六，清咸丰七年刊本。

同时，理学家通过兴建孔庙从祀制度来"正礼导俗"。祭祀是学校、书院组织存在的三大功能之一。唐太宗贞观四年诏令州县立孔庙，基本确立了孔庙礼仪及从祀制度，"自唐以来，州县莫不有学，则凡学莫不有先圣之庙矣"①，实现了宗庙到国祭，孔庙祭祀已成为"国之大祭"。明武宗曾指出："兹惟我国家之盛事，非独尔一家之荣也。"②宋明理学更是重视孔庙礼仪作用，侍郎程徐亦上疏说：

> 古今祀典，独社稷、三皇与孔子通祀。天下民非社稷、三皇则无以生，非孔子之道，则无以立。尧、舜、禹、汤、文、武、周公，皆圣人也，然发挥三纲五常之道，载之于经，仪范百王，师表万世，使世愈降而人极不坠者，孔子力也。孔子以道设教，天下祀之，非祀其人，祀其教也，祀其道也。今使天下之人读其书，由其教，行其道，而不得举其祀，非所以维人心扶世教也。③

> "使非孔子立教垂训，则上下何以辨？礼制何以达？以孔子，所以治万世之天下，而为生民以来所未有也。""遵道有祠，为道统设也。"④

可以说，制度化、政治化的孔庙制度也是制度化的道统，以孔庙礼仪推动"正礼导俗"。此外，还通过建立从祀制度，祭祀儒家后学，衍斯世之道统。宋儒方悫则说："有其祀，必有其配。故主以日，而又配以月也。犹之祭社，则配以句龙；祭稷，则配以周弃焉。"⑤明儒王世贞说："太庙之有从祀者，谓能佐其主，衍斯世之治统也，以报功也。文庙之有从祀者，谓能佐其师，衍斯世之道统也。"⑥把祭祀作为对学生进行思想品德教育的一种手段和形式，以先圣先贤的道德人品为楷模，来陶冶学生之品德，树立德育规范。

---

① 马端临：《文献通考》卷四十三，浙江古籍出版社1988年版，第411页。
② 孔继汾：《厥里文献考》卷九，清乾隆二十七年刻本，第89页。
③ 《明史》卷一百三十九，中华书局1995年版，第2717页。
④ 《熊勿轩先生文集》卷四《三山郡泮五贤祠记》，上海商务印书馆1936年版，第48页。
⑤ 方悫：《礼记集说》，转引自卫湜：《礼记集说》，上海古籍出版社1987年版，第988页。
⑥ 王世贞：《弇州四部稿》卷一百十五《文部·策四首·山西第三问》，文渊阁《四库全书》本，台湾商务印书馆1983年版，第795页a。

第四，社会教化。宋明理学的社会教化是多方面的，最主要的是行礼义、厚风俗、存清议、严宗教。行礼义将在下节有详细论述。

（1）厚风俗

宋明理学认识到民风礼俗对于个人良知、社会安定与政治的影响，社会风气民俗习惯的好坏对个人有熏染与推动作用，直接影响着他的或为善或为恶的可能性。在《南赣乡约》中，王阳明说：

> 咨尔民，昔人有言："蓬生麻中，不扶而直，白沙在泥，不染而黑。"民俗之善恶，岂不由于积习使然哉！往昔新民盖尝弃其宗族，畔其乡里，四出而为暴，岂独其性之异，其人之罪哉？亦由我司治之无道，教之无方。尔父老子弟所以训诲戒饬于家庭者不早，熏陶渐染于里者无素，诱掖奖劝之不行，连属叶和之无具，又或愤怨相激，狡伪相残，故遂使之靡然日流于恶，则我有司与父老子弟皆宜分受其责。①

顾炎武认为人心不正，社会礼俗败坏是导致社会动乱的重要根源。他看到自曹魏正始年间士风日下，"乃其弃经典而尚老庄，蔑礼法而崇放达，……以至国亡于上，教沦于下，羌戎互僭、君臣屡易"②，使社会动乱数百年；五代之际，士大夫忠义气节变化殆尽，风俗日浇日偷，社会动乱不已，王阳明认为"风俗之美恶，天下之治忽关焉"，"天下之大患，莫大于风俗之颓靡而不觉"，所以，"古之善治者，未尝不以风俗为首务"③。

为实现社会控制，实行德教，理学家认为有必要移风易俗，改变不良的社会风气。朱熹提出首先父老乡亲要"教戒子弟，使修其孝弟忠信，入以事其兄，出以事其长上，笃厚亲族，和睦乡邻，有无相济，患难相恤，以成风俗之美"，要"教述古今礼律以开谕之。又采古丧嫁娶之仪，揭以示之，命父老解说以训子弟"④。其次，朱熹提倡乡里相互帮助，尊老爱幼，他说"盖

---

① 《王阳明全集》卷三《南赣乡约》，《王阳明全集》，黄山书社2014年版，第631页。
② 《日知录》卷十三《正始》，《顾炎武全集》，上海古籍出版社2011年版，第526页。
③ 《山东乡试录》，《王阳明全集》，吴光等编校，上海古籍出版社1992年版，第866页。
④ 《朱子年谱·光宗绍熙元年首颁礼教》，《朱子全书》第27册，第87页。

邻里乡党有相周之义"①,若"我老老幼幼,他亦老老幼幼,互相推及,天下岂有不治"②。再次,朱熹认为要改变社会风气,有必要制定乡规民约,以民法约束百姓。在朱熹为官过程中,十分重视乡规民约的制定与实施,曾颁布《晓谕兄弟争财产事》《严别籍异产之令》《宽恤民力,敦励风俗牒文》等一系列法规民约,对改善社会风气起到了一定作用。针对同安县乱婚严重的民风现状,他制定了《申严昏礼状》,四处张贴,指出"惟礼律之文,婚姻为重,所以别男女,经夫妇,正风俗而防祸乱之原"。最后,宋明理学非常重视加强基层组织,主张建立基层保甲制度,"以五家为邻,二十五家为里,万二千五百家为乡,五百家为党"。朱熹提倡"保甲之法,什伍其民,使之守护里间、觉察奸盗,诚古今不易之良法也"③,要求"禁约保伍,互相纠察事件,常切停火防火,常切觉察盗贼,常切禁止斗争,不得贩卖私盐,不得宰杀耕牛,不得赌博物财,不得传习魔教";他甚至还主张在保甲之中实行相互监督的连坐制度,加强保甲管理:"同保之人,今仰互相劝诫","保内之人,互相觉察,知而不纠,并行坐罪。"④

(2) 存清议

通过社会性的存清议、考生平也是社会教化的重要形式。宋明理学认为,人都有惧道德之罚、廉耻之心,因此主张广泛发挥社会舆论评议辅助刑罚的作用,即"存清议于州里,以佐刑罚之穷"。"清议"就是公正的评论,由州、县、乡、里民众或学校评议、批评的办法。顾炎武说:"古之哲王,所以正百辟者,既已制官刑、儆于有位矣。而又为之立闾师,设乡校,存清议于州里,以佐刑罚之穷,移之郊遂,载在礼经,殊厥井疆,称于毕命。"⑤这种"清议"制度自"两汉以来,犹循此制。乡举里选,必先考其生平,一玷清议,终身不齿。君子有怀刑之惧,小人有耻格之风,教成于下而上严,论定于乡而民不犯"。"天下风俗最坏之地,清议尚存,犹足以维护一二,至

---

① 《论语集注》卷三《八佾》,《朱子全书》第6册,第110页。
② 《朱子语类》卷九十八,《朱子全书》第17册,第3321页。
③ 《朱文公文集》卷二十《乞禁保甲擅关集札子》,《朱子全书》第14册,第921页。
④ 《朱文公文集》卷一百《劝谕榜》,《朱子全书》第25册,第462页。
⑤ 《日知录》卷十三《清议》,《顾炎武全集》,上海古籍出版社2011年版,第531页。

于清议亡而干戈至矣。"① 故而给予人们以清议的权利,"即许庶人之议"。

(3) 严宗教

宗教作为一种社会现象、社会信仰,引导着人的社会行动。宗教也是一种社会整合的力量,提供了一套共享的知识体系,以一种共同的规范使不同的个体遵循着同一的生活方式,以共同尊奉着一个神灵、一种信仰以及相应的集体祭祀仪式维系着一定群体的同一性。而且宗教本身也承认社会的"差序格局",无疑为中国伦理等级社会结构提供了"合理性"的依据,因而也理所应当获得国家政权的重视,具有国家、社会一定的认同基础。宗教作为人类社会规范体系中的一个重要环节,与其他重要规范是相互补充、相互支持的关系。但包括民间祭祀、巫术等宗教通过凭借民众的狂热信仰,获得了类似由国家控制的神权,构成了对正统的挑战,异端宗教则更大程度上威胁国家的政权。因此,针对民间祠祀的泛滥,"祭享之礼不教",为维护以儒学为代表的国家正统地位的政治意识与思想意识,为了压制百姓利用宗教形式进行非法活动,对于宗教,宋明理学一方面采取了一定程度的维护,以引导人们言行。另一方面更多的是加强宗教管理,严厉打击秘密会党与邪教犯罪,严定刑律,取缔和镇压秘密宗教,对民间祠祀等宗教行为进行控制,广布圣谕,以礼化民,限定民间祭祀,控制精神信仰。张载在论《周礼》时说:"深山之人多信巫祝,盖山僻罕及,多为强有力者所制,其人屈而不伸,必呪诅于神,其间又有偶遭祸者,遂指以为果得于神。如战国诸侯盟诅,亦为上无王法。今山中人凡有疾者,专使巫者视之,且十人间有五人自安,此皆为神之力。"② 胡颖在《巫觋以左道疑众者当治,士人惑于异者亦可责》书判中就指出:"《王制》曰:'执左道以乱政,杀;假于鬼神疑众,杀。'古先圣王,岂乐于杀人哉,盖以其邪说诐行,足以反道败常,诡计奸谋,足以阶乱稔祸,故不容不严为之禁也。"③ 宋王朝深感"邪神之祭,或缘妖妄,辄害生灵",因

---

① 以上均见《日知录》卷十三《清议》,《顾炎武全集》,上海古籍出版社2011年版,第531—533页。
② 《张子全书》卷之三《经学理窟·周礼》,西北大学出版社2015年版,第59页。
③ 《名公书判清明集》卷十四《巫觋以左道疑众者当治,士人惑于异者亦可责》,中华书局1987年版,第547页。

而在查获"复造作休祥,假托祭祀惑众"事件后,首犯处以死刑,余犯黥面发配远恶处牢城。① 对待宗教异端,宋明理学从维护国家政权的大局出发,与国家法律保持一致,主张严厉打击,以强权手段加以限制。石介在《明四诛》中就提出只要属于"左道"都应该予以严禁:"夫不以尧、舜、禹、汤、文、武、周公之道事其君者,皆左道也。而有以杨朱、墨翟之言进于其君者,有以苏秦、张仪之说进于其君者,有以韩非、商鞅之术进于其君者,有以声色狗马之玩进于其君者,罪莫大焉,而不诛?"② 而《宋史·刑法志》也有明确规定:"左道乱法,妖言惑众,先王之所不赦,至宋尤重其禁。凡传习妖教,夜聚晓散,与夫杀人祭祀之类,皆著于法,诃察甚严。故奸轨不逞之民,无以动摇愚俗。"明廷对异端更是采取了限制政策:"异端之害,惟佛为甚,缘此辈有白莲、明宗、白云诸教,易以惑世生乱,故禁宜严。"③

宗教透过鬼神概念建立社会规范,是道德的一种特殊表达方式。庞德认为"社会控制的主要手段是道德、宗教和法律"④,宗教成为社会控制的一个有效手段。人类文化的初期造端于宗教,然历史上中国宗教力量不够发达。宗教不能够成为中国社会控制的主要手段。

社会存在决定社会意识,社会形态决定意识形态。从王夫之主张"道在器中"⑤,可见中国传统社会缺乏宗教治理的政治与社会结构背景,宗教中"平等"倾向与中国社会等级制度相冲突。世界上大多数的文化都是透过宗教的间接方式讲道德,只有中国人这个独特的民族跳过宗教直接讲道德,虽然汉唐以前,政权与神权是相结合的,以神权为论证政权合理性的依据,尤其到董仲舒时代的天人相副、天人感应达到了高峰。宋明理学时期,政权与神权是分离的,以天理为论证政权合理性的依据,并不存在传统意义上的夫权、君权、政权与神权并列的情形。

---

① 参见徐松:《宋会要辑稿·礼二》之一,中华书局影印本1975年版,第269页。
② 石介:《徂徕石先生文集》卷六《明四诛》,中华书局1984年版,第71页。
③ 《明神宗实录》,台湾"中央历史语言研究所"1962年版,第4351页。
④ 庞德:《通过法律的社会控制》,沈宗灵、董世忠译,商务印书馆1984年版,第9页。
⑤ 王夫之《思问录》言:"尽器者,道在其中。"(《船山全书》第2册,岳麓书社1996年版,第427页)

4. 德之言传身教教化

言教与身教是自古以来言教化者公认的两大手段,且一致认为身教为上,言教次之。孔子说:"其身正,不令而行;其身不正,虽令不从。"又说:"苟正其身矣,于从政乎何有?不能正其身,如正人何?"① 理学家正是在这个思想基础上提出了言教与身教的比较。不过,周敦颐提出问题的角度不在于两者的效果,而在于言教本身的局限性。周敦颐说:"十室之邑,人人提耳而教,且不及,况天下之广,兆民之众哉!"② 言教尤其耳提面命是最具体、最切实的言教,不仅具体切实,还可以各因其材,然而它是十分有限的,所以只能身教。身教无须言语,全靠榜样作用。榜样的力量是无穷的,由近及远,无所不至。如《诗经·旱麓》:"刑于寡妻,及于兄弟,以御于家邦",指的正是这种由本人及其妻子,由妻子至于兄弟,由兄弟至于亲族,由亲族至于国人的波浪式扩展的影响作用。但人的行动是由自己思想支配的。为要实行身教,首先必须提高自身的修养,理学开山周敦颐强调"纯其心而已矣"③。

(1) 言传教化之内容

就言传教化而说,最主要的就是张载提出的"见闻之知"与"德性之知",也就包括了道德教育、法制教育和其他知识教育等方面的内容:理治社会以伦理来对人们进行规制,其旨在培养人们至善的道德化政治。

第一,道德教育。朱熹认为道德品质教育是教化最重要的内容:"圣人教人有定本。舜'使契为司徒,教以人伦,父子有亲,君臣有义,夫妇有别,长幼有序,朋友有信'……皆是定本"④,"教民者,教之孝悌忠信之行,务农讲武之法"⑤。"武城虽小,亦必教之以礼乐,治有大小,而其治之必用礼乐。"⑥ 朱熹认为道德教育能起到消除犯罪思想根源的作用,"德、礼之效,

---

① 《论语·子路》,(清)阮元:《十三经注疏》第 23 册,北京大学出版社 2000 年版,第 198 页。
② 《通书·治第十二章》,《周敦颐集》,中华书局 1990 年版,第 24 页。
③ 《通书·治第十二章》,《周敦颐集》,中华书局 1990 年版,第 24 页。
④ 《朱子语类》卷八,《朱子全书》第 14 册,第 276 页。
⑤ 《论语集注》卷十三《子路》,《朱子全书》第 6 册,第 186 页。
⑥ 《论语集注》卷十七《阳货》,《朱子全书》第 6 册,第 219 页。

则有以使民日迁善而不自知"①。

在宋明理学看来，行教化的基本内容是礼、义、廉、耻，其四者之中"耻尤为要"。顾炎武说："《五代史·冯道传》论曰：礼、义、廉、耻，国之四维，四维不张，国乃灭亡。善乎管生之能言也！礼义，治人之大法；廉耻，立人之大节。盖不廉则无所不取，不耻则无所不为。人而如此，则祸败乱亡，亦无所不至。况为大臣，而无所不取，无所不为，则天下其有不乱，国家其有不亡者乎！""耻"为最重要，但也最不易做到，而人如果无耻则悖礼义，形成社会动乱。所以，顾炎武强调"故士大夫无耻，是为国耻"，"廉耻者，士人之美节；风俗者，天下之大事。朝廷有教化，则士人有廉耻，士人有廉耻，则天下有风俗"②。顾炎武认识到社会风俗败坏多自当权者及士大夫始，而且其影响甚大。他说："《记》曰：'大臣法，小臣廉，官职相序，君臣相正，国之肥也。'故欲正君而序百官，必自大臣始。"大臣是否有廉耻的名节，要"考其生平而定其实行者，惟观之于终，斯得之矣"③。是否具有礼义廉耻的品格，需听其言观其行，根据其一生作出公正的评议。

第二，法制教育。法制教育是德育的重要内容之一。南宋诗人杨万里曾道："夫民之所以畏法者何也？非畏法也，畏刑也。法不用则不法，法用之则为刑；民不犯则为法，民犯之则为刑，是以畏之也。"④法律存在本身便是以其残酷的刑罚威慑和压制着百姓的意识形态，令人们有所畏法。然而如果不让民知而仅仅刑之，那只能是罔民之举："盖先王之法若江河，贵乎易避而难犯，若匿为物而愚不识，其陷于罪又从而刑之，不几于罔民乎？""成周刑典之设，既布于邦国、都鄙，又县之象魏，惟恐民之不知而误犯也。夫设法令以待天下，固将使民易避而难犯，顾乃深藏于理官、法家，自典正职掌之官犹不能遍知其所有、洞晓其所谓，况愚夫细民哉？闾阎之下望朝廷之禁宪，如九地之于九天，莫测其意向之所在，及陷乎罪，从而刑之，是罔民

---

① 《论语集注》卷二《为政》引语，《朱子全书》第6册，第75页。
② 《日知录》卷十三《廉耻》，《顾炎武全集》，上海古籍出版社2011年版，第537页。
③ 《日知录》卷十三《大臣》，《顾炎武全集》，上海古籍出版社2011年版，第543页。
④ 杨万里：《诚斋集》卷九十，影印文渊阁《四库全书》本，山东齐鲁书社1997年版。

也。岂圣王同民出治之意乎?"① 宋明理学家以为民"甚易惑也",有必要对庶民实行教化使其知,当然由于法律具有强制性,因而"民可使之由于是理之当然,而不能使之知其所以然也"②。孔孟程朱也是赞成公开法律的。如果将法律条文深藏于理官法家,使司法者和愚夫细民都不能知法,那样就无法使百姓真正守法。丘浚提出:"布之象魏,使有目者所共睹,欲其接于目而谨于身;令之木铎,使有耳者所共闻,欲其入于耳而警于心。然继以使民观刑象,则专以示民也,木铎之令,继以'宣布于四方,宪刑禁,乃命其属入会,乃致事',则又以警夫典刑者而使之用法也,不用法则有常刑焉。"③ "是以《周礼》六官俱于正月之吉,各布其典于象魏,以示万民。其所示者,有善有恶,使之知所好恶惟刑典,则示之以所禁,使不犯焉。"④ 显然丘浚的民知法而能够守法、法律的公开等思想受益于孔孟程朱思想。从宋代,在科举中增设了新科明法,即增加法律知识的考试,《宋史·刑法志》载"士初试官,皆习律令"。朱熹认为官吏都应该学法知法,希望朝廷召集儒臣"博采经史以及古今贤哲议论及于教化刑罚之意者,删其精要之语,以教学古入官之士,与凡执法治民之官,皆使略知古先圣王所以敕典教、制刑明辟之大端,而不敢阴为、姑息、果报、便文之计"⑤。法律知识被强化为读书人的意识形态中不可或缺的一部分。传统中国社会教育与法律制度一直是相互结合的,德礼政刑都是教化的手段,德礼为教民之本根,刑罚为教民之工具,无论是德礼教育还是法律教育的功能都是为强化道德的规范作用。

法律教育就是要将统治阶级创设的以维护统治秩序为目的的观念充塞到百姓的意识当中,以影响或指导其思维及思维方式。明太祖朱元璋编制完成三编《大诰》之后,据《明史·刑法志》载当时发生了这样的情形:"皆颁学宫以课士,里置塾师教之。因有《大诰》者,罪减等。于时,天下有讲读《大诰》师生来朝者十九万余人,并赐钞遣还。"《大清律例·吏律》也

---

① 《大学衍义补》卷一百二《定律令之制上》下册,上海书店出版社2012年版,第156页。
② 《论语集注》卷八《泰伯》,《朱子全书》第6册,第134页。
③ 《大学衍义补》卷一百七《顺天时之令》下册,上海书店出版社2012年版,第195页。
④ 《大学衍义补》卷一百二《定律令之制上》下册,上海书店出版社2012年版,第156页。
⑤ 《朱文公文集》卷十四《戊申延和奏札》,《朱子全书》第20册,第657—658页。

有"讲读律令"的法条:"凡国家律令,参酌事情轻重,定立罪名,颁行天下,永为遵守。百司官吏要熟读,讲明律意,讯决事务。每遇年终,在内在外,各从上司官考校。若有不能讲解,不晓律意者,官,罚俸一月;吏,笞四十。其百工技艺诸色人等,有能熟读讲解,通晓律意者,若犯过失,及因人连累致罪,不问轻重,并免一次。"

第三,知识教育。朱熹认为通过学习各方面知识可以改变人之气质,提高修养,有效地抵制诱发犯罪的因素。他指出:"若论为学,治己治人,有多少事。至如天文地理、礼乐制度、军旅刑法,皆是着实有用之事业"①,"礼乐之文、射御书数之法,皆至理所寓,而日用之不可阙者也"②。朱熹主张以小学而言,主要是"教之以事",如"礼乐射御书数,及孝弟忠信之事"。

(2) 身教教化之形式

就身教而言,理学家通过举办义庄等以自己的言行举止示范感化民众。陆九渊家族"合族而居","代有名儒,德在谥典。聚其族逾三千指,合而爨将二百年"③。理学家在家族建立完善的家族经济、家族制度,其中最有影响的是以家法、家规、家训,重建新的家族、宗族礼仪,这些对南宋时代民间乡村宗法组织的重建有很大影响。朱熹认为:"夫孝始于事亲,中于事君,终于立身。……故以孝事君则忠,以敬事长则顺,忠顺不失,以事其上,然后能保其爵禄,而守其祭祀。"④ 在他看来,只有如此这般,天下才可太平,国家才可大治。

在宋明理学身教重要方式中,尤其重视采取一种树"典型"方式,如女子贞节牌坊,这些典型几乎都是经过精心筛选、有意渲染地树起来的,通过贞节牌坊把妇道德性思想意识清晰地展现在民众面前,很自然又平实地将理学伦理贯彻在日常治理实践中,深入到了社会的各个角落,对每个人都发生了深刻的作用,从而将理学伦理日常化。另外,民众为廉政清官士大夫与

---

① 《朱文公文集》卷五十八《答谢成之》,《朱子全书》第 23 册,第 2755 页。
② 《论语集注》卷四《述而》,《朱子全书》第 6 册,第 121 页。
③ 罗大经:《鹤林玉露》丙编卷五,中华书局 1983 年版,第 324 页。
④ 《朱文公文集》卷六十六《孝经刊误》,《朱子全书》第 23 册,第 3204 页。

贤者等送匾、建祠、立碑，都是常见的树典型形式。

身教还有具有神圣性推动力的各种仪式化的教育方式。通过礼仪教育对社会成员的社会生活产生细致深刻的道德影响，体现道德控制的普遍化和渗透性。通过传统礼仪对人们社会生活规范的约束和塑造，避免道德的社会价值被"虚化"。通过传统礼仪对人们社会生活的道德引导，构建社会认同的人文基础。

理学家在其政治活动以及教学授徒讲学活动中，言传身教，力行于道德教化。程颢历次出任地方官时，随时灌输诸如三纲五常、仁义礼智等思想意识给百姓，使百姓在潜移默化中成为朝廷的顺民，取得了很好的社会控制效果。"邻邑有冤诉府，愿得先生决之者，前后五六。有犯小盗者，先生谓曰：'汝能改行，吾薄汝罪。'盗叩首愿自新。后数月，复穿窬。捕吏及门，盗告其妻曰：'我与大丞约，不复为盗，今何面目见之邪？'遂自到。"①盗贼深感道德的教化，因复为盗而耻于见人，自尽而终，这些都是道德潜移默化的作用。"先生为政，修教精密，而主之以诚心。晋城之民，被服先生之化，暴桀子弟至有耻不犯。迄先生去，三年间，编户数万众，罪入极典者才一人，然乡间犹以不遵教令为深耻。熙宁七年，立之得官晋城，距先生去已十余年，见民有骤口众而不析异者。问其所以，云守程公之化也。其诚心感人如此。"②陆九渊"先生教民如子弟，虽贱隶走卒，亦论以理义。接宾受词无早暮，下情尽达无壅。故郡境之内，官吏之贪廉，民俗之习尚，忠良材武与猾吏暴强，先生皆得之于无事之日"③。

可以说，在意识形态思想的控制上，宋明理学是采取了多重措施的。以理学正统思想予以正确引导，除通过学校制度、科举制度、宗教制度等外，还通过法律制度、文化学术制度等整合实施，反对空谈误国，注重躬行实践。

---

① 《河南程氏文集》卷十一《明道先生行状》，《二程集》，中华书局2004年版，第636—637页。
② 《河南程氏遗书集》附录，《二程集》，中华书局2004年版，第328页。
③ 《陆九渊集》卷三十三，中华书局1980年版，第390页。

四、宋明理学之礼制

1. "礼,理也"内涵

第一,本体之礼:礼,理也。

宋明理学将礼上升为天理,实现了礼的本体化。周敦颐说:"礼,理也。乐,和也。阴阳理而后和。君君、臣臣、父父、子子、兄兄、弟弟、夫夫、妇妇,万物各得其礼,然后和。故礼先而后乐。"① 程子也说:"视听言动,非礼不为,即是礼,礼即是理也。"② 朱子则认为,理可以分为四段,即仁、义、礼、智,如此"礼"就与"天理"有了关系,"礼"是"天理"的理路之一,"天理"是"礼"的最终的根据。朱熹认为,作为天叙的五典、天秩的五礼,是天理当然,是具有客观性的天则。不仅如此,宋明理学之礼出于性,张载就指出:"礼所以持性,盖本出于性。持性,反本也。凡未成性,须礼以持之,能守礼己不畔道矣。"③"礼出于性"是宋明理学从本体上阐发对礼之性来源的认识。朱子云:"仁义礼智,性也,体也。"④ 可以看出,这是把"礼"作为人之本性,是人天生所具有的,即礼出于性。礼正是出于"天"、出于"性",因而人们守礼就是"顺"天,就是回复到"性"之"本"。可见宋明理学把"礼"提升至"天理",使得"礼"有了形上依据,"礼"的合理性从本根性上得到了保证。

第二,"礼者,天理之节文,人事之仪则也"⑤。

理学家将礼视为理或天理的表现形式,"礼"是"理"有形有象的形式与外显。他们谓之"节文"。从大处说,"天理之节文"为礼之本,"人事之仪则"为礼之文。"礼谓之'天理之节文'者,盖天下皆有当然之理。今复

---

① 《通书·礼乐》,《周敦颐集》,中华书局 1990 年版,第 25 页。
② 《河南程氏遗书》卷一五,《二程集》,中华书局 2004 年版,第 144 页。
③ 《张子全书》卷之四《经学理窟·礼乐》,西北大学出版社 2015 年版,第 73 页。
④ 《朱文公文集》卷五十六《答方宾王第四书》,《朱子全书》第 23 册,第 2660 页。
⑤ 《论语集注》卷一《学而》,《朱子全书》第 23 册,第 72 页。

理，便是天理。但此理无形无影，故作此礼文，画出一个天理与人看，教有规矩可以凭据，故谓之'天理之节文'。"① 在这里，朱子以理训礼，认为礼只不过是天理在秩序上的反映。黄榦对此解释说："盖自天高而地下，万物散殊，礼之制已存乎其中矣……人禀五常之性以生，则礼之体始具于有生之初。形而为恭敬辞逊，著而为威仪度数，则又皆人事之当然而不容已也。圣人因人情而制礼，既本于天理之正。隆古之世，习俗醇厚，亦安行于是理之中。世降俗末，人心邪僻，天理堙晦，于是始以礼为强世之具矣。"② "理"具备的是抽象的哲学与伦理学意义，为礼之"本"。从具体小处言，"自其施于家者言之，则名分之守、爱敬之实者，其本也；冠婚丧祭仪章度数者，其文也。……大抵谨名分、崇敬爱以为之本，至其施行之际，则又略浮文、务本实，以窃自附于孔子从先进之遗意"③。

作为"五常"之一的礼，主要是指人们具体的行为规范。在社会生活中由于风俗习惯而形成的为大家共同遵守的规范，"礼者，为而节之之谓"，"无一物而不以礼也"④。故而李觏又说：

> 夫妇不正则男女无别，父子不亲则人无所本；长幼不分，则强弱相犯，于是为之婚姻，以正夫妇。为之左右奉养，以亲父子。为之伯仲叔季，以分长幼。君臣不辨，则事无统；上下不列，则群党争，于是为之朝觐会同，以辨君臣。为之公卿、大夫、士、庶人以列上下。人之心不学则懵也，于是为之庠序讲习，以立师友。人之道不接则离也，于是为之宴享苞苴，以交宾客。死者人之终也，不可以不厚也，于是为之衣衾棺椁、衰麻哭踊，以奉死丧。神者人之本也，不可以不事也，于是为之禘尝郊社，山川中溜，以修祭祀。丰杀有等，疏数有度。贵有常奉，贱有常守。贤者不敢过，不肖者不敢不及，此礼之大

---

① 《朱子语类》卷四十二，《朱子全书》第23册，第1494页。
② 黄榦：《勉斋集》卷二十二《书晦庵先生家礼》，上海古籍出版社《四库全书》1987年版，第1168册。
③ 《家礼序》，《朱子全书》第7册，第873页。
④ 《李觏集》卷二《礼论第一》，中华书局1981年版，第9页。

本也。①

梁启超《志三代宗教礼学》也说：

> 礼也者，人类一切行为之规范也。有人所以成人之礼，若冠礼是；有人与人相接之礼，若士相见礼是；有人对于宗族家族之礼，若昏礼丧礼是；有宗族与宗族间相接之礼，若乡射饮酒诸礼是；有国与国相接之礼，若朝聘燕享诸礼是；有人与神与天相接之礼，则祭礼是。故曰：礼所以承天道以冶人情也。②

从礼的内涵而言，其最核心的内容就是政治学、伦理学意义上的秩序。二程曰："推本而言，礼只是一个序，乐只是一个和。"③王夫之认为："礼制者，人神之纪也。"④这种序，也就是"尊卑有等，长幼有伦，内外有别，亲疏有序"的等级关系，即父子、君臣关系的原则和等级秩序，"天而在上，泽而处下，上下之分，尊卑之义，理之当也，礼之本也"⑤。礼的社会功用是确定人的名分和等级，安定社会秩序，即"礼之大意，存乎明天下之分，严君臣，笃父子，形孝弟而显仁义也"⑥。"夫礼自外作，本在于内，虽有不易之道，而外必尽其可陈之法。是以其法之在度数也，贵贱有位，先后有序，多寡有数，迟速有时。君子知之于内，足以安性命之情众人由之于外，足以观性命之理。此礼之大体也。"⑦

第三，"礼者，其大者在纲常，其小者在制度。"⑧

也就是说，礼从大处上讲是三纲五常伦理道德，而最终落实在制度节

---

① 《李觏集》卷二《礼论第一》，中华书局1981年版，第6—7页。
② 梁启超：《志三代宗教礼学》，《饮冰室文集》四十九，中华书局1989年版，第9页。
③ 《河南程氏遗书》卷十八，《二程集》，中华书局2004年版，第225页。
④ 《读通鉴论》卷十九《隋炀帝一》，《船山全书》第10册，岳麓书社2011年版，第718页。
⑤ 《周易程氏传》卷一《履卦》，《二程集》，中华书局2004年版，第749页。
⑥ 《苏东坡文集》卷四十九《礼以养人为本论》，北京燕山出版社2009年版，第1241页。
⑦ 林之奇：《绌斋文集》卷五《周礼讲义序》，文渊阁《四库全书》本。
⑧ 《大学衍义补》卷四十《礼仪之节下》上册，上海书店出版社2012年版，第322页。

文之属。朱熹在《论语·为政》的注解中说："礼，谓制度品节也。"礼的政治性就体现在礼之规制。宋以来，"礼"的指向逐渐缩小，"礼"同"仪"趋于相近，先秦原"礼"中的"伦理原则"内容已经纳入到"天理"之中了，更多的是专指人们的行为规范和各种典礼的仪节意义了。礼的形式化在于礼仪礼制。"《仪礼》，礼之根本。"① 所谓"礼者，履也"②，礼仪是人类社会为维系社会正常生活而共同遵循的最简单最基本的道德行为规范。礼仪制度既是家庭、社会行为的规范，也是社会道德的规范，是伦理道德的外在表现形式。等级秩序是通过许多复杂的典章、制度、规矩、仪节体现出来的。宋明理学试图通过一系列祭祀等礼仪制度建设，强化人们对祖先、君尊的认同，融洽现实的人际关系，使礼仪教育与人格教育及道德教育相辅相成。

第四，礼者，法制之总名。

"从总体来说，整个中国古代法制历史始终受礼制的支配和影响，一部中国古代法制史实是礼法合治的历史。这是中华法系的一个重要特点。"③ "礼与法的相互渗透与结合，又构成了中华法系最本质的特征和特有的中华法文化。"④ 正因此，章太炎才会总结说："礼者，法度之通名，大别则官制、刑法、仪式是也。"⑤ "礼""法"在很多层面上是重合的。当然，无论是礼也罢，法也罢，在朱熹看来，礼与法的功用都是用来辅助道德教化的。道德教化的推行需要"礼"这个助推器，朱熹认为，在社会治理中推行道德教育，由于个体的差异性，在相同的感化措施面前，个体反应程度是有差别的，而对于社会成员行为要有一种积极的外在标准进行衡量，"礼"无疑是这个标准的重要选择。朱子曰："然禀有厚薄，感有浅深，又齐之以礼，使之有规矩准绳之可守，则民耻于不善，而有以至于善。"⑥

---

① 《仪礼经传通解续》附录，《朱子全书》第5册，第3432页。
② 《说文解字·示部》，中华书局1963年版，第7页。
③ 史凤仪：《中国法制历史中礼与法的关系》，《中国法学》1988年第3期。
④ 张晋藩：《中国法律的传统与近代转型》，法律出版社1997年版，第1页。
⑤ 章太炎：《章太炎学术论著》，浙江人民出版社1998年版，第45页。
⑥ 《朱子语类》卷二十三，《朱子全书》第14册，第806页。

2. 宋明理学礼制之实践

宋代以后儒家士大夫本着"修身、齐家、治国、平天下"政治理想，力图把原来属于士大夫以上阶层专有的"礼制"进一步社会化、大众化，使之成为所有社会成员共同遵循的行为准则。从历史的大势来看，宋代在一定程度上是"礼不下庶人"与"礼下庶人"阶段的时间分水岭。宋代理学家在祠堂平台和祭祀礼仪软件建设上已经形成一整套适应一般士庶阶层需要的礼仪制度，使宋代的家庙制度延伸到下层民间，成为全社会共同奉行的祭祀行为模式，强化了民间祭祀祖先的道德传统，在日常生活中发挥了巨大的作用。宋明理学礼制之实践主要来自士大夫系统，礼制的社会化推广与理学推广有同样的历程，都是士大夫通过科举取得推行礼制改革必要政治地位与权力而实现的。到明清时期，礼法制度和礼法精神已渗透到社会生活的各个层面，使《朱子家礼》所倡导的礼仪改革实践得以成功，实现了礼下庶人，这可以以嘉靖年间国家承认民间以家庙形式的祠堂为标志。宋明理学非常强调礼制的践履性，甚至认为礼制的践履比研究更为重要。朱熹就说："学者博学乎先王六艺之文，诵焉以识其辞，讲焉以通其意，而无以约之，则非学也。故曰博学而详说之，将以反说约也。何谓约？礼是也。礼也者，履也，谓昔之诵而说者，至是可践而履也。故夫子曰：'君子博学于文，约之以礼。'颜子之称夫子，亦曰'博我以文，约我以礼'。礼之为义，不其大哉！"[①] 朱熹认为礼制不仅是一种符合圣人之道的规范，而且是人们自幼就应该践履的准则。宋明理学重视礼制的推行和实施，为此做了很多工作。

(1) 整理复原古礼

宋明理学之所以重视整理与复原古礼，主要有以下几个原因：

一是因战争、传播等各种因素，到宋时完整保留下来的古礼文本很少。宋时"如今古礼散失，百无一二存者"[②]，"然其存于今者，亦无几矣，惜其散脱残落，将遂泯没于无闻"[③]。朱熹作《仪礼经传通解》时，完整可参考的古礼经书已经很少。"臣闻六经之道同归，而礼乐之用为急。遭秦灭学，礼

---

① 《朱文公文集》卷七十四《讲礼记序说》，《朱子全书》第 24 册，第 3585 页。
② 《朱子语类》卷八十四，《朱子全书》第 17 册，第 2877 页。
③ 《朱子年谱》，《朱子全书》第 27 册，第 227 页。

乐先坏。汉、晋以来，诸儒补辑，竟无全书，其颇存者，《三礼》而已。"①朱熹曾打算对《小戴礼记》《大戴礼记》加以修订，但未及完成此事。即便到清代王夫之时代，也是"古礼之佚不传者多矣"②。

二是宋明理学认为不复古礼而欲至治是行不通的："古圣王制礼法，修教化，三纲正，九畴叙，百姓大和，万物咸若，乃作乐以宣八风之气，以平天下之情。……不复古礼，不变今乐，而欲致治者，远哉！"③理学家强调了古礼之重要性，顾炎武就认为："周公之所以为治，孔子之所以为教，舍礼其何以焉？……后之君子，因句读以辨其文，因文以识其义，因义以通制作之原，则夫子所谓以承天之道而治人之情者，可以追三代之英。"④清代姚际恒也曾指出："时有古今，礼无古今，惟论其是非而已。使古非而今是，谓之无用可也；使古是而今非，则是今世失于不用耳，非果古礼之无用也。"⑤

三是宋明理学试图以古礼正今俗，恢复礼制真魂。礼学的目的都在以古礼为参照，更变当下礼律，矫正民间礼俗："变而不失其常，补古礼之未有，合先圣之大经，此其选已。"⑥

为此，理学家注重对古礼进行改造与重建，加强礼学学术研究，对当时存有古礼进行文献学的整理与研究，注训古礼，考证古代礼制、仪文、宫室、服饰、器物、度数等，议论前代及当代的礼律和礼俗。朱熹最主要的成果就有《仪礼经传通解》和《绍熙州县释奠仪图》。朱子季子朱在《跋仪礼经传通解目录》中说明了考订情况："《经传通解》者，凡二十三卷；盖先君晚岁之所新定，是为绝笔之书。唯《书数》一篇，缺而未补；而《大射礼》《聘礼》《公侯大夫礼》《诸侯相朝礼》八篇，则犹未脱稿也。其曰《集传》《集注》者，此书之旧名也，凡十四卷。为《王朝礼》而下《卜筮篇》亦缺。余则先君所草定，而未暇删改也。至于丧、祭二礼，则尝规模次第，属之门

---

① 《朱子年谱》，《朱子全书》第 27 册，第 391 页。
② 《读通鉴论》卷二十五《宪宗》，《船山全书》第 10 册，岳麓书社 2011 年版，第 948 页。
③ 《近思录》卷九《制度》，《朱子全书》第 13 册，第 249 页。
④ 《亭林文集》卷二《仪礼郑注句读序》，《顾炎武全集》第 21 册，上海古籍出版社 2011 年版，第 82 页。
⑤ 姚际恒：《仪礼通论》，中国社会科学出版社 1998 年版，第 10 页。
⑥ 《读通鉴论》卷二十五《宪宗》，《船山全书》第 10 册，岳麓书社 2011 年版，第 949 页。

人黄榦,俾之类次,他日书成,亦当相从于此,庶几本书本末具备。"① 对朱熹《仪礼经传通解》,后人多有评述。《四库总目提要》指出:"朱子作《仪礼经传通解》,虽列附《礼记》而仍以《仪礼》为主,不过引经证经。"② 清儒陆陇其说:"儒者言礼,详则有朱子《仪礼经传通解》,约则有朱子《家礼》,是二书者,万世规矩准绳也,人道之纲纪备矣。"③

(2) 创新礼制

在继承古礼、重建古礼的同时,宋明理学在礼制上也有很多独特的创见,可谓通古今之变。朱熹为适应从地方到国家政权的需求,著成了《家礼》《古今家祭礼》《乡礼》《学礼》《祭礼》《邦国礼》《王朝礼》及《申严婚礼状》《政和五礼新仪》等。朱熹在建构礼制的过程中,尤其注重对家族及民间乡村宗法的建设。朱熹制礼的动机主要有三。其一,缘于个人的人生动机。据《朱子语类》卷九十:"某自十四岁而孤,十六而免丧,是时祭祀只依家中旧礼,礼文虽未备,却甚整齐,先妣执祭事甚虔。及某十七八,方考订的诸家礼,礼文稍备。"早年丧父,朱子已经感到《家礼》的实际用处并开始关心诸家礼仪,而朱子在乾道五年修订《祭仪》,据李氏方子记录:"乾道五年九月,先生丁母祝令人忧,居丧尽礼,参酌古今,因成丧祭礼,又推之于冠昏,共为一篇,命为'家礼'。"而丧母之痛使朱子再次感到家礼在日常生活中的巨大作用,于是他参酌古今,精研实用之家礼,由此推及到生活的各个方面而形成《家礼》。其二,朱子制作《家礼》源于社会因素。一方面,宋代实现了政治统一,但所继承的五代却是礼崩乐坏。时异俗移,古礼不能完全适用于今,朱子深感更张改制、因时著述的必要性。另一方面,朱子著《家礼》旨在使礼能普行于社会。朱子认为古礼在社会上日渐衰微,是因为繁文缛节多,只用于少数门阀之间,俗不易行。朱子说:"古礼繁缛,后人于礼,日益疏略,然居今欲行古礼,亦恐情文不相称,不若只就今人所行礼中删修,令有节文、制数、等威足矣。"④ 因此,结合民俗实际,制定应

---

① (宋)朱在:《仪礼经传通解目录》,文渊阁《四库全书》本。
② 《四库总目提要》"三礼编纂"条,中华书局1997年版,第494页。
③ (清)陆陇其:《三鱼堂文集》卷八《四礼辑宜序》,文渊阁《四库全书》本,第242页。
④ 《朱子语类》卷八十四,《朱子全书》第17册,第2877页。

时简明、上下贫富都能奉行的礼,使之普行于社会来约束人们的行为是非常必要的。其三,礼仪与礼制是一贯为儒家所推崇的,也成为宋明理学思想体系的一环。从朱子一生制礼的年表来看,我们发现朱子各阶段的著作都与礼制相关,可以说朱熹将其一生投身于制礼的实践活动之中。

朱熹礼制创新主要表现在文本创新、仪式内容创新和适用对象创新等三方面。"取自州县官民所应用者,参以近制,别加纂录"①,这可以从《朱子家礼》的制定中得到印证。

首先,从文本形式看,《家礼》主要由序、通礼、冠礼、婚礼、丧礼、祭礼几部分组成,强调"名分之守,爱敬之实,其本也。冠、昏、丧、祭,仪章度数者,其文也"②。这种格局有始有终,形成一个比较完整的家庭礼仪系统。

其次,从仪式内容来看,《家礼》在饮食起居、男冠女笄、婚嫁丧葬、岁时祭祀等方面都有明确的礼仪规范,不愧为规范家族成员之间彼此活动交际的行为准则,尤其《家礼》所创的祠堂制度、宗法制度、深衣制度等都对我国传统社会产生了很大的作用。

《朱子家礼》主要内容有:(1)通礼。《家礼·自序》云:"此篇所著,皆所谓有家日用之常礼,不可一日而不修者。"③故以"通礼"相贯,主要包括祠堂、深衣制度、司马氏居家杂仪三部分,其中最有创意的是祠堂制度。祠堂制度实质上是古代的庙制,《家礼》称其为祠堂,是因"古之庙制不见于经,且今之庶人之贱,亦有所不得为者,故特以祠堂名之"。朱子立祠堂制度主要是考虑到社会中下层家族的祭祀需要,而且特意将祠堂之制放在首篇。对此,朱子说:"此章本合在祭礼篇,今以报本返始之心,尊族敬宗之意……故特著此冠于篇端,使览者知其所以先立乎其大者。"祠堂是作为整个家族和家庭活动的中心,它的确立,一方面体现"报本返始之心,尊族敬宗之意",另一方面,具有和谐家庭、凝聚祖宗,达到"敬宗收族"的目的,

---

① 《朱文公文集》卷六十九《民臣礼议》,《朱子全书》第23册,第3352页。
② 《朱文公文集》卷七十五《家礼序》,《朱子全书》第24册,第3626页。
③ 《朱子家礼》,《朱子全书》第7册,第875页。以下关于家礼内容未注明者均出自《朱子家礼》。

实现对家族的控制。可见，祠堂的功能远远超出了古代的庙制。(2) 冠礼。面对冠礼在当时社会上逐渐被废弃的状况，朱子说冠礼"是自家屋里事，关了门，将巾冠于子弟戴，有甚难！"① 朱子认为冠礼简单易行，行之，便可"责其成人"，是人生中不可缺少的环节。(3) 婚礼。儒家认为婚礼是"礼之本"，"婚姻者，所以合二姓之好，上以事宗庙，下以继后世也"②。赋予婚礼一种神圣的意义。鉴于古代婚礼程序相当的繁冗，有纳采、问名、纳征、请期、纳吉、亲迎等程序，朱子《家礼》对传统婚礼作了很大的删减，将古礼中的"六礼"合为议婚、纳采、亲迎"三礼"。《家礼·婚礼》还对一些社会婚姻陋习进行抨击，如面对"世俗好于襁褓童幼之时轻许为婚"之风，朱子有意铲除"童幼"议婚的陋习。(4) 丧礼。丧礼是《家礼》中最繁杂、篇幅最大的部分，其最为特色的是灰隔法的创制，抛弃了传统"深葬"之说，对后世社会产生了深刻的影响。(5) 祭礼。历代礼学特别关注祭礼，《家礼》对此却作了较大的删减，突出的是强调祭祀的关键在诚敬之心，不在财力的多少。对此朱子说："凡祭，主于尽爱敬之诚而已，贫则称家之有无，疾则量筋力而行之，财力可及者，自当如仪。"因而，《家礼》对祭时礼仪的要求也不像古礼那样讲究。

最后，从适用对象来看，先秦《仪礼》《礼记》《开元礼》等所记载的礼仪，主要是用来规范、协调贵族之间的行为，进而维护门阀士族的特权地位，所以有"礼不下庶人"之说。而到了宋代，以往的许多礼制在上层阶层都无法通行，为此，宋儒有必要对以往礼制进行革新，积极推进"礼下庶人"，从而使礼的功用重心开始向下层社会转移，并形成平民化趋势。如宋以前只有门阀世族才有祖庙，自从朱子定制《家礼》、普及祠堂制度以后，从皇族到庶族编民都具有立祖庙权利，使祠堂建设、告祭仪式活动成为整个社会每个家庭最为重大、神圣的事务。由于适用对象的扩大，使《朱子家礼》适应了人们居家礼仪观念和实践的发展需要，《朱子家礼》得到传统社会的广泛认

---

① 《朱子语类》卷八十九，《朱子全书》第 17 册，第 2998 页。
② 司马光：《书仪》卷三《婚仪上》，《丛书集成初编》本，中华书局 1985 年版，第 1040 册，第 33 页。

同和采用。正如其门人陈淳所论，此书"上不失先王之大典，而下甚便于斯世之礼俗，虽圣人起，不能以易此矣"①。

此外，朱熹在白鹿书院期间，制定了《白鹿洞书院学规》，影响极大。学规的"修身之要""处世之要""接物之要"都与礼制有密切关联。在朱熹与刘清之共同编撰的《小学》中，特别重视教儿童以明伦、敬申之礼制。在《童蒙须知》中，教导儿童践履衣服冠履、语言步趋、洒扫清洁之礼制。同时代的《吕氏乡约》，强调具体规范，使古礼具体化，主张"立士规以养德厉行，更学制以量才进艺，定贡法以取贤敛才，立试法以区别能否，修辟法以兴能备用，严举法以核实得人，制考法以责任考功"②。

从考察宋明理学礼制创新的实践过程看，礼制创新应把握以下几个原则：

一是从俗化。朱子编制礼仪规范时就提出了"从俗"的思想。朱子根据当时"古之庙制不见于经，且今士庶人之贱亦有所不得为者，特以祠堂名之，而其制度亦多用俗礼"③。社会转型期乡村基层家族家法、宗族礼仪、规则与国家礼法的一致性和共同性，家礼乡规也应当随时势而变易更张，根据古礼进行适合当时情势的变更，朱子说："世之君子虽或酌以古今之变，更为一时之法。然亦或详或略，无所折衷。至或遗其本而务其末，缓于实而急于文。自有志好礼之士，犹或不能举其要，而困于贫窭者，尤患其终不能有以及于礼也。"④"亲亲、仁民、爱物，三者是为仁之事。亲亲是第一件事，故'孝弟也者，其为仁之本欤'。"⑤宋明理学重视对民风的教化，致力于"以礼化俗"，引导民众遵守礼的规范。

二是从简化。宋明理学在保持古礼传统的基础上，结合当时世俗实际，制定出简单易行符合当世的礼仪。在朱熹与门徒的问答中，也经常涉及这类问题："某尝说，使有圣王复兴，为今日礼，怕必不能悉如古制。今且要

---

① 陈淳：《北溪大全集》卷一四《家礼跋》，文渊阁《四库全书》本。
② 《宋元学案》卷三十一《吕范诸儒学案》，中华书局1986年版，第1111页。
③ 《家礼》卷一，《朱子全书》第7册，第875页。
④ 《朱文公文集》卷七十五《家礼序》，《朱子全书》第24册，第3647页。
⑤ 《朱子语类》卷二十，《朱子全书》第14册，第688页。

得大纲是,若其小处亦难尽用。"① "古礼,于今实是难行,……窃谓后世有大圣人者作,与他整理一过,令人苏醒,不必一一如古人之繁,但仿古人大意,简而易行耳。"② 门人"问冠昏丧祭礼",朱子以为"今日行之正要简,简则人易从"。朱熹对于"丧礼""祭礼"的繁文缛节,采取了通情达理的批判态度:"又为丧祭之礼,皆繁细之甚。"③ 既然繁缛的古礼,圣贤尚且难以尽行古礼,更何况平常百姓,所以朱熹主张裁损,使其简便易行,以免礼制成为摆设的礼文。"立一个简易之法,与民由之,甚好……惟繁故易废。使孔子继周,必能变通,使简易,不至如是繁碎。"④ 在有人向他请教"丧礼制度节目"时,他回答说:"恐怕《仪礼》也难行。如朝夕奠与葬时事尚可。未殡以前,如何得一一恁地子细?只如含饭一节,教人从哪里转?哪端安顿?……某怕圣人出来,也只随今风俗,立一个限制,须从宽简。而今考得古礼子细,一一如古,固是好;如考不得,也只得随俗不碍理底行去。"⑤ 针对古代礼书古奥文字难读懂的情况,朱熹指出以通俗言语进行文字翻译,"只以今之俗语告之,使之易晓,乃佳"⑥。《朱子家礼》的文本安排,全篇文字分正文和注两种,正文仅记述礼仪的全部过程,这不仅使《家礼》语言简洁,礼仪安排紧凑,便于熟记操作,发挥对现实生活的指导作用,而且便于平民百姓的参考使用。朱子《家礼》根据当时社会的变化,或对古制进行修改和革新,或将古礼中一些器具除去或代以他物,或对古礼程序进行删减省略,使古礼简约易行。例如:在婚姻方面,并婚姻"六礼"为"三礼";在祭祀方面,祭祀所用的器具"此本合用古祭器。今恐私家或不能办,且用今器,以从简便"⑦。《仪礼·士昏礼》规定新妇成婚后三月始得庙见之礼,朱熹考虑世人多不愿行,虽然这条礼制仍在,但却只是名存实亡,建议将其缩短为三日,他说:"某思量,今亦不能三月之久,亦须第二日见舅姑,

---

① 《朱子语类》卷八十四,《朱子全书》第 17 册,第 2886 页。
② 《朱子语类》卷九十,《朱子全书》第 17 册,第 3048—3049 页。
③ 《朱子语类》卷二十三,《朱子全书》第 17 册,第 281 页。
④ 《朱子语类》卷一百八,《朱子全书》第 17 册,第 3517—3518 页。
⑤ 《朱子语类》卷八十九,《朱子全书》第 17 册,第 3002 页。
⑥ 《朱子语类》卷八十九,《朱子全书》第 17 册,第 3002 页。
⑦ 《家礼》卷五,《朱子全书》第 7 册,第 941 页。

第三日庙见,乃安。"朱子对该庙见之礼并没有进行多大的改变,只是将新婚至庙见的时间间隔缩短。无疑,朱熹的这种对古礼的改变是在保持古礼的基础上进行符合当时实际情况的改变,使古礼又重新焕发生机。朱熹认为不但古礼需要变通从简,今礼也要简便易行,除去今礼的繁缛,使之便于推行。朱熹指出:"今礼文觉繁多,使人难行。后圣有作,必是裁减了,方始行得。"①

三是适时化。理学家认为礼制应当具有时代性。首先,理学家坚持"礼以时为大"②。由于古今时势不同,在各个方面的风俗习惯都有所变化,一切要皆依旧制,显然是不可能的。所以,朱子认为"居今而欲行古礼,亦恐情文不相称"③,礼制要随时代、人情、民俗的发展而变化。就是说制定礼仪制度要与当时今世相符,酌古今之宜,随时代变化进行裁损变化,合今世之宜则取之,不合则去之。朱熹说:"以古今异便,风俗不同,虽有崇儒重道之君,知经好学之士,亦不得尽由古礼,以复于三代之盛。其因时述作,随事讨论,以为一国一家之制者,固未必皆得先王义起之意。"④

其次,对古礼要参以当时世俗之礼进行裁损变化。一方面,对待古礼应当略存古之制度,留存可行者之礼。正如朱子所说:"所集礼书,也只是略存古之制度,使后人自去减杀,求其可行者而已。若必欲一一尽如古人衣冠履之纤悉毕备,其势也行不得。"⑤另一方面,承袭大体之不可变者而加以损益。对古礼裁损并不是将古礼简单地弃之不用而重新制定一套礼制规范,而是要借鉴古今典籍,在需要礼之大体不变的前提下,参以当时世俗之礼。因为礼仪制度的变化不是一个瞬变的过程,而是一个循序渐进的过程,既然如此,那礼仪制度的大体还是需要保持一致。这就要求坚持礼制本质意义及其精神,在表现方式方法、礼仪制度的形式等上只能够小有变化。小变其法是宋明理学变革思想的基本原则。朱熹自序其编撰《家礼》之原则,"是以尝独观古今之籍,因其大体之不可变者,而少加损益于其间,以为一家

---

① 《朱子语类》卷八十九,《朱子全书》第17册,第3013页。
② (宋)朱震:《汉上易传》卷五《萃》,九州出版社2012年版,第153页。
③ 《朱子语类》卷八十四,《朱子全书》第17册,第2877页。
④ 《朱文公文集》卷八十一《跋古今家祭礼》,《朱子全书》第24册,第3826页。
⑤ 《朱子语类》卷八十四,《朱子全书》第17册,第2886页。

之书"①。

最后，对于古礼制要得大纲而随时裁损、不拘细节，"今若只去零零碎碎理会，些小不济事，如今若考究礼经，须是一一自著考究教定"，需要随时裁损。朱熹说："有圣者作，必将因今之礼而裁酌其中，取其简易易晓而可行，必不至复取古人繁缛之礼而施之于今也。古礼如此零碎繁冗，今岂可行！亦且得随时裁损尔。"②这样既使礼制通俗易懂、简单易行，又能够使古代礼制精神得以延续和发展。礼制的传承性对于礼制精神的发展有着重要作用。正是由于礼制这种传承性使得礼制精神能够与时俱进、不断更新，与时代精神相融合，从而使古代礼制的精髓能够代代相传，不断丰富。这些论述无疑表明理学家礼制观既不是简单的复古，也不是盲目的抛弃古礼不用，而是在继承古礼传统的基础上，使礼制更贴近于他所处的那个时代，贴近于那个时代的大众生活和民俗风情变化的实际。

四是宗法化。由于"家"是个人与国家政权联系的中介，它上承国家，下续百姓，所以朱熹认为只要"家齐"，就能下治百姓，上报朝廷；就能将个人道德良知扩大并推广到家族、宗族的道德自觉，又由"家"之道德扩大并推广到社会、国家、天下，形成普遍的道德理性。在《家礼》原序中，朱熹明确指出自己编书的心愿："庶几古人所以修身齐家之道，谨终追远之心犹可以复见，而于国家所以崇化导民之意，亦或有小补云。"③因此，朱熹推行家礼是想通过修身齐家的方式，帮助国家达到崇化导民的最终目的。朱子认为，家上承国家，下续百姓，是国与个人的中介，"家齐"才能"天下平"，要巩固统治，重建家族礼仪是一个重要的渠道。朱子《家礼》所确立的伦理纲常，表面上是为家立礼立法，而实际上，一旦这些规范被人们认可并遵从，它的功能就不仅仅局限于规范家庭成员的行为，更重要的是这些教化能够端正乡里社会的民风和民俗，对于人人遵循封建伦理规范，国治天下平有很大的益处。只有家国一体同构，才能使得《家礼》所规定的家法、族规作为国家的正式法律，控制整个社会。

---

① 《朱文公文集》卷七十五《家礼序》，《朱子全书》第 24 册，第 3627 页。
② 《朱子语类》卷八十四，《朱子全书》第 17 册，第 2877—2878 页。
③ 《家礼序》，《朱子全书》第 7 册，第 873 页。

《家礼》对等级秩序的重构和礼法的重倡,主要体现在对宗法意识的强化与宗法制度的重视。《四库全书总目提要》明确指出:"《家礼》重宗法,此程、张、司马氏所未及。"① 《家礼》将宗子法融合在祠堂制度中。《家礼》云:"宗子主持祠堂的祭祀,是主人";"祠堂所在之宅,宗子世守之,不得分析";"初立祠堂,则计见(现)田,每龛取二十之一以为祭田。……宗子主之,以祭祭田……不得典买"②。从这些规定可以看出,宗子不仅是主持祭祀的主人,而且拥有祭祀权和对族产的把持权。这样,宗子通过在祠堂中主持祭祀,将整个家族成员收拢在他的掌控中,达到"敬宗收族"的目的。

"孝道"是宋明宗法制度的又一特色。在家中建立起尊卑等级秩序,使家族成员自觉地服从家长和宗子的领导。父子关系是宋代家庭关系的核心。在处理这一关系时,朱子十分赞赏司马光《书仪》中说的"凡为家长,必谨守礼法,已御群子弟及家众。分之以职,授之以事,而责其成功"③,认为家长不仅是子女精神上的领导,而且要具体安排和督促子女日常生活中的一切事务。《家礼》云:"凡诸卑幼,事无大小,毋得专行,必咨禀于家长。"如果不听家长的话,而是"以父母之命为非,而直行己志,虽所执皆是,犹为不孝之子"。卑幼在父权制家庭中必须绝对服从家长,使家长对子女有专断权。而重"孝"旨在移孝作忠,朱子强化伦理纲常中的"父为子纲",旨在"借正父子之伦,以严君臣之分"。强调"孝",其实质是为了维护家长、族长、皇帝的绝对权威,无条件地听命于他们,进而维持家族中或国家中的等级秩序。

《家礼》中宗子法的确立,使家庭成员通过祭祀紧紧地凝聚在以宗子为核心的领导。《家礼》中孝道的推行,使强调封建伦理的孝悌礼仪规范成为教化民众的工具,以此来维护宗族、家族伦理;《家礼》中家长制的实施,使等级秩序井然有序。朱子对宗子法、孝道、家长制的强化,旨在以血缘性的家族礼仪和伦理道德来规范族人的行为,并将其推及到社会,使之起到社会规章制度的作用,从而约束普通民众的行为,对国家稳定有重要的意义。

---

① 司马朝军编撰:《四库全书总目精华录》,武汉大学出版社2008年版,第131页。
② 《家礼》卷一,《朱子全书》第7册,第875—876页。
③ 《家礼》卷一,《朱子全书》第7册,第881页。

(3) 礼学研究

朱熹认为"须是且将散失诸礼错综参考,令节文度数一一着实,方可推明其义"①,戴震也说:"为学须先读《礼》,读《礼》要知得圣人礼意"②,他们对于礼学研究皆颇有建树。钱穆先生在《朱子新学案》中梳理朱子礼学,认为:"朱子于经学中特重《礼》,其生平极多考《礼》议《礼》之大文章。尤其于晚年版,编修《礼》书,所耗精力绝大。朱子论《礼》,大要有两端。一曰贵适时,不贵泥古。一曰《礼》文累积日繁,贵能通其大本。朱子意,其要不在考《礼》,而在能制礼。"③宋明理学家积极参与礼学研究,宋代司马温公、蓝田吕氏兄弟,元之吴澄,明朝朱升,明末清初顾炎武,清代江永等大儒无不参与到士庶礼学的构建中。清代江永继朱子之后博考礼仪著有《礼经纲目》。清代时期是礼学最为发达的一个时期。从目前所存礼学著作中仅家礼类著作,宋人所著传世的就有:司马光《司马氏书仪》《居家杂仪》1卷,《涑水家仪》1卷,《温公家范》10卷;朱熹《朱子家礼》5卷;吕大忠《吕氏乡约》1卷;袁采《袁氏世范》3卷;郑道玉《琴堂谕俗编》2卷;真德秀《谕俗文》1卷;陆游《放翁家训》1卷,《绪训》1卷;赵鼎《家训笔录》1卷;刘清之《戒子通录》8卷;叶梦得《石林治生家训要略》1卷;曹淇《训儿录》2卷;等等。④如前所论,朱子所撰《仪礼经传通解》是集宋以前礼学研究之大成,对礼学特别是礼书义理学与编纂方法学的发展有很大的影响,江永《礼书纲目序》认为《仪礼经传通解》"其编类之法,因事而立篇目,分章以附传记,宏纲细目,于是粲然,秦汉而下未有此书也"⑤。陈澧指出"自朱熹创此法,后来莫不由之矣"⑥。后世诸如徐乾学的《读礼通考》、江永的《礼书纲目》、秦蕙田的《五礼通考》等礼学著作,"虽规模组织不能尽同于《通解》,而大体上,则均由《通解》脱胎

---

① 《朱子语类》卷八十四,《朱子全书》第17册,第2877页。
② 《戴震年谱》,《戴震全书》,黄山书社1995年版,第714页。
③ 钱穆:《朱子学提纲》,生活·读书·新知三联书店2002年版,第179—180页。
④ 参见王立军:《宋代的民间家礼建设》,《河南社会科学》2002年第2期。
⑤ 江永:《礼书纲目序》卷九十一,文渊阁《四库全书》本。
⑥ 陈澧:《东塾读书记》,生活·读书·新知三联书店1998年版,第140页。

者也"①。

宋明理学礼学研究重点在于《周礼》《仪礼》和《礼记》三礼之学。吴澄撰有《礼记纂言》36卷，注释《孝经》章句，校订《仪礼》《小戴礼记》《大戴礼记》，编成《仪礼逸经》8篇等，对儒学三礼之学作出了不可磨灭的贡献。黄百家在《宋元学案·草庐学案》中评赞曰："朱子门人多习成说，深通经术者甚少。草庐《五经纂言》，有功经术，接武建阳（朱熹），非北溪（陈淳）诸人可及也。"②朱升著有《仪礼旁注》《周官旁注》《礼记旁注》。清儒关于《仪礼》类著述数目蔚为可观，主要有凌廷堪《礼经释例》、胡匡衷《仪礼目录校证》、张惠言《仪礼图》、邵懿辰《礼经通论》、胡培翚《仪礼正义》等。江永精于礼学，对于礼学贡献巨大，有关古礼名物、典制的考证颇多精彩之处，有《礼书纲目》《周礼疑义举要》《仪礼释例》《乡党图考》等。其中，《礼书纲目》85卷，广泛收集了散见于经、传和群书中有关古代礼乐制度的资料，加以编排和解释，《四库全书总目》说："盖《通解》朱子未成之书，不免小有出入，其间分合移易之处，亦尚未一一考证，使之融会贯通。永引据诸书，厘正发明，实足以终朱子未竟之绪，视胡文炳辈务博笃信朱子之名，不问其已定之说未定之说，无不曲为袒护者，识趣相去远矣。"③

宋明理学之所以重视三礼之学是因其最具有社会性和实践性以及强烈的现实针对性。礼学重心不在古代的礼制、礼意，而在内圣修养，最终落实于人伦规范。试图从考证古礼的施行方法和道德教化出发，将个人修身和社会教化的双重意义紧密地结合起来，将司马光《书仪》以及朱熹《家礼》，如礼学精神带入了平常的书香门第；而吕氏兄弟的《乡约》则更具有面向大众的礼学思路，开创了民间宗法礼学组织，从而对个人修身与社会礼俗的改变提出了新的要求与新的构想，真正实现理学家平天下的政治理想。

---

① 白寿彝：《〈仪礼经传通解〉考证》，《白寿彝史学论集》，北京师范大学出版社1994年版，第1041页。
② 《宋元学案》第4册，中华书局1986年版，第3037页。
③ 《四库全书总目》卷二十二《经部·礼类四》，中华书局1965年版，第179页。

(4) 礼仪实践

基于"《仪礼》，礼之本根"①，宋明理学家致力于礼仪制度的恢复与设计。仪礼最主要有两方面：

一是"器"。礼寓于器，器体现着礼，礼意从礼器仪节中来寻求。明清之际的王夫之就仪礼认为"天下唯器而已矣"，"未有牢醴璧币，钟磬管乐而无礼乐之道"②。礼乐之道是依赖具体之器等来体现的。清初姚际恒也说："古人登降揖让、饮食动作，无不各有仪，所谓动容周旋中礼，可以征盛德之至。器数亦从义理而生，苟非义理，器数焉行？苟非器数，义理焉托？义理譬之规矩，器数则其方圆也。故愚于是书，多就器数中论其义理。"③阮元更是明确指出："器者所以藏礼。故孔子曰：唯器与名，不可以假人。先王之制器也，齐其度量，同其文字，别其尊卑，用之于朝觐宴飨，则见天子之尊，锡命之宠……用之于祭祀饮射，则见功德之美，勋赏之名，孝子孝孙永享其祖考而宝用之焉。"④抽象的礼意必须落实在具体的仪文器数之中，欲明礼意就得从仪文器数入手。章学诚甚至提出"六经皆器"⑤，表达了循器明礼的观点。

二是"仪"。朱熹在《论语·为政》的注解中说："礼，谓制度品节也。"说明了礼的政治制度性与工具性要求，而且作为节文、仪则的礼具有"中""序"两个重要特征。朱熹指出："礼贵得中，奢易则过于文，俭戚则不及而质，二者皆未合礼。"⑥礼仪制度崇尚的是适中，而非明显的"等级差异"。"序""中"必须通过一定的礼仪制度来体现。思想道德是礼仪制度的内在本质，而礼仪制度是思想道德内在本质的外化。礼仪制度是思想道德的载体，思想道德是礼仪制度的内容。礼仪制度既是社会行为的规范，也是社会道德的规范。宋明理学礼仪制度通过一系列礼仪和祭祀活动来强化人们对祖先、

---

① （宋）真德秀：《三礼考》，《学海类编》本，第1页。
② （清）王夫之：《周易外传》，中华书局1977年版，第203页。
③ （清）姚际恒：《仪礼通论》，中国社会科学出版社1998年版，第96页。
④ （清）阮元：《经室三集》卷三，台湾商务印书馆1966年版，第591页。
⑤ （清）章学诚：《文史通义》内篇二《原道》，《文史通义校注》，中华书局2014年版，第132页。
⑥ 《论语集注》卷三《八佾》，《朱子全书》第6册，第84页。

君尊的认同，融洽了现实的人际关系。礼仪制度与宗教仪式都具有聚合的功能，不断地加强人们共同的联系，通过礼仪制度社会化，把社会规范内化为社会成员的主观信念、价值观、需求和良心，从而增强了社会的稳定性，不断强化社会成员个人从属于社会、尊卑等级的观念。《礼记·祭统》说："凡治人之道莫急于礼。礼有'五经'，莫重于祭。"宋代士大夫阶层之中开始出现具有家庙性质的祠堂，打破了先秦时代只有帝王、诸侯、大夫才能自设宗庙祭祖旧制。朱熹《家礼》业已要求："君子将营宫室，先立祠堂于正寝之东。"[①] 明嘉靖"许民间皆得联宗立庙"，明清时期，祠堂也就成了民间宗法制度的载体与具体象征。

宋明理学特别注重礼仪的教育作用：第一，通过礼仪教育对社会成员的社会生活发生细致深刻的道德影响，体现出道德控制的普遍化和渗透性；第二，通过传统礼仪对人们社会生活规范进行约束和塑造，避免道德的社会价值被"虚化"；第三，通过传统礼仪对人们社会生活的道德引导，构建社会认同的人文基础。对此部分将待以后做专题研究论述。

五、宋明理学道德人格培养的路径

道德人格作为个人在一定社会中的地位、尊严和价值，或者说是道德规格与道德主体的道德资格、品格的内在统一，成为人发展过程中的重要方面。道德人格的培养因素与途径有多种多样，传承传统优秀文化是道德人格培养的途径之一。中国传统文化是一个延续发展的过程，宋明理学作为12—18世纪中正统意识形态，对传统社会的精神、道德、品格的形成产生过深远的影响。宋明理学道德建设不仅仅注重具体行为规范的灌输，也能够进行更深层的道德人格建设与培育。宋明理学蕴育的优秀道德人格内涵与道德人格的塑造方法给予现代道德人格的培养途径提供了借鉴。宋明理学以理

---

① 《佛山忠义乡志》卷十《氏族》，转引自《明清徽州农村社会与佃仆制》，安徽人民出版社1983年版，第162页。

欲之辨树立社会的普遍道德法则，为现代人格培养树立了基本的价值标准。宋明理学所倡导的内在修养与外在事功相结合、"理性主义"与"功利主义"的融合、自律与他律相结合的路径无疑也是现代道德人格培养所经由之路。

第一，追求"存天理，灭人欲"，实现成圣，为人格培养树立了基本的价值标准。

理欲之辨反映了传统思想的价值核心。宋明理学的最高范畴"理"不但是自然界的最高准则，也是社会的最高准则。理是公共的道德准则，是人人所具有的公欲，"天下之公欲，即理也"①，宋明理学理欲之辨形成最主要的两种不同的观点：一是以二程、朱熹、王阳明为代表的理欲对立的存理灭欲论。程颢提出："人心莫不有知，惟蔽于人欲，则亡天理也。"②认为天理就是人的道德理性，蔽于人的感性欲望，就会丧失自己的道德理性。朱熹进一步提出："人之一心，天理存则人欲亡；人欲胜，则天理灭，未有天理人欲夹杂者。"③王阳明的致良知就是去除人欲以恢复天理的过程和结果。二是以胡宏、叶适、戴震、王夫之为代表的理欲一体、理存乎欲的以理节欲论。胡宏指出："天理人欲，同体而异用，同行而异情。进修君子，宜深别焉。"④王夫之主张"私欲之中，天理所寓"⑤，即是说理寓于欲中，离欲即无理，"人欲之各得，即天理之大同"⑥。因此，人欲必须以天理为指导，满足人人应有之欲而废尽私欲，强调理寓欲中，以理导欲节欲。无论是理欲对立论还是理欲一体论都是在一定程度上承认人的基本合"理"之欲，人所具有的目耳口等一切欲望，都可以通过引导使之达到至善；重要的在于不能使人的欲望过度膨胀，达到有害的程度，而必须使之合于理，始终在明理的前提下实现欲望。宋明理学家充分肯定了私欲、物欲的正当性和合理性，尤其是他们所提倡的公理，渗透着一种为国家、为民族的公利而应当牺牲个人私欲的强烈

---

① 《张子正蒙注》卷四，《船山全书》第 12 册，岳麓书社 1992 年版，第 191 页。
② 《河南程氏遗书》卷十一，《二程集》，中华书局 2004 年版，第 123 页。
③ 《朱子语类》卷十三，《朱子全书》第 14 册，第 388 页。
④ （宋）朱熹：《知言疑义》，《胡宏集》，中华书局 1987 年版，第 329 页。
⑤ 《读四书大全说》卷二，《船山全书》第 6 册，岳麓书社 1996 年版，第 90 页。
⑥ 《读四书大全说》卷四，《船山全书》第 6 册，岳麓书社 1996 年版，第 963 页。

要求。

宋明理学通过理欲之辨，试图高扬道义的精神，树立社会的普遍道德法则，追求理想精神境界，向往理想人格。宋明理学"存天理，灭人欲"或以理制欲、以义导欲的人格目标是要实现知圣与成圣。宋明理学眼中的圣人是"为学而极至、无所不通、修道立教、至德、顺理"，为人之典范。同时，理学家也是主张圣人可学论。可以说，宋明理学理顺理欲关系的过程，也就是人格修养的成圣过程，是工夫。"必欲此心纯乎天理，而无一毫人欲之私，此作圣之功也。"① 一旦达到此心纯乎天理而无人欲之杂的境界，便能成为圣人。明理至圣是人们道德修养的最高目标和最高境界。

理欲之辨，贵德重义，对于端正我们的价值取向，把握现代精神文明，具有着积极意义。有理想、有道德成为人格培养的主要标准。在构建和谐社会中以人为本，人民不断增长的物质文化之"欲"需要得到肯定。和谐社会，既要满足人的合理的物质欲求、基本生存需要和全面发展需要，又要实现它同社会公德、家庭美德、职业道德、社会理想、社会正义等的统一。在现代社会转型中，主体道德人格的培育只有正视人欲和天理的关系，才能把握好自我价值观与行为。

第二，尊德性与道问学之辨为人格培养提供了内在修养与外在事功相结合之路。

尊德性与道问学之辨是宋明理学思想重要的一个方面。理学家发挥了《中庸》"君子尊德性而道问学"的思想，把"尊德性"和"道问学"看作是不同的治学与伦理修养方法。在鹅湖之会中，朱陆曾就道德修养的途径与方法问题有不同讨论。朱熹认为，"天下万物莫不有理"，理是外在于人心的，需要"格物穷理"的过程认知道德，实现道德修养。朱熹强调"道问学"，就是以问学为道，通过学习，以求修正自身、完善自身，把外在事功当作修养以至成人的根本途径。这强调仁德的学习和修养过程是一种外在的实实在在的行为。陆王心学继承与发展孟子修心养性思想，认为理想人格的形成过程不是一个向外追求的过程，也不是一个用外在的规范来制约自己的

---

① 《王阳明全集》卷一《传习录》，浙江古籍出版社2011年版，第137页。

过程，而是人们内在的伦理本性发挥的过程。人们可以通过尽心养性，扩充其浩然之气而造就理想的人格。陆九渊认为，理具于心，心即是理，故不必心外求知。道德修养的首要工夫乃是"发明本心"，"欲先发明人之本心而后使之博览"①，最终达到"尽心知性而知天"，实现人格的完成。陆九渊认为："既不知尊德性，焉有谓道问学？"②作为圣贤，就要"先发明人之本心"，"先立乎其大者"，此后王阳明发展为"致良知"。陆王之学更强调人心直觉真理的道德修养方法。朱陆晚年都有所改变，主张尊德性与道问学并重，提出通过外在不断地培养自己的德行，发明本心，在发明本心中学习，以达到明心见性。朱熹重视"收敛身心"的"居敬"修养，在居敬与穷理关系上，既主张"须先致知而后涵养"，又认为"此二事互相发"。而晚年陆九渊也有所悟，不排斥道问学，只是以尊德性为重。黄宗羲对此有过评论："先生（陆九渊）之学，以尊德性为宗，谓'先立乎其大者，而后天之所以与我者，不为小者所夺。夫苟本体不明而徒致功于外索，是无源之水也'。同时紫阳之学，则以道问学为主，谓'格物穷理，乃吾人入圣之阶梯。夫苟信心自是，而惟从事于覃思，是师心之用也'。"③张载讲"心能尽性"，朱熹讲"心统性情"，陆九渊讲"尽心"，王守仁讲"致良知"，都是强调发挥主体思维的能动作用。

朱陆之后学，对此也有不少阐发。元代吴澄提出"尊德性"与"道问学"、知行合一、内外兼修的中庸之道，他说："朱子于道问学之功多，而陆子以尊德性为主。问学不本于德性，则其蔽必偏于言语训释之末。故学必以尊德性为本，庶几得之。"④孙奇逢将朱熹的"格物致知"与王守仁的"致良知"合二为一，指出朱熹和王守仁的穷理、致知和良知均得自孔子，而这是殊途同归，并无矛盾之处，不应将二者对立起来，应将"道问学"与"尊德性"合二为一。

尊德性与道问学之辨的历史过程为我们展示了人格培养的三种不同路

---

① 《陆九渊集》卷三十六《年谱》，中华书局1980年版，第491页。
② 《陆九渊集》卷三十四《语录上》，中华书局1980年版，第400页。
③ 《宋元学案》卷五十八《象山学案》，中华书局1986年版，第1885页。
④ 《宋元学案》卷九十二《草庐学案》，中华书局1986年版，第3037页。

径，值得在现代人格培养中加以借鉴。

陆九渊重视"尊德性"的路向，是一种经由主体来加强内在的向最高道德境界追求的内在修养路径，继承了儒家克己慎独的思想，发展为"居敬存养""省察克治"和"事上磨炼"工夫。在个人的品德修养和道德教育中，强调道德的主体性，发挥道德主体的能动性、主动性，以道德的自我修养作为一个最基础的中心环节，运用立志、内省、克己等一整套自我修养方法，经过内心反省、克制自身私欲、自求自得的过程，注重把自我调适到社会伦理所要求的规范中来，实现维护社会的道德准则，从而加强自我修养，达到自我提高的目标，不断地提高自己控制和调适内心平衡的能力和水平。这无疑是达到人格完善的一条重要途径。

朱熹前期重视的"道问学"路向，是一种外在事功的路径，提示着坚持灌输原则，以启发他们的道德主体性，不断地提高道德认知的水平，引导道德行为，促进知行统一。影响道德人格的形成与路向最主要的有三个因素：教育、环境、道德实践。道德人格在一定的社会环境、教育和实践修养中不断发生变化，产生一种否定原有的稳定性的新要求。朱陆晚年及其后学所推崇的既尊德性又道问学，则正是内在修养与外在事功相结合之路。朱陆融合的过程也正说明了人格培养路径是一个综合的路径。通过内在修养与外在事功相结合，贯彻知行统一原则，实现道德需要—形成道德认识—激发道德情感—树立道德信念—转化为道德行为即德育意识向道德行为的转化，真正实现了由知到行的转化和统一。

人格不是生来就有的，只有通过个体与社会相互作用才能逐渐形成。在个体社会化、道德人格的形成过程中，认知教育是基础，系统的社会认知必须由系统的道德认知教育来完成。道德教育是一项长期的工程，需要经过人们不断地积累化育，其中对于人格发展起作用的最大因素是环境因素，包括家庭、学校和社会环境。

第三，"理性主义"与"功利主义"的融合为实现人格培养提供了借鉴之路。

缘于唐宋以来商品经济的发展，学术思想、意识观念也随之发生着变化，宋明理学，对传统的义利观、本末观、"均贫富""抑兼并"等等思想观念进行全新的诠释。宋明理学将义利之辨作为儒家道德修养入门之始,甚至视为儒学的首要问题。宋明理学在一定限度内承认"利"的合法存在,把"利"置于"义"的支配下,提出"以利和义,不以义抑利"①,从而实现"成其利,致其义"②。把义、利统一起来,在对行为的道德评价上,主张动机与效果的统一。清代颜元认为义利不能偏废,应该并重,将"正其义不谋其利,明其道不计其功"修正为"正其谊以谋其利,明其道而计其功"③,主张义利一体,提出了"义利并立""以利合义"的事功学说。

义利之辨实质是公私之辨。对此陆九渊阐发非常明白。陆九渊认为,学问的着手之处就在于义利与公私之辨:"凡欲为学,当先识义利公私之辨"④。二程则率先提出了"大公"观,认为"圣人以大公无私治天下"⑤,把大公与治国平天下贯穿起来,以实现儒家《大学》八目。而朱熹有道:"人心易动而难反,故危而不安;义理难明而易昧,故微而不显。惟能省察于二者公私之间。"⑥理学家认为公是理之体,公是理的内核,而且公是广大无私、无意的,为公就不能有私意,否则不能辨别是非义利,"若不知言则自以为义,而未必是义,自以为直而未必是直,是非且莫辩矣"⑦。无意则注重内心自省的主观一贯性,如是有意为公则已是有私意存在了,因而就要求一个广大的内省世界,"将天下正大底道理去处置便公,以自家私意去处置便私"⑧。

因此,理学家义利之辨所追求的公、私之辨体现于他们的民利公利观,主张与民以利。张载说:"利,利于民则可谓利,利于身利于国皆非利也。"⑨以陈亮、叶适为代表的浙东学派所主张的"利",并不是无节制的一己私利,

---

① 《习学记言序目》卷二十七,《叶适集》,中华书局1977年版,第386页。
② 《习学记言序目》卷二十三,《叶适集》,中华书局1977年版,第322页。
③ 《四书正误》卷一,《颜元集》,中华书局1987年版,第163页。
④ 《陆九渊集》卷三十五《语录下》,中华书局1980年版,第470页。
⑤ 《周易程氏传》卷一,《二程集》,中华书局2004年版,第742页。
⑥ 《朱文公文集》卷六十五《尚书·大禹谟》,《朱子全书》第23册,第3180页。
⑦ 《朱子语类》卷五十二,《朱子全书》第15册,第1742页。
⑧ 张伯行辑订:《朱子语类辑略》卷三,《丛书集成初编》本,中华书局1985年版。
⑨ 《性理拾遗》,《张载集》,中华书局1978年版,第323页。

而是泛指"生民之利"。丘浚思想中最为闪光的是他所倡导的"理财者乃为民而理"①的思想。王夫之继承了传统重义思想的精髓,并在此基础上有发展:"要而论之,义之与利,其途相反,而推之于天理之公,则固合也。义者,正以利所行者也。事得其宜,则推之天下而可行,何不利之有哉?"②顾炎武也指出先公而后私,要满足公众利益,所谓"合天下之私,以成天下之公"③。同时,理学家的理欲观、义利观促生了新的商业经济思想观念。理学家强调"工商皆本""惠商恤民""经世致用""义利双行",这是对传统"本末论"作重新的界定和评论,适应了当时社会经济文化的发展。显然,宋明理学的义利之辨,主要也是针对确立道德动机立论的,宋明理学通过对"义利之辨"等演化的阐释,实现了人格培养目标上"理性主义"与"功利主义"的融合。

公私之辨在今天看来,我们所要构建的道德人格的独立个性与国家、社会、群体是分不开的。道德人格的发展是不能脱离群体的。只有在群体中,道德主体的主体性、个性才能得到充分的展示与发展。而最重要的就归结于利国利民利公,公私之辨的演绎为爱国主义与集体主义人格培养提供了理论依据。培植正确公私观的过程也就是人格培养的重要过程之一。

第四,德礼政刑统一为人格培养打造了自律与他律相结合的道路。

如前所叙,理学家非常重视自我修养,尤其强调"慎独"等的道德修养方法,即使在个人独处、无人监督时,也坚守自己的道德信念,自觉地实践道德行为,要在"隐"和"微"上下工夫,通过自省、慎独既可以增强培养高尚道德人格的自觉性和紧迫感,也可以培养人的自律意识,养成良好的道德规范。因此,无论在什么情况下,不管是有人监督还是无人监督,都应自重、自爱、自律,自觉地按照社会道德标准规范自己的言行。这是一种内心自我约束、调节和反省的人格培养的自律途径。

在人格培养的自律途径之外,宋明理学又认为需要道德垂范、礼仪规范、制度、法律作为外在的道德律令进行限制,这集中体现于其德礼政刑观

---

① 《大学衍义补》卷二十《总论理财之道上》上册,上海书店出版社2012年版,第191页。
② 《四书训义》卷八,《船山全书》第7册,岳麓书社1991年版,第382页。
③ 《日知录》卷三《言私其豵》,《顾炎武全集》,上海古籍出版社2011年版,第142页。

之中。宋明理学的德礼政刑观在很大程度上是继承和发扬了孔子的德礼政刑理论，只是在许多问题上讲得更为具体，更为理论化，更有层次性、针对性。朱熹强调德、礼、政、刑"相为终始，虽不可偏废，然政、刑能使民远罪而已，德、礼之效，则有以使民日迁善而不自知"①。德礼既是一种表率，也是一种政策措施。朱熹把人的道德修养分成了几个层次：对气禀最厚者——导之以德——行为表率；对气禀厚者——齐之以礼——自觉服从；对气禀薄者——制之以政——服从；对气禀最薄者——惩之以刑——被迫服从。丘浚在道德自律与政治法律制度外在制约的关系上特别强调他律的功效："为治大要二，礼与法也。礼也者教化之所从出者也，谊所谓绝恶于未萌、起教于微妙，使民日迁善远罪而不自知者是，则礼之所以禁于将然者也。法之为法，禁于已然者，则反是禁于将然，则不肃而成、不严而治，而天下咸囿于孝弟、忠信、礼义、廉耻之中矣。"②

可见，宋明理学认为通过以德率人、齐之以礼、制之以政、惩之以刑的不同的外在培养方式，可以促进道德人格修养的提高，也无疑成为人格培养的重要路径。道德人格的培养，光有自身的修养和学习还是不够的，还要以他律来对人的行为加以约束和激励，通过礼仪化、法律化、制度化的途径不断地完善和提高道德规范程度。在通过加强外部控制来实现人格培养方式的过程中，应特别注意协调好人格实现的外在途径与自我途径之间的关系，处理好外部控制—他律向内部控制—自律转换的过程，在实际的操作中要扬长避短，人格培养应当重视道德主体的自律与他律的结合，以追求理想的道德人格的完善。

---

① 《论语集注》卷一《为政》，《朱子全书》第6册，第75页。
② 《大学衍义补》卷六十七《总论教化之道》上册，上海书店出版社2012年版，第504页。

第五章　宋明理学理治社会之政统

牟宗三指出，"政统"一词意指政治形态或政体发展之统绪言。① 成中英则认为："学统可以看成是知识理性的活动空间与规范，而道统则可看成是价值理性及本体理性的活动空间与规范。而所谓政统则可看成是决策理性与行动理性的活动空间与规范。"② 从中显现，在中国传统文化中，道统所担当的为道德标准和精神价值，而政统的指向是政权建设问题，反映了通过权力实现对国家从中央到地方基层各阶层的政治制度与社会管理。在传统社会政权建设中，皇权是最为重要的一环，政统以皇权为代表，通过政统表明帝王政治的合法性。

一、政统与道统

1. 宋明理学"皇极"、西铭学说

宋明理学更为重要的一方面，正是被历代王朝所欣赏的皇极与西铭说结合的天理君权理论。这一理论从君权神授、天命君权说中解放出来，赋予了君权以新的解释。程朱理学基于天理论的框架，通过"皇极"、西铭学说对君主的产生及其存在的合理性与神圣性进行了说明。

---

① 参见牟宗三：《略论道统、学统、政统》，《生命的学问》，广西师范大学出版社2005年版，第50页。
② 成中英：《中国哲学当前的核心和周边问题》，香港人文哲学会：《哲思杂志》1988年第1期。

(1)"皇极"说

"皇极"一词出自《尚书·洪范》:"皇极,皇建其有极。"《洪范》的主体思想要求臣民"惟皇作极"。宋以前对"皇极"有诸多解说,多指为皇位、皇帝、皇室。如晋干宝《晋纪总论》:"至于世祖,遂享皇极。"①《资治通鉴·晋简文帝咸安元年》:"于是宣太后令,废帝为东海王,以丞相录尚书事、会稽王昱统承皇极。"②而最具文化意义的解释则是将"皇极"释为"帝王大中至正之道"。这种观点首起于孔安国传、孔颖达疏,传释"皇极"为:"皇,大也;极,中也。凡立事,当用大中之道。"其疏曰:"皇,大也;极,中也。施政教,治下民,当使大得其中,无有邪僻。"③《汉书·五行志》解"皇极:皇建其有极"谓:"曰:'皇之不极,是谓不建。'皇,君也。极,中;建,立也。人君貌、言、视、听、思心五事皆失,不得其中,则不能立万事。"④应劭注《汉志》曰:"皇,大;极,中也。"汉荀悦《汉纪·高祖纪一》:"昔在上圣,唯建皇极,经纬天地。"然而真正将"皇极"概念上升为一种政治文化意识,做系统的哲学发挥则是两宋理学兴起以后。朱熹有《皇极辩》,陆象山有《皇极讲义》等。宋明理学对于"皇极"之解主要从如下两方面入手。"皇极"概念作本体论色彩阐释,更具政治理性化意义。

一是朱熹驳孔安国误释"皇极"为"大中",训"皇"为"君"、训"极"为"至极"。朱熹《皇极辩》所论深得其旨。朱子改变了儒家传统对"皇极"中的"极"一词以"大中"来诠释的做法。朱子云:"故以极为在中之准的则可,而便训极为中则不可。……即如旧说,姑亦无问其他,但即经文而读'皇'为'大',读'极'为中,则夫所谓'惟大作中','大则受之'为何等语乎?"⑤朱熹《答陆子静》还说:"若'皇极'之极、'民极'之极,乃为标准之意。犹曰立于此而示于彼,使其有所向望而取正焉耳。"⑥而且朱

---

① 《文选》卷四十九《晋纪总论一首》,《四库全书精品文存》第10卷,团结出版社1997年版,第276页。
② 《资治通鉴》卷一百三,顾长安整理,中国书店2009年版,第323页。
③ 《尚书正义》,《十三经注疏》,北京大学出版社2000年版,第529页。
④ 《汉书》卷二十七《五行志第七》,中华书局2009年版,第1183页。
⑤ 《朱文公文集》卷七十二《皇极辩》,《朱子全书》第24册,第3454页。
⑥ 《朱文公文集》卷三十六《答陆子静》,《朱子全书》第21册,第1572页。

熹眼中的"皇是指人君,极便是指其身为天下做个样子,使天下视之以为标准"①,"皇极"说训"皇"为"君"、训"极"为"至极"。道学家把君主视为"居天下之至中","有天下之纯德",足以为"至极之标准"的"圣王"②。朱熹认为:"天佑下民,作之君,作之师,惟其克相上帝,宠绥四方。"③ 不仅如此,朱熹传人陈淳在《北溪字义》中也说:"所谓'皇极',皇者,君也。极者,以一身为天下至极之标准也。人君中天下而立,则正身以为四方之标准,故谓之皇极。若就君德论,则德到这处,极至而无以加。以孝言之,则极天下之孝;以弟言之,则极天下之弟。德极其至,而天下之人以为标准,周礼所谓'以为民极',正是此意。"④ 显然"皇极"作为社会本体,它也是"道德之本,众理之会"⑤,总天下万物之极。

二是对"皇极"之极以"无极"论"太极",既有继承汉代以来"大中"之说的一面,又有将其释为本体之理,突破汉唐"皇极"意义。以为"'皇极'又为'太极'之理",而"太极之义,正谓理之极致耳。有是理即有是物,无先后次序之可言,故曰'《易》有太极',则是太极乃在阴阳之中,而非在阴阳之外也。今以'大中'训之,又以乾坤未判,大衍未分之时论之,恐未安也"⑥。陆九渊也以"太极"解释"皇极",认为皇极就是宇宙根本之理,也是大中之道。

  皇,大也;极,中也。《洪范》九畴,五居其中,故谓之极。是极之大,充塞宇宙,天地以此而位,万物以此而育。⑦

  "极"字亦如此,太极、皇极,乃是实字,所指之实,岂容有二。充塞宇宙,无非此理,岂容以字义拘之乎?中即至理,何尝不兼至义?《大学》《文言》皆言知至,所谓至者,即此理也。语读《易》者曰能知

---

① 《朱子语类》卷七十九,《朱子全书》第17册,第2708页。
② 《朱文公文集》卷七十二《皇极辨》,《朱子全书》第24册,第3454页。
③ 《朱子语类》卷十三,《朱子全书》第14册,第396页。
④ 《北溪字义》卷下《皇极》,文渊阁《四库全书》本。
⑤ 《水心别集》卷七《皇极》,《叶适集》,中华书局1977年版,第728页。
⑥ 《朱文公文集》卷三十七《答程可久》,《朱子全书》第21册,第1462页。
⑦ 《陆九渊集》卷二十三,中华书局1980年版,第283—284页。

太极，即是知至；语读《洪范》者曰能知皇极，即是知至；夫岂不可？盖同指此理。则曰极、曰中、曰至，其实一也。①

我们应该清晰认识到朱陆皇极之论有其深刻的政治背景与意义。犹如余英时先生所说，朱熹的皇极说是他"将官僚体制与'皇极'紧密地联系在一起而加以批评。时朝野以释'皇极'为'大中'为传统，朱熹则破'大中'之说"，他训"'皇'为'君'、训'极'为'标准'，即'人君所以修身立道之本'，则尤具深意……依此新解，则人君只需'修身'为民树一'标准'，此外竟不必更有所作为。很显然的，他的'皇极'即是从'无极而太极'中分殊出来的，要求皇帝作无为而治的虚君"②。依照余先生之意，显然朱熹之"皇极"肯定了君主对臣下的进退有自由操纵之权，而且是把它解释为人君所以修身立道之本的政治要求："朱熹坚持用'无极'两字来描述'太极'，和他以'无情意、无计度、无造作'来形容'理'，在思路上是一贯的。如果将这一思路落实到政治秩序上面，则君只能是一个'无为而治'的'虚君'。"③可见，无论是"皇极"之极以"无极"论"太极"，还是训"皇"为"君"、训"极"为"至极"之路径，朱熹新皇极学说都有一个落脚点，就是"无为而治"的"虚君"。这与朱熹把"正君心"当作道统德治重中之重相一致："天下事有大根本，有小根本。正君心是大本。"④这也是以朱熹为代表的理学家皇极君权思想的一个重要方面。唐君毅先生就认为孔孟功在立天道于人道，可谓"立太极于人极"；而宋明儒学的复兴，在由人性人道以立天道，可谓"由人极以立太极"。但是，所谓"立皇极"表面上多只限于政治。唐先生认为，必须将"立皇极"与人极、太极统一起来，"皇极、人极、太极三者皆立，然后中国文化精神之发展，乃百备至盛而无憾。此则中

---

① 《陆九渊集》卷二《与朱元晦二》，中华书局1980年版，第28—29页。
② 余英时：《朱熹的历史世界——宋代士大夫政治文化的研究》，生活·读书·新知三联书店2004年版。
③ galax：《理学正统下的"道统"与"治统"关系问题——兼评余英时〈朱熹历史世界〉的论点》，《天涯社区·天涯论坛·关天茶舍》2006年1月19日。
④ 《朱子语类》卷一百八，《朱子全书》第17册，第3511页。

国民族将凭其以往之盛德，所当从事之大业，而将可与世界文化前途，相配合者"①。

(2) 西铭学

张载的《西铭》把天道与人道联系起来，不仅为理学本体论的建构提供了基本的逻辑框架，而且"在《西铭》中，天地君亲被虚构为至高无上，神权、皇权和父权是神圣不可侵犯的。与此相应，在人性上也虚构出圣人、贤人、凡人的品类存在"②。在《西铭》中，张载又提倡"民胞物与"精神，把包括自然与社会的一切宇宙宗法化，从君主和一切人皆因同出于"父天母地"而变成"兄弟"，只不过君主是宗子，臣民为旁亲兄弟，无疑张载的《西铭》既承认了君权的至高无上，也蕴含着削减君主绝对权威的意义。

二程、朱熹由张载之《西铭》推及"理一分殊"理论。二程指出："《西铭》明理一而分殊，墨氏则二本而无分。老幼及人，理一也，爱无等差，本二也，分殊之蔽，私胜而失仁；无分之罪，兼爱而无义。分立而推理一，以止私胜之流，仁之方也。无别而迷兼爱，至于无父之极，义之贼也。子比而同之，过矣。且谓言体而不及用。彼欲使人推而行之，本为用也，反谓不及，不亦异乎？"③ 程颐提炼出了"夫王者，天下之义主也"④的政治合法性话语，把王道理念提升为一种理性秩序的实体。朱熹《西铭解》则明确指出："天地之间，理一而已。然'乾道成男，坤道成女，二气交感，化生万物'，则其大小之分，亲疏之等，至于十百千万而不能齐也，不有圣贤者出，孰能合其异而反其同哉！《西铭》之作，意盖如此。程子以为明理一而分殊，可谓有小根本之矣。"⑤ 以最高本体的"理"代替了秦汉"天"，理一是根本、绝对的。圣人、君主都是"天理的派生物"，"圣人纯于义理而无人欲之私，

---

① 唐君毅：《中国文化之精神价值》第十六章《中国文化之创造》，台湾正中书局1969年版，第496页。
② 侯外庐等：《中国思想通史》第四卷，张岂之主编：《侯外庐著作与思想研究》第14册，长春出版社2016年版，第564页。
③ 《河南程氏文集》卷九《答杨时论〈西铭〉书》，《二程集》，中华书局2004年版，第609页。
④ 《河南程氏遗书》卷二十一下，《二程集》，中华书局2004年版，第273页。
⑤ 《朱文公文集》卷五十二《西铭解》，《朱子全书》第13册，第145页。

则其所以代天而理物"①。以天理论创造了圣人,并通过圣人来治理人间。朱熹把"君为臣纲"的原则作为至高天理的体现,以此论证其神圣性与合理性。"理一"强调人间世界融成一个整体的统合性,"理"包含了一种内在的秩序观,强调了"未有君臣,先有君臣之理"的皇权绝对性和合理性。同时,朱熹认为:"盖以乾为父,以坤为母,有生之类,无物不然,所谓'理'一也。而人、物之生,血脉之属,各亲其亲,各子其子,则其分亦安得而不殊哉。一统而万殊,则虽天下一家、中国一人,而不流于兼爱之弊;万殊而一贯,则虽亲疏异情,贵贱异等,而不梏于为我之私。此《西铭》之大指也。"②分殊意味着"各有一定分",具有分位差别的意义,"不可认做一理,只滚做一看,这里各自有等级差别"。"民胞物与"精神并不同于墨家的兼爱精神,"言理一而不言分殊,则为墨氏兼爱;言分殊而不言理一,则为杨氏为我。所以言分殊,而见理一底自在那里;言理一,而分殊底亦在,不相夹杂"③。"父安其父之分,子安其子之分,君安其君之分,臣安其臣之分。"④很显然,朱熹又"分殊",将其分解为不同群体属性的秩序规定性,是从社会人伦的角度对理一分殊的要义进行解说,目的就是肯定等级社会的伦理秩序。"理一分殊"的根本政治价值正是在于论证了皇权制伦理道德和等级秩序的合理性。因为承认了君主的绝对权力,在事实上也就承认了君主制度的合理性。无论自然、社会和伦理道德领域,都体现了"理"的流行。这一理论的发展从根本上解决了皇权的政治合法性问题。这种天理君权说在形式上比董仲舒的"受命之君,天意所予"的"君权天授"说显得更加具有理性与宗教结合的色彩。

2. 天下分与亲贤共理

宋明理学在对待君王制度上有自己独特的观念,论证了皇权制伦理道德和等级秩序的合理性,承认了君主的绝对权力;同时,理学对于皇权政治

---

① 《中庸或问》卷三,《朱子全书》第6册,第596页。
② 《朱文公文集》卷五十二《西铭解》,《朱子全书》第23册,第145页。
③ 《朱子语类》卷九十八,《朱子全书》第17册,第3314页。
④ 《朱子语类》卷九十五,《朱子全书》第17册,第3219页。

也并不是绝对无条件地推崇，而也是反对独治与专制的，他们提出了"天下分与亲贤共理"、分治群治分权共制的思想，有"共治天下"乃至"共有天下"的虚君抑君观。这种虚君抑君思想是继承和发展了先秦以来诸子百家的基本理论。两千多年的中国儒学对待君王有自己的历史轨迹，在尊君的同时，形成了轻君—限君—"虚君"理想—分治群治—"虚君"宪政（近代君主立宪制）的历史轨迹，出现了无君论、虚君论与抑君论相互映彰的情形。宋明理学追求的分治群治"虚君"理想，以为君权"可继、可禅、可革"，肯定君主制度与揭露专制君主，如张分田先生所说，是"一种最特定、最典型的组合命题"① 理论结构，可以说是近代民主渊源之一。

(1) 尊君、无君与非君论

夏、商、周三代以后，道统与政统分离，君王不再是道统的传承人，诸子百家对待帝王君权总体而言是以尊君为根本。儒家以民本尊君为核心，力图恢复礼制，以追求君王礼制秩序为目标。尊君是儒家经典的核心命题。《论语·季氏》说："天下有道，则礼乐征伐自天子出；天下无道，则礼乐征伐自诸侯出。天下有道，则政不在大夫。天下有道，则庶人不议。"②《荀子·致士》认为："君者，国之隆也"，"隆一而治，二而乱。自古及今，未有二隆争重而长久者。"③ 孔子和荀子都肯定了君王的权威性地位。法家学说最关键和核心的地方应该是四个字："尊主明法"。诸子百家持极端尊君论，当然也孕育着其他限君、非君的思想。如《墨子》提出："选择天下贤良圣知辩慧之人，立以为天子，使从事乎一同天下之义"④；《吕氏春秋·执一》云："王者执一，而为万物正"，"一则治，两则乱"⑤。几乎所有的先秦诸子理论都认为应该有独一无二的君主来统一天下，认可君主制。在尊君权的同时，诸子百家都在努力试图为帝王贤君统治出谋划策。重民、封建、井田等都是君主制度下的产物。可以说，先秦诸子百家的政治制度都是为君主

---

① 张分田：《中国帝王观念》，中国人民大学出版社 2004 年版，第 56 页。
② 《论语·季氏》，（清）阮元：《十三经注疏》，中华书局 1980 年版，第 224 页。
③ （清）王先谦：《荀子集解》，中华书局 1988 年版，第 310 页。
④ 吴毓江：《墨子校注》，中华书局 1993 年版，第 114 页。
⑤ 许维遹：《吕氏春秋集释》，中华书局 2009 年版，第 469 页。

制服务的,君主制是先秦时代社会的产物,不可能出现超越时代的其他新的体制。

在传统观念上,许多人认为孟子就已经提出了民比君更重要的"君轻"思想,其实这种观点是值得商榷的。《孟子·尽心下》云:"民为贵,社稷次之,君为轻。是故得乎丘民而为天子,得乎天子为诸侯,得乎诸侯为大夫。诸侯危社稷,则变置。牺牲既成,粢盛既絜,祭祀以时,然而旱干水溢,则变置社稷。"① 孟子虽然以民贵论,但是此时孟子并非认为君王天子地位放置在民众地位之后。孟子所说"民为贵,社稷次之,君为轻"中的"民""社稷""君"三者都是相对于君王天子而言的重要性。民为民众与民心。"贵",在中国古代就是以什么为最有"价值"的意思,相对于天子来说,"民为贵"。社稷并不指向国家政权,就该词的本义,即土谷之神。先秦时期(主要是周代)只有天子才有资格主祭的天、地、宗庙大祀,故而朱熹以"国以民为本,社稷亦为民而立"②。朱熹对"社稷次之"这句话的解释:"祭祀不失礼,而土谷之神不能为民御灾捍患,则毁其坛壝而更置之……是社稷虽重于君而轻于民也。"③ 准确地说,君则是指诸侯国的国君④,先秦帝王称号经历了"后""王""天子""帝""皇帝"的演变,并不存在"君"的称号。显然先秦时代的孟子所说的"君"和"王""天子"等词并不能通用,各自内涵完全不同。孟子从天子的角度讲,相对于"民"与社稷而言,君为轻。故而,孟子实际上并没有提出"君"作为帝王意义上的"君贱"或"民贵君轻"。

诸子百家倡导尊君的同时,以维护君主制为目的,也主张限制君主的独裁,甚至在一定程度上可以说是反专制的。他们以对民的态度来区分圣君和暴君,反对君主个人独裁暴政,主张通过"道"对君权给予一定的限制。儒家的"重民"、墨家的"尚同"观、道家的"无君论"和法家的"法治"理论,都包含有不少与专制相抵牾的成分,形成了诸如《尚书·泰誓中》

---

① 《孟子·尽心下》,(清)阮元:《十三经注疏》,中华书局1980年版,第2774页。
② 《孟子集注》卷十四《尽心下》,《朱子全书》第6册,第447页。
③ 《孟子集注》卷十四《尽心下》,《朱子全书》第6册,第447页。
④ 参见周新芳:《先秦帝王称号及其演变》,《史学月刊》2004年第6期。

"天视自我民视,天听自我民听"等各种各样与君主专制相悖的进步思想。"君臣,朋友其择者也! 友,君臣之道也。""父,有亲有尊。……友、君臣,无亲也,尊而不亲"①,显然,父子关系高于君臣关系,君臣关系并不是被看作绝对的尊卑、服从关系,而是朋友间平等关系:臣对待君,应该是从道不从君。由此,从民心、民意的视角,儒家论证君王正义与高尚品德的要求。孟子还说:"桀、纣之失天下也,失其民也;失其民者,失其心也。"②荀子要求统治者平政爱民,得出了"以德兼人者王,以力兼人者弱"③的结论。应该说在先秦时代,最具叛君和废君的政治哲学意义的属先秦道家的无君论。《庄子》中描绘的"至德之世"就是"不尚贤,不使能,上如标枝,民如野鹿"。庄子主张无为治国,认为"绝圣弃知而天下大治"。庄子宣称:"故君子不得已而临莅天下,莫若无为。"④之后阮籍、鲍敬言进一步发展了庄子学说,鲍敬言认为"古之无君,胜于今世"⑤,自然界本身没有尊卑,驳斥"君权神授"之说,揭露君主"聚玉如林,积金成山",以致人民"食不充口,衣不周身"⑥,强调君主是一切祸害之源。葛洪的无君论对于当时君主祸国殃民的批判是深刻的,指责君主是政治弊害和社会动乱的根源,向往无君、无臣的社会。

可以与无君论并论的是,在东汉之际,已经出现了"非君"论。这种理论由汉末仲长统定其理论雏形,对"君权天授说"给予了否定,指出君主得国不过是"伪假天威"。唐代谭峭则在《化书·食化》中指出,农民的困苦,则由"王者"为首的人掠夺引起的。他说:"民之事急,无甚于食。而王者夺其一,卿士夺其一,兵吏夺其一,战伐夺其一,工艺夺其一,商贾夺其一,道释之族夺其一,稔亦夺其一,俭亦夺其一。"⑦谭峭还指出,反抗是

---

① 李零:《郭店楚简校读记·语丛一》,北京大学出版社2002年版,第160、147页。
② 《孟子·离娄上》,《孟子正义》,中华书局1987年版,第541页。
③ 《荀子·议兵》,中华书局1988年版,第342页。
④ 《庄子·外篇·在宥》,郭庆藩撰:《庄子集释》,中华书局2006年版,第379页。
⑤ (晋)葛洪:《抱朴子·外篇》,中华书局2006年版,第137页。
⑥ 杨明照撰:《抱朴子·诘鲍篇》,《抱朴子外篇校笺》,中华书局1997年版,第545页。
⑦ 《谭子化书》卷五《食化》,文渊阁《四库全书》本。

由于压迫所引起，盗贼是由于聚敛所致。他说："天子作弓矢以威天下，天下盗弓矢以侮天子。"① 先秦汉唐的无君非君论，后来到了黄宗羲手中，成了抨击君主制现成的思想资源。

(2) 虚君抑君论

如果对宋元明清在皇权态度问题上加以划分，可以区分为宋到明中期的虚君时期与明末清初的抑君两个时期。

对于宋代的政体属性问题，余英时先生曾经有一个高度的概括，认为是一个士大夫政治的虚君时代。宋代士大夫从政治抱负出发，积极倡导道统尊于政统的同时，效仿三代政治，追求"天子与士大夫共定国是"和"君臣同治天下"的理想。朱熹理想的政治模式就是三代之时，圣王在位，君道合一，纲常流行，礼制完善。朱熹的"存天理，灭人欲"，试图矫时弊，图改良，寻求救世之方。他要求君主"诚意、正心，而后可以应天下之务"，"不以天下为己私，分与亲贤共理"②。南宋陈渊又言"夫士大夫，天子所与共理者也"③。甚至一些宋儒肆意扩大宋君王"欲得贤以共治天下"的意义，由"共治天下"解说到"共有天下"。如魏了翁上书曾说："臣闻人主所与共天下者，二三大臣也。"④ 至宋度宗时，更有臣僚言："天下事当与天下共之，非人主所可得私也。"⑤ 可以说，与皇帝共治天下，就是宋代士大夫政治的最大特点。在这方面，叶适的思想更为激进，他明确反对天下"以人主之一力守之"。他说："为天下者，不按九州之图籍，略其四旁，规其中央，左顾右望，以尽天下之大形；坚外柔内，分画委任，群臣合力，功罪有归，以正天下之常势；第因其所有，揜绝前后，而欲以人主之一力守之，岂可得哉！此天下大患所以二百年而常在，论今天下之事所以穷数百万言而不能决也。"⑥ 针对君主专制，叶适主张运用分权、疏法的途径加以解决，以实现合于外坚

---

① 《谭子化书》卷三《德化》，文渊阁《四库全书》本。
② 《朱子语类》卷一百八，《朱子全书》第 17 册，第 3513 页。
③ 陈渊：《默堂集》卷十六，文渊阁《四库全书》本，商务印书馆 1983 年版，第 14 页。
④ 《鹤山先生大全文集》卷十六《论士大夫风俗》，宋诗抄补本（民国铅印），第 257 页。
⑤ 《宋史》卷四百五《刘黻传》，中华书局 1985 年版，第 12248 页。
⑥ 《水心别集》卷十四《纪纲三》，《叶适集》，中华书局 2010 年版，第 816 页。

中柔,"法度以密为累,则莫若疏之","纪纲以专为累,则莫若分之"①,君主应该将国家部分地区一定兵、民、财赋之权,分给重臣,"分江、淮、荆、蜀之地,与之兵民财赋以重人臣之任,而后朝廷所谓专闭不可分之纲纪尽分之,以各合于外坚中柔之术矣"②。宋元之际的邓牧更是注重民本,并以此向君主专制进行抨击,他尖锐地提出:"天生民而立之君,非为君也。奈何以四海之广,足一夫之用邪?故凡为饮食之侈、衣服之备、宫室之美者,非尧舜也,秦也。为分而严,为位而尊者,非尧舜也,亦秦也。……今夺人之所好,聚人之所争,慢藏诲盗,冶容诲淫,欲长治久安,得乎?……欲为尧舜,莫若使天下无乐乎为君;欲为秦,莫若无怪乎盗贼之争天下。"甚至认为"天下何常之有。败则盗贼,成则帝王"③,认为帝王与盗贼并无实质区别。

以朱熹为代表的宋明理学"分与亲贤共理"是吻合宋君王"欲得贤以共治天下"之义的,强调了君王的主动性,尊君是有其积极意义的。宋明时期士大夫对待君王的政治态度与先秦汉唐时期发生了一些微调,由"重民尊君"模式发展为"重民虚君"的政治思想模式。先秦民本中包含着纯正尊君思想,而宋明民本思想中则包含着强烈的限君意识。他们当然并不一般地否定社会秩序,而是在批判昏君时赞扬明君,通过全盘否定三代之后的君主来达到限制君主权力的目的。

明末至清,反专制主义思潮泛滥,在前人对待君的思想理论基础上,形成了尊君、虚君、抑君、革君等不同思想观念并存,从总的趋势上,凸显中国专制主义的削弱、民主气息的增长。其中,以顾炎武、黄宗羲、唐甄与王夫之为代表。

顾炎武在反思明亡的教训后,认为君王单向权力"独治"是天下大乱的根源,不足以治天下。天下之大,政事万端,绝非君主专制法或君主一人的能力之所能及。顾炎武并不反对用法治天下,但他认为专制君主独掌法的权力,根本不可能承担治天下之责,乃是"趣亡之具"。他指出:"后世有不

---

① 《水心别集》卷十《实谋》,《叶适集》,中华书局2010年版,第768页。
② 《水心别集》卷十五《终论一》,《叶适集》,中华书局2010年版,第819页。
③ 邓牧:《伯牙琴·君道》,文渊阁《四库全书》本。

善治者出焉，尽天下一切之权而收之在上，而万几之广，固非一人之所能操也。"① 顾炎武认为君臣之分与天下之事相比，则君臣之分事小，而天下之事大，为天下之事，可以放弃君臣之分。顾炎武、黄宗羲认为君与臣地位同等，君主不应当独尊，也不应该独揽天下之权，"天子一位之义，则不敢厚取于民以自奉"②。"一位之义"，即君主与公、侯、大夫、士及庶人在官者，具有同等地位，并非神圣不可侵犯。顾炎武批判专制君主单向权力法和君主绝对权力的旨意，在于呼唤知识分子及一般庶民的参政、议政意识，这与黄宗羲所倡导的"学校议政"思想相似。以此为基础，顾炎武提出保天下"匹夫之贱，与有责焉耳"，因此议天下"政教风俗"也应当人人有权。后来梁启超把顾炎武这种思想概括为"天下兴亡，匹夫有责"的民权观念。

顾炎武从治天下的视角，欲"拯斯人于涂炭，为万世开太平"，反对君主专权"独治"，提出"君臣分猷共治"的构想。"国家之所以设生员者何哉？盖以收天下之才俊子弟，养之庠序之中，使之成德达材，明先王之道，通当世之务，出为公卿，与天子分猷共治者也。"③ 他把从天子至郡县、乡亭、里甲、宗族视为一个治天下的权力系统结构。君主"独治"是对这个法权系统结构的破坏、割裂，必然导致民穷、国弱、天下困，乃至于亡天下。实行分权"众治"则能充分发挥这个法权系统整体合力的作用，实现民富、国强、天下大治。他说："所谓天子者，执天下之大权者也。其执大权奈何？以天下之权，寄天下之人。而权乃归之天子。自公卿大夫至于百里之宰、一命之官，莫不分天子之权以各治其事，而天子之权乃益尊。"④ 天子是法权系统链条的关键一环，"执天下之大权者"，主张把天下之权"寄天下之人"，各级官吏分割相应的权力"各治其事"。这种权力分割系统，是在承认君臣关系的基础上，限制君主绝对权力而赋予地方及家族法权力，组成一个治理天下的权力网。从顾炎武的思想主张看，其基本点还是"君臣

---

① 《日知录》卷九《守令》，《顾炎武全集》，上海古籍出版社 2011 年版，第 398 页。
② 《日知录》卷七《周室班爵禄》，《顾炎武全集》，上海古籍出版社 2011 年版，第 328 页。
③ 《亭林文集》卷一《生员论上》，《顾炎武全集》，上海古籍出版社 2011 年版，第 68 页。
④ 《日知录》卷九《守令》，《顾炎武全集》，上海古籍出版社 2011 年版，第 398 页。

分猷共治",进一步发挥了宋时天下分与亲贤共理的观念,依然属于虚君的主张。

黄宗羲以对历史的考察和社会状况的感受,在肯定三代以上的君主制度的同时,揭露秦汉以来的专制君主,认为君主专制制度是政治腐败和百姓受苦的最大祸根。黄宗羲所主张的主要表现为:一是在天下与君之间,以天下为主,君为客,君应该为天下经营,而非直言"民为主,君为客"。我们没有必要有意拔高前人的思想。二是三代之君为天下之大公,而三代以后至今之君为君一人之产业,如此说来,"为天下之大害者,君而已矣"。三是"向使无君",就会造成"人各得自私也,人各得自利也"之状况,显然,这并非是"设君之道"的初衷。黄宗羲并没有试图否定君主制,也没有发展到"无君"的地步,对于三代之君主是尊崇的,反对的是私我专制之君主。主张"天下者,非一姓之私也",提出"不以天下私一人"的著名理论。为解决君权过重且"天下之在,非一人之所能治"问题,黄宗羲提出了分权共制思想,主张加重相权,以分君权,互相制约;理顺君臣师友关系,君臣共同"以天下为重,相互协商,各司其职"①。

明清之际,对君主专制言辞最为激烈的当属唐甄。唐甄揭露君主专制制度"私天下"的实质,直斥"自秦以来,凡为帝王者皆贼",否定君权的合法性。在否定君权、批判君主专制基础上,他指出"天子之尊,非天地大神也,皆人也",君民无所谓贵贱之分,"无不与民同情也"②。黄宗羲以为"贵不在朝廷也,贱不在草莽也"③,提出君民平等一体的思想观念。故而,他反对君主自尊而不重视民众:"人主之患,莫大于自尊,自尊则无臣,无臣则无民,无民则为独夫。"④唐甄主张对君主实行"抑尊",一方面君主要自抑,平等地对待臣吏百姓,"接贱士如见公卿,临匹夫如对上帝",允许臣吏谏政于朝,士人议政于学,庶人谤政于道。另一方面,臣吏百姓敢于"攻

---

① 以上所引均出自(清)黄宗羲:《明夷待访录·原君》,中华书局2011年版,第6—13页。
② (清)唐甄:《潜书·抑尊》,中华书局1963年增订版,第67页。
③ (清)黄宗羲《明夷待访录·原法》,中华书局2011年版,第23页。
④ (清)唐甄:《潜书·任相》,中华书局1963年增订版,第124页。

君之过","攻宫闱之过","攻帝族、攻后族、攻宠贵"①之过,讲求实治实功、抑尊富民的治世之术。

而王夫之"可禅、可继、可革"的相对君权论是当时揭露君主专制思想理路的重要一面。首先,王夫之坚持维护君权等级制度,主张"尊其尊,卑其卑,位其位":"故圣人先号万姓而示之以独贵,保其所贵,匡其终乱,施于孙子,须于后圣,可禅可继可革而不可使夷类间之。"②承认圣人"独贵","保其所贵"。同时,作为君主如果"能臣天下之民,不能擅天下之土"③,能够以天下之财,供天下之用,"以天下之禄位公天下之贤者",而不"以一人疑天下","以天下私一人",成为真正"循天下之公"的圣明君主④,则其治道符合"道统",这样的贤君就理应保存或延续其帝王之位。其次,王夫之以汉民族立场"保其类""卫其群",民族意识极为强烈,他特别强调夷夏之别,把它提到"古今之通义"的程度。⑤最后,王船山坚持"以社稷作公器""天下非一姓之私"的观点,以"公天下"思想反对绝对君权,主张君主"不可以一时废千古,不可以一人废天下",不能以"天子之利"和"一姓国祚之长短"来作为衡量政治体制优劣的标准,而应看到其是否循"天下之大公"、合乎天下之"公议"⑥。要保证国家的长治久安,就应当"预定奕世之规,置天子于有无之外"。王夫之就是希望通过慎守前王之法、守典章等一整套完整的政治制度来治理国家,指出:"夫古之天子,未尝任独断也,虚静以慎守前王之法,虽聪明神武,若无有焉,此之谓无为而治。守典章以使百工各钦其职,非不为而固无为也。诚无为矣,则有天子而若无,有天子而若无,则无天子而若有;主虽幼,百尹皆赞治之人,而恶用标辅政之名以疑不在此列哉?"⑦

---

① (清)唐甄:《潜书·抑尊》,中华书局1963年增订版,第68页。
② 《黄书》,《船山全书》第12册,岳麓书社2011年版,第503页。
③ 《读通鉴论》卷十四《孝武帝》,《船山全书》第10册,岳麓书社2011年版,第948页。
④ 参见《读通鉴论》卷三《汉武帝》,《船山全书》第10册,岳麓书社2011年版,第134页。
⑤ 参见《黄书·原极第一》,《船山全书》第12册,岳麓书社2011年版,第503页。
⑥ 《读通鉴论》卷十四《安帝》,《船山全书》第10册,岳麓书社2011年版,第535页。
⑦ 《读通鉴论》卷十三《成帝》,《船山全书》第10册,岳麓书社2011年版,第474页。

3. 道统与政统的合一分离

按照唐宋儒学的观点，以周公为界，以前周公在位的"圣君贤相"即已将"道"付诸实行"道统"与"治统"的合二为一，从周公以下"道统"与"治统"就分离了，"道统"的尊号基本上便属于有"德"无"位"的儒家圣贤。① 朱熹认为三代是一个政统与道统合一的社会，而汉唐只有单一政统而无道统："千五百年之间正坐如此，所以只是架漏牵补，过了时日。其间虽或不无小康，而尧、舜、三王、周公、孔子所传之道，未尝一日得行于天地之间也。若论道之常存，却又初非人所能预，只是此个自是亘古至今常在不灭之物，虽千五百年被人作坏，终殄灭他不得耳。汉、唐所谓贤君，何尝有一分气力扶助得他耶。"② 而且，孔子自己也正是提倡"士志于道"有"德"无"位"的儒家圣贤。对于"士志于道"，曾子作了进一步的发挥，说："士不可以不弘毅，任重而道远。仁以为己任，不亦重乎？死而后已，不亦远乎？"③ 宋明理学更是张扬士大夫对天下的历史使命感，负有远大的政治抱负，张横渠四句"为天地立心，为生民立命，为往圣继绝学，为万世开太平"，更可见中国士人的历史使命感，以天下为己任，从范仲淹"先天下之忧而忧，后天下之乐而乐"之胸襟与抱负，到顾炎武"天下兴亡、匹夫有责"之呐喊，无不体现士大夫承道、弘道之理念。士是"道"的承担者与实践者。可以说，"志于道"一直是中国士大夫群体的价值追求。

从帝王统治系统而言，一直实践着"治统"统一"道统"。中国自秦朝以来就建立了中央集权的国家体制，是一个国家治统主导的社会，造成道统与治统分离；之后，就存在是"道统"统一"治统"还是"治统"统一"道统"的问题，存在两种倾向的争斗。韩愈提出"道统"说之前，道统与治统被表达为"道"与"势"。《孟子·尽心上》曾提出"道"与"势"的关系："古之贤王好善而忘势；古之贤士何独不然？乐其道而忘人之势，故王公不致敬尽礼，则不得亟见之。见且由不得亟，而况得而臣之乎？"肯定了"道

---

① 参见余英时：《朱熹的历史世界》，生活·读书·新知三联书店2004年版，第43—44页。
② 《朱文公文集》卷三十六《答陈同甫》，《朱子全书》第21册，第1583页。
③ 《论语·泰伯》，（清）阮元：《十三经注疏》第23册，北京大学出版社2000年版，第115页。

尊于势"，在儒士心目中，道统高于政统，并成为历代儒士的共识。由此发展为理学家的"理尊于势"。宋明理学家们一直在做恢复"道统"的努力，而他们恢复"道统"的最终目标，并不在于承认不承认孔孟至于朱熹的这个"道统"谱系，而在于按照"道统"的理想来整饬人间秩序，其中特别重要的是将"政统"纳入到"道统"中去，要求将包括皇权政权的秩序等整个社会秩序纳入到理学的体系当中。朱熹所提出的一套新"皇权"学说，正是如此。明儒吕坤说道：

> 天地间，惟理与势为最尊。虽然，理又尊之尊者也。庙堂之上言理，则天子不得以势相夺，即相夺焉，而理则常伸于天下万世。故势者，帝王之权也；理者，圣人之权也；帝王无圣人之理，则其权有时而屈。然则理也者，又势之所恃以为存亡者也。以莫大之权无僭窃之禁，此儒者之所不辞而敢于任斯道之南面也。①

宋明理学从政治思维的角度不断鼓吹"道高于君"。陆九渊说："道者，天下万世之公理，而斯人之所共由者也。君有君道，臣有臣道，父有父道，子有子道，莫不有道。"②"道统尊于政统"可以说是孔孟以来中国政治文化的传统，钱穆指出："中国传统政治历代取士标准，亦必奉孔子儒术为主。政统之上尚有一道统。帝王虽尊，不能无道无师，无圣无天，亦不能自外于士，以成其为一君。"③

宋理宗时期理学开始被扶植为官方的意识形态，是重新统一"道统""治统"的重要一步，但是，这并不表明"道统"统一"治统"是巩固权位的需要，而且"道统"屈服于"治统"，甚至"道统"被完全纳入到"治统"体系中"合一"的趋势，在明太祖朱元璋时业已出现，到明世宗朱厚熜统治时则相当明显了。此时"政统"不但不向"道统"屈服，相反试图高高地凌驾于"道统"之上。按照黄宗羲的说法，明代之废相，可以视之为政统对道

---

① （清）吕坤：《呻吟语》卷一《谈道》，中华书局2008年版，第646页。
② 《陆九渊集》卷二十一《论语说》，中华书局1980年版，第263页。
③ 钱穆：《晚学盲言》（上），广西师范大学出版社2004年版，第32页。

统的吞噬，治统之威日增，而道统之尊渐弱。康熙认为"万世道统之传，即万世治统之所系也"①，明确提出"治统在是，道统亦在是"，要彻底垄断一切权力和真理结构。康熙皇帝统治期间，走向了道统与政统的"合一"，而实际上却是消除了道统对政统的约束力和制约作用，强化了专制制度。康熙皇帝宣称自己代表"道统"，士阶层自命的"道统"主体的地位被剥夺了。此时的皇帝，以奉天承运自居，掌握着至高无上的权力，成为道统、政统、法统乃至族统的最高汇聚点。由宋至清，君臣礼仪形式之变化，明显反映道统与治统消长之现状。宋朝君臣坐而论道，明代臣立而听命，以至清朝大臣跪而请旨，尊卑关系日益突出。

理解"道统"与"治统"关系，最关键的问题在于处理"君权"问题。应该明白的是，道统和法统都是君主专制在意识形态上的基础。从理论层面上说，道统是首位的，政统服从道统；然而从现实而言，则道统已经沦为政统的工具。汉武帝之所以尊奉董仲舒所提出的"罢黜百家，独尊儒术"，无非是因为董仲舒在儒术中巧妙地隐藏着先秦法家的"君纲"。宋明理学极力推崇与维护的君权又是政统的核心，在一定程度上，君权就是政统。宋儒杨时以"道统"肯定君权，极力倡导尊君抑臣、君权至上的伦理等级观念。杨时非常赞赏被汉高祖叹为"吾乃今日知为皇帝之贵"②，由叔孙通所制定的凸显君威约束将臣的朝仪规范，赋予了君权崇高的地位。后世统治者着意追捧宋明理学圣君贤相，亦即乾隆御旨所谓的"中华统绪，不绝如线"③，也无非是要以天道天理为君主专制主义的政统提供合法性和合理性论证，将君主专制予以神圣化。

当然也应该看到的是，能对君主专制制度下的皇权形成制约的，主要有道统和法统两个因素。从董仲舒始到孙复，再到吕公著、富弼等等，都曾经尝试用传统的"天谴""灾异"来制约皇帝，而这种旧方法对于安史之乱以后的中国政治已经难以产生效果，兵变不断，帝王更替频繁，"天变不足畏"。为此，唐宋以来的士大夫认为，重建合理的社会秩序就必须寻找新的

---

① （清）蒋良骐：《东华录》卷五十一，清乾隆刻本，第1354页。
② 《史记·刘敬叔孙通列传》，中华书局1982年版，第2723页。
③ （清）王先谦辑：《东华续录》"道光朝"，清光绪十年长沙王氏刻本，第3060页。

途径，既能让帝王把持天下，又有所顾虑。而道统显然是一个很好的武器。道统对政统可以说有两方面的意义：一是"道统"应该高于政统，对政统产生制衡的作用；二是"道统"话语权相对独立，具有批判性和道德优越性，"道统"对"政统"具有牵制作用。如果从权力制衡的角度来理解，就不可说宋明理学思想是皇权专制主义统治的工具。

在对待道统与政统问题上，孔孟以来的士大夫身份就一直很特殊：当政统符合道统时，他们是政权的支持者；当政统背离道统时，他们是政权的批评者，甚至是反叛者。宋明理学"皇权"学说为君主专制主义的传统提供了合理性论证，"理"正是君权的社会基础；反过来也只有在皇权的极力支持下，理学才能成为儒学的正统解释，理学理论只有成为官方意识形态，得到皇权认可，才能真正对国家社会产生全方位的影响。因此，宋代士大夫政治中毫无疑问地必须维护皇权，贯彻着忠君思想。宋明理学存在着肯定君主制度与揭露专制君主之契合。朱熹在其封事与侍讲中时常不忘对现实政治生活中君王的批判与抨击。他曾批评孝宗朝时，"今宰相台省师傅宾友谏诤之臣，皆失其职，而陛下所与亲密谋议者，不过二三近习之臣"，如此，"使天下之忠臣义士，深忧永叹，不乐其生，而贪利无耻，敢于为恶之人，四面纷然，攘袂而起，以求逞其所欲，然则民安得而恤？财安得而理？军政何自而修？土宇何自而复？宗社之仇耻，又何自而雪耶？臣且恐莫大之祸，必至之忧，近在朝夕，而陛下尚可不悟乎？"朱熹甚至曾当面指斥宁宗皇帝"独断"："今者陛下即位未能旬月，而进退宰执，移易台谏，甚者方骤进而忽退之，皆出于陛下之独断，而大臣不与谋，给舍不及议。正使实出于陛下之独断而其事悉当于理，亦非为治之体，以启将来之弊"①。这种批评程度，已经触及了君王的权限问题，达到了传统体制下批判皇帝专制的忍受极限，宁宗将朱熹解职。陈亮明确提出专制制度压抑人才，在君主专制制度下，大臣胥吏对"圣意"只能奉行，不能言议，稍有不慎，触犯"龙颜"，则"罪无大小，动辄兴狱，而士大夫缄口畏事矣"②。南宋末年，激进的民间思想家邓牧

---

① 《朱文公文集》卷十四《经筵留身面陈四事札子》，《朱子全书》第20册，第681页。
② 《陈亮集》卷一《上孝宗皇帝第一书》，中华书局1987年版，第4页。

反对所有的专制君主,指出:"天生民而主之君,非有四目两喙鳞头而羽臂也;状貌咸与人同,则夫人固可为也。"① 就此,需要指出的是,宋明理学及其以后明末清初之际对帝王的非议、批评是君主专制而非君主制。即使是黄宗羲的《明夷待访录》也说:"原夫作君之意,所以治天下也。"反君权专制而非反君主制本身。

在政治实践中,宋明理学关注道统与政统,将其视为内圣外王的不同理数。从道统言,它注重人的伦理道德层面,倡导正心、诚意、修身就是实现道统的手段;从政统言,它也注重制度和社会层面,齐家、治国、平天下就是其政统的目标,将刑法政治之治与礼乐仁义道德之教结合起来。方孝孺《后正统论》:"《春秋》之旨虽微,而其大要不过辨君臣之等,严华夷之分,扶天理,遏人欲而已。……夫所贵夫中国者,以其有人伦也,以其有礼文之美,衣冠之制,可以入先王之道也。彼篡臣贼后者,乘其君之间,弑而夺其位,人伦亡矣;彼夷狄者,侄母烝杂,父子相攘,无人伦上下之等也。"② 方孝孺通过辨君臣之等沟通着政统和道统之间的联结点。

相比较而言,宋明理学较之于孔孟更注意道统与政统的糅合,有着道统与政统和合之倾向。朱熹与陈亮发生了一场王霸之辨也即关于道统与政统的辩论。朱熹标举三代之王道,认为三代之治皆从"天理"上发出,汉唐即使有清明之治,也是从人欲上发出,有暗合于天理处。陈亮褒扬汉唐,并不隐晦其功利霸道。同时,在社会政治制度层面上,对于作为三代政治制度核心的井田与封建虽然有其曾经的优越,朱熹认为于今皆不可取,反映了以朱熹为代表的主流派并不是追求道统与政统的分离,而是恰恰相反,在道统与治统糅合的道路上,宋明理学走得更远,承认了两者相互依倚的关系。清儒李二曲指出了"道统"与"治统"这样的关系:"古今有治统,有道统。治统不可一日无人,道统亦不可一日无人,而道统与治统,尝相为盛衰而终始,故治统开,道统始开,而道统盛,治统愈盛。"③ 总体上讲,唐宋以前传统社会中的"道统"与"政统"的分离倾向,表现了儒家的理想主义与出世

---

① (元初)邓牧:《伯牙琴·君道》,文渊阁《四库全书》本。
② (明)方孝孺:《逊志斋集》卷二《后正统论》,《四部丛刊》本。
③ (清)李颙:《二曲集》卷十,中华书局1996年版,第86页。

性特征；宋明理学"道统"与"政统"的和合倾向，表现了理学的经世致用与入世性特征。

4. 道统与政统合一的路径

为了实现道统与政统的统一，宋明理学家进行了诸多的理论实践。从其言行看，针对君权以"格君心之非"为根本路径，也就是人君要正其心，此即所谓的"欲修其身者，先正其心"。"人各有胜心，胜心去尽，而惟天理之循，则机巧变诈不作。若怀其胜心，施之于事，必以一己之是非为正，其间不能无窒碍处。又固执之不移，此机巧变诈之所由生也。……循天理，则于事无固必；无固必，则计较无所用。"①杨时认为："人主无仁心，则不足以得人。故人臣能使其君视民如伤，则王道行矣。"②正君最主要的是采用格君心之非法，如前所引杨时"论事君，则曰：'格君心之非'，'一正君而国定'。千变万化，只说从心上来。人能正心，则事无足为者矣。"正因此，杨时肯定二程"治天下国家，必本诸身。其身不正而能治天下国家者无之"③观点。宋明理学是继承和发展了先秦孔孟"革君心之非"思想的，以"灭人欲，存天理"保证君主之心的纯正，实现"正其心术以立纲纪"。这种正君心试图通过人君正理的道德修养的自我约束得以实现"虚君"的政治理想，并以此为基础，达到"天下分与亲贤共理"。而宋明理学"天下分与亲贤共理"理想则又是沿着孔子的政统"君君、臣臣、父父、子子""畏天命，畏大人，畏圣人之言"观发展的，是赋予了时代理论的新成果。

第一，畏天、敬天、循理：以天道制君。

先秦孔孟荀从不同的视角，论述了"士""道""君"的关联，孔子提出士"以道事君"，孟子认为若君之"天下无道"，则士应当"以身殉道"，荀子更是提出士"从道不从君"的单向性选择的激进主张。这种君道观对后世深有影响。宋明理学履践着道统尊于政统，继承和发扬孔子天命观，衍化为

---

① 《龟山集》卷十二《余杭所闻》，文渊阁《四库全书》本，第1125册。
② 《宋元学案》卷二十五《龟山学案》，中华书局1986年版，第947—948页。
③ 《河南程氏遗书》卷二十五，《二程集》，中华书局2004年版，第316页。

天理论,"理"既然为万物万事之宗,帝王也不能超越此"理"而行事,君主应当顺循天理。朱熹说:"尧舜所以为万世法,亦只是率性而已。所谓率性,循天理是也。"① 而循理需要畏天,畏天以自保,认为:"古之圣人,至诚心以顺天理,而天下自服,王者之道也。后之君子,能行其道,则不必有其位而固已有其德矣。故用之则为王者之佐,伊尹、太公是也;不用则为王者之学,孔孟是也。"② 朱熹也劝谕皇帝畏天敬诚弭灾,其《论灾异札子》云:

> 臣窃思惟间者以来,灾异数见,秋冬雷电,苦雨伤稼,山摧地陷,无所不有,皆为阴盛阳微之证。陛下虽尝下责躬之诏,出敢谏之令,而天下未豫,复有此怪,亦为阴聚包阳不和而散之象。……圣王遇灾而惧,修德正事,故能变灾为祥,其效如此,伏愿陛下视以为法,克己自新,早夜思省,举心动念,出言行事之际,当若皇天上帝临之在上,宗社神灵守之在旁,懔懔然不复敢使一毫私意萌于其间,以烦谴告。而又申敕中外大小之臣,同寅协恭,日夕谋议,以求天意之所在而交修焉,则庶乎灾害日去而福禄日来矣。③

不仅尝试用传统的"灾异"来制约皇帝,而且正是以"理"制"王",承续着先秦儒家"畏天、事天、敬天"之学。

第二,畏圣人之言:以圣言制君。

二程、杨时、朱熹等树立"道统",以"道统"凌驾于"政统"之上,更是肯定了圣人之言的威望,用"圣人之言"来训导和匡正君主治国理念与行为。二程认为"必也以圣人之训为必当从,以先王之治为必可法",立志、责任和求贤为"治天下之本":"三者之中,复以立志为本,君志立而天下治矣。所谓立志者,至诚一心,以道自任,以圣人之训为可必信,先王之

---

① 《孟子集注》,《朱子全书》第 6 册,第 245 页。
② 《孟子或问》卷一,《朱子全书》第 6 册,第 923 页。
③ 《朱文公文集》卷十四《论灾异札子》,《朱子全书》第 20 册,第 681 页。

治为可必行。"① 朱熹则认为"圣人之言,即圣人之心;圣人之心,即天下之理"②。宋明理学之所以如此重视圣人之言对格君心的意义,正是从另一个层面实现制君的政治抱负。宋明理学家无不将自己列为圣贤传道之序中,手法也效法前儒而行之。在朱熹之前,远有韩愈,近有二程,无不以含蓄的方式把自己视为传道者,这是为了追求所谓的正统思想观念,也是学术传播的需要。宋明理学将自己列入圣贤传道的谱系中,无形中也就取得了代圣人言的资格,以"圣言"制君,实现"格君之非心"。宋明理学代圣人言,最主要的是树立了"师道",充分运用经筵制度之时机,士大夫作为经筵官此时改变了单纯的以臣对君的身份,而是以师自居,把皇帝当成了受教育的学生,强化对皇帝的正心。

第三,畏大人:以公议制君。

宋明理学认为要改变君主的"心术"就必须限制君主的独断专横,依据孔孟"畏大人"之圣言,将"大人言"引申到公议,提出"人主不可求胜于天下,不可废天下之公议"③,要求君王将"天下分与亲贤共理",可以说畏大人是宋明理学虚君的具体实践。

一是反对皇帝独断,落实朝省集议制度。朱熹提出:"盖君虽以制命为职,然必谋之大臣,参之给舍,使之熟议,以求公议之所在,然后扬于王庭,明出命令,而公行之。"君王对大臣的任免不能"皆出于陛下之独断而大臣不与谋,给舍不及议",否则"亦非为治之体,以启将来之弊"④。宰相和谏官等臣与君各有分职,君王重亲贤群臣之职,赋予群臣一定的权责。群臣应以正君为职,充分利用封驳制等"共正君心,同断国论"。当时诸多士大夫也有类似议论,例如,宰相杜范认为:"凡废置予夺,(君主)一切以宰执熟议其可否,而后见之施行。如有未当,给、舍得以缴驳,台、谏得以论奏。是以天下为天下,不以一己为天下,虽万世不易可也。"⑤如此才得以形

---

① 《河南程氏文集》卷五,《二程集》,中华书局2004年版,第521页。
② 《朱子语类》卷一百二十,《朱子全书》第18册,第3805页。
③ (宋)赵汝愚:《诸臣奏议》,宋淳祐刻元明递修本,第68页。
④ 《朱文公文集》卷十四《经筵留身面陈四事札子》,《朱子全书》第20册,第680页。
⑤ (宋)杜范:《清献集·相位五事奏答》,台湾商务印书馆1986年版。

成了"国朝以来，凡政事有大更革，必集百官议之，不然犹使各条具利害，所以尽人谋而通下情也"①的局面。基本定型于明代宪宗成化年间的会审制度，作为一项重要的诉讼制度，正是理学文化"慎刑"思想在诉讼制度中的体现，同时也是诉讼理念民主化的体现，它或多或少对传统的纠问式诉讼制度产生影响。真德秀特别强调"公议"对政治统治的重要性，他说："天下有不可泯没之理，万世犹一日者，公议是也。自昔虽甚无道之世，能使公议不行于天下，不能使公议不存于人心。佞幸用事，能颠倒是非于一时，终不免为世大戮，何者？公议天道也，佞幸犯之则违天矣。故善为国者畏公议如畏天。则人佐之，天助之。"②

二是直言敢谏，君应当使臣得以极意尽言而无所惮。在宋代较为开放的政治环境中，士大夫直言敢谏，造成了一个强大的舆论力量使皇帝感到畏惧，在很多情况下有效地制约着皇权。淳熙六年（1179），朱熹上疏言语尖锐泼辣，击中时弊，以致孝宗以为讥其为亡国主而盛怒。对这样的谏诤之词，作为国家之帝王不可不震撼。关于朱熹秉笔直书，时人陈傅良曾评论说："当今良史之才，莫如朱熹、叶适。"③叶适也说："前世之臣，以谏诤忤旨而死者皆是也，祖宗不惟不怒，又迁擢之以至于公卿。"④宋仁宗即言："台谏之言，岂敢不行！"宋仁宗曾直接行使司法权，近臣有罪，不交司法部门审讯判决。谏官王贽挺身而出，指责道："情有轻重，理分故失，而一切出于圣断，前后差异，有伤政体，刑法之官安所用哉？请自今悉付有司正以法。"⑤宋仁宗只好交回权力。王夫之主张充分发挥谏官对君主的制约作用："谏官者，以绳纠天子，而非以绳纠宰相者也。"这样将君权分给予宰相、谏官。王夫之设计了一个"宰相之用舍听之天子，谏官之予夺听之宰相，天子之得失则举而听之谏官，环相为治"⑥的权力制衡机制，形成天子、宰相、

---

① （宋）徐度：《却扫编》卷中，文渊阁《四库全书》本。
② （宋）刘克庄：《后村先生大全集》卷一百六十六《西山真文忠公行状》，四川大学出版社2008年版，第4267页。
③ （宋）陈傅良：《止斋文集》卷二十七，《四部丛刊》本。
④ 《水心别集》卷二《国本中》，《叶适集》，中华书局2010年版，第648页。
⑤ 《宋史·刑法志》，中华书局1985年版，第4989页。
⑥ 《宋论》卷四《仁宗》，《船山全书》第11册，岳麓书社2011年版，第122页。

谏官环相为治的体制。

三是史官之权制约皇权。自古以来人们对于"史"或史家的观念，始终具有所谓"中正"的正面价值，也就是说具有"道"的象征。范文澜曾认为中国传统文化实质就是史官文化。魏晋以来史学中更是具有强烈的"以史制君"的传统，而宋代史学号称发达，"以史制君"的意识在某种意义上也可说是宋儒道统思想之人文意义的延伸，视为制衡专制君主主要的利器之一。元丰年间，吕公著上书告诫宋神宗："人君一言一动，史官皆书。若身有失德，不惟民受其害，载之史策，将为万代讥笑！故当夙兴夜寐，以自修为念。"①

四是舍一心之私的公法倾向。宋明理学因义利之辨、士商经济、君臣之义、法的性质等再阐释，极大地影响了社会法的观念。宋明理学家继承和发扬儒家"天下为公"、法是天下之法而不是皇帝"一人之法"的思想，进一步主张"刑无等级"，甚至认为法的意志比君主的意志更重要，这使得在宋明君主专制日益加深的同时，客观上也出现了较宋以前的法律更具有民主性与公正性的法律观，影响着宋明时期的法律意识。理学家视野中的法具有"天下"公法的规范性："不以私恩废天下之公法也。法者，先王之制，与天下公共为之，士者受法于先王，非可为一人而私之。"② 这就要求包括君主在内的统治阶级带头守法，要求官吏秉公守法，不徇私情。而且在理学家视野中的法具有公正性与执法平等性，"法者，天下之大公"③。理学家也是主张"不辨亲疏，不异贵贱，一致于法""先王之制虽同族，虽有爵，其犯法当刑，无庶民无以异也"④。阐发了法的普世性和平等性。程颐肯定了司马光"法者，天下之公器，惟善持法者，亲疏如一，无所不行"⑤。

朱熹指出："度量权衡，天理至公之器，但操之者有私心耳。以其操之者私而疾夫天理之公，是私意彼此展转相生，而卒归于大不公也。"⑥ 杨时也

---

① （宋）赵世愚：《宋朝诸臣奏议》卷三《上哲宗论修德为治之要十事》，上海古籍出版社1999年版，第24页。
② 《朱文公文集》卷七十三《温公疑孟》，《朱子全书》第24册，第3522页。
③ 《朱文公文集》卷七十三《温公疑孟》，《朱子全书》第24册，第3522页。
④ 《李觏集》卷十《刑禁第四》，中华书局2011年版，第104页。
⑤ 《河南程氏文集》卷八《论汉文帝杀薄昭事》，《二程集》，中华书局2004年版，第585页。
⑥ 《朱文公文集》卷四十《答何叔京》，《朱子全书》第22册，第680页。

曾说:"今也法不应诛而人文必以特旨诛之,是有司之法不必守,而使人主失仁心矣。"①多次上书规劝皇帝,使帝王受到一定约束。同时,宋明理学认为法"非王之意",是"天之意",更是"天下之人之意也"②,应当"奉君之法,而不奉君之意",法不是为君主服务的,法必须利民,体现了法的平等性和大众性。丘浚认为刑罚出自上天之意,天欲"全民之生"。众多理学家都将法的性质理解为"天意"与"民意"的体现,倡导在法律面前人人平等。作为"天之意",法的意志理所当然地比君主的意志更重要,因此作为国家的执法之臣奉天意行事,这也正是黄宗羲所主张的"有治法而后有治人"思想。陈亮曾记载:宋仁宗年间,有人曾建议仁宗"收揽权柄,凡事须当中出,勿令人臣弄威福",仁宗答道:"措置天下事,正不欲自朕出。若自朕出,皆是则可;若有不是,则难以更改。"③当然,实现"君臣共理天下"中所要求的司法执法以公,赏罚唯一,这既是针对君主的,也是相对于群臣的。宋儒范仲淹指出"贵贱亲疏,赏罚唯一,有功者虽憎必赏,有罪者虽爱必罚,舍一心之私,从万人之望,示天下之公"④。显然,只有君臣共同依法办事,才能够做到"共理天下"。朱元璋在修律过程中,明令取消唐宋律条中的"官当""减""免"等优待官吏犯罪的制度,主张"刑不过避功臣",必须"事断于法",平等适用。

二、寓封建于郡县的地方"众治"制度

1."封建""郡县"之争

中国人的政统,在秦以前是以封建为主,在秦之后是以郡县制为主体的皇权极权专制。就地方制度建设而言,宋明儒学曾有过"封建""郡县"之争。对于"封建""郡县"利弊,宋明理学也有比较清醒的认识。

---

① 《龟山集》卷十《荆州所闻》,文渊阁《四库全书》本,第1125册。
② 《李觏集》卷一十《刑禁第三》,中华书局2011年版,第104页。
③ 《陈亮集》卷二《论执要之道》,中华书局1974年版,第27页。
④ 《范文正公集》卷七《奏上时务书》,台湾商务印书馆1968年版,第60页。

在宋明理学中，以张载为代表坚持封建制。张载认为："'天子建国，诸侯建宗'，亦天理也。""宗子之法不立，则朝廷无世臣。……宗法若立，则人人各知来处，朝廷大有所益。"①"所以必要封建者，天下之事分得简则治之精，不简则不治。故圣人必以天下分之于人，则事无不治者。"②其封建论改变了西周所实行的嫡长子继承、诸侯有其国而不治其民的分封制，通过封大地主为"田官"，再结合郡县制特点，择"有大功德"贤人为君，扩大地方的权力。南宋胡宏也赞成井田封建："井田封国，仁民之要法也。……使太宗有其臣，力能行之，则唐世终无藩镇跋扈篡弑之祸，而未流终无卒徒扶立疆臣制命之事矣。"③颜元也认为："后世人臣不敢言封建，人主亦乐其自私天下也。……生民社稷交受其祸，乱亡而不悔，可谓愚矣。""非封建不能尽天下人民之治，尽天下人材之用尔"④。恢复封建之制是限制君主专制集权的有效途径。袁枚认为，封建制符合古代圣人"公天下"之意，而"一人之力，不能君天下，必众君之；一人之教，不能师天下，必众师之"。具有"公天下之心"的圣人，深知"治天下之法""非封建不可"，"故封建行而天下治"⑤。明清黄宗羲、俞樾等学人都提出了发挥"封建"分权的正面价值的主张。

自秦以来，郡县制一直就是地方主要的行政制度。《元史·地理志》认为"自封建变为郡县，有天下者，汉、隋、唐、宋为盛"。针对封建论，唐柳宗元，宋苏东坡与范祖禹，清魏源等人着力揭示"封建"分割的流弊而倡导郡县制。唐代颜师古就认为："古今异俗，文质不同，不可空挟虚名，以乖实效"，所以，大举分封，不仅"于理不合"，而且"制度难成"，故分封"莫如量远近，分置王国……画野分疆，不得过大，间以州县，杂错而居，互相维持，永无倾夺，使各守其境，而不能为非，协力同心，则足扶京室"，

---

① 《张子全书》卷三《经学理窟·宗法》，西北大学出版社2015年版，第68、69页。
② 《张子全书》卷三《经学理窟·周礼》，西北大学出版社2015年版，第61页。
③ 《胡宏集·皇王大纪论·建国井田》，中华书局1987年版，第266页。
④ 颜元：《存治编·封建》，《四库全书》直隶总督采进本。
⑤ 袁枚：《小仓山房诗文集》卷三《书柳子封建论后》，上海古籍出版社1988年版，第1634页。

对各就封之诸子"为置官僚,皆一省选用,法令之外,不得擅作威刑"①。柳宗元《封建论》中提出:"封建,非圣人意也,势也。"对此,宋苏东坡《论封建》评论说:"昔之论封建者,曹元首、陆机、刘颂及唐太宗时魏征、李百药、颜师古,其后则刘秩、杜佑、柳宗元。宗元之论出,而诸子之论废矣,虽圣人复起,不能易也。"②清王夫之赞同柳宗元的《封建论》,在其《读通鉴论》中着力发挥郡县制的合"理"、顺"势"之义,认为"理势合一","势之顺者,即理之当然者矣"。据此历史观,他辨析了封建制和郡县制的优劣,认为郡县制与封建制相比要好得多:"郡县之制,垂二千年而弗能改矣,合古今上下皆安之,势之所趋,岂非理而能哉!"③封建制的建立,不是出于圣人的本意,而是迫于"势",而郡县制代替封建制,是历史一大变革,也是历史的必然。之前,顾炎武就已经对封建制向郡县制历史发展提出"势"意见,指出:"六国之未入于秦,而固已先为守、令、长矣……此固其势之所必至。秦虽欲复古之制,一一而封之,亦有所不能,而谓罢侯置守之始于秦,则儒生不通古今之见也。"④王夫之指出:"郡县者,非天子之利也,国祚所以不长也;而为天下计,则害不如封建之滋也多矣……若夫国祚之不长,为一姓言也,非公义也。秦之所以获罪万世者,私己而已矣。斥秦之私,而欲私其子孙之长存,又岂天下之大公哉!"⑤在他们看来,郡县制具有加强国家统一和中央权力的含义。王夫之认为郡县制可以废除世卿世禄制的世袭而有利于选举制的实施,"封建废而选举行"。在这一点上,唐李百药也有郡县制"爵非世及,用贤之路斯广"⑥的说法。章太炎晚年曾有总结明清"封建""郡县"历史之争的一段话,具有代表性。兹引录于下:

即如封建之制,秦、汉而还,久已废除,亦无人议兴复者,惟三

---

① 《通典·职官十三》第1册,中华书局1988年版,第867—868页。
② 《东坡志林》卷五《论封建》,中华书局1997年版,第104页。
③ 《读通鉴论》卷一《秦始皇》,《船山全书》第10册,岳麓书社2011年版,第67页。
④ 《亭林文集》卷一《郡县论一》,《顾炎武全集》第21册,上海古籍出版社2011年版,第57页。
⑤ 《读通鉴论》卷一《成帝七》,《船山全书》第10册,岳麓书社2011年版,第68页。
⑥ (唐)李百药:《封建论》,《全唐文》第二册,中华书局1987年版,第1447页。

国时元首作《六代论》，主众建诸侯，以毗辅王室；及清，王船山、王琨绳、李刚主等，亦颇以封建为是，此皆有激而然。曹愤魏世之薄于骨肉，致政归司马；王、李辈则因明社覆亡，无强藩以延一线，故激为是论，若平世则未有主封建者矣。余如陆机《五等论》，精采不属，盖苟炫辞辩，而志不在焉，则不足数已。其次世卿之制，自《公羊》讥议以后，后世无有以为是者。唯晋世贵族用事，盖数九品中正定人材，其弊至于上品无寒门，下品无世族，自然趋入世卿一途，然非有人蓄意主张之也。二千年来，从无以世卿为善而竭力主张之者，有之，惟唐之李德裕。德裕非进士出身，嫉进士入骨，以为进士起自草茅，行多浮薄，宜用仕宦子弟以代之，此则一人之私念，固未有和之者也。……余意王、李辈本以反清为鹄，其所云云，或思借以致乱，造成驱满之机耳。以故满清一代，痛恶主张封建、井田之人。总计三千年来，主张封建、世卿、肉刑、井田者，曹元首、王船山、王琨绳、李刚主、李德裕、钟繇、陈群、王莽、张子厚九人而已。①

如前所论，最为关键的是宋明理学从来也没有否认"君权"，强调君王一统的政治统治结构，要求权力集中于朝廷王室，以为"先王之制，诸侯不得变礼乐，专征伐"②，对中央集权并不是一概否定。在君臣之间，朱熹尤其反对君不君臣不臣，不能各行其职，认为"君臣之际，权不可略重，才重则无君"③，这是一方面。另一方面，宋明理学反对中央过度专权，提出了"寓封建之意于郡县之中"④分而治之的总体设想。宋明理学认为"封建"与"郡县"是各有得失的。朱熹指出："柳子厚封建论则全以封建为非；胡明仲辈破其说，则专以封建为是。要之，天下制度，无全利而无害底道理，但看利

---

① 章太炎著，汤志钧编：《章太炎政论选集》下册《论读经有利而无弊》，中华书局1977年版，第865—866页。
② 《论语集注》卷十六《季氏》，《朱子全书》第6册，第213页。
③ 《朱子语类》卷十三，《朱子全书》第14册，第399页。
④ 《亭林文集》卷一《郡县论一》，《顾炎武全集》第21册，上海古籍出版社2011年版，第57页。

害分数如何。封建则根本较固,国家可恃;郡县则截然易制,然来来去去,无长久之意,不可恃以为固也。"朱熹既认为"封建实是不可行","此亦难行",又指出"封建"主要有两个方面的优点。一是君民之情相亲:"若论三代之世,则封建好处,便是君民之情相亲,可以久安而无患。不以后世郡县,一二年辄易,虽有贤者善政,亦做不成"。二是封建"公天下",亲贤共理:"封建之意,是圣人不以天下为己私,分与亲贤共理",封建最主要弊病在于"强大而难制"①。同时,认识到宋朝中央集权过分集中的郡县制也不利于政权巩固,这种集权,也不利于地方制度建设。

顾炎武也分析了封建与郡县各自的弊端,主要就是郡县将"尽天下一切之权,而收之在上"。顾炎武认识到郡县"辟官,莅政,理财,治军"的权力旁落,无力而无为:"是故上下之体统虽若相维而令不一,法令虽若可守而议不一。为守令者,既不得其职,将欲意其法外之意,必且玩常习故,辟嫌碍例,而皆不足以有为"。顾炎武认为正因为君主独治才导致"多为之法,以禁防之"②,"封建之失,其专在下;郡县之失,其专在上",因而他特别反对尽归于上、威权不分集权。同时,顾炎武以为不能"知封建之所以变而为郡县",也不能"知郡县之敝而将复变然则将复变而为封建",只有"寓封建之意于郡县之中,而天下治矣"③。应当以古"封建"精义弥补现实的"郡县"之缺陷。

陆世仪从明朝灭亡原因出发,提出中央集权下的郡县制是其中重要因素之一,比较分析封建、郡县的得失后,主张去吏治、行封建而郡县,复三代,以治心、治身、治家、治国、治天下的儒家政治理念取代法家"习以为固然"的政治。他说:

> 凡县邑之守令,则有分土有分民,兵农礼乐悉出其手,如古诸侯之职。至于太守二千石之职,已止有分土无分民矣。上而至于督抚,

---

① 《朱子语类》卷一百八,《朱子全书》第17册,第3513页。
② 《日知录》卷九《守令》,《顾炎武全集》,上海古籍出版社2011年版,第399页。
③ 《亭林文集》卷一《郡县论一》,《顾炎武全集》第21册,上海古籍出版社2011年版,第57页。

其有分土无分民与太守同，而何忧乎协谋致乱之云云也。盖太守者所以监县邑，而督抚者又所以监郡府，其主权于察吏而不主于治民，故所任非人而其失终不足以致乱。①

又说：

> 封建之得，在于分数明，事权一，历年久，礼乐刑政易施，诸侯贤明，可以自立，无掣肘之患。封建之失，在于子孙世守，赏罚难行，公族蔓延，疏远之贤，不得进用。郡县之得，在于力小易制，无尾大不掉之虞，官吏得其人则易治，非其人亦易去。郡县之失，在于防制太密，权位太轻，迁转太数，小人得售其奸，君子不得行其志。故封建之弊，谓之太强，其末也，每坏于强侯之分争。郡县之弊，谓之太弱，其末也，优柔不支，每失天下于盗贼。善治天下者，当去两短，集两长。循今郡县之制，复古诸侯之爵，重其事权，宽其防制，久其禄位，有封建之实，无封建之名，有封建之利，无封建之害，以此语治，其庶几乎。②

有鉴于此，陆世仪主张"去两短，集两长。循今郡县之制，复古诸侯之爵"。总体上讲，宋明理学主张寓封建之意于郡县之中，是主张"分兵民而专其治，散列藩辅而制其用"③。

2. 分权众治

（1）分君权与中央之权

明清黄宗羲、王夫之主张"分君王而治"，主要有几方面因素。一是

---

① （清）陆世仪：《论学酬答》卷一《答王登善封建郡县问》，清同治十三年顾湘刻《小石山房丛书》本，第21页。
② （清）陆世仪：《思辨录辑要》卷十八《治平类》，文渊阁《四库全书》第724册，台湾商务印书馆1986年版。
③ 《黄书·宰制第三》，《船山全书》第12册，岳麓书社2011年版，第508页。

"缘夫天下之大,非一人之所能治","原夫作君之意,所以治天下也。天下不能一人而治,则设官以治之"。二是君主专权于上,就会造成因"智之不及察,才之不及理"。三是"官者,分身之君也",是与君共同承担国家治理重担的人。四是又认为"大权不能无所寄",而应当"分治之以群工",主张设置宰相,提高宰相的权力以辅佐国君,甚至必要时可以代替国君摄政,以避免权力落入外戚、宫奴之手,"天子不能尽,则宰相批之,下六部施行"①。王夫之指出:"天子之职,论相而已矣。论定而后相之,既相而必任之,不能其官,而惟天子进退之,舍是而天子无以治天下。"宰相的职责是在有关"宗社安危,贤奸用舍,生民生死之大司"等重大事情上,"以弼正天子之愆"②。

(2)分中央与地方之权

针对中央集权"上侵焉而下移,则大乱之道"的弊病,宋明理学认为"上统之则乱,分统之则治"③,只有让地方诸侯拥有独立的军、政、财权,才能使"根本较固,国家可恃"④,要求扩大地方的权力。为此,宋明理学构建了分权、散兵的地方政治体制。朱熹认为,中央收兵权、财权、司法权,就会造成"州郡遂日就困弱"⑤的局面。基于宋代"今州郡无兵无权",主张"散京师之兵,却练诸郡之兵"⑥。因此,辟官、莅政、理财、治军"四者之权一归于郡县,则守令必称其职,国可富,民可裕,而兵农各得其业矣"⑦。黄宗羲主张采取近似联邦制"地方分制"的方法,即给地方相对的经济、军事自主权:"一方之财自供一方""一方之兵自供一方"⑧,限制中央过分集权,削弱君权。王夫之也主张扩大地方的权力,各级政府机构应有自身的具体权力和职责,天子要"分其统于州",州牧刺史要"分其统于郡",郡守要"分

---

① (清)黄宗羲:《明夷待访录·置相》,中华书局2011年版,第27、34页。
② 《宋论》卷四《仁宗》,《船山全书》第11册,岳麓书社2011年版,第121—122页。
③ 《读通鉴论》卷十六《齐高帝》,《船山全书》第10册,岳麓书社2011年版,第599页。
④ 《朱子语类》卷一百八,《朱子全书》第17册,第3514页。
⑤ 《朱子语类》卷一百二十八,《朱子全书》第18册,第4001页。
⑥ 《朱子语类》卷一百一十,《朱子全书》第18册,第3547页。
⑦ 《日知录》卷九《守令》,《顾炎武全集》,上海古籍出版社2011年版,第399页。
⑧ 《明夷待访录·方镇》,中华书局2011年版,第89页。

其统于县",一级对一级负责。理学家尤其重视扩大县一级政府的权力,认为"唯县令之卑也近于民,可以达民之甘苦而悉其情伪",赋予县一级政府足够的"生财治人之权"。注意区分郡守、州牧、刺史的责任,郡守职责仅在于"察令之贪廉敏拙而督以成功",州牧、刺史的责任仅在于"察守之张弛宽猛而节其行政",否则"天子之令不行于郡,州牧、刺史之令不行于县,郡守之令不行于民,此之谓一统"①。在这方面,顾炎武的思路也很典型。顾炎武的基本构想是"尊令长之秩,而予之以生财治人之权,罢监司之任,设世官之奖,行辟属之法"②。顾炎武之意义就是要守令分割君主的权力,允许地方官实行有条件的世袭制度。

同时,宋明理学家也认为分地方之权,要防止刺史、太守专权"强大而难制"(朱子语),通过加重判官之权抗衡刺史、太守相,使其职责分明。朱熹说:

> 每路只置一人,复刺史之职,正其名曰按察使,令举刺州县官吏。其下却置判官数员以佐之,如转运判官、刑狱判官、农田判官之类。农田专主婚、田,转运专主财赋,刑狱专主盗贼,而刺史总之。稍重诸判官之权,资序视通判,而刺史视太守。判官有事欲奏闻,则刺史为之发奏。刺史不肯发,则许判官自径申御史台、尚书省,以分刺史之权。盖刺史之权独专,则又不便。若其人昏浊,则害贻一路,百姓无出气处,故又须略重判官之权。诸判官下却置数员属官,如职幕官之类。如此,则重权归一,太守自治州事,而刺史则举刺一路,岂不简径省事,而无烦扰耗蠹之弊矣。③

这样,恢复刺史、太守之官,加重判官之权,形成太守自治州事、刺史则举刺一路、判官以分刺史之权的地方政权格局。

---

① 《读通鉴论》卷十六《齐高帝》,《船山全书》第10册,岳麓书社2011年版,第599页。
② 《亭林文集》卷一《郡县论一》,《顾炎武全集》第21册,上海古籍出版社2011年版,第57页。
③ 《朱子语类》卷一百一十二,《朱子全书》第18册,第3579页。

清代冯桂芬则从"分治""合治"上下关系角度阐明地方管理与控制，要求做到"分治"与"合治"统一："治天下者，宜合治亦宜分治。不合治则不能齐亿万以统于一，而天下争；不分治则不能推一以及乎亿万，而天下乱。"柳宗元《封建论》云："有里胥而后有县大夫，有县大夫而后有诸侯，有诸侯而后有方伯连帅，有方伯连帅而后有天子。此合之说也。封建之合，不如郡县之合尤固，故封建不可久而郡县可久。反而言之，天子之不能独治天下，任之大吏；大吏不能独治一省，任之郡守；郡守不能独治一郡，任之县令；县令不能独治一县，任之令以下各官，此分之说也。"在此基础上，又提出"复设古乡亭"之议，即在基层设乡官、亭长，"真能亲民，真能治民，大小相维，远近相联"，使"风俗日新""教化日上"①。

甚至顾炎武提出"宗子辅人君之治"，强化宗法制度，以族权分割守、令部分权力"治其族"："人君之于天下，不能独治也，独治之而刑繁矣，众治之而刑措矣。古之王者不忍以刑穷天下之民也，是故一家之中父兄治之，一族之间宗子治之。其有不善之萌，莫不自化于闺门之内，而犹有不帅教者，然后归之士师，然则人君之所治者约矣。……是故宗法立而刑清，天下之宗子各治其族，以辅人君之治，罔攸兼庶狱，而民自不犯于有司，风俗之醇，科条之简，有自来矣。《诗》曰：'君之宗之。'吾是以知宗子之次于君道也。"② 主张充分发挥族权在社会管理中的作用。

三、宋明理学之官治

1. 官吏阶层之批判

宋明时期，官僚阶层主要由官与吏（胥吏）两部分组成，陆九渊称之为官人、公人，官与吏是完全不同的两个概念。朝廷（皇帝）直接任命的官员称为"官"，而县级以下一般的办事人员则只能称"吏"，吏对官负责，官

---

① 冯桂芬：《校邠庐抗议·复乡职议》，上海书店出版社2002年版，第11—12页。
② 《日知录》卷六《爱百姓故刑罚中》，《顾炎武全集》，上海古籍出版社2011年版，第282页。

对朝廷负责,官僚代表国家行使着统兵之权、行政之权以及司法之权等实际治权,由官吏直接管理千千万万的平民百姓,构成君主、官、吏金字塔式的统治结构。故而官僚阶层对于国家的管理与控制,对于整个政权来说具有举足轻重的意义。"国家之败,由官邪也。"① 陈宏谋《在官法戒录·总论》首篇引《太公阴符经》认为"治乱之要,其本在吏"②,是古人对官吏之于国重要性的认识,官吏腐败,失民心,激民怨,毁国家之基石,最终导致国家之衰亡。对此,宋明理学有诸多的总结与认识。"天下之治,由得贤也。天下不治,由失贤也。"③ 在张九龄看来,官吏不仅关系国家机器运转的效率,甚至关系到国家机器的命运。他说:"国家赖智能以治。"④ 宋濂曾通过总纂《元史》探究元亡的原因道:"议者往往以谓天下之乱皆由贾鲁治河之役,劳民动众之所致。殊不知元之所以亡者,实基于上下因循,狃于宴安之习,纪纲废弛,风俗偷薄。其致乱之阶,非一朝一夕之故,所由来久矣。"⑤ 王夫之也说:"《传》曰:'国家之败,由官邪也;官之失德,宠赂彰也',可不戒与?"⑥ 官场腐败就会"政刑乱、朋党兴、廉耻丧、风俗靡,自非奸雄之媚众以窃国,几何事此而不亡?此治乱之枢机,不可不审?"⑦ 曾国藩更是明确提出"吏治之兴废全系乎州县是之贤否",说:"凡治事以员少为妙,有专责而无推诿,少则必择才足了事者,而劣员不得滥竽其间,少则各项头绪,悉在二三人心中,不致坐杂遗忘。"⑧ 对于官风与民风的关系有着清醒的认识,"吏贤则民善"。

(1) 国家之败,由官邪也

宋明理学所谓"官邪",其主要内容有以下几个方面:

---

① 周绍良总主编:《全唐文新编》卷二八八《张九龄》,吉林文史出版社2000年版,第3261页。
② 陈宏谋:《五种遗规》之《在官法戒录》,台湾和裕出版社2007年版,第1页。
③ 《河南程氏文集》卷五《上仁宗皇帝书》,《二程集》,中华书局2004年版,第513页。
④ 周绍良总主编:《全唐文新编》卷二八八《张九龄》,吉林文史出版社2000年版,第3261页。
⑤ 《元史·河渠志·河防一览·贾鲁河记》,岳麓书社1998年版,第928页。
⑥ 《黄书·大正第六》,《船山全书》第12册,岳麓书社1998年版,第527页。
⑦ 《读通鉴论》卷十《三国》,《船山全书》第10册,岳麓书社2011年版,第413页。
⑧ 《曾文正公全集·书牍》,吉林人民出版社1995年版,第358页。

第一是冗官。宋代官制、兵制等方面都存在明显冗滥的弊病。清赵翼《廿二史札记·宋冗官冗费》指出:"宋开国时,设官分职,尚有定数。其后荐辟之广,恩荫之滥,杂流之猥,祠禄之多,日增月益,遂至不可纪极。"宋祁疏言:"朝廷有三冗,天下官无定员,一冗也。"① 到仁宗时,冗官、冗费和冗兵这所谓"三冗"问题已成积弊,造成严重的政权危机和社会危机。朱熹就曾评述过前代与宋代冗官问题:"唐官看他《六典》,将前代许多官一齐尽置得偏官,如何不冗?今只看汉初时官如何,到得元(帝)成(帝)间如何,又看东汉初如何,到东汉末时如何,到三国魏晋以后如何:只管添,只管杂。"朱熹严厉地批评宋代冗兵现象:"最是养许多坐食之兵,其费最广……(今)无祖宗天下之半,而有祖宗所无之兵。如州郡兵还养在,何用?"② 他指出,当时的禁军将领"皆以货赂倚托幽阴而得兵权,漫不以国家军律为意"③,"诸州禁军皆不可用"④。

朱熹认为,造成官风日坏的根本原因是由于道学被排斥。他说:"今日人才之坏,皆由于诋排道学。治道必本于正、心修身,实见得怎地,然后从这里做出,如今士大夫,但说据我逐时怎地做,也做得事业。说道学,说正心、修身,都是闲说话,我自不消得用此。"⑤ 南宋叶适进行了全面而又深刻的分析,认为原因有五:一是资格为用人之害,官场论资排辈,根本不能"举贤才,起事功";二是铨选之害,对官吏的考核形同虚设,使天下贤能不得进用;三是举荐之害,官员为谋求迁升而奔竞成风,使官场风气更坏,吏治腐败;四是任子之害,使朝廷不尚贤而尚贵,恩荫过滥,有害道德风尚;五是科举之害,宋代科举"以利诱之于前而法限之于后",不能起到选拔贤能的作用,且使冗官充塞。⑥

第二是邪风。朱熹指出:"今人只是两种:谨密者多退避,俊快者多粗

---

① 《宋史·宋祁传》,中华书局1985年版,第9594页。
② 《朱子语类》卷一百二十三,《朱子全书》第18册,第3867页。
③ 《朱子文集》卷二十五《答张敬夫》,《朱子全书》第21册,第1110页。
④ 《朱子语类》卷一百一十,《朱子全书》第18册,第3547页。
⑤ 《朱子语类》卷一百八,《朱子全书》第17册,第3521页。
⑥ 参见冯会明:《论朱熹的人才思想》,《江西社会科学》2004年第10期。

疏。"指出了诸多官僚不良官风的种种表现:"挨得过时且过,上下相咻,以勿生事";"谨密者多退避";"俊快者多粗疏";"以不见吏民,不治事为得策";"不肯任事",不愿多干事也不愿出来做官,整个官场形成了得过且过,不思进取,不能尽心尽职的风气。朱熹又说:"今之仕宦不能尽心尽职者,是无那'先其事而后其食'底心。"对民众或不理不睬,以致"民有冤抑,无处伸诉"①;或办事拖拉,"诸县发簿历到州,在法,本州点对自有限日……今到处并不管着限日,或延迟一月,或延迟两三月,以邀索县道,直待计嘱满其所欲,方与呈州。初过磨算司使一番钱到了,到审计司又使一番钱,到倅厅发回呈州呈复,吏人又要钱"②。朱熹曾举例,"有讼者,半年周岁不见消息,不得予决"③。针对当时官府往往文案积压,许多事情久拖不决的情况,朱熹主张一日了毕一日事。他说:"当官文书簿历,须逐日结押,不可拖下。"④

第三是官贪。宋明理学痛恨贪官,以为"贪污者必以廉介者为不是,趋竞者必以恬退者为不是"⑤。明儒高攀龙就言:"矻矻然朝夕之所望,与其父母妻子所以望之者,不过多得金钱。至去其官也,不以墨即以老疾。即去,其橐中装已可耀妻儿,了无悔憾。而民之视其去也。如豺狼蛇蝎之驱出其里,亟须臾以为快。"⑥往往上层官僚贪污行为会影响到基层统治而鱼肉平民百姓,以致层层盘剥。朝廷大官算计遍及州县,州县正官如此,佐贰首领杂职更是如此,以至于"佐领官所在,贪肆害民,正官有缺,必令署事,入门即征租税,以图加收,日夜敲扑,急于星火。俗言:署印如打劫。非虚语也"⑦。这也造成官风不正,地方官员馈送京官成为"常例",甚至更多的是馈送京衙胥吏。"未投公文,先请承行吏胥,奉数十金,幸其接受,明日投文,乃免查驳。"⑧到

---

① 以上所引均见《朱子语类》卷一百八,《朱子全书》第18册,第3519—3521页。
② 《朱子语类》卷一百六,《朱子全书》第17册,第3474页。
③ 《朱子语类》卷一百八,《朱子全书》第17册,第3521页。
④ 《朱子语类》卷一百一十二,《朱子全书》第18册,第3584页。
⑤ 《朱子语类》卷一百八,《朱子全书》第17册,第3520页。
⑥ 《高子遗书》卷九《送陈二尹序》,文渊阁《四库全书》本。
⑦ 赵南星:《赵忠毅公诗文集》卷二十《鼓舞士气安民生疏》,明崇祯十一年范景文等刻本。
⑧ (明)陈子龙:《明经世文编》卷一百八十五《第三札》,明崇祯平露堂刻本,第3927页。

明一代，出现了严重状况，贪污之习"胶固于人心而不可去"①，这已经给国家、社会治理带来了诸多弊端，"俗淫于侈靡，富者殚财，贫者鬻产，上无以教，下无以守"，"贪官污吏侵渔百姓甚于盗贼，此辈不除，虽有良法美意，孰与行之"②。将贪官污吏侵渔百姓比之甚于盗贼。

(2) 柄国者吏胥

《大学衍义补》卷九十八《胥隶之役》下说，唐宋以后"上至朝廷，下至州县，每一职一司，官长不过数人，而胥吏不胜其众"。可以说胥吏已经成为政府官僚群体中最大集团。胥吏制度在宋代发生过一次重要变化，黄宗羲言："古之胥吏者一，今之胥吏者二。古者府史胥徒，所以守簿书，定期会者也。其奔走服役，则以乡户充之。自王安石改差役为雇役，而奔走服役者亦化而为胥吏矣。"③世人对胥吏很是鄙视。钱大昕说："自明中叶以后，士大夫之于胥吏，以奴隶使之，盗贼待之。"④至于胥吏制度的废除，则在晚清光绪丙午改制之后。胥吏的行为影响整个社会，陆九渊曾为后人描述了一个黑暗的吏胥（公人）世界：

> 公人世界，其来久矣，而尤炽于今日。公人之所从得志，本在官人不才。然向者邪说不甚盛，风俗不甚坏，公人未尽得显然肆意，官人未尽与公人一律。……未至泯然大乱。十数年来，公人之化大行，官人皆受其陶冶，沉涵浸渍，靡然一律。而书生腐儒，又以经术为之羽翼，为之干城，沮正救之势，塞惩治之路，潜御其侮，阴助其澜。……今县家，亲民抚字之职也，县家而害民，州家得以治之；州家而害民，使家得以治之。今州家、使家，壅之以胥吏，塞之以僚属。所赖以通闾巷田亩之情者，有被害者赴诉也。今乃以告讦把持之名而抑绝之。近来胥吏之妙用，专在抑绝赴诉者之路，惩一二以威众，使之吞声敛

---

① 《日知录》卷十二《俸禄》，《顾炎武全集》，上海古籍出版社 2011 年版，第 497 页。
② 《陈献章集》卷二《与刘方伯东山先生之四》，中华书局 1987 年版，第 127—128 页。
③ （清）黄宗羲：《明夷待访录·胥吏》，中华书局 2011 年版，第 163 页。
④ 《日知录集释》卷十七《通经为吏》引，花山文艺出版社 1990 年版，第 794 页。

衽，重足胁息，而吾得以肆行而无忌。①

县邑之间，贪饕矫虔之吏，方且用吾君禁非五惩恶之具，以逞私济欲，置民于囹圄、械系、鞭箠之间，残其支体，竭其膏血，头会箕敛，椎骨沥髓，与奸胥猾徒厌饫咆哮其上。巧为文书，转移出没以欺上府，操其奇赢，与上府之左右缔交合党，以蔽上府之耳目。田亩之民劫于刑威。小吏下片纸，因累累如驱羊。劫于庭庑械系之威，心悸股栗，箠楚之惨，号呼吁天，赘家破产，质妻鬻子，仅以自免。②

从中可以看到吏胥"专在抑绝赴诉者之路""厌饫咆哮其上""巧为文书""蔽上府之耳目""操其奇赢"等诸多方面对社会的种种危害。可以说"吏胥之害天下，不可枚举"。黄宗羲概括吏胥之害，认为：

大要有四：其一，今之吏胥，以徒隶为之，所谓皇皇求利者，而当可以为利之处，则亦何所不至，创为文网以济其私。凡今所设施之科条，皆出于吏，是以天下有吏之法，无朝廷之法。其二，天下之吏，既为无赖子所据，而佐贰又为吏之出身，士人目为异途，羞与为伍。承平之世，士人众多，出仕之途既狭，遂使有才者老死丘壑，非如孔孟之时，委吏、乘田、抱关、击柝之皆士人也。其三，各衙门之佐贰，不自其长辟召，一一铨之吏部，即其名姓且不能遍，况其人之贤不肖乎！故铨部化为签部，贻笑千古。其四，京师权要之吏，顶首皆数千金，父传之子，兄传之弟，其一人丽于法后而继一人焉，则其子若弟也，不然，则其传衣钵者也。是以今天下无封建之国，有封建之吏。③

而吏胥之害"从古患之，非直一日也，而今为甚者"④。在这样的社会里，"胥

---

① 《陆九渊集》卷五《与徐子直二》，中华书局1980年版，第68—69页。
② 《陆九渊集》卷五《与辛幼安》，中华书局1980年版，第72页。
③ 《明夷待访录·胥吏》，中华书局2011年版，第169页。
④ 《水心别集》卷十四《吏胥》，《叶适集》，中华书局2010年版，第808页。

吏之权所以日重而不可拔者，任法之弊，使之然也"①。以至于"夺百官之权而一切归之吏胥，是所谓百官者虚名，而柄国者吏胥而已"②。可以说，连最高统治者也明白这一点。清朝嘉庆帝在一道上谕中说："自大学士、尚书、侍郎，以及百司庶尹，唯诺成风，皆听命于书吏。"③没有了公平与正义，官人受到胥吏的熏染，"沉涵浸渍，靡然一律"，也迅速走向堕落腐败。由此也造成地方政治的败坏。

同时，理学家也分析了吏胥世界形成的原因，认为吏胥擅权的最主要原因是官人不才又不熟悉当地情形。叶适已明白指出："夫以官听吏，疲懦之名，人情之所避也，然而不免焉。何也？国家以法为本，以例为要。其官虽贵也，其人虽贤也，然而非法无决也，非例无行也。……知其一不知其二，不若吏之悉也，故不得不举而归之吏。"④"吏胥之人，少而习法律，长而习狱讼。"⑤且吏胥多数是世袭化本地人，熟悉情况，"吏胥所习，钱谷簿书，皆当世之务"⑥。官人不懂得实际政务，"其通晓吏事者十不一二"⑦，况且官员流动性大，异地为官，并不熟悉当地情形，根本无法抗衡吏胥，只得听命于吏胥把持社会基层政治社会。此外，也是由于胥吏之妙用，巧为文书，而出身书生腐儒的官人，又以经术为之羽翼、甘下与吏胥为党等等，以致胥吏把持着实际上的政务，造成了社会动荡与不安。

2. 首在惩贪治吏

清朝雍正皇帝说："治天下，首在惩贪治吏。"⑧基于"其贪黩奸宄出于其心，而至于伤民蠹国，则何以宥为？于其所不可失而失之，于其所不可宥

---

① 《日知录》卷八《都令史》，《顾炎武全集》，上海古籍出版社2011年版，第361页。
② 《日知录》卷八《吏胥》，《顾炎武全集》，上海古籍出版社2011年版，第362页。
③ 章开沅主编：《清通鉴·仁宗睿皇帝·嘉庆九年》，岳麓书社2000年版，第165页。
④ 《水心别集》卷十五《上殿札子》，《叶适集》，中华书局2010年版，第835页。
⑤ 郭预衡主编：《苏洵文广士》，人民日报出版社1997年版，第75页。
⑥ （清）甘韩编，杨凤藻校正：《清经世文编》卷三《思辨录论学》，清光绪壬寅年商绎雪参书局石印本，第182页。
⑦ 《日知录》卷八《选补》，《顾炎武全集》，上海古籍出版社2011年版，第366页。
⑧ 《清朝通志》卷七十八《刑法略》，浙江古籍出版社1988年版。

而宥之，则为伤善，为长恶，为悖理，为不顺天，殆非先王之政也"①的社会现实，宋明理学家提出了整顿官吏的具体设想。丘浚在其《大学衍义补》中详细分析了正百官的措施，也就是，包括总论任官之道，定职官之品，颁爵禄之制，敬大臣之礼，简侍从之臣，重台谏之任，清入仕之路，公铨选之法，严考课之法，崇推荐之道，戒滥用之失等。明代薛瑄指出："世之廉者有三：有见理明而不妄取者，有尚名节而不苟取者，有畏法律保禄位而不敢取者。见理明而不妄取，无所为而然，上也；尚名节而不苟取，狷介之士，其次也；畏法律保禄位而不敢取，则勉强而然，斯又为次也。"②这里谈到三种清廉者，是三种境界。薛瑄明确提出了"见理明""尚名节""畏法律"三种清廉治吏方法。宋明理学以"存天理，灭人欲"为理论依据，对官僚体制的治理是多方面的，不仅有官吏自律性的修养实践，同时也有他律性的政治法律手段，即有着自律与他律相结合的不同设想与制度措施。其中促使官吏自正其心的自律，成为宋明理学的首要选择。

（1）自正其心见理明

第一，求诸己明志立志。

基于"自天子以至于庶人，壹是皆以修身为本"的认识，宋明理学强调了在治官过程中德育自律的意义，将自正其心、求诸己明志立志作为官吏为官自律的最根本路径。伊川先生曰："当世之务，所尤先者有三。一曰立志，二曰责任，三曰求贤。此三者本也；制于事者用之。三者之中，复以立志为本。所谓立志者，至诚一心，以道自任，以圣人之训为可必信，先王之治为可必行。"③在陆象山来到湖北荆门时，门生问荆门之政第一步应该做什么，象山就直截了当地提出"必也正人心乎"。王阳明提出"心外无理"的命题，他从心学的角度深刻地挖掘并极大地发挥了儒学思想，认为："德有本而学有要，不于其本而泛焉以从事，高之而虚无，卑之而支离，终亦流荡失宗，劳而无得矣。是故君子之学，惟求得其心。虽至于位天

---

① 《陆九渊集》卷五《与辛幼安》，中华书局1980年版，第71页。
② 《薛文清公从政录》，王为国主编：《新资治通鉴》第一卷，光明日报出版社1997年版，第408页。
③ 《近思录》卷八《治体》，《朱子全书》第13册，第242页。

地，育万物，未有出于吾心之外也。"① 只有"正心"，心正方可至善，以达到"致良知"，只有疗救人心，才能拯救社会，主张"治心"是挽救时弊的根本。

王船山认为治官吏重点要解决"廉"的问题。王船山指出，君子无以廉修身洁己，就无从言及图治之道，认为"正心"之心应作孟子所说的"志"来解；只有从内正心、明志立志，才能做到"吾性清正，不受物之浊"，他从"君子求诸己，小人求诸人"② 出发，要求官吏在思想道德上严于"求诸己"，实现"简政省刑"。王船山说："学以聚之，思以通之，智以达之，礼以荣之，集义以昌其气，居敬以保其神，备物以通其理，天下皆仁，而吾心皆天下矣。"③ 冯友兰先生概括"横渠四句"："为天地立心，为生民立命，为往圣继绝学，为万世开太平"，可以说是对宋明理学家的为官明志立志之道的最精辟的总结。

第二，以官箴互诫警示。

宋明理学道德自律的重要途径之一就是通过官箴以诫官吏。官箴是做官的箴言录，主要解说为官之道，其最重要的功能在于它的自律性和警示性，主要是促成传统道德的修炼。从官箴作者看，主要有三方面：一是帝王御撰官箴，是皇帝对官员进行的训诫，有武则天《臣轨》、清雍正帝《御定人臣儆心录》，帝王为臣僚而作者。这一部分为数不多。二是官员从政录，是官员从政期间的经验积累和心得体会，起着劝诫和感化同僚，影响和指导同僚思想道德教育，或告诫官吏的"为吏之道"。有南宋吕本中的《官箴》，胡太初的《昼帘绪论》，真德秀的《西山政训》，明薛瑄的《薛文清公从政录》，清尹会一的《健余先生抚豫条教》，汪辉祖的《佐治药言》《通论居官》等。三是后人政论辑录类编。有明彭韶辑《朱文公政训》、扬昱辑《牧鉴》、吕坤著《实政录》、清李颙著《司牧宝僚》、陆陇其著《莅政摘要》、陈宏谋辑《从政遗规》、徐栋辑《牧令书》等。另外，也有官员在衙署的匾额、楹联上刻上自撰的官箴；还有在卧室案前以座右铭形式书写的自箴；

---

① 《王阳明全集》卷二《紫阳书院集序》，上海古籍出版社1992年版，第321页。
② 《论语·卫灵公》，（清）阮元：《十三经注疏》第23册，中华书局1980年版，第243页。
③ 《诗广传》卷五，《船山全书》第3册，岳麓书社1996年版，第501页。

等等。

  官箴的具体内容主要包括居官从政者的言行规范、道德规范、政务操作范式和规则。朱熹曾发布《州县官牒》，要求："诸县知佐详照条法，逐日聚厅议事。应受接词讼，理断公事，催督财赋，并要公共商量，签押圆备，然后施行。"①吕本中在《官箴》中提出"当官之法，唯有三事"，即清、慎、勤，只要"知此三者，可以保禄位，可以远耻辱"②，后世学人士大夫称誉吕本中《官箴》为"千古不可易"。赵翼在《陔余丛考》卷二十七《清慎勤匾》条中说："各衙署讼堂多书清、慎、勤三字作匾额。"③梁启超在《新民说·论公德》中说："近世官箴，最脍炙人口者三字，曰清、慎、勤。"④王船山也说："论官常者曰：清也，慎也，勤也，而清其本矣。"⑤也就是说，清即廉政，同慎即谨慎、勤即勤政相比较，它是吏治的根本。南宋胡太初在《昼帘绪论》中说："勤政之要，莫若清心，心既清则鸡鸣听政，所谓一日之事在寅也。家务尽摒，所谓公而忘私也。"⑥要求官吏为政公廉也是最为普遍的箴言。真德秀在《西山政训》中，则提出为官最重要准则在于"公"与"廉"："公事在官，是非有理，轻重有法，不可以己私而拂公理，亦不可骫公法以徇人情。"认为为官第一要清廉，"律己以廉。凡名士大夫者，万分廉洁，止是小善，一点贪污，便是大恶。不廉之吏，如蒙不洁，虽有他美，莫能自赎。故此以为四事之首"⑦。而且为官应当"以公心持公道，而不汩于私情，不挠于私请"⑧。"公"与"廉"备受士大夫所推崇，明代曹端说："廉于公则民不敢谩；廉，则吏不敢欺。"⑨故明代洪应明在《菜根谭》中，提出了"公

---

① 《朱文公文集》卷一百《州县官牒》，《朱子全书》第25册，第4615页。
② 《宋元学案》卷三十六《紫微学案》，中华书局1986年版，第1236页。
③ 赵翼：《陔余丛考》，河北人民出版社1990年版，第470页。
④ 梁启超：《新民说》，北京理工大学出版社2016年版，第30页。
⑤ 《读通鉴论》卷十，《船山全书》第6册，岳麓书社1996年版，第398页。
⑥ （宋）胡太初：《昼帘绪论·尽己篇第一》，张希清主编：《官典》第一册，吉林人民出版社1998年版，第545页。
⑦ 《真文忠公文集》卷四十《潭州谕同官咨目》，《四库丛刊初编》本，第61册。
⑧ 《真文忠公文集》卷四十《谕州县官僚》，《四库丛刊初编》本，第61册。
⑨ 夏燮：《明通鉴》，清同治十二年宜黄官廨刻本，第772页。

生明、廉生威"的论断。此外，官箴中也有大量关于为官处事、调和上下级关系等方面的训导与心得。例如胡太初《昼帘绪论》："令之待台幕郡僚者，宁过于勤，毋失之怠；宁过于恭，毋失之简；宁过于委曲，毋失之率意而径行。"① 官箴中将爱民放在了一个最重要的位置，《朱文公政训》："为守令第一是民事为重。"② 陈宏谋《申饬官箴檄》："朝廷设官，原以为民。官必爱民，乃为尽职。"③ 在大量的官箴书中也有诸多旨在介绍有关司法、行政方面的知识和技术内容，如《州县提纲》提出"判状勿凭偏词""判状勿多追人""示无理者以法""勿萌意科罚""面审所供""呈断凭元供""详阅案牍""详审初词"，等等。这成为官员获得行政、法律知识与司法技巧的又一途径。

第三，畏史官以志为鉴。

唐代刘知几在《史通》中说："盖史之为用也，记功司过。彰善瘅恶，得失一朝，荣辱千载。"④ 宋明理学也本着"君子之心，常存敬畏"⑤，要求将吏治载入史籍，充分发挥史志的道德垂训作用。吏治教育以官德为中心，以规范政事为目的。程颢认为史志可以影响人才的聚散、风气的盛衰，说："古者诸侯之国，各有史记，故其善恶皆见于后世。自秦罢侯置守令，则史亦从而废矣。其后自非杰然有功德者，或记之循吏，与夫凶忍残杀之极者，以酷见传，其余则泯然无闻矣。……使贤者之政不幸而无其传，其不肖者幸而得盖其恶，斯与古史之意异矣。"⑥《菜根谭》明确指出："自天子以至于庶人，未有无所畏惧而不亡者也。上畏天，下畏民，畏言官于一时，畏史官于后世……畏则不敢肆而德以成，无畏则从其所欲而及于祸。"明代嘉靖《山西通志序》也称"治天下者，以史为鉴；治郡国者，以志为鉴"。史志可以说是地方官吏治政的"圭臬"和"鉴衡"。官有所畏，古已有之。

第四，畏民论清议自律。

---

① （宋）胡太初：《昼帘绪论·事上篇第三》，张希清主编：《官典》第一册，吉林人民出版社 1998 年版，第 546 页。
② 《朱子语录》卷一百一十二《论官》，《朱子全书》第 17 册，第 3582 页。
③ （清）徐栋：《牧令书辑要》卷一，清同治七年江苏书局刻本，第 11 页。
④ 刘知己：《史通》内篇《曲笔第二十五》，中华书局 2014 年版，第 342 页。
⑤ 《仪礼经传通解》卷十七，《朱子全书》第 2 册，第 559 页。
⑥ 《河南程氏文集》卷二《晋城县令题名记》，《二程集》，中华书局 2004 年版，第 461 页。

中国古代也曾有"清议"（或称乡议）制度，对士人进行道德约制。顾炎武指出："古之哲王所以正百辟者，存清议于州里，以佐刑罚之穷。两汉以来犹循此制，乡举里选，必先考其生平，一玷清议，终身不齿。君子有怀刑之惧，小人存耻格之风，教成于下而上不严，论定于乡而民不犯。"[1]清议是对官吏（或准官吏）的道德评议与社会舆论，这是一种士大夫的自我的道德律令，是士大夫群体自觉与君子人格培养相联系。曾国藩对"内负疚于神明，外得罪于清议，远近皆将唾骂"[2]的言行甚为感叹。所谓外惭清议就是对自己做了有违国家与社会之事，面对社会的公开批评和私下议论，应当感到惭愧。内疚神明就是对自己给国家、给人民造成的危害，给群众、给他人带来的伤害，应当于心有愧，悔恨自责。士大夫阶层居于庙堂之高的清流，以儒家义理为依据臧否人物，维系了清议的传统。清议作为一种道德权力，可以决定官吏选拔升黜的命运，成为一种左右官员升迁甚至影响其身家性命的无形力量。这种道德政治舆论的力量甚至超过了刑律的作用。《南史·宋武帝记》曰："其犯乡论清议、赃污淫盗，一皆荡涤。"吕坤在《呻吟语》中也曾说道："今之国语乡评，皆绳人以细行，细行一亏，若不可容于清议，至于大节都脱略废坠，浑不说起。""清议酷于律令，清议之人酷于治狱之吏。律令所冤，赖清议以明之，虽死犹生也。清议所冤，万古无反案矣。"[3]钱穆结合西方文化对清议的影响有中肯论述："窃谓国史自中唐以下，为一大变局，一王孤立于上，不能如古之贵族世家相分峙；众民散处于下，不能如今之欧西诸邦小国寡民，以舆论众意为治法。而后天下乃为举子士人之天下。法律之所不能统，天意之所不能畏，而士人自身之道德乃特重。"[4]

同时，清议是以义理为价值评判尺度的。"千年清议之所以能够寄托千年公论，本在于以义理为天下立普遍性、统一性和至上性。裁断、纠正、评判、褒贬、界分都是义理之外无缘由。这种狭而且深决定了千年清议不讲利

---

[1] 《日知录》卷十三《清议》，《顾炎武全集》，上海古籍出版社2011年版，第531页。
[2] 《曾国藩全集》家书第二《谕纪泽》（同治九年六月二十四日），岳麓书社1985年版，第1374页。
[3] 《呻吟语》卷四《品藻》、卷二《修身》，《吕坤全集》，中华书局2008年版，第804、684页。
[4] 《中国近三百年学术史》下册，《钱穆先生全集》，九州出版社2011年版，第651页。

害，只论是非。就前一面而言，清议体现了儒学的固性；就后一面而言，清议体现了儒学的刚性。儒学中的固性不尚应时而变，所以，在一个以利害造世变的时代里，不会讲利害的清议不能不走向式微。"① 清议的主要外在形式有百姓为士大夫送匾、树碑、建祠、供奉牌位等。因此，理学家与统治者高度重视清议，将其视为不可忽视的力量。尤其是统治者高度重视民意与社会对官吏的监督，鼓励民众检举告发贪官污吏，甚至以法律保护状告贪官者并予以奖励。朱元璋在《大诰》中明确规定了"民告官"的条款："自今以后，若欲尽除民间祸患，无若乡里年高有德等，或百人，或五六十人或三五百人，或千余人，岁终议赴京师面奏，本境为民患者几人，造民福者几人。朕必凭其奏，善者旌之，恶者移之，甚者罪之。"②

（2）以亲贤理念择官吏

"亲贤、乐利，各得其所，而天下平矣。"从朱熹《大学章句》的这一注释可以说为我们指明了亲贤是实现"平天下"的最基本的路径之一。"人人各亲其亲，各长其长，则天下自平矣。"③《大学》有"君子贤其贤而亲其亲"。宋明理学认为贤才在社会控制与治理中具有特殊地位，人才被视为为政之本，它关系到天下的治乱。明道先生说："治天下，以正风俗、得贤才为本"④，"善言治者，必以成就人才为急务。人才不足，虽有良法，无与行之矣。欲成就人才者，不患其禀质之不美，患夫师学之不明也。师学不明，虽有美质，无由成之矣。"⑤ 朱熹也指出："天下所赖以为安，风俗所以既漓而不可复淳，纪纲所以坏而不可于复理，无一不系人焉"⑥，"四海之利病，臣则以为系于斯民之休戚。斯民之休戚，臣则以为系乎守令之贤否"⑦。强调了为政的关键在于得贤才。君主的主要职责就是用贤、求贤，"帝王之道也，

---

① 杨国强：《晚清的士人与世相》，生活·读书·新知三联书店2008年版，第176页。
② 《明史》，中华书局1984年版，第1878页。
③ 《孟子集注》卷七《离娄章句上》，《朱子全书》第6册，第344页。
④ 《河南程氏文集》卷一《请修学校尊师儒取士札子》，《二程集》，中华书局2004年版，第448页。
⑤ 《河南程氏粹言》卷一《论政篇》，《二程集》，中华书局2004年版，第1210页。
⑥ 《朱文公文集》卷三十七《答王龟龄》，《朱子全书》第21册，第1611页。
⑦ 《朱文公文集》卷十一《壬午应诏封事》，《朱子全书》第20册，第577页。

以择任贤俊为本,得人而后与之同治天下"①。

在贤人与法律问题上,宋明理学坚持并发扬荀子"法不能独立,类不能自行,得其人则存,失其人则亡"②的思想,强调任人重于良法。"善言治天下者,不患法度之不立,而患人材之不成。人材之不成,虽有良法美意,孰与行之?"③"未有无弊之法,其要只在得人。"④丘浚在《大学衍义补》中大量论述为政在人、执法在人的言论。他说:"朝廷为治之道在于人","朝廷为治之道固非一端,而其要在取人之善,用人之能而已。夫人莫不各有所知,亦莫不各有所能,心有所知也发以为言,已有所能也用以为才。言有善否,人君则惟其善而取之"⑤。因此《菜根谭》认为"平治国家天下,在于用人,用人之道,在于任官"。当然并不是所有的理学家都认可"任法不如任人"之道。王夫之坚持认为:

> 任人任法,皆言治也,而言治者曰:任法不如任人。虽然,任人而废法,则下以合离为毁誉,上以好恶为取舍,废职业,徇虚名,逞私意,皆其弊也。于是任法者起而摘之曰:是治道之蠹也,非法而何以齐之?故申、韩之说,与王道而争胜。乃以法言之,周官之法亦密矣,然皆使服其官者习其事,未尝悬黜陟以拟其后。盖择人而授以法,使之遵焉,非立法以课人,必使与科条相应,非是者罚也。⑥

故而熊十力才说:"儒者尚法治,独推王船山。案其言预定奕世之规,置天子于有无之外,以虚静统天下。远西虚君共和之治,此先发之矣,值世网密,微辞以见意,思深哉。"⑦

在择选官吏基本标准问题上,宋明理学家是有明确的认识的。朱熹在

---

① 《程氏经说》卷二,《二程集》,中华书局 2004 年版,第 1035 页。
② (清)王先谦:《荀子集解·君道》,中华书局 1988 年版,第 272 页。
③ 《河南程氏遗书》卷四,《二程集》,中华书局 2004 年版,第 69 页。
④ 《朱子语类》卷一百八,《朱子全书》第 17 册,第 3513 页。
⑤ (明)丘浚:《大学衍义补·总论朝廷之政》上册,上海书店出版社 2012 年版,第 32 页。
⑥ 《读通鉴论》卷十《三国》,《船山全书》第 10 册,岳麓书社 2011 年版,第 397 页。
⑦ 熊十力:《心书·钧王》,《熊十力全集》第 1 卷,湖北教育出版社 2001 年版,第 27—28 页。

《近思录》中引程颢语，指出："宜先礼命近侍贤儒及百执事，悉心推访有德业充备、足为师表者，其次有笃志好学、材良行修者，延聘敦遣，萃于京师……凡选士之法，皆以性行端洁、居家孝悌、有廉耻礼逊、通明学业、晓达治道者。"① 朱熹给予朝廷的奏札也说：

> 夫天下之治固必出于一人，而天下之事则有非一人所能独任者。是以人君既正其心、诚其意于堂阼之上、突奥之中，而必求敦厚诚实、刚明公正之贤以为辅相，使之博选士大夫之聪明达理、直谅敢言、忠信廉节，足以有为有守者，随其器能，寘之列位，使之交修众职，推访有德业充备足为师表者以上辅君德、下固邦本，而左右私亵使令之贱无得以奸其间者。有功则久其任，不称则更求贤者而易之。②

在这里，程朱理学已经为我们指明了择选官吏最基本的标准：一是尊道重德，"有德业充备足为师表者"；二是好学材良，"有笃志好学材良行修者"。具体说来，就是要选拔那些"性行端洁，居家孝悌，有廉耻礼逊，通明学业，晓达治道者"，"敦厚诚实、刚明公正之贤"，"聪明达理、直谅敢言、忠信廉节，足以有为有守者"。特别是要选择那些"有精神，耐劳苦，肯任事，而能戢吏爱民者"③ 为官。在这些优良品格中，"以正直忠厚为本"。罗从彦指出："士之立朝，要以正直忠厚为本。正直则朝廷无过失，忠厚则天下无嗟怨，二者不可偏也。一于正直而不忠厚，则渐入于刻；一于忠厚而不正直，则流入于懦。"④ 在德与才中，应看德能政绩，而不能凭资考升迁。朱熹就说："今日学官只是计资考迁用，又学识短浅，学者亦不尊。"⑤ 叶适对南宋官场"凡资深者叙进，格到者次迁"⑥ 的论资排辈提出了反对意见，因此

---

① 《近思录》卷九《制度》，《朱子全书》第 13 册，第 249—250 页。
② 《朱文公文集》卷十四《延和奏札二》，《朱子全书》第 20 册，第 640 页。
③ 《朱文公文集别集》卷四《林井伯》，《朱子全书》第 24 册，第 4940 页。
④ 《宋史》卷三百三十四《罗从彦传》，中华书局 1985 年版，第 1089 页。
⑤ 《朱子语类》卷一百九，《朱子全书》第 17 册，第 3529 页。
⑥ 《水心别集》卷十二《资格》，《叶适集》，中华书局 2010 年版，第 792 页。

选拔官吏必须注重实际政绩，注重德才兼备，据功升迁。

朱熹还就择士科举等问题作了详细论述，提出了取消恩荫任子制、采取公议举人等一整套措施。针对"公议举人"，《朱子语类》曾记录："有为其兄求荐书。先生曰：'没奈何，为公发书，某只云：某人为官，亦老成谙事，亦可备任使，更须求之公议如何，某不敢必。'"①认为采公议荐举，只要是个好人，人人都知，自得到荐举，就不需要私求于人了，这样也可防止胡乱荐举的弊病。宋明理学坚持举荐贤人不避亲疏远近："今天下事只碍个失人情，便都使不得。盖事理只有一个是非，今朝廷之上，不敢辨别是非。如宰相固不欲逆上意，上亦不欲逆宰相意。今聚天下之不敢言是非者在朝廷，又择其不敢言之甚者为台谏，习以为风，如何做得事！"②"有亲戚托人求举。先生曰：亲戚固是亲戚，然荐人于人，亦须是荐贤始得。"③

在择拔官吏问题上，理学家特别重视法官选拔，明确法官责任也是有识之士的共同主张。朱熹通过多年的司法实践，认为之所以会出现狱讼无数、狱讼不公、冤狱遍布、百姓疾苦的情形，最主要的因素在于狱官，而治狱的关键在治人。吕祖谦曰："典狱不得行其公者，非为威胁则为利诱，欲威不能屈、富不得淫，惟在敬忌，无择言在身而已。"又曰："典狱之官，民之死生系焉，须是无一毫私意，所言无非公理，方可分付以民之死生。"④所以决定州郡狱讼的好与坏就在于治狱之官，"欲清庶狱之源者，莫若遴选州县治狱之官"⑤。同时，宋明理学已经清醒认识到"狱所以不公者，外为权势之嘱托、内为财利之贿赂故也"⑥，故而丘濬总结理学经典后，提出了刑官的品德要求："典刑者惟一循天理之公，而不循乎人欲之私，权势不能移，财利不能动"，"须是无一毫私意，所言无非公理"，"必用易直仁厚之长者以任

---

① 《朱子语类》卷一百七，《朱子全书》第 17 册，第 3503 页。
② 《朱子语类》卷一百一十一，《朱子全书》第 18 册，第 3557 页。
③ 《朱子语类》卷一百七，《朱子全书》第 17 册，第 3504 页。
④ 《大学衍义补》卷一百一十一《简典狱之官》引吕祖谦，上海书店出版社 2012 年版，第 223 页。
⑤ 《朱文公文集》卷十四《延和奏札二》，《朱子全书》第 20 册，第 658 页。
⑥ （明）丘濬：《大学衍义补》卷一百一十一《简典狱之官》，上海书店出版社 2012 年版，第 225 页。

之""禀性刚直之人用之",也就是"非明义理、备道德、通经学者不可以居之"。丘浚在评述"典狱之官"时,特别注重依靠士大夫,"不可专委之吏胥",在他看来,"士读书知义理,不徒能守法,而又能于法外推情察理,而不忍致人无罪而就死地"。而"吏胥虽曰深于法比,然而能知法也,而不知有法外意,苟狱文具,而罪责不及己足矣,而人之冤否不恤也"。尤其值得肯定的是,丘浚认为"典狱之官所以不讫于威富者,其根本则又在于上之人焉",只要"上之人诚严申明祖宗之法,使有罪者不以贿免戒,饬左右之人使掌法者得以执奏"①。所以典狱之官的选用还必须能从实际出发,"推情察理","守一定之法而任通变之人"②。

(3) 厚禄以养廉

宋明理学提出了"厚禄以养廉""节用以养廉"的主张。这种思想是基于"仓廪实而知礼节,衣食足而知荣辱"③与官吏"俸禄微薄,无以赡家,必取之于民"④理念,宋明思想家更进一步倡导厚禄、节用、省官,以改革吏治。

一是应当厚禄以养廉。范仲淹在"庆历新政"施政纲领中就提出:"养贤之方,必先厚禄,禄厚然后可以责廉隅","使其衣食得足,婚嫁丧葬之礼不废,然后可以责其廉节,督其善政。有不法者,可废可诛"⑤。针对明代的官俸制度,顾炎武指出:"今日贪取之风所以胶固于人心不可去者,以给俸之薄而无以赡其家也。"⑥而且"人皆患吏之贪,而不知去贪之道;人皆喜吏之清,而不知致清之本。必欲去贪致清,在乎厚其禄均其俸而已"⑦。清

---

① (明)丘浚:《大学衍义补》卷一百一十一《简典狱之官》下册,上海书店出版社2012年版,第223—226页。
② (明)丘浚:《大学衍义补》卷十《公铨选之法》上册,上海书店出版社2012年版,第105页。
③ 《管子·刘向夸》,辽宁教育出版社1999年版,第331页。
④ 《日知录》卷十二《俸禄》,《顾炎武全集》,上海古籍出版社2006年版,第497页。
⑤ 《范文正公政府奏议》卷上《答手诏条陈十事》,《范仲淹全集》,四川大学出版社2002年版,第531、533页。
⑥ 《日知录》卷十二《俸禄》,《顾炎武全集》,上海古籍出版社2006年版,第497页。
⑦ (明)陈子龙:《皇明经世文编》卷二十三《张中丞奏疏》,明崇祯平露堂刻本,第544页。

人赵翼评宋代俸禄之厚时说道:"其待士大夫可谓厚矣,唯其给赐优裕,故入仕者不复以身家为虑,各自勉其治行。""历代以来,捐躯救国者,惟宋末居多,虽无救于败亡,要不可谓非养士之报也。"① 王夫之在《噩梦》中分析了清代官吏的实际生活需求,认为"俸入不堪,吏莫能自养",在肯定唐宋官俸制度基础上明确主张"厚禄养廉",他认为只有在经济上实行"厚禄养廉"的制度,官吏才不会与民争利。否则官吏"无所不为,而成乎豺虎矣"②。

二是主张节用以养廉。③ 北宋人陈襄主张"节用养廉",他说:

> 仕宦有俸给之薄者,所得不偿所用。赀产优厚,犹有可诿。若赀产微薄,悉藉俸给,而乃用度不节,日用饮食衣服奴婢之奉,便欲一一如意,重之以嫁娶之交迫,必至窘乏。夫昔奢侈之人,一旦窘乏,必不能堪,窥窃之心,繇是而起。猾吏弥缝其意,又从而饵之。一旦事露,失位辱身,追悔莫及。故欲养廉,莫若量其所入,节其所用,虽粗衣粝食,节澹度日,然俯仰亡愧,居之而安,履之而顺,其心休休,岂不乐哉?④

他认为平日应当"量其所入,节其所用",以因避免生活奢侈而造成"一旦窘乏,必不能堪,窃窃之心,繇是而起"。只有变奢为俭才能廉而不贪。南宋胡太初在《昼帘绪论》中就指出:"以官价买民物,民贫其何以堪?而责吏供需,他日吏以曲法受赂败,令责之得无愧辞乎?"详细分析了贪取之弊后,胡太初提出以"崇俭"实现廉政,认为:"要莫若崇俭,苟能俭,则买物不必仗官价以求多也,燕宾不必科吏财以取乐也,苞苴不必讲,厨传不

---

① 《二十二史札记》卷二十五《宋制禄之厚》,世界书局1962年版,第331页。
② 《噩梦》,《船山全书》第12册,岳麓书社2011年版,第566页。
③ 本节参考《文化的馈赠——汉学研究国际会议论文集(史学卷)》部分内容,北京大学中国传统文化中心2000年版。
④ (宋)陈襄:《州县提纲》卷一《节用养廉》,乔立君主编:《官箴》,九州出版社2004年版,第49页。

必丰也。苟官之日，无异处家之时；而用官之财，不啻如用己之财；斯可矣。"①南宋何坦还说："惟俭足以养廉。盖费广则用窘，兮兮然每怀不足，则所守必不固。虽未至有非义之举，苟念虑纷扰，已不克以廉靖自居矣。"②为此，顾炎武就非常明确地指出，长期以来之所以"贪取之风所以胶固于人心而不可去者"，一个主要的原因就是"以俸给之薄而无以赡其家也"③。因此，只有真正让官吏的"禄足以代其耕，田足以供其祭，使之无将母之嗟，室人之谪，又所以恤其私也"④，才能养廉。清人汪辉祖更是直接指出："用财宜节，不节必贪。人即不自爱，未有甘以墨败者。资用既绌，左右效忠之辈进献利策，多在可以无取、可以取之间。意谓伤廉尚小，不妨姑试，利径一开，万难再窒。情移势逼，欲罢不能。或被下人牵鼻，或受上官掣肘，卒之利尽归人，害独归己。败以身徇，不败亦殃及子孙，皆由不节之一念基之。故欲为清白吏，必自节用始。"⑤这种以俭养廉思想与主张既符合民众的要求，也合乎统治者的根本利益。

三是以省官实现省用益俸养廉。早在唐代，杜佑、白居易从解决国家财政困难角度提出了"省官省用论"和"省官厚禄养廉说"；宋范仲淹、王安石从解决冗官角度提出了"省官益俸"构想。王船山"厚禄养廉"的主张，给后人提供了有益的启示，具有政治远见。有人更尖锐地指出："养廉者，其名；而养不廉者，其实也。"⑥当然，无论何种方案，不外是"省冗官、增官俸"的主张。

(4) 澄清防腐监察

宋明理学积极探讨有效防腐的理性化的制度建设，推行刑事连带责任、官员移换法、巡按地方监督制度等，形成了一套行政管理、司法监督的综合性吏治系统。朱熹力劾前知台州、新除江西提点刑狱唐仲友等震动朝廷。朱

---

① 胡太初：《昼帘绪论·尽己篇第一》，张希清、王秀梅主编：《官典》第1册，吉林人民出版社1998年版，第545页。
② 陈宏谋：《从政遗规》卷上《何西畴常言》，线装书局2015年版，第317页。
③ 《日知录》卷十二《俸禄》，《顾炎武全集》，上海古籍出版社2006年版，第497页。
④ 《日知录》卷三《言私其豵》，《顾炎武全集》，上海古籍出版社2006年版，第142页。
⑤ 汪辉祖：《学治臆说》卷下"用财宜节"条，清同治十年慎间堂刻《汪龙庄先生遗书》本。
⑥ (清) 甘韩编，杨凤藻校正：《清经世文编》上册，上海古籍出版社2011年版，第421页。

熹就举荐官员不力的提议,实施连带责任制度:"监司荐人,后犯赃犯罪,须与镌三五资。正郎则降为员郎,员郎则降为承议郎以下。若已为侍从,或无职名可镌,则镌其俸。或一郊不与奏荐。如此,则方始得它痛,凭地也须怕。"①一个官员犯贪污罪,其上司和曾举荐过他的官员都要受到处罚。朱熹提出并实践官员移换法,"某在漳州,凡胥吏辈窠坐,有优轻处、重难处,尽与他人摆换一次,优者移之重处,重者移之优处。惟通判厅人吏不愿移换。某曰:'你若不肯,尽与你断罢!'于是皆一例摆换"②。顾炎武则采取定期与临时相互交替的巡按方式对地方官员进行考察监督,他说:"今之监察御史,巡按地方,为得古人之意矣,又其善者在于一年一代。夫守令之官,不可以不久也。监临之任,不可以久也。久则情亲而弊生,望轻而法玩。故一年一代之制,又汉法之所不如。而察吏安民之效,已见于二三百年者也。若夫倚势作威,受赇不法,此特其人之不称职耳。不以守令之贪残而废郡县,且以巡方之浊乱而停御史乎?"③

(5) 严法治吏去贪

一是"治官"当先于"治民"。宋初,"凡罪罚悉从轻减,独于治赃吏最严"④。张栻对贪官污吏十分痛恨,在任荆湖北路转运副使、知江陵期间,竟一天除去贪吏十四人,"法不立,诛不必,而欲为吏者之毋贪,不可得也"⑤。在王夫之看来,严以治吏主要是针对治贪赃枉法之吏,必须"以刑辟整绝之"⑥。宋朝对贪污犯罪沿用了唐朝的大部分规定,同时在有些方面加重了量刑。"重绳贪吏,置之严典",使官吏畏法,以此实现"抚循休息民人安乐,吏治澄清者百余年"⑦。

二是"刑尤详于贵,礼必逮于下"。较之先秦以来的思想,宋明理学有

---

① 《朱子语类》卷一百一十二,《朱子全书》第 18 册,第 3580 页。
② 《朱子语类》卷一百六,《朱子全书》第 17 册,第 3477 页。
③ 《日知录》卷九《部刺史》,《顾炎武全集》,上海古籍出版社 2006 年版,第 391 页。
④ 赵翼:《廿二史札记校注》卷二十四《宋初严惩赃吏》,北京中华书局 1984 年版,第 525 页。
⑤ 《日知录》卷十三《除贪》,《顾炎武全集》,上海古籍出版社 2006 年版,第 545 页。
⑥ 《黄书·大正第六》,《船山全书》第 12 册,岳麓书社 2011 年版,第 529 页。
⑦ 《明史》卷二百八十一《循吏列传》,中国文史出版社 2003 年版。

一个重要观念的转变，就是从传统的重在防治民众转变为重在防治政府官吏，提出由"礼不下庶人，刑不上大夫"向"刑尤详于贵，礼必逮于下"的转化。王夫之认为"《春秋》之以刑治诸侯大夫者详矣"，"而有宥于庶人"，"故刑有不下逮于士，而无不上于大夫之说也"；这同时又造成统治者"多求卑贱者于法"，"束湿钳网，一以不道无将之辟，摘愚贱之冥趋而禁之……故刑日繁，礼日圮，人而致之禽，生而致之死"。他明确指出："靳礼于上而专刑于下，不足以语王道矣。彼将见庶人之不足备礼，而大夫有议贵之科也，泥于一端，概以全节，斯恶知政本与礼意哉！"① 他又说："以刑治者，治人者也；以礼治者，自治者也。大夫之渐贵，诸侯之迤尊，非其亲之可亲，则其贤之可贤。亲者弗率，贤者弗能自奖，贵而弗治，独奈何忍以责之卑贱？故王者治人，不专于贱、略于贵也。若夫以礼下逮，缘礼而议贱者之刑，则王者不但治卑贱，而先以自治矣。"②

三是严下吏之贪而问上官。理学家非常反对"严下吏之贪，而不问上官"，认为治理官吏的关键不在下吏而在上官，中人与下吏往往视上官言行而有所为，上行下效，"宰相索之诸道，诸道索之州官，州县不索之穷民而谁索哉？执此以塞上官之口，而仰违诏旨，不得不为之蔽护，下虐穷民，不得不为之钳服"③，大多情况是上官假手下吏以为之渔猎，下吏扰民，如果仅"严以治吏"则是"法之不均"。王夫之说：

> 严下吏之贪，而不问上官，法益峻，贪益甚，政益乱，民益死，国乃以亡。群有司众矣，人望以廉，必不可得者也。中人可以自全，不肖有所惮而不敢，皆视上官而已。上官之虐取也，不即施于百姓，必假手下吏以为之渔猎，下吏因之以售其箕敛，然其所得于上奉之余者亦仅矣。而百姓之怨毒诅咒，乃至叩阍号诉者，唯知有下吏，而不知贼害之所自生。下吏既与上官为鹰犬，复代上官受缧绁，法之不均，

---

① 《春秋家说》卷下《定公》，《船山全书》第5册，岳麓书社2011年版，第347页。
② 《春秋家说》卷下，《船山全书》第5册，岳麓书社2011年版，第348—349页。
③ 《读通鉴论》卷二十七，《船山全书》第10册，岳麓书社2011年版，第1036页。

情之不忍矣。①

因为上官不能够得到有效惩治，官吏相护，下吏也得以被庇护，甚至会更加虐取百姓。"贿行于中涓，而天子愒；贿行于宰相，而百官不能争；贿行于省寺台谏，而天子宰相亦不能胜"②，"诡遁于法，而上下相蒙以幸免"③。因此，宋明理学家认为惩治贪官污吏的关键"唯严之于上官而已矣"，"严之于上官，而贪息于守令，下逮于簿尉胥隶，皆喙息而不敢逞"。故而皇帝要监督"司宪者"是否廉洁，"司宪者"则应注意查处"上官"贪赃枉法问题，层层把关，尤其要注意贿赂公行："上官则九州之大，十数人而已，司宪者弗难知也；居中司宪者，二三人而已，天子弗难知也。"④

同时，由于大量社会行政事务都落在吏胥上，如前所述，吏胥往往是权国之害的重要方面，因此士大夫官僚在行政中不可完全听计于吏胥："胥吏之计，方将并缘以招贿谢，必不乐此。谅仁人君子之心惟恐不闻吾民之疾苦，政令之利病，必不以吏胥之谋而易天下之至计"，"吾人要当求师于往圣昔贤，有识君子，不可听计于吏胥，吏胥者，吾之所御，岂可反入其笼罩之中也"⑤。朱熹提出对索财拖延不办的奸吏则要严厉处罚。他曾提到自己处罚两名交点司一事："初间吏辈以为无甚紧要，在漳州押下县簿，付磨算司及审计司，限到满日却不见到，根究出，乃是交点司未将上，即时决两吏，后来却每每及限，虽欲邀索，也不敢迁延。"⑥

---

① 《读通鉴论》卷二十八《五代上》，《船山全书》第 10 册，岳麓书社 2011 年版，第 1102 页。
② 《读通鉴论》卷二十六《唐武宗》，《船山全书》第 10 册，岳麓书社 2011 年版，第 1005 页。
③ 《读通鉴论》卷十六《齐武宗》，《船山全书》第 10 册，岳麓书社 2011 年版，第 604 页。
④ 《读通鉴论》卷二十八《五代上》，《船山全书》第 10 册，岳麓书社 2011 年版，第 1102 页。
⑤ 《陆九渊集》卷八《与苏宰》，中华书局 1980 年版，第 115、117 页。
⑥ 《朱子语类》卷一百六，《朱子全书》第 17 册，第 3474 页。

四、宋明理学之乡治

1. 基层地方组织的创新

理学家创新了诸多地方民间的保甲、里甲、乡约、社学等制度，以形成从政治上的警防控制、经济上的赋税征收和思想上控制的统一整体。

第一，创新民间组织多样化。

在传统乡村社会控制中，从先秦至唐中叶，是处于实行地域性乡官行政制阶段。春秋时期，各国建立地域性乡里作为国家政权的基层组织。秦汉时期为乡里制、亭里制的乡亭制，构成自治管理、治安管理、行政管理三者结合的体制。隋时，乡、党、里构成了乡村的政治体系。唐代县以下的地方基层组织机构是乡、里、邻保，隋到中唐主要实行乡官制与邻保制结合，以乡长、里正（长）控制乡村户籍、田亩、赋役乃至判理词讼等公权力。从中唐以后则实行户役制。宋代以来，以理学思想为指导的士大夫非常重视乡里基层制度性的建设，对传统乡村社会控制，存在两条线：一是以乡绅、宗族为中心的宗法制基层政治组织；二是包括保甲制、里甲制等职役乡里制基层政治组织。如张载在本乡"以礼化俗"，吕大钧兄弟创建蓝田"乡约"，范仲淹创立"义庄"，朱熹身体力行和率先倡导的则是"社仓"。朱熹编纂《家礼》、修订《吕氏乡约》、编辑《童蒙须知》，金溪陆氏家族伦理管理秩序成效显著。吕坤第一个提出"乡甲约"，王阳明创"十家牌法"。士大夫已明确地认识到治天下必须从建立稳定的地方制度开始。[①] 理学家创新了诸多地方基层组织形式，使宋代以后的乡治组织形式多样化。

类似保甲制度的乡治组织形成于周秦，演进于汉唐，确立于宋。王安石《上五事札子》指出："保甲之法，起于三代丘甲。管仲用之齐，子产用之郑，商君用之秦，仲长统言之汉，而非今日之立异也。"[②] 王安石变法明确

---

① 参见余英时：《朱熹的历史世界》，生活·读书·新知三联书店2005年版，第218—219页。
② 《临川先生文集》卷四十一《上五事札子》，生活·读书·新知三联书店2005年版。

将其重要内容之一冠以"保甲"名称,故有"保甲之法,起于宋之王安石"之说。朱熹从基层社会控制出发,主张建立基层保甲制度,遵古制,"以五家为邻,二十五家为里,万二千五百家为乡,五百家为党"①,他还"于建宁府崇安县因荒请米,既建社仓,乃立保甲法,其法以十家为甲,甲推一首,五十甲推一人通晓者为社首"②。保甲中的保正保长采取倍法与推举方式产生。倍法即以交纳赋税多少为标准确定保正保长:"若产钱满若干,当为保正;外又计其余产若干,当为保长。若产钱倍多,则须两番为保正。如此,则无争"③,为防止保正保长偏私,朱熹提出也可"令逐处乡村举众所推服底人为保头"④,认为"保甲之法,什伍其民,使之守护里间、觉察奸盗,诚古今不易之良法也"⑤。他要求"禁约保伍,互相纠察事件,常切停火防火,常切觉察盗贼,常切禁止斗争,不得贩卖私盐,不得宰杀耕牛,不得赌博物财,不得传习魔教"。他甚至还主张在保甲之中实行相互监督连坐制度,加强保甲管理:"同保之人,今仰互相劝诫","保内之人,互相觉察,知而不纠,并行坐罪"⑥。

继保甲制以后,宋明理学家又发明了族与族之间以"约"的形式结成联盟的"乡约"这样新型的社会控制模式。寺田浩明指出:"乡约的实体就是由集结在一定的规范之下,愿意遵守该规范的人们所构成的一种集团和组织。"⑦最早的"乡约"为宋代吕大钧《吕氏乡约》,《宋元学案·吕范诸儒学案》就载:"先生(吕大钧)条为乡约,关中风俗,为之一变。"其乡约要求"凡同约者,德业相劝,过失相规,礼俗相交,患难相恤,有善则书于籍,有过若违约者亦书之,三犯而行罚,不悛者绝之"。朱熹为之加以补充修改,著《增损吕氏乡约》,以此达到敦风化俗,协和民众之目的。可以说

---

① 《论语集注》卷三《公冶长》,《朱子全书》第 6 册,第 110 页。
② (清)徐栋:《保甲书》卷四《原始》,清道光二十八年楚兴国李炜校刻本。
③ 《朱子语类》一百十一,《朱子全书》第 18 册,第 3562 页。
④ 《朱子语类》一百六,《朱子全书》第 17 册,第 3471 页。
⑤ 《朱文公文集》卷二十《乞禁保甲擅关集札子》,《朱子全书》第 21 册,第 921 页。
⑥ 《朱文公文集》卷一百《劝谕榜》,《朱子全书》第 25 册,第 4621 页。
⑦ [日]寺田浩明:《明清时期法秩序中"约"的性质》,王亚新译,载[日]滋贺秀三等著,梁治平、王亚新编:《明清时期的民事审判与民间契约》,法律出版社 1998 年版,第 139 页。

朱熹《增损吕氏乡约》与王阳明《南赣乡约》是明清乡约的文本范例。"乡约"在宋明时期经历了民间—半官方—官方乡约的发展过程，实现了乡规民约化、乡约官役化。

以王阳明为例，他不只是一位纯粹的儒学思想鼓吹者，而且在其任内也积极进行各种司法实践，不愧为是一个卓越的司法践行者，而其中影响深远者当属《十家牌法》和《南赣乡约》。明正德十一年（1516）九月，王阳明升都察院左佥都御史，巡抚南、赣、汀、漳等地。时南、赣、汀州、漳州诸地爆发农民暴动。1517年1月，王守仁在南赣，颁立施行《十家牌法》。"赣民为洞贼耳目，官府举动未形，而贼已先闻……乃于城中立十家牌法"①。所以颁行十家牌法的直接起因是为了配合当时的平叛行动。十家牌法确定以牌为单位，每十家为一牌，每十牌为一甲。每牌要详细查实各家门面、丁口、职业、生理及婚嫁状况及户籍田粮等。十家牌法的目的，在王阳明看来，是防奸革弊，兴礼让之风，成敦厚之俗，为德政服务。它加强了对民众的直接控制和治理。正德十四年（1519），王阳明奉命兼巡抚江西。他认为民虽格面，未知格心，告诫地方官吏要以开导人心为本，遂在赣州制定《南赣乡约》推行城乡，告谕父老子弟，使相警戒。和《十家牌法》不同的是，《南赣乡约》的颁行，乃是鉴于民俗对于个人为善为恶的重大影响。《南赣乡约》对于职务设置、约员的义务、经费来源及乡约的职能等各个方面作出了详尽的规定。在此需要注意的是，《十家牌法》和《南赣乡约》颁行的动因和具体内容都很不一样。如前所述，《十家牌法》是配合平定暴动应时而制，其中的许多规定是为了监督和控制民众的行踪。《十家牌法》制度实为一保甲制。而《南赣乡约》更着意于劝善抑恶、励民化俗和改造人心。《南赣乡约》带有很强的民众自治之色彩，萧公权认为它是明代乡约之肇始，影响很大②。

第二，地方组织综合性。

宋明理学在基层组织建设方面有一个重要特点，就是推行乡约、保

---

① 《王阳明年谱一》，《王阳明全集》，黄山书社2014年版，第1216页。
② 参见萧公权：《中国政治思想史》下册，台湾联经出版事业公司1982年版，第602页。

甲、社仓、社学等的融合：黄佐著有《泰泉乡礼》，提出"乡约以司乡之政事，乡社以司乡之祀事，保伍以司乡之戎事，社学以司乡之教事，社仓以司乡之养事"①，集乡约制度、朱子社仓、里礼祭祀、社学为一体；吕坤《实政录·乡甲约》将乡约、保甲会而通之②；刘宗周《保民训要》提出各保听命乡长每乡立约，寓乡约于保甲，寓保甲于乡约③；聂豹、罗钦顺、胡直《永丰乡约》则是以乡约为中心，将保甲、社学、社仓寓乡约之中。耿定向主张"饬保甲于里甲之中，行乡约与保甲之内"④；王阳明治理乡村社会的主要措施是将乡约、保甲、社学合为一体；张伯行《社仓规约十六条》中提出一套寓乡约保甲于社仓的独特办法；陆世仪《治乡三约》认为："乡约是个纲，社仓、保甲、社学是个目。乡约者，约之乡之人，而其为社仓，保甲，社学也。社仓是足食事，保甲是足兵事，社学是民信事。"⑤乡约"约一乡之众，而相与共趋于社学，共趋于保甲，共趋于社仓也"。"乡正之职，掌治乡之三约，一曰教约，以训乡民；一曰恤约，以惠乡民；一曰保约，以卫乡民"⑥。可以说，明末乡约组织渐渐与保甲制结合，其中保甲制成为主流；清中期则以乡约、保甲为主，社仓社学为辅，并推行于城市"坊"中。明清时期将乡约、保甲、社仓、社学等融合，形成集政治、经济、社会和自卫四位一体的控制模式，在乡村治理上形成稳固的社会基础。

第三，基层组织宗族化。

张载、朱熹、王阳明等理学家总结了士大夫与地方势力结合、同姓宗

---

① 黄佐：《泰泉乡礼》卷一《乡礼纲领》，《四库全书》本第142册，第600页。
② 参见《实政录》卷五《乡甲约》，《吕坤全集》，中华书局2008年版，第1061页。
③ 参见刘宗周：《保民训要》，《刘宗周全集》第4册，浙江古籍出版社2007年版，第371—385页。
④ 耿定向：《牧事末议》卷十七《杂著保甲》，《耿天台先生文集》，北京大学出版社2010年版，第1797页。
⑤ 陆世仪：《陆桴亭思辨录辑要》卷十八《治平类·封建》，商务印书馆1936年版，第189页。
⑥ 陆世仪：《治乡三约》，《丛书集成三编》第21册，台湾新文丰出版公司1997年版，第561—562页。

族复兴等经验，就宗族宗法、家礼乡约、"义学义仓"等不同层面进行理论与实践，强调宗族、家族及其礼仪对乡村控制的作用。早在北宋，理学家张载就清楚认识到："宗子法废，后世尚谱牒，犹有遗风。谱牒又废，人家不知来处，无百年之家，骨肉无统，虽至亲，恩已薄。"①朱熹就指出："凡礼有本有文。自其施于家者言之，则名份之守，爱敬之实，其本也。冠昏丧祭仪章度数者，其文也。其本者，有家曰用之常体，固不可以一日而不修。其文又皆所以纪纲人道之经始。虽其行之有时，施之有所，然非讲之素明，习之素熟，则其临事之际，亦无以合宜而应节，是不可以一日而不讲且习焉。"②朱熹是把家礼之施行上升到完成先圣遗愿、履践修身齐家之道的高度："大抵谨名分、崇爱敬以为之本。至其施行之际，则又略浮文、敦本实，以窃自附于孔子从先进之遗意。诚愿得与同志之士熟讲而勉行之，庶几古人所以修身齐家之道、谨终追远之心，犹可以复见。"③

顾炎武主张复宗族之制，即给宗族治理本族的权力，发挥协调家族关系的作用。明末清初，中国乃是一个封建家族、宗族稳固存在的社会。本于先秦儒家孔孟观念的顾炎武，重视家族和谐及宗族长的作用是很自然的。宗族的基本轴——血缘关系，依靠血缘感情、道德规范、公众舆论，特别是长幼辈分相约束，具有稳定社会的实际价值。在《日知录》一书中，顾炎武准确地考证了氏族、亲戚、族兄弟、服制等一系列维护宗族的礼义制度规范及其控制、维系宗族、家庭对社会秩序稳定的作用。首先，他强调宗族是血缘纽带联结的近亲群。宗族当以"孝弟为仁之本"，子孙服从长辈，以实现家族内部的和谐，从而扩展到社会，使之秩序稳定。其次，可以发挥宗族内部经济协调的作用。总之，他认为宗族之法得以确立，既可以以血缘纽带维护家族、宗族内部的和谐，又可以扩展开来推及社会秩序的稳定，以宗族内部经济互助实现孤独废疾者皆有所养的目的。因此他极力主张恢复传统的宗族制度。顾炎武"复宗族之制"的根本意图，是主张国家给予宗族治理本族的行政权和司法权，以强制暴力手段作为道德伦理教化的辅助，治理宗族。以

---

① 《张子全书》卷之三《经学理窟·宗法》，西北大学出版社2015年版，第68页。
② 《宋文公文集》卷七十五《家礼序》，《朱子全书》第24册，第3627页。
③ 《朱文公文集》卷七十五《家礼序》，《朱子全书》第24册，第3627页。

期实现"自身至家、国、天下"的治理,即实现儒家修身、齐家、治国、平天下的社会稳定。冯尔康曾认为:"宗族发展到宋代之后,不再是皇族、贵族、士族及官僚的群体,平民建立自己的宗族组织,使它进入了平民化的新时期,主要表现则是祠堂的普遍出现和一部分平民掌管宗祠,宗族的集体经济增多,私家修谱逐渐兴盛,取代了往昔的官纂谱牒"①。

宋代以后的地方性自治是由乡绅与宗族共同治理的,而这种共同治理契合点就在于科举制的扩大及宗法制度的复兴。科举制改变了宋以后乡村社会力量与政治势力,使原有士族形成以来的特权阶层的社会基础发生根本性变革。科举制与宗法制度促成乡村中由家乡走出的官僚与本族的族长、尊长以及当地的乡绅不约而同地结合在了一起,增强了地方组织宗法化和政治自治化,形成地方权力与家族权力融合一体的乡村社会控制网络。

为实现宗族普及化问题,宋明理学提出了"宗族乡约化"。本意为乡里公约,北宋熙宁年间由吕大钧兄弟最早提出乡约,并在局部地区付诸实行。朱熹修订《吕氏乡约》,明显加重了礼仪的成分,主张以宗族、乡约、保甲治理基层社会。明成祖就曾"表章《家礼》及取蓝田《吕氏乡约》列于性理成书,颁降天下,使诵行焉"②,明代是大力推行乡约,宣讲圣谕,设立族约,制定族规,乡约与宗族结合,促成了宗族乡约化,推动了宗族建设组织化。清代进一步增强宗族保甲乡约化,宗族与保甲、乡约合一更加组织化。清雍正四年(1726)下诏:"凡有堡子、村庄聚族满百人以上,保甲不能遍查者,拣选族中人品刚方,素为阖族敬惮之人,立为族正。如有匪类,报官究治,徇情隐匿者与保甲一体治罪。"③族正制的出现是宗族保甲乡约化的重要标志。

第四,基层组织功能复合性。

在宋以后中国传统社会的治理秩序中,分为两个层面,即上层公权国家治理,基层族群、保甲、私人相结合自治,从法律层面上则形成了国家法

---

① 冯尔康主编:《中国社会结构的演变》绪论,河南人民出版社1994年版,第133—134页。
② (明)王樵:《金坛县保甲乡约记》,《古今图书集成·明伦江编·文谊典》卷二十八,第33册,第19页。
③ 《清朝文献通考》卷二十三《职役三》,浙江古籍出版社2000年版,第5055页。

规范及习惯性自治规范（礼制、家法族规、风俗、民约等）。宋代政府就是通过实行乡里制、保甲制等实现国家对乡村赋税征收与社会治安的管理。同时，国家通过经界法将对乡村民户的编户控制与土地控制结合在一起。在古代乡里制度中，乡官从乡里自治领袖变成县级差役，也就是出现乡里制度由乡官制转向职役制。明初建立了一系列相应的制度，其中有黄册制、里甲制、里老人制及相应的人口政策；清朝统治者建立了帮助税吏征收的里甲制度，以及帮助农民减灾的谷仓制度。

基层社会组织功能是多样化的，既有兴教教化劝农、强化等级秩序的功用，也有纠察、自卫、防火盗、解决民众间大量轻微纠纷及训诫惩治的积极意义，更有实现国家户政管理及其对乡村土地赋税征收的多重职能等功效。

宋明理学认为治理天下，必须建立严密的乡里基层组织，才能使法律落实到社会基层。从守、令至乡、亭、里、甲行政组织，犹如一张网。以顾炎武为例，他说："《周礼·地官》自州长以下，有党正、族师、闾胥、比长，则三代明王之治，亦不越乎此也。夫惟于一乡之中，官之备而法之详，然后天下治，若网之在纲，有条而不紊。"① 他认为乡里组织，对于社会秩序的稳定和法律实施具有重要作用。他说建立邻、里、乡、党制度，"'欲使风教易周，家至日见，以大督小，从近及远，如身之使手，干之总条，然后口算平均，义兴讼息。'史言立法之初，多称不便，及事既施行，计省昔十有余倍，于是海内安之"②。他认为天下治乱关键在于乡、里是否健全，而不在监司、督抚等大官。他从柳宗元先有里胥而后有县大夫、诸侯、方伯、连帅及天子的论述，得出结论说："由此论之，则天下之治，始于里胥，终于天子，其灼然者矣。故自古及今，小官多者其世盛，大官多者其世衰。兴亡之涂，罔不由此！"③ 顾炎武分析明王朝之所以灭亡而丧天下，其原因之一，就在于乡亭里甲荒废或者名存实亡，不能发挥作用。他指出："至于今日，一切荡然，无有存者。且守令之不足任也，而多设监司；监司之又不足任也，

---

① 《日知录》卷八《乡亭之职》，《顾炎武全集》，上海古籍出版社2011年版，第351页。
② 《日知录》卷八《乡亭之职》，《顾炎武全集》，上海古籍出版社2011年版，第352页。
③ 《日知录》卷八《乡亭之职》，《顾炎武全集》，上海古籍出版社2011年版，第353页。

而重立之牧伯，积尊累重，以居乎其上，而下无与分其职者。虽得公廉之吏，犹不能治，而况托之非人也。"①乡亭荒废的主要原因是选非其人。明初，乡亭必须选年高有德行、民众信服的人充当，使之劝民为善和理断乡间争讼，而"比年所用，多非其人，或出自隶朴，规避差料，县官不究年德如何，辄令充应，使得凭籍官府，妄张威福，肆虐闾阎。或遇上官按临，巧进谗言，变乱黑白，挟制官吏"②，对选择里老甚不重视，甚至被坏人窃取三老、亭长之位，包揽词讼，为害民众。他指出："近世之老人，则听役于官，而糜事不为，故稍知廉耻之人，不肯为此，而愿为之者，大抵皆奸猾之徒，欲倚势以陵百姓者也。其与太祖设立老人之初意悖矣。"③乡、亭、里、甲之职，除三老掌教化，啬夫听诉讼、收赋税，主禁贼盗奸非之外，更重要的是对民事诉讼案件的调解，平其是非和纠举犯罪。《太祖实录》："洪武二十七年四月壬午，命有司择民间高年老人，公正可任事者，理其乡之词讼。若户婚、田宅、斗殴者，则会里胥决之，事涉重者，始白于官。若不由里老处分，而径诉县官，此之谓越诉也。"④乡里调解一般民事诉讼案件成为必经程序。这样，"惟其大小之相维，详要之各执，然后上不烦而下不扰"，有利于平息民间诉讼。原注称："洪武中，天下邑里皆置申明、旌善二亭，民有善恶则书之，以示劝惩。凡户婚、田土、斗殴常事，里老于此剖决。今亭宇多废，善恶不书。小事不由里老，辄赴上司，狱诉之繁，皆由于此。"⑤又举例明代景泰、天顺诏书说："'民有怠惰不务生理者，许里老依教民榜列惩治'。天顺八年三月诏：'军民之家，有为盗贼，曾经问断不改者，有司即大书"盗贼之家"四字于其门；能改过者，许里老亲邻人相保管，方与除之。'此亦得画衣冠、异章服之遗意。"⑥顾炎武十分重视乡、亭、里、甲等基层组织对于风俗教化、法律实施、惩恶劝善、平息诉讼和消弭犯罪的积极作用。他

---

① 《日知录》卷八《乡亭之职》，《顾炎武全集》，上海古籍出版社2011年版，第352页。
② 《日知录》卷八《乡亭之职》，《顾炎武全集》，上海古籍出版社2011年版，第354页。
③ 《日知录》卷八《乡亭之职》，《顾炎武全集》，上海古籍出版社2011年版，第355页。
④ 《日知录》卷八《乡亭之职》，《顾炎武全集》，上海古籍出版社2011年版，第353—354页。
⑤ 《日知录》卷八《乡亭之职》，《顾炎武全集》，上海古籍出版社2011年版，第354页。
⑥ 《日知录》卷八《乡亭之职》，《顾炎武全集》，上海古籍出版社2011年版，第354页。

说:"汉文帝诏置三老、孝弟、力田常员,令各率其意,以道民焉。夫三老之卑而使之得率其意,此文景之治所以至于移风易俗,黎民醇厚,而上拟于成康之盛也。"① 使乡亭基层组织分割县令部分权力以治民,"以县治乡,以乡治保,以保治甲"②,各级行政组织"若网之在纲,有条不紊",则天下治。顾炎武是一位务实的学者、政治思想家。他的"谨乡亭之治"发挥基层组织维护法制、调解诉讼作用的思想,卓有见识,具有重要实际意义。

从宋代以后诸多的基层社会组织形式都是以履行国家义务为目标的。保甲制作为一种地缘性的社会控制制度,要求乡民之间相互监视,所有居民都有向甲长报告地方治安状况与检举各类犯罪实况的义务,不遵守者与罪犯同罪。甲长负责记录乡民的行踪,并及时向衙门报告。元代就已出现的社学同样履行着国家"乡村教化"政策与基层社会软性控制的义务。《元典章》中记述:"每社设立学校一所,择通晓经书者为学师,于农隙时分各令子弟入学。先读《孝经》、小学,次及《大学》、《论》、《孟》、经、史,务要各知孝悌忠臣,敦本抑末。依乡原例,出办束脩,自愿立长学者听。若积久,学问有成者,申覆上司照验。"③ "社学"作为一种于农闲时进行的针对农家子弟的教化、基础教育的组织形式,体现出了国家的意志与意识,与其他可资思想控制之用的科举制及学校、私学等一道纳入到了国家软性控制体系当中。清自顺治八年起,每一乡村都必须设有"社学"。

基层组织机构的健全和社会风气的好转则是预防犯罪必不可少的措施。社会风气的好坏直接影响社会安定,因而朱熹认为有必要移风易俗,改变不良社会风气。要求父老乡亲"教诫子弟,使修其孝弟忠信,入以事其兄,出以事其长上,笃厚亲族,和睦乡邻,有无相邻患难相恤,以成风俗之美",要求"教述古今礼律,以开谕之,又采古丧嫁娶之仪,揭以示之,命父老解说,以训子弟"④;大力提倡乡里相互帮助,尊老爱幼,"盖邻里乡党有相周

---

① 《日知录》卷八《法制》,《顾炎武全集》,上海古籍出版社2011年版,第363页。
② 《日知录》卷八《里甲》,《顾炎武全集》,上海古籍出版社2011年版,第365页。
③ 《元典章》卷二十三《户部九·农桑·劝农立社事理》,中华书局、天津古籍出版社2011年版,第920页。
④ 《朱子年谱·光宗绍熙元年首颁礼教》,《朱子全书》第27册,第75页。

之义"①，若"我老老幼幼，他亦老老幼幼，互相推及，天下岂有不治？"②而要改变社会风气，有必要制定乡规民约，以民法约束百姓。在朱熹为官过程中，就十分重视乡规民约的制定与实施，曾颁布《晓谕兄弟争财产事》《严别籍异产之令》《宽恤民力，敦励风俗牒文》等一系列法规民约，为改善社会风气起到了一定作用。

再从家族法规上说，从宋以后，呈现家训——家规——家礼——家法不同的形式，成为中国传统法律体系的一个重要组成部分，国家法与民间法、家族法规相互补，互相支持，这也是宋以后法律形式的一个巨大变化。朱子《增损吕氏乡约》"德业相劝"这一条中就有"畏法令，谨租赋"一项。乡约中已经具有遵守国家法令，实现国家对乡村赋税征收的重要内容，这反映出乡约不脱离国家政令，以求得国家政权做支撑和后盾。这也是乡约之所以得到政府支持并得以广泛流行的一个重要原因。嘉靖八年，明政权正式建立乡约制度。康熙九年（1670）十月，在顺治《圣谕六条》基础上制订的《圣谕十六条》，经礼部议准，将其颁行全国，"通行晓谕八旗，并直隶各省、府、州、县、乡村人等，切实遵行"③。《圣谕十六条》中就有"敦孝弟""笃宗族""和乡党""尚节俭""黜异端""明礼让"等伦理道德规范的内容，它作为最高统治者颁布推行于全社会的乡约式法律条例，正是对宋代以来乡约制度的继承和发展。传统农村的这种治理体制，反映了国家与乡绅、宗族之间控制地方社会的一种互补关系，国家政权与乡村自治具有一定的目标性。国家政权将地方居民组织起来，实现协助政府维持地方秩序，承担大量官府根本无力去做的工作，极大地延伸了国家政权的统治力和影响力。

当然，在另一方面，乡村地方自治也很自然地容易触动国家对地方割据的敏感性，对此，宋明理学已经有所认识。明儒章懋有一段议论可以为证，他说："乡约之行，欲乡人皆入于善，其意甚美。但朱、吕之制，有

---

① 《论语集注》卷三《公冶长》，《朱子全书》第6册，第110页。
② 《朱子语类》卷九十八《张子书三》，《朱子全书》第17册，第331页。
③ 《清圣祖实录》卷三十四《康熙九年十一月己卯》，中华书局1986年版，第466页。

规劝、有赏罚，岂其智不及此？盖赏罚，天子之柄，而有司者奉而行之，居上治下，其势易行。今不在其位，而操其柄，已非所宜，况欲以是施之父兄宗族之间哉？或有尊于我者，吾不得而赏罚焉，则约必有沮而不行者矣。可不虑其所终乎？"① 可以说，宋代以后基层社会控制实现乡村赋税征收与社会治安管理的基层组织功能复合性，形成保甲政治防御制度、里甲制度经济上赋税征收、社仓及其他谷仓赈灾济荒制度、乡约及其他形式思想约束控制。

2. 乡村控制与土地赋税控制结合

两宋以来，土地兼并现象十分严重，以致贫富分化，税役不均，时"法制不立，土田不均，富者日长，贫者日削，虽有耒耜，谷不可得而食也"②，"自阡陌之制行，兼并之祸起，贫者欲耕而或无地，富者有地而或乏人"③。"富者跨州县而莫之止，贫者流离饿殍而莫之恤"④，尤其因为"州县官吏无所忌惮，科敷刻剥，民不聊生，以致逃移，抛荒田地。其良田则为富家侵耕冒占，其瘠土则官司摊配亲邻。是致税役不均"⑤，"公私田地，皆为豪宗大姓诡名冒占，而细民产去税存，或更受佃寄之租，困苦狼狈"⑥。田地兼并、冒占，必然会形成"版籍不正，田税不均"状况。侵耕冒占致使全国肥田沃土几乎全部控制在豪宗大姓、大地主、大官僚手中。这看上去好似一件小事，实际上这是极大危害国计民生的大事。"贫者无业而有税，则私家有输纳欠负、追呼监系之苦；富者有业而无税，则公家有隐瞒失陷、岁计不足之患。"⑦ 二程敏锐地察觉到问题的严重性，提出了"岂可不渐图其制之之道哉"⑧ 的忧虑。在《平土书》《富国》《安民》等重要著作中，宋儒李觏已经

---

① （明）章懋：《枫山集》卷二《明儒言行录》，文渊阁《四库全书》本。
② 《李觏集》卷十九《平土书》，中华书局2011年版，第191页。
③ 《李觏集》卷六《周礼治太平论》，中华书局2011年版，第82页。
④ 《河南程氏文集》卷一《论十事扎子》，《二程集》，中华书局2004年版，第453页。
⑤ 《朱文公文集》卷二十七《与张定叟书》，《朱子全书》第21册，1207页。
⑥ 《朱文公文集》卷二十八《与留丞相札子》，《朱子全书》第21册，第1235页。
⑦ 《朱文公文集》卷二十一《经界申诸司状》，《朱子全书》第21册，第956页。
⑧ 《河南程氏文集》卷一《论十事札子》，《二程集》，中华书局2004年版，第69页。

认识到了"土地，本也；耕获，末也"①，强调了土地的重要性，抓住土地这个最为重要的生活资料的根本问题，也就抓住了中国社会的根本问题。由此，宋明理学也已经认识到"豪民兼并"为"治乱之机"。

可以说要求"均平"土地是绝大多数儒家认同的。先秦儒家孔子、孟子都曾竭力主张"均平"，以此为推行德治、施行仁政的必要条件，对后世具有深远影响。"均平"并不是完全均分的意思，而是谓"各得其分"，要求贫富差距不要过大，防止太富太贫两种对立现象的发生，这是一种维持社会稳定的极有远见的思想。对于如何解决"田土不均"这一社会现实中的根本性问题，理学家还是存在不同的见解。宋明理学主张通过恢复井田制、实践经界法等土地赋税制度的改良，以实现乡村控制与土地控制的结合。

第一，宋明理学主张通过"井田""经界""屯田"等"平土之法"将户籍人丁与土地、税赋结合，实现土地均平。

一是立井田。李觏提出了"平土之法"，即通过恢复井田制，对土地兼并给予适当的限制，加以解决。他说："井地立则田均，田均则耕者得食，食足则蚕者得衣。不耕不蚕，不饥寒者希矣。"②"若余夫、致仕者、仕者、贾人、庶人在官者、畜牧者之家皆受田，则是人无不耕，无不耕，则力岂有遗哉？"③为了改变"贫者流离饿殍"的局面，二程主张对当时过于严重的土地兼并之风要加以纠正，认为应该"均田务农"，"立井田"，按照人口数量实现"授民以田，制民以产"。程颐认为："一夫上父母下妻子，以五口八口为率，受田百亩，如有弟子，是余夫也，俟其成家别受田也。"④"天生蒸民，立之君使司牧之，必制其恒产，使之厚生，则经界不可不正，井地不可不均，此为治之大本也。唐尚能有口分授田之制，今则荡然无法。"⑤而且二程认为"井田今取民田使贫富均，则愿者众，不愿者寡"⑥，因此通过实行井田

---

① 《李觏集》卷十九《平土书》，中华书局2011年版，第191页。
② 《李觏集》卷二十《潜书》，中华书局2011年版，第223页。
③ 《李觏集》卷六《国用第四》，中华书局2011年版，第82页。
④ 《河南程氏遗书》卷八，《二程集》，中华书局2004年版，第103页。
⑤ 《河南程氏文集》卷一《论十事札子》，《二程集》，中华书局2004年版，第453页。
⑥ 《河南程氏遗书》卷十，《二程集》，中华书局2004年版，第111页。

以实现均田是有可能的。

张载也是非常注重井田制的恢复,提出了"井地治天下"的均平思想,认为井田最大的优越性就是"均平":"治天下不由井地,终无由得平。周道止是均平。"而且"井田至易行,但朝廷出一令,可以不笞一人而定。盖人无敢据土者,又须使民悦从,其多田者,使不失为富。借如大臣有据土千顷,不过封与五十里之国,则已过其所有。其他随土多少与一官,使有租税,人不失故物。治天下之术,必自此始。"① 如此可以实现抑制无限制的土地兼并,"无敢据土者",富者又都"不失故物""不失为富",无地者因此获得土地,"使民悦从"。同时,国家通过"随土多少",设置一地方"田官"负责管理保障租税的实现,将土地与赋税结合在一起。张载的井田论并不是要回复到周代去,而是想借此解决因土地兼并造成的贫富不均问题。

针对明代末年土地高度集中,国有"屯田""官田"又占去十分之四以上,豪绅地主大量兼占土地,中小地主及农民只拥有少量土地的现状,黄宗羲通过考虑各家均田、限田、抑制兼并等主张后,特别推崇恢复井田制方案,主张"丈量天下田土","以实在田土均之",改变土地过分集中的现状。黄宗羲的井田论是建立在承认土地私有、"不夺富民之田"、听任"富民之所占"基础上,不抑制土地兼并,不触动富民已有土地权益,以井田之名,将国有公有土地"授田于民",无地或少地百姓获得一定土地,希望进行地制改良,发展小农经济。而且黄宗羲土地制是与田赋联系在一起的。依据土地原所有权性质的差异,实行差额税率,主张恢复三代的什一税:"今欲定税,须反积累以前而为之制。授田于民,以什一为则;未授之田(指富民原有之田),以二十取一为则。"②

二是正经界。宋明理学家中,朱熹是一个正经界的有力支持者。朱熹进一步继承和阐发了孟子"仁政自经界始"这一思想,认为要解决"田无定分、赋无定法"之弊,就必须实行经界之法。经界之法的实行能起到很好的作用:其一,可"分田制禄,不劳而定"。朱熹指出,此法不修则必然使得

---

① 《张子全书》卷之三《经学理窟·周礼》,西北大学出版社 2015 年版,第 59、60 页。
② 黄宗羲:《明夷待访录·田制》,中华书局 2011 年版,第 108 页。

田无定分，而豪强大姓得以兼并，这样会使原有君子野人有秩状况被打破，仕无以养，破坏了分田制禄之法。其二，"息争止讼"。通过经界之法，确认了小农土地所有的法律与地理标界，对大量出现的土地纷争能够公正及时处理，减少民间纠纷与诉讼。其三，"悉除无名之赋"。朱熹认为朝廷财政困难的原因之一就是赋税不均，政府开支过多。要克服财政困难就要稳定赋税，广开财路，减少不必要的开支，减少过多的无名之赋，而要实现这些，就"势须先正经界。赋入既正，总见数目，量入为出，罢去冗费，而悉除无名之赋，方能救百姓于汤火中"①。而且朱熹是将经界制度视为制民之产的重要措施，从中已经隐隐约约地流露出"均贫富"的思想。当然，这种"均贫富"是儒家一贯所倡导的"均平"思想的承续，而不是已经在贫苦人群中流传的"均贫富"思想。

为了缓和土地兼并，抑制豪族地主，保护中小地主农民的经济利益，朱熹还提出通过改革田制，具体贯彻落实经界法。朱熹曾称赞林勋《本政书》关于田制改革的主张："林勋《本政书》每乡开具若干字号田，田下注人姓名，是以田为母，人为子，说得甚好。"②林勋曾指出："今本政之制，每十六夫为一井，提封百里，为三千四百井，率积米五万二千斛，钱万二千缗，每井赋二兵，马一匹，率为兵六千八百人，马三千四百匹，岁取五分之一以上为番之额，以给正役"③。虽然他也认为井田是圣王之制，"公天下之法，岂敢以为不然"，但又认为宋代形势已经发生变化，对强制推行井田制表示怀疑，认为"设使强做得成，亦恐意外别生弊病，反不如前，则难收拾耳"④。此时朱熹已经认识到，经界之法的实行对广大下层平民百姓来说是深为欢喜的，而对于豪民猾吏来说则是深为不满。这些人为了自身的私利，竟然肆意鼓惑朝廷，认为经界之法是"资贼"行为，正由于这些豪门富户及身后的官僚大臣的阻碍，致使经界无法推行，而经界不行反过来又是地方吏治腐败及社会动乱的根源。朱熹指出："官既不法，吏又为奸，是以贫弱之民受害愈

---

① 《朱子语类》卷一百十一，《朱子全书》第18册，第3557页。
② 《朱子语类》卷一百十一，《朱子全书》第18册，第3559页。
③ 《宋史》卷四二二《林勋传》，中华书局1977年版，第12605页。
④ 《朱子语类》卷一百八，《朱子全书》第17册，第3514页。

甚……若不推行经界，决是无由革去此病之根。此于通行利害之中，又是一郡要切利害"①，举汀州为例，"往岁汀州累次贼盗，正以不曾经界，贫民无业，更被追扰，无所告诉，是以轻于从乱，其时初未曾有经界之役也"②。

清儒王夫之同持经界观，他的土地私有论颇有特色。王夫之极力反对限田、均田，甚至不赞成抑兼并，认为这是"欲夺人之田与人"，对井田制持否定态度，指出"孟子言井田之略，皆谓取民之制，非授民也"③。而秦汉以后"民自有其经界，而无烦上之区分"④。同时，为有效地控制民众，王夫之非常重视国家赋役，以为只要赋税公平合理则田自均，直接将赋役与户籍挂钩，"役其人，不私其土"，主张赋役要"一定于户口而不移，而勿问田之有无"⑤。也就是税户而不税田。"取民之制，必当因版籍以定户口，即户口以制税粮"⑥。

三是广屯田。为避免百姓流离失所，招抚游民，扩大国家收入与保障粮食供应，朱熹主张利用公田军田推行屯田政策。他对屯田政策实施的意义作了具体论述，指出："今民贫赋重，惟有核兵籍、广屯田、练民兵，可以渐省别屯坐食之兵，稍损州郡供军之数，使州县之力浸吁污，然后禁其苛敛，责其宽恤，庶几穷困之民深得生业，无流移漂荡之患。"⑦朱熹认为实行屯田有许多益处："实边郡、纾民力、省岁费者，甚有条理。"⑧一来"兵民兼用，各自为屯。彼地沃衍，收谷必多"；二则"兵民得利既多，且耕且战，便是金城汤池"，所以"敌人亦不敢窥伺"；再者就地解决粮食财物军需，"可省漕运，民力自苏"，如此十年之后"其效必著"⑨。朱熹认为"与其卖度牒，责财于民而髡其首，以绝生聚之源，卖官告，使入仕之流猥滥讹

---

① 《朱文公文集》卷二十一《经界申诸司状》，《朱子全书》第21册，第962页。
② 《朱文公文集》卷十九《条奏经界状》，《朱子全书》第21册，第875页。
③ 《噩梦》，《船山全书》第12册，岳麓书社2011年版，第551页。
④ 《宋论》卷二，《船山全书》第11册，岳麓书社2011年版，第77页。
⑤ 《读通鉴论》卷二十《唐高宗》，《船山全书》第10册，岳麓书社2011年版，第746页。
⑥ 《噩梦》，《船山全书》第12册，岳麓书社2011年版，第552页。
⑦ 《宋史》卷一七四《食货志上》，中华书局1977年版，第4219页。
⑧ 《朱文公文集》卷二十四《与汪帅论屯田事》，《朱子全书》第21册，第1088页。
⑨ 《朱子语类》卷一百，《朱子全书》第18册，第3550页。

杂，以为吾民之病，孰若因天时、分地利，借力于饱食安坐之兵，而坐收富疆之实效乎？"要求"乘此边事少休、岁收大稔之际，兵民皆有余力，可以就事"①。为了搞好屯田，朱熹提出在内地实行军屯与民屯并举，把"军中汰卒，与凡北来归正、添差任满之人，皆可归之屯田，使之与民杂耕而渐损其请给"。又说："罢去诸州招军之令，而募诸军子弟之骁勇者，则授以田，使隶尺籍。大抵令与见行屯田、兵民之法相为表里"。在边域则将民田调致内地，实行军屯制。"须就今日边郡官田，略以古法画未丘井、沟洫之制，亦未必尽如《周礼》古制，但以孟子所言为准，画为一法，使通行之。边郡之地，已有民田在其间者，以内地见耕官田易之，使彼此无疆场之争，军民无杂耕之忧，此则非惟利一时，又可渐惟复古绪"。在屯田过程中应该"择老成忠实通晓兵农之务者，使领屯田之事，付之重权，责以久任"②。他尖锐地提出不能让屯田制成为一些人借以为官为私的途径，否则屯田是难以成功的，指出："若乃屯田、兵民二事，又特为诞谩小人窃取官职之资，而未闻其有丝毫尺寸可见之效。"③屯田之所以未能见得成效，往往是因为"任事者未必忠信可仗，其所措画未必合义理、顺人心"④。屯田之田的土地所有权归国家，屯田军士或民兵以军队形式编制，亦军亦农，其中民屯中的民兵是国家佃客，与国家直接形成人身依附关系。屯田的大多数收入归国家官府所有，屯田民兵则可以获得一定比例的收成，因而在一定程度上能够刺激屯田民兵的生产积极性。

第二，主张通过有限"禁止买卖"来限制土地所有权转移。

朱熹认为土地被豪民兼并如不加限制，势必造成贫富分化加剧，一方面，"乡村小民，其间多是无田之家，须就田主计田耕作"⑤；另一方面，"豪民占田，或至数百千顷，富过王侯"⑥。朱熹曾在《奏上户朱熙绩不伏赈粜

---

① 《朱文公文集》卷二十四《与汪帅论屯田事》，《朱子全书》第21册，第1088页。
② 《朱文公文集》卷二十五《答张敬夫》，《朱子全书》第21册，第1115页。
③ 《朱文公文集》卷十一《庶子应诏上封事》，《朱子全书》第20册，第584页。
④ 《朱文公文集》卷二十五《答张敬夫》，《朱子全书》第21册，第1110页。
⑤ 《朱文公文集》卷一百《劝农文》，《朱子全书》第25册，第4626页。
⑥ 《朱文公文集》卷六十八《井田类说》，《朱子全书》第23册，第3327页。

状》中痛诉县尉朱熙绩"结托权贵,凌蔑州县,豪横纵恣,靡所不为",肆意吞并土地,致使"本乡田产尽卖与有朱县尉","典卖产业,累年白收花利",而成为"田亩物力雄于一郡"①的豪户。豪户富户通过买卖兼并土地,"占用逾限",对于封建等级土地占有和垄断世袭土地无疑是一大冲击,尤其是他们兼并占田之后,往往又采取诡名冒占、表寄之租的手段,逃避赋税徭役,且民间田"名色不一,而所纳租税轻重亦各有不同","散漫参错,尤难捡计"②,因而必须限制土地兼并,实行以"不得专封""不得专地"为中心内容的限田政策。朱熹认为,豪民之所以能够兼并土地,其主要原因就是无限制"占田""买卖由己"的专封。"夫土地者,天下之大本也。《春秋》之义,诸侯不得专封,大夫不得专地。买卖由己,是自专地也。"因而"宜以口数占田,为立科限,民得耕种,不得买卖",如此就不可以实现"以赡贫弱,以防兼并,且为制度张本,不亦宜乎"③。从中看得出来,朱熹限田政策主要内容包括以口数占田,禁止自由买卖,以富赡贫,为立科限等。宋朝法律对土地买卖限制并不严厉,《宋刑统·卷一·户婚律》:"口分田谓计口受之,非永业及居住园宅……受之于公,不得私自鬻买,违者一亩笞十,二十亩加一等,罚止杖一百,买一顷八十一亩,即为罚止。地还本主,财没不追。即应合卖者,谓永业田,家贫卖供葬,及口分田卖充宅及碾硙、邸店三类,狭乡乐迁就宽者,准合并行卖之。其赐田欲卖者,亦不在禁限,其五品以上茗勋官,永业地亦并听卖。"④这样规定为豪家大姓兼并土地提供了法律依据。口分田可以有条件买卖,使国家所有的土地日益私有化。对此,朱熹试图通过有限制"禁止买卖"等来限制土地所有权的转移,维护和巩固封建国家"君""吏""民"对土地"均分"的所有权,保护各级地主富民利益,也为民众提供生存条件,缓和大地主与无地农民的矛盾,从而维护小农经济占主体的小农土地所有制。丘濬主张以法令实现有限制的土地兼并:"终莫

---

① 《朱文公文集》卷十六《奏上户朱熙绩不伏赈粜状》,《朱子全书》第20册,第767—768页。
② 《朱文公文集》卷十九《条奏经界状》,《朱子全书》第20册,第878页。
③ 《朱文公文集》卷六十八《井田类说》,《朱子全书》第23册,第3326—3327页。
④ 窦仪:《宋刑统》,民国十年刘氏刻《嘉业堂丛书》本,第3326—3327页。

若以听民自便正为得也。必不得已创为之制，必也因其已然之俗而立为未然之限。不追咎既往，而惟限制其将来"①，即允许土地的买卖（"已然之俗"），但又限定占用之数（"未然之限"），以防土地的兼并集中。

同时，理学家对"限田产则妨于贵家"也已经有所认识，认为执行限田政策必然会触动大地主官僚的利益，遭到他们的反对，因而为限田政策难以真正执行而忧虑："自古立法制事，牵于人情，卒不能行者多矣。若夫禁奢侈则害于近戚，限田产则妨于贵家，如此之类，既不能断以大公而必行，则是牵于朋比也。治泰不能朋亡，则为之难矣。"②"必欲举限田之法，此之谓戏论。况于田，如何限得！"③

第三，反对荒舍田地，安置游民，稳定社会秩序。

南宋王朝土地荒废状况严重。对于田地荒废的原因，朱熹曾作了精辟中肯的分析：其一，以南康军之地为例，"其赋税偏重，比之他处，或相倍蓰。民间虽复尽力耕种，所收之利或不足以了纳税赋，须至别作营求，乃可陪贴输官，是以人无固志，生无定业，不肯尽力农桑，以为子孙久远之计"④；其二，"有侥寄之忧"；其三，"象兽有踏食之患，是致人户不敢开垦"⑤。因而农户只得逃亡迁移他乡。主张采用奖励垦荒，实行经界法等措施，加以改善，杜绝土地荒芜。

3. 基层社会救济

宋明理学将社会福利事业的地位与作用提到了相当的高度，并给予了过去所没有的新认识和理解。面对南宋连年灾害、民贫财匮的现实，朱熹主张"省赋""恤民"，一方面建议减轻民众负担，另一方面倡导在民众遭遇困难时予以帮助，即做好赈济救荒工作。他认为凶荒之际赈济可以安百姓，以免百姓发动祸乱，危及统治。因此要郑重并切实做好赈荒救灾。这主要包含

---

① 《大学衍义补》卷十四《制民之产》上册，上海书店出版社2012年版，第137页。
② 《周易程氏传·泰卦》，《二程集》，中华书局2004年版，第756页。
③ 《朱子语类》卷九十八，《朱子全书》第17册，第3325页。
④ 《朱文公文集》卷十一《庚子应诏封事》，《朱子全书》第20册，第581页。
⑤ 《朱文公文集》卷一百《劝农文》，《朱子全书》第25册，第4626页。

两层意思：一是要将赈济救灾作为非常重要的工作来做；二是要将赈济救灾工作做到实处。他曾先后多次上奏阐述赈济救灾的重要性。如《行状》中就说到朱熹：

> 以前后奏请多见抑却，幸而从者，又率稽缓后时，无益于事。旱蝗相仍，不胜忧愤。复奏言：为今之计，独有断自圣心，沛然发号，责躬求言，然后君臣相戒，痛自省改。其次，惟有尽出内库之钱，以供大礼之费，为收籴之本。诏户部无得催理旧欠，诏诸路漕臣遵依条限检放租税，诏宰臣沙汰被灾路分州军监司守臣之无状者，遴选贤能责以荒政。庶几犹足以下结人心，消其乘时作乱之意。不然，君恐所忧者不止于饿殍，而在于盗贼；蒙其害者不止于官吏，而上及国家也。①

朱熹认为即使赈济后不能收回，也要力行赈济。何况"赈济之事，利七而害三，则当冒三分之害而全七分之利。不然，必欲求全，恐并与所谓利者失之矣"②。在这里，朱熹通过分析赈济的得失关系，强调赈济的重要性。而且在此基础上，朱熹还进一步分析说，因"灾伤，人户多致流移，一离乡土，道路艰辛，往往失所。甚者横有死亡，抛下坟墓，田园、屋宇，便无人为主，一向狼藉，至今遗迹尚有存者。……今劝人户各体州县多方救恤之意，仰俟朝廷非常宽大之恩，各自安心著业。"③这说明，朱熹知道灾荒会造成民众的流离失所，劳动力大量流失，并导致生产下降，最终影响国家的安稳。对于官吏事前不重视社会福利，灾后又隐情不报，甚至不救助，致使百姓遭受巨大损失的现象，朱熹甚为气愤，并多次予以抨击。

朱熹不仅有赈济救荒的议论，更有实实在在的救荒措施，为百姓谋福利。朱熹曾亲自从事办理荒政，并成效显著。

第一，立社仓、疏民困。朱熹清楚地认识到每一次的水害旱灾，常使三四十万的百姓流离失所，非常不利于社会稳定，且沦落于佃户层的农民及

---

① 《朱子年谱》卷二，《朱子全书》第 27 册，第 283 页。
② 《朱子语类》卷一百一十一，《朱子全书》第 18 册，第 3560 页。
③ 《朱文公文集》卷九十九《劝谕救荒》，《朱子全书》第 25 册，第 4590 页。

山谷的下户、小民仅靠自己的耕作所获是无法度过青黄不接困境的，所以朱熹倡设社仓救济百姓，以减少水旱灾时游离流移之民，稳定局势。乾道七年（1171）五月，朱熹创立社仓于五夫里。他在《社仓记》中说："予惟成周之制，县都皆有委积，以待凶荒。而隋唐所谓社仓者，亦近古之良法也，今皆废矣。独常平义仓，尚有古法之遗意。皆藏于州县所恩不过市井惰游辈。至于深山长谷，力穑远输之民，则虽饥饿濒死，而能及也。"① 通过五夫里社仓，以互助互济，调剂余缺，一乡四五十里之间，虽遇凶年，人不缺食。社仓贮藏乡民所献与政府所给之粟，遇凶年小饥只收半息，大饥则全数免除，由乡民四名管理。此与古之常平仓大大不同。常平仓置于城市，由政府主办，遇饥荒不及救济乡民；而社仓则置于乡间，乡民自治，就地赈济。五夫里社仓之创立，是在汉代设常平仓平抑物价、备荒赈恤和隋代"民间寄纳在官"义仓基础上的一种创新，达到了改善百姓生活和稳定社会的目的。淳熙二年（1175）吕祖谦由浙江金华至福建来访朱子，共编《近思录》，至五夫里，大赞社仓对于提高民众福利的作用。吕祖谦还准备回去与金华士友经营，不幸早死，未及如愿。之后，其徒潘景亮劝其父出粟以设立金华社仓。社仓之制，遂由闽而扩大至浙。淳熙八年（1181）十一月由于实施的效果甚好，朱熹奏事延和殿，请求颁其法以四方。二三十年后社仓就在各省纷纷设立，成为南宋广大之民众运动。

第二，开场济粜。朱熹要求委官置场循环收籴斛出粜，救济百姓。"切虑细民缺食，合行借拨官钱，委官就军置场，措置循环收籴斛出粜，应接细民食用"②。在南康军任内，朱熹就"预戒三县，每邑市、乡村四十里，则置一场，以待赈粜，合为三十五场。乃选见任、寄居、指使、添差、监押酒税、监庙等大小使臣三十五员，各监一场，以辖赈粜，而分委县官巡察之，以戢减尅乞觅之弊，至是人户赴场就粜，其鳏寡孤独，则用常平米，依令赈济。"后又考虑到"农事将起，民间乏钱，则凡合粜者皆济半月，大人一斗五升，小儿七升五合，皆一顿与之。都昌无米则自郡运而往，千里之内，莫

---

① 《朱文公文集》卷七十七《建宁府崇安县五夫社仓记》，《朱子全书》第 24 册，第 3721 页。
② 《朱文公文集·别集》卷九《委官置场循环收籴米斛》，《朱子全书》第 25 册，第 5020 页。

不周浃。……凡活饥民大人一十二万七千六百七十口，小儿九万二百七十六口，其施设次第，人争传录以为法"。很明显，朱熹开场济粜的目的是赈济救灾。为了做好赈济，朱熹要求朝廷下令，凡未受旱州县不得遏粜（即禁卖粮食给外地受灾地区）。在浙东任内，他就曾调丰储仓米三十余万石救绍兴、衢州大饥，乞得上赐钱及官会 75 万贯济婺、衢、处、台等州饥民。不仅如此，朱熹还动用库钱和救济钱购米以赈济。在南康军发生旱灾时，他鉴于"本军别无储积，常平米斛甚少，乃兑借上供官钱二万四千余贯，粜米一万一千余石，以备赈粜"。朱熹开场济粜，赈济救灾，对安定民众以稳定社会巩固统治很有意义。为此，朱熹积极采取有效包括法律措施保障开场济粜实施，他曾劝谕"小民安分著业，以待赈恤，毋得轻有流移。令主户各存恤其客户，有余米平价出粜，以济乡间。其有措借出放，亦许自依乡例，将来填还不足，官司为责偿，如有违令闭粜者，当根究施治。其贫民妄行需索，鼓众作闹，定当重作行遣"[①]。一再要求饥民将来要如数奉还，并一再劝告下户，既然仰依上户，赖上户接济，就要各依本分，凡事循理。

第三，以工代赈。最有创意的是，朱熹认为灾象显现之后，赈济固然必要，但必须从长计议，不能单以赈灾临时之策，因为徒赈无益，会养成百姓之依赖性。朱熹提出办赈的最好办法就是以工代赈。早在淳熙七年，他在南康时便采取以工代赈的办法募饥民修滨江大堤，不仅安定了饥民，而且解除了水灾的隐患。之后又在台州拨款黄岩、定海诸县，修建水利设施多处，使该地水旱之灾、饥馑之苦得以舒减，将赈济救灾做到实处。很显然这是一种标本兼治的积极的福利政策。

第四，蠲阁赈恤。面对灾荒，朱熹除了援例乞拨钱米赈济救灾外，还要求体恤灾民。"蠲阁、赈恤本是一事，首尾相须"[②]。在朱熹看来，倘若"上不恤民"，就会"下不安分"，"皆非理也"[③]。指出了不恤民的严重后果，当然，这种救济需要引导。为了让更多的富家、上户加入恤民救灾的行列，他曾多次上书要求朝廷及时对参与恤民救灾的富家、上户进行"推赏"或"推

---

① 《朱子年谱》卷二，《朱子全书》第 27 册，第 256 页。
② 《朱文公文集》卷十七《奏救荒画一事件状》，《朱子全书》第 20 册，第 793 页。
③ 《孟子集注》卷二《梁惠王章句》，《朱子全书》第 6 册，第 264 页。

恩",一方面表彰他们,另一方面"激劝来者"。所以他知南康军时,遇上大旱,要求豪族大姓以余米存恤和接济佃户,"莫增价例,莫减升斗"。在浙东任上,也告诫田主,"自当优恤,瞷给存养,无令失所",不能"坐视火客佃户狼狈失业,恬不介意",极力要求地方上户接济饥民。他说:"今劝上户有力人家,切须存恤接济本家地客,务令足食,免致流移。将来土地抛荒,公私受弊"。很显然,朱熹看到了不救济饥民的严重后果是土地抛荒,而这在以农为本的传统社会里是至关重要的。由此,朱熹要求"主户(地主)须照顾客户(佃农)"。若粮食有余,依乡例出借,每斗利息一年不得超过五升;又劝富室出卖粮食,"如有故违不肯粜米之人,即仰下户经县陈诉,从官司究实"①。而对于做得好的上户朱熹建议予以嘉奖。朱熹劝富人以半价粜米,按数量多少申报朝廷授官,缓和了当时粮食短缺的困难。

第五,并力加工。朱熹还强调赈济要与发展生产结合起来,他说:"今仰人户知委,若实有旱田,即依条量留根查,以备检放,一面犁翻种麦,免致失时"②。为了做好此项工作,朱熹要求严厉惩罚消极怠工者,他说:"使军累行劝谕人户种二麦,盖为今年荒旱不比常年,须是并力加工,救济性命。今访闻多有未施工处,显是玩慢。已帖检旱官并行催趣,将玩慢惰农之人量行决罚。"③避免单纯依赖政府与乡村的救济。

五、宋明理学之民治

在宋明理学社会治理系统中,已经形成了先正君,再治吏,最后驭民的自上而下一体控制理论。治民成为社会治理重要一环。在对待民生问题上,古代思想家提出了难以计数的"抚民""亲民""恤民""安民""利民""惠民""以德和民"的主张及措施,甚至有人提出:"夫民,神之主也,是

---

① 《朱文公文集》卷九十九《劝谕救荒》,《朱子全书》第 25 册,第 4591 页。
② 《朱文公文集·别集》卷九《约束游手不许胁持良民》,《朱子全书》第 25 册,第 5021 页。
③ 《朱文公文集·别集》卷九《再谕人户种二麦》,《朱子全书》第 25 册,第 5022 页。

以圣王先成民而后致力于神。"①

1. "民者，国之根本也"的民本论

在君权制社会结构中，君民关系是社会关系的主干之一。君民关系包括皇权君王与民的关系、官僚士大夫君子与民的关系，它对整个社会的治乱具有决定性的意义。

正民思想主要来源于几千年来中国儒家"民惟邦本"的民本思想。先秦到汉唐，历代统治者从维护自己的长久统治出发，倡导民心即是天心，民意即是天意。在君民关系论上，孟子提出君王要"视民如伤""与民同乐""制民之产"。这些民本思想对后人产生极大影响。

宋明理学从本体论上进一步论证了伦理道德和君主统治的合理性，强化了对人民的精神控制，但并未抛弃"民惟邦本"的思想。理学先驱石介就明确说："善为天下者，不视其治乱，视民而已矣。民者，国之根本也。天下虽乱，民心未离，不足忧也；天下虽治，民心离，可忧也。人皆曰：'天下国家。'孰为天下？孰为国家？民而已。有民则有天下，有国家；无民则天下空虚矣，国家名号矣。空虚不可居，名号不足守，然则民与其天下存亡乎！其与国家衰盛乎！"②在君民关系上，朱熹认为君民应当是抚民爱君、君民一体："夫天生蒸民，有物有则，君臣之义，根于情性之自然，非人之所能为也。故谓之君，则必知抚其民；谓之民，则必知戴其君。"③"民富，则君不至独贫；民贫则君不至独富。有若深言君民一体之意。以止公之厚敛，为人上者所宜深念也。"④"下不安分，上不恤民，皆非理也。君不仁而求富，以有司知重敛而不知恤民。故君行仁政，则有司皆爱其民，而民亦爱之矣。"⑤君民之间要相互依存，君爱民，民爱君。宋明理学家对于国家与社会、官与民之间脱节"民与君为二"现象表示极大担忧。叶适

---

① 《左传·桓公六年》，(清) 阮元：《十三经注疏》，中华书局1980年版，第1750页。
② 任继愈主编：《中华传世文选·宋文鉴》卷一百二，吉林大学出版社1998年版，第895页。
③ 《朱文公文集》卷七十二《古史余论》，《朱子全书》第24册，第3504页。
④ 《论语集注》卷十二《颜渊》，《朱子全书》第6册，第264页。
⑤ 《孟子集注》卷二《梁惠王章句》，《朱子全书》第6册，第272页。

说："官民之急不相知也，其有求请而相关通者，则视若敌国。"① 丘浚深刻领悟到"民惟邦本，本固邦宁之言，万世人君所当书于座隅，以铭心刻骨也"，坚持"民惟邦本"的理念。"国之所以为国者，民而已。无民则无以为国矣。明圣之君，知兴国之福在爱民"。将民视为国之重要要素，强调君主对于生民的依赖："君居民之上而反依附于民，何也？盖君之所以为君者以其有民也，君而无民则君何所依以为君哉？为人上者诚知其所以为君而得以安其位者，由乎有民也，可不思所以厚民之生而使之得其安乎？民生安则君得所依附而其位安矣。"② 正因为如此，宋明理学认为"臣之事即君之事，君之事即民之事，民之事即天之事"③，要求君主关心下之民情。王阳明也说："民者邦之本，邦本一摇，虽有粟，吾得而食诸？""小民困苦已极，思邦本之当固，虑祸变之可忧。"④ 应当说，这些都构成了治民思想的基本内容。

2. 由民本向民权转化

我们应当认识到，明末清初以前的重民民本思想不是民权观念。中国历史在明末清初发生了深刻变化，这种变化也必然反映在思想形态领域，其中之一就是民本向民权转化。当然此时之民权也不可能是西方式的民权。王阳明的"良知"说和卢梭的"天赋人权"说在某种意义上说具有相同之处。对此，刘师培《中国民约精义》曾论说阳明良知学说与平等、自由人权关系："良知者，无所由而得于天者也。人之良知同，则人之得于天者亦同；人之得于天者既同，所谓尧舜与人同也，岂可制以等级之分乎？……盖自由权秉于天，良知亦秉于天；自由无所凭借，则谓良知即自由权可也。"认为卢梭"天赋人权"以人的"自由权秉于天"，而王阳明"良知亦秉于天"，"虽未发明民权之理，然即良知之说推之，可得平等、自由之精理。今欲振中国之学

---

① 《水心别集》卷二《民事上》，《叶适集》，中华书局 2010 年版，第 652 页。
② 《大学衍义补》卷十三《总论固本之道》上册，上海书店出版社 2012 年版，第 125 页。
③ 《大学衍义补》卷五《定职官之品》上册，上海书店出版社 2012 年版，第 64 页。
④ 《王阳明全集》卷三《乞宽免税粮急救民困以弥灾变》，上海古籍出版社 1992 年版，第 516 页。

风，其惟发明良知之说乎！"① 因而在一定意义上说"良知即自由权"。

在明清之际启蒙思想重要内容中，就包含着丰富的批判君主专制的民主萌芽思想，所设计政治方案，并不回避所寻求的人人"各得自私，各得自利"②目标。以"保其族、卫其类"为追求的李贽人文主义思想，呼唤个性解放，强调人正常的私欲（尊人性），批判地发展了程朱"存理灭欲"的人性合理因子。以何心隐和东林党人为代表则倡导"以众论定国是"的早期民主思想，顾宪成则更是提出了"天下之是非，自当听之天下"③，顾炎武则"以天下之权，寄天下之人"④，这一观点具有了近代的民权意识。黄宗羲不仅提出官员应当"为天下，非为君也；为万民，非为一姓也"⑤，"天子之所是未必是，天子之所非未必非"等伸张民权、主张民治和批判君主专制方面新主张，而且他的民权思想已经触及民主监督的层面，主张"必使治天下之具皆出于学校"，"公其非是于学校"⑥。国务院总理温家宝感言："我喜读黄宗羲著作，在于这位学问家的许多思想有着朴素的科学性和民主性。身为天下人，当思天下事。而天下之大事莫过于'万民之忧乐'了。"⑦ 张岱年先生也曾指出："黄梨洲是中国过去民主思想的一个伟大的代表。"⑧

王夫之则从群体意识出发，承认人的自然权利，反对"私天下"，主张"公天下"之民权，提出了虚君立宪思想。谭嗣同曾经大力标举王夫之的民权思想批判君权一统的传统社会，认为王夫之的民权思想充分继承和体现了传统"民本"观，其"纯是兴民权之微旨。谭嗣同说："孔子之学，衍为两大支：一由曾子，再传而至孟子，然后畅发民主之理，以竟孔子之志……国

---

① 刘师培：《中国民约精义》卷三《王宇仁》，岳麓书社2013年版，第65页。
② （清）黄宗羲：《明夷待访录·原君》，中华书局2011年版，第8页。
③ 《明史》卷二百三十一《顾宪成传》，中华书局2011年版，第6032页。
④ 《日知录》卷九《宗令》，《顾炎武全集》，上海古籍出版社2011年版，第398页。
⑤ （清）黄宗羲：《明夷待访录·原臣》，中华书局2011年版，第17页。
⑥ （清）黄宗羲：《明夷待访录·学校》，中华书局2011年版，第37页。
⑦ 温家宝2005年3月22日给史晓风的亲笔信，《浙江学刊》2005年第4期。
⑧ 张岱年：《黄梨洲与中国古代的民主思想》，《黄宗羲论》，浙江古籍出版社1987年版，第7页。

初三大儒，惟船山先生纯是兴民权之微旨；次则黄梨洲《明夷待访录》，亦具此义；顾亭林之学，殆无足观。"① 梁启超则认为王夫之的《黄书》和黄宗羲的《明夷待访录》具有同等价值，都蕴涵有"裁抑专制"之意，王夫之"民权"思想达到了传统社会高峰。梁启超明确地提出这样一个重要的观点："三代以后，君权日益尊，民权日益衰，为中国致弱之根原。"② 直到清末之际，何启、胡礼垣认为"为国之大道，先在使人人之有自主之权，此不特为政治之宏规，亦且为天理之至当"，积极昌明民权并认为"尧舜三代之隆，莫不由此。泰西富强之本，亦莫不由此。"③

3. 从正君心到觉民心的转变

从总体上说，重建社会秩序模式，从孔子时代到程朱时代，儒家有修身、齐家、治国、平天下的政治理想，以"得君行道"来实现自己的政治理念。孔子率领弟子周游列国，是为了得君行道，他也曾设法推荐合格的弟子到各国任用。同样，宋代儒家士大夫为重建社会秩序，从《大学》"正心诚意"出发，普遍表现出一种"得君行道"的行为模式，提倡"平治天下"，"舍我其谁"④。这种"得君行道"是以格君子之心实现引君达道为前提条件。宋代理学家以天下为己任，将图新的重点放在向上，走的是一条"得君行道"的上层路线，试图通过"义理之学"充盈于君主之心，以君主所提供的政治平台，上升到从"内圣"到"外王"的境界来。故而宋代儒家朱熹、真德秀等非常注重为皇帝做侍讲的机会，不断灌输理学治国之道，甚至不顾帝王的喜好，正是真德秀等不懈地努力，才使得理学成为国家正统意识形态。同时，由于程朱理学也主张"渐渐刊落枝叶，务去理会政事，思学问见于用处"⑤的义理之学，试图使中国儒学沿着一条简易化的道路发展。然而，明

---

① 《上欧阳中鹄》，《谭嗣同全集》，中华书局1981年版，第464页。
② 梁启超：《西学书目表后序》，《饮冰室合集》第1册，中华书局1989年版，第128页。
③ 何启、胡礼垣：《〈劝学篇〉书后》，《新政真诠》，辽宁人民出版社1994年版，第397—398页。
④ 《孟子集注·公孙丑下》，《朱子全书》第6册，第304页。
⑤ 《朱子语类》卷一百二，《朱子全书》第18册，第2807页。

太祖之后皇权专制空前强大，儒家士大夫已经无法得君行道，对帝王丧失信心；同时，儒家士大夫都有一种忧国忧民却壮志难酬，又不愿与奸小为伍的志向，为实现平衡皇权，他们的政治取向整体上只得开始由"得君行道"转向"觉民行道"和"移风易俗"下层路线。在重新认识圣学的过程中，一些知识分子改变了行道的方向，由宋"正君心"，到明清"觉民心"之转化，下化民间"觉民行道"，自觉担当民间教化的责任，将大人之学转化为百姓之学的"化俗"运动，这包括以王阳明为代表的姚江学派，以王艮、颜均、罗汝芳为代表的泰州学派及王夫之的船山学派。阳明学说主旨就是面对世间道失，希望重建人间思想秩序，他在"龙场悟道"后发明心学，就走向下化民间"觉民行道"了。王阳明从自然人性论、"街上人人可以成圣"出发，注重通过社区施教组织形式的教育手段维护社会秩序，在家乡办学讲学，进行道德教化，使心学平民化与世俗化。正因此，在余英时先生《宋明理学与政治文化》一书中的最后一章《明代理学与文化发微》中，总结阳明先生的学说是"儒家政治观念上一个划时代的转变"——从"得君行道"到"觉民行道"。泰州学派王艮倡导"百姓日用之道"，颜钧坚持要求统治者"大赉以足民食，大赦以造民命，大遂以聚民欲，大教以复民性"[1]，王栋也说"愚夫俗子不识一字之人，皆知自性自灵，自完自足，不假闻见，不烦口耳，而二千年不传之消息一朝复明"[2]。黄宣民先生在《颜钧集·前言》中认为颜钧"继承了泰州学派的平民儒学传统，思想上具有鲜明的平民性格"[3]，这也完全可以用以概括明中期以后理学觉民行道的主要内涵。王夫之则阐发了以德化民，"使民敬""劝以忠"，觉民心乃是实现行政管理目标的重要前提的观念。王夫之一方面要求君主："必先结之以恩，示之以诚，孚之以教，使民与上相信也，民与民亦相信也。立百年不可拔之基，以固结而图存。"另一方面，他倡导充分发挥民众的本性之中具有"自可使之敬，使之忠，使之劝"的善性，实现民众"忠""敬"之品德，而"使之"的路径最关键在

---

[1] 黄宣民：《颜钧集》卷六《耕樵问答·急救溺世方》，中国社会科学出版社1996年版，第53页。

[2] （明）王艮著，陈祝主编：《王心斋全集》，江苏教育出版社2001年版，第161页。

[3] 黄宣民：《颜钧集·前言》，中国社会科学出版社1996年版，第3页。

于"示之""化之""导之"的日常教化:"使之敬者,唯在有以示之焉。当临民之际,言无戏言也,动无妄动也,则使玩亵于法宫令仪之下,而其心必有所不能安者矣,潜移其愚悍之气,不知其恪恭何自而生也。使之忠者,唯在有以化之焉。使之劝者,唯在有以导之也"。"化行俗美,先王先公之以忠厚开国,躬行于上而教施于下者,唯此焉耳。"① 当然,我们应当清醒地认识到,无论是宋儒还是明清儒家君子其实也始终并未放弃"得君行道"的终极期盼。

4. 养民之道在爱其力

民权的前提是民众的生存权"民生",宋明理学在"生之理"观念下推崇养民。自孔子以来,对民众以"取信""富之""教之"就是国家的基本职责。而"富之"则是作为教化的先决条件,"既富,乃教之也"②。孟子强调要"制民之产",道德教化应当建立在一定的物质条件之上。宋明理学继承了儒家传统的观点,将注重民生养民作为为政的首要任务。朱熹说:

> 为民立君,所以养之也。养民之道,在爱其力。民力足则生养遂,生养遂则教化行而风俗美,故为政以民力为重也。《春秋》凡用民力,必书其所兴作。不时害义,固为罪也,虽时且义必书,见劳民为重事也。后之人君知此义,则知慎重于用民力矣。然有用民力之大而不书者,为教之义深矣。僖公修泮宫、复閟宫,非不用民力也,然而不书,二者复古兴废之大事,为国之先务,如是而用民力,乃所当用也。人君知此义,知为政之先后轻重矣。③

方孝孺明确主张"养民富国","宁余于民,无藏府库"。他认为"人君之职,为天养民者也",然而"后世人君,知民之职在乎奉上,而不知君之职在乎养

---

① 《四书训义》卷六《论语》二,《船山全书》第7册,岳麓书社2011年版,第309页。
② 刘向撰,赵善诒疏证:《说苑疏证·建本》,华东师范大学出版社1985年版,第78页。
③ 《近思录》卷八《治体》,《朱子全书》第13册,第245页。

民也"①。丘浚亦提出"善于富国者必先理民之财,而为国理财者次之"②,"诚以富家巨室,小民之所依赖、国家所以藏富于民者也"③。在国家富裕与人民富裕之间,他更强调人民的富裕,这种"藏富于民"思想很有借鉴意义。

朱熹在《孟子集注·离娄上》一段注较全面地表达了对养民的理解:

> 民之所欲,皆为致之,如聚敛然。民之所恶,则勿施于民。晁错所谓"人情莫不欲寿,三王生之而不伤;人情莫不欲富,三王厚之而不困;人情莫不欲安,三王扶之而不危;人情莫不欲逸,三王节其力而不尽",此类之谓也。④

在这里以程朱为代表的理学家引晁错之语,以孔孟先哲思想为根基,从四个方面提出了养民的主张:

一是"生",适应生生自然,创造良好环境,以利人民之生。

程颢认为"生"是天的基本性质。他说:"'生生之谓易',是天之所以为道也。天只是以生为道。"同时,"人在天地之间,与万物同流,天几时分别出是人是物?……万物各有成性存存,亦是生生不已之意。"⑤"生生"是自然宇宙之生命流行,"生生"是天地万物生命之源。

朱熹认为"生生"就是"仁"的一种变化发展,天地万物都有向善的目的性。凡是善皆表现在"生生"之理,这是一种生机勃勃、积极向上的向善论,也可以说是一种天人和谐的性善论。人具有主动性,可以利用多种方式保持人与自然界的平衡发展,这也是人向善的表现,这就是仁。朱熹强调《中庸》的"赞天地之化育",顺应天理,调谐人与自然环境的动态关系,即"与时偕行而无所执"。主张应适当帮助自然物适时地生长,而人则是在"正

---

① (明)方孝孺:《逊志斋集》卷五《杂著·君职》,《四部丛刊》本。
② (明)丘浚:《大学衍义补》卷二十《总论理财之道》上册,上海书店出版社2012年版,第191页。
③ (明)丘浚:《大学衍义补》卷十三《蕃民之生》上册,上海书店出版社2012年版,第130页。
④ 《孟子集注·离娄上》,《朱子全书》第6册,第342—343页。
⑤ 《河南程氏遗书》卷二,《二程集》,中华书局2004年版,第29—30页。

德"的前提下"利用"自然万物。

丘浚认为"人之所以生,必有所以养而后可以聚之,又在乎生天下之财,使百物足以给其用,有以为聚居衣食之资而无离散失所之患,则吾大宝之位可以长保而有之矣"①,"民之所以为生产者田宅而已,有田有宅则有生生之具"②。"人之所以为人,资财以生,不可一日无焉者",③因为有"天地生物以养人"的本然。丘浚指出:"朝廷之上,人君修德以善其政,不过为养民而已。诚以民之为民也,有血气之驱不可以无所养,有心知之性不可以无所养,有衣食之资不可以无所养;有用度之费不可以无所养。一失其养则无以为生矣。是以自古圣帝明王知天为民以立君,必奉天以养民。"④强调了生物养民的重要性。

二是"厚",努力注重经济发展,制民之产,实现"养民富民"。

"厚"为厚民,首先在于制民之产,可以说是为政重要的方面。生财就是要"制其田里,教之树畜,各有其有而不相侵夺,各用其用而无有亏欠,则财得其理而聚矣"⑤。通俗说就是要发展生产。"民之所以得其养者,在稼穑树艺而已,稼穑树艺,地土各有所宜。三代盛时,明君制民之产必有宅以居之,所谓五亩之宅是也。有田以养之,所谓百亩之田是也。其田其宅皆上之人制为一定之制,授之以为恒久之业,使之稼穑、树艺、牧畜其中,以为仰事、俯育之资,乐岁得遂其饱暖之愿,凶岁免至于流亡之苦,是则先王所以制产之意也。"⑥其次,厚民在乎理财。宋明理学思想中闪光点之一为倡导的"理财者乃为民而理"思想。这一思想既是继承了前人"民之富,即君之富"的思想学说,也更是对前人思想的发扬与创新。丘浚指出:"所以理财者乃为民而理,理民之财尔,岂后世敛民之食用者,以贮于官而为君用度者哉?古者藏富于民,民财既理,则人君之用度无不足者。是故,善于富国者

---

① (明)丘浚:《大学衍义补》卷一《总论朝廷》上册,上海书店出版社2012年版,第29页。
② 《大学衍义补》卷十四《制民之产》上册,上海书店出版社2012年版,第134页。
③ 《大学衍义补》卷二十《总论理财之道》上册,上海书店出版社2012年版,第191页。
④ 《大学衍义补》卷一《总论朝廷之政》上册,上海书店出版社2012年版,第32页。
⑤ 《大学衍义补》卷一《总论朝廷之政》上册,上海书店出版社2012年版,第29页。
⑥ 《大学衍义补》卷十四《制民之产》上册,上海书店出版社2012年版,第134页。

必先理民之财，而为国理财者次之。"①他清醒地认识到"有财而不能理，则民亦不得而有之"②，这样也就不是真正的养民之道。丘浚所谓的养民理财之道涉及是多方面的，在《大学衍义补》中，是以贡赋之常、经制之义、市籴之令、铜楮之弊、山泽之利、征榷之令、傅算之籍、鬻算之失、漕挽之宜、屯营之田等细目论述理财的。

三是"扶"，各得其分，贫富差距不要过大，防止太富太贫两种对立现象的发生。

在孔子的"正名"观基础上，朱熹打造了"理一分殊"的"各得其分"理论。朱子注《论语》"盖均无贫"，解释"均"意为"各得其分"。朱子提出，让每个人以其相应之"名"在社会活动、经济活动中"各得其分"。"分"是依照等级制度所规定的权利之"分"，为"有所分别之分"，具有权利与义务相适应意义。而丘浚在理论上最为全面与系统，认为养民在乎正辞。"所谓正辞者，辨其名实，明其等级，是是非非而有所分别，上上下下而无有混殽，则辞得其顺而正矣。"③很显然，他的这一思想来源于和朱子的"各得其分"观。丘浚指出：

> 《大学》释治国平天下之义，谆谆以理财为言，岂圣贤教人以兴利哉？盖平之为言，彼此之间各得分愿之谓也。何也？天下之大由乎一人之积，人人各得其分、人人各遂其愿而天下平矣。④

丘浚肯定人之欲念的合理性，继承朱熹各得其分、各安其分，止其所得的思想，承认"和乐"的理想社会论，推崇"百姓无内外之徭，得息肩于田亩，天下殷富，粟至十余钱，鸣鸡吠狗，烟火万里，可谓和乐"⑤。

---

① 《大学衍义补》卷二十《总论理财之道》上册，上海书店出版社2012年版，第191页。
② 《大学衍义补》卷一《总论朝廷之政》上册，上海书店出版社2012年版，第29页。
③ 《大学衍义补》卷一《总论朝廷之政》上册，上海书店出版社2012年版，第29页。
④ 《大学衍义补》卷二十《总论理财之道》上册，上海书店出版社2012年版，第195页。
⑤ 《大学衍义补》卷一百五十六《治国平天下之要》下册，上海书店出版社2012年版，第532页。

四是"节",要求节约用度,薄税敛,征发民众徭役不违农时,避免百姓财物竭尽。

犹如孔子治理国家的主张:"道千乘之国,敬事而信。节用而爱人,使民以时。"①朱熹要求"制节谨度,不敢纵逸,保一国之规模也"②。朱熹又认为"天下国家之大务,莫大于恤民,而恤民之实在省赋"③。就这一问题,朱熹还讲道:"国家财用皆出于民,如有不节而用度有阙,而横赋暴敛,必将有及于民者。虽有爱人之心,而民不被其泽矣。是以将爱人者必先节有,此不易之理也。"④朱熹对于"横敛无数,民甚不聊生""官艰于催科,民苦于重敛"状况深感担忧,为减轻人民负担,提出了轻徭薄赋均税的主张。为改革役法,他提出实行差役法,力求均衡担负徭役,"乡有阔狭,某乡多富家,某乡少富家,却中分富家,以界两乡,令其均平,有其不均处,则随其道里远近分割裨补,令其恰好"。朱熹还提倡"薄赋敛以富之",指出:"须一切从民正赋,凡所增名色,一齐除尽,民方始得脱净。"⑤顾炎武也认识到明代赋税徭役之法残毒酷烈,"其科征之重,民力之竭,可知也已"⑥。诸如"火耗"等无名之税横征暴敛已经成为"穷民之根,匮财之源,启盗之门"⑦,致使"民生愈贫,国计亦愈窘"⑧,终至明朝灭亡。因此,顾炎武说:"夫生民之利有穷,故圣人之法必改。"⑨要改革赋税法,按照孟子所言"取于民有制",立法"禁限私租",这是顾炎武改革赋税法的重要思想之一。他把这种"禁限私租"的主张,称之谓"厚下之政",予以调动民众生产积极性,稳定社会统治,于国于民皆有利。

---

① 《论语·学而》,(清)阮元:《十三经注疏》第 23 册,中华书局 1980 年版,第 5 页。
② 《孟子集注》卷二《梁惠王章句下》,《朱子全书》第 6 册,第 262 页。
③ 《朱文公文集》卷十一《庚子应诏封事》,《朱子全书》第 20 册,第 581 页。
④ 《朱文公文集》卷十二《己酉拟上封事》,《朱子全书》第 18 册,第 625 页。
⑤ 《朱子语类》卷一百十一《论民》,《朱子全书》第 18 册,第 3556 页。
⑥ 《日知录》卷十《苏松二府田赋之重》,《顾炎武全集》,上海古籍出版社 2011 年版,第 434 页。
⑦ 《亭林文集》卷一《钱粮论》下,《顾炎武全集》第 21 册,上海古籍出版社 2011 年版,第 19 页。
⑧ 《日知录》卷十二《言利之臣》,《顾炎武全集》,上海古籍出版社 2011 年版,第 496 页。
⑨ 《日知录》卷十二《财用》,《顾炎武全集》,上海古籍出版社 2011 年版,第 493 页。

六、宋明理学宗法社会的重建

1. 宗法社会重建之必然

以血缘关系为纽带的宗法原则与君主专制的政治体制相结合的伦理政治是中国社会政治制度的鲜明特点。宋明理学推崇尊祖敬宗与亲亲尊尊的宗法精神，体现了层级分明的社会秩序。它在强调"家天下"宗法模式的同时，又把"格君心之非"作为治道之本，提倡庶民化的宗法制度，使之适用于社会各阶层的行为规范而更具普及性，使"保甲为经，宗族为纬"的控制网络得以完备。

在门阀士族制的废墟上，不少宋儒呼吁和倡导按照儒家伦理重新建立宗族规制，其中朱熹是不遗余力地重构新的宗法制度、重建宗法社会的代表。朱熹之所以大肆鼓吹恢复宗法制度与当时内忧外患的环境相关。在朱熹看来，振兴纪纲、讲明义理是抵制外患解决内忧的有效途径。朱熹试图以重建宗法社会为手段，上尊朝廷，改变积弱之势，下立氏族，凝聚宗族之力，增强民众抗敌之心。同时，基于商品经济的发展，土地买卖的盛行，土地所有权的变更迅速，租佃契约制地主经济的迅猛发展，导致农民对地主的人身依附关系减弱，地主阶层内部的分化剧烈，一些门阀大族失去了原有的社会地位，而一些寒族却依靠科举成为新贵，而且多子平均继承制又使他们聚敛而来的土地和财富在一、二代后就迅速分散。为此，北宋理学家张载深有感触："且如公卿一日崛起于贫贱之中以至公相，宗法不立，既死遂族散，其家不传。……今骤得富贵者，止能为三四十年之计，造宅一区，及其所有，既死则众子分裂，未几荡尽，则家遂不存。如此则家且不能保，又安能保国家！"① 在此背景下，宋明理学家认为门阀制度下的宗族组织已失去圣人立宗法的本意，主张重建古代的宗族组织，用重建宗法社会的手段，上尊朝廷，改变积弱之势，下立氏族，以宗族的凝聚力增强社会根基，帮助政权控制农

---

① 《张子全书》卷之三《经学理窟·宗法》，西北大学出版社2015年版，第68页。

民，以稳定社会秩序。

而且由于"家"是个人与国家政权联系的中介，它上承国家，下续百姓，所以朱熹认为只要"家齐"，就能下治百姓，上报朝廷；就能将个人道德良知扩大并推广到家族、宗族的道德自觉，又由"家"之道德扩大并推广到社会、国家、天下，形成普遍的道德理性。在《家礼·原序》中，朱熹明确指出自己编书的目的："庶几古人所以修身齐家之要，谨终追远之心，犹可以复见；而于国家所以崇化导民之意，亦或有小补云。"[①] 因此，朱熹推行家礼是想通过修身齐家的方式，帮助国家达到崇化导民的最终目的。

宋代社会经济关系重新组合，重建伦理纲常成为巩固统治的实际需要，因而也成为理学的主要内容。只有在思想意识及纲常伦理上实现家族宗族与国家、社会的同构，才能保证国家对乡村的统治形式及有效秩序，才能保持特有的血缘关系与地缘关系交叉合一的组织形式，使儒家价值形态获得更广泛的认同，保证国家意识形态及政治伦理纲常对乡村社会的控制。朱熹说："'孝者所以事君，弟者所以事长，慈者所以使众。'此道理皆是我家里做成了，天下人看着自能如此，不是我推之于国。"[②] 又说："'事亲孝，故忠可移于君；事兄弟，故顺可移于长'，便是本。"[③] 在朱熹看来，只有如此这般，天下才可太平，国家就可大治。朱熹把《大学》中所说的"格物致知，正心诚意，修身齐家治国平天下"，作为理论依据，企图在"理"的名义下，建立起上自朝廷下至每个家庭的一整套周密的社会秩序，劝诱人们通过"灭人欲"的自我修养方法以达到自愿服从。宋明理学具有"家国一体"的政治观念，在他们看来，家庭既是国的基本组成单位，又是国的缩影，治家的目的是为了更好地治国。因此，家族制度的运作就是理学思想的实践。

为此，朱熹撰修了《家礼》，编辑了《增损吕氏乡约》，制定了一整套宗法伦理的繁礼缛节，具体提出了诸如祠堂、族田、祭祀、家法、家礼等民

[①] 《朱文公文集》卷七十五《家礼序》，《朱子全书》第23册，第873页。
[②] 《朱子语类》卷十六，《朱子全书》第14册，第549页。
[③] 《朱子语类》卷二十，《朱子全书》第14册，第625页。

间家族制度的结构形态的主要内容,不仅使理学宗法伦理观念随之庶民化很好地实现了理学向基层社会的有效渗透,而且使"以理治天下"的治国理念世俗化,对维护社会稳定是起到了积极作用的。

从思想观念层面讲,秦汉以后尤其是唐代以礼入律以后,礼法入律,"礼"变为"理"(天理),作为调整全体社会成员关系的最高规范确立下来。古代王朝的统治和维护需要有一套比较完整的理,用以治理国家。宋明王朝以"理"服人,得民心者得天下;以"理"治国,用制度保障社会的稳定,用制度促进社会经济的发展与繁荣。在理的指导下,基层宗族社会中人们的行动更加协调一致,宗族社会呈现出的自治特征。"中国人对于家族和宗族的团结力非常大,往往因为保护宗族起见,宁肯牺牲身家性命"[①]。家族主义与宗族主义有着深厚根基,正因为这样,国家承认宗族组织合法性,力图发挥其在乡村治理上的作用。理成为宗族社会中人们所遵守的最基本的行为准则,而且也承担了民间法的主要职能,可谓是基层宗族社会的"活的法律",促使理治制度内涵由此大大地延伸了。需要指出的是,理治宗法的实施不单是依赖政府强制力的约束,而更主要是依赖宗族社会内部集体行动逻辑的选择,是宗族社会成员的自觉认识与主动实施。宗法统治需要政权的庇护,反过来政权也需要宗法家族的支持,二者密切配合,互补互用,是维护社会稳定的重要支柱。

费孝通先生在《乡土中国》中指出:"我们常分出两种不同性质的社会:一种是并没有具体目的,只是因为在一起生长而发生的社会;一种是为了要完成一件任务而结合的社会。前者是礼俗社会,后者是法理社会。"[②] 在中国传统社会中,统治者预设了宗法社会上下、尊卑、贵贱的等级政治秩序,并以理治的形式将其确定下来。特别是从中国传统社会结构来讲,家与国同构、亲与贵合一,因此只要家族利益不危及国家利益,国家便认同族长、家长自主的治家之权。宋明理学追求建立和谐的社会秩序,注重以道德教化平息纷争。李泽厚在《宋明理学片论》中说道:"理学家们几乎无一例

---

① 《孙中山选集》,人民出版社1981年版,第617页。
② 费孝通:《乡土中国》,上海人民出版社2006年版,第9页。

外地要求用等级森严、禁欲主义……等等封建规范对人进行全面压制和扼禁。"并说:"宋明理学强调在实践行动中而不是在思辨中来实现这个普遍规律(理)"①。这种实现又必须是高度自觉的,即具有自我意识的。在某种意义上,它是在追求伦理学上的"自律"。理学家通过其掌握的政治权力,参与到立法活动之中,将其推崇的整体主义"理治"精神输入法律之中。这是一种"存天理,灭人欲"的秩序,首先所关注的是整体利益的要求。在这样一种秩序下,政治、思想、法律的制度相互配合,促成了中国超稳定的宗法制社会的形成。

2. 宗族社会凝聚之方案②

面对世家大族在宋代瓦解的局面,如何在新的时空条件下强化宗族的凝聚力,重建宗法组织,恢复家族制度,以促进社会长治久安,也就成为宋代理学家需要着力解决的具体问题。宋明理学不仅在理论上将"家礼家法"提升到"天理"的高度,而且提出了修族谱、建祠堂、明世系、墓祭先祖以及置祭田等加强宗族凝聚力的具体方案。

第一,修谱考宗,明谱收族。

族谱是家族形成和发展的文字见证,是维系家族血缘关系的重要精神纽带。宋代理学家热衷修谱是希望借此来强化对族众的宗法伦理驯化,实现有效控制族众的目的。《近思录》云:"管摄天下人心,收宗族,厚风俗,使人不忘本,须是明谱系,收世族,立宗子法。"③ 又说:"若立宗子法,则人知尊祖重本。人既重本,则朝廷之势自尊。"④ 在朱熹眼里,明谱系、立宗子法不仅对家族而且对国家都有重要的作用。为此,朱熹不仅积极参与自家族谱的修纂,而且也积极参与为他人的族谱写序言、赞词、跋语、诗句等。透过朱熹为家族修谱以及为他人家谱作序言行,既可以了解朱熹的宗法伦理思想,也可以了解理学对当时家族观念的影响。朱熹为《陈氏族谱》写

---

① 李泽厚:《中国思想史三部曲论》,天津社会科学出版社2007年版,第93页。
② 此节内容由课题组成员周茶仙教授执笔。
③ 《近思录》卷九,《朱子全书》第13册,第252页。
④ 《近思录》卷九,《朱子全书》第13册,第254页。

的《序》中说道:"谱存而宗可考,是故君子重之。"① 在这里,朱熹说明了君子重谱谍的缘由。在为福建闽清的陈旸、陈祥道的族谱所写的序文中,朱熹对谱牒的伦理整合之功寄予厚望。他说:"人情以君子之泽,五世而斩,一经流远,视若途人。然昭穆既明,本源自辨,后有作者,果能追念前由,无忘厥祖,披图按籍,孝思勃生,则勉旃下怠,庶光前业已。"② 在《吴氏族谱序》中,朱熹则集中阐述了对家族谱系的看法,认为家族有个延续的过程,宗族的繁衍必须缘本溯源,说:"是故谱不由鼻修,若有枝而无根如水无源也。"③ 修谱可以记录各代族人的行为事迹,后人亦可因循而有所作为。在《曹氏族谱序》中,朱熹明确提出了族谱编修的意义和谱牒不修的后果。他说:"族谱之设,纪源流,序昭穆,而明宗道之法也。谱牒不修,源流不纪,则人心无管摄,必至法斁纲沦,亲疏莫辩,尊族敬宗之道不明,此谱之所由作也。"又说:"谱牒既成,乃宗盟之盛事,启后人隆礼义,敦孝悌,知爱敬,正风俗,是可以观世教,则谱之道明矣。"④

朱熹之所以亲自参与族谱的修纂并热心地替他人家族作序或写传,主要是想将传统儒家道德普及深入至民间,甚至渗透到家族中,促使人们自觉或不自觉地运用理学文化资源,并将之内化为一种伦理道德精神,从而实现"礼下庶人",完成理学向基层社会的有效渗透,促使理学宗法伦理观念民间化,借此加强对基层社会的控制。

第二,民间祠堂,敬宗收族。

祠堂是供奉祖先神主进行祭祀的场所。宋代以前强调只有天子和贵族才能建庙祭祖,而庶民之家不得建祠立庙,庙祀祭祖权为大宗所特有,且按照各自身份的不同而享有祭祀一世、二世、三世、四世祖先等不同等级的祭祖权,其中平民只祭一世(父亲)。对此宋明理学提出了反对意见,强烈要

---

① 福建闽清塔峰梅古可行支谱编委会:《陈氏族谱·朱子序》。
② 闽清塔峰梅谷(渡口)可行支谱编委会:《颖川陈熹公系千郎宗谱可行支谱》,《陈氏族谱·朱熹序》1998年刊,第184页。诸多家谱序有托名,虽非确切为朱子所作,然宗谱多以程朱理学为准则。
③ 《吴氏族谱·朱熹序》,刊《石城吴氏七修族谱》。
④ 《曹氏族谱序》,江西省婺源县江湾镇晓鳙村曹敬坤藏。

求祭祖权的下移。程颐说："凡人服既至高祖，祭亦应至高祖，不祭甚非。"①清人张惠言说："三代而下，宗法不立，宋之大儒忧之，乃始讲论，使士庶人之祭皆及高祖，而又以义起先祖、初祖之祭。"②伴随宗法组织的恢复，民间建置祠堂开始兴起，宋代理学家可以说是建置祠堂的积极倡导者和身体力行者，其中张载、程颐率先主张在家族内部设宗子、建家庙、立家法。在此基础上，朱熹将张载、程颐的有关设想进一步发展完善，将家祠打造成为"敬宗收族"的祭祀基本组织模式。

作为家庭内祭告祖先的场所，祠堂最能体现"报本反始之心，尊祖敬宗之意"③。朱熹在《家礼》一书中对设置祠堂的规制作了论述，"庶民祭于寝，士大夫祭于庙"，"庶人无庙，可立影堂"。每个家族须于正寝之东设立一个奉祀高、曾、祖、祢四世神主牌片的祠堂四龛，格式是祠堂"三间，外为中门，中门外为两阶，皆三级，东曰阼阶，西曰西阶，阶下随地广狭以屋覆之，令可容家众叙立"④。朱熹提倡的祠堂之制虽然未脱宗法旧制，但其主张已将"五世则迁"的"小宗"之祭落实到民间社会，对"先王礼制"进行了变通：一方面，把始祖及先祖排除在祠祀之外；另一方面，又认同以墓祭的形式举行"百世不迁"的"大宗"之祭，以抒发慎终追远、尊敬孝穆的情操。朱熹此举对之后民间家族制度的发展产生了深远的影响。由此，宋代平民之祭已经皆及三代高祖，当然，真正推动宗族祭祖权的下移广泛推行宗法制是嘉靖十五年（1536）。礼部尚书夏言上《令臣民得祭始祖立家庙疏》："臣民不得祭其始祖、先祖，而庙制亦未有定制，天下为孝子慈孙者，尚有未尽申之情……乞诏天下臣民冬至日得祭始祖……乞诏天下臣工立家庙。"⑤夏言的奏请得准，以法律方式确定了宗法家庙制度与祭祖权。到明代中期则扩大到祭祀四世，到清朝作出明确规定："庶人家祭，设龛正寝北，奉高、

---

① 王应奎：《柳南续笔》卷三《庶人祭高祖》，中华书局1983年版，第174页。
② 张惠言：《茗柯文编》四编《嘉善陈氏祠堂记》，中华书局1971年版，第52页。
③ 《朱子家礼》卷一《通礼》，《朱子全书》第7册，第875页。
④ 《朱子家礼》卷一《通礼》，《朱子全书》第7册，第875页。
⑤ 夏言：《夏桂洲先生文集》卷十一《请定功臣配享及令臣民得祭始祖立家庙疏》，清厎桂帅堂藏版。

曾、祖、祢位。"①

祠堂的主要功能是祭祀祖先，祭祀仪式包括祠祀与墓祀本身就是一种宗族控制手段。通过祠祭不仅可以追思祖先的"木本水源"之恩，还可以用血缘亲情维系团结族人，唤起他们同根同源的家族意识，增强家族的向心力。因此祠祭活动充分体现了程朱一派的孝敬精神和端肃风范。同时，祠堂也是向族众宣讲家族伦理、礼法的讲堂。祠堂祭祀仪式开始之前，往往会向族众"读谱"，讲述祖宗艰难创业的历史、宣读家法族规、宣讲劝诫训勉之辞和先贤语录。通过祠堂这个教化或劝诫之所，不断地对族人耳濡目染，使理学的宗法伦理精神逐渐在族人中被接受而庶民化。可以说，祠堂是理学宗法伦理精神得到凝固的载体。宋代理学家通过祠堂强化了这种观念，也使祠堂取得高于一切财物而神圣不可侵犯的地位，正像朱熹在《家礼》中所说："或有水火盗贼，则先救祠堂，迁神主、遗书，次及祭器，后及家财。"②说明祠堂在人们心目中地位的重要。

以宗子法为核心的祠堂之制，逐渐改变了祖先祭祀特权化规范，走向了以维护等级制为基础的普世大众化祖先祭祀的宗法制度，既适应了当时下层平民有限的经济实力，也满足了他们进行敬祖孝宗的精神需求。南宋以降，家族宗法家祠制度基本是按朱熹设计的模式建立的，其理论演化为民间家族的立庙之则。

第三，共置族产，赈济睦族。

族产是宗族的公有财产，是维持家族制度的经济支柱和家族组织正常运转的物质基础。在农业社会中，族产主要以族田为基本形式，分为祭田、义田、学田三种，主要采用招佃耕种，祭田是供祭祀用的，义田是供赒济贫困族人用的，而学田则是供宗祠办学用的，不过三者的区别并不十分严格。族产的收入除祭祖、办学、办理一些公益事业外，主要用来周恤族人。朱熹重视置办族产，作为维持祠堂、家族活动的经济基础。他说："初立祠堂，则计见田，每龛取其二十之一以为祭田，亲尽则以为墓田。后凡正位祔

---

① 《清史稿》卷八十七《礼志》，中华书局2012年版，第1830页。
② 《朱子家礼》卷一《通礼》，《朱子全书》第7册，第879页。

者皆放此，宗子主之，以给祭用。上世初未置田，则合墓下子孙之田，计数而割之，皆立约闻官，不得典卖。"① 朱熹认为，族田属家族公有，凡家族成员名义上一律平等地享有族产，不得典卖、转让或馈赠。其中，族田"不得典卖"的原则，为各地族训所恪守不渝。由于祠堂的收支、祭祖等诸多环节是繁杂的，因而须有专人管理。而管理族田又有着巨大的经济利益，因此，宗族内部成员时常为争夺管理权而经常发生内讧。久而久之，不得典卖族田的原则有时就成了一纸空文，族田常常被势豪侵渔兼并，而这种势豪又往往为本族的重要成员。对此，朱熹的态度是明朗而有导向性的，他反对势豪侵并，而对于那些能够遵循儒学"家礼"，用"义学"等方式敬宗、收族、赡族和赈济的，就付诸笔端，大加赞扬。如赞誉吴某"方为义庄、义学、义冢，以俟宗族之贫者"②；朱熹从祭田、墓田及管理权诸方面设计了一套详尽的宗族共财的制度，虽不能解决社会的贫富不均，但能救助族众中一些燃眉之急，使族人不致流离失所与忍受饥饿，体现了宗亲关系中的融洽友爱。族产的赈济睦族功能在一定程度上掩饰并部分缓和了宗族内部的对立，加强了族人对宗族的依赖性，对于团聚安定宗族、维持伦常具有积极意义。

第四，立规建仪，敦化导民。

宋代宗法家族组织依靠族规家法管理控制族人，族规对族众有着严格的约束作用。族规在内容上有两种：一种是"乡约""家法""家规"等制度性规定；另一种是"家训""家范"等伦理训诫，大多侧重在家伦理、纲常名教、勤俭持家、勠力本业、完纳国赋、息灭争讼等方面，用于规范族人行为和协调族众关系。

朱熹认为要建立平民化的宗族及家族制度，重建新的族规礼仪是极为重要的，而且这也是加强对基层社会统治的基本点。鉴于当时士人从小缺乏家族中伦理纲常熏染的状况，朱熹认为当务之急是重振孔孟以来失落之家族、宗族体制及其礼仪、伦理，为此他特地花了大量的精力来编修《家礼》

---

① 《朱子家礼》卷一《通礼》，《朱子全书》第7册，第876页。
② 《朱文公文集》卷八十八《龙图阁直学士吴公神道碑》，《朱子全书》第23册，第4115页。

等书，借以推动家族制度的复兴。朱熹制订的《家礼》，将"理"的原则贯彻于家庭，日日讲习仪章度数，由士大夫之家进而扩展到民间万户，以期收到辅助朝廷"敦化导民"的效果。《家礼》因此成为当时乃至以后各族制订"族规""家规""家典"的主要依据，不仅在谱序、凡例中遵行朱熹《家礼》，而且在具体仪式上也依朱熹《家礼》具体要求，照搬不误，亦步亦趋。朱熹在族规礼仪中特别注重"孝""悌""节"及"忠恕"等。在朱熹看来，善事父、兄，有"孝道"者，必然会推己及物，扩而充之，也能善于事奉长官，忠于长上。他说："其为人孝弟，则必须柔恭，柔恭则必无犯上作乱之事。"[1] 这充分彰显了推事亲以明事君的主旨。

北宋中期，张载的弟子吕大钧制定了《乡约》，他以地缘和血缘为纽带，内容涉及乡邻间德业、过失、礼俗、患难方面的相互规劝和相互扶助以及彰善罚恶等，具有道德性、社区性和官倡民治等特征。在此基础上，朱熹加以修订，撰成《增损吕氏乡约》。将家法与乡约进行整合，形成一个有机整体。朱熹自述："乡约四条，本出蓝田吕氏，今取其他书，及附己意，稍增损之，以通于今。"[2] 这种修乡约不是单纯的学术研究，而是为了"彼此交警""教人善俗"。朱熹在与张敬夫的信中说："乡约之书，偶家有藏本，且欲流行，其实恐亦难行如所喻也。然使读者见之，因前辈所以教人善俗者，而知自修之目，亦庶乎其小补耳。"[3] 朱熹《乡约》同样是以修齐治平理念为主导。虽然《乡约》不是家族组织的规约，但其礼仪条文与家礼的关系极其密切，其中详细地陈列了大家应该遵守的行为准则、生活礼仪。伴随朱熹学术地位的提高，他提倡的乡约也因此有了非凡的影响。有人说："假使没有朱子出来修改，出来提倡，不惟吕氏乡约的条文不容易完美，吕氏乡约的实行不容易推广，恐怕连吕氏乡约的原文，吕氏乡约的作者，也会葬送在故纸堆里，永远不会出头。正因为他是一个名重全国，名闻后世的大儒，乡约制度才受天下后世的重视，乡治组织才有四面八方的发展。"[4] 这种以家法宗规

---

[1]《朱子语类》卷二十，《朱子全书》第14册，第625页。
[2]《朱文公文集》卷七十四《增损吕氏乡约》，《朱子全书》第23册，第3601页。
[3]《朱文公文集》卷三十一《答张敬夫》，《朱子全书》第21册，第1331页。
[4] 杨开道：《中国乡约制度》，山东省乡村服务人员训练处1937年，第146页。

乡规民约为核心的制度文化,是将伦理道德寓于血缘亲情关系之中,并内化为人们为人处世、待人接物的内心信念,不仅凝聚了同宗合力,缓和了内部的矛盾,而且使理学的内在文化精神逐渐外化为宗族乡里的行为选择,从而主导着家族文化与基层社会的价值取向。这个结果,也许正是朱熹本人所预设的。

理学家作为恢复宗法制度的倡导者和推动者,其宗法伦理思想对后世影响极深。各宗族广建祠堂、大修宗谱、制定族规、行冠婚丧祭之礼,后世无不奉朱熹《家礼》为圭臬,体现了重血缘、重宗法、以家庭为本位、以孝悌为基础的程朱理学思想和精神。理学家所提倡庶民化的宗法制度,把原来适用于王道、贵族之道的"敬宗收族"意识形态,改造成为适用于社会各阶层的行为规范。正是族谱、宗祠、族规、族产的有机结合,维系着宗族的存在和运转。朱熹的理论为后世社会创设了"尊祖"必叙谱牒、"敬宗"当建祠堂、化民则立规仪、"睦族"需有族产的模式,从而使有谱、有祠、有产成为这种新的家族制度的主要特征。

第六章　宋明理学理治社会之法统

到目前为止，还没有一种关于"法统"的公认语义而被普遍接纳。按照现代法理解释，法统是宪法和法律的传统，是源自同一宪政基础的法律的统一体系。这一解释显然与我们所说的中国传统文化"法统"有本质区别。就中国传统文化"法统"而言，武树臣教授认为法统是指统治权力的法律根据，就是以法律和宪法性法律中的某项规定，为统治权力获得来源的传统性。法统其实是指中国传统法律文化的价值基础。① 也有人认为法统是一种规范次序及其时代合法性的建构。② 甚至有学者认为法统即是道统。③ 我们认为，法统为法的精神核心，将其视为指导法律实践活动的总体精神，以此作为出发点考察法律实践活动所要实现和维护的价值追求。"法统"决定着法律实践活动的本质和发展方向。"法统"具有纵向的稳定性、历史的阶段性，从中国法律发展历程看，"法统"历经天命论、伦理论、义理论、宪政论等历史阶段。宋至清中期正是处在法统义理论阶段。

《礼记》云："所以定亲疏，决嫌疑，别同异，明是非。"④ 而荀子谓之："人道莫不有辨，辨莫大于分，分莫大于礼"⑤。西汉礼法融合，唐律一准乎礼。因此，礼为法的精神核心。在两宋以前的司法过程中，虽然已经有将

---

① 参见武树臣等：《中国传统法律文化》，北京大学出版社 1994 年版，第 42—44 页。
② 参见鲜江临：《关于"法统"语义建构及国家认同问题的思考——对虚无文化国家观的颠覆性言论和对规范国家的建设性观点》，引自北大法律信息网，2004 年 9 月 18 日。
③ 参见俞荣根：《道统与法统自序》，法律出版社 1999 年版，第 29 页。
④ 《礼记集解》，中华书局 1989 年版，第 6 页。
⑤ 王天海：《荀子校释》，上海古籍出版社 2005 年版，第 175 页。

"人情"置于相当的位置,"因民情"已普遍被儒家学者所肯定,但只有到宋明理学发明"天理"之意义后,才真正体现出"天理、人情"的地位。明理学家薛瑄倡导"法者,因天理,顺人情"①是其中最具代表性而精辟的论述。"因天理,顺人情"也成为宋明理学法统核心。郑克《折狱龟鉴》解析法理与人情,说:"夫所谓严明者,谨持法理,深察人情也。悉夺与儿,此之谓法理;三分与婿,此之谓人情。"②明人刘惟谦等在《进明律表》中云:"陛下圣虑渊深,上稽天理,下揆人情,成此百代之准绳。"清乾隆皇帝御制《大清律例序》也云:"简命大臣取律文及递年奏定成例,详悉参定,重加编辑。揆诸天理,准诸人情,一本于至公而归于至当。"沈家本将情理之说与传统法律结合,认为法律"根极于天理民彝,称量于人情世故,非穷理无以察情伪之端,非清心无以袪意见之妄","是今之君子,所当深求其源,而精思其理矣"③。

在法统义理阶段,宋明理学演绎着由"法者,天子所与天下共也""天下之大公"向"以天下之权寄之天下之人"的转向,并逐渐走向否认君主单向权力"独治""以公心待天下之人"的立法意向,坚持以"循天理之公、不恂人欲之私"原则,"法有定制"与"随时制宜"原则,以及"以严为本,以宽济之"刑法之适用。可以说,宋明理学对传统法律文化产生了巨大影响。

一、宋明理学法律属性——义理法

在关于中国传统社会的法律属性问题上,学者议论纷纷。梁启超先生于1904年发表《中国法理学发达史论》,提出儒家法即为自然法,将中国古代"法自然""则天""天理""天志"等思想认同于西方的"自然法"思

---

① 陈弘谋:《从政遗规·薛文清公要语》,台湾和裕出版社2007年版,第33页。
② (宋)郑克撰,杨奉琨校释:《折狱龟鉴校释》卷八《严明》,复旦大学出版社1998年版,第387页。
③ 沈家本:《重刻唐律疏议序》,《唐律疏议》,中华书局1983年版,第670页。

想。① 陈寅恪先生在《隋唐制度渊源略论稿》中最早提出"中国法律儒家化"命题，指出："古代礼律关系密切，而司马氏以东汉末年之儒学大族创建晋室，统治中国，其所制定之刑律尤为儒家化。"② 瞿同祖先生承续了儒家法思想，认为："中国法律之儒家化可以说是始于魏、晋，成于北魏、北齐，隋、唐采用后便成为中国法律的正统。"③ 而梁漱溟则是传统法律为伦理文化属性的首议者。④ 梁治平先生在《寻求自然秩序中的和谐》里，曾对中国社会"礼法文化"这一概念作了详细阐发⑤，徐忠明进一步发挥，提出传统法律文化根本精神是"宗法—伦理"，又将瞿同祖对中国传统社会的分析视为"身份社会"类型，认为中国传统法律文化当属"身份法律"⑥。杨景凡、俞荣根先生提出了以孔子为代表的儒家法律思想是伦理法律思想，伦理化是中国古代法律思想的发展脉络和总体总结，认为中国传统法律文化的基本特征实系"礼法文化"⑦。除此之外，还有学者将传统法律思想属性定为公法文化属性、"义务本位主义"、"家庭主义"或"皇权主义"等。诸如此类，对传统法律文化属性作了整体性概括。

同时，也有学者对传统法律属性从阶段性发展作出划分。一般而言，大都是将中国传统法律文化发展进程划分为法律道德化与道德法律化两个过程。⑧

---

① 参见梁启超：《中国法理学发达史论》，《饮冰室合集》第2册，中华书局1989年版。
② 陈寅恪：《隋唐制度渊源略论稿》，上海三联书店2001年版，第111页。
③ 瞿同祖：《中国法律与中国社会》，中华书局1996年版，第246页。
④ 参见梁漱溟：《中国文化要义》，《梁漱溟全集》第五卷，山东人民出版社1990年版，第440页。
⑤ 参见梁治平：《寻求自然秩序中的和谐》，上海人民出版社1991年版，第202—231页。
⑥ 徐忠明：《辨异与解释：中国传统法律文化的类型研究及其局限——〈寻求自然秩序中的和谐〉读后》，《南京大学法律评论》1998年秋季号。
⑦ 俞荣根先生在《儒家法思想通论》中还把儒家法思想与西方自然法思想的不同归结为以下几个方面：西方自然法的法哲学基础是天人分离的，而儒家之法则是天人合一的；自然法是神性的、先验的、思辨的，儒家之法是人性的、经验的、直感的；自然法作为至高无上的理想法，它是形而上的，一般不直接干预人定法的管辖领域，不直接进入司法程序，儒家的天道、天理或礼就不同，往往集理想法与实在法于一身，可以直接进入司法程序，所谓"以理杀人"即是明证。（参见《儒家法思想通论》，广西人民出版社1992年版，第131—134页）
⑧ 参见史广全：《礼法融合与中国传统法律文化的历史演进》，法律出版社2006年版。

梁启超把中国法理学史发展的历史划分为三个阶段：一是礼治时代（三代至春秋之前）；二是法治主义时代（春秋战国）；三是法治主义衰落时期（自秦汉以下）。杨鸿烈的《中国法律思想史》将中国法律思想发展的历史过程，划分为四个时代，即所谓"殷周萌芽时代"，"儒、墨、道、法对立时代"，"儒家独霸时代"和"欧、美法侵入时代"①。胡旭晟提出："法的发展可以逻辑地划分为三大阶段：首先是法律与宗教、道德浑然一体，此为'混沌法'；其次是法律走出宗教，但仍与道德不分，故乃'道德法'；最后是法律进一步与道德分离而独立化，便是'独立法'。"其中，"道德法"阶段无疑占据了中国法发展历程的主流。②

纵观中国传统法律发展轨迹，我们认为，中国传统法律属性呈阶段性特征：一是从先秦到汉唐的伦理法阶段；二是从宋到清的义理法阶段。笔者曾在2004年提出"朱熹义理法律属性"的观点，对以孔子为代表的伦理法与以朱熹为代表的义理法进行了比较，并指出了伦理法律思想与义理法律思想的立法司法原则的差异性③，引起了学术界一定的反响。但从一些学者引用与论述中，对于以朱子为代表的宋明理学义理法律思想的属性还缺乏相应的认识，有必要对此进一步加以论述。

1."法者，因天理"

明理学家薛瑄将传统法律精辟概括为"法者，因天理，顺人情"④，说明了传统天理、国法、人情三者的基本联系，而这也是宋明理学法统的核心内容。"因"的基本字义有"原故，原由；依靠、凭借；顺应，连接；因袭、承袭"等，宋明理学以一"因"字高度概括了法与理之间的关系。"国法"具有依靠、源于、顺应、亲近维护以及因袭"天理"等含义。朱熹提出的"法者，天下之理"⑤，薛瑄主张"法者，因天理"，包含了以下两层意义：一是

---

① 参见杨鸿烈：《中国法律思想史》，中国政法大学出版社2004年版，第5—11页。
② 参见胡旭晟：《法的道德历程：法律史的伦理解释（论纲）》，法律出版社2006年版，第18—19页。
③ 参见徐公喜：《朱熹义理法律思想论》，《中华文化论坛》2004年第2期。
④ 陈弘谋：《从政遗规·薛文清公要语》，线装书局2015年版，第326页。
⑤ 《朱文公文集》卷六十九《学校贡举私议》，《朱子全书》第23册，第3360页。

"国法"源于与承袭"天理";二是"国法"顺应与维护"天理",这揭示了宋明理学法的渊源、法的目标、法的含义与作用、法的正当性问题,明确了宋明理学"以理统法"的意义,促进法律的理性化完善。

首先,"国法"源于"天理"。

"天理"在宋明理学思想体系中既包含道理、规律,也具有秩序、准则、规定性的意义。"国法"源于"天理",也即天理是国法的原体,主要涉及"法律渊源"问题。先秦以来到唐,形成诸多法律起源论,大体可以归纳为三类不同观点:一为天命天理天道说,包括周公神权天命说、孔子韩非天道说、董仲舒天命说、韩愈与司马光天刑说等;二为心性情义说,以孟子四端性善说、墨子天义说、李翱复性说等为代表;三为物欲节制说,以荀子化性起伪、明分使群说为代表。

尽管立论各异,但都认为法律是君王圣人发宪布令的产物。而宋明理学则构建了由天—性—理—气—人、物新的天理体系:

> 性即理也。天以阴阳五行化生万物,气以成形,而理亦赋焉,犹命令也。于是人物之生,因各得其所赋之理,以为健顺五常之德,所谓性也。性虽同,而气禀或异,故不能无过不及之差。圣人因人物之所当行而品节之,以为法天下,则谓教,若礼、乐、刑、政之属是也。①

> 盖自天降生民,则既莫不与以仁义礼智之性矣,然其气质之禀或不能齐,是以不能皆有知其性之所有而全之。以有聪明智能尽其性者出于其间,则天必命之以为亿兆之君师,使之治而教之,以复其性。以伏羲、神农、黄帝、尧舜所以继天立极,司徒之职,典乐之官所由设也。②

理学的人性决定了人情,并且还是天理和国法存在的条件与依据,把天与人联系起来,承继了先儒天道与人道、自然与人为相通、相类和统一的天人合一观,"天降生民,则既莫不与以仁义礼智之性矣",也因此形成了人伦差异

---

① 《中庸章句》,《朱子全书》第6册,第32页。
② 《大学章句序》,《朱子全书》第6册,第13页。

性。而且宋明理学吸取佛道思辨的营养，扭转了汉儒人附于天的天人合一模式，创立了突出人的心性的天人合一道德本体论，从根本上论证天理与人法的统一。在宋明理学思想体系中，"天理"是万物本原，"万物皆只是一个天理"，国法理所当然也是天理的产物，"至如言'天讨有罪，五刑五用哉，天命有德，五服五章哉'，此都只是天理自然当如此"①。法的产生乃天理所为，是天理自然当如此。

与陆王心学的心性、气禀论说不同，程朱理学从不同路径进行了理论架构。程朱理学把人划分为"生而知之的圣人""学而知之的大贤""困而学之的众人"和"困而不学的下民"不同的等级。朱熹认为"生而知之者，气极清而理无蔽也；学知以下，则气之清浊有多瓜，而理气缺系焉耳"②。作为第一等的"生而知之的圣人"属聪明智慧能尽其性者，可以成为亿兆之君师，他们包括伏羲、神农、黄帝、尧舜等圣人，"生知安行，不待学而能，如尧舜是也"③。因而能够尽心知性知天的圣人是人间的立法者，这些圣人来到世上的一项职责就是"教而治"其他另一类人，以求最终达到"复其性"的目的。学知以下者则有气禀厚薄之别，于"理"惑而不知，甚至困而不学。圣人在治教过程中，就应当"因人物之所当行而品节之"，根据人的不同气禀厚薄施以不同的措施。对学知以下三等应当施以德礼政刑四个不同层次的方略，"人之气质有浅深厚薄之不同，故惑者不能齐之，必以礼齐之，齐之不从，则刑不可废"④，对于学而知之的大贤可以运用德礼之教改造大贤，使之整齐归理，而人对于困而学知及困而不学之人单纯依靠德礼是无法"齐一"的，就应当施加政刑予以约束。朱熹认为圣人之所以成为亿兆之师，这是"天命之""继天立极"的结果。他们是代天理物，圣人代天理物的理论实际就是"性"来源于天。朱熹认为帝舜以契为司徒之官，教以人伦，命皋陶作士，明刑以弼"五教"，故而《大学章句》有所谓"伏羲、神农、黄帝、尧舜所以继天立极，司徒之职，典乐之官所由设也"。《中

---

① 《河南程氏遗书》卷二，《二程集》，中华书局2004年版，第30页。
② 《孟子集注》卷五《滕文公章句上》，《朱子全书》第6册，第306页。
③ 《朱子语类》卷四，《朱子全书》第14册，第194页。
④ 《朱子语类》卷二十三《道之以政章》，《朱子全书》第14册，第805页。

庸章句》则又有"圣人因人物之所当行而品节之,以为法天下,则谓教,若礼、乐、刑、政之属是也"的训导。尧舜等圣人创制法也就是来源于天,即"天理"。陆王心学承继孟子四端心性说而强调道德的自觉自律,将"心即理""心即道""心即天"统一起来认识,认为人性善虽然是固有的,但由于"气有所蒙,物有所蔽,势有所迁,习有所移"①的原因,心有蔽惑,而只有"深知其非,则蔽解惑去而得所止矣"②,主张"以义制事,以礼制心"③。要求以"心之理"为最高准则,除"心"之弊,复"心"之明。

宋明理学从天—理气—心性—人物天理体系出发,以人的自然属性与社会属性统一为一体,推演出法源于天理,其创制也是圣人继天立极的结果。宋明理学强调"天"即"理","性""法"来源于天。而此"天理"之天,而非纯自然之天。宋明理学是将天理作为天之本源的宇宙本体论角度来说明,万物聚和,且将之前的天道说、人性论集合一体,通过性、气等沟通天与人(物)之间的联系,解释人之性、道德性命上接及在于天。天理无疑也是包括人和万物的准则。因而,天不仅是宇宙万物的源流,而且还具有人的意识属性、社会普遍性意义,以此解释了万物本源。这不同于董仲舒那种有人格、有意志、至高无上的宗教神的天。宋明理学的"法得之于天"与董仲舒天人感应、君权神授的法渊源有相当的差异性,克服了汉儒所谓"人附于天"的模式,从本原上论证天理与人法的一体。而理学沿袭"天"之名,赋予新义,借以天的概念广泛流传,造就天理的法律起源论,更具有理论严肃性与社会普遍性的统一。以"天理"是万物本原,"万物皆只是一个天理",以人的自然属性与社会属性统一为一理,推演出法源于天理,其创制也就是圣人继天立极的结果。总之,国法也是天理的产物。

宋明理学论述法的起源时以圣人继天立极解说天与人的沟通,首先把人性来源上接及于天命,提出道德性命本身的究极来源于天。这是把哲理化的理论与社会现实生活加以对接,努力说明天之所以为天、人之所以为人

---

① 《陆九渊集》卷十九《武陵县学记》,中华书局1980年版,第238页。
② 《陆九渊集》卷一《与赵监》,中华书局1980年版,第9页。
③ 《尚书正义·仲虺之诰》,(清)阮元:《十三经注疏》,中华书局1980年版,第161—162页。

者,及法律与社会群体、社会文化的相互联系,以造就法律起源的神秘严肃性与社会普遍性的统一。宋明理学"法得之于天"天理渊源思想并不是董仲舒天人感应、君权神授天命论的翻版,而是理学大师在新的理论基础上的融合与阐释,其"天"实质是"理"或"天理"。其天不仅是宇宙万物的源流,而且还具有人的社会意识属性,把它视为最高行为准则。而董仲舒的天则是有人格、有意志、至高无上的神的代名词,源于"天神",继承了殷周以来宗教神学思想,经过王充、刘禹锡、王安石等的批判,更失去了其生命力。理学家们只是沿用了先人"天"之名,利用"天"的概念深入人心之便,灌之以新义,以利于天理思想的传播。明朝法学家丘浚同样是从天理天道观出发,认为君贤圣人立法设刑是"承天意",继天理的,"号令之颁,政事之施,教条之节,礼乐之度之具,刑赏征讨之举",皆"非君之自为之也,承天意也"①,目的是"去天下之梗",而"圣人治天下有为生民之梗者必用刑狱断制之"②。

他所说的"天意"也就是朱熹的"天理"。严复在《法意》按语中比较中西法律文化后认为:"西文'法'字,于中文有理、礼、法、制四者之异译,学者审之。"提出中国古代法"理为法之原","国法"的正当性来源于"天理"③。"理"是天之理,是国法根源,宋明理学通过将法与理结合使之获得合理性。

其次,"国法"顺应与维护"天理"。

"法者,因天理"的第二层意义是"因"具有"亲近"之意,引申意为国法作为天理的支撑而必须维护天理。自宋以来通常"天理、国法、人情"连用。《名公书判清明集》中大量出现"实情、事理、国法",宋明理学将天理作为最高范畴,是国法与人情的依据,故而天理与国法、人情处于不同层次上,天理处于高一层次,人情与国法并列同属于天理的从属层次。由此,经常以"准情用法""情法两尽"或"情法两平"并列说明司法运用,国法与人情共同成为天理的支撑。

---

① (明)丘浚:《大学衍义补序》上册,上海书店出版社2012年版。
② 《大学衍义补》卷一百《总论制刑之义》下册,上海书店出版社2012年版,第139页。
③ 《法意》卷一按语,见《严复集》第3册,中华书局1986年版,第935页。

宋明理学以为"国法"作为天理的支撑，维护着"天理"。这可以通过对于法的定义、作用以及法律目标的考察得到反映。

(1) 法的含义

宋以前，诸多的思想家从不同角度概括了传统法律之内涵与作用。《文子·上义》篇："夫法者，天下之准绳也，人主之度量也，县（即悬）法者，法不法也……犯法者，虽贤必诛；中度者，虽不肖无罪，是使公道行而私欲塞也。"这一论说可以说是其中典型代表。在前人思想基础上，宋、元、明、清时期以理学为正统意识形态，指导法律理论与实践，对传统法律的含义与作用又有了更多阐发。

第一，法为刑。传统的法律理路是将法视为"刑法"，代表天意以惩治犯罪，这是法的最基本之义。宋明理学继承了这一思想，训"典刑"为"旧法"，以为"'天讨有罪，五刑五用哉'，此刑法之本意也。若天理不明，无所准则，而屑屑焉，惟原情之为务，则无乃徇情废法而纵恶以启奸乎"①。杨万里也说得很明确："法不用则为法，法用则为刑；民不犯则为法，民犯之则为刑。"②丘浚则一言以蔽之："制定于平昔者谓之法，施用于临时者谓之罚。法者罚之体，罚者法之用，其实一而已矣。"③明确概说了法为刑，"刑者，天讨有罪之具"④。

第二，法为则。自夏、商、周三代以来，"法者，天下之准绳"一直是对法重要内涵的概括之一。刑者辅治之法。朱熹注"敬慎威仪、维民之则"⑤"伐柯伐柯，其则不远"⑥，都是将"则"训为"法"。

第三，法为礼。如前所言，宋儒以为"礼者，圣人之法制也"⑦。"礼者，虚称也，法制之总名也。""法制既立，而命其总名曰礼。"⑧以"礼"等

---

① 《朱文公文集》卷三十《答汪尚书》，《朱子全书》第21册，第1304页。
② 《诚斋集·刑礼论》，影印文渊阁《四库全书》本，1986年。
③ 《大学衍义补》卷一百《总论制刑之义》下册，上海书店出版社2012年版，第141页。
④ 《中庸或问下》，《朱子全书》第6册，第596页。
⑤ 《诗经传》卷十八，《朱子全书》第1册，第695页。
⑥ 《中庸集注》，《朱子全书》第6册，第39页。
⑦ 《李觏集》卷二《礼论第四》，中华书局2011年版，第11页。
⑧ 《李觏集》卷二《礼论第五》，中华书局2011年版，第15页。

同于"法",强调的是礼的规范性的一面,提升了规范性的"法"的神圣性。同时,宋明理学又提出"礼法互等",强调了法与礼"二者出此则入彼"的差异性,将礼法合流的思想向前推进了一步。"盖礼与刑二者出此则入彼,立典于此而示民以礼节之所当然,而又象刑于彼而示民以法禁之所必然,所当然者祀典之常制,所必然者有司之成法。降下其典于民,使其知必如此则为合于礼,不如此则为犯于刑,启其善端,遏其邪念,折而转之,使不入于刑而入于礼焉。"① 礼本身就有天理意义,"礼者,理也。理无物而不备,故礼亦无时而不足"②。"所谓礼者天之理也,以其有序而不可过,故谓之礼。"③ 而且程朱理学将礼谓"天理之节文","礼之为体虽严,而皆出于自然之理"④ 视为通识,认为礼是源于天理的高度创制,认为礼是内蕴天理的"制度""节文",具有天理之"用"的属性。

第四,法为理。朱熹明确指出说:"法者,天下之理","法字、礼字,实理字"⑤。这是宋明理学思想体系独创性的一方面。而宋明理学之法、礼的实质在于理,周敦颐说:"礼,理也;乐,和也。"⑥ 虽然早在《礼记·乐记》就有"礼也者,理也,君子无礼不动"的说法。但《乐记》之"理"仅仅只有"道理"之意义。孔颖达疏:"礼谓道理,言礼者,使万事合于道理也。"⑦ 而宋明理学的理既是道理之理,也是治理、条理之理,更是天理之理。宋明理学也有"法者,道之用也"⑧ "法者,明事理而为之防者也"⑨ 之类的提法,将法上升到"天理"意义的高度。儒家一贯坚持天讨顺之,宋明理学则提出赏罚皆天理:"'天命有德,五服五章哉;天讨有罪,五刑五用哉。'其赏罚

---

① 《大学衍义补》卷一百一《总论制刑之义》下册,上海书店出版社2012年版,第148页。
② 《东莱外集》卷一,《续金华丛书》,上海古籍出版社1987年版,第368页。
③ 《南轩集》卷二十六《答吕季克》,《张栻全集》,长春出版社1999年版,第916页。
④ 《论语集注》卷一《学而第一》,《朱子全书》第6册,第72页。
⑤ 《朱文公文集》卷六十九《学校贡举私议》,《朱子全书》第23册,第3360页。
⑥ 《通书·礼乐》,《周敦颐集》,中华书局1990年版,第25页。
⑦ 《礼记正义》卷五十,(清)阮元:《十三经注疏》,中华书局1980年版,第1614页。
⑧ 《河南程氏粹言》卷一《论政篇》,《二程集》,中华书局2004年版,第1219页。
⑨ 《周易程氏传》第二,《二程集》,中华书局2004年版,第804页。

皆天理，所以纳斯民于大中，跻斯世于太和者也。"①

从宋明理学对"法"含义的概说，也可以看出，中国传统法律走过了一条从法为刑、为准则，到法为礼，直至法为理的发展轨迹。宋明理学释法为理，理以礼的规范实现法的内容和目的。

（2）法的作用

对于法的作用，总体上讲，传统法律文化与现代法律思想没有太大的差异性。宋明理学将法的作用归纳为以下几方面：

一是明理防范，这是法的预防作用。"刑以防奸，古今通义。"②"法之为法，禁于已然者，则反是禁于将然。"③"多为之法，以禁防之，虽大奸有所不能逾，而贤智之臣亦无能效尺寸于法之外"④。这是对《大戴礼记》"礼者禁于将然之前，而法者禁于已然之后"的继承与发展。

二是明刑禁畏，这是法的警示作用。程颐指出："发下民之蒙，当明刑禁以示之，使之知畏，然后从而教导之。治蒙之初，威之以刑者，所以说去其昏蒙之桎梏。桎梏谓拘束也。不去其昏蒙之桎梏，则善教无由以入。既以刑禁率之，虽使心未能喻，亦留畏威以从，不敢肆其昏蒙之欲，然后渐能知善道而革其非心，则可以移风易俗矣。"⑤"除去不善以安夫善，使天下之不善者有所畏而全其命，天下之善者有所恃而安其身"⑥。

三是刑以弼教，这是法的教化作用。这是宋明理学特别强调的部分。

> 圣王为治，设刑罚以齐其众，明教化以善其俗。刑罚立则后教化行矣。⑦

> 明于五刑以弼五教，此万古圣人制刑之本意也。可见刑之制，非专用之以治人罪。盖恐世之人不能循夫五伦之教，故制刑以辅弼之，

---

① 《陆九渊集》卷十一《与吴子嗣》，中华书局1980年版，第146页。
② 《李觏集》卷五《周礼致太平论五十一篇共序》，中华书局1981年版，第67页。
③ 《大学衍义补》卷六十七《总论教化之》上册，上海书店出版社2012年版，第504页。
④ 《日知录》卷九《宗令》，《顾炎武全集》，上海古籍出版社2011年版，第398页。
⑤ 《周易程氏传》卷一《蒙》，《二程集》，中华书局2004年版，第720页。
⑥ 《大学衍义补》卷一百《总论制刑之义》下册，上海书店出版社2012年版，第150页。
⑦ 《周易程氏传》卷一《蒙》，《二程集》，中华书局2004年版，第720页。

使其为子皆孝，为臣皆忠，为兄弟皆友，居上者则必慈，与人者则必信，夫必守义，妇必守礼有一，不然则入于法，而刑辟之所必加也。天下之人，有见于此，其资质之美者有所畏，而一于为善，气禀之偏者有所惩，而不敢为恶，则彝伦为之益叙，而刑罚可以不用矣。①

此两段引文反映了宋明理学对刑教意义的认识。一是刑罚为的是"齐众"，使人不敢为恶；二是五刑弼教，才是先圣制刑的真正目的，也是刑辟的深层因素；三是刑罚的目的就在于可以不用刑罚。顾炎武认为法的价值在于"正人心，厚风俗"，"法制禁令，王者之所不废，而非所以为治。其本在正人心，厚风俗而已"②。他说："先王治天下之具，五典、五礼、五服、五刑。其出乎身，加乎民者，莫不本之于心。以为之裁制，亲亲之杀，尊贤之等，礼之所生也。"③

四是以刑去刑，这是法的惩戒作用。程颐说："圣人以卦之象，推之于天下之事，在口则为有物隔而不得合，在天下则为有强梗或谗邪间隔于其间，故天下之事不得合也，当用刑罚，小则惩戒，大则诛戮以除去之，然后天下之治得成矣。"④朱熹则指出："教之不从，刑以督之。惩一人而天下知所劝诫，所谓辟以止辟。"⑤丘浚就明确提出："用刑以刑人，将使人不敢为恶而务于为善，然后吾刑不用矣"。"圣人治天下有为生民之梗者必用刑狱断制之。刑狱以去天下之梗也所谓梗者即有间之谓。"⑥在他看来，仁爱之实是天理的要求。理学家认为以法用刑是符合"自然之理"，丘浚就说："是知圣人为治不能以不用刑，此盖天地自然之理"⑦。对于天理伦理秩序的侵害，就

---

① 《大学衍义补》卷一百《总论制刑之义》下册，上海书店出版社2012年版，第144页。
② 《日知录》卷八《法制》，《顾炎武全集》，上海古籍出版社2011年版，第363页。
③ 《日知录》卷七《行吾敬故谓之内也》，《顾炎武全集》，上海古籍出版社2011年版，第330页。
④ 《周易程氏传》卷二《噬嗑》，《二程集》，中华书局2004年版，第802页。
⑤ 《朱子语类》卷七十八《大禹谟》，《朱子全书》第24册，第2662—2663页。
⑥ 《大学衍义补》卷一百《总论制刑之义》下册，上海书店出版社2012年版，第139—140页。
⑦ 《大学衍义补》卷一百四《制刑狱之具》下册，上海书店出版社2012年版，第169页。

应当予以处罚,惩罚犯罪当然也是符合天理的内在要求。

理学家反对将法律视为治国最主要的工具:"天下之事,固非法之所能防也。""前人立法初,不能详究事势,豫为变通之地,后人承其已弊,拘于旧章,不能更革,而复立一法以之,于是法愈繁而弊愈多世,如勾军、行钞二事,立法以救法,而终不善者也。"①

综合而论,明末思想家王夫之在《读通鉴论》中说:"法者,非以快人之怒、平人之愤、释人之怨、遂人恶恶之情者也;所以叙彝伦、正名分、定民志、息祸乱,为万世法者也。"②国法因"天理"而产生,以"天理"为指导,维护传统社会纲常之"天理"便是国法之重任。圣人制刑,只有一个目标,就是为了庇护纲常的施行,维护纲常伦理。德刑无先后之分,刑罚无轻重之别。丘浚认为国法也是天意之体现,"刑无大小,皆上天所以讨有罪者也"③,"人君承天意以行刑"④。从传统法律条款的制定实践看,宋以后立法者尽可能将犯罪情节、刑罚上作出准确的描述与精确规定,以减少司法官员自由裁量的空间。司法者根据实情判决,无疑体现天理的正义性,而司法者有时候试图规避律例,同样也是为了在实际的案情中实现利益平衡。这种利益平衡衡量的标准就是"天理、人情",所以,国法没有成为天理、人情的对立面,恰恰相反,国法是利益平衡的具体体现。

2. 法律伦理化

张中秋对中国传统法律伦理化问题进行了系统的研究,认为伦理化是人伦关系的道德倾向:"所谓'中国传统法律的伦理化',并非指中国传统法律的全部内容是伦理规范,或者说所有的伦理规范都是法,而只是表明,儒家伦理的原则支配和规范着法的发展,成为立法与司法的指导思想,法的具体内容渗透了儒家的伦理精神"。又说:"宋、元、明、清诸律在以《唐律》

---

① 《日知录》卷八《法制》,《顾炎武全集》,上海古籍出版社 2011 年版,第 364 页。
② 《读通鉴论》卷二十一《中宗一三》,《船山全书》第 10 册,岳麓书社 2011 年版,第 814 页。
③ 《大学衍义补》卷一百《总论制刑之义》下册,上海书店出版社 2012 年版,第 145 页。
④ 《大学衍义补》卷一百十二《存钦恤之心》下册,上海书店出版社 2012 年版,第 232 页。

为蓝本的同时,还对《唐律》中的伦理化精神做了与时俱进的弘扬与发挥,特别是在宋明理学取代汉唐儒学而成为占统治地位的意识形态后,礼教的观念获得了前所未有的深化和扩散,法律的伦理化较《唐律》实远过之而无不及,有关家庭、婚姻、两性关系等领域的法律伦理化达到了十分极端的地步。至此,法律不是更加独立了,而是更加伦理化了。"① 张中秋在此也肯定了伦理法律化是宋明法律对传统法律继承与发展的重要内容。

宋明理学继续传承先秦尤其汉唐以来三纲五常的儒家思想,君权天(天理)授,顺天揆事,是受天理委托治理国家:"天为万物之祖,王为万邦之宗,乾道首出庶物而万汇亨,君道尊临天位而四海从,王者体天之道,则万国咸宁也。"② 因此,君主"建立治纲,分正百职,顺天时以制事,至于创制立度,尽天下之事者,治之法也"③。作为授命于天的君主如一家之主,职责重大,"天下之治乱系乎人君仁与不仁耳"。父为子纲,"仁莫大于父子,义莫大于君臣,是为三纲之要、五常之本、人伦天理之至,无所逃于天地之间"④。因此,在日常生活中,要求人们"事父母,则当尽其孝;处兄弟,则当尽其友"⑤。在程朱等理学家看来,夫妇之伦是各种社会伦理的开始,夫妻关系是一切社会关系的基础,夫为妻纲是三纲的基础。"有天地然后有万物,有万物然后有男女,有男女然后有夫妇,然后有父子,有父子然后有君臣,有君臣然后有上下,有上下然后礼仪有所措。天地,万物之本。夫妇,人伦之始"⑥。朱子也强调,"人伦莫大于三纲,而夫妇为之首"⑦;同时,又肯定夫妻关系在法律中的不平等。理学以父权为主的家长权力和明确族权,用法律保障家庭内部的尊卑关系,主张夫为妻纲,男女有别、男尊女卑。《明律·刑律·断狱门》"妇人犯罪"条规定:"妇人犯罪,除犯奸及死罪收禁外,其余杂犯责付本夫收管。"从诉讼上看,法律限制妻妾的诉讼权。宋律规定,

---

① 张中秋:《中西法律文化比较研究》,南京大学出版社 1999 年版,第 119—120、125 页。
② 《周易程氏传》卷一《乾卦》,《二程集》,中华书局 2004 年版,第 698 页。
③ 《近思录》卷八《治体》,《朱子全书》第 13 册,第 245 页。
④ 《朱文公文集》卷十三《垂拱奏礼》,《朱子全书》第 20 册,第 633—634 页。
⑤ 《朱子语类》卷十五,《朱子全书》第 14 册,第 464 页。
⑥ 《易经·序卦》,《二程集》,中华书局 2004 年版,第 854 页引。
⑦ 《朱文公文集》卷二十《论阿梁狱情札子》,《朱子全书》第 21 册,第 917 页。

妻告夫与卑幼告尊长同罪。宋律规定妇女具有限制性财产权利。朱熹曾说到他在浙东任上办理的一件案件,讲到绍兴有继母与亡夫表弟为接脚夫,其子不甘,以母擅用家业来诉,初以名分不便未受理,后念"其情甚切",又思量"其父身死,其妻辄弃背与人私通,而败其家业,其罪至此,官司若不与根治,则其父得不衔冤于地下乎",受理了此案并予以重判。在朱熹辞官后,经过反思,才对此认为是不妥的。①

从案件讯训说,尊尊亲亲是有所别的。二程认为"下民"是先王立法制刑的主要对象,"下民"是处于社会最底层的阶级,是理应受到刑罚的对象。二程认为对待"下民"要"小惩而大诫",而对待有罪官吏时要采取不同的方法。二程指出:"'天尊,地卑',尊卑之位定,而乾坤之义明矣。高卑既别,贵贱之位分矣。"② 就是说天高地卑、君尊臣卑、男尊女卑是天经地义的道理,社会同样存在尊卑贵贱之分。对待官员犯罪问题,程颐曾说道:"卿监以上无逮系,为其近于君也。君有一时之命,有司必执常法,而不敢从焉。君无是命,而有司请加之桎梏,下则叛法,上则无君,非之大也。"③ "越狱,以谓卿监以上不追摄之者,以其贵朝廷。有旨追摄,可也;又请枷项,非也。不已太辱矣?"④ 这是程颐与张载就卿监以上官吏犯罪如何惩处的问题所提出的看法。程颐认为卿监以上官吏因为经常与君主相近,是处于贵人行列的,所以不能轻易"逮系"。即使君主有令执法,而执法者也要坚持所谓的"贵贵"原则,不能顺从君主的一时命令。而且在刑讯中,不能随意对大臣们加以桎梏,进行拷问刑讯,因为这不符合"贵贵"原则。如果不是君主的命令,而执法者主动给公卿大臣加以桎梏,对下而言是违反法则,对上而言是蔑视君主的意思,这是更加错误的做法,应该立即纠正改过。如果公卿大臣越监狱而出逃,也不要马上去追捕,这也是尊重朝廷的表现,就是"宁狱情之不得。而朝廷大义不可亏也"⑤。二程对官吏审讯应当

---

① 参见《朱子语类》卷一百六,《朱子全书》第17册,第3469页。
② 《河南程氏经说》卷一,《二程集》,中华书局2004年版,第1027页。
③ 《河南程氏粹言》卷一《论政篇》,《二程集》,中华书局2004年版,第1214页。
④ 《河南程氏遗书》卷二上《二先生语》,《二程集》,中华书局2004年版,第47页。
⑤ 《河南程氏粹言》卷一《论政篇》,《二程集》,中华书局2004年版,第1214页。

做到隐词，不将公卿大臣的罪行公布于世而有损官员的尊严。"如古人责其罪，皆不深指斥其恶，如责以不廉，则曰俎豆不修"①。即是认为古人审讯官吏时，都是不直接指斥其罪责，比如对待贪污的大臣，只能说其"俎豆不修"，而不能直接说其不廉洁。二程还认为，对于犯罪官吏的处罚不能"殊无养士君子廉耻之道。必断言徒流杖数，赎之以铜，便非养士君子之意"②。这就是反对宋代对犯罪官吏动辄判为徒刑流放，责之以杖刑的做法。简而言之，二程的观点与孔子所说的"刑不上大夫，礼不下庶人"是有渊源的，就是"贵贵"。

宋明理学主张在尊卑上下长幼亲疏之中都需有个"度"。从诉权而言，"凡以狱讼，必先论其尊卑上下长幼亲疏之分"③，卑下幼疏者在法律规定上和法律实践中一般处于弱势地位，但仍需维护尊长权威的诉讼地位，"民户词诉，不应为状首人，自不当出名"④。为维护尊长的绝对权威，在诉讼程序上也是加以重视。子、孙是没有举告祖、父的权利的，以尊卑义理剥夺了其诉权，"律：孙告祖当死，此不可告"。《二程外书》载有一案："有人疑祖杀其父告之，其罪如何？律：孙告祖当死，此不可告，明矣；然则父杀其子如何？律：徒一年版，以理考之，当徒二年，虽是子，亦天子之民，不当杀而杀之，是违制也，违制徒二年。"从这一案例可以清楚地看到，祖杀父，作为孙子是不能告发的，否则有损于祖父的尊严而受到严厉处罚，然而父杀其子，律当徒一年，二程却以理为标准，把父与子都放在"天子之民"的地位看待，对父杀其子案在法律适用上是加重处罚"徒二年"，较之于国家法律"律一年"采取加重刑罚的处理方式。宋明理学所强调法律的尊卑上下长幼亲疏之分，此分具有"等分与职分"之义，反映了义理法律属性伦理的双重性，也即权利与义务的对应性。作为义理法律的伦理性，一方面表现法律体现了尊卑上下长幼亲疏之等分，为了维护"分"的规定性，坚持以"循天理之公，不恂人欲之私"的原则；另一方面，又可以不惜抛弃"直与不直""罪

---

① 《河南程氏遗书》卷二《二先生语》，《二程集》，中华书局2004年版，第112页。
② 《河南程氏遗书》卷十《二先生语十》，《二程集》，中华书局2004年版，第112页。
③ 《朱文公文集》卷十四《戊申延和奏札一》，《朱子全书》第20册，第657页。
④ 《朱文公文集》卷一百《约束榜》，《朱子全书》第25册，第4631页。

与不罪"的界限，以天理之名打破司法审判的常规，创造性地将天理运用于司法审判之中。可以说，严格区分等级名分是司法审判中坚持的一个重要原则。

而且宋明理学的思想体系已经改变了君臣与父子的次序，父子之亲胜于君臣关系。朱熹在解释《孟子》"舜为天子，皋陶为士，瞽瞍杀人"时说："为士者，但知有法，而不知天子父之为尊，为子者，但之有父，而不知天下之为大，盖其所以为心者，莫非天理之极，人伦之至。学者察此而有得焉，则不待计较论量，而天下无难处之事矣。"① 从中可以认识到，朱熹以是否符合天理人伦为中心，不能"以正理为空言而唯权之为徇"，否则势必导致"不幸有毫厘之差"的境地。又说："舜虽爱其父，而不可以私害公，皋陶虽执法，而不可以刑天子之父，故设此问，以观圣贤用心之所极，非以为真有此事也。皋陶之心，知有法而已，不知有天子之父也。皋陶之法，有所传受，非所敢私，虽天子之命，亦不得而废之也。"②

法律伦理化体现了尊卑上下长幼亲疏之权利与义务的对应性，即"君为臣纲，父为子纲，夫为妻纲"与"父子有亲，君臣有义，夫妇有别，长幼有序，朋友有信"新的共存。宋明理学以理一分殊理论论证了不同层次的人具有名分的不同，"君君臣臣，父父子子，兄兄弟弟，夫妇朋友，各得其位"③，各得其分，则才能各得其利，自然可以和。宋明理学在立法、法律适用与执法等法律规范上更强调"原父子之亲，立君臣之义"，义义亲亲比尊尊等级更重要。故而朱熹较前人更为直截了当地指出："凡听五刑之讼，必原父子之亲、立君臣之义以权之。盖必如此，然后轻重之序可得而论，浅深之量可得而测。"④ 并以"亲亲相隐"为诉讼证据程序的一个基本准则，是法律伦理的重要表现，这一思想及其有条件的适用性对后世法律思想及其实践都产生了深远的影响。

---

① 《孟子集注》卷十三《尽心上》，《朱子全书》第 6 册，第 438 页。
② 《孟子集注》卷十三《尽心上》，《朱子全书》第 6 册，第 439 页。
③ 《朱子语类》卷二十二，《朱子全书》第 15 册，第 764 页。
④ 《朱文公文集》卷十四《戊申延和奏札一》，《朱子全书》第 20 册，第 656 页。

3. 司法义理化

所谓法律的道德化，则主要侧重于守法过程，指的是法律主体把守法内化为一种道德义务，以道德义务对待法律义务。① 而宋明理学不仅将伦理法律化，而且更为重要的特别之处在于其司法义理化，强调决狱义理化。

宋明理学法律义理化是将"义理之所当否"视为辨别案件是非的根本准则，从法律适用说，推衍其义以断斯狱。如前所论，宋明理学崇尚"道理最大"，将义理视为最高的意识形态指导，也理所当然成为法的本体。朱熹认为"合于义理者为是，不合于义理者为非"②，宋明理学义理法律以理学义理作为裁判的依据。凡是法律条文与理学义理发生冲突、存在分歧矛盾的，以后者为裁判的依据。这说明理学义理具有高于现行法律的效力，即道德高于法律。"义理决狱"是道德统治的一个典型的表现。地位低下的人如果执意要告发地位尊长者，即使是按通常法律规定，事实之直在于低下的一方，也不能得到法律上的保护，如果理在尊长一方，则将给予超出常人的加重处罚。朱熹认为对于以下犯上的行为要坚决予以惩罚，不得姑息："臣伏见近年以来，或以妻杀夫，或以族子杀族父，或以地客杀地主，而有司议刑率以流宥之法，夫杀人者不死，伤人者不刑，虽二帝三王不能一此为治于天下，而况于其系于父子之亲，君臣之义，三纲之重，又非凡人之比者乎！"③ 以下犯上的行为造成杀伤情形，即使是行为者具有法律所规定的"可疑""可悯"之情节，按常律可宽贷的也不能擅辄宽免。朱熹以"原父子之亲、立君臣之义"为权衡诉讼的主要依据，从中充分体现了义理决狱的作用。正如戴震所言："尊者以理责卑，长者以理责幼，贵者以理责贱，虽失谓之顺；卑者幼者贱者，以理予之，虽得谓之逆。上以理责其下，而在下之罪，人人不胜指数。人死于法，犹有怜之者，死于理，其谁怜之！"④ 在刑事诉讼中若其情绝于义理，朱熹认为不必再行推鞫就可以处罚。在南康军任上对于阿梁案件的处理，就可以反映出朱熹义理决狱原则在诉讼中的指导作用。现载录于后：

---

① 参见范进学：《论道德法律化与法律道德化》，《法学评论》1998年第2期。
② 《朱子语类》卷八十三，《朱子全书》第17册，第2841页。
③ 《朱文公文集》卷十四《戊申延和奏札一》，《朱子全书》第20册，第657页。
④ 《孟子字义疏证》，张岱年主编：《戴震全书》第6册，黄山书社1995年版，第161页。

"本军阿梁之狱，节次番词互有异同，须至依条再行推鞫，然以愚见本人番词岁非实情，然且只据其所通情理，亦不可恕，不必再行推鞫，尽如前后累勘所招，然后可杀也。……夫人道莫大于三纲，而夫妇为之首，今阿梁所犯穷凶极恶，人理之所不容，据其番词，自合诛死，无足怜者。"① 此外，朱熹一方面承认田主与佃户"相须存立"的关系；另一方面，朱熹又强调田主与佃户相侵处罚的不平等性，佃户侵扰田主被视为"犯义""犯分"，主张"尽力扑讨"。

丘浚在《大学衍义补》中也以阿云之狱为例，明确认为推衍其义理以为断狱的基本原则：

> 阿云之狱何以处之？曰司马氏固云分争辨讼，非礼不决，臣请决之以礼。夫夫妇三纲之一，天伦之大者，阿云既嫁与韦，则韦乃阿云之天也，天可背乎？使韦有恶逆之罪尚在所容隐，今徒以其貌之丑陋之故而欲谋杀之，其得罪于天而悖于礼也甚矣，且妻之于夫存其将之之心固不可，况又有伤之迹乎？诸人之论未有及此者，司马氏始是刑部，其后有弃常典、悖三纲之说，然隐而未彰也，臣故推衍其义以断斯狱。②

4. 法律理性化

梁启超先生在《五十年中国进化概论》中说，中国文化经历了一个从经济理性化到政治法律理性化，再到伦理文化理性化的过程。宋明理学义理法律属性的另一表现就是法律理性化。宋明理学将"义理之所当否"视为辨别是非的根本准则，同时也将追求法律事实的客观实在作为重要内容，使之成为审判的重要依据。由人伦理性向人伦理性与科学理性、知识理性并举转变。法律理性体现于系统的科学方法中，推行科学证据排伪法则，重视诉讼程序的地方立法，克服诉讼程序上的自专，追求案情的科学真

---

① 《朱文公文集》卷二十《论阿梁狱情札子》，《朱子全书》第21册，第917—918页。
② 《大学衍义补》卷一百八《谨详谳之议》下册，上海书店出版社2012年版，第207页。

实性。

（1）推行科学证据排伪法则，强调科学理性

将"义理之所当否"视为辨别是非与事实的根本准则，是宋明理学强调科学理性的重要方面。宋明理学在实践与理论上都十分重视证据。朱熹认为："天下事最大而不可轻者，无过于兵刑"，"狱讼，面前分晓事易看，其情伪难通。或旁无佐证，各执两说，系人性命处须吃紧思量，犹恐有误也。"① 司法审判辨别是非的重要依据应当是义理与事实，"道理无影形，惟因事物言语，乃可见得是非"②。"词牒无情理者不必判"③。同时，必须合理真实，"惟在事事审求其是，别去是非，积累久之，心与理一，自然所发皆无私曲，圣人应了事，天地万物，直而已矣"④。他曾说："先减书铺及勒供罪状，不得告奸"⑤。就是说通过篡改与伪造书证、刑讯逼供等方式获得的证据是不能作为诉讼证据的。以为"能别真伪者，一则以义理之所当否知之，二则以其左验之异同而质之，未有舍此两途而能以臆度悬断之者也"⑥。在诉讼中，若出现各方当事人所言事实、证据"文义有疑，众说错纷，则亦虚心静虑，忽遽取舍于其间。先使一说自为一说，而随其意之所之，以验其通塞，则尤无义理者，不待观于他说，而先自屈也"⑦。朱熹指出"大率观书但当虚心平气以徐观义理之所在"⑧。书并非独指书籍，亦是指文书、书证等。宋明理学认为"物"是"理"的真实体现和反映，物与理的关系是"有是物必有是理"，只要能正确认识事物，就可以使"理"了然心目之中，从而作出正确的判断。"格物者，穷理之谓也。然理无形而难知，物有迹而易睹，必因是物以求之，使了然无毫发之差，则应事自然无毫发之谬。"⑨ 强调以格物穷

---

① 《朱子语类》卷一百，《朱子全书》第 17 册，第 3553 页。
② 《朱文公文集》卷五十三《答胡季随》，《朱子全书》第 22 册，第 2505 页。
③ 《朱子语类》卷一百一十二，《朱子全书》第 18 册，第 3582 页。
④ 《朱子年谱》卷三十四下，《朱子全书》第 26 册，第 158 页。
⑤ 《朱子语类》卷一百一十二，《朱子全书》第 18 册，第 3582 页。
⑥ 《朱文公文集》卷三十八《答袁机中》，《朱子全书》第 21 册，第 1664 页。
⑦ 《朱子语类》卷七十四，《朱子全书》第 16 册，第 3583 页。
⑧ 《朱文公文集》卷三十一《答张敬夫》，《朱子全书》第 21 册，第 1342 页。
⑨ 《朱子年谱》，《朱子全书》第 26 册，第 30 页。

理、即物而穷其理的法则确认证据。朱熹在漳州任职时,"有讼田者,契数十本,中间一段作伪。自崇宁、政和间,至今不决,将正契及公案藏匿,皆不可考。某只索四畔众契比验,前后所断情伪更不能逃者"①。

程朱理学"以其左验之异同而质之"的法则是当时司法审判中的一项重要内容。就是通过不同的证据进行比较、对比,考察证据的相同点与不同点来找出其矛盾方面,利用事物之间的矛盾律排除伪证。朱熹认为任何事物都具有矛盾的对立面,大到天地,小到人身,无不相对,"大抵天下事物之理,亭当均要,无无对者……天地间真无一物兀然无对而孤立者"②。重点审择证据本身是否有矛盾、不统一的地方,一旦明辨出其"尤无义理",则该证据必为伪证。朱熹指出:"知,只有个真与不真分别。如说有一项不可言底知,便是释之误。"③他又说:"凡看文字,众家说有异同处,最可观,如甲说如此,且寻扯住甲,穷尽其辞,两家之说即尽,又参考而穷究之,必有一真是者出矣。"此处"文字"亦包含讼辞之义。当众家说有异同处时,"以众说互相诘难,而求其理之所安,以考其是非,别似是而非者,亦将夺于公论而无以立"④。"求其理所安"就是依据"理"法辨别错综复杂的证据,找出证据与"公论"的矛盾处,"夺于公论",使似是而非者无以立。

理学家不仅重视吸收理性认识,而且强调以感性认识为基础,认为必须通过亲自实践与验证,才能求得真是。宋明理学把"行"放在相当重要的地位上,认为"践其实而不为空言矣"⑤,较系统地论述了"知"与"行"的关系:"知之愈明,则行之愈笃,行之愈笃,则知之愈明","知得不实,故行得无力。"⑥"行"与"知"是相互关联,相互促进的。同时"行"是检验"知"的标准,他说:"欲知知之真不真,意之诚不诚,只看做不做如何,真

---

① 《朱子语类》卷十八,《朱子全书》第 14 册,第 603 页。
② 《朱文公文集》卷四十二《答胡广仲》,《朱子全书》第 22 册,第 1904 页。
③ 《朱子语类》卷九,《朱子全书》第 14 册,第 312 页。
④ 《朱文公文集》卷七十四,《朱子全书》第 24 册,第 3583 页。
⑤ 《中庸或问》,《朱子全书》第 6 册,第 593 页。
⑥ 《朱子语类》卷十四,《朱子全书》第 14 册,第 457 页。

个如此做的,便是知至、意诚"。因而对于事物的是非,证据的真伪必须切实尊重实践,落实到具体的实践中去。朱熹很重视调查实践,认为"方其知而行之及之,则知尚浅。既亲历其域,则知之益明,非前日之意味"①,也就是说对于事物必须"亲历其域",而非"泛泛然竭其心思",凭主观臆断。他认为调查实践的范围应当广泛,"须如僧家行脚,接四方之行士,察四方之事情,览山川之形势,视古今之兴亡,治乱得失之迹"②。朱熹曾回忆说:"某南康临罢,有跃马于市者,踏了一小儿,将死。某时在学中,令送军院,次日以属知录。晚过廨舍,知录云:'早上所渝,已拷治如法。'某既而不能无疑,回至军院,则其人冠履俨然,初未尝经拷掠也。遂将吏人并犯者讯。"③在司法审判过程中同样重视亲躬实践,从事物现象入手,通过亲自查讯,探求其本质,摒除虚假。

明察用刑则是理性主义的刑罚慎刑的一种表现,它是保证司法公正的前提。只有明察才能使量刑准确,才能稳、准、狠地打击犯罪,若不明察则会带来滥刑无辜的严重后果,使法律的威信丧失殆尽。在司法实践过程中,宋明理学强调应当"明辨""审问"。程颐指出:

> 明辨,察狱之本也。动而明,下震上离,其动而明也。雷电合而章,雷震而电耀相须并见,合而章也。照与威并行,用狱之道也。能照则无所隐情,有威则莫敢不畏。上既以二象言其动而明,故复言威照并用之意。
>
> 天下之事所以不得亨者,以有间也。噬而嗑之,则亨通矣。利用狱,噬而嗑之之道,宜用刑狱也。天下之间,非刑狱何以去之?不云利用刑,而云利用狱者,卦有明照之象,利于察狱也。狱者,所以究察情伪,得其情则知为间之道,然后可以设防与致刑也。④

---

① 《朱子语类》卷九,《朱子全书》第14册,第298页。
② 《朱子语类》卷一百一十七,《朱子全书》第18册,第3704页。
③ 《朱子语类》卷一百六,《朱子全书》第17册,第2464页。
④ 《大学衍义补》卷一百《总论制刑之义》下册,上海书店出版社2012年版,第139页。

在二程看来,"明辨"是察狱的基本要求,只有"究察情伪,得其情",才能为进一步判案提供可靠基础、获取方法,最终实现刑罚"设防与致刑"的目的,也就是达到查明案情之"照"与刑狱去刑之威并用的理想目标。

审问是多方面的。一是审问应当是"徐徐观之",不能有先入为主的思想,要濯去旧见以来新意。故而朱熹指出"正如听讼:心先有主张乙底意思,便只寻甲底不是;先有主张甲底意思,便只见乙底不是。不若姑置甲乙之说,徐徐观之,方能辨其曲直。横渠云'濯去旧见,以来新意',此说甚当,若不濯去旧见,何处得新意来。"① 二是在审问过程中最为可忧的是,有些人只见到他人的不是,而不能看到自己主张的错误,自以为是。因此,应当诘难他人的同时,也应当有所自诘:"人之病,只知他人之说可疑,而不知己说之可疑。试以诘难他人者以自诘难,庶几自见得失。"② 三是在审问过程中要"虚心平气""虚心静虑"。朱熹指出"大率观书但当虚心平气以徐观义理之所在"③。四是在审问过程中要尊重事实,脚踏实地,动有依据。也就是在诉讼中不能因人而异,要杜绝臆断,对于当事人所陈述的事实及所举证据,"如有可取,虽世俗庸人之言,有所不废;如有可疑,虽或传以为圣人之言,亦须更加审择。自然意味平和,道理明白,脚踏实地,动有依据,无笼罩自欺之患"④。五是有目的的思问,而不能"泛问远思"。在讯问过程中不能空思索而不去认真地体察,"且如做此事是学,然须思此事道理是如何,只凭下头做,不思这事道理,则昧而无得。若只空思索,却又傍所做事之体察,则心终是不安稳。须是事与思互相发明"⑤,只有"事与思互相发明"才能克服那种"神疲力殆"的后果。朱熹曾引苏轼言说道:"泛问远思,则劳而无功"⑥。六是慎思就是要"思量到人所思量不到处",看事物要有远见,"且如这一事见得这一面,是如此,便须看透那手背后去"⑦,"临事须仔细体

---

① 《朱子语类》卷十一,《朱子全书》第14册,第342页。
② 《朱子语类》卷十一,《朱子全书》第14册,第344页。
③ 《朱文公文集》卷三十一《答张钦夫》,《朱子全书》第21册,第1342页。
④ 《朱文公文集》卷三十一《答张钦夫》,《朱子全书》第21册,第1342页。
⑤ 《朱子语类》卷二十四,《朱子全书》第15册,第852页。
⑥ 《论语章句集注》,《朱子全书》第6册,第546页。
⑦ 《朱子语类》卷一百九,《朱子全书》第17册,第3535页。

察,思量到人所思量不到处,防备到人所防备不到处"①。具有这样的穷理精神才能辨正事实,查明真伪,"辨是非,又须自高一着,方判决得别人说话"②,而且经过深思熟虑"久而思得熟"就能达到"只见理而不见事"的境界。当然这种深思熟虑是应当"严密理会、铢分毫析"③才可实现的。为使审判中情得其实,法当其罪,朱熹主张加强对刑讯的限制,提出要对免于刑讯的对象、使用刑讯的条件、刑具规格及刑讯必申长吏等都作严格规定。在这一点上,宋朝《大刑统》规定,违者"以违制私坐"徒二年。长吏如违,"当重行朝典",因掠因致死者,"悉以私罪论"④。

(2) 注重法律科学知识总结

第一,注重司法勘验的总结与传授。追求司法勘验技术是宋明司法的重要内容。宋代以后编辑出版了大量这类性质的书籍,例如宋代宋慈的《洗冤集录》、佚名氏的《平冤录》、元代海盐县令王与的《无冤录》、明代王肯堂的《洗冤录笺释》、清代《补注洗冤录集证》等。清康熙三十三年 (1694) 国家律例馆曾组织人力修订《洗冤集录》,考证古书达数十种,定本为《律例馆校正洗冤录》,钦颁全国。清嘉庆十七年 (1811) 吴才鼎将《洗冤集录》、佚名氏的《平冤录》、王与的《无冤录》汇刻为一,称《宋元检验三录》。

第二,注重司法案例与判词的集结。南宋士大夫将个人书判编集以传后人借鉴。现存书判,主要有《名公书判清明集》《宋文鉴》中的王回书判、《后村先生大全集》中的刘克庄书判、《勉斋集》中的黄榦书判、《文山全集》中的文天祥书判等。《文体明辨》中也有几则。也有历代折狱事例汇集本,如宋代和凝父子的《疑狱集》、郑克的《折狱龟鉴》、桂万荣的《棠阴比事》等。

第三,注重办案策略与技巧的理论总结。在办案策略与技巧的总结方面,清朝达到了顶峰,主要有张我观的《覆瓮集》、王又槐的《办案要略》、万维翰的《幕学举要》、汪辉祖的《佐治药言》《续佐治药言》《学治臆说》

---

① 《朱子语类》卷十八,《朱子全书》第 14 册,第 632 页。
② 《朱子语类》卷一百九,《朱子全书》第 17 册,第 3583 页。
③ 《朱子语类》卷八,《朱子全书》第 14 册,第 293 页。
④ 参见郭东旭:《略论宋代法律文化特征》,《宋史研究论丛》2001 年总第 4 期。

《学治续说》和《学治说赘》、黄六鸿的《福惠全书》以及徐栋致的《牧令书》、王有孚的《一得偶谈》等，都是这方面著名的专著。特别是王又槐、万维翰、汪辉祖的作品，颇多真知灼见，影响极大。

(3) 重视诉讼程序的地方立法，克服自专

在诉讼慎刑的原则指导下，朱熹认为对于案件的审理不能够"望风希旨，变异情节"，应当采取措施克服诉讼程序上的自专。宋王朝为防止官员在审判中"偏听独任之失"，从中央到地方建立了较为完整的"鞫谳分司"制度，实施审理与判决分离，各司其局，相互监督，并强调"重立赏格，许人告首"①。尤其是对有些官吏在上级官吏干预下不顾事实胡乱处理的独断提出了尖锐的批评，指出："至于刑狱，最是重事，而一经监司何问，官吏便欲望风希旨，变异情节，则此是此事亦复不得自专。此三当去也。"②为了提高司法效力，尽早处理遗案，防止司法官员拖延时间，避免徇私枉法，朱熹采取了分橱法审理案件。他特地让人制作了几个大木橱放置于衙门大厅，一有诉状，分类放入橱阁中，召集部属，各领数案，他和部属都坐在大厅橱阁中分别下判决，遇有疑案，集中合议，很快就将案件审理完毕。朱熹通过"集众较量断去"，在诉讼中采取合议的形式来判案以实现慎刑。为防止长吏专断，朱熹极力提倡建立"聚录"和"签押"制度，即对大辟重案的判决，须先由长吏、通判、幕职官集体"聚录"，然后再"以次经由通判职官签押"，"方得呈知州，取押用印行下"③。这对发挥集体智慧，辨正事实与法律是十分有利的。朱熹曾回忆他在知南康军时，"每听词状，集属官都来列位于厅上看，有多少均分之，各自判去。到著到时，亦复如此。若是眼前易事，各自处断。若有可疑等事，便留在集众较量断去，无有不当，则狱讼如何会壅？"④在疑虑面前，集于议而非独断，有如现代社会法律所倡导的合议制的诉讼程序。基本定型于明代宪宗成化年间的会审制度，作为一项重要的

---

① 黄淮、杨士奇编：《历代名臣奏议》卷二百一十七《慎刑》，上海古籍出版社1989年版，第2850页。
② 《朱文公文集》卷二十六《与袁寺丞书》，《朱子全书》第21册，第1142页。
③ 《朱文公文集》卷一百《州县官牒》，《朱子全书》第25册，第4614页。
④ 《朱子语类》卷一百六，《朱子全书》第17册，第47页。

诉讼制度，正是宋以来理学文化"慎刑"思想在诉讼制度中的体现，同时也是诉讼理念民主化的体现，它或多或少对传统的纠问式诉讼制度产生影响。在诉讼制度上，清代进一步完善了重案会审制度，形成了秋审、朝审、热审等会审体制。

(4) 法律因"势"顺"理"

"国法"顺应"天理"，就是说国法的创建、修改以及适用都必须符合"理"之"势"，要适应天理发展的趋向与需要。一方面，只要是合理的也就必然能够成势，"理当然而然，则成乎势矣"；另一方面，顺势就必然能够达到合理，"只在势之必然处见理"①，不可逆理而为。王夫之就说："顺逆者理也，理所制者道也。可否者事也，事以成者势也。以其顺成其可，以其逆成其否，理成势者也。循其可则顺，用其否则逆，势成理者也。"②应当因势顺理，达到天下平的最高境界。而宋明理学的"势"是时势、形势、趋势，需要仔细研究、估计时势的特点和审视权变，顺势而为。

法律义理化又一表现就是，一方面既要注重法律的规定，另一方面又要视义理而为权。坚持"法有定制""随时制宜""罪疑从轻"的原则，强调法律规定性、统一性与灵活性。

一是法有定制。宋明理学重视"立法稳定"问题。在立法问题上，朱熹认为不能轻易地改变原有立法，指出："圣人立法，一定而不可易者，兼当时人习惯，亦不以为异也。"③提倡小变其法的主张。对于旧法只能是"兴其滞补其弊"，并不是完全改变旧法，而是如果旧法的确不再适合时宜也应当"小变其法"，如果旧法对于现实并"无大利害"就"不必议更张"④，而对于那些一时难以把握又于时并不有害的旧法则更是不能轻易地变法，应当"谨守常法"。这反映了朱熹对于变法是持十分谨慎态度的，保持了立法的稳定性与一贯性。明儒丘浚主张"法有定制"⑤，"国家制为刑书当有一定之

---

① 王夫之：《诗广传》卷九，《船山全书》第3册，岳麓书社1996年版，第601页。
② 王夫之：《诗广传》卷九，《船山全书》第3册，岳麓书社1996年版，第421页。
③ 《朱子语类》卷八十七《曲礼》，《朱子全书》第17册，第2945页。
④ 《朱子语类》卷一百八，《朱子全书》第17册，第3525页。
⑤ 《大学衍义补》卷一百一《总论制刑之义》，上海书店出版社2012年版，第140页。

制"①。他主张立法应"经常":"盖经常,则有所持循而无变易之烦。……以此立法,则民熟于耳目,而吏不能以为奸。"② 丘浚论述:

> 制定于平昔者谓之法,施用于临时者谓之罚;法者罚之体,罚者法之用,其实一而已矣。人君象电之光以明罚,象雷之威以敕法。盖电之光,非如日星之明,有恒而不息,欻然而为光于时顷之间,如人之有罪者,或犯于有司,则当随其事而用其明察,以定其罚焉;或轻或重,必当其情,不可掩蔽也。否则,非明矣。雷之威岁岁有常,虢虢之声震惊百里,如国家有律令之制,违其式而犯其禁,必有常刑,或轻或重,皆定制,不可变渝也。否则,非敕矣。夫法有定制,而人之犯也不常,则随其所犯而施之以责罚,必明必允,使吾所罚者,与其一定之法,无或出入,无相背戾,常整饬而严谨焉。用狱如此,无不利者矣。③

丘浚论述的主旨是说"一定之法",而刑罚只是临时施用,但其轻重"不可变渝"。吕坤指出:"法者,所以平天下之情。其轻其重,太祖既定为律,列圣又增为例。如轻重可以就喜怒之情,则例不得为一定之法。"④这反映了宋明理学对立法的谨慎态度,强调立法的稳定性和一贯性。因此,在传统法律条款的制定实践中,宋、元、明、清的基本法律保持了相当的稳定性,立法者尽可能对犯罪情节、刑罚作出准确的描述与精确规定,以减少司法官员自由裁量的空间。

二是依法审判。宋明理学为追求息讼理想目标,实现更为广义的利益平衡,也必然要求做到"合理""合情"与"合法",由此才能够避免民众对司法行为正当性的质疑,服判息讼。宋明理学法律义理化要求在以"义理之所当否"作为辨别是非的根本准则的同时,也将追求法律事实的客观

---

① 《大学衍义补》卷一百八《谨祥主献之义》下册,上海书店出版社2012年版,第207页。
② 《大学衍义补》卷二十四《经制之义下》上册,上海书店出版社2012年版,第219页。
③ 《大学衍义补》卷一百《总论制刑之义》下册,上海书店出版社2012年版,第140页。
④ 《明史》卷二二六,中华书局1974年版,第5940页。

实在作为重要内容,更为重视"案件的事理情节"与依律例断案,使之成为司法的重要依据,出现了由人伦理性向人伦理性与科学理性、知识理性并举的转变。因此,在宋以后,司法技术层面的"案情、实情",追求"法律情节"合理性是司法的重要内容,强调了"求其理所安""夺于公证":"以众说互相诘难而求其理之所安,以考其是非,别似是而非者,亦将夺于公论而无以立"①。依法审判已经成为常态,曲法被视为逆理。故而张晋藩认为"从现存的司法档案中可以看出,依律例断案是清代民事案件审理的最基本形式"②。在诉讼过程中,不能与律例相背,肯定了依法审判的意义。

同时,"原情定罪,而罪有等差;饬法明伦,而法有轻重",因而需要"酌之理、参之分"予以处置。③ 这就必将涉及天理、国法与人情的具体运用。"法者天下之公器,惟善持法者,亲疏如一,无所不行。皆执一之论,未尽于义也。义既未安,则非明也。有所不行,不害为公器也。不得于义,则非恩之正。害恩之正,则不得为义。"④ 充分肯定了"法者天下之公器",要求"惟善持法"。还强调公法保障了义理的实现,不能够因为强求于义理而"屈法、不知法",亵渎法的公正性。为追求天理,实现司法的公正性,理学家也要求执法者不能受制于人情而违法。程颐指出:"自古立法制事,牵于人情,率不能行者多矣。若夫禁奢侈则害于近戚,限田产则防于贵家,如此之类,既不能断以大公而必行,则是牵于朋比也。"⑤ 这就是说,如果"害于近戚,防于贵家"就会牵于人情,势必导致"不能断以大公而必行",丧失法的公正性,也就无法保障司法正义。不一味地随意顺从不当人情这一理念为宋之士大夫普遍所接受,朱熹也指出:"处乡曲,固要人情周尽,但要分别是非,不要一面随顺,失了自家。"⑥ 真德秀反对"殉人情","公事

---

① 《朱文公文集》卷七十四《读书之要》,《朱子全书》第 24 册,第 3583 页。
② 张晋藩:《中国民事诉讼制度史》,巴蜀书社 1999 年版,第 207 页。
③ 参见《读通鉴论》卷二十四《德宗二六》,《船山全书》第 10 册,岳麓书社 2011 年版,第 932 页。
④ 《河南程氏文集》卷八,《二程集》,中华书局 2004 年版,第 585 页。
⑤ 《周易程氏传》卷一,《二程集》,中华书局 2004 年版,第 756 页。
⑥ 《朱子语类》卷一百一十七,《朱子全书》第 18 册,第 3677 页。

在官，是非有理，轻重有法，不可以己私而拂公理，亦不可徇公法，以殉人情"①。显然，理学家主张在法律运用中要"准情酌理"，于法外推情察理，而又不"与律例十分相背"。司法者据实情判决，无疑能体现天理的正义性，而司法者在审判过程中遵循"情理"，以合理规避律例，同样也是谋求实现利益平衡。这种利益平衡衡量的标准就是"天理、人情"，所以，国法没有成为天理、人情的对立面，恰恰相反，国法是利益平衡的具体体现。

应当据理依法，予以处置。例如同为杀人，但缘由不同，就不可一概而论。对于"有积忿深毒，怀贪竞势，乘便利而杀之者"即故意杀人，"应从刑故之条"；对于"有一朝之忿，虽无杀心，拳勇有余，要害偶中，而遂成乎杀者"即过失杀人，则应"慎赦过之典"。因此，司法官员要善于"原情定罪，岂可概之而无殊乎？"②另外，论罪要根据其罪恶程度分出等差，"罪者，因其恶而为之等也"③，然后量刑。

司法官员决狱要"酌之理、参之分"，根据所谓的"理"，有的人作恶很大但可不当罪，有的人作恶不甚却不可以曲宥。

三是随时制宜。"时异而势异，势异而理亦异矣"④。宋明理学之法律强调因势顺理、因事制法、随时制宜的原则。定罪量刑，应根据时势的变化与社会状况的不同随时而变、随时而定。立法具有变化性，法是因时因事而立的，天下无一成不变之法。"上古世淳而人朴，顺事而为治耳。至尧，始为治道，因事制法，著见功迹，而可为典常也，不惟随时，亦其忧患后世而有作也"⑤。"居今之时，不安今之法令，非义也。若论为治，不为则已，如复为之，须于今之法度内处得其当，方为合义。若须更改而后焉，则何义之有？"⑥这里说明，二程认为对待以往制定的法律，包括古代制定的法律，也要根据今天的具体情况进行修改，不能守成不变，机械地制定法律和执法，

---

① （明）张四维：《名公书判清明集》卷一《渝州县官僚》，中华书局1987年版，第6页。
② 《读通鉴论》卷六《光武帝二九》，《船山全书》第10册，岳麓书社2011年版，第241页。
③ 《读通鉴论》卷二十一《唐中宗》，《船山全书》第10册，岳麓书社2011年版，第813页。
④ 《宋论》卷十五，《船山全书》第11册，岳麓书社2011年版，第335页。
⑤ 《河南程氏粹言》卷一，《二程集》，中华书局2004年版，第1208页。
⑥ 《河南程氏遗书》卷二上，《二程集》，中华书局2004年版，第18页。

要达到"须于今之法度内处得其当,方为合义"①。二程说:

> 三王之法,各是一王之法,故三代损益文质,随时之宜。若孔子所立之法,乃通万世不易之法。孔子于他处亦不见说,独答颜回云:"行夏之时,乘殷之辂,服周之冕,乐则《韶》舞。"此是于四代中举这一个法式,其详细虽不可见,而孔子但示其大法,使后人就上修之,二千年来,亦无一人识者。②

这里我们注意到一个问题,二程虽然说过"若孔子所立之法,乃通万世不易之法",但是必须具体情况具体分析。二程所指的即使是三王之法,也是适应各个朝代的法律,也要"损益文质,随时之宜",这样才可以制定出符合时代要求的法律来维护统治秩序。

虽然朱熹被人们视为理学之集大成者,然而其思想并不是保守的。在他的思想理论体系中有着十分丰富的改革思想的内涵。朱熹曾指出:"祖宗之所以为法,盖亦因事制宜,以趋一时之便。而仰循前代、俯徇流俗者,尚多有之,未必皆其竭心思法圣智,以遗子孙而欲其万世守之者也。是以行之既久而不能无弊,则变而通之,是乃后人之责。"③从中反映了朱熹所提倡的经世随时、因事制宜的思想。祖宗之法只是随时,"若经世一事,向使先生见用,其将如何?曰:亦是只是随时。如寿皇之初是一样,中间是一样,只合随时理会"。先人立法之初本身就存在弊端,"虽是圣人法,岂有无弊者?""大抵立法必有弊,未有无弊之法。"同时,由于后人"未必皆其竭心思法圣智","行之既久而不能无弊","今日治,奉行祖宗成宪,然是太祖皇帝以来至今,其法亦有弊而常更者"。朱熹甚至认为"今上自朝廷,下至百司庶府,外而州县,其法无一不弊"④。因而朱熹提出对于不适时宜的祖宗之法就应当"变而通之","圣人姑为一代之法,到不可用法处,圣人须别有通

---

① 《河南程氏遗书》卷二上,《二程集》,中华书局2004年版,第18页。
② 《河南程氏遗书》卷十七,《二程集》,中华书局2004年版,第174页。
③ 《朱文公文集》卷七十《读两陈谏议遗墨》,《朱子全书》第23册,第3381页。
④ 《朱子语类》卷一百八《朱子五·论治道》,《朱子全书》第17册,第3525页。

变之道"①,"使圣贤作,必不尽如古礼,必裁酌从今之宜而为之也"②,力求做到"因事制宜以趋一时之便"③。

王夫之认为立法应因"势"顺"理","趋时更新"。社会在发展变化,法律也应随着时代的发展变化而不断更新。并且法律的发展变化要顺应时代发展的潮流,立法者必须掌握法律变化的规律,才能使法律充分发挥应有的社会效应。因而,王夫之提出,立法者只有因"势"顺"理"立法,强调"天下有定理而无定法。定理者,知人而已矣,安民而已矣,近贤远奸而已矣。无定法者,一兴一废一繁一简之间,因乎时而不可执也"④。因"势"顺"理"的核心内容是立法须"趋时更新"。王夫之又说:"以古之制,治古之天下,而未可概之今日者,君子不以立事;以今之宜,治今之天下,而非可必之后日者,君子不以垂法。"⑤古代的制度法令只能适应于古代社会,而今天的治国方法也不一定能适应于后世。王夫之认为,律令的制定和变更必须因时因地而异。他说:"法者,非一时、非一人、非一地者也。……南北异地也,以北之役役南人,而南人之脆者死;以南之赋赋北土,而北土之瘠也尽;以南之文责北士,则学校日劳鞭扑;以北之武任南兵,则边疆不救危亡。"⑥法律不因时而变,就会固守古制,墨守成法。

5. 法律政治化

宋代以前中国传统法律思想是以先秦儒家思想为核心的伦理法律思想,"将伦理与法律熔于一炉,使伦理法律化,法律伦理化"⑦。作为官方正统意识形态的程朱义理之学无疑要影响法律思想与实践,为传统法律文化的社会

---

① 《朱子语类》卷八十六《礼三·总论》,《朱子全书》第17册,第2914页。
② 《朱子语类》卷八十九《礼六·丧二》,《朱子全书》第17册,第3014页。
③ 《朱文公文集》卷七十《读两陈谏议遗墨》,《朱子全书》第23册,第3381页。
④ 《读通鉴论》卷六《光武十九》,《船山全书》第10册,岳麓书社2011年版,第232—233页。
⑤ 《读通鉴论》卷末《叙论四》,《船山全书》第10册,岳麓书社2011年版,第1182页。
⑥ 《读通鉴论》卷四《汉元帝》,《船山全书》第10册,岳麓书社2011年版,第180页。
⑦ 杨景凡、俞荣根:《孔子法律思想论略》,《孔子法律思想研究》(论文集),山东人民出版社1986年版,第65页。

化提供了基石。理学核心就是政治伦理，倡导的"理"就是治国之理，强调了政治上以义理治天下，将法视为国家政治，其理学思想是与政治紧密联系在一起的。这也恰是朱熹思想所具有的深刻政治性，才使之能够成为引导中国传统社会后期几百年政治活动的思想意识。程朱理学的形成与发展，极大促进了传统王朝的法律道德化与法律政治化。元代开始以朱熹注"四书"取士，将程朱理学作为其统治的政治意识形态。为了政治上的需要，明朝统治者标榜以理学开国，而理学中又独尊朱熹学说。科举考试规定，"四书"主朱熹《集注》，在政治制度上推崇程朱理学。明神宗在给丘浚《大学衍义补》所作的序中一段话就能够充分体现明王朝统治者"新民图治"的政治意图："此书尤补'衍义'（指真德秀《大学衍义》）之阙，朕将抽绎玩味，上逆祖宗圣学之渊源，且欲俾天下家喻户晓，用臻治平，昭示朕明德、新民、图治之意。"①清初对程朱理学，尤其用力提倡。康熙说："夫以为孔孟之后，有稗斯文者，朱子之功，最为宏矩。"②朱熹思想成为官方哲学，成为康熙治国的统治之术。清初对程朱理学的推崇，使当时社会形成了"非朱子之传义弗敢道也，非朱子之家礼弗敢行也"③的风气。

　　宋、元、明、清统治者很好地利用理学为其立法服务，在义理、礼、道德教化的指导下，推行"重礼""明礼以导民""齐民以礼""明刑弼教"，实现法律道德化。洪武三十年（1397），针对《大明律诰》立法宗旨，朱元璋就认为应该是"仿古为治，明礼以导民，定律以绳顽，刊著为令"④。强调"治国固以教化为本"，而"教化必本诸礼义"。在立法中，依据宋明理学家德刑兼顾、刑德不可偏废的原则，主张建立礼法并用的约束机制。建文帝即位之后告诫刑官："夫律设大法，礼顺人情。齐民以刑，不若以礼。其谕天下有司，务崇礼教，赦疑狱，称朕嘉与万方之意。"⑤宋明理学在理论与实践

---

① 《大学衍义补·御制序》，上海书店出版社 2012 年版，第 13 页。
② 《清圣祖实录》（第 6 册）卷二四九，康熙五十一年二月丁巳，中华书局 1985 年版，第 466—467 页。
③ 朱彝尊：《曝书亭集·传道录序》，影上海涵芬楼藏原刊本，第 504 页。
④ 张晋藩：《中国法律史》，法律出版社 1995 年版，第 346 页。
⑤ 于崇武：《明靖难史事考证稿》，上海商务印书馆 1948 年版，第 134 页。

上皆具有法律道德化与法律政治化倾向。一是宋明理学继承和发展了最初由法家提出、董仲舒发展的"三纲五常"思想，以"四德五伦"极力维护君权。宋明理学极力吸取并改造法家思想中有利于维护君主专制的思想，使其思想更具合理性、灵活性与可操作性，将天理提升到超时空性、绝对性和不可侵犯性的高度，充分体现政治与道德法律化立法的倾向。二是理学家通过理欲之辨将理与义结合起来，把理欲看成既是对立又是统一的。理学家肯定了以道德为准绳及生存所需的欲，推崇"公欲"，把义放到道德价值、道德原则的高度上去认识，但也没有忘记义的社会普遍利益或公共利益的内涵，而极力否定了违反理义的私欲。理学正是通过理欲之辨使得伦理道德因此更加绝对化、神圣化。三是宋明理学推崇教化，将教化作为最重要的法律目的，法治与德治密切联系。程颐指出："自古圣王为治，修刑罚以齐众，明教化以善俗。刑罚立则教化行矣，教化行而刑措矣。虽曰尚德不尚刑，顾岂偏废哉？"[1] 丘濬指出："先王为治而必隆重于礼者，盖以礼为教化之本，所以遏民恶念而启其善端，约之于仁义道德之中，而使其不荡于规制法度之外，以至于犯戒令，罹刑宪焉。"[2]

总体上讲，义理法律思想与伦理法律思想的属性，虽然是一字之差，但是它们所体现的内涵与特质有着非常明显的差异性。先秦伦理法律思想是寓道德与法律为一体，在法律思想的构建中更加注重的是其内在的思想性，而没有过多地关注其法律思想的适用性，以至于在相当长的时期内，国家的统治阶层无法运用其思想体系来规划法律上层建筑。儒家伦理法律思想对传统社会前期的法律制度建设产生了极大影响。宋明理学师承儒家修、齐、治、平理念，寓政治、道德与法律为一体，将义理观视为根本立法的司法原则，经世致用思潮遍及社会各领域，谋求富强的需要与社会变革的要求，促进了经济发展和社会变迁。宋明理学对义利之辨、士商经济、君臣之义、法的性质等重新演绎，触动民事法律的扩大化，改变了社会诉讼观念。宋明理学中"从政为民""宽以养民""严以治吏"的观点影响了宋元以后统治者的立法

---

[1] 《周易程氏传》卷一，《二程集》，中华书局2004年版，第1212页。
[2] 《大学衍义补》卷首，上册，上海书店出版社2012年版，第24页。

思想。理学理论与社会实践的简约化、世俗化、亲民化的经世致用观念推动了传统法律社会化。宋明理学义理法律思想进一步强化了传统法律文化的道德化与政治化、具体化和现实化,使之更加明了地反映出为统治阶级服务的正统意识形态特性。孔子伦理法律思想是寓道德与法律为一体,在法律思想的构建中更加注重的是其内在的思想性,而宋明理学义理法律思想则已经认识到仅仅将法律道德化是不够的,还需要达到法律政治化,正是在孔子内在思想性特征上,通过包括荀子、董仲舒、张载、二程等人的演化和桥梁作用,寓政治、道德与法律为一体,使义理法律更具道德化与政治化,理学经世致用治道观与传统法律社会化,理学法律技巧性、科学性、理性化。宋明理学以"义理之所当否"作为认定法律事实与曲直的最主要原则,将"三纲五常"视为思想的核心内容,义理上也主张从实际出发,依据客观规律来把握,使之逐渐成为法律行为的准则,具有法的强制性的基本特征的义理法是融天理、国法、人情为一体,也正是义理法律思想与唐以前儒家法律思想的差异性的直接体现。宋明理学义理法实现了伦理法律化到法律义理化,伦理法律化是义理法律对传统法律继承的重要内容,而法律义理化是义理法律突出的特点。天理体现为国法,从而赋予国法以不可抗拒的神秘性。以义理概括宋明时期法律的基本特征,既能够体现人类法律共性的公正、正直与正当性,又能体现仁义的道德意味,还体现出亲亲尊尊的伦理性。可以说,义理法律适应了法律伦理化到伦理法律化的发展。义理法律援法以理,以义理作为法律的根本。

二、法顺人情

1. 宋明理学的人情之情与情理

梁漱溟先生曾说,在中国传统社会,"民间纠纷(民事的乃至刑事的),民间自了。或由亲友说合,或取当众评理公断方式,于各地市镇茶肆中随时行之,谓之'吃讲茶'。其所评论者,总不外情理二字。"[①] 宋明理学之"情"

---

① 《中国文化要义》,《梁漱溟全集》第三卷,山东人民出版社 2010 年版,第 200 页。

不仅具有真实性与社会情感性,更是时代的道德情感"义"与"利"的反映。

(1) 宋明理学人情之情

第一,情感。《礼记·礼运》对"人情"作了最早记载解释:"何谓人情?喜怒哀惧爱恶欲,七者弗学而能。何谓人义?父慈子孝,兄良弟悌,夫义妇听,长惠幼顺,君仁臣忠,十者谓之人义。讲信修睦,谓之人利;争夺相杀,谓之人患。故圣人之所以治人七情,修十义,讲信修睦,尚辞让,去争夺,舍礼何以治之?饮食男女,人之大欲存焉;死亡贫苦,人之大恶存焉。故欲恶者,心之大端也。人藏其心,不可测度也;美恶皆在其心,不见其色也。欲一以穷之,舍礼何以哉!"① 显然,《礼记·礼运》之"人情"主要是从人的基本情感角度去阐述的,"情"一般被理解为感性经验层面的"情感"和"情绪",先秦诸子大多都是从这方面出发加以阐发的,认为情者"感而自然,不待事而后生之者也"②。"情者,性之质也。欲者,情之应也。以所欲为可得而求之,情之所必不免也"③。宋明理学同样将"情感""道德情感"的感性经验的层面作为最基本含义,喜、怒、哀、惧、爱、恶、欲七情之情属于心理学意义上的情感活动。王阳明说:"喜、怒、哀、惧、爱、恶、欲,谓之七情。七情俱是人心合有的,但要认得良知明白……七情顺其自然之流行,皆是良知之用,不可分别善恶。但不可有所著。七情有著,俱谓之欲,俱为良知之蔽。"④

第二,案情、实情。情强调真实性或实在性一致,确立以"真实""本性"等意义。对狱情、案情之情的体谅,导致了司法中的"情有可原",即"原情",断案时按照事理或情节。《左传·庄公十年》载"小大之狱,虽不能察,必以情",就"必以情",注云:"必尽己情察审也。"疏云:"言以情审察,不用使之有枉,则是思欲利民,故为忠之属也。"又按《周礼·小司寇》:"以五刑听万民之狱讼,附于刑,用情讯之;至于旬乃弊之,读书则用

---

① 《礼记·礼运》(清)阮元:《十三经注疏》,中华书局1980年版,第1430页。
② (清)王先谦:《荀子集解·性恶》,中华书局1988年版,第520页。
③ (清)王先谦:《荀子集解·正名》,中华书局1988年版,第506页。
④ 《王阳明全集》卷一《传习录下》,黄山书社2014年版,第182页。

法。"郑玄曰:"'附'犹著也。以情理讯之,冀其有可以出之者,十日乃断之。"贾公彦曰:"以囚所犯罪附于五刑,恐有枉滥,故用情实问之,使得真实。"宋明理学也坚持这样解释。在《四书集注》中,朱熹多次注释时是将"情"释义为"实""诚实","情,诚实也。""情,实也。引夫子之言,而言圣人能使无实之人不敢尽其虚诞之辞。"[①]朱熹也是肯定"居官听断,分别枉直,详审恰当,虽累岁不决之讼,案牍如山,一阅尽得其情"[②]。在一定程度上,情感也属于实情的一部分,符合人的内在意愿情感,如故意过失、动机善恶等,因此中国传统法律都把此类"情感"纳入"原情"之中。

第三,社会普遍公认的习惯、习俗、民意。人情指"人之常情",是社会公认的普遍的事理情感、"世故",是符合社会成员共同认同的价值观念,通常不是个人的好恶需求的反映。宋明理学之情具有"民俗"之意义:"但区区之意,初见彼间风俗鄙陋污浊,上不知有礼法,下不知有条禁。其细民无知犹或可怜,而号为士子者,恃疆挟诈,靡所不为,其可疾为尤甚,故于此辈苟得其情,则必痛治之。"[③]"盖今之俗节,古所无有,故古人虽不祭,而情亦自安。今人既以此为重,至于是日,必具肴羞相宴乐,而其节物亦各有宜,故世俗之情至于是日不能不嘶其祖考,而复以其物享之。虽非礼之正,然亦人情之不能已者"[④]。而且人情也具有正常之欲的意义:"民之所欲,皆为致之,如聚敛然。民之所恶,则勿施于民。晁错所谓'人情莫不欲寿,三王之生而不伤,人情莫不欲富,三王厚之而不困;人情莫不欲安,三王扶之而不危;人情莫不欲逸,三王节其力而不尽'。此类之谓也。"[⑤]日常所见事情或事理的"情",其实蕴含着客观和逻辑。

第四,道德。在传统的意义上,宋明理学的情不仅指人的感性经验层面的自然情感和情绪,而且将恻隐、羞恶、辞让、是非"四端"都视为情。朱熹说:"恻隐、羞恶、辞让、是非,情也。仁、义、礼、智,性也。心,

---

① 《大学章句》,《朱子全书》第 6 册,第 20 页。
② 《朱文公文集》卷九十三《转运判官黄公墓碣铭》,《朱子全书》第 23 册,第 4282—4283 页。
③ 《朱文公文集》卷四十九《答王子合》,《朱子全书》第 22 册,第 2262 页。
④ 《朱文公文集》卷三十《答张钦夫》,《朱子全书》第 21 册,第 1325 页。
⑤ 《孟子集注》卷七《离娄章句上》,《朱子全书》第 6 册,第 342—343 页。

统性情者也。端，绪也。因其情之发，而性之本然可得而见，犹有物在中而绪见于外也。"①强调了伦理道德观在性与情、情与理中的意义，这是孟子言所未到处，宋儒之发挥。"圣人大公至正处，似无人情。然其隐恶扬善之心，则未尝无也。"②朱熹明确提出性体情用的说法，发挥《中庸》之意义，将《中庸》的"喜怒哀乐"之"情"，与"心""性""理"一样是居于"形而上"的层面的。"情"更是理解为具有一种具有本体地位和超越性的"情"，情被释为"性"的已发状态。

宋明理学是对孟子的"四端之心"，即"恻隐之心""羞恶之心""是非之心"以及"辞让之心"等道德情感的总结，一定程度上具有义的成分，强调道德情感与道德理性的互动。二程说："义者宜也，权量轻重之极"③；"因人情而节文之者，礼也；行之而人情宜之者，义也"④。而正是在这个层次意义上，宋明理学的情与理趋于一致性，甚至直接言之以"情理"，从大量的案例可以看出法顺人情之"情"，多与纲常伦理有关。

(2) 宋明理学人情之情理

"天理"与"人情"原本是分开来讲的两个概念，而理和情之间的界限往往又是很细微的。"理"是情之理，是情运作的合理性与根源，中国传统法律文化正是通过将情与理结合使之获得合理性，形成所谓"情理"论。将"天理"与"人情"简化为"情理"的说法，谓"合情合理""入情入理""通情达理""酌情处理"和"情理交融"。先秦汉唐"情理"具有以下三层意义：一是事理情节；二是情感；三是社会普遍公认的习惯、习俗、民意。"情理"作为一个概念，先秦汉唐偏重于"案件的事理情节"意义，主要是事理情节，普遍公认的习惯、习俗、民意与情感意义居次要。查明事理情节才可予以合情合理的处理。唐以前所说"狱贵情断""察狱以情""狱当论情"的情主要是案情、实情，属于司法技术层面，《唐律名例二》："议者原情议罪，称定刑之律。"在"其父攘羊"与"叔鱼鬻狱"两个案例中，

---

① 《孟子集注》卷三《公孙丑章句上》，《朱子全书》第6册，第290—291页。
② 《朱文公文集》卷三十六《答吕伯恭》，《朱子全书》第21册，第1526页。
③ 《河南程氏遗书》卷九，《二程集》，中华书局2004年版，第105页。
④ 《河南程氏粹言》卷一，《二程集》，中华书局2004年版，第1177页。

所依据的判准关键在于"情实","情感"固然在其中亦有影响,但并非决定性的因素。情所具有的"案件的事理情节"意义理所当然地被宋明理学所重视,这是理性判断的最基础前提。在宋以后"案情、实情"为技术层面之情,基本纳入天理,在大量案件判词中的"情"就是作这一解释的。例如罗整庵指出:"有如士师之折狱,两造具备,精加研核,必无以隐其情矣。其情既得,则是非之判,有如黑白。"①强调了"情"的客观实在性的一面,强化了"情"对案件的说理性。而且"情"所具有的道德理念对宋明理学有很大的意义。宋以后,在诸多判词中将"情理"连用。这是在笼统意义上使用天理、人情。

在理论上,宋明理学一方面强调情理合一,"天理、人情,元无二致"②,正当"人情"即"天理","天理"是通"人情"的。明道先生尝言于神宗曰:"得天理之正,极人伦之至者,尧舜之道也;用其私心,依仁义之偏者,霸者之事也。王道如砥,本乎人情,出乎礼义,若履大路而行,无复回曲。"③在戴震看来,没有人的情,也就无所谓"天理"可言。情的"纤微无憾"、情的"不丧失"就是"理",甚至戴氏对"理"的理解就是"情理":"理也者,情之不爽失也;未有情不得而理得者也。凡有所施于人,反躬而静思之:'人以此施于我,能受之乎?'凡有所责于人,反躬而静思之:'人以此责于我,能尽之乎?'以我挈之人,则理明。天理云者,言乎自然之分理也;自然之分理,以我之情挈人之情,而无不得其平是也"④。袁宏道基于"理在情内"的观点,强调理不离情,理寓于情,就显露出情理融合的意向。

情与理相结合,更具有事理、道德规范、公共舆论准则之意义。情与理辩证统一,情理是道德伦理和常识,成为传统的道德理性与良知,在司法中往往连用"情理",作为指导纠纷处理的基本准则或理念。梁治平先生就

---

① (明)罗整庵:《困知记续录》卷上,《四库全书·子部精要》上册,金沛霖主编,天津古籍出版社、中国世界语出版社1998年版,第326页。
② 《读四书大全说》卷八《孟子》,《船山全书》第6册,岳麓书社1996年版,第898页。
③ 《近思录》卷八《治国平天下之道》,《朱子全书》第13册,第241页。
④ 《孟子字义疏证》,《戴震全书》第六册,黄山书社1995年版,第172页。

认为古代的法律是道德化的法律，而道德是法律化的道德，"情理"即是道德，情、理、法融为一体。①"合情合理"，情理合一，就是"道理"。朱子说："今且以理言之，毕竟却无形影，只是这一个道理。有如此道理，便做得许多事出来，所以能恻隐、羞恶、辞让、是非也。"②这种情理，滋贺秀三将它作"常识性的正义衡平感觉"解。③

宋明理学情与理更多情况下是分层次的，形成理体情用、以情释理、以情辅理的理论定势。张载指出："天理也者，能悦诸心、能通天下之志之理也"④。朱熹主张"仁义礼智之理具焉。动处便是情"⑤，从理本、体用一源思维方式出发来阐述情理。王夫之从"情必依乎理"的思维取向出发，提出了以理为主的情理合一论，认为两者相兼相济不可偏废，但是理体情用，表面兼重情理而实际偏重或倾向于理。王阳明主张"七情顺其自然之流行，皆是良知之用。"⑥戴震指出："情者，有亲疏、长幼、尊卑感而发于自然者也；理者，尽夫情欲之微而区以别焉，使顺而达，各如其分寸豪厘之谓也。"强调"人伦日用，圣人以通天下之情，遂天下之欲，……是谓理"⑦。反映出情与理的关联，情是理的一个重要方面。此外，叶燮主张"情理交至"论，强调理一御万，认为"理者与道为体"⑧，事与情总贯乎其中，理是作为先验的道德本性与情构成体用相需的关系。"人情"属于"天理"的范畴，受天理制约、限制，情作为理的补充，所谓"在乎情之中，于理有未尽者，权变之；出乎理之外，于情有可原者，矜恤之"⑨。

---

① 参见梁治平：《寻求自然秩序中的和谐》，中国政法大学出版社 2002 年版，第 214 页。
② 《朱子语类》卷四，《朱子全书》第 14 册，第 191—192 页。
③ 滋贺秀三认为这是"中国型的正义衡平感觉"，它是深藏于各人心中的感觉而不具有实定性，但却引导着听讼者的判断。（参见〔日〕滋贺秀三：《明清时期的民事审判与民间契约》，法律出版社 1998 年版，第 13 页。）
④ 《张子全书》卷一《正蒙·诚明》，西北大学出版社 2015 年版，第 16 页。
⑤ 《朱子语类》卷九十八，《朱子全书》第 17 册，第 3305 页。
⑥ 《王阳明全集》卷一《传习录下》，黄山书社 2014 年版，第 182 页。
⑦ 《答彭进士允初书》，《戴震全书》第六册，黄山书社 1995 年版，第 352 页。
⑧ 叶燮：《己畦文集》卷十三，《中国美学史资料选编》下，中华书局 1981 年版，第 308 页。
⑨ 李钧：《判语录存》余会序，转引自汪雄涛：《明清判牍中的"情理"》，《经学评论》2010 年第 1 期。

可见，情理之间主要有三层关系：情理合一或情理融合、"以理节情""以理灭情"。同时，也看到情理二者之中，情是手段，是过程，而理既是目的又是手段，犹通常所说"动之以情"，也讲究"晓之以理"。强调"发乎情，止于礼义"，亦即达到情与理的和谐统一。在现实社会中，法律意义笼统使用"情理"是将事实之维、道德之维与法律之维统一在一起的。而当论及"天理—国法—人情"结构时，则显然不是在情理统一论层面进行建构的。理与情是有所别的，侧重点不同，后果不同。

2."人情"与"国法"的一致性

如前所说，从"人情"含义看，通常只是在特定人与人之间、特定群体、特定社会氛围才存在，属于"基层区域"的，与非政治的个人、家庭、民间等的"私"有大致的范域，故而有"私情"之词。而法，通常称之为国法，属于国家公权力，亦有"公法"。《慎子·威德》说："法制礼籍，所以立公义也。凡立公所以弃私也。"①黄老帛书《经法·君正》说："精公无私而赏罚信，所以治也。"②《韩非子·有度》："古者世治之民，奉公法，废私术，专意一行，具以待任。"③这里说的公法，指的是政治的或法律的规定，传统中国法律意义的"公法"与"私情"不同于西方主流自由主义的国家公权力和法律管辖之内的领域与管辖之外的领域的"公法""私法"的区分。

首先，情法两平。

"法者，顺人情"，"顺"为顺应、顺从之意。"法顺人情"，即国法应当"顺民情""从民心"等，尊重人们共通的道德伦理规范与风俗习惯之情。"法顺人情"可以说一直是传统法的基本原则。商鞅道："法不察民情而立之，则不威。"④汉人晁错曾说："法令，合于人情而后行之。"⑤宋人张丰则将法悖人情作为法律实施不力的原因，所谓"立法……常至于沮而不行者何也？是

---

① 《慎子·威德》，台湾中华书局影印守山阁本1981年版，第3—4页。
② 陈鼓应：《黄帝四经 今注今释》，商务印书馆2007年版，第54页。
③ 《韩非子·有度》，上海古籍出版社2000年版，第111页。
④ 《商君书·壹言》，石磊注译，中华书局2009年版，第94页。
⑤ 《汉书·晁错传》，中华书局1962年版，第2126页。

其立法非人情之故也。"①

宋明社会具有特别浓厚的道德化色彩，以理为基础的伦理体系十分发达，三纲五常、四德五伦之伦理既是"天理"的核心内容，同时也是最大的"人情"。二程曰："夫有物有则。父止于慈，子止于孝，君止于仁，臣止于敬。"② 在这种主流意识形态之下，"人情"与"国法"逐步融合，"人情"因素逐步融入到司法裁判中，"人情"犹如法理，在案件的诉讼中受到司法官员的尊重，对案件的裁判发挥着重要的指导作用。

宋明理学"人情"与"国法"通常具有一致性，"人情"所欲谴责的往往也是"国法"所欲追究的，二者相辅相成。"殊不知法意、人情，实同一体，循人情而违法意，不可也；守法意而拂人情，亦不可也。权衡于二者之间，使上不违法意，下不拂人情，则通行而无弊矣！"③ 法意是指法律所体现的精神，并非是法律规定的内容，《名公书判清明集》有诸多诸如事涉户婚，"不照田令"则"不合人情"的记载。南宋真德秀也说："延尉天下之平，命官设属宜常参用儒者，俾三尺之外，得傅以经谊，本之人情，庶几汉廷断狱之意。"④ 清代方大湜："自理词讼，原不必事事照例。但本案情节，应用何律何例必须考究明白，再就本地风俗，准情酌理而变通之，庶不与律例十分相背。"⑤ 也就是说，诉讼过程中必须经过"准情酌理"的变通，但不能"与律例十分相背"，守法"而又能于法外推情察理"⑥。理学家所追求的境界是"合情合理""国法人情"统合为一，追求一种更为广义的利益平衡。考虑国法必须要考虑"人情"。用现在的话说，就是要追求法律效果和社会效果的统一，"情入于法，使法与伦理结合，易于为人所接受；法顺人情，冲淡了法的僵硬与冷酷的外貌，更易于推行。法与情两全，使亲情义务与法律义务统一，是良吏追求的目标"⑦。从中国法制发展的历史看，法与情是不可分割

---

① （宋）张耒：《张右史文集·悯刑论下》，《四部丛刊初编》本。
② 《近思录》卷八《朱子全书》第13册，第244—245页。
③ 《名公书判清明集》卷九"胡石壁判语"，中华书局1987年版，第311页。
④ （宋）真德秀：《西山先生真文忠公文集》卷三《直前奏札》，《四部丛刊正编》本。
⑤ （清）方大湜：《平平言》卷二，《官箴书集成》第7册，黄山书社1997年版。
⑥ 《大学衍义补》卷一百十一《简典狱之官》下册，上海书店出版社2012年版，第229页。
⑦ 张晋藩：《中国法律的传统与近代转型》，法律出版社1997年版，第53页。

的两个部分，相辅相成，法合人情，情入于法，使百姓更易于为接受法律规范。吕坤曾上疏曰："法者，所以平天下之情。其轻其重，太祖既定为律，列圣又增为例。如轻重可以就喜怒之情，则例不得为一定之法。"①吕坤的上疏强调了法律"平天下之情"的意义。

因此，司法顺应"人情"，"人情"指导司法，只有合乎人情，维护伦常，才足以实现公道，实现司法的目的。司法审判不仅要"因天理"，还要依"人情"、顺"民心"。

二是屈法用情。

宋明理学在对待公法与私情问题上，态度是比较明确的，即在公私两分基础上，公法胜私情，力求两全之道，就是继承了先儒"门内之治恩掩义，门外之治义断恩"所蕴含的公私领域两分的原则。同时，认为情有正与不正，对于正之情就应当顺情，而对不正之情则不必顺之。朱熹说："情之发，有正有不正焉，其正者性之常也，而其不正者物欲乱之也，于是而有恶焉，是岂性之本哉。"②性无不善，而情"有正有不正，天理人欲之别，故不可谓人情皆正"。朱熹指出了人之情有正当与不正当之分，符合天理的性善之情属于正当之情，而由于被物欲蔽乱为恶，就会产生与天理相对的人欲之情，属于非正当之情。既然"人情不能皆正，故古人治世，以大德不以小惠，然则固有不必皆顺之人情者。若曰顺人心，则气象差正当耳。"③告诫人们对于人情应当有所别。在这里，朱熹只是说不一味随意顺从不当人情，是选择性的顺。正如朱熹教育门人周谟时指出："处乡曲固要人情周尽，但须分别是非，不要一面随顺，失了自家。"④对于身居公职的管叔谋反叛乱一案，宋明理学家认为管叔所谓为不仁之事，其事已不仅仅关乎周公家事，即"门外"之事，因此，周公只能依据"义断恩"的原则诛杀之。舜对于其弟象在舜立为天子前屡次试图加害舜事宜，并没有像周公诛杀管叔那样诛杀之，正因为尚属于"门内"之事，与舜立为天子后的加害是属于不同性质

---

① 《明史》卷二百二十六《吕坤传》，吉林人民出版社1995年版，第3946页。
② 《朱文公文集》卷七十三《胡子知言疑义》，《朱子全书》第23册，第3558页。
③ 《朱文公文集》卷六十四《答或人》，《朱子全书》第23册，第3138页。
④ 《朱子语类》卷一百十七，《朱子全书》第18册，第3677页。

的。故而朱熹注云：

> 或曰："周公之处管叔，不如舜之处象，何也？"游氏曰："象之恶已著，而其志不过富贵而已，故舜得以是而全之。若管叔之恶则未著，而其志其才皆非象比也，周公讵忍逆探其兄之恶而弃之耶？周公爱兄，宜无不尽者。管叔之事，圣人之不幸也。舜诚信而喜象，周公诚信而任管叔，此天理人伦之至，其用心一也。"①

严格区分两类不同性质的法与情。当情为情理道德之情时，宋明理学主要倾向于曲法伸情。曲法伸情主要运用在涉及尊卑、孝弟伦常的案件。《明史·刑法志》也称："明刑所以弼教，凡与五伦相涉者，宜皆屈法以伸情。"② 显示情理、伦理高于法律。这一点是宋明理学一贯的主张，朱熹就明确地说："凡听五刑之讼，必原父子之亲，立君臣之义以权之。""凡有狱讼，必先论其尊卑上下、长幼亲疏之分，而后听其曲直之辞。凡以下犯上、以卑凌尊者，虽直不右，其不直者罪加凡人之坐。其有不幸至于杀伤者，虽有疑虑可悯，而至于奏讞，亦不许辄用拟贷之例。"③ 可以"屈法以申恩"④。南宋余允文也言："孟子之意，谓天下之富，天子之贵，不能易事父之孝。遂答以天下可忘，而父不可暂舍，所以明父子之道也。"⑤ 朱熹在处理阿梁之狱时，"只据其所通情理"，为"人理之所不容"，再"据其番词"，且"不必再行推鞫"，即可判定阿梁"自合诛死"⑥。在涉及五伦案件处理时，重情理、轻法条是宋明理学的重要执法理念。在邹氏兄弟析产之讼中，胡颖"以恩掩义者，兄弟之至情也，明刑弼教者，有司之公法也"。他没有完全依据同财共居的法条处理，而采取了尊重其母已经"标拨"的现状，屈法用情令邹氏

---

① 《孟子集注》卷四《公孙丑下》，《朱子全书》第6册，第301页。
② 《明史》卷九十三，中华书局1974年版，第2283页。
③ 《朱文公文集》卷十四《戊申延和奏札一》，《朱子全书》第20册，第657页。
④ 《朱文公文集》卷六十五《大禹谟》，《朱子全书》第23册，第3179页。
⑤ 转引自黄俊杰：《东亚近世儒者对"公""私"领域分际的思考——从孟子与桃应的对话出发》，黄俊杰、江宜桦编：《公私领域新探》，台湾大学出版中心2005年版，第126页。
⑥ 《朱文公文集》卷二十《论阿梁狱情札子》，《朱子全书》第21册，第916—917页。

兄弟"各自管业,以息纷争"①。明洪武年间,"民父以诬逮,其子诉于刑部,法司坐以越诉,太祖曰:'子诉父枉,出于至情,不可罪。'"永乐二年,"刑部言河间民讼其母,有司反拟母罪,诏执其子及有司罪之"。洪武年间,朱元璋本着"为孝子屈法以励天下"的态度,两次皆对儿子愿代父刑,宽大处理,释放其人,认为:"此美事也。姑屈法以申父子之恩,俾为世观。"②当然对于涉及国家政权与朝廷安危的"十恶""真犯死罪"等重罪就不适用"曲法伸情"。

三是非"殉人情"。宋明理学主张"顺人情",但并不同意"殉人情",也就是反对曲从私情。这与前面所说的"不必皆顺人情"不是同等意义,朱熹认为"殉人情"完全就是出于私心。其传人真西山继承了朱熹的思想,认为:"公事在官,是非有理,轻重有法,不可以己私而拂公理,亦不可徇公法以殉人情。"③顺人情可以是顺民俗之意,应当允许不同乡里有不同的"约法",应当尊重乡规民约,指出:"如有乡土风俗不同者,更许随宜立约,申官遵守,实为久远之利。其不愿置立去处,官司不得抑勒,则亦不至骚扰"④"因时制宜,使合于人情,宜于土俗,而不失乎先王之意也。"⑤

3. 天理国法人情的位阶排列

虽然人们通常在字面上说天理、国法、人情,但在实际上,位阶排列上是理、法、情,或是情、理、法,还是法、理、情存在差异性,反映了传统社会的不同理念。美籍学者黄宗智认为"不管儒家的理想制度如何,在实践中起指导作用的是道理、实情、律例三者。三者当中,法律的地位最高"⑥。滋贺秀三肯定中国传统社会里,"在纠纷解决中,首先依据的是情,

---

① 《名公书判清明集》卷一十《兄弟之讼》,中华书局1987年版,第372页。
② 《明史·刑法志》,吉林人民出版社1995年版,第1463页。
③ 《名公书判清明集》卷一引真德秀《谕州县官僚》,中华书局1987年版,第6页。
④ 《朱文公文集》卷十三《延和奏札二》,《朱子全书》第六册,第313页。
⑤ 《孟子集注》卷六《滕文公章句》,《朱子全书》第六册,第313页。
⑥ 黄宗智:《清代的法律、社会与文化:民法的表达与实践》,上海书店出版社2007年版,第84页。

其次是理，最后才是法，这是中国人自古以来的传统"①。徐忠明在《清代中国司法裁判的形式化和实质化》②一文中，认为"准情用法"或"情法两尽"是清代司法的共同特征。也就是说，即使在"依法裁判"的情况下，也存在明显的"准情用法"；同样，在"情理裁判"的情况下，判官也努力地寻找和贴近律例。《名公书判清明集》判决文书明晰地呈现出"实情、事理、国法"三项秩序。有学者对《名公书判清明集》书判引述的159件法律依据进行了精心地统计与分析，认为在宋代司法实践中"法律以外的价值判断在起主导作用，决定案情性质的认定和裁判结果的意象，法律只是以此为前提来作出处理的工具"，"法官从法律以外的价值取向作出的判断先于法律而存在，法律经过选择后只是起着注脚的作用"，情理断案"是一种中庸至善的最高境界"③。在他们看来，以天理为最高依据，天理来自人情，情高于理，理又决定法。在中国古代社会控制系统中，决定了"情—理—法"的架构形式。

如前，宋明理学形成理体情用、以情释理、以情辅理的情理关系，"国法"源于"天理""国法"顺应与维护"天理"的基本理论定势，以天理为最高依据，"道理最大"是维持社会关系的准则，已经成为大家的共识。同时，天理是实质正义的体现，国法是形式正义的体现，人情是正义平衡的重要方面。因此，宋明理学的天理与国法、人情并不是属于同一层次的，三者也不是并列的。天理属于第一主层次，而人情与国法属于从属层次。情与法之间则是"情法两平"，或与"曲法用情"同属一个层次，很难区分何者地位优先。在宋以后，将"天理、国法、人情"三位一体的论述比比皆是。宋明理学倡导的是"理—情、法"的架构形式，而非"情—理—法"，更非是"法—理—情"。

---

① [日] 滋贺秀三等：《明清时期的民事审判与民间契约》，王亚新、梁治平编译，法律出版社1998年版，第24页。
② 徐忠明：《清代中国司法裁判的形式化和实质化》，《政法论坛》2007年第2期。
③ 王志强：《南宋司法裁判中的价值取向》，《中国社会科学》1998年第6期。

三、宋明理学"中"的法律价值

朱熹在《中庸章句序》中认为《中庸》"忧深言切,虑远说详","历选前圣之书,所以提挈纲维,开示蕴奥,未有若是之明且尽者也"①。而且《中庸》作为"孔门传授心法"著作,"放之则弥六合,卷之则退藏于密"。丘浚在《大学衍义补》中也有阐述:

> 帝王之道,莫大于中。中也者在心则不偏不倚,在事则无过不及……非独德礼乐政为然,而施于刑者亦然。盖民不幸犯于有司,所以罪之者,皆彼所自取也。吾固无容心于其间,不偏于此,亦不倚于彼,惟其情实焉。既得其情,则权其罪之轻重,而施以其刑。其刑上下,不惟无太过,且无不及焉。夫是之谓中,夫是之谓详刑。②

可以说,"中"或"中道"是宋明理学"法统"的核心价值追求。

1. 中道是宋明理学道统主旨大本

第一,中道是宋明理学之大本。

对宋明理学而言,中是理、道、命、性,是它们在不同场合的异名;中即庸也,不偏之谓中,将中示为不可改变的常道;中是情之善与不善的标准,中是形而上的本体。

首先,中即理。石介说:"中和而天下之理得矣。"③ 二程云:"中庸天理也","斯天理,中而已"④,"理善莫过于中"⑤。朱熹也说:"圣人只是一个中

---

① 《中庸章句序》,《朱子全书》第 6 册,第 29 页。
② 《大学衍义补》卷一百一《总论制刑之义》下册,上海书店出版社 2012 年版,第 151 页。
③ 《徂徕石先生文集》卷十七《上颍州蔡侍郎书》,文渊阁《四库全书》本。
④ 《河南程氏粹言》卷一,《二程集》,中华书局 2004 年版,第 1181—1182 页。
⑤ 《河南程氏粹言》卷一,《二程集》,中华书局 2004 年版,第 1175 页。

底道理。""中，只是喜怒哀乐之未发之理"①。陆九渊则说："中即至理……曰极、曰中、曰至，其实一也。"②王夫之曰："天下之理统于一中：合仁、义、礼、知而一中也，析仁、义、礼、知而一中也。"③

其次，"中"即"道"。张载说："大中，天地之道也。得大中，阴阳鬼神莫不尽之矣。"④杨简更为明确认为"中者，道之异名"⑤。朱熹亦注云："道者，天理之当然，中而已矣。"⑥陆九渊也说："中也，其为道也，内外合、体用备，与天地相似，与神明为一。"⑦杨时认为"《中庸》所谓合内外之道，中者，天下之正道"⑧。因而考虑"允执厥中"之"中"需要从内外之道去把握，"合外内之道"可以说是《中庸》之核心精神，"中"自是存于内而显于外了。

最后，中是大本。《中庸》将"中"概括为处理万事万物的根本："中也者，天下之大本也。"对此，理学家们有所发挥。二程云："中者，天下之大本。天地之间，亭亭当当，直上直下之理，出则不是，唯敬而无失最尽。"⑨吕大临又云："情之未发，乃其本心，元无过与不及，所谓'物皆然，心为甚'，所取准则以为中者，本心而已。由是而出，无有不合，故谓之和。非中不立，非和不行，所出所由，未尝离此大本根也。"⑩朱熹指出："天命之性，浑然而已。以其体而言之，则曰中。以其用而言之，则曰和。中者，天地之所以立也，故曰大本；和者，化育之所以行也，故曰达道。此天命之全也。人之所受，盖亦莫非此理之全。喜怒哀乐未发，是则所谓中也。发而莫不中节，是则所谓和也。然人为物。"⑪执中是宋明理学道统主旨学说，前有

---

① 《朱子语类》卷四十四，《朱子全书》第17册，第3178页。
② 《陆九渊集》卷二《朱元晦书》，中华书局1980年版，第28—29页。
③ 《读四书大全说》卷二《中庸序》，《船山全书》第6册，岳麓书社1996年版，第452页。
④ 《经学理窟·义理》，《张子全书》，西北大学出版社2015年版，第82页。
⑤ 《杨氏易传》卷十一，文渊阁《四库全书》第57册，第123—124页。
⑥ 《中庸章句》，《朱子全书》第6册，第34页。
⑦ 《陆九渊集》卷十二《与张诚书》，中华书局1980年版，第361页。
⑧ 《龟山先生语录》，(清)张元济校勘，常熟瞿氏铁琴铜剑楼藏宋刊本，第50页。
⑨ 《河南程氏遗书》卷十一，《二程集》，中华书局2004年版，第132页。
⑩ 《中庸解》，《蓝田吕氏遗着辑校》，中华书局1993年版，第271页。
⑪ 《朱文公文集》卷七十六《中庸首章说》，《朱子全书》第24册，第3265页。

所论，也必然成为宋明理学法律的皋圭。

第二，执中是宋明理学道统主旨学说。

孔子在《论语·尧曰》中引尧之语，道出了尧舜禹"允执其中"的天道法则。孟子进一步发挥了中庸之道，提出了"执中无权"的原则，把"中"作为传承"道"学的基本原则，肯定了执中的思想性，以为执中既为中道。《孟子·离娄下》说："汤执中，立贤无方"，"孔子岂不欲中道哉！"《尚书·大禹谟》在充分吸收荀子思想基础上，结合儒家与道家等学说，首先提出了"人心惟危，道心惟微，惟精唯一，允执厥中"的思想。

由唐而宋，宋儒重振儒学，再续道统，更是将执中思想发扬光大。孙复认为孔子所著《春秋》就是要讲究正大义名分，"以成大中之法"[1]，指出圣人之道就是要将治天下的治道之法传于后世。

二程执中思想无疑是宋明理学"中"学的重要一环。"人心私欲，故危殆；道心天理，故精微"[2]。在解释执中时，二程一方面认为对立的两端，中不偏向任何一方，执其两端而论中；另一方面，中也不是从两端之间找出来，而是从其内在属性里挖掘，执中也是可以在一定条件下的"通变"。如果执中而不通变与执一无异，"随宜应变，在中而已"[3]。同时，"中"所以能够成为权衡标准，正因为"圣人与理为一，故无过、无不及，中而已"[4]。在二程的思想中，已把《中庸》奉为孔门传授心法的关键，提倡以义理为标准，随时而中。

宋明理学"执中"道统主旨学说充分体现了其正统意识、弘道意识。"中"即理，"中"即"道"，中是大本。执中是宋明理学道统主旨学说，也必为其法律价值的核心。宋明理学以中为圣人之道的终极目标，中是"天下之达道也，圣人之事也。故圣人之教，俾人自易其恶，自至其中而已矣"[5]。朱熹也认为"圣人只是教人存天理，灭人欲"，这是"本原极致处"："中

---

[1] 《宋元学案》卷二《泰山学案》，中华书局1986年版，第79页。
[2] 《河南程氏遗书》卷二十四，《二程集》，中华书局2004年版，第312页。
[3] 《周易程氏传》卷四，《二程集》，中华书局2004年版，第966页。
[4] 《河南程氏遗书》卷二十三，《二程集》，中华书局2004年版，第1175页。
[5] 《通书·师》，《周敦颐集》，中华书局1990年版，第20页。

是礼之行宜之处，正是智之正处；中者，礼之极；正者，智之体"①。并认为"中"且"正"才是尽善尽美，其"中"比"正"更为重要："大率中重于正，中则正矣，正不必中也""中为贵也"②。因而和谐、秩序、正义、自由和效率等传统价值受制于"中"精神的统领。中道合于内心之"中"和外在之"节"的标准。

2. 天德之中合理体现了正义、公平与效率

宋明理学的"中"是将本体之天道与兼体用人之天德相契合。中不仅是天道，同时也是天德，也是和社会价值相联系在一起的，具有社会现实的意义。宋明理学以"天地之中"具之于人，成为"人之中"，"中"各具人心而自足，是个体价值范畴，具有主观性与价值性。这便是人之中所发的仁义礼智及忠孝等道德准则。能够执之的中显然也能够实现于人之行为中。二程说："敬而无失便是喜、怒、哀、乐，未发之谓中也。敬不可谓之中，但敬而无失即所以中也。"③"中"与"敬"价值观的层面相联系，属于道德准则，此中已经提升到伦理价值高度。王阳明将"中"归之于本体心，未发之中即是"良知"，是"廓然大公，寂然不动"的，属于状态，未发之中本身并非就是伦理道德，但它却是一切伦理道德产生的根本依据，是万善之源。故而吕大临说得更为直接，指出："'天命之谓性'即所谓中，'修道之谓教'即所谓庸。中者，道之所自出；庸者，由道而后立。盖中者，天道也、天德也，降而在人，人禀而受之，是之谓性。"④中不仅是本体论范畴的天道，也属于伦理道德的天道、天德。"中"可以是价值论，也可以是本体论范畴。这恰恰是中国传统文化范畴的一大特色。程朱理学不仅将"中"作为处世之道，而且也将执中运用在法律思想里，二程说："以中正之道，其刑易服。然乘初刚，是用刑于刚强之人……中正之道，易以服人，与严刑以待刚强，义不相妨"。二程认为如果治狱只用刚强，则易导致过于严厉，强调柔弱也

---

① 《朱子语类》卷九十四，《朱子全书》第17册，第3137页。
② 《周易程氏传》卷三，《二程集》，中华书局2004年版，第1175页。
③ 《河南程氏遗书》卷二上，《二程集》，中华书局2004年版，第1175页。
④ 《蓝田吕氏遗著辑校》，陈俊民辑校，中华书局1993年版，第271页。

会失于宽，治狱应当刚柔结合，以柔处刚，也只有如此才能达到中的境界：
"治狱之道，全刚则伤于严暴，过柔则矢于宽，五为用狱之主，以柔处刚而得中，得用狱之宜也。"①

第一，宋明理学"大中至正"的法律实质是正义。

按照现代理论，"正义"主要体现在正当性原则、适宜性原则，包含了针对群体公利、个体私利的公正性、公平性准则；在理学话语中，正义原则谓之"义"，即义理之义，其第一层基本含义就是"正"，即宋明理学的"中"所具有的中正、时中之意义。

"中"具有正当性原则。"中者，天下之正道。庸者，天下之定理"②。"中"即"理"，"中"即"道"是不能变的，天下之定理是基于天地自然的规律所得出的认识。"中道而立"，天地万物无不各有其"中"，这个"中"就是客观事物自身的合目的性与合理性，即物之所当是、所当有。"道者，天理之当然，中而已矣。"③传统社会法律追求正义，是一种伦理意义的正义观，赖功欧就认为："陆象山的正义论，凸显了'公平正直'的伦理观，学理上则以正心、正理、正道三大范畴为基础，体现出宋代理学的基本特色。"④强调个人对于整体的道义责任，偏向整体意义，符合罗尔斯（John Rawls，1921—2002）的《正义论》提倡个体与整体兼顾。先秦诸子是承认礼义差等的，并在此基础上寻求正义。宋明理学所追求"差等之爱"，是以正义的差等反对"自然的差等"。宋明理学继承先秦诸子以仁爱实现对于群体公利和他人私利的尊重，此乃是正当性原则的要求。在正当性原则方面，宋明理学不仅有先秦诸子倡导的礼义差等，还有唐宋以来才出现的契约平等，都是出于正义的考虑。可以说"平等"并非现代人当然的正义标准，也是传统中国社会正义的内容。

宋明理学认为法具有变化性，法是因时因事而立的，天下无一成不变之法，具有适宜性原则。"上古世淳而人朴，顺事而为治耳。至尧，始为治

---

① 《周易程氏传》，《二程集》，中华书局2004年版，第803页。
② 《中庸章句》，《朱子全书》第6册，第34页。
③ 《四书集注·中庸章句》，《朱子全书》第6册，第34页。
④ 赖功欧：《陆象山的正义伦理观》，《朱子学刊》2015年第1辑（总第25辑）。

道，因事制法，著见功迹，而可为典常也，不惟随时，亦其忧患后世而有作也。"① 孔子所立之法是通万世不易之法，其准则也正是"损益文质，随时之宜"，只有这样才可以制定出符合时代要求的法律。陈献章也说："夫天下之理，至于中而止矣。中无定体，随时处宜，极吾心之安焉耳。"② 这种在立法、司法中"损益文质，随时之宜"，权衡利弊以正确适用法律，实际上也就是先秦以来"时中"与"权"的原则。"时中"者，顾名思义，依"时"而处"中"之谓，也就是审时度势，讲依据原则变通处置。"权"是通权达变，讲不违背原则的灵活性，"权"是应时而求中刑、中罚、"中和""中正"的方法。"父子相隐""不隐于亲"正是"时中"的体现之一。八议则是通权达变的"中"的具体实施。

大中至正是宋明理学的重要内容。我们认为，宋明理学政治理念可以概括为"大中之道"。二程在《上仁宗皇帝书》中对此作了一个提纲挈领的说明："臣所学者，天下大中之道也。圣人性之为圣人，贤人由之为贤者，尧、舜用之为尧、舜，仲尼述之为仲尼。其为道也至大，其行之也至易，三代以上，莫不由之。"③ 而张载说："中正然后贯天下之道，此君子之所以大居正也。盖得正则得所止，得所止则可以弘而致于大。"④ 又说："大中至正之极，文必能致其用，约必能感其通。"明王守仁在《传习录》上卷也指出："不知先生居夷三载，处困养静，精一之功，固已超入圣域，粹然大中至正之归矣。"⑤ 强调了大中至正，其积极的意义就是极为公正，不偏不倚，是治国平天下的重要途径，"惟大中至正之道，可以常行"⑥。

第二，宋明理学"中道而立"的法律现实是效率与平衡。

"中"有两个基本含义：一为"不偏不倚"；二为"无过不及"。前者是心体的"中"，后者是行为的"中"；前者是体，后者是用。朱熹说：

---

① 《河南程氏粹言》卷三《论书篇》，《二程集》，中华书局2004年版，第1208页。
② 《陈献章集》卷二《与朱都宪二》，中华书局1987年版，第125页。
③ 《河南程氏遗书》卷五《上仁宗皇帝书》，《二程集》，中华书局2004年版，第510页。
④ 《张子全书》卷之一《正蒙·中正》，西北大学出版社2015年版，第19页。
⑤ 《王阳明全集》卷一《传习录上》，黄山书社2014年版，第66页。
⑥ 《建炎以来朝野杂记》，《安史·李心传》，中华书局2000年版，第542页。

> 中一名而有二义，……不偏不倚云者，程子所谓在中之义，未发之前，无所偏倚之名也；无过不及者，程子所谓中之道也，见诸行事，各得其中之名也。盖不偏不倚，犹立而不见四旁，心之体，地之中也。无过不及，犹行而不先不后，理之当，事之中也。故于未发之大本则取不偏不倚之名，于已发而时中，则取无过不及之义。①
>
> 中，只是应事接物无过不及，中间恰好处。②

"中"是法律事务存在和发展的最佳结构、最佳关系和人的行为最佳方式的标志。宋明理学通过对程序法的重视实现法本身的效率最大化，法律专业的技术科学化体现了效率。理治思想的一个重要内容就是在立法和司法中保留充分的道德"衡平空间"，用道德情理来衡平法律，依中道法律的本性而言，是求衡平和稳定，这是国家治理的一个重要内容。宋明理学选择的指针是"中"的观念，即综合考虑司法可能带来的好处和弊害，力图找到一个最佳的均衡点。至于适中，强调的是"执两""用中"，即不偏执、不走极端，它是"中"在行动层面上的具体体现。

"中者，极至"，也是完美极致。宋明理学指出："天下化中，治之至也"③。二程云"始能'允厥执中'，中是极至出处"④，张载同样认为："大中至正之极，文必能致其用，约必能感其通。""知德以大中为极，可谓知至矣。择中庸而固执之，乃至之之渐也。"⑤清人张伯行释云："中者，至当不易，增一毫则过，损一毫则不及，极至之谓也。"⑥如此，则人之行为做到无过无不及，即能"执中""中道而立"。

宋明理学的"中"合理体现了公平正义与效率的关系。一般而言，法之公平与效率的关系既有其协同的方面，又有其冲突的方面。当公平和效率

---

① 《中庸或问》卷上，《朱子全书》第6册，第548页。
② 《朱文公文集》卷五十一《答万正淳》，《朱子全书》第22册，第2387页。
③ 《通书·乐上》，《周敦颐集》，中华书局1990年版，第29页。
④ 《河南程氏遗书》卷十九，《二程集》，中华书局2004年版，第256页。
⑤ 《张子全书》卷之一《正蒙·中正》，西北大学出版社2014年版，第19、20页。
⑥ （清）张伯行：《濂洛关闽书》卷十一，《丛书集成》本。

发生冲突时,存在公平与效率的优先性问题。在这一问题上,宋明理学以"中""中庸之道"而崇尚两者协调论者,认为公平与效率本身不存在优先性的问题,主张两者中庸平衡,争取真正的公平与真正效率的兼得,认为效率和公平是内在统一的。公平与效率在价值序列中的位阶因时代、具体法律制度、法律适用的不同而有所不同,因社会需要的变化而变化。当官府治理民众的需要与一般法理冲突时,宋明法律往往选择了治理的需要,而舍弃理性和情感。效率最大化是宋明理学"中"的现实价值意义。

3. 和是中的外在形式与境界追求

《中庸》首段归结为一句就是"致中和"。对"致中和"内涵的理解,有学者认为"中"是手段,"和"是目标,也是衡量"中"的最终标准。认为"致中和"理解时应该"加一个词最好,叫致中于和。把喜怒哀乐这种人的情感能够控制得很好,等到发出来的时候都能达到一个和的境界,致中于和"①。显然,这也是将和的境界作为"中"所追求的目标。"中,实兼中和之义。"② 这实际上是发挥汉代儒者对于"和"与"中"的关系的理解。董仲舒在《春秋繁露·循天之道》中辨析"中""和"颇有代表性:"中者,天地之所终始也,而和者,天地之所生成也。夫德莫大于和,而道莫正于中。"并进一步断定:"中之所为,而必就于和。……中者天之用也,和者天之功也。"认为天地之道"起于中而止于中","中"是规律、尺度,为"用";"和"是境界、目的,为"体","中之所为,而必就于和"③。这有悖于宋以后对"中"与"和"关系的理解。对"中"与"和"的关系,宋明儒者有如下代表性论说。司马光说:"是中、和一物也,养之为中,发之为和,故曰'中者,天下之大本也,和者,天下之达道也。'"④ 周敦颐指出:"惟中也者,和也,中节也。天下之达道也,圣人之事也。"⑤ 伊川云:"喜怒哀乐未

---

① 金海峰教授2007年10月1日在长春文庙发表题为《中庸》的演讲。
② 《朱子语类》卷六十二,《朱子全书》第16册,第2005页。
③ 《春秋繁露义证·循天之道》,中华书局1992年版,第444页。
④ 《司马温公集编年笺注》卷七十一《中和论》,巴蜀书社2009年版,第394页。
⑤ 《通书·师》,《周敦颐集》,中华书局1990年版,第20页。

发谓之中'，只是言一个中体，既是喜怒哀乐未发，那里有个什么？只可谓之中。如《乾》体便是健，及分在诸处，不可皆名健，然在其中矣。天下事事物物皆有中，'发而皆中节谓之和'，非是谓之和便不中也。言和则中在其中矣。"①朱熹提出："中和之中其义虽精，而中庸之中实兼体用；及其所谓庸者，又有平常之意焉，则比之中和，其所该者尤广。"又说："以性情言之，谓之中和；以礼义言之，谓之中庸，其实一也。以中对和而言，则中者体，和者用，此是指已发、未发而言。以中对庸而言，则又折转来，庸是体，中是用，如伊川云'中者天下之正道，庸者天下之定理也'，此'中'都是'时中'、'执中'之中。以中和对中庸而言，则中和又是体、中庸又是用。"②而王阳明则认为："中和是离不得底。如前面火之本体是中，火之照物处便是和。举着火，其光便自照物。火与照如何离得？故中和一也。"③赵秉文对中与和的关系可以说论述得非常精辟："中者，和之未发；和者，中之已发。中者和之体，和者中之用。非有二物也，纯是天理而已矣。"④

上面的论说大体说来是道学诸儒的"中和"论，既"继承了先秦儒家把中和与仁礼纲常结合的儒学传统，保持了儒家道德经世的特性；同时又继承了两汉魏晋从世界观高度揭示中和之道为宇宙根本之道和社会政伦纲纪的思想。在此前提下，中和创新，从道德本体论的高度提出了心性中和论的儒家中和哲学新概念"⑤。概括而言，其有以下三个方面的要点：一是"中、和，一物也"。二是"中者，和之体；和者，中之用"；中和之"中"为自然本体与道德本体化，中和之"和"为用，为"中"的外在显现和运用。因此"天命之性浑然而已，以其体而言之，则曰中，以其用而言之，则曰和"⑥。和是中的外在形式。三是"言和则中在其中"，"和"统领于"中"，为"中"的一个环节，"中"实兼"中和"之义。"中"表现在法制上含有执法公平、准

---

① 《河南程氏遗书》卷十七，《二程集》，中华书局2004年版，第180—181页。
② 《朱子语类》卷六十三，《朱子全书》第16册，第2056页。
③ 《王阳明全集》卷一《传习录补遗》，黄山书社2014年版，第209页。
④ 《宋元学案》卷一百《屏山鸣道集说略》，中华书局1986年版，第3323页。
⑤ 董根洪：《儒家中和哲学通论》，齐鲁书社2001年版，第88页。
⑥ 《朱文公文集》卷六十七《中庸首章说》，《朱子全书》第23册，第3265页。

确、宽猛合于法度之意。在现实中,直接体现在宽猛相济之法的"中典","中"所追求的法的价值是平衡、和谐与稳定。宋明理学崇尚"中和",认为"中"是"理"的极致。

四、宋明理学语境息讼观

《说文解字》:"讼,争也。"自孔子提出"听讼,吾犹人也。必也使无讼乎"①后,儒家无不将"无讼"作为审判活动所追求的价值目标,形成了传统社会的"无讼观"。儒家所倡导"无讼"的"讼"既包括民事纠纷和轻微刑事案件,也包括严重威胁统治秩序的重大刑事案件。目前学界时常对"无讼""息讼"在概念上不加区分,混淆使用。我们认为,以唐宋之际为界,可以划分为二种不同的观念:无讼与息讼。在无讼观引导下,统治者通过多种制度设计阻隔民众运用诉讼解决纠纷,是追求无刑与无讼,更主要是在于防讼。犹如张中秋先生所说:"无讼"是为了追求"一个社会没有纷争和犯罪而不需要法律或者虽有法律而搁置不用"②;而息讼是为了止讼、限讼与平息诉讼,更主要是为了解纷,具有限讼与利讼共存。无讼与息讼存在的社会环境与理论基础是有差别的。宋明理学促进传统法律社会由无讼向息讼的现实性转变,形成了宋明理学语境下的传统社会息讼观。息讼是宋明理学语境下的传统社会法律的具体价值目标。

1. 宋明理学息讼观成因

第一,宋明理学是息讼观念构建的基础。

无论是无讼观还是息讼观,都具有存在的一定社会经济环境与文化背景。概括说来,小农经济与财产国有化是无讼观念产生的经济基础,先秦儒家思想是无讼观念构建的理论基础;唐宋以前的传统社会是一个商品生产和

---

① 《论语章句集注·颜渊》,《朱子全书》第6册,第173页。
② 张中秋:《中西法律文化比较研究》,南京大学出版社1999年版,第321页。

商品交换关系不发达的小农社会，自然经济长期占据统治地位。虽然秦商鞅变法就承认了土地的私有产权，但在中唐以前，这种私有产权受多种限制，国家干预较强，从本质上来说应是一种等级土地制度，缺乏商品经济元素。这种经济形式下人们的生产生活方式决定了古代中国不但难以出现以调整商品生产和商品交换关系为主要目标的现代意义的"私法"，而且也难生长出与民事契约相关的发达的权利义务观念。这种经济基础，约束了人们的诉讼意识与诉讼行为。

宗法关系在先秦社会中只是涉及天子和各诸侯国的国君、卿大夫、士，而且宗法关系等级严格，即使是天子和诸侯的亲属也"不得以其戚戚君"①。秦汉以后出现的封建宗族开始包括了不同阶级的居民，但是宗族与宗法关系明显地带上了阶级、阶层的印迹。国家政权大多由具有宗法地域特征的集团为主体力量，贵族与庶人等之间人身关系约束力强。而且唐宋以前的宗法宗族制度下的基本民事主体其实是一个个的家庭而非个人，家庭成员不可"别籍异财"，没有形成西方的小家庭模式，一切以维护庞大家族的利益为主。在宗法宗族制度下，家庭家族中的纷争被限制，个人的诉权常常被扼杀。先秦汉唐宗法关系上层化与家族性特征限制了诉权，不同的阶级、阶层存在等级森严的诉权，缺乏平等诉权的基础。

同时，对无讼理想的追求实际上是儒家"中庸之道""重义轻利""和为贵""以德去刑""省刑罚薄赋敛"的"仁政"思想的集中体现。在儒家思想的构架下，先秦汉唐社会成为了一个礼治社会，是一个倡导伦理、注重身份关系、差序格局的社会。礼治追求"道德一元主义"，"乐至则无怨，礼至则不争。缉让而治天下者，礼乐之谓也"②。受这种价值观的长期影响，个人权利观念受到限制。礼治秩序无疑成为了无讼观念存在的社会语境。

唐宋以后社会经济的发展和私有财产关系的复杂化，具有存在健讼的物质前提，也是息讼观念形成的经济基础。宋明理学是息讼观念构建的理论基础。息讼是无讼观在新的形势下的发展结果。张晋藩先生指出："由提倡无

---

① 《礼记·大传》，（清）阮元：《十三经注疏》，中华书局1980年版，第1508页。
② 《礼记·乐记》，（清）阮元：《十三经注疏》，中华书局1980年版，第2559页。

讼而发展起来的调处息讼，把国家权力与社会力量紧密结合在一起，是在自然经济条件下，解决民事纠纷的较好方法，其制度之完备、经验之丰富、实施之广泛，在世界古代法制史上是仅有的"①。息讼观是宋元明清时期将追求"无讼"的传统理念转化为"息讼"目标的务实精神的结果，是从孔子"和为贵"无讼到理学"理而后和""和而解"息讼，传统义利观理念演化理论发展的结果，也是个人利益与权力有限保护的结果，体现着社会的巨大变革。

自唐宋以来，随着社会经济的发展，土地所有权逐渐从国家下移至地主再下移至农民，"田制不立，不抑兼并"，本质上承认了私有产权的合法性。农业生产开始突破传统的自给自足生产模式，融入大量商品性生产因素，尤其是封建租佃制进一步取代了魏晋以迄唐前期的部曲佃客制，契约租佃关系在唐宋社会发展并最终确立起自己的主导地位，促进了土地占有和所有关系向长期化、稳定化的方向发展，也造就了唐宋之际人身依附关系的不断松弛。朱熹就承认田主与佃户"相须存立"的关系，因此"佃户不可侵扰田主，田主不可挠虐佃户"②。我们也应该清醒认识到，理治社会是息讼观念生存的社会语境，先秦以来传统儒家文化积淀并不是能够轻易扫除的，宋以后的士大夫官僚群体不仅接受先秦以来传统儒家文化观念的影响，试图成为道德理想主义的承担者，官员中依旧不乏耻言"讼利"之士。但是在唐宋私有制、商品经济的高度发展，冲击着传统的人伦道德防线的情形下，以"存天理，灭人欲"为正统思想指导务实的宋明理学家发展了先秦儒家"和为贵""以德去刑""重义轻利"，倡导义利并举、"理而后和"（周敦颐）、"和而解"（张载），以理止讼。和息的文化背景与因素依然存在，甚至比以前有过之。为了维护官吏所代表的王朝的权威与"为民父母"的威信，避免民间私力不恰当地垄断纠纷处理权，加之大量的民事纠纷如果不能够及时处理，也会成为社会不安定的因素，促使政府对司法诉讼的重视。

第二，息讼观是传统诉讼文化心理的体现。总的说来，诉讼凶险文化是由传统畏讼心理观、无讼伦理观发展起来的贱讼观。《周易·讼卦》卦辞

---

① 张晋藩：《中国法律的传统与近代转型》，法律出版社1997年版，第283页。
② 《朱文公文集》卷一〇〇《劝农文》，《朱子大全》第25册，第4626页。

曰:"讼,有孚,窒。惕,中吉,终凶。"在社会的主流意识影响下,无讼思想在民间表现为厌讼、贱讼的主流观念。而官府为追求社会稳定与政绩,抑制诉讼,在先予杖责再行审判的威慑下,诉讼参与人自然以公堂为畏途,可以说很多人是因为畏讼而厌讼的。宋明理学发展了这种诉讼心理文化。二程就认为:"讼非和平之事,当择安地而处,不可陷于危险",指出"盖讼非可长之事,以阴柔之才而讼于下,难以吉矣"①。南宋真德秀也看到当时社会兴讼的后果,认为:"而今乃有唇舌细故而致争,锥刀小利而兴讼。长不恤幼,卑或陵尊,同气之亲,何忍为此。""今人于此二者(指宗族之恩、乡邻之义,引者注)往往视以为轻,小有忿争,辄相陵犯,词诉一起,便为敌雠"②。黄震在《词诉总说》中更是明确地指出:"讼乃破家灭身之本,骨肉变为冤雠,邻里化为仇敌,贻祸无穷,虽胜亦负,不祥莫大焉。"③ 中国古代"重刑治民"和"以刑去刑"的主张表现出强烈的威吓主义和惩罚主义的特色。"重刑治民"和"以刑去刑"法律的现实目的致使一些民众把法与刑同的思维定式更加放大。显然,对于诉讼的险恶性可以说自古以来都是人们所畏惧的,这样的心理文化在传统社会中是根深蒂固的。民众的诉讼心态是复杂的、多层面的,"惧讼"的社会心态是其中最主要之一。对民众"惧讼"的社会心态的形成,徐忠明教授认为其产生的原因包含两点,即在经济上不能承受诉讼成本的拖累和不堪忍受诉讼中人格、心理及肉体的痛苦。而这些因素的产生都与中国古代社会特殊的政权性质、体制,以及司法构造、吏治状况密切相关。④

第三,息讼观是宋明社会实现公平或平衡的选择。

息讼观的形成更是宋明社会实现公平或平衡、寻求稳定的需要。除了文化心理上对诉讼的排斥之外,对诉讼利弊的权衡和对成本的考虑则是息讼

---

① 《周易程氏传》,《二程集》,中华书局2004年版,第729页。
② 《西山先生真文忠公文集》卷四十《潭州谕俗文》,《四部丛刊正编》,第61册。
③ 《黄氏日抄》卷七《词诉约束》,见《名公书判清明集》附录五,中华书局1987年版,第637页。
④ 参见徐胜萍:《中国传统民间调解溯源究因》,《陕西师范大学学报》(哲学社会科学版)2011年第1期。

重要的社会现实原因。息讼的社会基础实际上是统治上层、地方官员与个人、民众的利益（情势）趋于公平或平衡的需要。求稳定是任何一个统治王朝的目标，在具体治理国家，追求稳定过程中，作为官府、官吏不能不考虑治理成本（物质、时间、精力等）。司法作为一种制度安排，其运作是有成本和代价的，诉讼需要动用国家的司法资源，成本巨大，如果任诉讼案件迅猛增长，会使司法机关不堪重负，案件大量积压，造成不应有的动荡。康熙帝曾说："若庶民不畏官府衙门且信公道易伸，则讼事必剧增。若讼者得利，争端必倍加。届时，即以民之半数为官为吏，也无以断余半之讼案也。故朕意以为对好讼者宜严，务期庶民视法为畏途，见官则不寒自栗。"① 而对官吏个人来说，"难为""无功""有险"等则成为官员愿意选择息讼方式的因素。难为：古代州县长官作为行政与司法一肩挑的，需要亲自坐堂审案，难免力不从心，地方官员只能将司法裁判的精力主要集中在每年有限的数起命盗或事关风化伦常的大案要案之上。无功：治狱诉讼虽然为古代官吏政绩考核其中一项，但是评判地方官员政绩的重要标准之一就是讼清狱结，少出盗贼，官员只求无诉讼，力图息讼乃至无讼。有险：古代官员违法责任追究涉及诉讼的各个环节，一旦官员不能依律办案，甚至因水平不够而办错案件，都会受到责任追究，官员受理诉讼本身就是有风险的过程。正因为如此，古代官吏普遍认为"断案不如息案"。

对于普通百姓来说，无疑也需要对切身利益的考虑与选择。民众进行诉讼不仅要担负巨大的社会舆论、人情等压力，同时诉讼也需要支付巨大的经济成本。自古以来，"讼者坐成，以束矢入于朝，乃听其讼"②，诉讼需要开支数额不菲的诉讼费用。清朝明文规定诉讼中的费用包含官司钱、递状费、审案费、杂费、"宽限钱""买放钱"等正费和额外费用。民众也基于恶劣的司法环境的影响而有"惧讼"的心态，无法对其诉讼的最终效果作出明确的预期，经常只能无奈地选择"息讼"。

正是在这样的背景下，中国社会存在着息讼与健讼的二重性，健讼与

---

① [法] 勒内·达维德：《当代法律主要体系》，漆竹生译，上海译文出版社1984年版，第487页。
② 《周礼·秋官》，（清）阮元：《十三经注疏》，中华书局1980年版，第870页。

息讼成为两宋以降诉讼中的矛盾体。因此,将追求"无讼"的传统理念转化为"息讼"目标。

2. 息讼方式

(1) 教之:善于教化息讼罢争

国家统治者将教化作为治理的重要手段,历代帝王都颁布了大量法律法规,劝导教化民众息讼。朱元璋在《教民榜文》中提出:"若年长者不以礼导后生,倚恃年老生事罗织者,亦治以罪。务要邻里和睦,长幼相爱。如此,则日久自无争讼,岂不优游田里,安享太平!"① 康熙在对待德教与刑罚问题上完全依从朱子之义,指出:"治天下者,莫亟于正人心厚风俗,其道在尚教化以先之"②,"盖法令禁于一时,而教化维于可久,若徒恃法令而教化不行,是舍本而务末。"③

宋明士大夫继承孔子反对无教而杀的思想,以亲亲尊尊伦理关系、"义利"关系的角度来教化百姓息讼。"门人有与人交讼者,先生数责之云:'欲之甚,则昏蔽而忘义理;求之极,则争夺而至怨仇'。"④ 朱熹认为"民之散也,以使之无道,教之无素。故其犯法也"⑤,而通过教化就可以"不待黜陟刑赏——加于其身而礼义之风廉耻之俗已丕变矣"⑥。真德秀云:"遇亲戚骨肉之讼,多是面加开谕,往往蟠然而改,各从和会而去。如卑幼诉分产不平,固当以法断,亦须先论尊长,自行从公均分。或坚执不从,然后当官监析。"⑦ 南宋陆象山在荆门做官时,他总是以儒家"纲常礼教"来开导、启发民众,对诉讼当事人"多所劝释,其有涉人伦者,使自毁其状"⑧。明代王阳明创十牌家法,告谕百姓说:"心要平恕,毋得轻易忿争;事要含忍,毋

---

① 《皇明制书》,中国文献出版社1998年版,第1437—1438页。
② 李国钧主编:《清代前期教育论著选》,人民教育出版社1990年版,第341页。
③ 《清圣祖实录》卷三十四,《清实录》第4册,中华书局1995年版,第461页。
④ 《朱子语类》卷一百十一,《朱子全书》第18册,第3846页。
⑤ 《论语集注》卷十九《子张》,《朱子全书》第6册,第237页。
⑥ 《朱文公文集》卷十二《己酉拟上封事》,《朱子全书》第20册,第625页。
⑦ 《名公书判清明集》,中华书局1987年版,第10页。
⑧ 《宋史》卷四百三十四《陆九渊传》,中华书局1980年版,第12881页。

得辄兴词讼；见善互相劝勉，有恶互相惩戒；务兴礼让之风，以成敦厚之俗。"① 他制定的《南赣乡约》更是明确地教化道："自今凡尔同约之民，皆宜孝尔父母，敬尔兄长，教训尔子孙，和顺尔乡里；死丧相助，患难相恤；善相劝勉，恶相告诫；息讼罢争，讲信修睦，务为良善之民，共成仁厚之俗。"②

(2) 调之：发挥民间调解作用

宋以后，中国社会形成了国家法律与各种地方习俗、工商惯例、乡规民约、族规家法相互渗透并相互配合的民事纠纷调节和处理机制。为了加强基层统治，充分利用乡党的力量，规定乡绅有权裁断。建立地方调解机制，发挥民间调解作用，将纠纷矛盾化解在萌芽阶段，以族长、社长、里长、老人平息里社、都图讼争，以行规师傅、首事化解行业争端的机制，赋予乡党一定的司法职能。《大明律集解附例·刑律·杂记》中规定："各州县设立申明亭，凡民间应有词状，许耆老里长准受于本亭剖理。"③ 至清代，康熙皇帝在宣谕万民的"圣谕十六条"中，把"和乡党以息争讼"作为其中一条。王清穆在《农隐庐文钞·戒争讼说》中比较全面地反映了民间调处的意义："家庭乡党之间，均以和睦为贵，如有微嫌细故，与夫田土钱债关系，积不相能，致起争执，莫着就本乡设一公断处，两造各邀己信仰之人，会集评议，酌理准情，当众调处。自可大事化小，小事化无，彼此不伤感情，乡里也无耗费，息事宁人，莫善于此。"④

(3) 养之：解决人民的生活

宋明理学要求"为政以德"，把解决人民的物质生活放在为政的首要位置，"理财以养民为本"。朱熹认为，只有"仓廪实而武备修，然后教化行，而民取信于我，不离叛也"⑤。由此朱熹将"爱养民力"作为统治的六大急务之一。丘濬在其《大学衍义补·总论固本之道》中就讨论了蕃民之生、制民

---

① 《王阳明全集》卷十六《十家牌法告谕各府父老子弟》，黄山书社2014年版，第583页。
② 《王阳明全集》卷三《南赣乡约》，黄山书社2014年版，第632页。
③ 《明史》，岳麓书社1998年版，第1979页。
④ 王清穆：《农隐庐文钞·戒争讼说》，上海社会科学院出版社2015年版，第19页。
⑤ 《朱子遗集》卷四《论语颜渊注稿》，《朱子全书》第26册，第752页。

之产、重民之事、宽民之力、愍民之穷、恤民之患、除民之害、择民之长、分民之牧和、询民之瘼等有关国计民生的问题，谏言君主"诚能省刑罚薄税敛，不穷兵以黩武，不营作以劳人，则民咸有乐生之愿，而无轻死之心"①。

(4) 限之：建立息讼法律机制

宋明理学家认为"后世骨肉之间，多至仇怨忿争，其实为争财。使之均布，立之宗法，官为法则无所争"②。故而有必要通过建立一整套法律机制实现息讼。

一是以义为导向，限制诉讼主体。宋明理学强调原被告"分"的诉权地位，区分尊卑上下长幼亲疏关系，将人伦关系纳入到诉讼程序当中，卑下幼疏者不具有原告的诉讼资格。宋以来的词讼规范禁止有夫男健在而妇女出名控告、禁止事不干己生事诉告等，违者俱治以罪。

二是提高诉讼立案的标准。将亲邻可以调处、原中可以算清的民间口角细事、婚姻、家财、田宅、债负等都作为调解范围，而排除在诉讼之外，减少诉讼。《至元新格》反复申明，"诸论诉婚姻、家财、田宅、债负，若不系违法重事，并听社长以理喻解，免使妨废农务，烦扰官司"③。明代王守仁在《禁省词讼告谕》中明令："一应小事，各宜念忍，不得辄兴词讼，若剖断不公，或有亏枉，方诉申诉，敢有故违，仍前告扰者，定行痛责，仍照例枷号问发，决不轻贷。"④清代吴宏在《纸上经纶·词讼条约》中也要求，"凡民间口角细事，亲邻可以调处，些微债负，原中可以算清者，不得架词诳告"⑤。不仅规定乡绅有权裁断判决，而且还不允许超越乡绅直接向官府起诉，违者将受到严惩。通过乡党这一势力构成了一道特殊屏障，把大量的诉讼案件排斥于官府之外，进而实现统治者的息讼目的。

三是规定诉讼受理期限。唐律规定，在每年3月30日至10月1日，官

---

① 《大学衍义补》卷十三《总论固本之道》，上海书店出版社2012年版，第129页。
② 《河南程氏遗书》卷十七《伊川先生语二》，《二程集》，中华书局2004年版，第177页。
③ 方龄贵校注：《通制条格》，中华书局2001年版，第452页。
④ 《王阳明全集》卷三十一《禁省词讼告谕》，黄山书社2014年版，第296页。
⑤ （清）吴宏：《纸上经纶》卷五，载《明清公牍秘本五种》，中国政法大学出版社1999年版，第220页。

府不得受理涉及婚姻、债务等民事诉讼。宋朝、明朝也有类似的规定。《大清会典事例》卷八一七规定："每年四月初一至七月三十日，时正农忙，一切民词，除谋反、叛逆、盗、贼、人命及贪赃坏法等重情，并奸牙铺户骗劫客货，查有确据者，俱照常受理外，其一应互婚田土等细事，一概不准受理。"[1]

(5) 刑之：明慎用刑而不留狱

一是宋明理学发展了前人思想，倡导"刑教观"。在宋明思想家的观念里，法不再仅仅消极地起"禁于已然之后"的刑罚或威慑作用，而且更赋予了"禁于将然之前"的教化作用。丘浚就提出了"既分田授井以养之，立学读法以教之，又制为禁令刑罚以治之"[2]的主张，教化是最主要的措施。

二是谨慎讼狱，充分重视证据，追求无冤祥刑。在许多情况下，官府必须对此作出相对合情合理合法的判决。对此，宋明士大夫有大量论述。明慎就是要有充分的证据。王夫之提出非"同恶者、见知者、被枉者""三者具而可以明慎自旌"[3]的证据标准。依法断案必须建立在充分的真实的证据基础上。

三是通过设立"教唆词讼"罪惩治非法讼师无端缠讼。《宋刑统·斗讼·为人作辞牒》条规定："教令人告丝麻以上亲，及部曲、奴婢告主者，各减告罪一等。"[4]《大清律例》规定："凡教唆词讼，及为人作词状增减情罪诬告人者，与犯人同罪。"[5]

四是"以刑息讼"。在这方面，二程就有自己的看法，认为："古者乡田同井，而民之出入相友，故无争斗之狱。今之郡邑之讼，往往出于愚民，以戾气相构，善为政者勿听焉可也。又时取强暴而好讥侮者痛惩之，则柔良者安，斗讼可息矣。"[6] 朱熹认为刑的作用首先就是在于"以刑去刑"，辟以止辟。

---

[1] 《大清律例》，法律出版社1999年版，第479页。
[2] 《大学衍义补》卷一百六《详听断之法》下册，上海书店出版社2012年版，第189页。
[3] 《读通鉴论》卷三《汉武帝》，《船山全书》第10册，第146—147页。
[4] 《宋刑统》，民国十年刘氏刻《嘉业堂丛书》本，第307页。
[5] 张荣铮点校：《大清律例》卷三十《教唆词讼》，天津古籍出版社1993年版，第525页。
[6] 《河南程氏遗书》卷四，《二程集》，中华书局2004年版，第73页。

3. 息讼观与无讼观的差异性

宋明理学息讼观对后世的法律有重要影响，这主要可以从与无讼观差异性的以下五个方面得到反映。

其一，先秦"无讼"作为社会的理想追求目标，具有原始空想性特征，无讼不过是和谐观念在司法观念上的美好要求和反映。孔子提出"无讼"理念之后，历代官员虽然都把"无讼"作为司法的追求目标，但是在礼治社会发展过程中，这一美好理想是无法真正实现的，只是具有理念之理想性。而息讼是在无讼观基础上发展起来的。"息讼"观念是对现实法律诉讼事实的承认，宋明时期的"息讼"作为社会现实追求目标更具有务实性。在社会现实面前，颇具务实精神的宋代士大夫，对民众维护自身权益而兴讼的合理性给予了认可。二程肯定了诉讼出现的必然性，说明了"讼"出现的原因，《周易程氏传》指出："讼，《序卦》：'饮食必有讼，故受之以讼。'人之所需者饮食，既有所须，争讼所由起也，讼所以次需也。为卦，乾上坎下。以二象言之，天阳上行，水性就下，其行相违，所以成讼也。以二体言之，上刚下险，刚险相接，能无讼乎？"① 二程认为："讼者，求辩其曲直也。讼者求辩其是非也。辩之当，乃中正也，故利见大人，以所尚者中正也。"② 清人崔述曾说："自有生民以来，莫不有讼。讼也者，事势之所必趋，人情之所断不能免者也。"③ 非常精辟地说明争讼是人类社会不可避免的。宋明理学已经认识到诉讼虽然未必是平衡所有利益冲突的最适当途径，却是不可或缺的有效途径。因此，宋元明清时期将追求"无讼"的传统理念转化为"息讼"目标，更加注重基层民间的调处，息讼法律措施更有可行性。例如对于"讼师"，官僚、士大夫在心理上从来都是蔑视的，但是在宋以后对讼师助讼的活动，并不是取缔，而是理性地采取规范限制的积极措施，将讼师的代写诉状、诉讼代理行为纳入其规制之下。为此，官府与士大夫能够理性分析诉讼繁多的原因，采取适应社会生活的积极的司法措施，日益细化诉讼规则，从

---

① 《周易程氏传》卷一，《二程集》，中华书局 2004 年版，第 727 页。
② 《周易程氏传》卷一，《二程集》，中华书局 2004 年版，第 728 页。
③ （清）崔述：《崔东壁遗书》卷二《讼论》，上海古籍出版社 1983 年版，第 701 页。

制度上逐渐实现情理法律化。

其二"无讼"是古代商品经济不发达时期的法律理想。"无讼"观念影响着传统社会对基层一般的户婚、田土等民事纠纷诉讼地位的认识，认为户婚、田土等民事纠纷不影响国家治理，导致"重刑轻民"，使得民事法律在"诸法合体、刑民不分、以刑为主"的法律体制中长期处于从属和次要地位，民事法律制度难以健全、完备和系统化。"息讼"观念表明对传统社会基层一般的户婚、田土等民事纠纷诉讼地位认识的提高，而法律部门"提升民诉"，法律体系更加完善，民事法规刑事化色彩减弱。

其三，"无讼"的观念影响着传统社会诉讼的心理，畏讼、厌讼意识阻碍了诉讼权利意识。无讼奉行法律工具主义，"耻讼""贱讼"观念不利于树立起民众对法律的信仰。宋明时期的健讼表明贱讼、厌讼的社会心理并没有完全抑制讼争，而"息讼"观念是权利意识提升的表现，民众日益敢于公开捍卫自己的私有财产和人身权利。息讼是肯定健讼的现实存在，利于培养民众的法律意识。

其四，"无讼"的观念影响司法程序价值的认识，轻视程序正义，导致诉讼公正性的偏离。在以实现无讼为目的的司法诉讼中，诉讼程序的设计就不重视考虑当事人如何行使诉权，以致司法低程序化而倚重调处，轻视程序正义的结果是导致司法缺乏公正，"刑措而不用"，当事人无诉讼权利可言。而在息讼语境下，宋元明清时期较唐宋以前，无论是民事案件还是刑事案件的审理，都对"依法判决"的要求逐步增加，尽可能做到承认依法不断进行的合理诉求，"情理兼顾"和"情法两尽"，更具法的公正性与情理性，实现社会平衡，司法程序趋于科学性。以理服人，以法服人，让民众服判而息讼。

其五，息讼对官员素养提出了更高的要求。官僚、士大夫必须具有"以天下为己任"的忧患精神与参政意识、务实的态度、以民为本的理念，更加亲民。官员们要以伦理晓谕当事人，向当事人剖明利害关系，说明"事实真相"，消除误解。官僚、士大夫必须具有廉洁奉公的品德和才能，具备说服当事人的技巧、判断事实是非的能力和法律知识，要求官吏遵守法条规定的程序审案，对和息案件的程序要更加严格科学，只有这样才能将天理、国法、人情很好地结合起来，真正实现息讼。

五、皇权与法权两平论

谢晖在《法"治"权力（代序）》中说："权力与法律关联甚紧。追两者关联之究竟，有云权力高于法律者，如'法律乃主权者命令'说；有云法律宰制权力者，如'权力法定原则'说；亦有云两者难分高低者，如两者'相辅相成'"说。论者之如上分歧，实表明其间关系之复杂，亦彰显两者关联之紧密。① 政统与法统体现在权力与法律的关系上。

我国长期的专制集权统治形成了一整套极为严格的官僚等级体系，官僚政治是以皇帝为核心的专制政治，百官皆向皇帝一人负责，自上而下依据官阶的高低形成了严密的等级制度。司法官员也不过是官僚集团的一分子，官位级别、政治地位往往比公正的司法审判更有吸引力。这样的风气对司法的影响是极其负面的。上级官员可以直接影响到司法官员的审判。更顶端的皇权对司法的权力更是绝对的。由于中国法律的基本政治背景是"国家为君主所私有，则君主之意志，即为国家之意志，其立法权专属于君主"②，官僚政治影响司法，一定程度上，政统凌驾法统，其原因之一是皇权的绝对性，之二是行政兼理司法的体制。

宋明理学从"法者，天子所与天下公共也"的视角出发，主张依法行为，公法胜私恩。一方面，当"义"治理方向与"法"一致时，要求依法；另一方面，以专制皇权统治为价值主体，当治理民众的需要与一般法理冲突时，中国传统法律往往选择了治理的需要，而舍弃理性和情感。传统社会存在法统制约政统的皇权专制制度，政统与法统的一致趋向性，以期实现权法两全的选择。

---

① 参见谢晖：《序——法"治"权力》，载喻中：《法律文化视野中的权力》，山东人民出版社 2004 年版。
② 梁启超：《论立法权·论立法权之所属》，《饮冰室合集》第一册，中华书局 1989 年版，第 107 页。

西汉文帝犯跸案①、瞽瞍杀人案②、柴守礼案③都涉及政统皇权与法有冲突。涉及君王是作为受害人、犯罪者家属及最高权利人身份的法律适用问题。宋明理学家对这三个案例的评论对理解宋明理学皇权与法律关系即政统与法统辩证观具有重要意义。

1. 犯法者，天子必付之有司

在犯跸案中出现的"权情"与法有冲突的两处：一是受害人是权力至高无上的君王，君王的"尊贵"这一实情与法律存在抗衡；二是文帝"怒"的"情感"，此个人的喜怒哀乐之"情"与法律形成抗争。也正是基于此"情"，文帝认为廷尉张释之依法判处"罚金"不当。

张释之只是从守法的角度认为法律是君民公共的，强调天子要与天下人共同遵守既定的法律。他不是说法律是天子和天下人共同民主制定的，天子才是法律的制定者，"礼乐征伐自天子出"是帝国法律产生的正当程序。他也不是说天子与天下人一样平等地享有权利和义务，法律是维护尊卑贵贱等级秩序的，法律保护天子的特权。也正是因此，文帝才会当然地以为侵犯帝王的权益应该受到重处，特殊身份使之然。同时，他不否认君主拥有最高的司法裁量权，"方其时，上使立诛之则已"，然而此案既然已经交给了身为司

---

① 文（文帝）上行出中渭桥，有一人从桥下走出，乘舆马惊。于是使骑捕，属之廷尉（即张释之）。释之治问。曰："县人来，闻跸，匿桥下。久之，以为行已过，即出，见乘舆车骑，即走耳。"廷尉奏当，一人犯跸，当罚金。文帝怒曰："此人亲惊吾马，吾马赖柔和，令他马，固不败伤我乎？而廷尉乃当之罚金！"释之曰："法者，天子所与天下公共也。今法如此而更重之，是法不信于民也。且方其时，上使立诛之则已。今既下廷尉，廷尉，天下之平也，一倾而天下用法皆为轻重，民安所措其手足？唯陛下察之。"良久，上曰："廷尉当是也。"《资治通鉴》卷十四《汉纪六》。

② 桃应问曰："舜为天子，皋陶为士，瞽瞍杀人，则如之何？"孟子曰："执之而已矣。""然则舜不禁与？"曰："夫舜恶得而禁之？夫有所受之也。""然则舜如之何？"曰："舜视弃天下，犹弃敝蹝也。窃负而逃，遵海滨而处，终身欣然，乐而忘天下。"《孟子》卷十三《尽心章句》。

③ 周太祖圣穆皇后柴氏，无子，养后兄守礼之子以为子，是为世宗。……而守礼亦颇恣横，尝杀人于市，有司有闻，世宗不问。是时，王溥、汪晏、王彦超、韩令坤等同时将相，皆有父在洛阳，与守礼朝夕往来，惟意所为，洛阳人多畏避之，号"十阿父"。欧阳修：《新五代史》卷二十《周家人传第八》。

法官员廷尉的张释之来办理，他认为就应该依法处理，实现法律的公平公正。法律既然已布知天下，就要不偏不倚，不因贵贱而异的实行。若有一个案件轻重于用法，则天下人皆为效仿，法律将成为司法官员心中的不可测之法，社会将失去至公至当的既定法律，民将无法可循。因此，用法不容许徇私情。

对此案，理学家杨时评论道：

> 释之论犯跸，其意善矣。然曰当其时上使人诛之则已，是则开人主妄杀人之端也。既曰法者，天子所与天下公共，则犯法者，天子必付之有司，以法论之，安得越法而擅诛乎。①

首先，杨时肯定张释之的情法观，认为"其意善矣"。他赞同张释之的法律理念，即法律对天子和天下所有民众具有同样的普遍的约束力，"法者，天子所与天下公共"。然而，杨时强调法应为天下公共的理由，在于法是"是非之理"，他认为法是天下大道、天下公义，它约束所有人，从天子到平民都不可越法。与张释之理解的法是天下持平之具不同。即在理学家杨时的眼里，法是道而非器。

其次，杨时反对张释之"当其时，上使人诛之则已"的观点。在杨时看来，法律是天下的公义，是不妥的，当然这里不论及情法考虑里的法律回避问题。杨时比张释之更为激进，反对张释之"当其时，上使人诛之则已"的观点。认为将此案交给身为受害人的已经愤怒的君王处理，或预见到既是受害人又是最高权力人直接处理会造成因君王喜怒之情"越法而擅诛"，很有可能发生"开人主妄杀人之端"的可怕结果。

最后，杨时主张"犯法者，天子必付之有司，以法论之"。杨时主张完全剥夺天子的司法权，无论君王是不是有关案件的当事人，都不得亲自审理，都必须交给"有司"，"以法论之"。因此，在本案中，文帝就只得和"县人"作为平等的原被告双方接受"有司"的裁决，君主不再有徇私用法的机会了。这等于用法律天下之公义限制了君主一定的"权力"。

---

① 《大学衍义补》卷一百一十一，下册，上海书店出版社 2012 年版，第 226 页。

杨时主张"以法论之",以此种司法制度克制君王的恣情,以法限权。丘浚也不以明帝亲理刑狱为是。他说:"夫人君为治贵于用得其人,臣之能即君之能也。政不必自己出也。明帝善刑理不足贵也。""人君苟存明帝夜起彷徨之心以恤刑狱,虽不必自善刑理,而能委任得人,而不为左右之所蒙蔽,则幽枉无不达矣。"① 明代刘球也说:"古者人君不亲刑狱,而悉付之理官。《书》所谓'予曰辟尔惟勿辟,予曰宥尔惟勿宥,惟厥中'。盖恐徇喜怒有轻重于其间,以致刑失其中也。近者法司所上狱状,有奉敕旨减重为轻、加轻为重者。法司既不敢执奏,至于讯囚之际,又多有所观望,以求希合圣意,是以不能无枉。臣窃以为一切刑狱宜从法司所拟,设有不当,调问得情,则罪其原问之官。"② 在司法、执法问题上反对君主干预司法,主张一切案件都依从法司的判决,君主不加干预。

张居正早就对法律沦为权势者恃强凌弱的工具及其社会危害有清醒认识,隆庆五年,他在《辛未会试程策》中直言时弊:"今法之所行,常在于卑寡;势之所阻,常在于众强。"③《周武王丹书受戒》一章中,他借典故告诫朱翊钧:"凡为君者,敬畏胜怠忽,国必兴昌;怠忽胜敬畏,国必灭亡。公义胜私欲,即必顺从;私欲胜公义,事必逆凶。"④

宋明理学从"私欲胜公义则国必亡""法者,所以平天下之情"出发,认为法律不能因皇帝的喜怒之情而有所轻重,否定君权对法律的随意性。明代刑部侍郎理学家吕坤曾上疏曰:"法者,所以平天下之情。其轻其重,太祖既定为律,列圣又增为例。如轻重可以就喜怒之情,则例不得为一定之法。臣待罪刑部三年矣,每见诏狱一下,持平者多拂上意,从重者皆当圣心。如往年陈恕、王正甄、常照等狱,臣等欺天罔人,已自废法,陛下犹以为轻,俱加大辟。然则律例又安用乎!诚俯从司寇之平,勉就祖宗之法,而囹圄之人心收矣。"⑤ 吕坤强调了法律是用来"平天下之情"的,而不是君主

---

① 《大学衍义补》卷一百一十二,下册,上海书店出版社2012年版,第232页。
② 《春明梦余录·刑部二》,江苏广陵古籍刻印社1990年版,第193页。
③ 张长法主编:《资政类纂》,北京燕山出版社1992年版,第1804页。
④ 张居正:《帝鉴图说》,上海学林出版社2010年版,第28页。
⑤ 《明史》卷二百二十六《吕坤传》,中华书局2011年版,第5940页。

手中任意玩捏的工具。王夫之认为："法者，非以快人之怒、平人之愤、释人之怨、遂人恶恶之情者也；所以叙彝伦、正名分、定民志、息祸乱，为万世法者也。"① 因此在他的《读通鉴论》一书中，因武则天寄情喜怒于法之上，而斥责武氏之恶："鬼神之所不容，臣民之所共怨，万世闻其腥闻，而无不思按剑以起。"②

2. 以"理一分殊"原则坚持权法两全之道

在瞽瞍杀人案、柴守礼案两起案件中，舜和瞽瞍、周世宗和柴守礼都是父子关系，故有私人恩情存在；瞽瞍、柴守礼分别实施了杀人行为，所以有法律制裁问题。但是，舜、周世宗除了有一个特殊的君王身份之外，与该杀人案没有直接的关联，他们完全处于案外人的地位，他们只是杀人犯的亲属。舜与周世宗却面临着权、情与法的抉择。舜面临了这样的痛苦抉择：是让瞽瞍接受本应受到的法律制裁，任由父亲面临被处之死刑，还是以权力保全父亲的性命，以尽人子之孝？同样，柴守礼案中，周世宗也面临着权、情与法的尴尬之处。如果，周世宗没有让父子私情淹没王法，批准"有司"依法追究柴守礼的杀人罪行，依据"八议"制度，守礼尚有一线生机，因为此时法律上已经确立了"八议"制度。这样，周世宗可以成全杨时言下的"两两不伤"，既未屈法也未害父亲性命——伤恩。但是，法律有规定，卑幼告发尊亲属的行为属于"十恶"之"不孝"。此案中，周世宗依法有权不批准"守礼杀人"案的受理，因为周世宗若批准了"上请"，等于是自己亲手将父亲交给有司依法惩处，是为不孝。因此，若要严格依法追究起来，周世宗本人也有可能因将父亲付之法律而涉嫌"不孝"的重罪。于是，周世宗不得不陷入情与法的尴尬。

面对君王权与法的抉择，蒙培元先生从先秦传统社会观念出发对于《孟子》"瞽瞍杀人，舜窃负而逃"案作出了解释："在这里，孟子决没有否定'法'的合理性，更没有以'权'压'法'，在'法'与'权'之间，决

---

① 《读通鉴论》卷二十一《唐中宗》，《船山全书》第 10 册，岳麓书社 2011 年版，第 814 页。
② 《读通鉴论》卷二十一《唐中宗》，《船山全书》第 10 册，岳麓书社 2011 年版，第 814 页。

不能'徇情而枉法',这是非常清楚的。但是,当'情'与'法'发生尖锐冲突时,为了实现人的情感需要,却可以'逃法'。"① 而宋明理学则从遵循"理一分殊"原则出发,坚持权法两全之道。

一方面,宋明理学的"天理"是最高的共同原则,承认"理一"。朱熹说:"宇宙之间,一理而已。天得之而为天,地得知而为地。而凡生于天地之间者,又各得之而为性。其张之为三纲,其纪之为五常,盖皆此理之流行,无所适而不在。"② 朱熹指出天理的内涵是"三纲五常",即君臣、父子、夫妇、兄弟、朋友之间亲亲尊尊的伦常关系。换言之,君臣之道、父子之道就是天理。而法律来自天理,体现着天理,法律的内容自然也会体现纲常原则。朱熹又说:"盖三纲五常,天理民彝之大节,而治道之本根也。故圣人之治,为之教以明之,为之刑以弼之。"③ 这里再次指出三纲五常是天理的主要内容,为之"大节",圣人制刑也是为了维护此三纲五常。因此,法律不仅天然地包含了亲亲尊尊之道,而且还是专门维护封建纲常的。所以,无父无君便是于理于法所不容,舜对瞽瞍、周世宗对柴守礼不能不尽父子之"情"。杨时说"盖天下只是一理","理一"着眼于共性的角度,追求法律普遍地适用于所有人,强调个人之"情"要对一切人都实行仁爱,普爱万物众生。因为,理学中认为每个人都是以乾为父,以坤为母,都是浑然共处于宇宙间的同胞。基于该自然身份的平等一致,人之"情"也应是无分无别的平等对待,形成"老吾老以及人之老,幼吾幼以及人之幼"的社会。因此,"理一"要求舜和周世宗的"情"必须是毫无偏袒徇私地平等地对待自己的父亲和其他人。

另一方面,宋明理学中也强调"分殊"。程颐认为它们两者之间的关系是相互平衡制约的,他说:"分殊之蔽,私胜而失仁;无分之罪,兼爱而无义。分立而推理一,以止私胜之流,仁之方也;无别而迷兼爱,至于无父之极,义之贼也。"④ 杨时赞同老师程颐的"理一分殊"思想,并且认为要用

---

① 蒙培元:《人是情感的存在》,《社会科学战线》2003 年第 2 期。
② 《朱文公文集》卷七十《读大纪》,《朱子全书》第 23 册,第 3376 页。
③ 《朱文公文集》卷十四《戊申延和奏扎》,《朱子全书》第 20 册,第 656 页。
④ 《河南程氏文集》卷九《答杨时论西铭说》,《二程集》,中华书局 2004 年版,第 609 页。

"称物平施"的方法实现二者的平衡,他说:"理一而分殊,故圣人称物而平施之,兹所以为仁之至、义之尽也。何谓称物?亲疏远近各当其分,所谓称也。何谓平施?所以施之,其心一焉,所谓平也。"①在天理秩序当中,每个人的社会身份被固定在一个相对的位置上,相对于不同的对象而享有不同的权利、负有不同的义务;或者说,人与人之间的"情感"关系是相对的,对特定的对象负有特定的义务。儿子相对于父亲负有三纲五常所倡导的孝道,这是为人之子的自然血亲身份使然,而该儿子对其他人却不用承担这份父子之道的义务,至少纲常之序中没有要求将这份对父亲的爱也同样地延及他人。

正是根据以上对"理一分殊"的理解,宋明理学认为:

> 父子者,一人之私恩。法者,天下之公义。二者相为轻重,不可偏举也。故恩胜义,则诎法以伸恩;义胜恩,则掩恩以从法。恩义轻重,不足以相胜,则两尽其道而已。舜为天子,瞽瞍杀人,皋陶执之而不释。为舜者,岂不能赦其父哉?盖杀人而释之则废法;诛其父,则伤恩。其意若曰:"天下不可一日而无法,人子亦不可一日而亡其父。"民则不患乎无君也,故宁与其执之,以正天下之公义。窃负而逃,以伸己之私恩,此舜所以两全之道也。②

> 法者,天下之大公;舜,制法者;皋陶,守法者也。脱或舜之父杀人,则如之何?孟子答曰"执之者,士之职所当然也,舜不敢禁者,不以私恩,废天下之公法也。"夫有所受云者,正如为将,阃外之权则专之,君命有所不受。士之守法亦然,盖以法者先王之制,与天下公共为之,士者受法于先王,非可为一人而私之。舜既不得私其父,将置于法,则失为人子之道,将置而不问,则废天下之法,宁并弃天下,愿得窃负而逃,处于海滨,乐以终其身焉,更忘其为天子之贵也。③

---

① 《龟山集》卷十六《答伊川先生》,文渊阁《四库全书》本,第1125册。
② 《龟山集》卷九,文渊阁《四库全书》本,第1125册。
③ 《朱文公文集》卷七十三《温公疑孟》,《朱子全书》第24册,第3522页。

第一，宋明理学发挥了孔孟"父为子隐，子为父隐"的思想。

宋明理学以人性论为基石，对《论语·子路》中"父为子隐，子为父隐"的儒学公案作出了阐释。朱熹为"父子相隐"注曰："父子相隐，天理人情之至也。故不求为直，而直在其中。谢氏曰：'顺理为直，父不为子隐，子不为父隐，于理顺邪？瞽瞍杀人，舜窃负而逃，遵海滨而处，当是时，爱亲之心胜，其于直不直何暇计哉？'"朱熹是在承认孔子所认可的合乎血亲之亲情的顺理的前提下，确认"直在其中"的"父为子隐，子为父隐"的做法，进一步誉为"天理人情之至也"①。朱熹《论语·宪问》"以直报怨，以德报德'"注曰："于其所怨者，爱憎取舍，一以至公而无私，所谓直也。于其所德者，则必以德报之，不可忘也。或人之言，可谓厚矣。然以圣人之言观之，则见其出于有意之私，而怨德之报皆不得其平也。必如夫子之言，然后二者之报各得其所。然怨有不雠，而德无不报，则又未尝不厚也。"②宋明理学认为"父子之亲，夫妇之道，天性也，虽有祸患犹蒙死而存之，诚爱结于心，仁厚之至也"③。理学殿军刘宗周说得更明白："直之理，无定形。……曰'直在其中'者，无直名，有直理也。"④"父为子隐，子为父隐"是顺从父子之真情而为，是"直"的表现。所谓"行其真情，乃所谓直"，"君子之治心养气、接物应事，唯直而已"⑤。父子相隐是行其真情而不伪，是对天地之本性的拾回。率性而行就是循天理，所以，父子相隐遵循了天理，不违反法律。在理学中，父子相隐之私情与法不悖。在皋陶逮捕瞽瞍之前，舜也许可以基于"亲亲相隐"的理由而隐匿瞽瞍。至少，在理学家的情法观里是认可亲亲相隐行为的。所以，舜可以为瞽瞍通报抓捕的信息，帮助他逃脱，此时此刻的"窃负而逃"于情于法无过。

第二，舜"窃负而逃"符合理学的权法观。

瞽瞍杀人案中，舜无法替父亲瞽瞍容隐。皋陶要逮捕瞽瞍，舜不得禁

---

① 《论语集注》卷十三《子路》，《朱子全书》第6册，第183页。
② 《论语集注》卷十四《宪问》、《朱子全书》第6册，第197页。
③ （清）薛允升：《唐明律合编》，民国退耕堂徐氏刊本，第84页。
④ 《刘宗周全集》第一册，浙江古籍出版社2007年版，第452页。
⑤ 《龟山集》，明万历刻本，第167页。

止。因为，尧已"命皋陶作士"，"主狱法之事"。舜受尧的禅让，"有所受之"，舜不得干涉皋陶的司法权。当瞽瞍已经被监禁，舜如果隐匿瞽瞍"窃负而逃"，一般会认为是主动地积极地妨害司法了。舜此时让瞽瞍逃脱监禁——"释之"，不是亲亲相隐，而是杨时认为的"废法"。因此，舜无法替父亲瞽瞍容隐。如果舜让皋陶依法惩办"诛其父"，会使得舜"亡其父"而"伤恩"。

瞽瞍杀人案中，皋陶依法执之而不释，舜未加干涉，天子与天下人共守法律，视为"正天下公义"之举。为此，杨时本着"法者，天子所与天下公共"，务必皆守能法的主张，提出舜也可以选择将瞽瞍完全交给皋陶依法处理。杨时认为若将瞽瞍依法需要裁判，皋陶可以援引"八议"之法免除瞽瞍一死。瞽瞍能够获得宽宥而又不违法，不至于让皋陶惩办"诛其父"而"伤恩"。这样一方面让瞽瞍接受本应受到的法律制裁，又可以保全父亲的性命，以尽人子之孝。而杨时更认可孟子提出的舜"窃负而逃，遵海滨而处"，将父亲带到人烟稀少地处偏僻的海滨，实际上等于以"流刑"惩罚了瞽瞍，这在某种程度上与瞽瞍本应受到的法律处罚具有相当性，所以，舜"窃负而逃"虽然属于妨害司法的行为，但是从人伦看，杨时无意谴责它的违法性。舜与瞽瞍同去海滨，等于舜甘愿接受了与父亲连坐的法律制裁。

天理纲常的父子之情要求舜对父亲瞽瞍承担"孝道"，本着"亲疏远近各当其分"的原则，杨时认为在处理个人之"情"时，一方面要"各当其分"，各亲其亲，各子其子，完成特定身份之本分内的义务，舜对父亲之"爱"须胜过对其他子民的"爱"，故舜选择了弃天下子民而窃负父。舜又和父亲共处海滨，为父养生丧死，这可谓完全履行了人子之"情"。舜窃负而逃保全了瞽瞍的性命，同时也保障了他人的生命不受侵害。舜以一样的爱父之"情"爱惜着他人的生命。另一方面，对于特定义务对象以外的他人，也要以同样的一颗心去对待。即儿子以对父亲的那份高标准的"爱"对待父亲、对待他人，而不是以对他人的那种一般标准的"爱"对待他人、对待父亲。以此"情"待人就是"仁之至、义之尽"了。于是，舜和周世宗需要给予父亲"称物"的爱，同时也不能失了"平施"之心。根据以上对宋明理学中"理一分殊"原则的理解，杨时认为舜"窃负而逃"，实现了"理一分殊",于"情"无缺。无怪乎杨时赞扬舜窃负而逃是两全其道。朱熹在《温公疑孟下》中作了详细的论述,也肯定了舜宁摈弃天下,更忘其为天子之贵愿得窃负而逃的行为。

第三,"世宗不问"有违理学。

自汉代起法律规定,对于一定级别的官员或宗室贵族犯罪实行"先请"或"上请"制度,即某些官吏贵族犯罪不能被擅自逮捕,司法官须先将所有犯罪事情实封奏君王,奉旨推问,若奉旨免究,便作罢论,司法官吏如违反先请规定而擅自查办,是要受到处罚的。该案中,"世宗不问",虽然没有明确下旨免究,公然徇私枉法,但是下级"有司"没有君王的首肯,将无权追究柴守礼的杀人罪行,柴守礼杀人事件将不被受理。因此,无形中,周世宗成为了该杀人案的真正的幕后裁断者。"奉旨推问的上请制度"充分暴露了杨时在"释之犯跸案"中预见的私弊——君王的越法擅断。它强化了君王控制法律的权力,公然纵容君王置身于法律之上,享有临事权"法"之特权,因此,周世宗依法有权不批准"守礼杀人"案的受理。况且,依据"亲亲相隐"之情,世宗作为人子替父亲容隐,又有何不可呢?只是,法律允许一国之君纵"情"于法,君王又允许父子私情胜于法律,当然,君王临事以情权"法"有彰显"慎刑"的意义。

"世宗不问",以权保全了父亲,他完全履行了对父亲柴守礼的"情感"义务,没有以法伤"私恩"。然而,君王之父置身法外,只是让天下又多了一个不受法律约束的个体。若天下的裁判者相继仿效此道,岂不是让天下有了一部分无法无天的群体?此案中"十阿父"的产生就是明证。周世宗让洛阳人民陷入"十阿父"的恐惧中,没有做到"平施",没有同时保证其他人的生活安宁,于"情"有所亏欠;在"法"上,只是"不问",屈法不究,以至"十阿父惟意所为",于法不公。所以,从杨时的父子私恩与天下之法二者不可偏举的立场看,周世宗屈法以申父子之情有违理学的情法观。清人袁枚也是反对"凡纵其父以杀人者,皆孝子耶"观点的。他对"柴守礼杀人,周世宗知而不问,欧公以为孝"的行为进行了批评,认为"此孟子之误也。孟子之答桃应曰:瞽瞍杀人,皋陶执之,舜负而逃。此非至当之言,好辨之过也","世宗不宜以不问二字博孝名而轻民命也","彼被子杀者,独无子耶？"①

第四，孟子"瞽瞍杀人"案处理方式符合"八议"说。

对"瞽瞍杀人"案，杨时非常赞赏舜既让皋陶执其父而不释，又窃负而逃的"两全其道"的处理方式，认为这是"八议"法理要求的，皇亲为贵而以议贵之法，亦是依"法"行政。朱熹对"八议"之说也提出了自己的看法，认为"八议"的产生源于权与情，有权、情而有八议。朱熹说："圣人顾事有不能，必得如其志者，则轻重缓末之间，于是乎有权矣，故缘人之情以制法，使人人得以生，而八议之说生焉，然其所谓权者，是亦不离乎亲亲贵贵之径，而未始出于天理人心之外也。"②朱熹又说："权是不得而用之，大概不可用时多，权时中。不中，则无以为权矣，"③即认为权只是因时之宜而用，用则必符合理，为"中"。量刑要"权"是传统法律文化的一贯性。《吕刑》提出"刑罚世轻世重"，"轻重诸罚有权"。前一句是从宏观上提出应实行"乱世用重典，盛世用轻典"的刑事政策；而后一句则是从微观角度上提出对具体案件，要根据各方面的情况，在处罚的轻重上灵活掌握，不可拘泥。"惟齐非齐，有伦有要"④：齐，指统一标准；伦，是次序；要，是关键。依据我国古代刑法典，既要斟酌轻重，权变处理，又要分清主次，抓住关键。蔡沈对《尚书》这段解释颇为中肯："轻重诸罚有权者，权一人之轻重也；刑罚世轻世重者，权一世之轻重也。惟齐非齐者，法之权也，有伦有要者，法之经也。"⑤因此，对于"八议"，朱熹认为也同样不可用时多，用则必时中，否则不能适用"八议"。朱熹认为"八议"之说，"乃蔽显时事其初须著执之，不执则士师失其职矣"⑥。所谓"执之"即是"知有法而已"。他在《答范伯崇》文中亦曾举蒯聩贵父子之事为例说明"八议"，认为蒯聩贵父子之事运用"八议"之例"尤不好也"。朱熹的"八议"思想中包含了

---

① 《读孟子》，《小仓山房诗文集》（三），上海古籍出版社 1998 年版，第 1653—1655 页。
② 《朱文公文集》卷四十《答何叔京》，《朱子全书》第 21 册，第 1815 页。
③ 《朱子语类》卷三十七《论语十九》，《朱子全书》第 15 册，第 1377—1378 页。
④ 《尚书·吕刑》，（清）阮元：《十三经注疏》，中华书局 1980 年版，第 250 页。
⑤ 《大学衍义补》卷一百一，《党论制刑之义》下册，上海书店出版社 2012 年版，第 150 页。
⑥ 《朱文公文集》卷三十九《答范伯崇》，《朱子全书》第 21 册，第 1770 页。

重法尊礼并举的丰富内涵。朱熹认为对于亲尊"八议"要待权情而议，要看是否符合天理人伦，而不能仅以义为尊，在执法过程中，不能"以正理为空言而唯权之为徇"，否则势必导致"不幸有毫厘之差，则不失正者鲜矣"①。

六、重刑主义与恤刑主义

1. 以严为本，以宽济之的司法论

中国古代历史"礼、法以时而定，制、令各顺其宜"②，后经过孔夫子的积极倡导，更是广为发扬："政则民慢，慢则纠之以猛。猛则民残，残则施之以宽。宽以济猛，猛以济宽，政是以和。"③"宽猛相济"历来成为统治者一项重要政策，孟子也认为"徒善不足以为政，徒法不足以自行"，道德与法律各有其功用，结合起来才会运用恰当。荀子则提出"明礼义以化之，起法正以治之，重刑罚以禁之"④三者相提并论，并归纳为"治之经，礼与刑"，而在宋明理学中，从整体上看是"以严为本，以宽济之"，这种严宽法律的运用正是追求"中"法律价值的体现。

第一，以严为本，辟以止辟。

"以严为本，以宽济之"是宋明理学的主流观念，也同时有不同的理论观念。

二程是"不可苛严，济以宽简"论者。二程在论治国平天下之道时就指出："当天下之难方解，人始离艰苦，不可复以烦苛严急治之，当济以宽大简易，乃其宜也。"⑤不可苛严，并非不要严刑，而是注重必要严惩，施以重刑。二程又说："以中正之道，其刑易服，然乘初刚，是用刑于刚强之人。刑刚强之人，必须深痛，故至灭鼻而无咎也。中正之道，易以服人，与严刑

---

① 《朱文公文集》卷四十《答何叔京》，《朱子全书》第 21 册，第 1815 页。
② 《商君书·更法》，中华书局 2009 年版，第 7 页。
③ 《左传·昭公二十一年》，（清）阮元：《十三经注疏》，中华书局 1980 年版，第 1421 页。
④ （清）王先谦：《荀子集解·性恶》，中华书局 1988 年版，第 520 页。
⑤ 《近思录》卷八《治体》，《朱子全书》第 13 册，第 244 页。

以待刚强，义不相妨。"①

陆九渊则以为："宽猛之说，其论政之根者欤！歧君之心，挠政之本，其害有不可胜言者。"对此，他提出"宽猛不分先后"的思想，指出："宽者，美辞也；猛者，恶辞也。宽猛可以美恶论，不可以先后言也"。"一旦而君有宽猛孰先之问，安知其不有所蔽而然乎？"②治民宽猛只有对象的差异，而没有先后之别。而且他认为宽以济猛，猛以济宽"是非孔子之言也"，对此不必信奉。陆九渊提倡宽恤之政，认为大行宽恤之政是为政的基本策略，一方面刑亦诚不可废于天下，属于不得不然，但是另一方面用刑之际也应当见君主宽仁之心，君主虽有宽仁之心，但不是一味地宽仁，他反对社会现实中的非义之宽仁，指出因为"宽仁"之"议论"所蔽，以致使不法的"公人"等得不到惩治。

被称为"尊道之君子"的理学大师朱熹，在南宋社会现实面前，却显得十分推扬法治。朱熹提出法律要"以严为本，而以宽济之"③，明确将宽猛定位为猛本宽济，极力主张恢复肉刑，甚至上章劝皇帝要"深于用法而果于杀人"④。在这一点上朱熹与其他的思想家有较大的差异。朱熹借鉴历史经验教训，十分重视法律的预防作用，他认为实施刑法，"刑一人而天下之人耸然不敢肆意于为恶，则是乃所以正直辅翼而若其有常之性也"⑤。他指出："'天讨有罪，五刑五用哉'，此刑法之本意也。若天理不明，无所准则，而屑屑然惟原情之为务，则无乃徇情废法而纵恶以启奸乎"⑥。

为了加强统治，朱熹提出了"以严为本，以宽济之"的司法原则及法律预防具体措施。朱熹认为"为政以宽为本"，"以爱人为本"是圣人立法本意，但若在执法中，"以宽为本"，"必使奸豪得志而善良之民反不被其泽矣"。他认为法律是截然不可犯的，对于"奸豪侵暴，细民挠法害政

---

① 《周易程氏传》卷二，《二程集》，中华书局2004年版，第804页。
② 《陆九渊集》卷三十《政之宽猛孰先后论》，中华书局1980年版，第356、359页。
③ 《朱子语类》卷一百八，《朱子全书》第17册，第2524页。
④ 《朱文公文集》卷十四《戊申延和奏扎》，《朱子全书》第20册，第657页。
⑤ 《朱文公文集》卷十四《戊申延和奏札》，《朱子全书》第21册，第657页。
⑥ 《朱文公文集》卷三十《答汪尚书》，《朱子全书》第21册，第1304页。

者，亦必绳治不少贷"①。他提出严刑就要严其始，及早惩治，应"明诏安抚、提刑两司，察其敢有作过唱乱之人，及早擒捕，致之宪典，庶几义民知畏，不至生事"②，"与其覆实检察于其终，曷若严其始而使之无犯"③。朱熹甚至提出恢复肉刑，他认为恢复宫剕之刑，符合"先王之意"，适应"当世之宜"，对"强暴脏瞒之类者，苟采陈群之议，一以宫剕之辟当之，虽残其支体，而实全躯命，以绝其为乱之本，而使后无以肆焉"④。他提出："所谓辟以止辟，虽曰杀之，而仁爱之实行乎中，今非法以求其生，则人无所恐惧，陷于法者愈众；虽曰仁之，适以害之。"⑤宋儒以严为本的治理理念对后世理学家及统治者都有深刻影响。这也是与宋明社会状况相适应的。

第二，以宽济之，恩威并用。

朱熹基于民本思想，认为"民化于善，可以不用刑杀也"⑥，刑杀最终目的就是为了"存天理"，若唯"严之"，势必造成纵驰、滥刑，因而在执法中还须"以宽济之"，并把这作为执法原则之一，为此朱熹提出了执法"宽严随时"的主张。"以宽济之"只是"因事制宜""趋一时之变"，宽是有条件限制的，只有对统治危害不大的"轻罪"或"罪之疑者"才能适用，他认为"大者于事或有所害，不得不惩，小者赦之，则刑不滥而人心悦矣"⑦。他主张实行有条件限制的赎刑，"赎刑者，赎鞭扑耳"⑧，而不适用杀人抢劫等重罪。一方面，反映了朱熹维护封建统治，照顾富人利益的思想；另一方面，反映了朱熹刑罚思想中具有一定的平等意识。在强调法律惩治作用的同时，朱熹十分重视德礼与法律并行，恩威并用，指出："夫理义不足以悦其心，而区区于法制之末以防之，是犹湍决水注千仞之壑，而徐翳萧苇以捍其

---

① 《朱子年谱》，《朱子全书》第20册，第127页。
② 《朱文公文集》卷十七《奏救荒画一事件状》，《朱子全书》第27册，第792页。
③ 《朱子语类》卷一百八《论治道》，《朱子全书》第17册，第3524页。
④ 《朱文公文集》卷三十七《答郑景望》，《朱子全书》第21册，第1628页。
⑤ 《朱子语类》卷七十八《尚书》，《朱子全书》第16册，第2662页。
⑥ 《论语集注》卷十三《子路》，《朱子全书》第6册，第181页。
⑦ 《论语集注》卷十三《子路》，《朱子全书》第6册，第167页。
⑧ 《朱子语类》卷一百一十，《朱子全书》第18册，第469页。

流也，亦必不胜也。"① 朱熹在给吕谦信中就曾提到礼刑恩威并用的效果："戒令劝率，民间亦肯相信。如举行别籍异财之令，父子复合者数家。"②

明儒罗从彦认为"朝廷立法不可不严，有司行法不可不恕；不严则不足以禁天下之恶，不恕则不足以通天下之情"。就是说，应当立法严，司行恕，而且在严与宽问题上，要容小过而不可容大奸："朝廷大奸不可容，朋友小过不可不容。若容大奸，必乱天下，不容小过，则无全人。"③

而王夫之进一步发展了陆九渊宽严思想，由"民慢以猛，宽猛相济"向"严以治吏，宽以养民"转化，并且指出官吏治理的重心不是局限于"下吏"而是在于"上官"。王夫之认为《左传·昭公二十年》"孔子曰：政宽则民慢，慢则纠之以猛；猛则民残，残则施之以宽。宽以济猛，猛以济宽，政是以和"一句，"出于左氏，疑非夫子之言也"，并不能"宽猛相济"，猛必然伤及于民。"宽猛相济"并非"不易之常道"，是"相时而为宽猛"，具有不稳定性，可宽民而不能"驭吏以宽"。④ 王夫之强调"养民"就必须坚持以宽为主。"宽"从法制上讲就是要"省刑罚，重教化"，反对严刑峻法。

2. "严其严、宽其宽"的刑法论

在"以严为本，以宽济之"司法论的影响下，宋元明清的刑法适用整体上是遵循所谓"严其严、宽其宽"的基本策略。

第一，严危及政权之罪，宽风俗教化之罪。

作为国家强制性工具的法律，对危及政权统治的所谓"十恶"犯罪以及各种人命案件，历代王朝无不体现严政权统治，宽民事轻刑，"王者之政莫急于盗贼"，凡反抗朝廷、谋反、杀人、抢劫、盗窃之类的重大刑事案件的诉讼都受到高度重视。宋代王小波、李顺起义后，太宗下诏："其贼党等，或敢恣凶顽，或辄行抗拒，即尽加杀戮，不得存留。"以致被"杀戮溺死者

---

① 《朱文公文集》卷四十九《答王子合》，《朱子全书》第22册，第3568页。
② 《朱文公文集》卷二十四《答吕书二十七》，《朱子全书》第21册，第1491—1492页。
③ （宋）罗从彦：《豫章文集》卷九《议论要语》，文渊阁《四库全书》本。
④ 参见《读通鉴论》卷八《桓帝》，《船山全书》第10册，岳麓书社2011年版，第308页。

不计其数"①。在明王朝洪武年间特别创设"奸党"罪、"交接近侍官员"罪、"上言大臣德政"罪，用以惩办官吏结党营私，危害皇权统治的犯罪。《大明律·刑律一·盗贼门》"谋反大逆"条规定："凡谋反及大逆，但共谋者，不分首徒，皆凌迟处死。祖父、父、子、孙、兄弟及同居之人，不分异姓，及叔伯父、兄弟之子，不限籍之同异，年十六以上，不论笃疾、废疾，皆斩。其十五以下及母女、妻妾、姊妹，若子之妻妾，给付功臣之家为奴。财产入官。"②而《唐律》对于谋反及大逆者处罚的规定则显然未及《明律》严重，曰："首犯，斩"，"父子年十六以上皆绞，其余亲属俱无死罪"；"词理不能动众，威力不足率人者"，"本犯，绞。父子、母女、妻妾，并流"；"自述休征，假托灵异，妄称兵马，虚说反由，传感多人，而无真状可言"，"本犯，绞。妻、子，不缘坐"；"诸口陈欲反之言，心无真实之计，而无状可寻者，流二千里"③。清人沈家本提出："明祖当元代法纪废弛之后，人多徇私灭公，因严刑以惩戒之，盖欲风俗之移易也，其峻令之著于大诰者，多出于律外，自序云'弃尸之尸未移，新犯大辟即至'。"④而针对一般民事行为，宋之后法律在惩治力度上有所降低，故而薛允升在《唐明律合编》中说："大抵事关典礼及风俗教化等事，唐律均较明律为重；贼盗及币帛钱粮等事，明律又较唐律为重。"⑤

第二，严人伦之罪，宽财产之罪。

严人伦、重礼教无疑是宋明理学重要内容之一，也必然反映在其法律思想与规范之中。二程指出："上下之分，尊卑之义，理之当也，礼之本也，常履之道也。"⑥朱熹从儒家的"重人"和"施仁政"的观念出发，主张"明刑弼教"，而在义利之辨理念大有改变的宋明之际，宋明理学已经不再回避财产物质利益。认为对财产罪的量刑应有所放宽，以体现"改法之本意，所

---

① 江少虞：《宋朝事实类苑》，上海古籍出版社1981年版，第207页。
② 《大明律·刑律一·盗贼门》，载《中华传世法典》第5卷，法律出版社1999年版，第134页。
③ 《唐律疏议新注》，钱大群注，南京师范大学出版社2007年版，第558页。
④ 沈家木：《历代刑法考·明大诰峻令考》，民国刻《沈寄簃先生遗书本》。
⑤ （明）薛允升：《唐明律合编》，法律出版社1999年版，第170页。
⑥ 《周易程氏传·履卦》卷一《履卦》，《二程集》，中华书局2004年版，第749页。

重乃在人之躯命，而不在乎货财。"①

第三，"严吏治，宽民治"。

宋明理学主张统治者施政行法应当严以治吏，宽以养民。在王夫之看来，"夫严犹可也，未闻猛之可以无伤者。则矫枉过正，行之不利而伤物者多矣。若夫不易之常道，而岂若此哉！宽之为失，非民之害，驭吏以宽，而民之残也乃甚"。"严者，治吏之经也；宽者，养民之纬也；并行不悖，而非以时为进退者也。故严以治吏，宽以养民，无择于时而并行焉，庶得之矣。"②严以治吏就是应当"惩有司之贪"，对于贪官污吏必须"以刑辟整绝之"。就处罚官吏赃罪而言，明朝法律更比唐朝严密，《明律》远较《唐律》为重：《大明律》专设《受赃》一篇，计罪11条；《户律》篇中有关赃罪的科刑极为严厉，官吏犯赃罪均计赃以监守自盗论罪；《大明律》把六种"贪墨之赃"作为次于十恶的重罪，置于律首，从重惩治。不仅如此，朱元璋在洪武年间手订《大诰》，这部总共236条的特别刑事法规，其中惩治官吏贪污、盗窃、受贿等赃罪的就占150条。《大诰》与《大明律》一体并行，以《诰》破《律》，将"重绳赃吏"推向新的高度，以致天下官吏皆重足而立。

"宽以养民"主要是指对百姓实行轻徭薄赋的政策法令。王夫之主张，"夫王者之爱养天下，如天而可以止矣。宽其役，薄其赋，不幸而罹乎水旱，则蠲征以苏之，开粜以济之。"③对于统治者的横征暴敛，他严加谴责，认为"赋重而无等，役烦而无艺"，则使农民"以有田为祸"，"自乐输其田于豪民"④，如此，则国家危矣。

与"严以治吏，宽以养民"思想异曲同工，王夫之提出了"刑尤其详于贵，礼必逮于下"的执法方针。他说："'礼不下庶人，刑不上大夫'，是靳礼于上而专刑于下，不足以语王道矣。……斯恶知政本与礼意哉！王者之法，刑尤详于贵，礼必逮于下。"也就是说，法律要更多地针对达官显贵，而不是相反；至于礼，则应使之普及到下层民众之中去，让民众"自治"。

---

① 《朱文公文集》卷二十五《答张敬夫》，《朱子全书》第21册，第1111页。
② 《读通鉴论》卷八《桓帝》，《船山全书》第10册，岳麓书社2011年版，第308页。
③ 《读通鉴论》卷十九《隋文帝六》，《船山全书》第10册，岳麓书社2011年版，第703页。
④ 《宋论》卷十二《光宗》，《船山全书》第11册，岳麓书社2011年版，第282页。

这样,才称得上是"王道"。因为刑"治人者也",是他律,不应"专于贱、略于贵";而礼"自治者也",是自律,不仅统治者要以此自律,百姓也要以此自律,故要下于百姓,由此可收"自治而刑略"之效。① 王夫之上述司法主张,对于强化官吏的法律约束,防范统治者贪赃枉法,反对传统的特权人治,保护民众的利益,有着十分重要的意义,具有鲜明的人民性特征。这可视为中国传统的法律思想开始逐步近代化的一个重要表征。

第四,严思想主观犯罪,宽一般过失犯罪。

二程在对待犯罪主观条件上,注意到了故意犯罪与过失犯罪的区别。他在谈论"肆大眚"时说:"大眚而肆之,其失可知。《书》言眚灾肆赦者,言眚则肆之,眚是自作之罪也;灾则赦之,灾是过失之事故也。凡赦何尝及得善人?诸葛亮在蜀,十年不赦,审此尔。"② 程颐认为对于过失之事故,造成灾难的犯人实行大赦是可以的,但是对于故意犯罪进而危害社会的犯人是不应该大赦的,否则会危害"善人"。可以说不分情况不问对象的一律进行赦免,这无论对社会民众,或是对社会稳定都是无益的。

主张"赦小过",最早是由孔子提出的。所谓"赦小过",就是说对小的过失并且是危害性不大的违法犯罪行为,应该予以宽赦,达到"刑不滥而人心悦"③ 的效果,慎刑不是不用刑(除非轻微的犯罪),而是谨慎严格地依法论罪,在量刑上做到稳、准、狠,从而杜绝司法冤滥现象,实现司法公正。

王夫之认为,司法官吏应据法理刑,则无故出、入人罪,而且刑狱平允;如违法悖理,故出、入人罪,则为法所不容,并提出"故出罚轻而故入罚重"的司法主张。对于未受赃而量刑轻于罪即故出人罪的情形,应从轻处分;而对于量刑重于罪即故入人罪的情况,即使未受赃,也应与受赃者同罪;故出人罪不论已决谴或未决谴,一律行罚,因为即使已经决谴,尚可于复核时予以更正;但故入人罪的情形就不同了,如果已经决谴,"死者不可复生,刑者不可复完,徒流已配者不可追偿其已受之劳辱",故"已决谴之

---

① 参见《春秋家说》卷下,《船山全书》第 5 册,岳麓书社 1996 年版,第 347 页。
② 《河南程氏遗书》卷二十二,《二程集》,中华书局 2004 年版,第 303 页。
③ 《论语集注》卷十三《子路》,《朱子全书》第 6 册,第 167 页。

罚自应加重"①。尤其是对于故入人罪、致死人命的司法官员，更应加倍从重处罚，纵不偿命，也要终身禁锢，不得再以任何名义予以荐举。

3. 重刑主义与恤刑主义

(1) 重刑

从法律史发展历程来看，宋明时期较汉唐更具有严刑峻法的倾向。清朝学者薛允升在将《唐律疏议》与《大明律》作了细致对比后，得出《大明律》"重其所重""轻其所轻"②的结论，"治乱世，刑不得不重"。对此，宋明理学家们有同样的认识。二程认为对于犯罪的魁首和"下民"中的刚强之人要实行严惩，施以重刑，"至灭鼻而无咎也"，"义不相妨"。二程认为对于刚强之下民用轻刑是无济于事的，对于这类人就要实施重刑，甚至劓刑这样残酷的刑法，也不为过，因为"用严刑以待刚强"，乃重至"刑戮"，才足以制服他们。而且施重刑治刚强之人，对社会也可以起到一定的警诫作用。二程认为"刚强之人"或是"强暴"者皆是动摇社会统治根基的因素。只有严刑重施于这些反抗者，其他的百姓才会"柔良者安"③，成为自觉地接受封建统治的良民，达到"斗讼可息"的社会稳定状态。朱熹也曾提出：

> 又见奉行强盗新法者，杀伤人、犯奸、纵火皆死，此固无疑于当戮。但赃满之限亦从而损之，此似太过。盖所以改此法，正以人之躯命为重耳。今乃一例为此刻急，则人但见峻文之迹，而未察乎所以爱人之心者，亦不得不骇矣。不若改此一条，使赃满之数比旧法又加宽焉，以见改法之本意，所重乃在人之躯命，而不在乎货财，则彼微有贪生惜死之情者，为恶将有所极，而人之被劫者，亦或可以免于杀伤之祸、污辱之耻矣。又经贷命而再犯者杀之，似亦太过，不若斩其左足，使终身不复能陆梁。全生之仁，禁非之义，并行不悖，乃先王制

---

① 《噩梦》，《船山全书》第 12 册，岳麓书社 2011 年版，第 570 页。
② (清) 薛允升撰：《唐明律合编》，法律出版社 1999 年版，第 170 页。
③ 《河南程氏遗书》卷四，《二程集》，中华书局 2004 年版，第 73 页。

刑督奸之本意也。①

朱熹一贯反对在司法实践中实行轻刑政策，认为轻刑"既不能止民之恶而又为轻刑以诱之，使得以肆其凶暴于人而无所忌，则不惟彼见暴者无以自伸其冤，而奸民之犯于有司者且将日以益众，亦非圣人匡直辅翼，使民迁善远罪之意也"②。朱熹坚持"以严为本，以宽济之"的重刑主义，将严刑乃至肉刑与理学仁学思想相结合，刑罚与仁义具有一定的兼容性。朱熹指出：

> 昔者帝舜以百姓不亲、五品不逊，而使契为司徒之官，教以人伦，父子有亲，君臣有义，夫妇有别，长幼有序，朋友有信。又虑其教之或不从也，则命皋陶作士，明刑以弼五教，而期于无刑焉。盖三纲五常，天理民彝之大节，而治道之本根也。故圣人之治，为之教以明之，为之刑以弼之，虽其所施或先或后，或缓或急，而其丁宁深切之意，未尝不在乎此也。乃若三代王者之制，则亦有之，曰：凡听五刑之讼，必原父子之亲、立君臣之义以权之。盖必如此，然后轻重之序可得而论，浅深之量可得而测，而所以悉其聪明、致其忠爱者，亦始得其所施而不悖。此先王之义刑义杀，所以虽或伤民之肌肤、残民之躯命，然刑一人而天下之人耸然不敢肆意于为恶，则是乃所以正直辅翼而若其有常之性也。③

在他看来，刑的目的是"使天下之人耸然不敢肆意为恶"，倡导"以法制民"，对于"奸豪侵暴，细民挠法害政者，亦必绳治不少贷"，"敢有作过倡乱之人，及早擒捕，致之宪典"④，要"深于用法而果于杀人"⑤。

---

① 《朱文公文集》卷二十五《与张敬夫》，《朱子大全》第21册，第1111页。
② 《大学衍义补》卷一百一《总论制刑主义》引朱子语，上海书店出版社2012年版，第145页。
③ 《朱文公文集》卷十四《戊申延和奏札》，《朱子大全》第20册，第656—657页。
④ 《朱子年谱》，《朱子全书》第27册，第289页。
⑤ 《朱文公文集》卷十四《戊申延和奏劄》，《朱子大全》第20册，第657页。

宋明理学"重刑主义"的一个重要方面就是主张"肉刑",认为这是随时因革复三代之善治。二程认为:"必井田,必封建,必肉刑,非圣人之道也。善治者,放井田而行之而民不病,放封建而使之而民不劳,放肉刑而用之而民不怨。故善学者,得圣人之意而不取其迹也。"①故而,明代姚舜牧在《性理指归》中也延续其说,以为"圣王为政,修刑罚以齐众,明教化以善俗,必井田,必肉刑,必封建,而后天下可为"②。张载认为:"肉刑犹可用于死刑。今大辟之罪,且如伤旧主者死,军人犯逃走亦死,今且以此比刖足,彼亦自幸得免死,人观之更不敢犯。今之妄人往往轻视其死,使之刖足,亦必惧矣,此亦仁术。"③朱熹是一个积极倡导肉刑论的理学家,他将宫割之类的肉刑作为死刑与流放刑之间的中间刑,对"强暴脏瞒之类者"予以宫割刑,这样虽"残其肢体,而实全其躯命",以实现"绝其为乱之本"。④宋明理学强调"重刑主义""肉刑"思想,体现了两宋刑法实施的现状。"宋人承五代为刺配之法,既仗其背,又配其人,且刺其面,是一人之身、一事之犯而兼受三刑者。"⑤而朱熹则明确提出要实施"以墨、劓、刖、宫、大辟五等肉刑之常法","或至于诛斩断割而不少贷,然本其所以至此,则其所以施于人者,亦必当有如是之酷矣。是以圣人不忍其被酷者含冤负痛,而未是以报之。虽若甚惨,而语其实,则为适得其宜,虽以不忍之心畏刑之甚,而不得赦也。"⑥

当然,也有理学家从另一角度看待肉刑问题,陈亮就提出:"法家者流,以仁恕为本,惟学道之君子始惓惓于肉刑焉,何其用心之相反也?""恐一事之不详而一目之不精者,今既尽废而不可复举矣,独惓惓于圣人之恐其或用者(指肉刑),纵使可用,无乃颠倒其序乎!使民有耻,则今法足矣;民不赖生,虽曰用肉刑,犹为无法也。"⑦顾应祥《论肉刑》就湛若水《甘泉樵语》所云"或曰:'欲毋肉刑也,可乎?'曰:'可则尧舜之仁为之矣。夫愚

---

① 《河南程氏遗书》卷二十五,《二程集》,中华书局2004年版,第326页。
② (明)姚舜牧:《性理指归》,商务印书馆1937年影印版,第457页。
③ 《张子全书》卷之三《经学理窟·周礼》,西北大学出版社2015年版,第59页。
④ 《朱文公文集》卷三十七《答郑景望》,《朱子全书》第21册,第1628页。
⑤ 沈家本:《历代刑法考》,中华书局1985年版,第237页。
⑥ 《朱文公文集》卷六十七《舜典象刑说》,《朱子全书》第23册,第3259页。
⑦ 《陈亮集》卷四《问答八》,中华书局1987年版,第42—43页。

民杀之而不见其形,则不知戒,戒而使远之,仁之术也。'"从多方面提出来不同意见,指出:肉刑属于酷刑,以尧舜之仁,"唐虞及三代盛时,不轻用此刑",而正是"后世暴君酷吏,淫刑以逞";肉刑不能实现"使之迁善改过","不能改过自新",尤其是因冤假错案遭受肉刑将无法恢复原状:"夫圣王制刑以齐民,所以使之迁善改过也,若用肉刑,虽贤人君子,误罹刀锯,亦不能改过自新矣。"①朱元璋从犯罪"恐一时所施不当,误伤善良"考虑,提出"以后子孙做皇帝时,止守《律》与《大诰》,并不许用黥、刺、刵、劓、阉、割之刑"②,因而湛若水主张恢复肉刑有违祖训。

宋明理学主张严刑重刑,也并不意味着滥刑,相反同样主张慎刑、刑当,力求"刑罚执中",朱熹认为:"若不问是非曲直,而待如一,则是善者常不能伸,而恶者反幸而免,以为平,是乃所以为大不平也。"朱熹提出执法要公正,引诸葛亮言"陟罚臧否,不宜异同,若有作奸犯科及为忠善者,宜付有司,论其刑赏"③。因而,他极力提倡刑当,指出:"《易》曰:'君子明谨用刑而不留狱。'此圣人观象立教,万世不易之法也。今州县之狱,勘结圆备、情法相当者,并皆即随时决遣。惟其刑名疑虑、情理可悯者,法当具案闻奏,下之刑寺,审阅轻重,取自圣裁,而州县不敢以意决也。此深得古人明谨用刑之意矣。"④,指出"今必须反之以严,盖必如是矫之,而后有以得其当"⑤,这也正是从慎刑、刑当的恤刑主义考虑的。

(2) 恤刑

在崇尚严刑峻法的同时,宋明理学从"恐察之有误,施之有不当""闵夫死者之不可复生,刑者之不可复续"以及"已得其情,而犹必矜其不教无知"出发,也强调恤刑主义,认为"惟刑之恤者,此则圣人之畏刑之心"⑥。就恤刑之意,朱熹指出:"所谓钦恤者,欲其详审曲直,令有罪者不得免,

---

① 顾应祥:《静虚斋惜阴录》卷二《论肉刑》,《续修四库全书》第964册,上海古籍出版社1995年版。
② 《明史·太祖本纪》,中华书局1974年版,第50页。
③ 《朱文公文集》卷十一《戊申封事》,《朱子全书》第20册,第596页。
④ 《朱文公文集》卷十六《奏推广御笔指挥二三事》,《朱子全书》第20册,第744页。
⑤ 《朱子语类》卷一百八,《朱子全书》第17册,第3524页。
⑥ 《朱文公文集》卷六十七《舜典象刑说》,《朱子全书》第23册,第3259页。

而无罪者不得滥刑也。"① 对于重罪者"或至于诛斩断而不可贷";对于那些"其情之轻者,圣人于此乃得以施其不忍畏刑之意,而有以宥之"②。钦恤体现了"圣人制刑明肆之意"。朱熹认为圣人制刑明肆主要从以下七个方面考虑:"象刑典刑、罪疑从轻功疑从重,流宥五刑、鞭作官刑、扑作教刑、金作赎刑、眚灾肆赦及怙终贼刑",而"惟刑之恤之者,则常通贯乎七者之中"。因此,圣人心矜犯罪者不教无知,故而对于具有一定"情节"的犯罪采取宽恤态度,但"宥之"并非不处罚,"亦必投之远方,以御魑魅",这是因为"此等所犯,非杀伤人,则或淫或盗,其情虽轻,而罪实重,若使既免于刑,而又得使还乡里,复为平民,则彼之被害者,寡妻孤子,将何面目以见之,而此幸免之人,发肤肢体,了无所伤,又将得以遂其前日之恶,而不知悔"③。

同时,恤刑并非是轻刑,而是刑当。宋明理学始终坚持恤刑恤民思想,又认为将恤刑看成轻刑是因为有的司法者没有真正理会"惟刑之恤者"的含义,有的"是乃卖弄条贯","舞法而受赇者"的故意行为;或是基于"人皆有不忍人之心也",其实,这种怜悯并不是真正理会先哲圣人不忍人之心,并没有为受害者着想。朱熹指出:"多有人解恤作宽恤之义,某之意不然,若作宽恤,如被杀者不令偿命,死者何辜?"④"劫盗杀人者,人多为之求生,殊不念死者之为无辜,是知为盗贼计而不为良民地也。""以为当宽人之罪而出其死,故凡罪之当杀者必多为可出之途,以俟奏裁,则率多减等:当斩者配,当配者徒,当徒者杖,当杖者笞"⑤。

为做到刑当,宋时开始实行翻异别勘复审制度。翻异别勘是宋朝的一种诉讼审判制度,即当犯人在录问或行刑时若推翻供词或者申诉有冤情,则这个案件必须更换审判机构,并开始重新审理。翻异别勘制度完善了复审制

---

① 《朱子语类》卷一百一十,《朱子全书》第18册,第3553页。
② 《朱文公文集》卷六十七《舜典象刑说》,《朱子全书》第23册,第3259页。
③ 《朱文公文集》卷六十七《舜典象刑说》,《朱子全书》第23册,第3259—3260页。
④ 《大学衍义补》卷一百一十二《存钦恤之心》引朱子语,下册,上海书店出版社2012年版,第231页。
⑤ 《朱子语类》卷一百一十,《朱子全书》第18册,第3553页。

度，更加有效地避免了冤假错案的产生，为我国司法公正的实现起到了很大的促进作用，后世统治者在制定法律时也借鉴并不断完善了这项制度。这是我国古代法制文明的闪光点，对我国现今司法审判制度的完善以及法官责任制的构建都具有重要意义。同时，宋代实行审、判分司制的"鞫谳分司"制度，这是推行"司法慎刑"原则的体现，也是刑事诉讼制度的一大特点，表现出当时的法律理性化，更加注重对正当程序的维护和基本诉权的保护。通过"鞫谳分司"制度，防止官员在审判中偏听独任。如南宋汪应辰所讲：

> 国家慎重用刑，是以参酌古制，并建官师，在京之狱曰开封，曰御史，又置纠察司以讥其失。断其刑者曰大理，曰刑部，又置审刑院，以决其平，鞫之与谳各司其局，初不相关，是非可否有以相济。及敕令之行，是有罪者许之叙复，无辜者为之前洗，内则命侍从馆阁之臣致司详定，而昔之鞫与谳者皆无预焉。及元丰更定官制，始以大理兼狱事而刑部如故，然而大理少卿二人，一人治狱，一人断刑；刑部郎官四人，分为左右厅，或以详复，或以叙雪，同僚而异事，犹不失祖宗分职之意。本朝比之前世刑狱号为平者。盖其并建官师，所以防闲考复有此具也。①

七、宋明理学与民事法律变革

宋明理学作为国家的意识形态理论基础和规范世人行为的标准，"义理"也就成为官吏司法审判中分辨是非和评判曲直的原则，这是司法诉讼的根本。而宋明时期人身政治权利与社会结构的巨大调整成为民事法变革的政治基础，土地产权制度和商品经济的发展成为民事法变革的经济基础，理学义利之辨的新理念成为民事法变革的思想基础。以义理为核心的思想意识对民

---

① 《历代名臣奏议》卷二百一十七《慎刑》，上海古籍出版社1989年版，第2853页。

事法的影响愈趋增强，功利主义倾向上升，对社会功利与商品经济的倡导，使宋代法律所表现出对法律实际效用的重视、对社会现实的普遍承认以及对传统思想的突破，形成了一系列民法的重要观念和制度。理学家新思想体系的重新演绎，强调"工商皆本""惠商恤民""经世致用""义利双行"，这对于民事法律诉讼观念的产生重大影响。正如张晋藩先生所说："两宋商品经济的发展，推动了民事关系的复杂化，极大地丰富了民事法律的内容，成为中国民法史上一个陡起的高峰"①。

1. 减少国家干预，以增强民事权利

一是官僚士大夫对民事事务的日趋重视。在宋明理学的影响下，民事事务日渐引起了官府、士大夫及民间人士的重视。就司法理念而言，士大夫中间出现重法思潮，民事诉讼不再为民间细故，民事事务的处理成为宋以后官府的重要职责。宋代士大夫对法律的重视和对律意的通晓是当时的一种风尚，并由此推动了宋代法律文化的发展。②而"就诉讼理念而言，士大夫不再视民事诉讼为民间细故，而是精心审理，倍加关注，甚至'为政者皆知以民事为急'"③。"在司法活动中，即便是发生在亲属之间的纠纷，官员们也经常会依照律法的规定而非伦理礼法进行判决。曾经岿然高耸的人伦道德界限已然渐次倾颓，理性的判决渐次取代了古旧的教条。在司法官的判决中，理智性正日渐压倒了伦理性的考虑"④。朱熹有言："臣尝以县事大要者三，察其施为，知其果有可称者，刑狱、词讼、财赋是也。县所解徒流以上罪率数十……漳之四邑，龙溪为大，理诉之牒，日百余纸"⑤。可见，朱熹把词讼作为与刑狱、财赋一样地位的县府三大要事。县刑狱每年仅仅数十，而词诉日百余纸。黄榦亦言："当职不才，误叨邑寄，两月之间，披阅讼牒几数

---

① 张晋藩：《中华法制文明的演进》，中国政法大学出版社 1999 年版，第 339 页。
② 参见陈景良：《文学法理，咸精其能——试论两宋士大夫的法律素养》，《法律评论》1996 年秋季号。
③ 高珣：《南宋民事法律与社会变迁》，载何勤华：《法律文化史研究》，商务印书馆 2004 年版，第 35 页。
④ 陈刚：《宋代法律传统内生性转变浅析》，《中南财经大学研究生学报》2006 年第 2 期。
⑤ 《朱文公文集》卷十九《荐知县翁德广状》，《朱子大全》第 20 册，第 885—886 页。

千纸。"①

二是国家对民事活动的干预度下降。随着商品经济的发展,官府减少了对民间民事活动的干预。当然,这种干预度的下降是相对的,民事活动的剧烈所带来的后果便是纠纷的日益增多。因此,为了追求社会的稳定,宋以后官府特别重视对民间财产纠纷的处分。例如在民间私债的追偿问题上,两宋政府就一直强调"告官司听断",力图减弱对民间私债的政府干预。官府在审理涉及田宅、财产等民事纠纷案件时,比较注意保护合理的私有财产权利,对商贾表示同情。胡石壁在《治牙侩欺瞒之罪》中写道:"大凡求利,莫难于商贾,莫易于牙侩。奔走于道途之间,蒙犯风波之险,此商贾之难也,而牙侩则安坐而取之;数倍之本,趋锥刀之利,或计算不至,或时日不对,则亏折本柄者常八九,此又商股之所难也。"② 在契约方面,进一步放松了政府的干预,明清法律简化了宋元时期的不动产买卖、典当程序,仅须保留必须签订的书面契约、由官府加盖官印、缴纳契税、过割赋税。《宋刑统》杂律《公私债务门》规定:"公私以财物出举者,任依私契,官不为理。"③《庆元条法事类》规定:"其收质者过限不赎,听从私约"④。"任依私契""听从私约"成为法律条文的基本内容。

三是加强了人身权利的法律保护,民事权利主体扩大化。这典型地反映在地客权利与妇女地位的变化上。

两宋时期,奴婢人身权利加强,主仆关系契约化,赋予奴婢诉权及其奴婢家属诉权,加强了人身权利的法律保护。传统雇佣关系由原来偶发现象成为普遍自愿协商的雇佣关系。宋代农民在法律上是可以自由迁徙的,从唐宋土地所有权的变化到明代的"一条鞭法"、清代的"摊丁入亩"等,人身束缚逐渐减少的总趋势并没有改变。朱熹在《劝农文》中也明确地说佃户与田主二者相须,方能存立。宋代士人对主客户"相依"关系的描述正是客户

---

① (宋) 黄榦:《四库全书·勉斋集》卷三十四《临川劝谕文》,上海古籍出版社1987年版,第1168册,第394页。
② 《名公书判清明集》卷十一《治牙侩欺瞒之罪》,中华书局1987年版,第412页。
③ 窦仪:《宋刑统》,民国十年刘氏刻《嘉业堂丛书》本,第346页。
④ (宋) 谢深甫:《庆元条法事类》,清抄本,第680页。

法律地位提高的反映。

根据胡宏有关荆湖之地的记载："荆湘之间,有主户不知爱养客户,客户力微,无所赴讼者。往年鄂宋庄公绰言于朝,请买卖田土不得载客户于契书,听其自便,朝廷颁行其说"①。可见,地客享有"许越诉",特别保护佃权。同时,只要诉状符合投词要件,官府就必须接受词状,佃户可以通过投状表达自己的意见。南宋孝宗隆兴元年(1163)下诏书："灾伤之田,既放苗税,所有私租,亦合依例放免。若田主依前催理,许佃户越诉。"②

如前所论,宋太祖开宝年下诏,佃户被正式列入国家户籍,成为国家的编户齐民。这表明佃户取得了与主户平等的身份地位,成为民事权利的主体。总的说来,佃客的法律地位有明显的提高,其人身权利获得一定程度的保护。宋代租佃制及商品经济的发展必然使物权主体有平等的趋势,使更大范围的社会成员在法律上作为较为平等的主体参加民事法律活动,在身份地位上向平等化方向发展,使社会成员间的关系出现了从身份到契约的转变。佃户与奴婢取得民事主体资格,在一定程度上以平等身份参与民事活动。《清明集》中记载有南宋佃农参与诉讼的案件,如张椿系为佃农,贪耕作之利,以赵永不是赵宏之子为由而起诉。再如主佃争墓地等,宋代官府受理这些诉讼,说明佃农能够以自己的名义参加民事关系和诉讼法律关系,享有实体及程序上的权利。

然单就妇女地位的整体来说,传统社会妇女的社会地位是动态的变化过程。秦汉妇女的社会地位较高,与男子地位是平等的,并不受贬抑,甚至具有"妇人无刑,虽有刑不在朝市"③的观念。有学者认为,宋代以后尤其是理学形成以后妇女地位大大降低,陈东原的名著《中国妇女生活史》指出："宋代实在是妇女生活的转变时代","宋代尤其是(妇女社会地位)急转直下的时代"。他说："宋代出了一班儒者,遂使宋代为中国学术思想以至

---

① 《五峰集》卷二《与刘信叔书五首》,中华书局1987年版,第118页。
② 《宋会要辑稿》食货六十三,上海古籍出版社2014年版,第7616页。
③ 《左传·襄公十九年》,(清)阮元:《十三经注疏》,中华书局1980年版,第1968页。

风俗制度的转变时代。"① 以为理学家极端歧视妇女。此说，值得商榷。不能说是宋时妇女的地位开始转向低下的。事实是，除了妇女在家庭中动态地由幼到尊长的地位上升外，宋代在法律实施与运用上，对待妇女也采取了依类别区分对待的政策，既有降低的方面，也有提升的方面。一是在直接涉及家庭中男女地位上，"男主女从"的观念进一步加深，显现出妇女作为妻妾之低卑地位。二是妇女在犯奸盗、不孝、贞操义务等特定罪时，传统法律将给予妇女更严厉的处罚，不仅国家成文法有明确的处罚，而且赋予了家族以国家强制性的处置权，使妇女处于不利的法律地位上。三是犯非"叛国""不孝"的死罪，一般刑事处罚量刑中是男重女轻，妇女都可依例与命妇、官员正妻一般依例赎罪。从唐代就有"女子不缘坐"的明文规定，夫妇共同犯罪中即便是"妇人造意，仍以男夫独坐"，对妇女犯罪采取"从轻"的倾斜原则。可以看到，在传统社会中"男尊女卑"观念最主要是相对于家庭家族思想意识而言的。明代吕坤于其《实政录》之中，一再表示对妇女之拘禁，应予十分慎重："妇人非犯死罪，切无系狱。非犯奸情及不孝，应出为舅姑夫男所讼，切勿拘唤。"②《清明集》中有许多妇女为原告"投状人"的案例。③ 同时，宋以后妇女的权利诉讼又是受到一定限制的。南宋后期在一些地方官员发布的文告中，出现关于妇女投告的规定，如黄震《引放词状榜》云："非户绝孤孀而以妇人出名者不受。"④ 做了限制性规定。元明时期立法对妇女告状同样做限制性规定。《元典章》刑部卷制十五"不许妇人诉"："凡妇人代替男子，经官告辨词讼，合准所言，通行禁止。若果寡居无依，及虽有子男，别因他故妨碍，事须论诉者，不拘此例。"⑤《大明令》："凡妇人除犯恶逆、奸杀、杀人、入禁，其余杂犯，责付有服宗亲收领听候，一应婚姻、田土、家财等事，不许出官告状，必须代告。若夫亡无子，方许出官理对。或身受损

---

① 陈东原：《中国妇女生活史》，商务印书馆 1937 年版，第 1、129 页。
② 《实政录》卷六《凤宪约》，《吕坤全集》，中华书局 2008 年版，第 1101 页。
③ 参见《名公书判清明集》卷七《双立母命之子与同宗之子》；卷八《叔教其嫂不愿立嗣意在吞并》，第 217、246 页。
④ （宋）黄震：《四库全书·黄氏日抄》卷八十，上海古籍出版社 1987 年版，第 708 册，第 836 页。
⑤ 《元典章》卷五十三《刑部·诉讼》，中华书局、天津古籍出版社 2011 年版，第 1752 页。

害,无人为代告,许令告诉。"① 即便如此,也可以说明妇女还是相对地享有一定诉讼权利的。另从妇女财产权看,袁俐在《宋代女性财产权述论》一文中对于宋代女性继承权研究的结论是:宋代"在室女的财产继承权一直稳定不变;出嫁女从宋代起则只能承分三分之一的户绝财产,并为后代所承袭;归宗女的承产量在宋代经历了递减的变化。"但他不赞成"由此推论女子地位的下降",而认为"是女子财产继承法逐渐趋于完善、趋于'合理'的表现","女子的财产继承法在宋代经历了具有关键性的进步过程"②。妇女继承权的变化还可以从其夫婿方面得到体现,如《唐律》中还没有出现"赘婿"(过门女婿),宋代以后从法律上承认赘婿对于妻家财产的合法继承权。明清法律规定:招养老女婿者,仍立同宗应继者一人承奉祭祀,家产均分。宋代有关离婚的法律还规定:妻子从娘家带来的陪嫁及婚后得自娘家及自己陪嫁财产的增值部分,改嫁时可以带走。在明清徽州土地买卖文书中已经出现为数不少的妇女"中见人",表明女性已经开始突破家庭的限制,扮演了社会性的角色。

同时,也允许卑幼因财产纠纷告尊长,力图做到"母子兄弟之讼当平心处断"。理学家黄榦曾经处理了一起弟陈安节告兄陈安国在交易契书上伪造弟弟的签名盗卖田地事,"在法:若盗卖卑幼田产,则先合给还卑幼后,监盗卖人钱还钱主"③。正如《清明集》卷九《卑幼为所生父卖业》所提到的"卑幼产业为尊长盗卖,许其不以年限陈乞"④。

2. 民事诉讼家庭财产关系弱化

宋明理学对义利之辨的重新演绎,有助于民事诉讼中追求"义理",形成家庭人伦关系的强化与家庭财产关系的弱化。宋明理学总体上继承儒家的

---

① 薛允升:《读例存疑》,胡星桥、邓又天主编,中国人民公安大学出版社1994年版,第702页。
② 袁俐:《宋代女性财产权述论》,杭州大学历史系宋史研究室编:《宋史研究集刊》第2辑(浙江省社联《探索》增刊),1988年,第271—308页。
③ 《名公书判清明集》卷十四《陈安节论陈安国盗卖田地事》,中华书局1987年版,第699页。
④ 《名公书判清明集》卷九,中华书局1987年版,第299页。

先义后利,"义以生利",主张重义轻利,先义后利,强调"正其义不谋其利,明其道不计其功"。义,就是公认的社会准则。宋明理学作为国家的意识形态理论基础和规范世人行为的标准,"义理"也就成为官бю司法审判中分辨是非和评判曲直的原则,这是司法诉讼的根本。朱熹提倡在司法审判实践过程中,始终坚持"以义理之所当否"的法则,诉讼要确定原被告"分"的诉权地位,区分尊卑长上下幼亲疏关系,将人伦关系纳入到诉讼程序当中,认为"民户词讼诉不应为状首人,自不当出名"[①]。

家庭人伦关系的强化最主要的变化在于族权、父权、夫权于家庭伦理关系中的变化。"男女有尊卑之序,夫妇有倡随之理,此常理也。"[②]清儒李绂《别籍异财议》说:"吾江西风俗淳厚。要族而居,族必有祠,宗必有谱。尊祖敬宗之谊,海内未能或先。至于一家之中,累世同爨,所在多有,若江州陈氏、青因陆氏并以十世同居,载在史册。……凡累世同居者,必立之家法,长幼有礼,职事有司,管库司稽,善败惩劝,各有定制。"[③]犹如毛泽东指出:"中国的男子,普通要受三种有系统的权力(指政权、族权、神权——编者)的支配,……至于女子,除受上述三种权力的支配以外,还受男子的支配(夫权)。这四种权力——政权、族权、神权、夫权,代表了全部封建宗法的思想和制度,是束缚中国人民特别是农民的四条极大的绳索"[④]。整体上说,家庭人伦关系随着宋明理学的深入而不断强化。这方面在前文已经有述说。

而与此同时,宋明理学对义利之辨的重新演绎、善利与不善之利等区别、社会私有经济的发展、农商本末观的变化等,又影响了在财产问题上的诉讼观念。为了追求社会的稳定,宋以后官府特别重视对民间财产纠纷的处分,官府在审理涉及田宅、财产等民事纠纷案件时,比较注意保护合理的私有财产权利,对商贾表示同情,在民间财产纠纷上既维护尊卑长幼之序的家长权,对卑幼交易进行严格限制,同时也对妇女、孤幼及下层民众的合法权

---

① 《朱文公文集》卷一百《约束榜》,《朱子全书》第25册,第4631页。
② 《周易程氏传》卷四,《二程集》,中华书局2004年版,第979页。
③ 李绂:《清经世文编》卷五十九《别籍异财议》,中华书局1992年影印本,第1505页。
④ 《毛泽东选集》第一卷,人民出版社1991年版,第33—34页。

益予以保护。

宋明理学对义利之辨的重新演绎造就了家庭财产关系的弱化。这还可以从"别籍异财"观的变化中得到论证。

从别籍异财的变化看,《礼记·坊记》云:"父母在不敢有其身,不敢私其财。"在中国古代父权家长型的家庭中,从法的归属角度而言,可以说整个家庭的财产都归家长所有。《唐律》《宋刑统·户婚律》都明确规定:"诸祖父母、父母在,而子孙别籍、异财者,徒三年。"甚至《大明律》也规定别籍异财者要杖一百。显然,从法律层面讲,子孙别籍异财在宋以前往往被认为是犯了不孝之罪,子孙并不享有独立的财产权,但到宋代社会情形已经有了变化,客观存在大量别籍异财情形,理学家也是承认子孙别籍异财的。朱熹曰:"法初立时,有多少好意思。后来节次臣僚胡乱申请,皆变坏了。如父母在堂,不许异财,法意最好。今为人父母在不异财,却背地去典卖,后来却昏赖人。以一时之弊,变万世之良法,只是因某人申请。法尽有好处。今非独下之人不畏法,把法做文具事,上自朝廷,也只把做文具事行了,皆不期于必行。"又曰:"正缘是删改太多,遂失当初立法之意。如父母在堂,不许分异,此法意极好,到后来因有人亲在,私自分析用尽了,到亲亡却据法负赖,遂着令许私分。"①"着令许私分",说明南宋后期法律已认可了父母在世时的私分行为,即承认子孙的财产权,肯定了亲人"别立户籍""分异财产"的合法性。胡石壁判词也印证该法令的存在:"至若分产一节,虽曰在法,祖父母、父母在,子孙不许别籍异财,然绍熙三年三月九日户部看详,凡祖父母、父母愿为标拨而有照据者,合与行使,无出入其说,以起争端。应祥兄弟一户财产,既是母亲愿为标拨,于此项申明指挥亦无自碍。"②南宋《袁氏世范》载:"父母高年,迫于营干,多将财产均给子孙。""兄弟当分,宜早有所定。兄弟相爱,虽异居异财,亦不害为孝义。"③

至清代,李绂《别籍异财议》也云:"禁其争财可也,禁其分居,恐未

---

① 《朱子语类》卷一百六,《朱子全书》第 17 册, 第 3476 页。
② 《名公书判清明集》卷一十《兄弟之讼》,中华书局 1987 年版, 第 372 页。
③ (宋)袁采:《袁氏世范》卷一,中华书局 1985 年版, 第 10 页。

可也";"分居者各惜其财,各勤其事,犹可以相持而不败也"。"财相竟,事相诱,俭者不复俭,而勤者不复勤,势不能以终日。反不如分居者,各惜其财,各勤其事,犹可以相持而不败也。"① 大家庭"家务纷纷,难以理合,欲效张公之遗风也,不可得矣"②。

庞德《通过法律的社会控制法律的任务》认为:"一个法律制度通过以下手段达到法律秩序的目的:承认某些利益;由司法过程(和行政过程)按照一种权威性技术所发展和使用的各种法令来确定什么限度内承认和实现那些利益;以及努力保障在确定限度内被承认的利益。"③ 显然,他认为法律制度都是围绕"利益"而展开的,利益的矛盾冲突也是社会控制产生的原因所在,促成法律观念与制度改变。"令许私分"可以说是在经济活动中人的自私性体现的结果。对此,理学宗师也无任何异议:"大抵人有身,便有自私之理,宜其与道难一"④;甚至认为"后世骨肉之间,多至仇怨忿争,其实为争财"⑤。"别籍异财法"立法理想与现实脱节,家庭财产纠纷引发的大量诉讼,也促使法律向着明晰个人产权的方向发展。宋代以来"令许私分"也反映了家庭私有财产家长权受到冲击,一定程度上扩大了家庭身份资格的民事权利,这也是家庭身份伦理道德弱化趋向所反映的一个方面。

3. 民事诉讼的诚实信用证据原则

儒家文化中的"重义轻利""先义后利"思想,并不是不要利,而是强调"君子爱财,取之有道"。这个"道",不单是指客观的经济规律,更包含有讲求诚信,合乎社会伦理道德的意义,诚信已经是社会道德的重要规范。宋明理学的义利结合的体现之一就是诚实守信。宋明理学在义利之辨基础上强调以诚信相待、以诚信为本的行为理念,这对后世产生了深远的影响。而

---

① 李绂:《清经世文编》卷五十九《别籍异财议》,中华书局1992年影印本,第1504页。
② 中国社会科学院历史研究所所藏HZB4040019号:《胡氏阄书汇录·期富、贵、荣、华分关序》,载《徽州千年契约文书·清民国编》第八卷,花山文艺出版社1991年版,第37页。
③ 庞德:《通过法律的社会控制法律的任务》,沈宗灵等译,商务印书馆1984年版,第35页。
④ 《朱子语类》卷十三,《朱子全书》第15册,第222页。
⑤ 《河南程氏遗书》卷十七《伊川先生语二》,《二程集》,中华书局2004年版,第177页。

宋以后"贾而好儒"之风的形成，正是宋明理学深入民间的表现。朱熹理学对徽商的影响，最重要的是提升了这个商帮的商业理性。朱熹主张"利只在义之和"①，并强调对利要"取之有义"，要以义取利。徽商在统治者贱商、社会普遍鄙视"商"的氛围中，为了使商的社会地位得到提高，努力从儒学经典中寻找为商之职业不贱的理论依据，他们宣称，《易》言"生生曰仁"，为商是做有大德的仁事，是"做生意"，"《九章》《大学生》终言利，一部《周官》半理则"，"古人病不廉，非病贾也"②。于是谨守朱熹教义，"仁义为先"，"不以功利为急""以义制利"，"不言利而利自饶"。特别重视"则自道生，利缘义取"，自觉在经商活动中"本大道为权衡，绝无市气，办同人于信义，不失仁风"③，许多徽商讲究商德，坚持货真价实，诚实守信。歙商吴南坡坚持"人宁贸诈，吾宁贸信，终不以五尺童子而饰价为欺"④，其南坡字号的布被市场誉为诚信品牌。大量吴南坡这样的徽商努力在为商之中"存天理，灭人欲"，甘当廉贾，宁可失利，也要维持"廉贾"形象，就像戴震所说，他们"虽为贾者，咸近士风"⑤。徽商以自己的注重商德的人文理性追求，塑就了一代儒商的形象。

宋明理学新的义利之辨观有助于民事诉讼中确立诚实信用证据原则。宋代在审判中十分重视书证、物证、人证等，对于人命案件更加重视检验与现场勘验活动，在这方面积累了丰富的经验，并形成一套系统的检验制度。郑克提出了"重证据，轻口供"的刑事诉讼理论，认真辨别证据是据证定罪的关键。宋以后在诉讼中更加重视证据，之所以如此，以宋明理学家追求"为天地立心，为生民立命，为往圣继绝学，为万世开太平"，强调为民治道，为了维护"义"之目标，就必须重视对事物真实性的判断；宋以后讼学的兴盛，习讼活动的普遍，使民众不仅知道了该如何去打官司，也懂得

---

① 《朱子语类》卷二十二，《朱子全书》第14册，第765页。
② （明）汪道昆：《太函集》卷四十五《明处士江次公墓志铭》，黄山书社2004年版，第952页。
③ 《旌阳程氏宗谱》卷十三《程氏公传》。
④ 《古歙岩镇镇东头吴氏族谱·吴南坡公行状》，转引自方利山：《朱熹理学对徽商影响之两面》，《合肥学院学报》2004年第4期。
⑤ 《戴节妇家传》，《戴震全书》第6册，黄山书社1995年版，第440页。

要胜诉就得积极地去收集证据,如歙州"民习律令,性喜讼,家家自为簿书。凡闻人之隐私毫发、坐起、语言、日时,皆记之。有讼则取以证"①。宋明理学认为在司法诉讼中应当有公正之心,如果没有公正之心,则不能辨别是非义利,将义利与公私联系起来:"若知言,便见得是非邪正,若不知言则自以为义,而未必是义,自以为直而未必是直,是非且莫辩矣"②。为追求"公""义",诉讼当事人就不得做虚假陈述,禁止伪证。程颢任泽州晋城县令时,对百姓间的财产之讼,要求"必告之以孝弟忠信"③,提出证据必须合理真实。朱熹认为"先减书铺及勒供罪状,不得告奸"④,就是说通过篡改与伪造书证、刑讯逼供等方式获得的证据是不能作为诉讼证据的。

理学直接影响到契约新观念的形成。契约新观念促成"官有政法,民从私约",使社会成员间的关系出现了从身份到契约的转变。从宋代社会历史演变留下的痕迹来看,在宋代社会环境下,传统的理性在社会生产、生活中已经表现为经济活动运行中的理性化,国家行政管理职能趋于集中决策化,公共生活领域呈现自律化,社会公共权力的行使开始步入契约化。

4. 民事法律意识增强加剧健讼

宋明理学对义利之辨与士商经济的重新演绎客观上为加剧健讼现象的出现、民事法律意识的增强提供了理论依据。

一是宋代以后诉讼增加甚至形成健讼。在历史文献中,有关宋至清时期民间存在的"好讼"和"健讼"现象的记载屡见不鲜,毋庸详叙。私有制的高度发展,使追逐财利的争讼更是风起云涌。各地健讼现象即已普遍存在。日本京都大学的夫马进教授以详细的材料论证了明清时期的"好讼之风""健讼之风",⑤但是值得注意的是纠纷及诉讼种类较之以前有了明显

---

① 欧阳修:《欧阳修全集》卷一一,中国书店 1986 年版,第 439 页。
② 《朱子语类》卷五十二《孟子二》,《朱子全书》第 15 册,第 1742 页。
③ 《河南程氏文集》卷十一《明道先生》,《二程集》,中华书局 2004 年版,第 632 页。
④ 《朱子语类》卷一百一十二《论官》,《朱子全书》第 18 册,第 3582 页。
⑤ 参见〔日〕夫马进:《明清时期的讼师与诉讼制度》,载〔日〕滋贺秀三等:《明清时期的民事审判与民间契约》,王亚新、梁治平编译,法律出版社 1998 年版,第 392—394 页。

的增多，包括了田宅、山林、坟地、水利、租佃、合伙、债务、婚姻、继承等几乎日常生活和经济活动中的所有方面，其中既有中国传统社会中常见的纠纷，也有因商品经济引发的一些新型诉讼。程敏政说："夫徽州之讼虽曰繁，然争之大要有三，曰田，曰坟，曰继……田者，世业之所守；坟者，先体之所藏；继者，宗法之所系，虽其间不能不出于有我之私，然亦有理势之所不可已者。"① 已经有学者通过对民间结社的研究，指出中国古代的民众具有强烈的法律意识，如具有追求平等、权利，提倡诚信、自律的意识等。② 而之所以出现"好讼"和"健讼"现象，其原因是多方面的，既有好斗民风、宗族势力、官场派系斗争与利用、讼师挑拨、人口增长、民间经济增长等因素，同时也与教育与文化发达、民众权利意识较强有密切联系。宋代以后普法教育、法律意识扩大化，都得到了空前的提高。以明朝为例，《大诰》三编颁行后，明太祖甚至谕令将其"颁学宫以课士，里置塾师教之。因有《大诰》者，罪减等"③。明初官府和民间一时间形成了读法律的热潮。这一时期大规模的普法教育，使得无论地方官府还是民间社会，人们的法律意识都得到了空前的提高。契约文书的广泛流播，无疑是庶民百姓在日常经济交往过程中注重契约的体现，也是他们法律意识业已觉醒的反映。而"好利""逐利"思想猛烈地冲击社会风尚，改变了人们的诉讼观念。当民间的纠纷牵涉着经济问题的时候，人们不再盲目地排斥词讼，不再一味只求息事宁人，而是试图通过词讼来保护与争取自己最直接的利益。

二是民事立法尤其经济立法增加。宋以后尤其明清民事法律规范不断调整与扩大。为适应资本主义生产关系萌芽、封建土地关系、租佃关系、人身依附关系、雇佣关系等方面所发生的变化，明清统治者适时地对有关民事法律规范进行了调整。《大明会典》和《大清会典》汇编了明清各朝有关民

---

① 《篁墩文集》卷二七《序·赠推府李君之任徽州序》，文渊阁《四库全书》第1252册，第479页。
② 参见郑显文：《从中国古代的民间结社看民众的法律意识》，载《中华法系国际学术研讨会文集》，中国政法大学出版社2007年版，第363—384页。
③ 《明史》卷九十三《志第六九》，中华书局1974年版，第2284页。

事财产制度方面的很多法令。《大明律》四百六十条，户律就有七卷九十五条。明清通过了《盐法》《矿冶法》《市舶法》等一系列法律。明清法律简化了宋元的不动产买卖、典当程序，仅保留必须签订书面契约、由官府加盖官印、缴纳契税、过割赋税等要求。

三是民事诉讼程序规范的大量制定。民事诉讼程序规范是多层次的，既有朝廷立法规范，也有各级官府官吏的地方性规范解释。明太祖以《教民榜文》的形式，确定了明代户婚、田宅等农村基层社会民事纠纷与诉讼以及斗殴等治安案件程序，清代有单行民事法规《户部则例》的制定与执行，此外又有《大明会典》和《大清会典》中的民事法律规范内容。各级官府的官吏也纷纷制定诉讼程序规范，朱熹在潭州任上发布了《约束榜》，黄震知抚州时，发布司法文告《词诉约束》，清代吴宏有《纸上经纶·词讼条约》，清代刘衡则有《庸吏庸言·理讼十条》。民众对此非常重视，有专门的讼学教材，如宋代就有《公理杂词》，"今吉、筠等府书肆有刊行《公理杂词》，民童时市而诵之"[①]。

5. 推动了传统法律社会化

宋明理学从其产生始直至衰落之际，注重治道，是经世致用的实学，理学思想是一种哲理化、具体化和现实化的理论；宋明理学的"从政为民""宽以养民""严以治吏"影响了宋元以后统治者立法思想。理学理论与实践社会的简约化、世俗化、亲民化的经世致用观念推动了传统法律社会化。

宋明理学具有经世致用的实学性质。应当说，儒家传统中是有经世内涵的，而无论程朱还是陆王都未完全抛弃此传统，理学思想体系中也蕴含着实学的因素。明代实学家崔铣说周敦颐、程颐、张载、邵雍宋之四子"造诣精矣，皆实学矣"[②]。章学诚也称赞朱子学是"性命、事功、学问、文章合而

---

① （宋）张景：《疑狱集》卷九《虔效邓贤》，《四库全书》第729册，上海古籍出版社1987年版，第848页。

② （明）崔铣：《洹词》卷十，《四库全书》第1267册，上海古籍出版社1987年版，第606页。

为一",认为"黄、蔡、真、魏,皆承朱子而务为实学"①。理学的创建者和发展者特别讲求"内圣外王之道",施展其学术上通经致用的才能,以实现"为天地立心,为生民立命,为往圣继绝学,为万世开太平"的政治抱负,理学家也大都关注民生,把学术同生活实践紧密地结合起来。钱穆认为"朱子之与政事治道之学,可谓于理学界中最特出"②。朱熹入仕后基本上在地方任职,主要行道于民间,在地方书院、祭祀、风俗、社仓等多个方面均有建树,他将其理论思想从社会生活入手,自下而上地传播与推广,使其思想更社会性,更具有长久性。功利学派的陈亮和叶适更是关注民生、民用,学以致用,始终与现实政治、百姓的衣食问题相关,这种对政事治道的投入,促使理学家们法律实践的加强,为封建王朝的法律政治化、社会化提供了条件。

宋明理学重视理论和实践与时俱进,发展了社会世俗化的因素。宋明理学产生之际,无论是其理论内涵还是语言都十分直白、简易。明中期以后,理学理论得到了进一步的社会普及性的改造,王阳明"良知说"以"简易直接"功夫,提出"满街都是圣人",使得理学伦理直接面向社会大众。宋明理学非常重视社会礼仪世俗化建设。朱熹在谈到他编撰《小学》目的时,就将向童蒙灌输修身、齐家、治国、平天下之道的目的说得十分明确。王阳明奉命兼巡抚江西在赣州制定《南赣乡约》,并推行城乡,告谕父老子弟使相警诫。《大明律》在文字风格上极为平民化,太祖又恐小民不能周知,乃命大理寺卿周桢等人,采所完成之律令,制定《律令直解》,以明白、浅显的文字注释法令。

理学世俗化、亲民化一个重要措施就是"立一个简易之法,与民由之"③,在法律理论与实践上以简约化。朱熹倡导简易、世俗、致用的思想,依据"从俗、从众、变通"原则编撰了《古今家祭礼》《家礼》《祭礼》《申严婚礼状》等,将国家礼制的部分内容通俗化、普及化,所定礼仪与古之礼比较而言,语言简洁、简约,礼仪安排实用,便于操作易行使。元、明、清

---

① (清)章学诚撰,叶瑛校注:《文史通义校注》卷三《朱陆》,中华书局2014年版,第245—246页。
② 钱穆:《朱子学提纲》,生活·读书·新知三联书店2005年版,第23页。
③ 《朱子语堂》卷一百八,《朱子全书》第17册,第3517页。

三朝从官府到民间，遵从朱熹礼仪，"洪武元年，令：民间婚娶，并依《朱子家礼》"①。至永乐年则"颁《文公家礼》于天下"②，成为官方正统之礼仪。清代"《家礼》为人家日用不可无之书"，朱彝尊谈道："世之治举业者，以言《礼》，非朱子之《家礼》弗敢行也。"③宋明理学多数主张立法简约。宋叶适言："法令日繁，治具日密，禁防束缚，至不可动。"④顾炎武认为君主"独治"使得法制禁令日趋繁密，"法愈繁而弊愈多，天下之事日至丛脞。"⑤王夫之主张"政莫善于简"，"法贵简而能禁，刑贵轻而必行"⑥，反对"密法"，"法愈密，吏权愈重，死刑愈繁，贿赂愈章"⑦。

理学的理论世俗化、亲民化的又一个重要方面的表现就是理学新民本观，宽以养民。宋明理学从本体论上进一步论证了伦理道德和君主统治的合理性，强化了对人民的精神控制，但并未抛弃"民为邦本"的思想，而是演化为新民本思想。宋明理学新民本除传统意义民本观外，特别强调"从政为民""严以治吏""宽以养民"。宋明理学发挥了孔孟富民养民思想，强调了"自古帝王莫不以养民为先务"。朱熹在《孟子集注·离娄上》中从适应生生自然、注重经济发展、防止贫富差距、实施节用薄税四条途径养民。丘浚曾谏言君主"诚能省刑罚薄税敛，不穷兵以黩武，不营作以劳人"⑧，提出了正其德、利其用的路径，主张宽其役，薄其赋。

宋明理学的"从政为民""严以治吏""宽以养民"影响了宋元以后统治者。朱元璋坚持认为："善治民者，必求夫民情。"⑨康熙在他亲政伊始谕吏部

---

① 龙文彬纂：《明会要·礼九》卷十四，中华书局1956年版，第235页。
② 龙文彬纂：《明会要·礼一》卷六，中华书局1956年版，第80页。
③ 朱彝尊：《曝书亭集》卷三十五《道传录序》，《四库全书》第1318册，上海古籍出版社1987年版，第48页。
④ 《日知录》卷九《人材》引，《顾炎武全集》，上海古籍出版社2011年版，第383页。
⑤ 《日知录》卷八《法制》，《顾炎武全集》，上海古籍出版社2011年版，第364页。
⑥ 《读通鉴论》卷二十二《唐玄宗》，《船山全书》第10册，岳麓书社2011年版，第828页。
⑦ 《读通鉴论》卷一《秦二世》，《船山全书》第10册，岳麓书社2011年版，第74页。
⑧ （明）丘浚：《大学衍义补》卷十三《总论固本之道》上册，上海书店出版社2012年版，第129页。
⑨ 《明太祖实录》卷二五五，台湾"中央研究院"历史语言研究所校印，中华书局2016年版，第3691页。

等衙门曰:"民为邦本,必使家给人足,安生乐业,方可称太平之治。"①"凡事必期便民,若不便于民,而惟言行法,虽历禁何益"②。同时,朱元璋尚未称帝之时,就确定了"法贵简当,使人易晓"的立法原则;洪武元年,公布《大明令》时再次指出:"今所定律令,芟繁就简,使之归一,直言其事,庶几人人易知而难犯。"③"令立法正欲矫其旧弊,大概不过简严,简则无出入之弊,严则民知畏而不敢轻犯"④。康熙在《圣谕十六条》中指出:"政不简不易,民不有近:平易近民,民必归之旨"。还说:"易则易知,简则易从;易之则有亲,易从则有功。"⑤康熙认为"政简者其治隆,政繁者其治替",此为"古今不易之理"⑥。

---

① (清)章梫:《康熙政要》,中共中央党校出版社1994年版,第1页。
② 《清史稿》卷八,中华书局1976年版,第285页。
③ 《翰林记》卷七,《四库全书》第596册,上海古籍出版社1987年版,第936页。
④ 《明太祖实录》卷二十七,台湾"中央研究院"历史语言研究所校印,中华书局2016年版,第420页。
⑤ 《圣祖仁皇帝御制文第二集》卷三十,《四库全书》第1298册,上海古籍出版社1987年版,第624页。
⑥ 《圣祖仁皇帝御制文集》卷十八,《四库全书》第1298册,上海古籍出版社1987年版,第177页。

主要参考文献

一、古籍

《春秋左传注》，杨伯峻编注，中华书局1990年版。

《十三经注疏》，北京大学出版社2000年版。

《墨子校注》，孙启治点校，中华书局1993年版。

《文子疏义》，王利器疏，中华书局2000年版。

《战国策·秦策一》，上海古籍出版社1985年版。

《管子校正》，《诸子集成》五，中华书局香港分局1978年版。

《商君书》，《诸子集成》五，中华书局1954年版。

韩非子：《韩非子新校注》，陈奇猷校注，上海古籍出版社2000年版。

《老子校释》，朱谦之校释，中华书局1984年版。

《汉书》，中华书局2002年版。

贾谊：《贾谊新书》，阎振益等校注，中华书局2000年版。

刘向撰，赵善诒疏证：《说苑疏证》，华东师范大学出版社1985年版。

司马迁：《史记》，中华书局1982年版。

葛洪：《抱朴子外篇校笺》，杨明照辑校，中华书局1997年版。

《旧五代史》，上海古籍出版社1986年版。

《新唐书》，中华书局1975年版。

成玄英：《道德经义疏》，蒙文通辑校，巴蜀书社2001年版。

杜佑：《通典》，中华书局1984年版。

《韩昌黎集》，商务印书馆1958年版。

马其昶、马茂元校注：《韩昌黎文集校注》，上海古籍出版社1986年版。

孔颖达：《礼记正义序》，《十三经注疏》上册，中华书局1980年影印本。

李百药：《封建论》，载《全唐文》第二册，中华书局1987年版。

谭峭：《谭子化书》，文渊阁《四库全书》本。

《名公书判清明集》，中国社会科学院历史所点校，中华书局1987年版。

晁说之：《嵩山文集》，《四部丛刊》本。

陈淳：《北溪大全集》，文渊阁《四库全书》本。

陈淳：《北溪字义》，文渊阁《四库全书》本。

陈傅良：《止斋文集》，《四部丛刊》本。

陈亮：《陈亮集》，邓广铭点校，中华书局1987年版。

陈耆卿：《嘉定赤城志》，文渊阁《四库全书》本。

陈渊：《默堂集》卷十六，商务印书馆1983年版。

程颢、程颐：《二程集》，王孝鱼点校，中华书局2004年版。

杜大珪：《名臣碑传琬琰之集》，文渊阁《四库全书》本。

杜范：《清献集》，台北商务印书馆，文渊阁《四库全书》本。

范仲淹：《范仲淹全集》，李先勇、王蓉贵校点，四川大学出版社2002年版。

方孝孺：《逊志斋集》，《四部丛刊》本。

何坦：《西畴老人常言》，《丛书集成初编》第369册。

胡宏：《胡宏集》，中华书局1987年版。

胡太初：《昼帘绪论》，文渊阁《四库全书》本。

黄榦：《勉斋集》，上海古籍出版社1987年版。

黄裳：《演山集》，宋集珍本丛刊本，线装书局2004年版。

黄震：《黄氏日抄》，上海古籍出版社1987年版。

李纲：《梁溪集》，上海古籍出版社1987年版。

李觏：《李觏集》，中华书局2011年版。

李焘：《续资治通鉴长编》，中华书局1979年版。

李心传：《建炎以来系年要录》，中华书局1956年版。

刘克庄：《后村先生大全集》，王蓉贵、向以鲜校点，四川大学出版社2008年版。

刘挚：《忠肃集》，中华书局2002年版。

陆九渊：《陆九渊集》，钟哲点校，中华书局1980年版。

罗从彦：《豫章文集》，文渊阁《四库全书》本。

罗大经：《鹤林玉露》，中华书局1983年版。

吕大临：《蓝田吕氏遗著辑校》，陈俊民辑校，中华书局1993年版。

吕祖谦：《东莱集》，文渊阁《四库全书》本。

吕祖谦：《左氏传说》，文渊阁《四库全书》本。

欧阳修：《欧阳修全集》，中国书店1986年版。

欧阳修：《新五代史》，中华书局1974年版。

邵雍：《皇极经世书》，文渊阁《四库全书》本。

施宿等：《嘉泰会稽志》，文渊阁《四库全书》本。

石介：《徂徕石先生文集》，中华书局1984年版。

司马光：《温公易说》，文渊阁《四库全书》本。

苏轼：《东坡志林》，中华书局1997年版。

苏轼：《苏轼文集》，孔凡礼点校，中华书局1985年版。

孙复：《孙明复小集》，宋集珍本丛刊，线装书局2004年版。

汪应辰：《文定集》，《丛书集成初编》本。

王安石：《临川先生文集》，《王安石全集》，王文照主编，复旦大学出版社2016年版。

王偁：《东都事略》，文渊阁《四库全书》本。

王应奎：《柳南续笔》，中华书局1983年版。

王应麟：《困学记闻》，《四部丛刊》本。

王栐：《燕翼诒谋录》，中华书局1981年版。

王禹偁：《小畜外集》，《四部丛刊》本。

卫湜《礼记集说》，上海古籍出版社1987年版。

徐度：《却扫编》，文渊阁《四库全书》本。

杨简：《杨氏易传》，文渊阁《四库全书》本。

杨时：《龟山集》，文渊阁《四库全书》本。

杨万里：《诚斋集》，景印文渊阁《四库全书》本，台湾商务印书馆1986年版。

叶梦得：《石林治生家训要略》，《丛书集成续编》，台湾新文化出版公司1989年版。

叶适：《习学记言序目》，中华书局1977年版。

叶适：《叶适集》，刘公纯等校点，中华书局2010年版。

袁采：《袁氏世范》，中华书局 1985 年版。

张端义：《贵耳集》，文渊阁《四库全书》本。

张方平：《乐全集》，台湾商务印书馆 1986 年版。

张耒：《张右史文集》，《四部丛刊》初编本。

张栻：《张栻全集》，杨世文、王蓉贵校点，长春出版社 1999 年版。

张载：《张子全书》，林乐昌校编，西北大学出版社 2015 年版。

真德秀：《大学衍义》，朱人求点校，华东师范大学出版社 2010 年版。

真德秀：《西山先生真文忠公文集》，《四部丛刊》正编本。

郑克：《折狱龟鉴》，杨奉琨校释，复旦大学出版社 1998 年版。

周敦颐：《周敦颐集》，中华书局 1990 年版。

朱熹：《朱子全书》，朱杰人等主编，上海古籍出版社、安徽教育出版社 2010 年版。

朱在：《仪礼经传通解目录》，文渊阁《四库全书》本。

《宋史》，中华书局 1977 年版。

陈皓：《礼记集说》，上海古籍出版社 1987 年版。

邓牧：《伯牙琴·君道》，文渊阁《四库全书》本。

马端临：《文献通考》，浙江古籍出版社 2000 年版。

王柏：《鲁斋集》，影印文渊阁《四库全书》本，台湾商务印书馆 1986 年版。

熊鉌：《熊勿轩先生文集》，上海商务印书馆 1936 年版。

许衡：《许鲁斋集》，清同治五年福州正谊书局左氏增刊《正谊堂全书》本。

《春明梦余录·刑部二》，江苏广陵古籍刻印社 1990 年版。

《大明律》，《中华传世法典》第 5 卷，法律出版社 1999 年版。

《东华续录·嘉庆十七》，嘉庆九年六月戊辰。

《嘉靖延平府志》，天一阁藏明代方志选刊本。

龙文彬纂：《明会要》，中华书局 1956 年版。

《明经世文编》，明崇祯平露堂刻本。

《明太祖实录》，台湾"中央研究院"历史语言研究所 2016 年校印。

陈献章：《陈献章集》，中华书局 1987 年版。

程敏政：《篁墩文集》，文渊阁《四库全书》本。

崔铣：《洹词》，上海古籍出版社 1987 年版。

高攀龙：《高子遗书》，《四库全书》本。

耿定向：《耿天台先生文集》，北京大学出版社 2010 年版。

顾炎武：《日知录集释》，栾保群、吕宗力校点，上海古籍出版社 2006 年版。

顾炎武：《顾炎武全集》，严文儒、戴扬本校点，上海古籍出版社 2011 年版。

归有光：《震川文集》，影上海涵芬楼影印常熟刊本。

何良俊：《四友斋丛说》，中华书局 1959 年版。

何心隐：《何心隐集》，容肇祖整理，中华书局 1981 年版。

《皇明文衡》，《四部丛刊》初编集部。

黄淮、杨士奇等编：《历代名臣奏议》，上海古籍出版社 1989 年影印本。

黄佐：《泰泉乡礼》，上海古籍出版社 1987 年版。

黄佐：《翰林记》，上海古籍出版社 1987 年版。

李贽：《李贽全集》，张建业主编，社会科学文献出版社 2010 年版。

李贽：《四书评》，上海人民出版社 1975 年版。

刘宗周：《刘宗周全集》，吴光编，浙江古籍出版社 2007 年版。

罗整庵：《困知记续录》，金沛霖主编，天津古籍出版社 1998 年版。

吕坤：《吕坤全集》，中华书局 2008 年版。

丘浚：《大学衍义补》，朱维铮主编：《中国经学史基本丛书》第三、四册，金良年整理，上海书店出版社 2012 年版。

汪道昆：《太函集》，黄山书社 2004 年版。

王世贞：《弇州四部稿》，文渊阁《四库全书》本。

王阳明：《王阳明全集》，黄山书社 2014 年版。

王阳明：《王阳明全集》，吴光等编校，上海古籍出版社 1992 年版。

王袆：《王忠文集》，文渊阁《四库全书》本。

夏言：《夏桂洲先生文集》，清斤桂帅堂藏版。

薛瑄：《读书录》，国家图书馆出版社 2011 年版。

颜钧：《颜钧集》，中国社会科学出版社 1996 年版。

《二十二史札记》，世界书局 1962 年版。

《皇朝经世文编》，光绪十二年思补楼重校本。

《皇宋中兴两朝圣政》，江苏古籍出版社 1988 年版。

《康熙起居注》第一册，中华书局1984年版。

《清朝通志》，浙江古籍出版社2000年版。

《清朝续文献通考》，浙江古籍出版社2000年版。

《清经世文编》，中华书局1992年版。

《清实录》第四册，中华书局1985年版。

《清史稿》卷八，中华书局1976年版。

《圣祖仁皇帝御制文》第二集，上海古籍出版社1987年版。

《四库全书总目》（整理本），中华书局1997年版。

曾国藩：《曾国藩全集》，岳麓书社1985—1990年版。

陈弘谋：《培远堂偶存稿》，培远堂藏版（道光七年）。

陈弘谋：《从政遗规》，台湾和裕出版社2007年版。

陈澧：《东塾读书记》，生活·读书·新知三联书店1998年版。

崔述：《崔东壁遗书》，顾颉刚校点，上海古籍出版社1983年版。

戴震：《戴震全书》，张岱年主编，黄山书社1995年版。

刁包：《潜室札记》，中华书局1985年版。

方苞：《方望溪先生全集》，《四部丛刊》集部本。

方大湜：《平平言》，光绪十八年资州官廨刊本。

费炳章：《重建琼台书院碑记》，海南《琼山县志》卷二十六，清咸丰七年刊本。

冯桂芬：《校邠庐抗议·复乡职议》，上海书店出版社2002年版。

傅山：《霜红龛集》，刘贯文等编，《傅山全书》，山西人民出版社1991年版。

郭庆藩：《庄子集释》，王孝鱼点校，中华书局1954年版。

何乔新：《忠义集序》，周之冕辑：《忠义集》，清嘉庆二十年周之冕刻本。

黄宗羲：《黄宗羲全集》，浙江古籍出版社2005年版。

黄宗羲：《明儒学案》，中华书局1985年版。

黄宗羲：《明夷待访录·财计三》，段志强译注，中华书局2011年版。

黄宗羲辑，全祖望订补，冯云濠、王梓材校正：《宋元学案》，陈金生、梁运华点校，中华书局1986年版。

江永：《礼书纲目序》，文渊阁《四库全书》本。

焦循：《孟子正义》，沈文倬点校，中华书局1987年版。

孔继汾：《厥里文献考》，山东友谊书社1989年版。

李二曲：《李二曲全集》卷十，台北广文书局1978年版。

李绂：《清经世文编》，中华书局1992年影印本。

李光地：《榕村全书》第三册，陈祖武点校，福建人民出版社2013年版。

李翰章、李鸿章：《曾文正公全集》，吉林人民出版社1995年版。

李颙：《二曲集》，陈俊民校点，中华书局1996年版。

刘师培：《中国民约精义》卷三《刘申叔遗书》，江苏古籍出版社1997年影印本。

陆陇其：《陆稼书先生文集》，中华书局1985年版。

陆世仪：《论学酬答》，文渊阁《四库全书》本。

陆世仪：《思辨录辑要》，文渊阁《四库全书》本。

罗泽南：《人极衍义》，清同治二年长沙刻本。

阮元：《经室三集》，台湾商务印书馆1966年版。

阮元：《十三经注疏》，中华书局1980年版。

沈垚：《落帆楼文集》，嘉业堂刻《吴兴丛书》本。

沈家本：《历代刑法考》，民国刻《沈寄簃先生遗书》本。

沈家本：《唐律疏议》，中华书局1983年版。

孙奇逢：《理学宗传》，万红点校，凤凰出版社2015年版。

谭嗣同：《谭嗣同全集》，中华书局1981年版。

唐鉴：《国朝学案小识·学案提要》，《四部备要》本。

唐甄：《潜书》，吴泽民校注，中华书局1963年版。

汪辉祖：《汪龙庄先生遗书》，清同治十年慎间堂刻本。

王夫之：《船山全书》，岳麓书社2011年版。

王先谦：《荀子集解》，沈啸寰、王星贤点校，中华书局1988年版。

魏裔介：《魏贞庵先生集》，清龙江书院刻本。

倭仁：《倭文端公遗书》，清光绪二十年山东书局重刊本。

熊赐履：《学统》，徐公喜、郭翠丽点校，凤凰出版社2011年版。

徐栋：《保甲书》，清道光二十八年楚兴国李炜校刻本。

徐松：《宋会要辑稿》，上海古籍出版社2014年版。

薛允升：《唐明律合编》，怀效锋、李鸣点校，法律出版社1999年版。

严复：《严复集》，中华书局1986年版。

颜元：《颜元集》，王星贤、张芥尘、郭征点校，中华书局1987年版。

姚际恒：《仪礼通论》，中国社会科学出版社1998年版。

姚舜牧：《性理指归》，商务印书馆文渊阁《四库全书》1937年影印本。

袁枚：《小仓山房诗文集》，上海古籍出版社1998年版。

张伯行：《濂洛关闽书》，《丛书集成》本。

张伯行：《朱子语类辑略》，《丛书集成》初编，中华书局1985年版。

张惠言：《茗柯文编》，中华书局1985年《四库备要》本。

张景：《补疑狱集》，上海古籍出版社1987年版。

张廷玉：《明史》，中华书局1974年版。

张夏：《洛闽源流录原序》，范鄗鼎：《理学备考》，清康熙十七年刻本五经堂藏版。

章懋：《枫山集》，文渊阁《四库全书》本。

章太炎：《章太炎学术论著》，浙江人民出版社1998年版。

章太炎：《章太炎政论选集》下册，汤志钧编，中华书局1977年版。

章学诚：《文史通义校注》，叶瑛校注，中华书局2014年版。

赵吉士：《寄园寄所寄》，清康熙三十五年刻本。

赵南星：《赵忠毅公诗文集》，明崇祯十一年范景文等刻本。

朱国桢：《皇明大训记》，《皇明史概丛书》明崇祯刻本。

朱彝尊：《曝书亭集》，上海古籍出版社1987年版。

二、著作

白海军：《2049相信中国·人类文明如何演化》，中国档案出版社2006年版。

白寿彝：《白寿彝史学论集》，北京师范大学出版社1994年版。

蔡尚思：《王船山思想体系》，湖南人民出版社1985年版。

曹德本：《修身治国平天下：中国和谐文化纵横论》，世界图书出版西安公司2007年版。

陈东原：《中国妇女生活史》，商务印书馆1937年版。

陈荣捷：《朱学论集》，台湾学生书局1988年版。

陈荣捷：《朱子与书院》，台湾学生书局1988年版。

陈寅恪：《金明馆丛稿二编》，上海古籍出版社1980年版。

陈寅恪：《隋唐制度渊源略论稿》，生活·读书·新知三联书店2001年版。

成中英：《合内外之道——儒家哲学论》，中国社会科学出版社2001年版。

董根洪：《儒家中和哲学通论》，齐鲁书社2001年版。

费孝通：《乡土中国》，上海人民出版社2006年版。

冯尔康主编：《中国社会结构的演变》绪论，河南人民出版社1994年版。

葛兆光：《中国思想史》，复旦大学出版社2001年版。

顾颉刚：《汤山小记》，载《顾颉刚读书笔记》第7卷，台湾联经出版事业公司1990年版。

何启、胡礼垣：《新政真诠》，辽宁人民出版社1994年版。

何勤华、李秀清：《外国法与中国法——20世纪中移植外国发反思》，中国政法大学出版社2003年版。

黑格尔：《历史哲学》，上海人民出版社1990年版。

黑格尔：《哲学史讲演录》第一卷，商务印书馆1997年版。

侯外庐等：《中国思想通史》第四卷，人民出版社1959年版。

胡旭晟：《法的道德历程：法律史的伦理解释（论纲)》，法律出版社2006年版。

黄宣民：《颜钧集》，中国社会科学出版社1996年版。

黄宗智：《清代的法律、社会与文化：民法的表达与实践》，上海书店出版社2007年版。

纪宝成主编：《中国古代治国通论》，中国人民大学出版社2006年版。

李建华、曹刚：《法律伦理学》，中南大学出版社2002年版。

李约瑟：《中国科学技术史》第2卷，科学出版社、上海古籍出版社1990年版。

李泽厚：《中国思想史三部曲论》，天津社会科学出版社2007年版。

李宗桂：《朱熹与中国文化》，贵州人民出版社2001年版。

梁启超：《梁启超法学文集》，中国政法大学出版社2000年版。

梁启超：《饮冰室合集》，中华书局1989年版。

梁漱溟：《中国文化要义》，《梁漱溟全集》第三卷，山东人民出版社2010年版。

梁治平：《寻求自然秩序中的和谐》，上海人民出版社1991年版。

刘广明：《宗法中国》，上海三联书店1996年版。

刘述先：《理想与现实的纠结》，台湾学生书局 1993 年版。

刘述先：《理一分殊》，上海文艺出版社 2001 年版。

刘子健：《中国转向内在》，赵冬梅译，江苏人民出版社 2002 年版。

罗杰·科特威尔：《法律社会学导论》，华夏出版社 1989 年版。

马承源：《上海博物馆藏战国楚竹书（四）内礼》，上海古籍出版社 2004 年版。

《马克思恩格斯选集》第 3 卷，人民出版社 1995 年版。

《毛泽东选集》第一卷，人民出版社 1991 年版。

孟德斯鸠：《论法的精神》（上），张雁深译，商务印书馆 1961 年版。

牟宗三：《略论道统、学统、政统》，《生命的学问》，广西师范大学出版社 2005 年版。

牟宗三：《心体与性体》第一册，台湾正中书局 1968 年发行。

牟宗三：《政道与治道》，广西师范大学出版社 2006 年版。

牟宗三：《中国哲学的特质》，台湾学生书局 1974 年版。

庞德：《通过法律的社会控制法律的任务》，沈宗灵等译，商务印书馆 1984 年版。

庞朴：《浅说一分为三》，新华出版社 2004 年版。

漆侠：《宋学的发展和演变》，河北人民出版社 2002 年版。

漆侠：《中国经济通史：宋代经济史》（上册），经济日报出版社 1999 年版。

钱谷融主编：《梁启超书话》，浙江人民出版社 1999 年版。

钱穆：《国史大纲》，《钱穆先生全集》，九州出版社 2011 年版。

钱穆：《理学与艺术》，《宋史研究集》第七辑，台湾书局 1974 年版。

钱穆：《晚学盲言》（上），广西师范大学出版社 2004 年版。

钱穆：《文化学大义·中国文化演进之三大阶程及其未来之演进》，《钱穆先生全集》，九州出版社 2011 年版。

钱穆：《文化学大义·中国文化演进之三大阶程及其未来之演进》，《钱穆先生全集》，九州出版社 2011 年版。

钱穆：《中国近三百年学术史》下册，《钱穆先生全集》，九州出版社 2011 年版。

钱穆：《中国历代政治得失》，《钱穆先生全集》，九州出版社 2011 年版。

钱穆：《中国史学发微》，台湾东大图书公司 1989 年版。

钱穆：《朱子学术述评》，《中国学术思想史论丛五》，台湾东大图书公司 1979 年版。

钱穆：《朱子学提纲》，生活·读书·新知三联书店 2005 年版。

瞿同祖：《中国法律与中国社会》，中华书局 1996 年版。

史广全：《礼法融合与中国传统法律文化的历史演进》，法律出版社 2006 年版。

束景南：《朱熹研究》，人民出版社 2008 年版。

孙中山：《孙中山选集》，人民出版社 1981 年版。

汤一介：《百年中国哲学经典》第四卷，深圳海天出版社 1998 年版。

唐君毅：《中国文化之精神价值》，江苏教育出版社 2006 年版。

王曾瑜：《宋朝阶级结构》，河北教育出版社 1996 年版。

王国维：《殷周制度论》，《王国维学术经典集》下册，江西人民出版社 1997 年版。

王亚南：《中国官僚政治研究》，中国社会科学出版社 1981 年版。

武树臣：《儒家法律传统》，法律出版社 2003 年版。

武树臣等：《中国传统法律文化》，北京大学出版社 1994 年版。

谢晖：《法律文化视野中的权力》序，见喻中：《法律文化视野中的权力》，山东人民出版社 2004 年版。

邢义田：《天下一家：中国人的天下观》，《秦汉史论稿》，台湾东大图书公司 1988 年版。

熊十力：《心书·钧玉》，《熊十力全集》第 1 卷，湖北教育出版社 2001 年版。

徐复观：《中国人性论史》，《徐复观文集》，湖北人民出版社 2002 年版。

徐公喜主编：《理学家法律思想研究》，吉林人民出版社 2006 年版。

徐勇：《乡村治理与中国政治》，中国社会科学出版社 2003 年版。

杨国强：《晚清的士人与世相》，三联书店 2008 年版。

杨鸿烈：《中国法律思想史》，中国政法大学出版社 2004 年版。

杨景凡、俞荣根：《孔子法律思想论略》，《孔子法律思想研究》（论文集），山东人民出版社 1986 年版。

杨开道：《中国乡约制度》，山东省乡村服务人员训练处 1937 年版。

余英时：《清代学术思想史重要观念通释》，《文史传统与文化重建》，生活·读书·新知三联书店 2004 年版。

余英时：《士与中国文化》，上海人民出版社 1987 年版。

余英时：《朱熹的历史世界——宋代士大夫政治文化的研究》，生活·读书·新知三联书店 2004 年版。

俞荣根：《道统与法统》，法律出版社 1999 年版。

俞荣根：《儒家法思想通论》，广西人民出版社 1992 年版。

张岱年：《黄宗羲论》，浙江古籍出版社 1987 年版。

张岱年：《文化与价值》，新华出版社 2004 年版。

张分田：《中国帝王观念》，中国人民大学出版社 2004 年版。

张晋藩：《中国法律的传统与近代转型》，法律出版社 1997 年版。

张晋藩：《中国民事诉讼制度》，巴蜀书社 1999 年版。

张晋藩：《中华法制文明的演进》，中国政法大学出版社 1999 年版。

张立文：《朱熹评传》，长春出版社 2008 年版。

张中秋：《中西法律文化比较研究》，南京大学出版社 1999 年版。

张中秋等：《法理学》，南京大学出版社 2001 年版。

王亚新、梁治平编：《明清时期的民事审判与民间契约》，法律出版社 1998 年版。

三、论文

陈景良：《文学法理，咸精其能——试论两宋士大夫的法律素养》，南京大学《法律评论》1996 年秋季号。

范进学：《论道德法律化与法律道德化》，载《法学评论》1998 年第 2 期。

费孝通：《中华文化在新世纪面临的挑战》，方克立等主编：《中华文化与二十一世纪》上卷，中国社会科学出版社 2000 年版。

冯尔康：《秦汉以降古代中国"变异型宗法社会"试说》，《天津社会科学》2008 年第 1 期。

郭明道：《综述扬州学派的人文精神及其现代意义》，《扬州大学学报》2009 年第 1 期。

贺麟：《弘扬朱子思想之真精神》，载《朱子学新论——纪念朱熹诞辰 860 周年国际学术会议论文集》，上海三联书店 1991 年版。

黄俊杰：《东亚近世儒者对"公""私"领域分际的思考——从孟子与桃应的对话出发》，收入黄俊杰、江宜桦编：《公私领域新探》，台湾大学出版中心 2005 年版。

姜广辉：《"学圣"与理学在儒学史上的特殊贡献》，转见黄宣民、陈寒鸣主编：《中国儒学发展史》，中国文史出版社 2009 年版。

孔令宏：《论朱熹理一分殊思想的道家道教渊源论》，《朱子学刊》2001 年第 1 辑（总第 11 辑)。

李山河:《为学亦为政:朱熹〈大学章句〉思想发微》,《朱子学刊》第 18 辑,黄山书社 2008 年版。

刘述先:《评余英时〈朱熹的历史世界——宋代士大夫政治文化的研究〉》,郑培凯主编:《九州岛学林》2003 年冬季第 1 卷第 2 期。

赖功欧:《陆象山的正义伦理观》,《朱子学刊》2015 年第 1 辑(第 25 辑)。

蒙培元:《人是情感的存在》,《社会科学战线》2003 年第 2 期。

漆侠:《唐宋之际社会经济关系的变革及其对文化思想领域所产生的影响》,《中国经济史研究》2000 年第 1 期。

上山春平:《朱子の〈家礼〉と〈仪礼経伝通解〉》,《东方学报》(京都) 1982 年第五十四册。

寺田浩明:《明清时期法秩序中"约"的性质》,王亚新译,载滋贺秀三等:《明清时期的民事审判与民间契约》,法律出版社 1998 年版。

王广:《"理一分殊"理念下的朱熹哲学》,山东大学 2010 年博士论文。

王瑞来:《宋代士大夫主流精神论》,《宋史研究论丛》第 6 辑,河北大学出版社 2005 年版。

王志强:《南宋司法裁判中的价值取向》,《中国社会科学》1998 年第 6 期。

徐胜萍:《中国传统民间调解溯源究因》,《陕西师范大学学报》(哲学社会科学版) 2011 年第 1 期。

徐忠明:《辨异与解释:中国传统法律文化的类型研究及其局限——〈寻求自然秩序中的和谐〉读后》,南京大学《法律评论》1998 年秋季号。

徐忠明:《清代中国司法裁判的形式化和实质化》,《政法论坛》2007 年第 2 期。

杨儒宾:《朱熹道统说的建立与完成》,《九州岛岛学林》,香港城市大学出版,2006 年春季号。

袁俐:《宋代女性财产权述论》,杭州大学历史系宋史研究室编:《宋史研究集刊》第 2 辑(浙江省社联《探索》增刊),1988 年。

郑显文:《从中国古代的民间结社看民众的法律意识》,载张中秋编:《中华法系国际学术研讨会文集》,中国政法大学出版社 2007 年版。

邓广铭:《谈谈有关宋史研究的几个问题》,《社会科学战线》1986 年第 2 期。

史凤仪：《中国法制历史中礼与法的关系》，《中国法学》1988年第3期。

成中英：《中国哲学当前的核心和周边问题》，《哲思杂志》1988年第1期。

钱宗范：《中国宗法制度论》，《广西民族学院学报》1996年第2期。

王善军：《宋代的宗族祭祀和祖先崇拜》，《世界宗教研究》1999年第3期。

张连国：《大道哲学：后现代主义的健康导向》，《社会科学辑刊》2001年第2期。

李宣侑：《"道统"与"政统"之间》，《二十一世纪》2001年6月号（香港中文大学中国文化研究所）。

王立军：《宋代的民间家礼建设》，《河南社会科学》2002年第2期。

吴越：《德法相兼的治国方略历史理念六议》，《江汉论坛》2002年第9期。

黄勇：《邓小平社会运行理论的基本点：激励与整合发展》，《前沿》2002年第12期。

张康之：《公共管理：社会治理中的一场革命》，《北京行政学院学报》2004年第1期。

高寿仙：《转型的内在理路：晚明思潮的反思》，《新视野》2004年第3期。

周新芳：《先秦帝王称号及其演变》，《史学月刊》2004年第6期。

冯会明：《论朱熹的人才思想》，《江西社会科学》2004年第10期。

赵剑华：《从"人治"到"理治"》，《新东方》2004年第11期。

成积春：《论康熙以"理"治国的理论与实践》，《齐鲁学刊》2006年第2期。

陈景良：《宋代司法传统的现代解读》，《中国法学》2006年第3期。

包先康、李卫华、辛秋水：《国家政权建构与乡村治理变迁》，《人文杂志》2007年第6期。

陈来：《宋明学案为往圣继绝学》，2007年6月27日在湖南大学岳麓书院演讲稿。

刘双舟：《个人独立意识与我国传统社会治理模式的变迁》，载张中秋：《理性与智慧：中国法律传统再探讨》，中国政法大学出版社2008年版。

吴长庚：《朱熹"存天理、灭人欲"理论的重新认识》，《江西社会科学》2009年第12期。

陈楠：《礼法结合对唐代刑罚制度的影响》，《人民论坛》2010年第1期。

方志远：《明代多元化社会的形成与历史启示》，《光明日报》2011年7月7日。

四、族谱文献

《曹氏族谱序》，江西省婺源县江湾镇晓鳙村曹敬坤藏。

《古歙岩镇镇东头吴氏族谱·吴南坡公行状》,转引自方利山:《朱熹理学对徽商影响之两面》,《合肥学院学报》2004年第4期。

《吴氏族谱朱熹序》,刊《石城吴氏七修族谱》。

《颖川陈熹公系千郎宗谱可行支谱》,《陈氏族谱朱熹序》,闽清塔峰梅谷(渡口)可行支谱编委会1998年刊。

中国社会科学院历史研究所藏(HZB4040019号):《胡氏阄书汇录·期富、贵、荣、华分关序》,载《徽州千年契约文书》清民国编第八卷,花山文艺出版社1991年版。

索 引

人 名

A

安重荣 42

B

白海军 31, 452
毕仲游 70
伯夷 113, 144
薄昭 86, 268

C

蔡清 142
蔡沈 181, 416
蔡襄 85
柴守礼 407, 410, 411, 415
晁错 327, 376, 380
晁说之 60, 446
陈傅良 53, 56, 175, 267, 446
陈弘谋 342, 344, 450
陈经 165
陈景良 65, 430, 456, 458
陈来 76, 458

陈澧 234, 450
陈亮 45, 49, 53, 67, 69, 111, 116, 117, 151, 174, 243, 262, 263, 269, 426, 442, 446
陈荣捷 120, 208, 452
陈师道 70
陈襄 294
陈寅恪 3, 343, 453
陈渊 254, 446
陈子龙 68, 280, 293
成中英 119, 245, 453, 458
程敏政 75, 440, 448
程明道 77, 91
崔述 67, 404, 450

D

戴震 53, 107, 234, 238, 358, 378, 379, 438, 450
邓广铭 3, 4, 63, 446, 457
邓牧 255, 263, 448
董仲舒 3, 19, 23, 24, 35, 36, 46, 78, 88, 89, 95, 122, 125, 138, 139, 157, 161, 164,

460

176, 177, 190, 195, 204, 214, 250, 261, 345, 347, 348, 373, 374, 393

E

二程 10, 35, 52, 61, 63, 67, 69, 73, 74, 76, 77, 79, 80, 83, 86, 87, 88, 89, 90, 96, 98, 99, 106, 108, 109, 110, 112, 113, 116, 122, 123, 125, 127, 131, 132, 135, 137, 139, 141, 148, 151, 162, 163, 164, 166, 167, 169, 170, 172, 173, 174, 175, 178, 179, 180, 183, 184, 192, 193, 196, 197, 202, 205, 207, 219, 220, 222, 238, 242, 249, 264, 265, 266, 268, 278, 287, 289, 290, 309, 310, 311, 316, 327, 346, 350, 351, 352, 354, 355, 356, 363, 368, 369, 370, 373, 374, 377, 381, 386, 387, 388, 389, 390, 391, 392, 394, 398, 402, 403, 404, 411, 417, 418, 421, 423, 424, 426, 435, 437, 439, 446

F

范质 75
范仲淹 62, 63, 64, 65, 69, 75, 162, 183, 206, 259, 269, 293, 295, 299, 446
方苞 48, 450
方慤 210
方孝孺 72, 263, 326, 327, 446
方以智 68
方志远 4, 5, 458
费孝通 6, 23, 129, 333, 453, 456
冯尔康 58, 59, 304, 453, 456
冯桂芬 277, 450
夫马进 439

伏羲 97, 163, 345, 346
傅山 199, 450
富弼 261

G

皋陶 97, 144, 161, 182, 346, 357, 407, 412, 413, 414, 415, 416
高攀龙 68, 280, 449
高寿仙 5, 458
葛兆光 74, 178, 453
耿定向 302, 449
瞽瞍 357, 407, 410, 411, 412, 413, 414, 416
顾本成 29
顾颉刚 67, 404, 450, 453
顾炎武 46, 51, 53, 54, 57, 68, 70, 71, 84, 183, 187, 211, 212, 213, 216, 225, 234, 243, 255, 256, 259, 271, 272, 273, 275, 276, 277, 281, 283, 288, 293, 295, 296, 303, 305, 306, 307, 323, 330, 351, 352, 353, 443, 449
归有光 5, 449
桂万荣 364
郭明道 33, 456
郭士全 31

H

韩非 20, 25, 26, 27, 32, 48, 85, 190, 214, 345, 380, 445
韩琦 42
韩愈 77, 95, 139, 159, 162, 163, 164, 167, 168, 176, 177, 182, 184, 259, 266, 345
汉文帝 86, 268, 307, 407

汉宣帝　19

何乔新　75, 450

何勤华　23, 430, 453

何坦　66, 295, 446

何心隐　51, 323, 449

和凝父子　364

贺麟　145, 146, 456

侯外庐　3, 249, 453

胡宏　56, 71, 90, 175, 238, 270, 432, 446

胡匡衷　235

胡培翚　235

胡如雷　3

胡太初　285, 286, 287, 294, 295, 446

胡瑗　109, 165

胡直　302

黄百家　235

黄帝　22, 30, 97, 137, 163, 345, 346, 380

黄榦　164, 167, 184, 221, 226, 364, 430, 431, 434, 446

黄六鸿　365

黄宣民　199, 325, 453, 456

黄勇　32, 458

黄震　398, 433, 441, 446

黄宗羲　50, 51, 53, 54, 66, 68, 84, 87, 150, 167, 178, 183, 185, 199, 240, 254, 255, 256, 257, 260, 263, 269, 270, 274, 275, 281, 282, 311, 323, 324, 450, 456

黄宗智　384, 453

J

纪宝成　7, 8, 453

纪晓岚　111

江永　38, 234, 235, 450

K

康熙皇　37, 149, 261, 401

孔令宏　119, 456

孔子　2, 6, 7, 14, 18, 19, 21, 24, 25, 26, 35, 36, 56, 64, 78, 93, 99, 105, 106, 110, 111, 113, 119, 127, 132, 137, 138, 141, 142, 144, 145, 147, 161, 162, 163, 164, 165, 166, 168, 170, 172, 173, 175, 178, 179, 180, 181, 182, 184, 185, 189, 194, 204, 207, 210, 215, 221, 225, 230, 236, 240, 244, 251, 259, 260, 264, 303, 310, 323, 324, 326, 329, 330, 343, 344, 345, 356, 370, 371, 374, 388, 391, 395, 397, 400, 404, 413, 418, 420, 423, 455

L

黎立武　126

黎温　185

李翱　132, 168, 345

李百药　271, 446

李绂　435, 436, 437, 451

李觏　10, 20, 49, 52, 53, 81, 84, 85, 86, 137, 139, 140, 167, 221, 222, 268, 269, 309, 310, 349, 351, 446

李光地　178, 193, 451

李悝　48

李清馥　185

李时珍　68

李心传　47, 185, 391, 446

李秀清　23, 453

李颙　187, 263, 285, 451

李约瑟　100, 148, 453

李泽厚 94, 95, 105, 115, 333, 334, 453

李贽 53, 54, 68, 173, 199, 323, 449

李宗桂 102, 453

梁启超 16, 30, 146, 168, 222, 256, 286, 324, 342, 343, 359, 406, 453, 454

梁漱溟 23, 202, 343, 374, 453

凌廷堪 235

刘敞 60

刘衡 441

刘基 72

刘克庄 59, 267, 364, 446

刘麟瑞 75

刘清之 229, 234

刘恕 70

刘双舟 17, 458

刘惟谦 203, 342

刘禹锡 36, 348

刘元卿 185

刘宗周 5, 302, 413, 449

柳下惠 113

陆陇其 38, 226, 285, 451

陆世仪 55, 68, 273, 274, 302, 451

陆游 66, 234

陆贽 46

吕本中 285, 286

吕大钧 299, 300, 304, 339

吕大忠 234

吕公著 261, 268

吕坤 68, 127, 166, 260, 285, 288, 299, 302, 367, 382, 409, 433, 449

吕祖谦 45, 49, 53, 68, 107, 206, 209, 292, 318, 447

罗从彦 176, 177, 291, 420, 447

罗钦顺 118, 302

M

蒙培元 410, 411, 457

孟子 9, 18, 19, 20, 62, 63, 66, 75, 78, 80, 83, 84, 85, 88, 91, 93, 95, 96, 101, 102, 105, 106, 107, 108, 110, 112, 113, 114, 116, 117, 119, 122, 132, 135, 138, 142, 145, 148, 159, 161, 162, 164, 166, 168, 169, 170, 171, 172, 173, 174, 175, 176, 177, 179, 180, 181, 182, 184, 185, 189, 190, 192, 194, 195, 206, 239, 252, 253, 259, 264, 265, 285, 289, 310, 311, 313, 314, 319, 321, 324, 326, 327, 330, 345, 346, 347, 357, 358, 376, 377, 378, 383, 384, 388, 407, 411, 412, 414, 415, 416, 417, 439, 443, 451, 456

明神宗 37, 214, 372

明世宗 260

牟宗三 16, 61, 62, 95, 159, 160, 245, 454

N

聂豹 302

O

欧阳修 3, 49, 66, 70, 71, 73, 75, 162, 184, 207, 407, 439, 447

P

庞德 214, 437, 454

彭韶 285

皮锡瑞 66

Q

瞿同祖　343, 455

漆侠　46, 47, 63, 454, 457

钱大昕　159, 281

钱穆　3, 4, 41, 43, 44, 61, 63, 67, 77, 99, 111, 115, 147, 148, 149, 153, 159, 161, 163, 164, 168, 170, 174, 234, 260, 288, 442, 454

秦惠田　234

丘浚　37, 52, 112, 142, 143, 144, 204, 205, 206, 217, 243, 244, 269, 284, 290, 292, 293, 315, 322, 327, 328, 329, 348, 349, 352, 353, 366, 367, 372, 373, 386, 401, 403, 409, 443, 449

全祖望　66, 147, 450

R

阮元　2, 7, 18, 19, 20, 21, 22, 23, 24, 25, 72, 88, 105, 135, 137, 138, 181, 215, 236, 251, 252, 259, 285, 321, 330, 347, 350, 375, 396, 399, 416, 417, 432, 451

S

商鞅　7, 26, 48, 214, 380, 396

邵懿辰　235

邵雍　16, 90, 91, 109, 441, 447

神农　97, 163, 345, 346

沈家本　54, 342, 421, 426, 451

沈鑫　49

施璜　186

石介　47, 71, 162, 184, 214, 321, 386, 447

叔孙通　261

束景南　33, 455

司马光　56, 69, 70, 192, 196, 200, 204, 228, 233, 234, 235, 268, 345, 393, 447

司马迁　26, 445

宋慈　364

宋度宗　254

宋濂　278

宋孝宗　154, 432

苏轼　59, 72, 363, 447

孙复　60, 66, 70, 71, 74, 162, 177, 184, 261, 388, 447

孙奇逢　185, 186, 187, 240, 451

T

谭嗣同　323, 324, 451

汤斌　187

唐长孺　3

唐鉴　186, 451

唐介　75

唐君毅　248, 249, 455

唐宪宗　42

唐玄宗　28, 443

唐甄　80, 178, 200, 257, 258, 451

陶望龄　185

田锡　75

W

万斯同　187

万维翰　364, 365

汪辉祖　285, 295, 364, 365, 451

汪应辰　59, 66, 429, 447

王安石　36, 65, 66, 69, 77, 178, 202, 281, 295, 299, 300, 348, 447

王充　36, 348

王船山　70, 84, 91, 258, 272, 285, 286, 290, 295, 452

王夫之　51, 53, 54, 68, 72, 82, 83, 84, 85, 87, 127, 132, 155, 160, 214, 222, 225, 236, 238, 243, 255, 258, 267, 271, 274, 275, 278, 290, 294, 296, 297, 313, 323, 324, 325, 353, 366, 371, 379, 387, 403, 410, 420, 422, 423, 443, 451

王艮　325

王国维　1, 455

王肯堂　364

王溥　75, 407

王新命　186

王阳明　5, 50, 85, 90, 99, 101, 107, 132, 154, 155, 164, 167, 184, 211, 238, 239, 240, 284, 285, 299, 301, 302, 322, 325, 375, 379, 389, 391, 394, 400, 401, 402, 442, 449

王祎　145, 449

王有孚　365

王又槐　364, 365

王与　164, 178, 179, 182, 199, 321, 364

王禹　75, 83, 447

魏裔介　187, 451

文天祥　364

吴澄　185, 234, 235, 240

吴宏　402, 441

武树臣　143, 341, 455

X

夏言　336, 449

象山　36, 50, 150, 164, 240, 246, 284, 390, 400, 457

谢晖　406, 455

邢义田　71, 455

熊赐履　159, 185, 186, 187, 451

徐栋　285, 287, 300, 365, 451

徐栋致　365

徐复观　62, 104, 195, 455

徐光启　68

徐乾学　234

徐勇　32, 455

徐忠明　343, 385, 398, 457

许衡　50, 448

薛季宣　53

薛瑄　109, 145, 284, 285, 449

薛允升　413, 421, 424, 434, 451

荀子　7, 18, 23, 24, 25, 48, 95, 102, 113, 119, 138, 162, 188, 189, 190, 194, 251, 253, 264, 290, 341, 345, 374, 375, 388, 417, 451

Y

严复　3, 95, 348, 452

颜钧　325, 449, 453

颜元　68, 80, 242, 270, 452

扬昱　285

杨景凡　343, 371, 455

杨廉　185

杨慎　68

杨时　10, 80, 110, 116, 118, 119, 121, 137, 162, 166, 169, 170, 179, 180, 181, 184, 249, 261, 264, 265, 268, 387, 408, 409, 410, 411, 414, 415, 416, 447

杨万里　216, 349, 447

尧舜　20, 37, 76, 97, 98, 110, 111, 130,
　　142, 164, 170, 172, 176, 178, 179, 180,
　　181, 182, 188, 199, 255, 265, 322, 324,
　　345, 346, 347, 378, 388, 426, 427
姚际恒　67, 225, 236, 452
叶梦得　50, 234, 447
叶适　43, 46, 49, 50, 52, 53, 55, 66, 67, 87,
　　128, 238, 242, 243, 247, 254, 255, 267,
　　279, 282, 283, 291, 322, 442, 443, 447
伊尹　113, 161, 265
尹会一　285
雍正　56, 197, 283, 285, 304
余英时　35, 64, 65, 68, 69, 70, 109, 110,
　　111, 114, 164, 248, 254, 259, 299, 325,
　　455, 457
余允文　383
俞荣根　138, 160, 341, 343, 371, 455, 456
袁采　234, 436, 448

Z

曾国藩　120, 278, 288, 450
张伯行　185, 242, 302, 392, 452
张岱年　190, 323, 358, 450, 456
张方平　73, 448
张横渠　185, 259
张惠言　235, 336, 452
张晋　223, 368, 372, 381, 396, 397, 430,
　　456
张九龄　278
张居正　409
张康之　17, 458
张连国　31, 32, 458
张栻　63, 67, 68, 70, 151, 206, 209, 296,
　　350, 448
张释之　407, 408
张我观　364
张夏　186, 452
张载　35, 36, 41, 52, 57, 67, 69, 81, 82, 90,
　　91, 96, 100, 108, 109, 113, 117, 119, 122,
　　123, 124, 125, 132, 134, 162, 163, 169,
　　175, 184, 193, 213, 215, 220, 240, 242,
　　249, 270, 299, 302, 303, 311, 331, 336,
　　339, 355, 374, 379, 387, 391, 392, 397,
　　426, 441, 448
张中秋　17, 25, 353, 354, 395, 456, 457,
　　458
章太炎　223, 271, 272, 452
章学诚　236, 441, 442, 452
赵鼎　234
赵剑华　32, 458
赵景良　75
赵匡胤　44
赵翼　278, 286, 294, 296
真德秀　101, 111, 130, 134, 234, 236, 267,
　　285, 286, 324, 368, 372, 381, 384, 398,
　　400, 448
郑道玉　234
郑克　342, 364, 438, 448
郑樵　66
郑至道　49
周敦颐　10, 35, 36, 68, 85, 89, 90, 95, 96,
　　113, 116, 134, 137, 139, 140, 141, 151,
　　163, 169, 182, 184, 193, 206, 215, 220,
　　350, 388, 392, 393, 397, 441, 448
周海门　185
周铭　185

周谟　382

周世宗　410, 411, 414, 415

朱厚熜　260

朱升　234, 235

朱熹　9, 10, 24, 33, 34, 35, 36, 37, 39, 41, 46, 49, 50, 52, 54, 55, 57, 58, 61, 63, 64, 65, 66, 67, 68, 69, 70, 72, 74, 75, 77, 78, 80, 81, 82, 83, 84, 87, 88, 89, 90, 91, 96, 97, 98, 99, 100, 101, 102, 103, 104, 106, 107, 108, 109, 110, 111, 113, 114, 115, 116, 117, 118, 119, 120, 123, 124, 125, 126, 127, 130, 137, 141, 142, 143, 144, 145, 146, 147, 148, 149, 150, 151, 153, 154, 155, 156, 158, 159, 160, 162, 163, 164, 165, 166, 167, 168, 170, 171, 172, 173, 174, 175, 176, 179, 180, 181, 182, 183, 184, 185, 191, 192, 193, 196, 197, 198, 200, 201, 202, 203, 205, 206, 207, 209, 211, 212, 215, 217, 218, 220, 223, 224, 225, 226, 227, 229, 230, 231, 232, 234, 235, 236, 237, 238, 239, 240, 241, 242, 244, 246, 247, 248, 249, 250, 252, 254, 255, 259, 260, 262, 263, 265, 266, 267, 268, 272, 273, 275, 276, 279, 280, 286, 289, 291, 292, 296, 298, 299, 300, 301, 303, 304, 307, 308, 311, 312, 313, 314, 315, 316, 317, 318, 319, 320, 321, 324, 326, 327, 329, 330, 331, 332, 334, 335, 336, 337, 338, 339, 340, 344, 346, 348, 349, 350, 352, 355, 357, 358, 359, 360, 361, 362, 363, 364, 365, 366, 368, 370, 372, 376, 377, 379, 382, 383, 384, 386, 387, 389, 392, 394, 397, 400, 401, 404, 411, 413, 415, 416, 417, 418, 419, 420, 421, 424, 425, 426, 427, 428, 430, 431, 435, 436, 438, 439, 441, 442, 443, 448, 453, 455, 456, 457, 458, 459

朱元璋　36, 37, 54, 217, 260, 269, 289, 372, 384, 400, 422, 427, 443, 444

关键词

C

从祀制度　210

存天理，灭人欲　9, 13, 19, 33, 34, 92, 98, 99, 100, 101, 102, 103, 104, 145, 238, 239, 254, 284, 334, 388, 397, 438

D

大公至正　83, 84, 85, 377

道统　1, 11, 12, 13, 14, 19, 34, 35, 37, 38, 39, 41, 70, 71, 72, 76, 77, 79, 93, 94, 98, 108, 110, 136, 139, 145, 149, 151, 159, 160, 161, 162, 163, 164, 165, 166, 167, 168, 169, 171, 172, 173, 174, 175, 178, 179, 180, 181, 182, 183, 184, 185, 186, 187, 210, 245, 248, 251, 254, 258, 259, 260, 261, 262, 263, 264, 265, 268, 341, 386, 388, 454, 456, 457, 458

道统谱系　161, 162, 163, 164, 172, 177, 182, 184

德教　13, 16, 19, 21, 22, 138, 139, 202, 204, 205, 206, 209, 210, 211, 215, 219, 223, 235, 241, 285, 325, 326, 333, 372, 400

德治论　20

地缘社会　2

帝王之学　178, 179

多元社会结构　4

F

法律理性化　359, 429

法律伦理化　40, 353, 354, 357, 371, 374

法律社会化　374, 441

法律政治化　371, 372, 373, 374, 442

法顺人情　374, 377, 380, 381

法统　1, 12, 14, 35, 143, 160, 168, 173, 184, 261, 333, 341, 342, 344, 386, 406, 407, 456

法治论　25

分权众治　274

复理　11, 92, 105, 106, 107, 108, 109, 156, 157, 220, 289

复理为仁　11, 92, 105

公法　85, 268, 286, 343, 368, 369, 380, 382, 383, 384, 406, 412

G

公私之辨　242, 243

公天下　78, 83, 84, 85, 87, 258, 270, 273, 312, 323

官吏阶层　277

官治　277

国法　14, 16, 17, 23, 40, 65, 133, 202, 223, 341, 342, 343, 344, 345, 346, 347, 348, 349, 353, 366, 368, 369, 372, 374, 380, 381, 384, 385, 397, 406, 407, 453, 455, 456, 458

国家权威　71, 165, 184

国家意识形态　4, 5, 6, 9, 332

J

家法　9, 19, 25, 27, 34, 134, 138, 143, 151, 200, 214, 218, 229, 232, 305, 308, 332, 334, 336, 337, 338, 339, 340, 342, 343, 356, 374, 400, 401, 435, 455, 456

家规　218, 308, 338, 339

家礼　2, 6, 7, 19, 24, 34, 37, 40, 46, 57, 58, 143, 153, 155, 198, 200, 201, 206, 221, 224, 226, 227, 228, 229, 230, 231, 232, 233, 234, 235, 237, 299, 303, 304, 308, 332, 333, 334, 336, 337, 338, 339, 340, 372, 442, 443, 457, 458

家训　50, 194, 196, 218, 234, 308, 338, 447

尽人之性　90, 91, 112

尽物之性　90, 91, 112

经世致用　4, 9, 11, 13, 38, 41, 51, 68, 78, 94, 102, 146, 151, 153, 155, 178, 243, 264, 373, 374, 430, 441

K

克己复礼　11, 12, 92, 99, 105, 106, 114, 115, 145, 156, 157, 158

L

礼乐政刑　10, 93, 97, 137, 138, 139, 140, 141

礼学　13, 67, 222, 225, 228, 234, 235

礼制　2, 6, 11, 23, 26, 35, 56, 76, 115, 143, 144, 145, 201, 210, 220, 222, 223, 224, 225, 226, 227, 228, 229, 230, 231, 232, 235, 251, 254, 305, 336, 347, 442

礼治论　22

礼治社会　6, 10, 11, 13, 14, 23, 396, 404

里甲制度　305, 309

理一分殊　12, 14, 38, 92, 116, 117, 118, 119, 120, 121, 129, 145, 149, 150, 249, 250, 329, 357, 410, 411, 412, 414, 454, 456, 457

理治论　32

理治社会　6, 9, 10, 13, 14, 15, 16, 31, 32, 34, 35, 40, 41, 42, 78, 82, 83, 91, 104, 145, 157, 159, 160, 215, 245, 341, 397

M

民本论　17, 321

民事法律意识　439

民事权利　56, 430, 431, 432, 437

民治　18, 29, 320, 323, 339, 422, 438

"明明德"　11, 78, 79, 99, 108, 129

N

内圣外王　10, 38, 68, 69, 108, 109, 110, 111, 112, 130, 136, 146, 155, 156, 171, 172, 173, 179, 180, 182, 263, 442

P

平天下　4, 11, 12, 18, 39, 40, 41, 78, 79, 81, 88, 92, 108, 110, 111, 112, 129, 130, 132, 134, 135, 136, 137, 150, 153, 155, 156, 157, 168, 170, 173, 180, 182, 199, 204, 206, 224, 225, 235, 242, 263, 289, 304, 324, 329, 332, 367, 378, 382, 391, 409, 417, 442, 452

天下平生态社会　10

Q

情理　14, 31, 103, 342, 359, 360, 369, 374, 376, 377, 378, 379, 380, 383, 385, 392, 405, 427

权法两全　14, 406, 410, 411

R

人情　13, 14, 84, 86, 105, 138, 221, 222, 231, 283, 286, 292, 316, 327, 335, 342, 344, 345, 348, 353, 368, 369, 372, 374, 375, 376, 377, 378, 379, 380, 381, 382, 384, 385, 399, 404, 406, 413

S

社会救济　316

社会控制　5, 6, 9, 11, 20, 21, 25, 38, 39, 92, 93, 132, 133, 136, 137, 203, 211, 214, 219, 289, 299, 300, 304, 307, 309, 385, 437, 454

社会转型　1, 3, 5, 6, 10, 34, 42, 56, 201, 229, 239

社学　207, 299, 302, 307

士大夫　4, 5, 8, 10, 34, 39, 42, 43, 44, 45, 49, 50, 58, 61, 62, 64, 65, 68, 69, 71, 73, 74, 75, 76, 84, 100, 101, 136, 146, 154, 156, 164, 165, 180, 182, 183, 184, 198, 200, 202, 208, 211, 216, 218, 224, 237,

248, 254, 255, 259, 261, 262, 266, 267, 279, 281, 286, 288, 289, 291, 293, 294, 298, 299, 302, 321, 324, 325, 336, 339, 364, 368, 397, 400, 403, 404, 405, 430, 455, 456, 457

司法义理化　358

思想秩序　10, 70, 76, 77, 165, 325

四德五常　193

四德五伦　13, 157, 188, 192, 193, 196, 197, 198, 373, 381

四书学　171

宋明理学　4, 5, 9, 10, 11, 12, 13, 14, 15, 16, 20, 30, 33, 34, 35, 36, 37, 38, 39, 40, 41, 42, 51, 52, 56, 59, 61, 69, 70, 73, 74, 76, 78, 79, 80, 81, 82, 83, 84, 85, 87, 88, 89, 90, 91, 92, 93, 94, 95, 98, 99, 100, 101, 102, 103, 104, 107, 108, 109, 112, 113, 114, 115, 117, 119, 120, 121, 122, 124, 125, 126, 127, 128, 129, 130, 131, 132, 133, 134, 135, 136, 137, 141, 142, 144, 145, 146, 147, 148, 149, 150, 151, 152, 153, 154, 155, 156, 157, 158, 160, 161, 165, 166, 167, 168, 169, 171, 172, 173, 174, 175, 177, 178, 179, 181, 182, 184, 185, 186, 191, 192, 193, 195, 197, 199, 200, 201, 202, 203, 204, 205, 206, 207, 210, 211, 212, 213, 214, 216, 217, 218, 219, 220, 223, 224, 225, 226, 227, 229, 231, 234, 235, 236, 237, 238, 239, 241, 242, 243, 244, 245, 246, 250, 251, 255, 259, 260, 261, 262, 263, 264, 266, 268, 269, 270, 272, 274, 275, 276, 277, 278, 280, 284, 285, 287, 289, 290, 292, 293, 295, 296, 298, 299, 300, 301, 304, 305, 308, 310, 311, 316, 320, 321, 322, 325, 326, 328, 331, 332, 333, 334, 335, 341, 342, 344, 345, 346, 347, 348, 349, 350, 351, 352, 354, 356, 357, 358, 359, 360, 361, 362, 366, 367, 369, 372, 373, 374, 375, 376, 377, 378, 379, 381, 382, 383, 384, 385, 386, 387, 388, 389, 390, 391, 392, 393, 395, 396, 397, 398, 401, 402, 403, 404, 406, 407, 409, 411, 412, 413, 414, 417, 421, 422, 424, 426, 427, 428, 429, 430, 434, 435, 436, 437, 438, 439, 441, 442, 443

T

天道　12, 13, 18, 21, 24, 28, 35, 36, 68, 70, 90, 91, 92, 95, 96, 98, 99, 100, 106, 122, 123, 124, 125, 126, 129, 132, 140, 152, 158, 163, 166, 191, 193, 222, 248, 249, 261, 264, 267, 343, 345, 347, 348, 388, 389

天理　3, 9, 11, 12, 13, 14, 19, 24, 31, 33, 34, 35, 36, 38, 40, 41, 53, 72, 73, 74, 75, 77, 79, 84, 85, 87, 89, 92, 93, 94, 95, 96, 98, 99, 100, 101, 102, 103, 104, 106, 107, 109, 110, 115, 117, 118, 120, 121, 122, 123, 125, 129, 131, 132, 144, 145, 149, 150, 151, 152, 154, 156, 158, 162, 165, 166, 170, 174, 175, 179, 180, 181, 186, 187, 191, 192, 193, 196, 197, 202, 214, 220, 221, 223, 238, 239, 243, 245, 249, 250, 254, 261, 263, 264, 265, 268, 270, 284, 292, 324, 327, 333, 334, 342, 343, 344, 345, 346, 347, 348, 349, 350, 351,

352, 353, 354, 356, 357, 366, 368, 369, 373, 374, 377, 378, 379, 380, 381, 382, 383, 384, 385, 386, 387, 388, 390, 394, 397, 406, 411, 412, 413, 414, 416, 417, 418, 419, 425, 438, 458

W

万物一理 88, 89, 90, 91, 117, 118

万物一体 81, 89, 122, 125

王霸之辨 49, 174, 175, 263

无讼 14, 40, 395, 396, 397, 398, 399, 400, 404, 405

X

西铭学 245, 249

息讼观 14, 395, 396, 397, 398, 404

乡里制 133, 299, 305

乡约 58, 154, 201, 211, 229, 234, 235, 299, 300, 301, 302, 303, 304, 308, 309, 332, 338, 339, 401, 442, 455

乡治 299, 307, 339

心灵和谐社会 10, 11, 78, 79

心性天理论 11, 94, 95

修齐治平模式 201

恤刑主义 417, 424, 427

学统 14, 35, 37, 38, 159, 160, 164, 171, 172, 173, 185, 186, 187, 245, 451, 454

血缘社会 2

Y

义理法 8, 10, 13, 14, 34, 39, 40, 342, 344, 356, 358, 359, 373, 374

义理法律文化 10, 13, 39

义利之辨 11, 48, 49, 51, 102, 242, 243, 268, 373, 421, 429, 434, 435, 436, 437, 438, 439

因势顺理 366, 369

Z

正经界 153, 311, 312

正君心 13, 39, 80, 101, 130, 155, 206, 248, 264, 266, 324, 325

证据排伪法则 359, 360

证据原则 437, 438

政统 1, 12, 13, 14, 35, 39, 79, 93, 136, 140, 159, 160, 161, 165, 166, 167, 168, 173, 174, 175, 176, 178, 179, 180, 182, 183, 184, 206, 245, 251, 254, 259, 260, 261, 262, 263, 264, 265, 269, 406, 407, 454, 458

政治论 27, 28, 29

执中 13, 180, 181, 387, 388, 389, 392, 394, 427

治统 2, 17, 33, 35, 88, 106, 147, 160, 162, 166, 178, 179, 182, 210, 226, 248, 259, 260, 261, 263, 267, 272

中道 6, 31, 106, 127, 170, 181, 386, 388, 389, 390, 391, 392

中和 13, 82, 83, 94, 99, 126, 128, 179, 386, 391, 393, 394, 395, 453

中庸和谐模式 12, 38, 92, 116, 129

重刑主义 417, 424, 425, 426

宗法家族伦理 57, 58

宗法社会 31, 37, 58, 59, 331, 333, 456

宗族乡约化 58, 304

族谱 133, 334, 335, 340, 438, 458, 459

责任编辑:方国根
封面设计:王欢欢

图书在版编目(CIP)数据

宋明理学理治社会研究/徐公喜 著. —北京:人民出版社,2019.12
ISBN 978-7-01-020193-1

Ⅰ.①宋… Ⅱ.①徐… Ⅲ.①理学-研究-中国-宋代②理学-研究-中国-明代 Ⅳ.①B244.05②B248.05

中国版本图书馆 CIP 数据核字(2018)第 286372 号

宋明理学理治社会研究
SONGMING LIXUE LIZHI SHEHUI YANJIU

徐公喜 著

人民出版社 出版发行
(100706 北京市东城区隆福寺街 99 号)

环球东方(北京)印务有限公司印刷　新华书店经销

2019 年 12 月第 1 版　2019 年 12 月北京第 1 次印刷
开本:710 毫米×1000 毫米 1/16　印张:30
字数:460 千字

ISBN 978-7-01-020193-1　定价:96.00 元

邮购地址 100706　北京市东城区隆福寺街 99 号
人民东方图书销售中心　电话 (010)65250042　65289539

版权所有·侵权必究
凡购买本社图书,如有印制质量问题,我社负责调换。
服务电话:(010)65250042